JN441533

중국혁명과 비밀결사

박상수(朴尙洙)
고려대학교 사학과 및 대학원 졸업
중국사회과학원 근대사연구소, 남경대학 역사계 연수
프랑스 사회과학고등연구원(EHESS) 역사학 박사
현 고려대학교 아세아문제연구소 연구교수
「20世紀三四十年代中共在陝甘寧邊區與哥老會關係論析」, 「중국 근대 '민족국가'의 창조와 '邊疆' 문제」 등 중국근현대사 관련 여러 편의 논문과 저서 『동아시아 근대 '네이션' 개념의 수용과 변용』(공저), 역서 『중국 소비에트운동사』가 있다.

중국혁명과 비밀결사

초판 1쇄 발행 2006년 1월 31일

지은이 | 박상수
펴낸이 | 최원필
펴낸곳 | 심산출판사
주 소 | 서울시 마포구 연남동 567-39 301호
전 화 | 02-324-6280~1
팩시밀리 | 02-324-6412
E-mail | simsan@korea.com
등 록 | 제1-2114호(1996년 11월 28일)

ISBN 89-89721-53-9 93910

※ 책값은 뒤표지에 표시되어 있습니다.

중국혁명과 비밀결사

박상수 지음

심산

China's Revolution and Secret Societies:

Shaan-Gan-Ning and Northern Jiangsu during the 1930s and 1940s

by

Sang-Soo Park

Simsan Publishing Co.

Seoul, Korea

2006

사랑하는 아내 펑 잉에게 —

致愛妻馮嬰

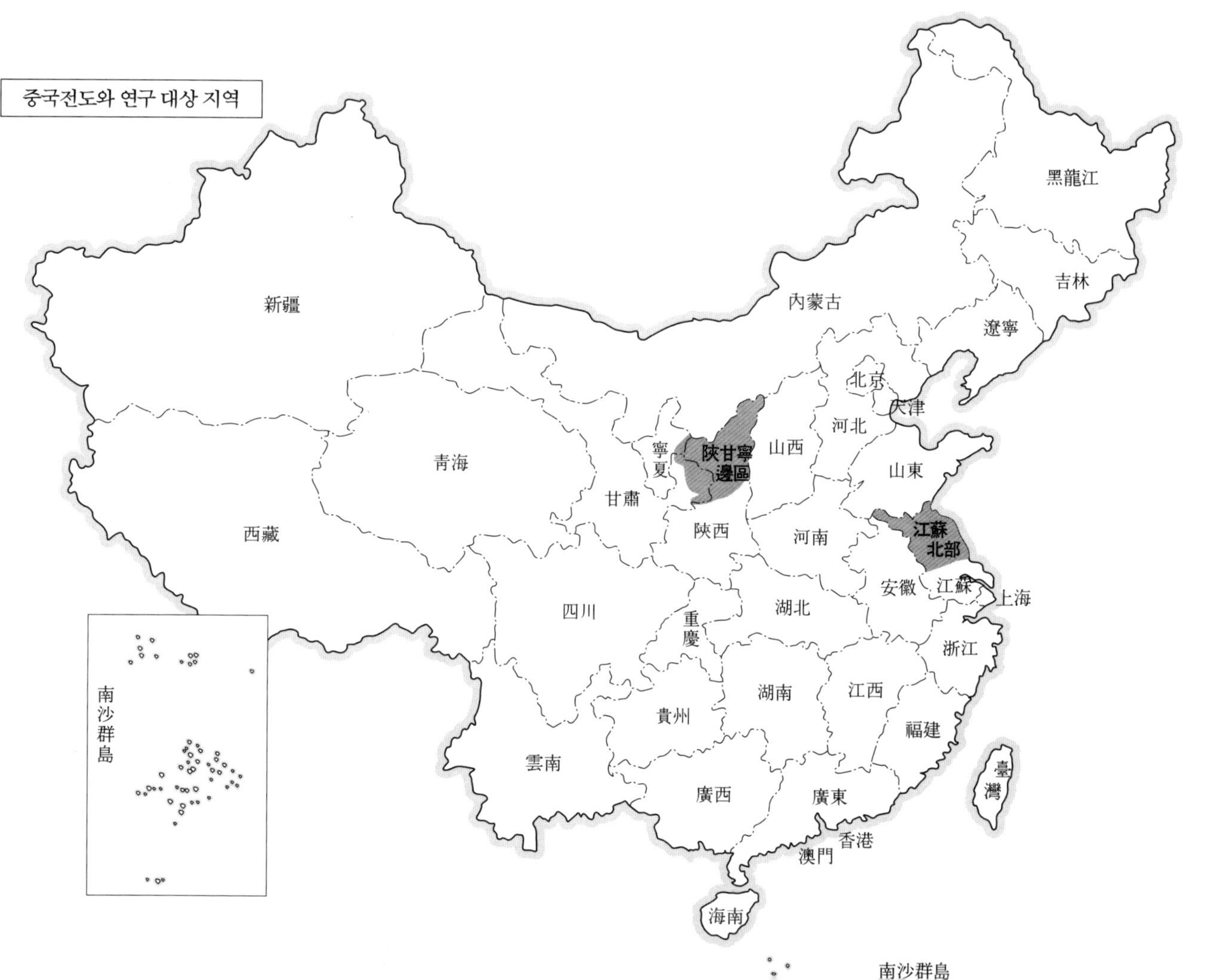
중국전도와 연구 대상 지역
黑龍江
吉林
遼寧
內蒙古
新疆
北京
天津
河北
山西
陝甘寧
邊區
寧
夏
山東
青海
甘肅
江蘇
北部
陝西
河南
西藏
安徽
江蘇
上海
四川
重
慶
湖北
浙江
湖南
江西
貴州
福建
雲南
臺
灣
廣西
廣東
香港
澳門
海南
南沙群島
南沙群島

서문

대학원 과정부터 중국 공산혁명에 관심을 기울인 지 십수년의 시간이 흘렀다. 1980년대 후반 우리 정치 · 사회에 변혁의 논리가 필요하다고 생각했고, 중국공산당사, 중국혁명사로부터 무언가 교훈을 얻을 수 있다고 믿었던 초보적 생각이 필자로 하여금 이 분야의 연구에 발을 들여놓게 했던 것으로 기억된다. 초기의 연구조건은 중국이 여전히 '적성국' 으로 규정된 국내 정치상황으로 인해 매우 열악했지만, 공산혁명 연구에 대한 필자의 열의만큼은 비교적 강렬했던 것으로 생각된다.

그렇게 시작된 중국혁명과 중국공산당에 대한 연구는 그러나 당시 중국사학계에서 그리 주목받는 분야는 아니었다. 과거 세계적 냉전의 구조 속에서 학계에서는 공산당, 공산주의운동 혹은 공산혁명 연구가 하나의 '禁區' 로 간주되고 매우 편향된 연구시각이 지배적이었다면, 중국 대륙의 脫모택동화와 개혁 · 개방의 조류는 이 분야를 '疏外區' 로 만들어 가고 있었다. 중국근현대사학계의 주된 연구관심은 혁명 · 농촌 · 농민 · 공산당으로부터 근대화 · 도시 · 자본가(商人) · 국민당으로 쇄도해 갔다.

이러한 시각의 전환은 두말할 나위 없이 국내학계에 국한된 현상은 아니었다. 1970년대 말까지 '좌파' 성향의 연구가 지배적이었던 일본에서는 1980년대 이래 중국 공산혁명에 관한 연구 논문이 급격히 감소해 버렸다.

구미의 연구도 유사했다. '아래로부터의 역사'(history from below)는 더 이상 새로운 역사가 아니었고, 단지 '낭만주의'(romanticism)로 치부되는 경우가 허다했다. 중국 내에서도 혁명에 이별을 고하는('告別革命') 저작이 주목을 끌었다. 국내학계에서 중국 공산혁명 연구가 관심 밖이었던 것은 이와 같은 전세계적 차원의 변화와도 밀접히 관련된 것이었다.

그러나 전세계적인 유사한 조류와 함께 주목하지 않으면 안 될 것은 국내학계가 지나온 역정의 특수성과 그것의 결과이다. 즉, 중국공산당사 및 중국혁명사 연구에서 '금구로부터 소외구'라는 과정을 겪은 독특한, 그리하여 보잘것없는 연구사는 결국 하나의 기형적 상황을 연출했다. 그것은 부언할 필요도 없이 중국사학계의 중국공산당, 공산혁명에 대한 극단적인 이해의 부족이라고 할 것이다. 현실의 중국이 여전히 그리고 앞으로 상당 기간 중국공산당에 의해 지배될 것임에도 불구하고 우리 중국사학계의 중국공산당과 그 과거에 대한 이해는 일천한 수준에 머물고 있다.

사실, 개혁·개방 이래의 중국의 제반 변화는 공산당에 의해 시작되었고, 공산당에 의해 지도·운용되고 있다. 비록 공산당의 통제력이 약화되고 있다는 점을 인정한다고 해도, 그것은 피동적이라기보다는 공산당 스스로가 의도한 능동적 조치로부터 나온다. 어느 학자가 지적하고 있듯이 "중국은 공산당에 의해 공산주의로부터 벗어나고 있다." 중국공산당은 모택동시대에 시도되던 사회 영역에 대한 직접적 파악을 스스로 폐기하고, 보다 온건하며 느슨한 형태로 자신의 지배를 관철시키는 방향으로 전화하고 있다. 공산당이 이 과정에서 남긴 간극(interstice)에 사회와 경제 영역의 성장 가능성이 있는 것이다. 변화의 주된 요인은 사회가 아니라 어디까지나 중국공산당에 있다.

필자는 이러한 중국공산당의 對사회 운용의 논리가 혁명기부터 이미 형성되고 있었다는 점에 주목했다. 특히 1930~40년대 혁명근거지 건설 과정에서 중국공산당이 획득했던 제반 사회세력에 대한 대응의 경험이 오늘의 당-국가 체제를 가능케 했다. 중국공산당은 정치가 부재하던 농촌사회를 정치화시키고 동원했으며('정치건설'), 통제된 틀 내에서 핵분열이 일어나도록 지도했다. 혁명과정에서 중공은 기존의 사회세력 가운데 연맹자를 발견하거나 그것을 창조했으며, 그러한 세력들을 포용 혹은 배제하면서 자신의 우위를 지켜나갔다. 필자는 본 연구에서 이러한 과정의 일단을 중공과 민간 비밀결사 세력의 관계를 통해 드러내고자 했다. 중국공산당과 혁명과정에 대한 이해는 오늘의 중국 현실을 파악하기 위한 기초적인 작업이 아닐 수 없다.

현재 구미와 일본의 학계에서 공산당, 공산혁명의 연구가 주류라고는 할 수 없지만, 이미 이 주제에 관한 오랜 연구 역사가 있고, 그에 대한 이해도 깊다. 외국 학계의 중국 현대화('근대화')에 대한 관심의 배후에 공산당과 그 역사에 관한 탄탄한 연구가 자리잡고 있음을 주목할 필요가 있다. 초기부터 정치적 이유에서 접근하지 못했던 한국 학계의 중국공산당, 중국혁명사 연구는 이제부터라도 본격적으로 연구되지 않으면 안 된다. 1980년대 이래 수많은 자료집이 간행되었고, 필자가 직접 경험한 바와 같이 외국 연구자들도 중국의 지방 檔案館(Archives)에 접근할 수 있게 되었다. 중국혁명과 공산당 관련 자료는 이제 풍부한 편이며, 그에 대한 새로운 시각의 연구와 해석은 사실 이제부터 비로소 시작될 수 있다. 필자는 본서가 그러한 새로운 연구의 개시에 일조할 수 있기를 기대해 마지않는다.

본서는 약 10년간에 걸친 오랜 탐구의 결과이다. 그 시간만큼이나 필자의 연구 자세에도 변화가 있었다. 중국혁명사로부터 우리 사회의 변혁의 논리를 취해보고자 했던 초기 필자의 소박한 열의는 이제 오늘의 중국 이해를 위한 전제를 찾아보려는 노력으로 이어졌다. 한중간의 교류와 관계가 점점 밀접해지고 있는 이 시점에서 중국 자체에 대한 폭넓은 이해는 필수적이며,

필자는 그것을 중국공산당의 당-국가 체제의 형성과정과 그 특성을 통해 접근해 보고자 했다.

본 연구는 여러 부담을 안고 출발했다. 주제가 표현하고 있듯이 본서는 공산혁명에 관한 것일 뿐만 아니라 전통 사회세력으로서의 민간 비밀결사에 대한 연구이기도 하다. 필자의 연구의 출발은 공산혁명이었으되, 중국혁명이 '根據地化' (territorialization)된 다양한 지방적 과정의 종합이었으므로, 지역사회에 대한 이해까지도 전제되지 않으면 안 되었던 것이다. 연구의 어려움은 연구 대상 지역과 결사조직의 선택에서도 마찬가지였다. 연구사적으로 근대혁명과 전통 비밀결사의 관계에 관한 서로 대립되는 견해가 제기되어 있던 터라, 어느 한 지역, 어느 하나의 결사조직에 대한 경험적 연구로는 기존의 연구에 또 다른 사례를 첨가하는 한계를 넘어설 수 없기 때문이었다. 이를 해결하기 위하여 필자는 대표성 있는 두 지역과 서로 다른 성격의 두 비밀결사를 선정하여 서로 비교하는 방식을 취했다. 결국 공산혁명, 지역사회, 비밀결사가 완전히 다른 두 지역을 통해 종합적으로 탐구되어야 했고, 그에 따르는 연구의 어려움은 다대한 것이었다.

장기에 걸친 힘든 연구가 결국 성과를 낼 수 있었던 것은 많은 분들의 도움 덕분이었다. 필자의 연구에 물심양면으로 배려를 아끼지 않으신 모든 분들을 일일이 열거할 수는 없겠지만, 다음의 몇 분들에 대해서는 이 지면을 통해 꼭 감사의 말씀을 올리고 싶다. 먼저 대학 학부 이래로 동양사(중국사)에 눈을 뜨게 해주시고, 대학원 과정 내내 지도편달을 아끼지 않으신 신승하 선생님께 감사드린다. 은사님께서는 중국 북경으로부터 프랑스 파리로 이어지는 필자의 모든 유학과정에서 장학금을 얻을 수 있도록 애써 주셨고, 어려울 때마다 따뜻한 조언과 격려를 보내 주셨다. 필자의 이제까지의 모든 연구는 신승하 선생님의 '총설계' 가 없었다면 불가능한 일이었다.

다음으로 박원호 선생님께서는 필자에게 학문에 대한 엄격함을 깨우쳐

주셨다. 대학원 과정에서 수업 이외에도 선생님과 함께했던 일련의 세미나를 통하여 필자는 선생님의 날카로움과 치밀함을 배울 수 있었다. 필자의 연구가 어느 정도 엄격한 논리와 체제 위에 서 있다고 평가받을 수 있다면, 그것은 모두 박원호 선생님으로부터 배워온 것이라고 해도 과언은 아니다.

두 분 선생님의 은혜에 더하여 필자는 파란 눈의 프랑스인 지도교수 이브 슈브리에(Yves Chevrier) 선생님께 감사드린다. 일찍이 장 세노(Jean Chesneaux) 이래 중국 비밀결사 연구에 주목했던 프랑스에서의 유학생활 6년여 동안, 토론의 鼓動者로서 매번 빛나는 아이디어를 쏟아내던 선생님의 '중국 사회 · 정치' 에 관한 세미나가 없었다면 필자는 본 연구를 완성하지 못했을 것이다. 필자가 중국에서 수집한 자료에 매몰되지 않고, 구미의 연구를 충실히 반영할 수 있도록 도와주신 것도 모두 슈브리에 선생님이셨다.

이 밖에 본 연구에 소용된 희귀한 사료를 입수하는 데 도움을 주신 많은 분들께 감사드리지 않을 수 없다. 강소성 당안관을 비롯한 蘇北의 각급 당안관에 접근할 수 있도록 주선해 주신 남경대학의 蔡少卿 교수님, 섬서성 당안관에 갈 수 있도록 힘써 주신 중국사회과학원 근대사연구소 徐輝祺 처장님 그리고 陝北을 비롯한 옛 '섬감녕변구' 의 각급 檔案館 · 黨史辦公室 · 地方志辦公室 · 文史資料辦公室 등의 관계자 여러분들을 잊을 수 없다. 이 모든 분들에게 고마움의 뜻을 전한다.

끝으로 본서의 출판을 흔쾌히 동의해 주시고, 여러 번거로운 수고를 아끼지 않으신 심산출판사의 최원필 사장님과 편집진에 심심한 감사를 드린다.

2006년 1월

北京 方莊小區에서

박상수

차례

제3부 江蘇 북부의 小刀會와 공산혁명(1920~40년대)

부록 및 예시 자료 목록

지도(권말 부록)

문헌 약칭 목록

『紅26軍』: 劉鳳閣, 任愚公 編, 『紅二十六軍與陝甘邊蘇區』, (上)(下), 蘭州大學出版社, 1995.

『江蘇公安史料』: 江蘇省公安廳公安史資料徵集委員會 編, 『江蘇公安史資料匯編(1938.4-1952.12)』.

『江蘇農民檔案』: 江蘇省檔案館 編, 『江蘇農民運動檔案史料選編』, 檔案出版社, 1983.

『江蘇文件』: 江蘇省檔案館, 中央檔案館 編, 『江蘇革命歷史文件匯集』, 全32卷, 1984-1986.

『隴東統戰』: 中共慶陽地委黨史辦, 中共正寧縣委員會, 中共慶陽地委統戰部 編, 『陝甘寧邊區隴東黨的統戰工作』, 1995.

『三三制』: 中共延安地委統戰部 · 中共中央統戰部研究所 編, 『抗日戰爭時期陝甘寧邊區統一戰線和三三制』, 陝西人民出版社, 1989.

『陝甘寧文件』: 中央檔案館, 陝西省檔案館 編, 『中共陝甘寧邊區黨委文件匯集』, 全2卷(甲, 2卷), 1994.

『陝西文件』: 中央檔案館, 陝西省檔案館 編, 『陝西革命歷史文件匯集』, 全21卷(甲, 18; 乙, 3), 1991-1993.

『西北局文件』: 中央檔案館, 陝西省檔案館 編, 『中共中央西北局文件匯集』, 全7卷(甲, 6; 乙, 1), 1994.

『新四軍文獻』: 中國人民解放軍歷史資料叢書編審委員會 編, 『新四軍(文獻)』, 全3卷, 解放軍出版社, 1994.

『中央文件』: 中央檔案館 編, 『中共中央文件選集』, 全18册, 中共中央黨校出版社, 1989-1991.

서론

청 중기 이래 중국 전역에 걸쳐 광범위하게 번져간 비밀결사는 다양한 각도에서 많은 학자들의 탐구의 대상이 되어왔지만, 그들의 주된 관심 영역은 이 민중 조직이 갖고 있는 정치적 중요성에 집중되어왔다. 왜냐하면 비밀결사 조직들은 처음부터 국가 통제의 영역 밖에 스스로를 위치시켰고, 따라서 국가와 사회의 관계라는 맥락에서 하나의 특수한 자리를 차지하고 있었기 때문이다. 비밀결사들은 자신이 조직한 크고 작은 수많은 반란과 저항을 통하여 국가권력과 종종 극단적인 긴장의 관계를 표출해 왔다.

이러한 맥락에서 민국시기의 학자들은 결사의 반청활동에 주목하였으며, 중화인민공화국의 학자들은 비밀결사를 봉건체제에 대항한 "起義"의 추동자이자 조직자로 간주해 왔다.[1] 서구에서 이 결사조직에 관심을 기울였던 초기 연구자 중의 하나였던 장 셰노는 중국의 비밀결사야말로 제국권력 적대자들의 유일한 정치적 수단이자 그 권위주의 체제에 반대하던 정치적 반대당(*parti d'opposition*)들이 취할 수 있었던 유일한 조직형태라고 평가했다.[2] 고바야시 가즈미는 "전제적 세계제국에서 중국 민중은 비밀결사

---

1) 이하 제1부의 '연구사적 접근' 참조.

2) Jean Chesneaux, et al(eds), *Mouvements populaires et sociétés secrètes en Chine aux XIXe et XXe siècles*, Paris: Maspero, 1970, p.19.

를 통하여 '사회' 를 창출하고 '정치' 에 압박을 가하였다" 고 결론지었다.[3)]

기존체제와 정치권력에 반대하는 비밀결사의 정치적 측면은 자연스레 연구자들로 하여금 이들 결사의 활동과 기존 정치 · 사회 체제를 변혁시키고자 했던 근대 혁명운동과의 관계에 주의를 기울이도록 이끌었다. 중국 공산혁명이 농촌과 농민에 근거하고 많은 전통적 요소의 영향이 확인된다는 점에서 스튜어트 슈람은 모택동과 전통 조직형식으로서의 비밀결사의 밀접한 관계를 논했는가 하면, 루시엥 비앙코, 엘리자베쓰 페리 등은 결사운동은 중국의 공산혁명에 장애가 되는 측면이 강했다고 주장했다.[4)] 테츠야 카타오카는 결사조직과 공산주의자들 간에 관찰되는 '일정한 부드러움' 혹은 '이데올로기적 친화성' 에 주목하는가 하면, 陳永發은 비록 양자 간의 우호적 혹은 모순적 관계보다는 '경쟁관계' 에 주목할지라도 공산주의자들의 라이벌이었던 결사는 결국 전자에 의해 '파괴' 혹은 '거세' 되어 버리고 만다고 결론짓는다.[5)]

연구자들 간의 이러한 대립적 해석은 어느 하나의 결사조직이나 어느 한 지역 혹은 특정한 시기에 국한된 경험적 연구를 통하여 해결될 수 있는 성질의 것은 아니다. 단편적 사실들이나 특정한 상황적 논리는 이들 양자간의 관계를 전면적으로 보여주기 어렵다. 이렇듯 제한적인 연구들은 독자들로

---

3) 小林一美,「中華帝國と秘密社會」, 神奈川大學人文學硏究所 編,『秘密社會と國家』, 勁草書房, 1995, p.84.

4) Stuart Schram, "Mao Tse-tung and Secret Societies", *The China Quarterly*, no. 27, July-September 1966; Lucien Bianco, "Sociétés secrètes et autodéfense paysanne(1921~1933)", in Jean Chesneaux, et al(eds), *op. cit.*; Elizabeth Perry, *Rebels and Revolutionaries in North China, 1845~1945*, Stanford University Press, 1980.

5) Tetsuya Kataoka, *Resistance and Revolution in China*, Berkeley: University of California Press, 1974. 특히 p.107; Yung-fa Chen, *Making Revolution, The Communist Movement in Eastern and Central China, 1937~1945*, University of California Press, 1986, p.497. 이 점에 관하여 필자는 제1부의 '연구사적 접근' 에서 다시 상세히 검토하게 될 것이다.

하여금 공산혁명의 과정에 대해서 뿐만 아니라 중국의 비밀결사에 관해 잘못된 이해를 갖도록 오도할 우려가 있다. 필자는 중국의 비밀결사와 공산주의자들의 관계는 시기와 지역에 따라 다른 양상을 띤다고 생각한다. 왜냐하면 중국혁명은 시기적으로 서로 다른 연속적인 단계를 거쳐 갔으며 공간적으로도 서로 다른 다양한 과정을 겪어 나갔기 때문이다.

만일 중국혁명을 처음부터 고정화된, 무변화의, 돌이킬 수 없는 하나의 과정으로 간주한다면, 우리는 결사의 활동과 공산주의운동과의 사이에 넘을 수 없는 골을 파게 된다. 앞의 비앙코와 페리의 저작에서, 혁명이 새롭고 이성적이며 근대적인 그리고 도시에서 온 질서 있는 것이라면, 결사의 활동은 전통적이고 낡은 것이며 혼란스러운, 그리하여 새로운 사회의 건설을 위해서는 통제되고 개조되어야 하며 결국 제거되어야 할 것으로 간주된다. 에릭 홉스봄의 '사회 비적' (의적: social bandit) 개념도 같은 맥락에서 이해된다. 비록 그가 비밀결사에서 일정한 혁명적 특징들을 지적하고 있다고는 해도, 위와 같은 양분법을 크게 벗어나지 못한다. 그에 따르면, 결사는 자신의 한계 때문에 "근대의 혁명운동에 적응하지도 그에 의해 흡수되지도 못했던 것" 이다.[6]

비밀결사와 공산주의자들의 관계를 중국혁명의 전 과정 속에서 올바르게 이해하기 위해서 필자는 중국공산당이 하나의 정치세력으로서 지속적인 변화 과정을 거쳐 전국적 정치권력으로 발전해 갔다는 점에 주목해야 한다고 생각한다. 그것은 처음부터 이미 구축된 하나의 실체로서가 아니라 끊임없는 건설의 과정으로 이해되지 않으면 안 된다. 주어진 주객관적 조건에 의존하면서, 중공은 혁명의 전 과정을 통하여 지역과 시기에 따라 서로 다른 전략과 전술을 고안하였고, 그를 통하여 우리는 공산주의자들과 비밀결

6) Eric Hobsbawm, *Primitive Rebels*, New York: Norton, 1965, p.5.

사들의 다양한 관계를 확인할 수 있게 된다.

일반적으로 보건대, 초기 단계에서는 공산주의자들은 기존 권력에 대한 반대 세력으로 등장했다. 아직 충분한 발전의 단계에 이르지 못한 공산주의자들은 주어진 생태적 환경과 사회 정치적 실제에 적응하지 않으면 안 되었다. 그리하여 그들은 비밀결사들의 행동방식을 모방하고 결사들에게서 일정한 '혁명적' 성격과 일종의 '반체제' 담론을 간직하는 연맹자를 발견하게 된다. 그러나 공산주의자들의 사명은 거기서 끝나지 않는다. 즉 공산주의자들이 특히 자신의 '혁명근거지' 내에서 영토와 인민을 갖는 執政黨으로서 새로운 사회 — 독자의 국가권력 — 를 향해 건설적 역할을 수행하기 시작하면서 또 다른 새로운 전망을 향해 나아갔다. 이 헤게모니 단계에서, 공산주의자들과 '낡은' 비밀결사와의 연합의 가능성은 줄어들거나 사라진다. 이러한 방향 재조정은 또한 중공이 근거지화된 지방권력으로서의 한계를 벗어나 이제 전국적 수준의 정치적 중요성을 점하게 되는 과정과 상응한다.

그럼에도 불구하고, 여기서 중요한 것은 이러한 중공의 방향 재조정이 반드시 비밀결사를 제거하기 위한 강압적 조치의 채택을 의미하지는 않는다는 점이다. 하나의 공식, 즉 "공산당 국가권력의 완전한 사회침투는 결과적으로 지역 세력의 완전한 제거를 가져왔다"[7]라는 도식이 언제나 확인되는 것은 아니다. 문제는 보다 다기한 양태를 띠고 나타난다. 비록 공산정권이 이제 결사에 대한 자신의 담론을 변화시키면서 그들의 '낙후된', '봉건적인' 특성과 '반혁명의 가능성'을 지적하는 데 주안점을 두게 된다고는

7) Brian Martin, *The Shanghai Green Gang: Politics and Organized Crime, 1919~1937*, Berkeley: University of California Press, 1996, p.220. 사실, 저자의 그러한 언급은 혁명과정에 대해서라기보다는 그 마지막 단계인 1949년 공산당에 의한 상해의 군사적 점령의 전개과정에 대한 것이다.

해도, 공산정권은 극단적이고 강압적이라기보다는 선전과 교육 그리고 설득을 통해 자연스러운 소멸의 길이라는 점진적 과정을 선호했다. 필자는 여기서 장기 이래 국가 통제의 영역 밖에 존재하던 한 사회세력에 대한 새로운 혁명권력의 특별한 처리과정, 즉 아직 '국가 안의 국가' (근거지)로 머물러 있던 공산혁명 권력에 의한 민간 비밀결사라는 유력한 사회 세력에 대한 정치화 과정에 주목하게 된다.

이러한 공산주의자들의 태도는 비밀결사를 단지 단기적으로 이용했던 군벌이나 국민당 등 경쟁 권력의 그것과는 달랐다. 오랜 기간에 걸쳐 결사와 맺은 상호작용의 경험은 공산주의자들의 접근 방식에 아주 깊은 흔적을 남겼다. 공산권력은 혁명과정을 통하여 정치적 반대세력으로서의 결사와 그들의 정치적 중요성을 잘 알게 되었던 것이다. 공산정권은 결국 모든 비밀결사 조직의 금지로 나아가게 되지만, 이 글의 주된 관심은 공산주의자들이 혁명의 과정에서 결사와 맺고 있던 관계의 함수이지, 그 결과는 아니다. 더욱이 그러한 경험은 공산주의자들이 부닥친 결사조직에 따라 달랐다. 또한 중국혁명이 지역에 따라 다른 지방화와 탈집중화 그리고 분절화된 정치과정이었다는 점에서 양자간의 관계는 다양한 양상으로 나타난다.

지난 20여 년간의 중국 공산혁명에 관한 연구들은 이러 저러한 특정 혁명근거지에 초점을 두면서 지방적 수준의 혁명과정을 분석해 왔다. 이 최근의 연구성과들은 중국혁명의 기원(성공원인)에 관하여 단조로운 해석에 머물러 있던 기존의 관습적인 토의를 넘어서 혁명과정의 지방적 다양성과 공산주의자들의 상이한 전술을 분명히 보여준다. 이제 우리는 1960~70년대 주류를 이루었던 찰머스 존슨 식의 민족주의적 해석이나 마크 셀덴의 사회경제적 혁명, T. 카타오카의 당조직에 대한 강조, 혹은 랄프 택스톤 식의 도덕경제적 설명 등에서 제시된 이론화 혹은 일반화의 수준에 더 이상 머물 수 없게 되었다.[8]

이러한 공산혁명 과정의 상이함에, 비밀결사들 자체의 차별성이 부가된다. 본 연구는 청조 중기 이래로 대체로 두 종류의 비밀결사가 존재하고 있었다는 사실에 주목했다. 이 두 형태의 비밀결사는 그 기원과 조직, 사회적 구성 그리고 내부 담론의 면에서 상이했다. 본서의 제1부에서 상세히 언급하게 되듯이 중국의 비밀결사는 종교성을 띤 教門系 결사(비밀교문)와 세속적 會黨系 결사(비밀회당)로 구분되며 이러한 구별은 보다 복잡다단한 중화민국시기 전체를 통해서도 일관되게 적용 가능하다. 상이한 두 계통의 비밀결사들은 각기 고유의 조직구조에 기반을 두면서 그들이 처한 농촌사회의 구조에 유연하게 적응함으로써 확산될 수 있었다.

본 연구에서 농촌사회의 구조는 또 하나의 매우 중요한 분석 초점을 이룬다. 농촌사회의 구조가 함의하는 바는 단지 소유구조나 경제구조 혹은 계급관계 혹은 사회관계에 한정되지 않는다. 거기에는 국면적이고 유동적인 정치적 지배-피지배의 권력구조 및 사회적 결속력이 함께 고려되지 않으면

8) 혁명과정에 미친 다양한 요소들 및 공산혁명근거지 연구에 관해서는 Kathleen Hartford & Steven M. Goldstein, "Introduction", in *Single Sparks: China's Rural Revolutions*, M. E. Sharpe, 1989 참조. 또한 Gregor Benton, "Comparative Perspectives: North and Central China in the Anti-Japanese Resistance", in Feng Chongyi & David Goodman (eds), *North China at War: The Social Ecology of Revolution, 1937~1945*, Rowman & Littlefield Publishers, 2000(중문판은 當代出版社, 1998 출판) 참조. 중일전쟁 발발 이전 시기에 관해서는 R. G. Tiedemann, "Communist Revolution and Peasant Mobilization in the Hinterland of North China: The Early Years", *The Journal of Peasant Studies*, vol. 24, no. 1-2, October 1996/January 1997, p.146 참조. 한편 공산주의운동과 농촌사회 구조의 함수 관계에 관하여, 黃宗智는 강남지역에서는 높은 소작료에도 불구하고 지주에 대한 공산당의 투쟁은 거의 농민의 지지를 얻지 못하였는데 반하여, 소작 관행이 광범하지 못했던 화북 평원에서는 공산주의자들이 (지역사회의) 항세 운동과 외부의 침입에 대한 방어를 지원하면서 성공을 거두었고, 화북에서의 이러한 성공은 공산당 조직가들의 사회적 실제에의 적응에서 연유한다고 지적했다. Philip C. C. Huang, *The Peasant Family and Rural Development in the Yangzi Delta, 1350~1988*, Stanford University Press, 1990, p.161.

안 된다. 특히 사회적 결속력 혹은 연대(solidarity)의 문제는 매우 중요하다. 중화민국시기가 정치, 경제, 사회, 문화 등등의 여러 측면에서 중화제국 말기 이래의 변동이 가속화한 시대였다고 본다면, 농촌사회에서는 구래의 공동체적 결속력이 해체되거나 변화되거나 혹은 역으로 강화되는 현상들을 상정할 수 있을 것이다. 본 연구는 그러한 사회적 결속력의 유무 혹은 강약의 문제가 서로 다른 계통의 비밀결사의 확산과 대두를 결정짓는 주요 요소였다는 가설 위에 선다.

이렇게 보면 지역적 다양성을 특징으로 하는 공산혁명의 과정에서 공산당과 비밀결사의 만남은 지역고유의 사회구조를 배경으로 하고 있었다고 말할 수 있을 것이다. 필자는 이 복잡다양한 양자 관계의 과정을 陝西-甘肅-寧夏 교계지역의 哥老會와 江蘇 北部의 小刀會를 사례로 삼아 분석하고자 한다. 다시 말해 서로 다른 두 형태의 결사와 서로 다른 지방적 사회구조 및 혁명과정을 비교 검토하고자 하는 것이다. 상이한 두 지역에서 선택된 두 사례를 통하여 우리는 비밀결사에 대한 공산주의자들의 상이한 태도와 그에 대한 결사들의 서로 다른 반응들을 살펴보게 될 것이다. 그리고 거기서 나오는 결론이 지역사회 구조와 관련하여 중국혁명과 비밀결사의 관계를 전체적으로 조망하는 데 기여할 수 있기를 기대한다.

이 두 사례를 연구하는 데에 필자는 장기적 전망에 서게 될 것이다. 분석의 과정에서 독자들은 중국 비밀결사의 오랜 전통과 20세기 전반 전체를 통하여 아니 그것을 넘어 지속되는 강인한 결사의 생명력을 확인하게 될 것이다. 비밀결사에 대한 중공의 정책을 다루는 데서도 필자는 기존의 연구가 그랬던 것처럼 어느 한 시기나 특정 상황에 논의를 국한시키지 않을 것이다. 각각의 사례에 대해 중일전쟁에 선행하는 공산주의 발전의 초기 단계로부터 중화인민공화국 성립의 초기에 이르기까지 중공정책의 전 과정을 분석 대상으로 설정했다.

이렇게 보면 본서의 구도는 자명해진다. 제1부에서 연구사적 접근을 포함한 비밀결사 일반에 관해 전체적으로 조망해 본 후, 제2부에서 세속적 회당계 결사인 가로회를 구체적 지방사회의 맥락에서 살펴보게 된다. 제3부에서는 교문계 결사인 소도회를 소북의 농촌사회 구조와 관련지어 분석하게 될 것이다.

사료의 문제

이렇듯 폭넓고 구체적인 그리고 비교의 시각에서 문제를 제기했지만, 기존의 비밀결사 연구가 동원했던 자료를 능가하지 않는다면, 문제의 설정은 불가능한 도박이 되어버릴 우려가 있다. 이용 가능한 자료들은 양적으로나 질적으로 그리고 그 신빙성의 면에서 역사가의 수요와 거리가 있는 것이 사실이다. 주지하듯이 1980년대 중반 이래로 연구 상황은 놀라울 정도로 개선되었다. 최근의 연구들이 보여주고 있듯이 중국 비밀결사에 관한 다량의 자료가 출간되었고, 연구자들은 지방 檔案館(Archives)을 이용할 수 있도록 허용되었다.[9] 그럼에도 불구하고 중공과 비밀결사의 관계에 관한 연구는 단편적이고 제한적이다. 그것은 무엇보다도 필자가 현장 조사에서 몸소 겪었던 문제, 특히 지방 당안관의 사료의 존재 양상과 그 열람의 문제에서 기인하는 것이다.[10]

첫째 문제로는 자료의 희소성을 지적할 수 있을 것이다. 이것은 우선 비밀결사 성원들이 자신의 조직과 활동에 대해서 거의 문서 기록을 남기지 않았다는 사실에서 연유한다. 비밀결사들은 외부적 인소 특히 국가권력에 의

---

9) 지방 당안관에 관한 조사를 바탕으로 쓰여진 소개서 Ye Wa & Joseph Esherick, *Chinese Archives: An Introductory Guide*, University of California Press, 1996 및 근 10여년 이래의 각급 지방 당안관의 '指南' 참조.

10) 필자의 관련지역에 관한 현장답사와 자료조사는 1999년 3월부터 9월까지였다.

해 조직이 폭로되는 것을 피해야 했는데, 이러한 비밀성의 강화는 사실 권력 측의 탄압이라는 역사적 경험에서 오는 것이었다. 결사 성원의 신분과 의식 그리고 활동은 민국시기를 걸쳐 언제나 비밀로 남게 된다.

다음으로 공산당 활동에 관한 자료들이 제대로 보관되어 있지 않다는 점을 들 수 있다. 혁명기의 당과 정부에 관한 다량의 당안자료들은 전쟁의 와중에서 소실되었다. 특히 공산당정부가 근거지를 방기하지 않으면 안 되었던 국공내전기의 일단의 시기를 통하여 대부분의 공식문서들은 파괴되거나 국민당군에 의해 압수되었다. 본서의 검토 대상인 섬감녕 지역의 당안관 직원들에 의하면, 대부분의 당안이 1947년 국민당 胡宗南 군대의 근거지 진공시에 파괴되었다고 한다.[11] 어떤 문서들은 파괴를 막기 위하여 지하에 매장되었지만, 전후 되찾아내지 못하였고 회수된 것도 이미 부식된 상태를 면치 못했다. 상황은 강소 북부의 경우에도 마찬가지였다. 文化大革命의 혼란은 다시 한 번 '革命史檔案'에 파괴적 영향을 남겼다. 지방 당안관은 紅衛兵의 파괴 행위를 피해 소장 당안을 중앙당안관에 이송하기도 했지만, 그 와중에서 많은 공식문서들이 사라졌다.

마지막으로, 이러한 문서 기록의 파괴와 소실 이외에 필자는 보존 상태의 열악함을 지적하고자 한다. 사실 '해방' 이전 혁명기의 대부분의 문서는 열악한 질량의 종이 위에, 마찬가지로 조악한 연필이나 잉크로 기록되었다. 드물게 보이는 등사 문서들은 대부분 거의 읽어낼 수 없는 상태에 처해 있다. 지방 당안관의 재정문제는 이러한 문서의 보존상태를 개선하는 데 큰 어려움을 주고 있다.

필자는 자료의 부족을 메우기 위하여 당시 결사의 성원들과 결사 공작에

---

11) 또한 費雲東 · 石維行, 「解放戰爭時期中央檔案的三次大轉移」, 『黨的文獻』, 1999-5, pp.89-91 · 95; 高憲崗, 「胡宗南部七十六軍覆滅記」, 『甘肅文史資料選輯』, 第29期, 1988, pp.192-204 참조.

참여했던 공산당 활동가들의 회고록을 동원할 것이다. 이 회고록들은 대부분이 문화대혁명 10년간을 제외하고 1960년대 이래 각급 행정단위 별로 출간된 '文史資料' 에 수록되어 있다. 회고록들은 분명 당국의 통제 속에 편집되었다고 생각되지만, 그렇다고 이를 무시하고 만다면 우리는 본 주제와 관련된 매우 중요한 자료 중의 하나를 잃게 될 것이다. 그러나 필자는 일부의 저작들이 보여주는 것처럼 전적으로 이들 문사자료나 회고록에만 의존하지는 않았다. 필자는 이것들을 수십여 곳의 省級 · 地區級 · 縣級 지방 당안관을 돌며 발굴한 공식문서들과 비교하고 보충하며 경우에 따라서는 그 그릇됨을 바로 잡았다. 또한 필자는 각급 黨史硏究室에 편집된 '黨史資料' 혹은 '革命史資料' 를 이용할 것이다. 이 자료들은 당안 뿐만 아니라 당시 신문 잡지의 관련 기사와 과거 혁명 활동가들의 회고록을 포함한다. 요컨대, 본 연구에서 동원된 자료는 공산당과 그 정부의 당안을 주로하고 신문보도와 구술 및 회고록들을 보충한 것이다. 다만 이 자료들은 집중적이기보다는 분산적이어서 하나의 사건을 재구성하기 위해서는 많은 단편적인 것들을 여기저기서 모아 오지 않으면 안 되었고, 따라서 독자들은 본서의 각주에서 종종 지나치리만큼 많은 인용들을 인내심 있게 추적해야 하는 수고를 해야 하는 경우도 있을 것이다.

제1부

총론

제1장

중화민국시기의 비밀결사

1. 會와 敎 – 중국 비밀결사의 두 개념 체계

중국 민간 비밀결사를 지칭하기 위하여 현재 흔히 사용되고 있는 '秘密社會', '秘密結社' 혹은 '秘密會社' 라는 용어들은 사실 중국이 근대로 접어들기 전에는 존재하지 않았다. 그것들은 20세기 초 서구의 'société secrète' 혹은 'secret society' 를 일본인들의 번역을 매개로 하여 도입한 용어였다.[1] 한편 서구인들로서는 19세기 전반기를 통하여 개항장의 중국의 비밀단체들을 유럽의 '프리메이슨' (Freemason)이나 '까르보나리' (Carbonari) 혹은 '마피아' (Mafia) 조직들에 견주어 'secret society' 라고 부르게 된다.[2] 그러나

---

1) 1901년 당시의 개혁주의자 歐榘甲는 광동성 독립을 위한 세 가지 방편의 하나로서 "비밀사회와의 연합(聯秘密社會)"을 제안했다. 「新廣東(一名廣東人之廣東)」, 張枬 · 王忍之 編, 『辛亥革命前十年間時論選輯』, 1-1, 三聯書店, 1960, p.293; Jean Chesneaux, "La place des sociétés secrètes dans l'évolution historique de la Chine aux XIXe et XXe siècles", in Jean Chexneaux, et al(eds), *Mouvements populaires et sociétés secrètes en Chine aux XIXe et XXe siècles*, Paris: Maspero, 1970, p.17.

2) 최초의 서구 저작은 말레이시아 화교사회의 천지회에 관한 밀른 박사(Dr. William Milne) 의 소개이다. *Journal of Royal Asiatic Society*, vol. 1, London, 1826 참조.

민간 비밀조직 전체를 아우르기 위해서 사용된 이 용어는 중국 비밀결사가 갖고 있는 진정한 함의를 이해하는 데 오히려 장애가 되고 있는 것이 사실이다.

따라서, 비록 본서에서 여전히 기존 관습을 따라 '비밀결사' 라는 용어를 사용하게 된다고 할지라도, 필자는 이 단체들을 敎(이단적 종교 결사)와 會(세속적 결사)라는 용어를 사용해 불렀던 제국시대의 전통적 칭호에 주목할 필요가 있다고 본다. 황제에게 올린 보고문('奏摺') 속에서 지방관들은 이 결사조직들을 경멸적 의미를 담아 '會匪' 와 '敎匪' 로 불렀던 것이지만, 이 원초적 형태의 분류는 사실 중국 비밀결사의 두 가지 상이한 계통을 잘 반영하고 있기 때문이다. 전자가 異姓結拜의 비종교적 원리에 따라 조직된 것이라면, 후자는 이단의 다양한 종교적 신앙에 기반을 두고 있었다.

20세기 초 이래로 결사조직에 대한 호칭의 변화가 관찰된다. 특히 공화 혁명가들은 긍정적이고 적극적인 의미를 담아 교비와 회비를 '敎門' 과 '會黨' 이라고 고쳐 불렀다.[3] 그러나 이 호칭의 변화에도 불구하고 우리는 敎와 會라는 전통적 구분법이 그대로 유지되고 있다는 사실에 주목할 필요가 있다.[4] 이러한 구분으로부터 공화 혁명가이자 哥老會 회원이었고 혁명 단체 光復會의 수령이었던 陶成章은 1908년 그의 개척자적인 저작을 통해 다음과 같이 기술했다.

3) 제국시대에도 '敎門' 이라는 용어가 존재하지 않았던 바는 아니지만, 제국 당국에 의해 언제나 경멸적 의미로 사용되었다. 路遙, 『山東民間秘密敎門』, 當代出版社, 2000, p.1.

4) 陶成章, 「敎會源流考」, 『浙案紀略』, 1910, 『辛亥革命(三)』(中國近代史資料叢刊), 上海人民出版社, 1957, pp.99-100; 古硏氏(平山周), 「中國秘密會黨記」, 『東方雜誌』, 第8卷, 第10期, 1912.4.1. 도성장과 비밀결사의 관계에 관해서는 Mary Rankin, *Early Chinese Revolutionaries: Radical Intellectuals in Shanghai and Chekiang, 1902~1911*, Cambridge Mass.: Harvard University Press, 1971, 제7장 참조.

"중국에는 두 가지 형태의 반정부 비밀조직이 존재한다. 하나는 白蓮教, 즉 紅巾으로 대표되고 다른 하나는 天地會, 즉 洪門이다. 이른바 聞香教, 八卦教, 神拳教, 在理教 및 기타 다양한 교들은 모두 사실상 백련의 분파이다. 이른바 三合會, 三點會, 哥老會 및 그 밖의 여러 회들은 천지회의 지파이다."[5)]

한편 도성장은 이 비밀조직들을 지리적 분포에 따라 구분했다. 비록 백련교가 남으로 퍼져가고 천지회가 북으로 전파되던 상황을 인정하고 있다 해도, 그는 전자가 화북에 흔히 존재하고 후자는 화남에서 주로 발견된다고 지적했다. 이러한 지역적 차별로부터 우리는 '北教南會'라는 관습적 용어를 자주 사용하게 되었던 것이다. 사실 19세기 중기 이래 우리는 전 중국에 걸쳐 종교 결사와 세속적 결사가 서로 결합하는 사례들을 자주 발견하게 되고 20세기에 들어서게 되면 상황은 더욱 복잡한 양상을 보인다.

그러나 이 모든 지리적 혼합과 특정 조직간의 결합에도 불구하고 중국의 비밀결사는 원리적으로 그리고 범주적으로 언제나 종교결사(교문)와 세속적 결사(회당)라는 상이한 두 체계를 유지해 왔다는 점을 간과해서는 안 된다. 이러한 차별은 민국시기 비밀결사가 어떤 명칭을 사용하든 관계없이 지속적으로 관철되며 따라서 중국 '비밀결사'를 연구하는 데 있어서도 언제나 이 범주적, 개념적 구별을 염두에 둘 필요가 있다.[6)] 20세기를 통하여 다

5) 陶成章, 앞의 글. 이 저작은 사실 해외 화교들을 대상으로 한 것으로, 혁명기금을 마련하기 위해 동남아시아 지역을 방문했을 때의 연설문이다.

6) 제국시대에는 거의 모든 교문계 결사들이 자신을 명명하는데 있어 教라는 접미사를 사용했지만, 청말 이래 민국시기에 걸쳐 우리는 교 이외에도 會, 道, 社 등 다양한 호칭이 사용되고 있다는 사실을 발견하게 된다. 반면 회당의 경우는 여전히 주로 會를 사용하고 때로 幇이라는 명칭으로 부르기도 했다. 이러한 결사조직 명칭의 변천에 따라, 일부의 중국인 학자들은 교문계 결사를 會道門으로, 회당은 幇會로 칭하기도 한다. 따라서 현재 중국 학계에서는 비밀결사를 가리키는 말로 秘密社會(會社), 秘密結社, 教門, 會黨, 幇會, 會道門 등 다양한 용어가 사용되고 있다. 周育民·邵雍, 『中國幇會史』,

른 어느 결사보다도 강고한 생명력과 폭 넓은 영향력을 보여주었던 一貫道와 紅槍會 그리고 哥老會와 青幇은 그러한 구별을 분명히 보여준다. 앞의 두 조직이 종교적 신앙에 기반을 두고 있다면, 뒤의 두 조직은 비종교적 결배형제의 원리를 따랐다. 비록 데이비드 오운비가 南會의 대표인 천지회의 의식에 관한 연구를 통하여 이 세속적 결사가 일정한 종교적 측면을 가지고 있었다는 점을 밝히고 있지만, 이 회당 계통 결사의 조직원리가 종교적 신앙 위에 서 있었다고 말하기는 어렵다.[7)]

이렇게 중국의 비밀결사를 두 계통으로 나눌 수 있다면 이제 보다 구체적으로 각각의 역사와 조직, 사회적 구성 그리고 담론의 측면에서 그 상이함을 살펴보도록 하자.

먼저 그 기원의 면에서 두 계통의 비밀결사 사이에는 커다란 시간상의 층차가 존재한다. 교문의 뿌리를 백련교에서 찾는다면 모든 종교결사의 기원은 사실 백련교의 기원에 다름 아니다. 백련교는 元末 그때까지의 불교의 이단유파 白蓮宗 및 제반 기타 종교, 즉 彌勒教, 摩尼教, 明教 등의 영향 하에 형성된다. 백련이라는 명칭은 南宋 초 출현한(1133) 바로 이 백련종에서 취하여 왔던 것이지만, 백련교의 등장은 원말의 사회 · 경제 · 정치적 상황과 밀접한 관련을 갖는다. 주지하듯이 元朝는 한족에 대하여 몽고인 우위라는 종족 차별정책을 실시했고, 원말의 생활수준은 지극히 악화일로를 걸었다. 한족 하층민들은 어느 때보다도 말세론과 구세주의에 귀를 기울이게 되

上海人民出版社, 1993; 邵雍, 『中國會道門』, 上海人民出版社, 1997. 한편 사카이 타다오(酒井忠夫)에 따르면, 비록 도성장이 회당을 가리키기 위하여 幇 혹은 會라는 용어를 사용하기는 했지만, 두 용어를 합해 '幇會'라고 부르기 시작한 것은 중일전쟁기에 이르러서이며, 당시에도 광범위하게 사용된 것은 아니라고 말한다. 酒井忠夫, 『中國幇會史の研究(紅幇篇)』, 國書刊行會, 1998, p.13.

7) David A. Ownby, "The Heaven and Earth Society as Popular Religion", *The Journal of Asian Studies*, vol. 54, no. 4, November 1995.

었고, 이 과정에서 백련교는 '彌勒佛下生'을 기치로 부상하게 되었던 것이다. 원말에 紅巾賊이 조직한 거의 모든 반란과 집단행동은 백련교에 의해 지도되었다고 해도 과언은 아니다. 바로 이 원말기를 기점으로 백련교는 이제 불교와 기타 종교의 단순한 교리상의 이단파임을 넘어 (단지 종교적 외피를 둘러친) 민중적 '비밀결사'로 재탄생하게 된다.[8] 明 중기에 이르면 교문계 비밀결사는 遊民을 기반으로 전대미문의 수준으로 발전해 갔다. 백련교 계통의 비밀결사뿐만 아니라, 그와 기원상의 관련을 갖지 않는 다수의 새로운 결사들이 출현했다. 萬曆(1573~1620) 치세 말기 종교결사의 수는 걷잡을 수 없이 많아지고 당국은 이를 통제하기에 무력한 모습을 보였다. 당시 모든 종교결사들이 당국에 의해 백련교라고 비난받았지만, 그리고 그 결사들이 어느 정도 종교적 특성들을 간직하고 있었지만, 이 결사들의 교리와 신앙은 남송기까지 불교의 이단파들이 그랬던 것처럼 어떤 (민간) '宗教'를 형성할 수 있는 수준에는 미치지 못했다.[9] 청대에 이르러, 교문계 비밀결사들은 18세기 후기부터 만연된 혼란기를 통해 민간에 더욱 광범히 퍼져갔다.[10] 이 시기 山東의 王倫이 지도한 淸水教 반란이나 사천, 호남, 호북,

8) 사실 중국학자들 사이에는 교문계 비밀결사의 명칭을 둘러싸고 서로 다른 견해가 존재한다. 교리와 종교적 성격에 관심을 집중하는 이들은 종교 일반과 같은 수준에서 '民間宗教'라고 부르는가 하면, 그 위에 비합법적 존재, 즉 비밀성을 강조하는 이들은 '民間秘密宗教'를 선호한다. 한편 종교적 역할보다는 이 비밀조직의 사회·정치적 측면에 주목하는 학자들은 '民間秘密結社' 혹은 '秘密教門'으로 칭한다. 周育民, 「民間宗教」, 馮林 編, 『重新認識百年中國』, 第1卷, 改革出版社, 1998, pp.464-477; 秦寶琦, 「中國秘密社會產生的根源與特點」, 第1屆中國近代秘密社會史國際學術討論會 제출논문, 南京大學, 1993.6.

9) 위에서 인용한 路遙에 따르면, '민간(비밀)교문'은 세 가지 상이한 범주로 나뉜다. 즉 민간(비밀)종교, 元末 이래의 다양한 白蓮教系 결사 그리고 민국시기의 會道門이 그것이다. 이들 사이의 구분은 종교적 측면의 체계화의 정도에 달려있다. 즉 '민간 비밀 종교'는 정교한 종교 교리와 깊은 신앙을 갖고 있지만, '백련교계 결사'는 그러한 수준의 교리와 신앙을 보여주지 못한다. '회도문'은 그 수준이 더욱 낮고 미약하다(pp.7-9).

섬서 교계 지역의 백련교란은 제국정권을 뒤흔들 정도의 힘을 보여주었다.

한편 비종교적 결사들, 즉 회당 계통의 결사들은 교문계보다 훨씬 뒤인 18세기에 새로운 사회 · 경제적 변동과 함께 출현하기 시작했다. '桃園結義' 에서 보는 것처럼, 異姓간을 맺는 결배형제 행위는 고대 이래 존재해 온 것이지만, 이 의식과 그를 통한 단체의 결성이 비밀결사의 출현을 의미하는 것은 아니다. 만주족 통치에 대한 반대라는 정치적 행위로서의 이성결배를 통한 단체의 결성은 順治(1643~1661), 康熙(1661~1722) 치세부터 성행했지만, 이 또한 원초적 수준에 머물러 있었고 그러한 단체는 자신을 명명하기 위한 어떠한 이름도 갖지 못했다. 각종 이성결배 조직들은 雍正(1722~1735) 시기에 이르러서야 자신의 조직명칭과 체계화된 조직들을 구성하게 되면서 '비밀결사' 로서 출현하게 되었다. 그리고 그러한 흐름 속에서 모든 회당계 비밀결사의 개조로 간주되는 天地會가 乾隆 26년(1761)에 등장했다. 이 천지회는 전대의 이성결배 조직이 갖지 못했던 고유의 의식, 은어, 암호 등을 사용하기 시작했다.[11]

역사적으로 이렇게 기원을 달리하는 교문계 비밀 결사와 회당계의 그것은 조직상, 성원의 사회성분상 그리고 내부 담론의 측면에서도 차이를 보인다.[12] 조직의 면에서, 교문은 신도들을 종교적 신앙과 교리의 전수를 통해 확보해 간다. 최고 교주가 이를 담당하고 이 신앙의 전수를 통해 교주와 신

---

10) 馬西沙 · 韓秉方, 『中國民間宗教史』, 上海人民出版社, 1992, pp.163-164. 명 · 청대의 모든 종교결사가 백련교에 기원을 두고 있다고 보는 주장에 대하여 본서의 저자들은 종교 교리상의 차이점을 기준으로 결사들의 서로 다른 기원을 살피고 있다. 또한 馬西沙, 「白蓮教辨證」, 第1屆中國近代秘密社會史國際學術討論會 제출논문, 南京大學, 1993.6 참조.

11) 秦寶奇, 『中國地下社會(淸前期秘密社會卷)』, 學苑出版社, 1993, pp.53-54.

12) 이하의 기술은 특정 결사를 예로 한 것이 아니라 결사 일반을 통해 도출된 공통의 특징을 지적한 것이다.

도 간에는 스승과 제자의 관계가 성립한다. 교문조직은 가부장제의 원리에 기반을 두며, 최고 지위의 계승은 교주와 특정 신도 간 뿐만 아니라 교권을 대대로 확보하기 위하여 교주와 그 후손 간에도 이루어진다. 반면, 회당계 비밀결사는 나이에 상관없이 결배형제를 통해 회원을 충원했다. 교문에서처럼 가부장제의 원리를 따라 일반 회원들은 두목에게 복종하지만, 회원들 사이에서는 서로 '형제' 로 통한다. 이러한 회원간의 관계는 교문보다 더 평등한 색채를 보인다.[13)]

교문계나 회당계를 막론하고 결사의 두목들은 대부분 생산으로부터 이탈한 유랑민에서 왔다. 그러나 교문의 일반 성원들은 농민 특히 아직 자신의 촌락공동체를 떠나지 않은 빈농층이 다수였다. 반면 회당계 결사들에서는 보다 많은 파산자와 모든 종류의 유랑민들이 가담했다. 19세기 중기로부터 20세기에 걸쳐 회당계 결사들도 농촌 지역에 광범하게 확산되어 가지만(예컨대 사천 서북부와 본 연구에서 분석하게 될 섬감녕 지역의 가로회,[14)] 그리고 호남의 경우[15)]), 이러한 변천에도 불구하고 회당계 결사는 해체된 농촌사회에 적합했고, 기본적으로 사회의 주변화된 하층민이 회원의 다수를 이룬다.

마지막으로 담론의 측면에서, 교문계 결사는 각종 신에 대한 신앙을 기반으로 종파적이고 천년왕국적이며 구세적인 담론을 간직한다. 결사들은 오직 자신의 신도들만이 다가올 재난에서 구제되고 사망 후에도 좋은 내세가 보장된다고 약속한다.[16)] 이러한 종교적 차원의 언약은 회당계 결사에서

---

13) 蔡少卿,『中國近代會黨史研究』, 中華書局, 1987, p.3.

14) 본서 제2부 제1장에서 인용된 1940년대 공산당에 의한 哥老會 조사 참조(甘肅省 慶陽地區檔案館藏). 사천의 경우에 관해서는 Doak Barnet, "The Status Quo in the Countryside" (June 1948), *China on the Eve of Communist Takeover*, New York: Frederick A. Praeger, 1963, pp.103-154.

15) 尹恩子,「兩湖地區哥老會硏究」, 南京大學博士學位論文, 2002.9.

는 찾아 볼 수 없다. 회당계 결사에서 민중 신앙의 요소들이 발견된다고 해도 종교적 담론은 전혀 중요한 위치를 차지하지 못한다. 그들에게서 강조되는 것은 세속적 이익이며 회원간의 상호부조("互助")야말로 가장 중요한 담론이었다. 요컨대 회당계 결사에서는 종교적이라기보다는 사회학적 차원의 의미가 지배적이다.

이러한 모든 차이점에도 불구하고 간과해서는 안 될 것은 이 두 계통의 결사조직이 갖고 있는 공통점이다. 이 공통점이야말로 본서에서 다루는 중국 '비밀결사'의 개념정의가 될 것이다. 우선 비회원(일반 사회) 대한 조직상의, 의식상의 비밀성을 지적할 수 있다. 중화민국시기를 통하여 홍창회처럼 촌락 전체를 장악하는 경우에 공동체 일반에 공개화되는 결사도 있지만, 촌락공동체 외부에 대해서 그 고유의 비밀성은 언제나 유지되었다. 다시 말해 대중에게 완벽하게 공개되는 비밀결사는 존재하지 않았다. 최소한 초빙되는 인물을 제외하고 비회원은 비밀의식이나 행사에 참석하는 것이 허용되지 않았다.

다음으로, 혼합주의(syncretism)를 들 수 있다. 이러한 특징은 사실 교문계 결사에만 국한되지 않는다. 회당계 결사를 통해서도 혼합주의는 분명히 관찰된다. 모든 종류의 이단적인 종교적 미신 신앙과 민중문화 그리고 국가에 의해 승인된 사회적 · 종교적 규범, 즉 불교, 도교, 마니교(이 경우는 특히 교문에 해당), 유교조차 결사조직에 반영되어 있다. 여기에 민간 소설이나 전설 속의 인물에 대한 찬양도 더 할 수 있을 것이다.

또한 우리는 비합법적 활동을 지적할 수 있다. 이러한 활동은 국가권력과 사회의 관계라는 맥락에서 결사 조직의 존재방식과 관련된다. 처음부터

16) Stevan Harrel & Elizabeth Perry, "Syncretic Sects in Chinese Society: An Introduction", *Modern China*, vol. 8, no. 3, July 1982, pp.283-303.

중국의 비밀결사는 국가가 통제하는 영역 밖에서 출현했다. 시간의 흐름 속에서 국가권력은 자기 강화의 길을 모색했지만, 국가는 국가제도 밖의 비공식적 영역의 확대 속도를 따라잡을 수 없는 무능력을 노정했고, 이 영역은 비밀결사의 불법적 활동의 무대가 되었다. 이러한 역동성은 다음과 같은 비밀결사의 또 다른 특징을 야기했다.

즉 그것은 반정부적 성격이다. 이 성격은 결사조직 본연의 특징이라기보다는 국가권력의 개입에 의해 야기된 결과였다. 비록 비밀결사가 주도한 반란과 폭동에서 다양한 원인을 거론할 수 있겠지만 — 특히 교문계 결사에서의 종교적 이데올로기,[17] 회당계 결사에서의 反淸과 일정한 反儒教의 지향[18] —, 반정부 폭동의 주된 원인은 당국의 의심과 탄압에서 비롯된다. 단순한 상호부조를 행하던 회당계 그룹이나 평화적으로 포교하던 교문계 결사는 당국의 진압에 대한 대응의 차원에서 반란으로 나아가는 경우가 많았다.

요컨대, 중국의 비밀결사란 국가와 사회 일반에 대해 비밀성을 간직하는 혼합주의적인 민간의 조직으로서 빈자와 주변인 그리고 파산자들의 조직체라고 정의할 수 있을 것이다. 결사는 국가 통제와 제도의 밖에서 그 성원들에게 사회·경제적, 육체적, 정신적, 종교적 보호와 안전을 제공하는 것을 목표로 한다. 그러나 그들이 원칙적으로 반정부적인 것은 아니었다. 그들의 국가권력에 대한 저항은 대부분의 경우 국가권력의 개입에 대한 반응이자 그러한 경험을 통해 획득된 결과였다.

---

17) Daniel Overmyer, *Folk Buddhist Religion: Dissenting Sects in Late Traditional China*, Harvard University Press, 1976; C. K. Yang, *Religion in Chinese Society*, University of California Press, 1967.

18) Jean Chesneaux, *Les sociétés secrètes en Chine* (XIXe et XXe siècles), René Juillard, 1965, p.15.

청조 마지막 시기를 특징짓는 국가의 위기는 비밀결사의 역사 과정에 결정적 영향을 주었다. 19세기 중기이래 극적으로 만연되어간 비밀결사와 관련된 반란은 당시 새롭게 출현한 한 현상과 맞물려있다. 그것은 바로 필립 쿤에 의해 제시된 '軍事化'(militarization)의 경향이다. 그에 따르면 이 군사화의 거대한 현상은 다양한 형태로 표출되면서 전 지방사회에 만연되어 갔다. 우선 지방 무장세력의 부상이다. 이것은 비단 체제 수호 측의 무장부대뿐만 아니라 반란 측의 무장역량의 성장을 동시에 가리킨다. 이 무장 세력은 산악과 주변지역에 국한되지 않고 계곡과 평원지대로까지 확대되어 갔다. 다음으로 이 무장세력은 그 규모에서뿐만 아니라 그 복잡성에서도 그 도를 더해갔다. 이단 측에서는 소규모 비밀결사와 토비들이 태평천국과 같은 대규모의 반란 부대와 결합하게 되고, 정통 질서 수호 측에서는 촌락 수준의 團練으로부터 단련의 연합으로 그리고 결국 지방 혹은 지역군대로 상승 발전하는 경향을 보였다.

정통 질서의 수호 세력과 그에 반대하는 비밀결사라는 두 가지 축을 따라 전개되는 이 군사화 현상은 국가 관료체제의 사회에 대한 통제 약화와 동시적으로 진행되었다. 여기서 우리는 결사가 주도한 반란집단의 활동 이외에도 지방 엘리트 세력의 부상에 주목할 필요가 있다. 후자는 전자와 함께 약화되어 가는 제국 국가권력이 남긴 정치적 공간을 메워 나갔다. 19세기 그리고 그 이후에도 이 현상은 국가권력의 약화 혹은 강화와 맞물리면서 중국 지방사회의 정치적 구조를 방향 지우게 된다.[19)]

---

19) Philip Kuhn, *Rebellion and Its Enemies in Late Imperial China: Militarization and Social Structure, 1796~1864*, Harvard University Press, 1970, Chapter V; Edward A. McCord, "Militia and Local Militarization in Late Qing and Early Republicain China: The Case of Hunan", *Modern China*, vol. 14, no. 2, April 1988.

2. 민국시기의 국가, 사회 그리고 비밀결사

따라서 이러한 상황적 변동의 맥락하에서 비밀결사와 국가와의 관계를 조망해 볼 필요가 있다. 1911년 신해혁명과 함께 시작되는 민국시기를 바라볼 때 우리는 곧 제국 말기 이래 지속되는 일정한 연속성을 발견하게 된다. 신해혁명이 구체제를 공화체제로 대체하였지만, 새로운 국가권력은 여전히 약체 상태를 면치 못하였다. 袁世凱 정권의 일화적인 짧은 시기를 거친 후 중국은 중화인민공화국이 성립될 때까지 진정한 중앙 권력의 부재 상태에 처해 있었다. 반면, 동전의 다른 한 면과 같이 새로운 정치 · 사회적 공간은 계속해서 모든 분야에 걸쳐 확대일로를 밟았다. 그러나 그 새로운 공간은 어떤 제도화된 형태로 정착되지 못했는데 그것은 바로 진정한 국가권력의 부재에서 기인하는 것이었다. 민국시기는 거의 모든 측면에서 변동의 시기였다. 이러한 상황은 비밀결사에게 더 없이 유리한 활동 공간의 제공을 의미했다.

먼저 민국시기 비밀결사의 한 중요한 특징은 그 분포의 광범성이다. 비밀결사는 그 이전의 어느 시기보다도 전국에 확산되어 갔다. 그들의 구성원이 주로 여전히 유랑자와 빈자, 즉 사회 하층민이었지만, 결사조직은 글자 그대로 거의 모든 계층에 파고들었다.[20] 게다가 제국시대의 결사들이 당국

20) 섬서성 당안관에 소장된 다음의 문건들은 민국시기 비밀결사가 국민당과 그 정부의 공무원, 경찰, 교사, 학생 등 거의 모든 사회계층에 확산되었음을 보여준다. 「取締各級學校教職員學生加入袍哥黨會辦法」(1942); 「嚴禁黨團員及公職人員參加幇會辦法」(1944), 陝西省檔案館, 民國檔案, D6/67-1-213, D6/67-5-568; 「西安市與蔡家坡幇會人員名册」(1944~1948, 1948~1949), 陝西省檔案館, 民國檔案, D699/50-1-98, D699-492/50-3-2. 이 자료의 青幇名册 '직업' 란에 따르면, 노동자가 90% 이상, 상인 · 정치가 · 경찰 · 군인 등이 그 나머지 약 10%를 차지한다. 한편 35명의 청방 두목에 대한 통계는 4명의 참의원, 11명의 상인 그리고 몇 명의 퇴역군인 · 경찰 · 치안국 공무원 등으로 그 직업과 신분을 기록하고 있다.

의 탄압을 피해 지하로 잠적할 수밖에 없었다면, 민국시기의 그들은 어느 정도 공개화되고 노출된 상태에 처하게 된다. 민국시기의 이러한 새로운 양상을 야기한 제 요인 가운데 필자는 다음 세 가지 측면에 주목한다.

첫째, 전통적인 유교적 규범의 동요이다. 청말 이래 신해혁명과 원세개 독재 그리고 그 뒤를 이은 군벌 지배기를 거치면서 악화 일로를 걸은 정치 사회적 긴장 속에서 정통과 이단의 이분법에 기초하고 있던 유교적 사회질서 원리는 붕괴되어 갔다.[21] 가치 판단의 기준을 상실한 인민들은 이제 비밀결사와 같은 이단의 조직에 들어가는 것을 꺼려하지 않았다.

둘째, 정치건설의 미성숙을 들 수 있다. '제국 만기' 이래 새로운 정치 공간은 국가권력의 통제 밖에서 출현하기 시작했고, 특히 근대화의 길을 걷던 도시에 집중된 지방 엘리트들은 새로운 정치 영역에 활발히 참여하고자 했다. 그러나 그들의 이러한 '근대적' 활동은 단기간의 일화적 수준에서 협애한 공동체적 자율에 머물렀고 제도화된 '시민사회' 의 건설로 이어지지 않았다.[22] 제국체제의 약화 및 붕괴와 함께 확대되기 시작한 새로운 공간은 비밀결사와 같은 '전통적' 조직에도 문을 열어 주었다. 우리는 종종 이 결사조직을 가리켜 건설적이고 전향적이라기보다는 파괴적이고 부정적인 퍼스펙티브를 갖는다고 치부하는 연구들을 보게 되지만, 필자는 이 결사조직을 정치건설이 결여된 민국사회에 잘 적응된, 자율적 사회세력의 주요 구성부분의 하나였다고 말하고 싶다.[23]

---

21) "엘리트에 의해 지배되는 정통적 유교문화"와 "비밀결사에 의해 지배되는 종파적 하위문화인 이단"의 대비에 관한 명쾌한 설명은 Philip Kuhn, *op. cit.*, 1970, p.165 참조.

22) Marie-Claire Bergère, "Civil Society and Urban Change in Republican China", *The China Quarterly*, no. 150, June 1997. 사실 이러한 특징은 특정 도시들(특히 상해)과 관련될 뿐이었다. 광대한 농촌 지역에서는 이러한 협애한 활동조차도 거의 존재하지 않았다는 점에 주의할 필요가 있다.

23) Yves Chevrier, "L'empire distendu : esquisse du politique en Chine des Qing à Deng

마지막으로 비밀결사의 확산을 불러왔던 또 다른 요인은 바로 근대국가 건설의 기도와 그것이 가져온 효과였다. 국가가 중앙 집중화의 근대적 의욕을 갖고 있었다 해도 국가 제도는 약세를 면치 못했고 그 방법은 역효과를 불러왔다. 프라센지트 두아라의 연구가 보여 주듯이, 청조 마지막 10년간의 국가주의적 新政의 실시 이래로 국가권력의 강화 노력은 지역 엘리트로 하여금 국가권력에 등을 돌리게 만들었고, 국가권력은 확장되기보다는 오히려 안으로 말려들어가는 퇴행적 '내권화'(involution)의 경향을 보였다.[24) 가이 알리토 역시 근대화로 나아가던 국가권력은 과거 자신이 누렸던 정당성을 상실했으며 지역사회는 그때까지 부과되던 기존의 사회질서에 의문을 제기하기 시작했다고 지적했다.[25) E. 페리가 국가에 의한 자원 수탈이

Xiaoping", in Jean-François Bayart(dir.), *La greffe de L'Etat*, Editions Karthala, 1996; Brian Martin, *The Shanghai Green Gang: Politics and Organized Crime, 1919~1937*, Berkeley: University of California Press, 1996. 후자는 青幇이 상해의 "사회 경제 정치적 변화과정을 구성하는 한 부분", 즉 "상해 정치 체제의 한 부분", "국민당의 공식 노동조합 조직의 일부이자 도시경제의 점증하는 국가부문을 이루는 한 부분"이라고까지 평가한다(pp.215-216).

24) 그에 따르면 국가권력 강화 노력은 '문화적 연계'(cultural nexus)의 파괴를 통해 국가의 기초였던 지역사회 특히 촌락공동체를 해체했고, 권력의 정당성의 상실을 야기했다. 결과적으로 국가의 자기 강화 노력은 자신의 존재 자체를 위협하는 지경에까지 나아가고 말았던 것이다. Prasenjit Duara, *Culture, Power, and The State: Rural North China, 1900~1942*, Stanford, CA: Stanford University Press, 1988. 한편 강소성 북부의 如皐縣에 대한 연구를 통하여 바르칸은 "청조의 개혁에 의해 야기된 변화로 인해 그리고 뒤이은 학생과 공산주의자 국민당의 압력으로 인해 지역의 지도자들은 보수화함과 동시에 고립화되고 국가와 사회의 유효한 연결 고리로서의 역할을 그만두게 되었다"라고 서술하고 있다. Lenore Barkan, "Patterns of Power: Forty Years of Elite Politics in a Chinese County", in Joseph Esherick & Mary Rankin(eds), *Chinese Local Elites and Patterns of Dominance*, Berkley: University of California Press, 1990.

25) Guy Alitto, "Rural Elites in Transition: China's Cultural Crisis and the Problem of Legitimacy", in Susan Mann Jones(ed), *Select Papers from the Center for Far Eastern Studies*, no. 3, Chicago: University of Chicago, 1979.

지역사회의 저항을 야기하였다고 말했던 것은 역시 동일한 비전하에서였다.[26] 이러한 모순과 대립에 협상을 통한 해결책을 제시해 줄 수 있었을지도 모를 정치건설의 부재로 인해, 비밀결사와 같이 자율적 지역권력에 부응하여 집단 폭력으로 나아갈 수 있는 조직들이야말로 지역 주민들에게 국가권력에 대항한 일정한 유효한 투쟁 수단을 제공할 수 있었다. 국가권력은 이제 지역주민들에게 보호자가 아니라 자원의 수탈자 이외의 아무것도 아니었던 것이다. 지역 엘리트들로서도, 그들은 이제 더 이상 국가권력에 의해 승인된 유교적 사회 질서원리의 대변자가 아니었다. 엘리트들은 자신의 정치·사회적 그리고 '문화적' 자원을 유지하기 위해 혹은 그것을 새롭게 획득하기 위해 '이단' 세력인 비밀결사를 이용하는 데 주저하지 않았다.[27]

---

26) Elizabeth Perry, "Collective Violence in China, 1880~1980", *Theory and Society*, vol. 13, no. 3, May 1984.

27) 19세기 말 이래 지역 엘리트의 비밀결사 가입과 그에 대한 지도에 관해서는 徐安琨, 『哥老會的起源及其發展』, 臺灣省立博物館, 1988 참조. 그가 19세기 말 가로회 지도자에 관해 제시한 통계에 따르면 지역 엘리트는 120명 성원 중 11명으로 전체 9.1%를 차지한다. 즉 候選知事 1, 候選縣丞 1, 武擧 2, 武生 3, 文生 3 그리고 監生 1(p.119)이 그것이다. 한편, 포메란쯔는 촌락 지도자들이 종종 비밀결사의 두목이었다고 기술했다. Kenneth Pomeranz, *The Making of a Hinterland: State, Society and Economy in Inland North China, 1853~1937*, Berkeley: University of California Press, 1993, p.243. 에버릴은 상층 엘리트들은 이단적 결사에 적대적이었고 하층 엘리트들이 상층의 엘리트들보다 이단적 결사에 보다 더 접근했다고 언급하면서도 엘리트와 토비 및 비밀결사 간의 보호-종속(patron-client) 관계를 강조한다. Stephen Averill, "Local Elite and Communiste Revolution in the Jiangxi Hill County", in Joseph Esherick & Mary Rankin(eds), *op. cit.*, p.298.

교문계 결사의 경우에도 마찬가지였다. 본서의 제3부에서 살펴보게 되겠지만, 지역 엘리트들(지주, 지역 유지, 부농)은 민국시기에 제국시대보다 더 자신의 지방적 권력과 이익을 방어하기 위하여 이단의 종교결사에 광범하게 참여하는 모습을 보인다. 제국시대의 종교결사 성원의 사회적 구성에 관해서는 나퀸의 다음 두 저작이 참고될 수 있다. Susan Naquin, *Millenarian Rebellion in China: The Eight Trigrams Uprising of 1813*, Yale University Press, 1976, pp.38-39; *Shandong Rebellion: The Wang Lun Uprising of 1774*, Yale University, 1981, pp.43-45.

민국시기의 결사가 제국시대의 그것보다 확산되고 훨씬 더 공개화되었다고는 해도, 그들의 존재는 언제나 불법적인 것이었다. 사법적 측면에서 비밀결사를 조직하거나 그에 가입하는 행위는 여전히 금지되었다.[28] 이렇게 보면 자연스럽게 하나의 의문이 떠오르게 된다. 왜 그토록 많은 사람들, 특히 사회의 하층민들이 예견되는 당국의 탄압에도 불구하고 비밀결사로 합류했던 것일까?

먼저, 이러한 결사에의 가입은 하층민의 생존을 보장해 줄 수 있는 보호수단의 결여로서 설명될 수 있다. 파산자들뿐만 아니라 농촌의 주변화된 빈자들은 기존 사회제도의 틀 안에서 보호수단을 얻지 못했다. 공식적인 제도들, 宗族조직, 전통적 촌락공동체는 해체되거나 그 기능을 상실하고 주민들에 대한 고유의 보호역할을 더 이상 수행하지 못하였다. 반면 사회 각층에 확산되어간 비밀결사 세력은 자신의 성원이 된 회원들에게 안전감과 상호부조를 제공할 수 있었다.[29]

다음으로 비밀결사의 확산은 지역사회에 대한 국가 통제력의 약화를 이용했다. 민국시기의 국가와 사회의 관계에 관한 다양한 대립적 견해가 있지만, 대부분의 연구들은 국가권력이 청 중기 이래 약체화 과정을 겪었음을 보여주고 있다.[30] 전대미문의 사회적 변동 — 인구의 증가, 상업의 발달, 가

---

28) 예컨대 원세개 정부는 지방정부에 비밀결사의 전면적 금지를 명령했다. 「通飭嚴禁秘密結社文」(1912.9.29); 「通飭解散秘密結社集會文」(1912.10); 「嚴禁,解散湖南會黨令」(1913.10.3); 「嚴禁哥老會令」(1914), 章伯鋒 · 李宗一 編, 『北洋軍閥』, 第二卷, 武漢出版社, 1990, pp.525-526 · 540 · 1360 · 1369. 또한 이하의 각주 32 참조.

29) 사실 이것은 사회의 약자층 혹은 사회적 위기에 의해 약화된 계층을 포섭하는 사회적 연대 건설의 항상적 기제를 말한다. 비밀결사는 처음부터 이러한 기능을 수행해 왔지만, 그것은 그 전시대 보다도 민국시기에 더욱 두드러진 것이었다. Susan Mann Jones & Philip A. Kuhn, "Dynastic Decline and The Roots of Rebellion", in Denis Twitchett & John K. Fairbank(eds), *The Cambridge History of China: Late Qing, 1800~1911*, Part I, vol. 10, Cambridge University Press, 1978, p.134.

속화된 사회 경제적 변화 ─ 은 국가 통제 밖의 새로운 공간들을 창출했고 이 공간에서 비합법적 비공식적 조직들이 발달하기 시작했지만, 국가권력은 이를 관리하거나 통제할 능력을 보여주지 못했고 법률 밖의 혹은 불법적 조직들을 그대로 방치했다.[31] 신해혁명과 함께 붕괴된 중앙권력은 민국시

---

30) 제국시대의 '제한된' 국가 그 '최소주의' 및 제국 질서의 퇴행을 다루는 최근의 연구에 관해서는 다음의 정리를 참조. Lyman Miller, "The Late Imperial Chinese State", in David Shambaugh(ed), *The Modern Chinese State*, Cambridge University Press, 2000, pp.34-37. 급격한 사회경제적 변동기 질서유지에 무능력했던 제국시대의 국가권력에 관한 상세한 설명은 Mary Rankin, *Elite Activism and Political Transformation in China: Zhejiang Province, 1865~1911*, Stanford University Press, 1986. 한편 웨이크만은 청말 이래 중화인민공화국을 포함한 전 기간을 통하여 지역 엘리트에게 정치권력을 허용하지 않았던 국가권력, 즉 '전제 권력의 확대'를 강조한다. Frederic Wakeman, *Policing Shanghai, 1927~1937*, University of California Press, 1995, p.291. 필자는 그의 주장을 상해와 같은 특정 도시들 및 특정 지방에 국한하여 적용할 수 있다고 생각되지만, 전체적인 수준에서 보면 '전제적' 국가권력은 단지 실현 불가능한 이론의 수준에 머물러 있었다고 생각한다. 모택동 체제조차도 이러한 이데올로기적 주장과 현실 사이의 괴리를 피하지 못했다고 생각한다. 모택동 체제에 관해 'totalitarian' 모델보다는 의미가 약한 'totalistic' 국가였다고 보는 주장에 관해서는 Martin King Whyte, "State and Society in the Mao Era", in Kenneth Liberthal, et al(eds), *Perspectives on Modern China: Four Anniversaries*, Armonk, N.Y.: M. E. Sharpe, 1991 참조. 그러나 어느 시기를 막론하고 국가권력과 그 장악능력은 상황적 국면의 변화에 따라 다양한 양상을 보인다는 사실에 주의할 필요가 있다.

31) 피에르-에티엔느 빌은 '국가 기구의 확장'을 논하면서 18세기 국가 제도의 '효율성'을 강조하고 국가권력이 범죄 행위를 적발하기 위해 '도처에 촉각'을 곤두세우고 있었다고 말한다. 제국의 국가를 보는 그의 기본적인 시각에 관해서는 Pierre-Etienne Will, "Entre présent et passé", in Philip A Kuhn, *Les origines de l'Etat chinois moderne*, Editions de l'EHESS, 2000, 특히 pp.40 · 47 참조. 그러나 필자로서는, 비록 '제국 만기'에 국가 체제 측에서 새롭게 출현한 문제들에 대처하기 위한 노력을 기울였다 하더라도 적어도 19세기 이래 보다 정확히 말하자면 嘉慶 년간 이래로 국가는 국가통제 밖의 새로운 영역들이 확대되어 가는 속도를 따라 잡을 능력을 보여주지 못했다고 본다. 이들 새로운 영역 속에서 우리는 보다 빈번해지는 일상적인 범죄 행위, 지역 토비의 활동, 반란 행위 뿐만 아니라 수공업 장인, 상인, 지식인 엘리트 등의 활발한 움직임을 관찰하게 된다. 청말 10년간의 개혁('新政')은 바로 이러한 국가권력

기 전체를 통하여 다시 수습되지 못하였다. 이러한 국가권력의 이완은 주변화된 인자들에 그치지 않고 사회의 상층민들도 비밀결사에 가입할 수 있는 조건을 제공했다.[32]

마지막으로 우리는 정치·군사 세력에 의한 비밀결사의 이용을 환기하지 않으면 안 된다. 예컨대, 가로회의 확산은 太平天國을 진압하기 위해 조직된 湘軍의 발전과 밀접히 연관되어 있다. 비록 청조의 법률이 비밀결사를 엄격히 금지했지만, 사적 관계에 기초한 상군의 장수들은 병사들의 단결과 전투력의 제고를 위해 이 사적 군대 내부에서 가로회와 같은 결배형제 조직

밖에 남겨진 채 발달해 가는 영역을 제도화하고 국가권력을 강화하기 위한 시도에 다름 아니다.

32) 데이비드 오운비는 사람들이 당국의 탄압의 위험에도 불구하고 비밀결사에 가입했던 이유를 비밀결사가 "민간 문화에 깊게 뿌리박고 있었기" 때문이었고, "천지회의 주된 유인력은 단순한 유용성이라기보다는 종교적 요소에 있었다"고 서술하고 있지만(David Ownby, *Brotherhoods and Secret Societies in Early and Mid-Qing China: The Transformation of a Tradition*, Stanford University Press, 1996, pp.11·26), 필자는 그 결사가입의 이유를 국가권력과의 관계에서 찾아 볼 필요가 있다고 본다. 비록 청 入關 초 이래로 왕조의 법률('律例')은 일체의 비밀결사를 엄격히 금지하는 탄압 정책('剿')을 시행하였지만, 반란의 혼란 속에 국가권력이 약화되었을 때는(특히 嘉慶 치세 이래로) 유화정책('撫')을 채택하였다. 즉 형사적 처벌은 반란에 가입한 자들('匪')에게만 한정되었고 반란에 관련되지 않은 기타의 결사들(일반 教나 會)에 대해서는 아무런 조치도 취해지지 않았다. 이러한 정책의 변화는 청의 법률이 국면의 변화에 따라 그 효력을 상실하고 있음을 나타낸다. 법과 현실간의 이러한 간극은 민국 시기에 극적인 모습으로 현상한다. 북경 원세개 정부가 비밀결사의 금지와 진압 정책을 분명히 했지만 지방의 군사 정부들은 이를 제대로 따르지 않았다. 孫江, 「清末民初期における民間秘密結社と政治との關係」, 神奈川大學人文學研究所 編, 『秘密社會と國家』, 勁草書房, 1995. 국민당 정부의 경우도 마찬가지였다. 예컨대 1936년 8월 사천성 정부가 그 하급 정부에 가로회를 진압할 것을 명령했지만(「懲治哥老會締盟結社暫行治罪條例」), 成都市 당국은 "우리 시의 치안기관은 본 정부의 관할에 들지 않으므로 받은 지시를 전달 시행할 수가 없다(…等因奉此, 自應遵辦. 惟查本市治安機關不屬職府管割, 奉令前因, 無法轉飭…)"고 답했던 것이다. 王純五, 『袍哥探秘』, 巴蜀出版社, 1993, pp.173-174.

들의 존재를 허용했다.[33] 가로회는 상군의 이동과 함께 자신의 터전을 확대했고, 태평천국의 진압 뒤에는 해고된 병사들 – 그들 중 다수가 가로회 회원이었다 – 을 중심으로 민간에 확산되어 갔다. 가로회는 19세기 후기에 이르러 장강유역을 중심으로 한 반정부, 반기독교 운동에서 주도적인 역할을 담당했다. 이러한 가로회의 활동을 이번에는 反滿 혁명가들이 주목하게 된다. 혁명가들은 비밀결사의 수령과의 접촉을 통해 그 세력 전체를 혁명에 동원하고자 했다. 개혁가 唐才常의 自立軍의 경우도 역시 결사조직을 이용했다. 청조 조정에 의한 義和團의 공인은 정치세력에 의한 비밀결사 이용의 전형적인 예였다.[34] 뒤이은 중화민국 전 기간을 통하여 각 정치 파계와 군벌들, 국민당, 공산당 그리고 일본군과 그 협력자들은 끊임없이 이 '봉건' 결사를 정치적 도구로 이용했다.[35] 이 모든 정치과정은 비밀결사의 확대에 기여했고, 결사는 그 과정에서 제반 정치적 사건들에 참여할 수 있는 기회를 확보하게 된다.

---

33) Liu Cheng-yun(劉錚雲), "The Ko-lao Hui in Late Imperial China", Ph. D. Dissertation, University of Pittsburgh, 1983, p.55.

34) Joseph Esherick, *The Origins of the Boxer Uprising*, University of California Press, 1987, 특히 pp.255-257 · 302-306.

35) 위에서 인용한 邵雍의 저작에 따르면, 군벌들은 특정 교문결사들을 정치적으로 이용하기 위해 그 존재를 승인하고 활동을 지원했다. 邵雍, 『中國會道門』, 上海人民出版社, 1997, p.164. 민국시기 비밀결사들이 정당 조직처럼 간주되어 공개적 활동을 한 것에 관해서는 第二歷史檔案館 編, 『民國幇會要錄』, 檔案出版社, 1993, 특히 「洪門活動概況」(pp.272-281) 참조. 일본군 및 그 괴뢰정부에 의한 결사의 이용 사례에 관해서는 馬場毅, 「日本の中國侵略と秘密結社」, 神奈川大學人文學研究所 編, *op. cit*. 국민당에 의해 청방이 이용된 사실을 들어 프레데릭 웨이크만은 국민당 국가를 '범죄화한 국가' 라고 서술했다(Frederic Wakeman, *op. cit*., 1995).

3. 민국시기 會黨系 결사, 특히 哥老會의 도덕적 · 정치적 담론 – 劫(打)富濟貧, 反淸復明

1) 상징, 담론

민국시기의 회당계 비밀결사의 특징들을 이해하기 위해서는 객관적 사실의 여부를 떠나 관념과 태도가 갖는 힘에 대해 주목하는 추상적 · 상징적 분석이 필요하다. 즉 결사에 관한 사회, 경제, 정치적 측면의 문제관심으로부터 언어와 문화의 추상적 영역으로 옮겨가는 것을 말한다. 우리는 이를 '문화적 해석' 이라고도 부를 수 있을 것이다. 여기에서 피에르 부르디외의 '상징자본' 의 개념은 중요한 참고가 된다. 그에게서는 구조와 주체(=행위자, agency)가 각각 상대적 자립성을 갖고 현상하게 된다. 또한 미셸 푸코는 빅토리아시대의 영국의 性문제에 관한 연구를 통해 담론이 객관적 사실보다 역사적으로 더욱 중요한 의미가 있고 보다 큰 실재를 담보하고 있다고 주장했다. 그에게서는 P. 부르디외보다도 더 추상적 영역이 독립성을 갖는 것으로 파악된다.[36)]

민국시기의 가로회는 다양한 영역에서 활동의 장을 갖고 있었고, 거기에는 비합법적인 약탈과 밀수, 납치, 살인 등의 비적행위를 포괄하고 있었다. 그러나 우리는 가로회의 내부 문서, 신화와 전설, 그리고 구호들을 통하여 이 결사조직이 의리를 존중하는 빈자를 주체로 한 '劫富濟貧' 의 조직이자, 만주왕조 타도라는 애국적인 역사를 간직한 '민족혁명' 조직으로 자임하

---

36) Pierre Bourdieu, *Language and Symbolic Power*, Polity Press, 1991; Michel Foucault, *Histoire de la sexualité: 1, la volonté de savoir*, Gallimard, 1978. 이러한 시각을 중화인민공화국의 토지개혁과 문혁에 적용한 연구로는 Philip C. C. Huang, "Rural Class Struggle in the Chinese Revolution", *Modern China*, vol.21, no.1, January 1995.

고 있었다는 사실을 쉽게 확인하게 된다.

겁부제빈의 언어와 민족혁명 세력으로서의 담론은 어떻게 형성되었던 것일까?

2) 겁부제빈

민국시기의 가로회가 사회 각층에 광범히 분포하고 있었을지라도, 위에서 지적한 바와 같이 그 주된 성분은 여전히 유민과 사회 · 경제적 하층민이었다. 이들은 사회 경제적 약자이자 정치적 피압박 계층으로서 강자와 부자에 대한 불만 속에서 사회적 정의의 실현을 갈망하게 된다. 그러나 법률의 테두리 안에서 정의가 실현될 가능성을 기대할 수 없는 상황 하에서, 그들이 호소할 수 있는 수단은 비합법적 폭력이었고, 그것을 수행할 수단도 국가와 사회가 인정하는 영역 밖에 놓인 비밀결사, 토비와 같은 조직이었다. 예컨대 비적 행위는 국가정권과 그것이 인정하는 정주사회에서 보자면 약탈 · 살인 행위가 되지만, 정주사회로부터 떨어져 나간 유민이나 혹은 정주사회의 주변에 위치해 있던 빈민 그리고 그들을 주된 구성 부분으로 하는 비밀결사 쪽에서 보자면 '俠義의 理想'과 '扶危救困'을 실현하기 위한 겁부제빈이 된다.[37)]

이러한 담론은 물론 민국시기 비밀결사조직에서 비로소 출현한 것은 아니었다. 주지하듯이 『水滸傳』 영웅들의 이야기는 이미 明代 이래 중국의 민간에 광범히 인기를 누리고 있던 약자를 위한 정의로운 행동으로 해석되고 있었다. 천지회의 창립 전설이 이러한 민간유전의 고사에서 영감을 얻었다

37) 西北研究社, 『哥老會與青幇概況』, 출판사 불명, 1941, pp.3-4. 陝西省檔案館 '資料部' 소장.

는 사실은 쉽게 확인된다.[38] 제2부에서 살펴보듯이 민국시기 陝甘寧 변계의 토비 가운데 다수의 가로회 성원을 확인할 수 있는데, 그들의 약탈 행위에도 불구하고 민간에서는 '좋은 토비'(好土匪)로 불리는 경우가 종종 발견된다. 陝甘邊의 산악을 전전하던 劉志丹의 유격대원들은 가로회 관계로 맺어진 토비가 다수를 점했고, 그들의 구호는 늘 겁부제빈이었다. 상해의 청방 두목 杜月笙이 자신의 사회적 지위를 정당화하기 위하여 사용한 방법은 또 다른 좋은 예에 속한다. 1930년대 이 무시무시한 깡패 조직의 오야붕은 자선사업에의 참여를 통해 약자와 핍박받는 자를 보호하는 너그러운 영웅으로서의 비밀결사 성원의 이미지를 의도적으로 이용했다.[39]

다음의 일화는 이러한 담론이 어떻게 현실에 작용을 하는지 잘 보여준다. 1936년 감숙성 華池縣 '共青團'의 서기는 다른 당원들과 함께 民團에 체포된다. 가로회 두목이기도 한 민단의 團總에 의해 심문을 당하던 서기는 전자의 질문에 이렇게 답했다. "어째서 지역 유력가들을 공격하는 거지?" ― "타부제빈을 실현하기 위해서라오!" 이러한 답변에 가로회 두목은 더 이상 심문을 지속하지 못했다고 한다.[40]

객관적 사실은 약자와 강자를 가리지 않는 약탈이 자행되었음을 보여주고 있지만, 추상적 영역에서 겁부제빈이라는 언어는 민국시기를 통해 여전히 비합법의 폭력적 약탈을 정당화하는 결사조직의 도덕적 담론으로 자리잡고 있었다.

---

38) 羅爾綱,「水滸傳與天地會」,『天地會文獻錄』, 正中書局, 1943.

39) Brian Martin, *op. cit.*, pp.144-149.

40)「馬兆祥回憶少共定還, 驛馬關縣委的活動」, 劉鳳閣 主編,『陝甘寧邊區隴東的群衆運動』, 中共慶陽地委黨史資料徵集辦公室, 1994, p.300.

3) 반청복명

다음 장에서 살펴보게 되겠지만, 천지회 및 기타 회당계 결사들이 청말 만주족에 대항하는 반청복명의 기치를 목적으로 한 忠明派 인사들에 의해 창립되었는지는 확실하지 않다. 회당계 결사의 기원에 관한 최근의 연구들은 청 중기 이래 사회 · 경제적 변동의 와중에서 파산자와 빈자들의 상호부조의 필요성에 의해 결사는 조직되기 시작했다고 본다. 이러한 '互助' 說은 '반청복명' 이 단지 결사 내부에서 통용되던 전설에 불과한 것으로 치부해 버린다.[41]

천지회의 기원에 관한 서로 다른 주장에도 불구하고 우리의 관심을 끄는 것은 청조 후기 咸豊 · 同治시기 이래로 제국 정권의 탄압에 맞서 반청복명이라는 구호가 회당활동 가운데서 매우 빈번하게 발견된다는 점이다. 이러한 경향이 두드러진 데는 다음의 두 가지 이유가 있다.

첫째, 앞에서 간단히 지적한 바 있는 정부의 탄압이다. 사실 청말의 각종 공식 보고문에 기록된 가로회 성원 자신의 공술에 의하면, 회원들의 가입동기는 다양하다. 단순한 호조와 보호 장치의 필요 때문에 가입하는 경우가 있는가 하면, 정치적 불만에서 가로회에 가입하고 반란을 조직하는 데까지 나아가기도 한다. 청 관료들로서도 가로회가 반드시 반청복명의 목적을 위해 조직되었다고 판단했던 것 같지는 않다.[42] 청조가 이 조직에 대해 탄압에 나선 이유는 그것이 정통 유교에 부합하지 않는 이단의 원리에 의해 조

---

41) 蔡少卿, 「關於天地會的起源問題」, 『北京大學學報』, 1964-1; 秦寶琦 劉美珍, 「試論天地會」, 『淸史研究集』(中國人民大學淸史研究所), 第1號, 1980-11. 반면 반청복명론은 '호조' 가 사회 경제적 하층민의 참여를 유인하기 위한 책략에 불과하다고 주장한다. 胡珠生, 「天地會起源初探 - 兼評蔡少卿同志關於天地會的起源問題」, 『歷史學』, 1979-4; 赫治淸, 「天地會起源乾隆說質疑」, 『中國史研究』, 1983-3.

42) 섬서 · 감숙 가로회 조직에 대한 淸末의 제 보고문 참조(본서 제2부 제1장 각주 16, 17).

직되어 사회적 범죄의 온상이 되고 사회질서를 어지럽힌다는 점 이외에, 보다 중요한 것은 이러한 비밀조직이 反官 혹은 반란의 역모를 통해 정권에 직접적인 위협을 가할 가능성에 대한 우려에서였다. 이것은 천지회류의 이른바 會匪가 林爽文 반란을 계기로 극단적 탄압의 대상으로 되어 정부 관료의 주된 감시의 대상이 된 것과 관련된다.[43] 정부의 탄압이야말로 가로회 등의 비밀결사로 하여금 천지회와 마찬가지로 비밀상태로 들어가게 만들었고 반청복명이라는 구호하에 반정부적 경향성을 강화해주는 계기를 제공하게 되었던 것이다.[44]

둘째, 공화 혁명파의 작용이다. 반청복명이 청 후기 비밀결사조직 만의 구호는 아니었다. 크고 작은 반관성 농민투쟁 가운데서도 이러한 구호는 종종 등장하며, 역사적으로도 왕조말기의 반란 가운데서 옛 왕조의 부흥을 내세우는 구호들을 우리는 쉽게 발견할 수 있다. 그리고 반청복명은 회당 활동 가운데서 보이는 유일한 구호도 아니었다. 가로회 長江敎案에서 보이듯 反洋敎뿐만 아니라, 심지어 '順淸滅洋'[45]을 내세우는 경우도 있다. 청 후기 이래의 비밀결사조직은 상황의 필요에 따라 다양한 구호를 내세우고 있었던 것이다. 이 과정에서 혁명파의 등장은 결사조직으로 하여금 반청으로의 편향을 조장하게 된다. 주지하듯이 孫文의 興中會를 비롯한 혁명파는 청조타도를 제1의 목표로 삼았다. 일반 대중동원의 어려움 속에서, 혁명파는 천지회계 비밀결사와 제휴를 모색하고, 그들에 대해 하나의 '전통 만들기'라고도 부를 수 있는 반청 조직의 이미지를 적극적으로 강조하게 된다. 당시 장강유역에 광범한 세력을 갖고 있던 가로회와 연합하는 과정에서도 예외

43) 이 반란에 관해서는 예컨대 David Ownby, *op. cit.*, 1996 참조.

44) 엘리자베쓰 페리에 따르면, 국가의 개입이야말로 반란의 주된 원인이었다. Elizabeth Perry, *op. cit.*, 1980, p.96; "Collective Violence in China, 1880~1980", *op. cit.*, p.440.

45) 1890년에 폭발한 사천 余棟臣 반양교 사건의 구호. 徐安昆, *op. cit.*, p.156.

가 아니었다. 그 과정에서 가로회는 반청복명의 조직목적을 갖고 창립된 천지회계, 즉 홍문의 지파로 자임하게 된다.[46)]

哥老會 반청조직설은 새로운 문맥에서이긴 하지만, 민국시기에도 여전히 힘을 유지했다. 손문의 공화혁명으로 만주정부가 타도됨으로써 결사조직의 역사적 사명은 종식된 것으로 간주되었고 법률에 의해 금지의 대상이 되었지만, 1930년대 이래 일본의 침략이라는 국가적 위기의식 속에서 중국 결사조직은 이민족 타도에 앞장선 민족혁명 세력으로서 자신의 역사를 이상화하고 미화하는 수준에까지 이르게 된다. 1930~40년대 洪門 인사들에 의한 홍문 소개 책자들은 그들 조직의 애국활동에 관한 선전용의 성격을 갖는 것에 다름 아니었다.[47)] 이렇게 하여 반청복명 기원설은 그것의 객관적 사실보다 큰 규정성을 갖는 하나의 지배적 담론으로서 민국시기 회당계 결사 내부에서 확산되었고, 오늘날에도 여전히 그 힘을 잃지 않고 있다.

4. 민국시기 敎門系 비밀결사의 변천

위에서 지적한 것처럼 민국시기의 비밀결사는 그 전대보다도 더 광범한 확산을 보였다. 한편으로 제국체제의 종말과 함께 전통적인 도덕적 가치 기

---

46) 섬서 '哥老會反正' 당시의 포고문은 당시 가로회의 자인식을 잘 말해 준다. 포고문은 자신을 洪家兄弟로 칭하고 明末 제 영웅의 '暗圖興復' 속에 가로회가 조직되었다고 천명했다. 「秦隴復漢軍兵馬總督張雲山勸諭各碼頭兄弟戮力同心光復各屬州縣告示」, 原載, 『帝州報』, 1911.11.11, 中共陝西省委黨史資料徵集 硏究委員會 編, 『辛亥革命在陝西』, 陝西人民出版社, 1986, p.566.

47) 한 연구는 1931년 9·18 만주사변 이후 만주황제 부의가 괴뢰정부 집정에 취임하자, 홍문인사들은 홍문의 민족정신과 민족의식을 고취하기 위하여 결사에 관한 저작들을 내놓기 시작했다고 한다. 邵雍, 「民國時期幇會史學的發展」, 蔡少卿 主編, 『中國秘密社會槪觀』, 江蘇人民出版社, 1998, p.343.

준의 붕괴는 많은 인구의 교문계 결사에의 가입을 조장했고, 다른 한편으로 정치제제는 바뀌었지만, 비밀결사의 존재와 그 확대를 유리하게 하는 사회경제적 조건은 여전했거나 혹은 더욱 악화되었다. 이러한 변화 속에서 민국시기의 교문계 결사들은 제국시대의 그것과 비교하여 일정한 새로운 특징들을 보여 주게 된다.

먼저, 민국시기의 교문계 결사는 두 계통으로 구성된다. 하나는 구래의 전통적 결사들로 이들의 세력은 민국시기에도 지속적인 영향력을 갖고 확산되었다. 전술한 바와 같이 다수의 교문계 결사들은 명 중기에 탄생했고 일부는 청조 초·중기에 결성되었다. 이 두 왕조시기를 통하여 종교결사는 금지되었고 당국에 의해 엄하게 탄압을 받았지만, 제국시대의 말기에 이르러 이 결사들은 체제에 대항하는 수많은 반란들을 조직했다. 민국시기에도 이 전통적 결사들은 자신의 의식과 종교적 신앙의 전파 방법 그리고 고유의 조직체계를 간직한 채 민간에 광범하게 확산된다. 그러나 그들 중의 일부는 군벌 정권하에서 점차 어느 정도 공개화된 방식으로 활동하면서 전국적 수준의 조직 체계를 구축하기도 했다. 예컨대 光緖 연간 八卦敎의 한 성원에 의해 산서에서 창립된 九宮道는 당시 비밀상태에 놓여 있었지만, 1926년 그 지파들은 북경정부의 지원하에 북경에서 佛敎會라는 이름으로 조직을 개진하게 된다. 이어서 직예, 하남, 산동, 장춘, 심양, 당산, 청도, 천진 등에 설립된 분회를 통해 구궁도는 화북 제성에서 가장 영향력 있는 결사의 하나가 되었다. 同善社의 경우에는, 청말 1906년 先天道의 한 교도에 의해 사천에서 창립되고 1917년에는 북양정부의 승인을 얻기도 했다. 이 결사는 자신의 중앙본부(總社)를 처음에는 북경에 그리고 후에는 사천과 漢口(1920)에 설립했다. 1923년 동선사는 전국의 각 성에 분회(省社)를 두게 된다.[48] 在理敎

48) 이 결사의 수령 彭克尊은 1929년 '皇帝'를 칭하면서 국민당정권에 반기를 들었고, 중

는 청초에 창립된 이래 천진에서만 활동했지만, 민국시기에 접어들면서 직예, 강소, 산동, 하남, 안휘, 강서, 내몽고 및 동북지역과 상해, 북경에 급속히 확산되어 갔다. 이 결사는 1933년에 남경에 전국적인 지도부인 中華全國理教聯合會를 설립하는 데 이르렀다.[49)]

또 다른 계통의 결사는 會나 社 등의 이름으로 자주 명명되는 결사조직들에 의해 대표된다. 민국시기에 출현한 이 신형 결사들은 다시 두 범주로 나누어진다. 이른바 '會門武裝'과 진정한 의미에서의 민간 교문계 결사가 그것이다. 전자는 紅槍會류이며, 후자는 紅卍子會로 대표된다고 볼 수 있다. 홍창회와 그 유사 무장단체들은 1920년대에 대대적으로 출현하여 토비의 약탈과 군벌의 가혹한 세금 징수에 대항하여 지방 자위의 유력한 조직으로 농촌에 광범하게 확산되었다. 어떤 그룹들은 紅燈照, 義和門 등 전통적 명칭을 답습하기도 하지만, 대부분의 조직들은 무장을 위해 사용하는 무기에 따라 자신을 명명했다. 1920~30년대를 통해 사료상에 자주 등장하는 紅槍會, 黃槍會, 白槍會, 大刀會, 小刀會 등이 그것이다. 이 모든 준군사적인 조직들은 동시대의 사람들에 의해 전체적으로 '회문무장'이라고 불렸다.[50)] 紅卍子會는 새로운 종교결사, 즉 1921년 산동의 제남에서 창립된 道院에 그 기원을 둔다. 전자는 처음 후자의 조직상의 일부, 즉 집행기관에 불과했지만, 자선사업을 통해 일반에 공개적으로 알려지면서 후자를 대체하여 전면

일전쟁 중에는 일본에 협력했으며, 이어서 1948년에는 상해에서 인민해방군의 입성에 저항하였다. 陸仲偉, 「論會道門的反動性」, 第1屆中國近代秘密社會史國際學術討論會 제출논문, 南京大學, 1993.6.

49) 본 절의 많은 부분의 내용은 다음의 연구에 의한다. 濮文起, 「民國時期民間秘密宗教簡論」, 第1屆中國近代秘密社會史國際學術討論會 제출논문, 南京大學, 1993.6.

50) 申仲銘, 『民國會門武裝』(徵求意見稿), 中華書局, 1984. 일명 申蘭生인 저자는 산동 陽穀縣 출신으로 제1차 국공합작 분열 후 공산당의 지도하에 홍창회와 연합, 폭동을 일으켰다.

에 부상하게 된다. 1930년대 홍만자회는 홍콩, 일본, 조선에까지 그 분회를 둘 정도였다.[51)]

다음으로, 민국시기의 교문계 결사들은 일정한 면에서 질적 변화를 보였다. 첫째 경전과 信仰에서의 변화이다. 명청시대의 결사들이 자신의 교리, 의식, 내부 규율 등에서 이른바 寶卷에 의지하고 있었다면, 민국시기의 교문결사들은 그들이 전통 결사에 속하든 새롭게 출현한 신형의 결사이든 막론하고 壇訓(제단의 가르침)의 편찬과 보급에 주의를 기울였다. 단훈이란 신내림의 의식을 행할 때 얻게 되는 字句들로, 보권보다 훨씬 단순하고 따라서 민간에의 전파가 더욱 용이했다. 민국시기 결사들은 신앙의 면에서도 그 신앙심의 정도가 박약했다. 전통 결사들에게서는 無生老母와 彌勒佛, 3교 혼합(儒 · 佛 · 道) 등은 필수불가결한 신앙이었지만, 민국시기의 결사조직들은 이 신성의 명칭조차 바꾸게 된다. 즉 明明上帝, 無極老母, 先天老祖 등 다양한 호칭이 관찰된다. 기성 종교의 혼합도 기존의 3교에 더하여 기독교와 이슬람을 포함하는 5교의 혼합주의로 변화했다.

둘째, 의식의 측면에서 민국시기 교문계 결사는 신의 강림을 중시한다. 그 신내림의 방법 가운데 하나는 扶乩(부계, fuji)라는 것으로서 그 절차는 다음과 같다. 한 사람이 서서 연필모양의 뾰족한 탐침이 매달린 나무로 짠 도구를 평평히 다듬어진 모래밭 위에 들고 선다. 신내림이 시작되면 탐침은 저절로 모래 위에 움직이며 무언가를 써 내려가게 되는데 이것이 바로 위에서 언급한 단훈이다. 一貫道의 경우, 이러한 신내림의 의식을 관장하는 자들을 三才라고 한다. 도구를 들고 있는 자는 天才이며, 모래를 평평히 고르며 큰 소리로 모래 위에 써지는 자구를 읽는 자를 地才라 하고, 그 가르침의

51) 이 결사에 관한 상세한 설명은 동시대의 조사 연구자인 末光高義의 『支那の秘密結社と玆善結社』, 大連: 滿州評論社, 1932, pp.354-394 참조.

내용을 종이 위에 받아 적는 자가 人才이다.[52] 사실 이러한 의식은 오랜 전통을 갖는 것으로 전통시대의 교문계 결사들도 사용한 방법이긴 하지만, 민국시기에 사람들의 관심을 끌기 위해 중시되기 시작했다. 민국시기의 거의 모든 교문계 결사들은 회문무장을 포함하여 다양한 신내림('降神附體')의 방법을 사용했다.

셋째, 민국시기 비밀결사는 제국시대의 그것보다 훨씬 세련되고 복잡한 조직 체계를 갖추게 된다. 중앙 지도부에서 하급조직에 이르기까지 국가 각급 행정단위 체계를 따라 현 이하의 鎭까지 각급에 책임자가 배치되었다. 구성원 간에 서로 다른 직위와 직책이 엄격히 구분되어 있었다. 이러한 고도의 조직적 정교함이야말로 민국시기 교문결사의 중요한 특징을 이룬다. 또 결사들은 이제 그 활동의 범위를 전통시대 그랬던 것처럼 한 성이나 한 지역에 국한하지 않았다. 영향력 있는 결사들은 글자그대로 전국으로 퍼져나갔다.

넷째, 민국시기의 교문계 비밀결사들 사이에는 진정한 경계가 존재하지 않았다. 한 결사가 당국에 적발되어 활동이 어렵게 되면 그 신도들은 다른 결사 조직으로 옮겨가는 경우가 허다했다. 특히 지방적 차원에서 결사들은 상황에 따라 쉽게 자신의 이름을 바꾸었다.[53] 따라서 어느 측면에서 보면 민국의 비밀결사들은 다소간 일가를 이루고 있었고, 서로 다른 조직 간에 혼융이 빈번했다.

마지막으로, 정치적 측면에서 민국의 교문결사들은 지역사회에 강하게

---

52) 李世瑜, 『現代華北秘密宗教』, 四川大學歷史系, 1948, 上海文藝出版社, 1990년 영인.

53) 중화인민공화국 초기의 한 통계에 따르면 강소성의 경우 실제로 23개의 결사조직이 존재했지만, 명칭상으로는 196개의 다른 이름이 사용되고 있었다. 江蘇省公安廳史志辦公室, 「新中國成立初期江蘇鎭壓反革命運動」, 中共江蘇省委黨史工作辦公室 編, 『歷史的探索與回顧(1949~1978)』, 中共江蘇省委新聞出版局, 1998, p.94.

뿌리를 내린 채 전대의 어느 시기보다도 유력하게 '근대' 국가권력에 반대하는 역할을 수행했다. 비록 몇몇 결사들이 권력과 협조했지만, 다수의 결사들은 지역 주민들에게 자기 강화를 향해 나아가는 국가의 개입에 저항할 수 있는 유력한 수단을 제공했다. 이러한 측면은 민국시기 부침을 겪었던 각 정권의 초기 단계에 두드러진 현상이었다. 홍창회류의 반항에 시달렸던 군벌 당국 이외에도, 국민당정권은 1920년대 말 '회문무장'의 저항에 직면해야 했고, 공산정권도 근거지 건설 과정에서 교문계 결사들의 저항을 해결하는 데 어려움을 겪었다. 공산정권이 국민당과의 내전을 승리로 이끌고 전국적 수준에서 자신의 권력을 구축할 당시 각종 사회주의 조치들에 저항한 것도 바로 주로 이들 교문계 비밀결사였다.[54)]

54) 1950년대 교문계 비밀결사의 '반응적'인 행동에 관해서는 Elizabeth Perry, "Rural Violence in Socialist China", *China Quarterly*, no. 103, September 1985 참조.

제2장

연구사적 접근

연구사의 정리는 중국 비밀결사의 다양한 측면을 이해하기 위해서뿐만 아니라 본 연구의 위치를 분명히 하기 위해서도 중요한 작업이다. 그러나 필자는 중국 비밀결사에 관한 모든 연구를 다루지는 않을 것이다. 그것은 지금까지 진행되어온 그 많은 연구들을 담아 낼만한 지면도 문제이지만, 그럴 필요성이 절대적으로 요구되는 것도 아니기 때문이다.[1] 필자로서는 본 연구의 주제, 즉 중국혁명과 비밀결사에 관련된 연구들을 추려내어 고유의 연구시각을 드러내는 데 주안점을 두고자 한다. 본 연구와 관련해서는 비밀결사의 여러 측면 가운데서도 그 정치적 측면이 가장 중요한 의미로 다가온다. 그리고 중국 회당계 비밀결사의 대표로 간주되는 천지회의 기원과 관련된 치열한 논쟁이 존재하기 때문에, 필자는 바로 이 문제를 다루는 데서부터 논의를 시작해 보고자 한다.

---

1) 중국 비밀결사에 대한 연구자들의 관심과 그 중요성은 다음 저작들이 소개하고 있는 연구목록을 통해 잘 드러난다. Teng Ssu-yü, *Protest and Crime in China: A Bibliography of Secret Associations, Popular Uprisings, Peasant Rebellions*, Garland Publishing, 1981; 魏建猷 編, 『中國會黨史論著匯要』, 南開大學出版社, 1985; Dian H. Murray, *The Origins of the Tiandihui: The Chinese Triads in Legend and History*, Stanford University Press, 1994.

1. '反淸復明論' 對 '互助論' - 비밀결사의 정치적 성격에 관한 문제

주지하듯이 연구자들은 오랫동안 천지회는 忠明派 인사들에 의해 반청복명을 목적으로 청초에 창립되었다고 믿어왔다. 손문을 위시하여 陶成章, 章炳麟, 平山周 등 청말의 공화 혁명가들과 더불어 민국시기의 사가들은 이러한 천지회 창립 종지와 그 기원문제에 관하여 의문을 제기하지 않았다.[2] 중화인민공화국의 성립 이래 대륙의 역사가들이 마르크스주의를 적용하여 비밀결사를 반청복명을 넘어, '反封建' 세력으로 확대 해석했지만,[3] 그들도 관습적인 입론을 따를 뿐 그 기원문제에 관해서는 이렇다 할 문제를 제기하지 않았다. 오늘날에도 반청복명설이 비밀결사 연구계에서 힘을 잃지 않고 있다는 사실은 앞서 이미 지적한 바와 같다.[4]

한편 이러한 반청복명설의 지배 속에서도, 1960년대에 새로운 자료의 이

2) 陶成章은 그의 개척자적인 저작에서 다음과 같이 서술하였다. "명조의 내부 혼란기를 틈타 만주족들이 세력을 키웠다. 우리는 다시 한 번 나라를 잃는 불행을 겪었다. 의롭고 덕있는 인사들은 만주족의 지배를 거부하고 조국을 되찾기 위해 비밀결사를 창립했고 이에 洪門이 탄생했다. 홍문이란 무엇을 뜻하는가? 명조 개창자의 초대 연호가 洪武였고 그래서 이렇게 명명한 것이다. 홍문은 하늘을 아비로 삼고 땅을 어미로 여겼으니 이로써 天地會라고 부르는 것이다. 창립자는 鄭成功이며 그를 계승하여 조직을 완성한 이는 진기남이다." 陶成章, 「教會源流稿」, 『浙案紀略』, 1910, 『辛亥革命(三)』(中國近代史資料叢刊), 上海人民出版社, 1957. 章炳麟(太炎)도 평산주의 저작에 붙인 서문에서 천지회가 그와 같은 기원을 갖고 있다고 썼다. 平山周, 『中國秘密社會史』, 商務印書館, 1912. 민국시기의 사가들로서는 예컨대 蕭一山, 「天地會起源考」, 『近代秘密社會史料』, 1, 北平研究院, 1935; 羅爾綱, 「明亡後漢族的自覺和秘密結社」, 『益世報』(天津), 1935.4.30 참조.

3) 이러한 시각을 처음으로 제기한 것은 戴逸, 『中國近代史稿』, 上, 人民出版社, 1958, pp.42-44 이다.

4) 이 설의 대표자는 앞장에서 인용한 赫治淸이다. 「天地會起源乾隆說質疑」, 『中國史研究』, 1983-3.

용을 통해 신학설이 제기되었다. 第1歷史檔案館의 청대의 檔案에 기초하여 蔡少卿이라는 당대의 한 젊은 사가는 결사의 기원에 대해 '호조론'를 제기함으로써 학계에 신선한 바람을 불러일으켰던 것이다. 그에 따르면, 천지회가 출현한 것은 건륭 치세, 보다 정확히는 1761년으로 그 출현의 동기는 반청복명이 아니라 농민 파산자와 유민들의 상호부조의 필요성이었다.[5] '文革' 시기의 학문연구의 공백기를 거친 후 이러한 호조론은 1980년대 이래로 학계의 광범한 지지를 받기 시작했다. 채소경 이외에 대륙에서는 秦寶奇, 대만에서는 莊吉發 등이 호조론에 연결된 이러한 새로운 해석의 대표자들이라고 할 수 있을 것이다.[6]

서구에서는, 앞서 인용한 밀른 박사(Dr. Milne)를 시작으로 19세기 전반기부터 이미 중국의 비밀결사에 관심을 보이기 시작했다.[7] 연구자로서보다는 식민당국에 협조하던 관료와 경찰관련 공무원으로서 관찰자들은 식민당국에 의해 적발된 천지회의 내부 비밀 책자인 '會簿'를 통하여 역사상 처음으로 이 조직의 전설, 신화, 의식을 소개하고 그것에 의거하여 천지회가 반청복명을 조직 목적으로 하고 있음을 폭로하였다. 한편 서구 연구자들의 주된 문제관심은 이 천지회와 서구 프리메이슨의 공통된 기원을 찾는 데 집중되었고, 대부분의 저작들은 이 양자의 의식과 상징에서의 유사성을 강조하는 데 힘을 기울였다. 그러나 양자를 관련시키고자 했던 문제관심은 사실 유럽의 당대사에서 비롯된다. 즉 19세기 초 프리메이슨 단체는 서유럽 정치운동에 적극적으로 이용되고 있었고, 이러한 맥락에서 서구의 관찰자

5) 蔡少卿, 「關於天地會的起源問題」, 『北京大學學報』, 1964-1.

6) 莊吉發, 『淸代天地會源流考』, 臺北: 國立古宮博物院, 1981; 『淸代秘密會黨史研究』, 臺北: 文史哲出版社, 1994.

7) Dr. William Milne, "Some Account of a Secret Associations in China, entitled the Triad Society", *Transaction of the Royal Asiatic Society of Great Britain and Ireland*, vol. I, part 2, 1826, pp.240-250. 이는 *Chinese Repositary*, XIV (2), 1845, pp.57-77에 재록됨.

들이 문제의 시각을 중국 비밀결사 특히 천지회와 그 지파들의 정치적 측면에 맞추고 있었던 것은 어쩌면 자연스러운 일이었다.[8] 서구의 이러한 상상적인 비교주의 시각은 20세기 전반까지도 지속된다.[9]

제2차 세계대전 후 '셰노 학파' 도 천지회의 조직목적과 비밀결사의 정치적 중요성에 대해 의문시하지 않았다. 중국 비밀결사에 관한 장 셰노(Jean Chesneaux)와 그의 협력자들이 남긴 중요한 공헌에도 불구하고 그들은 결사의 기원문제에 관한 한 전대 연구자들에 비하여 아무런 진보를 보여주지 못했다. 장 셰노의 연구와 그의 연구사상의 중요성에 관해서는 조금 뒤에서 살펴보게 될 것이다.

구미학계에서 중국에서와 같은 진정한 시각의 전환은 1980년대 청조 당안의 공개 및 그의 출판과 함께 시작되었다. 많은 연구자들 중에서도 우리는 이 새로운 경향의 중심에 다이안 머레이와 데이비드 오운비를 만나게 된다.[10] 이들 역시 청조 당안에 근거하면서 반청복명설을 완전히 부정하는 입

---

8) Stanford Lyman, "Chinese Secret Societies in the Occident: Notes and Suggestions for Research in the Sociology of Secrecy", *Canadian Review of Sociology and Anthropology*, vol. 1, no. 2, 1964, pp.93 · 105. 또한 Dian H. Murray, *The Origins of the Tiandihui: The Chinese Triads in Legend and History*, Stanford University Press, 1994, p.91 참조.

9) Gustave Schlegel, *Thian Ti Hwui: The Hung-League or Heaven-Earth League*, Batavia: Lange & Co., 1866; Herbert A. Giles, *Freemasonry in China*, Amoy, 1980; J. S. M. Ward & W. G. Stirling, *The Hung Society or The Society of Heaven and Earth*, 3 vols., London: The Baskerville Press, 1925-26; W. P. Morgan, *Triad Societies in Hong Kong*, Hong Kong, n.p., 1960. 한편 20세기 전반 한 프랑스 학자는 다음과 같이 결론짓고 있다. "프리메이슨과 三合會 혹은 다른 모든 중국의 비밀결사들이 동일한 기원을 갖고 있을 가능성은 두말할 필요도 없이 하나의 매혹적인 문제이다. 그러나 최소한 우리가 말할 수 있는 것은 그러한 가능성이 아직 성숙하지 않다는 것이다." Lieutenant-Colonel B. Favre, *Les sociétés secrètes en Chine: origine - rôle historique - situation actuelle*, Paris: Edition G. P. Maisonneuve, 1933, p.175.

10) Dian H. Murray, *op. cit.*; David A. Ownby, "Introduction: Secret Societies reconsidered"; "Chinese Hui and the Early Modern Social Order: Evidence from Eighteenth-

론을 전개한다. 그들에게서 중국의 비밀결사, 특히 천지회는 정치 목적의 조직이 아니라 사회 · 문화적 조직으로 파악된다.

2. 새로운 사회학적 해석 – 비밀결사의 사회 편입

새로운 해석의 대표자라고 할 수 있는 오운비의 연구에 대한 검토로부터 논의를 시작해 보기로 하자. 그에게서는 비밀결사는 더 이상 정상적인 일반 사회의 밖에 위치하지 않는다. 기존의 연구가 사회와 비밀사회(결사)를 분리하여 파악하고자 했다면, 오운비는 이 비밀결사를 일반 사회체제 속으로 다시 끌어들인다. 그에 의하면 비밀결사는 '주변적인' 존재였지만, '언제나 정주사회(settled society)의 내부에' 위치했고 결코 기존의 정통적 제도, 즉 종족이나 촌락공동체와의 고리를 완전히 단절하지 않았다(1993, p.56). 따라서 중국 비밀결사는 유럽 근대 초기의 영국의 공제조합(friendlly society)이나 프랑스의 동업조합(compagnonnage) 그리고 기타 노동계급의 조직들 혹은 윌리엄 로우가 서술하는 바의 중국의 길드나 도시 단체에 다름 없는 것이었다고 그는 주장한다[11](1993. p.15). 오운비가 분석하고 있는 여러 '會' 들에서 우리는 비밀결사의 전통적 이미지를 찾아 볼 수가 없다. 즉 반란자, 비적, 파산 유맹 등이 아니라 일반적인 사회활동의 하나로서 비밀결사는 다시 자리매김 된다. 그의 시각의 독창성은 바로 여기에 있다.

Century Southeast China", in David A. Ownby & Mary Sommers Heidhues(eds), *"Secret Societies" Reconsidered: Perspectives on the Social History of Early Modern South China and Southeast Asia*, M. E. Sharpe, 1993.

11) William Rowe, *Hankow: Commerce and Society in a Chinese City, 1796~1889*, Stanford University Press, 1984; *Hankow: Conflict and Community and in a Chinese City, 1796~1895*, Stanford University Press, 1989.

그러나 오운비에게서는 비밀결사의 일반 사회로의 편입이라는 시각이 거기에서 멈추지 않고 결사의 정치적 측면에 대해서도 마찬가지로 적용된다는 데 문제가 있다. 그에게서 결사는 더 이상 정치적 의미가 있는 조직이 아니라 사회적이고 문화적 활동을 위한 많은 조직 가운데 하나일 뿐이다. 그러나 우리는 역사적 상황의 역할을 간과해서는 안 된다. 주의해야 할 것은 오운비가 다루는 시기가 아직 회당계 비밀결사가 광범하게 확산되기 이전의 18세기, 즉 사회 · 경제 · 정치적 조건이 아직 비밀결사로 하여금 반란으로 나가도록 부추기지 않았던 시기에 국한되고 있다는 점이다. 보다 장기적 변동의 시각에서 그 이후시기를 관찰해 본다면 비밀결사의 활동이 의심할 바 없이 정치적 의미를 띠고 부상하는 사실을 우리는 쉽게 발견할 수 있다.

회비와 교비에 관한 지방관들의 보고는 19세기를 통하여 극적인 방식으로 증가했다.[12] 이들 보고에 따르면, 바로 비밀결사들이 만주왕조에 대해 반란을 부추기고 이를 조직했으며 파산 유랑자들을 비밀리에 끌어 모았다는 사실이 분명해 진다. 결사의 대부분의 성원들은 그들이 몸담았던 기존 사회와의 끈을 더 이상 유지하지 않았다. 이제 그들은 국가권력이 통제하는 영역 밖으로 뛰쳐나갔던 것이다. 지방적인 수준을 능가하는 19세기 중기 이래의 군사화의 경향은 국가 질서와 그를 파괴하려는 결사간의 충돌을 증가시켜 갔다. 결사에 의한 민중 동원의 형태는 국가 법률의 축과 함께 나란히 병렬적으로 전개되었다.[13] 여기서 오운비의 언어를 빌어 말한다면, 비밀결사는 '정주사회' 의 안이 아니라 밖에 위치하고 있었다. 그리고 그로부터 결사는 비합법적이고 반정부적인 경향, 즉 정치적 의미를 체현하게 되었던 것이다.

---

12) 黎青, 『清代秘密結社檔案輯印』, 全10卷, 中國言實出版社, 1999 참조.

13) Philip Kuhn, *Rebellion and Its Enemies in Late Imperial China: Militarization and Social Structure, 1796~1864*, Harvard University Press, 1970.

그러나 여기서 독자들의 오해를 부르지 않기 위해 비밀결사의 기원문제에 관하여 필자의 입장을 분명히 해 둘 필요를 느낀다. 비록 필자가 결사의 정치적 측면에 주된 관심을 기울이고 있지만, 회당계 비밀결사가 처음부터 정치적 목적에서 창립되었다고 주장하는 것은 아니다. 그 기원에 관한 한 필자 역시 반청복명설보다는 호조설에 더 큰 비중을 둔다. 다시 말해 결사의 탄생 원인을 청의 입관과 함께 시작된 滿·漢 간의 민족 모순에서 찾기보다는 청 중기 이래 두드러진 사회 경제적 변동과 인구의 증가에서 추구하는 편이 더욱 합리적이라고 필자는 생각한다.

그럼에도 불구하고 청조 국가의 비밀결사에 대한 불관용적 태도는 결사의 성격에 중대한 변화를 초래했다고 필자는 본다. 오운비가 주장하듯 비밀결사가 초기에 '사회의 내부' 에서 길드나 기타 도시 단체들처럼 다양한 활동을 조직하고 있었다고 한 발 물러선다고 해도, 간과해서는 안 될 것은 만주 조정이 처음부터 그러한 류의 단체를 용인하지 않았다는 사실이다. 종족과 촌락 간의 무장투쟁(械鬪) 등 민간의 소란이나 수공업자, 상인들의 점증하는 활동에 대해서는 방임적 태도를 보였던데 반해 청조 국가권력은 처음부터 사법적 차원에서 비밀결사를 금지했다. 順治帝 치세 초기 국가의 형법은 "姓이 다른데 형제 결의를 하는 자는 곤장 1백대에 처한다"고 규정했다.[14] 순치 18년(1661)의 형률은 더욱 엄격한 규정을 보인다. "피를 마시며 맹세를 하고 향을 피우며 형제 결의를 하는 자들은 모두 사형에 처한다."[15] 異姓結拜 행위에 대한 이러한 조치는 明朝에서는 찾아 볼 수 없는 완전히 새로운 규정이었다. 역사 유구한 그러한 민간의 전통에 대해 명조가 어떤 금지 조치를 취한 적은 없었다. 청조의 엄한 처벌은 청 입관 초 충명파들이

14) "凡異姓人結拜弟兄者, 鞭一百", 『大淸會典』(雍正朝修), 卷 194.

15) "凡歃血盟誓, 焚表結拜弟兄者, 著卽正法", *ibid*.

의형제 결속을 통해 반만활동을 벌였던 것에서 연유하는 것임은 두말할 필요가 없다.[16] 옹정 초에 이르러 청조의 법령을 개수할 당시 이성결배 행위는 정식으로 형법의 '謀叛' 범주에 들어가게 된다.[17] 이 이성결배 행위와 그를 통해 형성된 집단들이 그 후에 보다 정연한 조직 체계와 의식을 갖추고 등장하는 '비밀결사'를 의미하는 것은 아니지만, 결사들의 주된 조직 원리와 성원 충원 방식이 이성결배였다는 사실을 잊어서는 안 된다. 따라서 이 비밀결사들은 자동적으로 청조 당국의 엄격한 감시와 처벌의 대상이 되었다.

여기서 우리는 국가의 개입과 관련된 중요한 문제, 즉 이러한 금지가 진정으로 시행되었던 것인가라는 의문을 제기할 수 있을 것이다. 금지의 효과는 결국 국가권력의 능력과 관련된 것이며 또한 정치적 상황을 판단하는 당국의 태도에 달린 것이었다. 위에서 지적한 것처럼 비밀결사를 탄압하기 위해서 취해진 조치들은 국가권력의 안정도 여하에 따라 변화를 보였다. 국가권력이 대규모의 반란 앞에 무력할 때에는 유화책을 통해 반란에 가담하지 않은 결사들에 대해 용인의 태도를 보였다.[18] 이 경우 법적 제재는 유효하지 못했다고 할 수 있을 것이다. 그러나 결사에 대한 상황적인 용인의 태도조차도 민간신앙에 대해 국가가 취한 그것과는 큰 대조를 보인다. 후자는 대부분 비합법적이었음에도 불구하고 최근의 한 연구가 보여주는 것처럼 실제로는 당국에 의해 완전한 승인을 받고 있었던 것이다. 즉 "청대 민간신앙의 사묘들은 그 건립 및 사묘 공동체의 규율 그리고 재산 기부자

---

16) 秦寶奇, 『中國地下社會(淸前期秘密社會卷)』, 學苑出版社, 1993, pp.10-11.

17) '刑律, 賊盜', 「謀叛」, 『大淸律集解附例』, 卷 18: 赫治淸, 『天地會起源硏究』, 社會科學文獻出版社, 1996, p.183.

18) 孫江, 「淸末民初期における民間秘密結社と政治との關係」, 神奈川大學人文學硏究所 編, 『秘密社會と國家』, 勁草書房, 1995.

와 사묘의 종교인(무당 - 필자) 간에 성립한 일정한 계약 등에 적응된 형태로 청조의 재산권에 관련된 법에 의해 관리통제를 받았다."[19] 반면 비밀결사의 경우는 언제나 왕조에 대한 위협으로써 간주되었다는 사실을 잊어서는 안 된다.

특히 1786~1788년(건륭 51~53년간)에 대만에서 천지회에 의해 조직된 임상문 반란을 계기로, 당국은 이들 '이단 조직'에 대한 감시와 처벌을 강화했다. 반란의 실패에 따라 폭로된 천지회는 비밀상태로 자신을 숨기지 않으면 안 되었고 다른 지역으로 흩어졌으며 三點會, 三合會, 小刀會 등으로 자신의 이름까지도 바꾸게 된다.[20] 이 변천의 과정에서 우리는 비밀결사들이 반정부적인 정치적 특성을 획득해가고 있다는 사실을 분명히 확인하게 된다. 다시 말해서 국가의 개입과 진압이야말로 이 '사회단체'를 비밀상태로 밀어 넣고 고유의 신화 전설 구호 등('반청복명')을 통해 드러나는 정치적 아이덴티티를 창조하도록 만든 조건이었던 것이다.[21] 19세기를 통하여 비밀결사에 의해 조직된 다종 다양한 반정부(혹은 反滿), 반기독교 폭동들은 그들의 정치적 역할을 분명히 증언한다. 비밀결사와 결부된 반란자의 이미지는 이렇듯 역사적 사실에 근거를 둔 것이지 공화파 혁명가나 그 지지자들에 의해 차후에 부가된 상상속의 창조는 아니었다.

이러한 시각에서 D. 머레이의 연구사 정리를 볼 때에도 상당한 주의가

---

19) Vincent Goossaert, "La gestion des temples chinois au XIXe siècle: droit coutumier ou laisser-faire?", *Extrême-Orient Extrême-Occident*, vol. 23, 2001, p.18.

20) 蔡少卿, *op. cit.*, 1987, p.122.

21) 결사조직의 이러한 親明朝 정당성 주장은 嘉慶帝 말기 이래 교문, 즉 백련교 결사에서도 뚜렷이 보인다. 건륭기 당국의 강압적 탄압 조치야말로 이들 교문계 결사의 과격화 및 그 반란으로의 경향성과 밀접한 관련을 갖는다. Susan Mann Jones & Philip A. Kuhn, "Dynastic Decline and The Roots of Rebellion", in Denis Twitchett & John K. Fairbank(eds), *The Cambridge History of China: Late Qing, 1800~1911*, Part I, vol. 10, Cambridge University Press, 1978, pp.137-138.

요청된다. 천지회의 기원에 관한 훌륭한 소개에도 불구하고 비밀결사의 정치적 성격을 보는 그녀의 시각은 지나치게 멀리 나가고 있다고 생각된다. 천지회에 관한 중국연구자들의 역사적 관심은 신해혁명과 함께 시작된다고 지적하면서 그녀는 그러한 관심에는 비밀결사에게 당시에 유용한 정치적 특징을 부여하고자 하는(endow) 의도가 있었던 것이라고 서술한다(p.117). 다시 말하자면 손문을 위시한 공화 혁명가들이 비밀결사의 오랜 혁명적 전통을 창조하고 이를 결사조직에 부여했다는 것이다. 이어서 그녀는 "洪門의 '洪' 자를 명조의 창건자와 맨 처음 연결시킨 것은 바로 도성장이었다" 고까지 서술했다.

머레이의 제 언급에서 우리는 지나친 '호조' 론의 영향을 확인하게 된다. 그녀에게서는 무엇보다도 천지회의 기원문제에 집착한 나머지 오운비가 그랬던 것처럼, 시간의 흐름 속에서 발견되는 결사의 변천에 관한 충분한 주의가 결여되어 있다. 위에서 지적한 것처럼 19세기 전 기간에 걸쳐 비밀결사는 다양한 활동을 통해 혁명가들이 역사 무대에 등장하기 훨씬 이전부터 청조 당국에 반대하는 저항세력으로써의 위치를 차지하고 있었다. 비밀결사들은 혁명가들에 의해 '일정한 정치적 성격' 을 부여받았던 것이 아니라, 이미 자신이 체현하고 있던 그러한 성격에 혁명가들이 주목하고 그것을 혁명에 이용하였을 뿐이었다. 게다가 '홍' 자의 의미를 명조의 창건자와 처음으로 연결시킨 것은 도성장이 아니었다. 洪門이나 洪家의 洪이 明의 개창자 朱元璋의 연호 洪武를 가리킨다는 것은 비밀결사 내부에서 뿐만 아니라 당시 결사에 주목하고 있던 일반 지식계를 통해 널리 알려져 있었다. 예컨대 본 장의 첫머리에서 인용된 바 있는 청말의 개혁주의자 歐榘甲은 1901년 이미 다음과 같이 언급했다. "명조 부흥을 목적으로 한 천지회는 명조의 홍무 연간에서 이름을 따 자신을 洪家로 부른다."[22] 1911년 서안 폭동 기간의 한 포고문에서 가로회의 두목 張雲山은 가로회 성원들은 "몰래 명조의 부

홍을 꾀하기" 위해 창립된 "홍가"의 형제들이라고 선언하였다.[23] 사실 이 호조론의 주창자들인 채소경과 진보기도 비밀결사의 반만활동과 정치적 성격을 부인하지는 않는다. 예를 들면 전자가 "비밀결사는 민중 저항의 조직자이자 추동자였다"고 서술하는가 하면,[24] 후자는 그가 비록 청말 혁명가들이 결사를 '민족 혁명조직'이었다고 보는 주장을 부인하기는 하지만, 이 '호조' 조직이었던 비밀결사는 "점차 정치투쟁으로 나아갔다"고 썼다.[25]

요컨대, 비록 우리가 결사의 기원에 대해 '반청복명' 설 대신 '호조' 론을 인정한다고 해서 그것으로 결사에 관련된 제 문제가 해결되는 것은 아니다. 결사의 정치적 성격은 시간과 함께 역사무대에서 선명히 관찰된다. 국내 중국 비밀결사 연구의 선구자인 유장근 교수는 1802년의 광동 惠州반란에 관한 연구를 통하여 호조를 목적으로 조직된 천지회가 국가의 개입과 함께 어떻게 반관 단체로 변해 가는가 하는 과정을 훌륭하게 분석해 내고 있다.[26] 이러한 의미에서 최근의 연구에서 테르 하르는 그가 비록 호조론에 동조하고는 있지만, "정치적 이상은 전면적 반란과 비밀저항을 북돋을 정도로 삼합회 내부에서 의미심장한 역할을 했다"고 서술했다.[27]

---

22) 歐榘甲, 「新廣東(一名廣東人之廣東)」, 張枏 · 王忍之 編, 『辛亥革命前十年間時論選輯』, 1-1, 三聯書店, 1960, p.296.

23) 「秦隴復漢軍兵馬總督張雲山勸諭各碼頭兄弟戮力同心光復各屬州縣告示」, 原載, 『帝州報』, 1911.11.11, 中共陝西省委黨史資料徵集 研究委員會 編, 『辛亥革命在陝西』, 陝西人民出版社, 1986, p.566.

24) 蔡少卿, 『中國秘密社會』, 浙江人民出版社, 1989, p.16.

25) 秦寶奇, *op. cit.*, p.20.

26) 兪長根, 「19세기초 中國東南部地域의 天地會動向 - 1802년의 惠州反亂을 중심으로」, 『慶大史論』, 第2輯, 1986; 『근대중국의 비밀결사』, 고려원, 1996.

27) Barend J. ter Haar, *Ritual and Mythology of the Chinese Triads: Creating an Identity*, Sinica Leidensia, vol. 43, Leiden, Boston and Köln, 1998, p.222. 삼합회(천지회)의 입회 의식 전설 구호 등을 분석하면서 저자는 "삼합회의 정치적 사명에 대한 믿음은 그들의 존재를 정당화해 주었다"고 썼다.

이렇게 보면 장 셰노와 그 협력자들의 개척자적인 저작들은[28] 오운비가 서술하듯 결사의 '과격화' 라든가 혹은 '낭만주의' (Ownby, 1993, pp.8-9)로 치부되기보다는 그 정당한 가치를 평가받아야 할 것이다.

3. 셰노학파 – '반대 세력' 의 의미

사실 셰노의 주된 연구 관심은 중국 비밀결사의 기원 문제를 밝히고자 하는 것이 아니라 결사의 운동을 국가-사회 관계 속에 위치지우려 하는 데 있었다. 보다 정확히 말하자면 그는 무엇보다도 민중 세계와 제국의 국가권력 간의 관계를 근대라는 시간(19~20세기) 속에서 파악해 보고자 했다.

그가 중화제국 체제를 수식하기 위해서 사용한 '인습적인' 이라는 용어에서 우리는 어느 정도 베버식의 중국 '무변동' (immobility) 혹은 비트포겔류의 '전제 권력' (total power)[29]의 이미지, 즉 그 속에서는 국가권력의 밖에 어떠한 사회 정치적 공간도 허용되지 않는 국가체제를 보게 된다. 그러나 동시에 셰노는 이러한 단조로운 시각을 벗어버린다. 그는 거기서 "아주 색

28) 셰노의 저작이라면 다음 두 가지이다. 하나는 저자 자신이 결사관련 자료들을 소개하면서 전개한 해설이며, 다른 하나는 그가 편집한 논문집의 권두 논문이다. Jean Chesneaux, *Les sociétés secrètes en Chine(XIXe et XXe sciècle)*, René juillard, 1965; "La place des sociétés secrètes dans l' évolution historique de la Chine aux XIXe et XXe siècles", in Jean Chesneaux, et al(eds), *Mouvements populaires et sociétés secrètes en Chine aux XIXe et XXe siècles*, Paris: Maspero, 1970. 후자는 1965년 영국의 리즈대학에서 열린 제12차 중국학 국제학술회의에 제출된 논문들을 모은 것으로 후에 미국에서도 출판되었다. Jean Chesneaux(ed), *Popular Movements and Secret Societies in China, 1840~1950*, Stanford University Press, 1972. 다만 이 영문판에는 불문판의 9개 논문이 삭제되었고 대신 Winston Hsieh의 글이 추가되었다.

29) Karl A. Wittfogel, *Oriental Despotism: A Comparative Studies of Total Power*, Yale University Press, 1957.

다른 정치 사회적 실체”로서 “유교적 질서와 그 규율에 대해 철저히 반대하는” 비밀결사를 발견한다(1965, p.269). 그에 따르면 결사는 “아주 빈번히 이들 반란을 주도”했고 “유교적 정통 질서에 반대하여 봉기한 농민의 이데올로기적 동원”을 보장했다(pp.14-16). 주목되는 것은 셰노가 비밀결사를 공식 질서 혹은 정통 질서를 구성하는 한 요소가 아니라 그에 대립적인 것으로 파악하고 있다는 점이다. 비밀결사를 구성하는 많은 부분이 기존 사회에서 빌어온 것이었지만, 결사는 국가권력과 유교 지식인들에 의해 법률 밖의 존재로, 따라서 위험한 것으로 간주되었다. 셰노가 인용하고 있는 譚嗣同의 다음 구절은 비밀결사의 이러한 측면을 선명히 보여준다. “비밀결사는 인간 사회 규율의 중요한 산물이다. 그러나 그들은 존재 권리가 없다.”(p.107)

이상의 모든 언급으로부터 우리는 중화제국 말기 ‘정치 건설’을 보고자 했던 셰노의 강렬한 의도를 읽게 된다. ‘아래로부터의 역사’를 쓰고자 노력하면서, 그는 비밀결사와 ‘민중 운동’에서 정치의 존재를 찾아보고자 했던 것이다. 이러한 시각에서 그는 비밀결사를 “정치·사회적 반대 조직”이자 “불만 종교인의 단체”라고 정의했다(p.83). 그는 결사를 통해 “전제적인 官方의 공식 질서와 경쟁하는 또 하나의 질서”, 즉 “자율적” “평행적”인 질서, “중화제국의 정의보다 더 우위에 선 고유의 정의”를 본다(pp.84·91). 물론 이 결사 연구의 개척자는 비밀결사가 과연 그러한 질서를 실현할 능력을 갖고 있었다고는 생각지 않는다. 그에게서는, 비밀결사의 실패는 “새로운 사회 질서를 실제로 구축할 수 없었던, 협소한 한계를 넘어설 수 없었던 그들의 무능력” 때문으로 간주된다(p.147). 셰노에 따르면 비밀결사는 사실은 “하나의 반대 세력이긴 하지만, 기존 질서 내부”의, 즉 그람시적인 ‘역사적 블록’ 내의 존재였다. 그리하여 비밀결사는 “구체제에 대한 근본적인 대안이었다기보다는 구체제의 하나의 기능 양식”이었다(1965, p.272). 결국 비밀결사를 통하여 정치 건설의 한 동력을 보고자 했던 그의 강한 기도에도 불구하고, 셰노는 기타 다른 '근대적' 인 세력들로 문제의 관심을 옮아가게 된다.

그는 근대의 시기에 경제의 변동과 그로부터 오는 사회구조의 변화, 즉 '근대적 성격' 의 다양한 사회단체와 정치 조직 등의 출현을 확인한다(p.9). 이러한 맥락에서 비밀결사는 이제 '낡은' 것으로 묘사된다. "중국 사회의 이러한 근대화 속에서 비밀결사는 자신의 영향력을 확대하고 여전히 자신이 기저를 이루는 구식의 운동을 강화할 계기를 갖게 된다"(p.100)고 지적하면서도 셰노는 신해혁명 이래의 결사의 '퇴화' 에 강조점을 둔다. 그들의 행동은 "그 이후로 점점 폭력적 악덕 행위로" 나아가게 되었다는 것이다. 이것은 이제 "정치적 역할이 다른 조직들, 즉 정치정당, 노동조합 그리고 다양한 문화 직업단체들에 의해 수행"되었기 때문이었다. 비밀결사는 '현대'[30]이르러 "정객과 음모자들의 도구"가 되어버린다(p.52).

바로 이 퇴행의 단계에서 비밀결사들은 공산주의운동을 만나게 된다. 본질적으로 근대론자였던 장 셰노는 비밀결사에 그리 많은 자리를 남겨주지 않았다. 그가 비록 공산주의운동이 활발했던 농촌지역에서 비밀결사들이 견지하고 있던 대중성을 높이 평가하고 있었다고는 해도, 이 '퇴보적' 인 비밀결사가 진정한 성공을 거두기 위해서는 "이들 새로운 세력"과 연합하지 않으면 안 되었다고 지적한다. 결사세력은 이제 단지 "보조 세력"으로 머물게 될 뿐이었다.

30) 그가 보는 '현대'(contemporaine)는 1919년 5·4운동으로부터 1949년 중화인민공화국의 성립까지로 중국의 공식 시대구분과 같다(p.16).

4. 공산혁명과 비밀결사, 친화성인가 불용성인가? – 근대론자의 시각과 도덕경제적 관점

장 셰노의 협력자들 중에서 공산혁명과 비밀결사라는 본 연구의 주제를 다룬 연구자들은 많지 않다. '반대 세력' 이라는 결사의 이미지가 그들과 공산주의운동과의 관계에 대한 관심을 자극하기에 충분했음에도 불구하고, 이렇듯 연구의 부족을 불러온 주된 원인은 이용가능 자료의 결여였다. 셰노가 편집한 연구 논문집을 통해 우리는 단지 세 편의 글을 볼 수 있을 뿐이다. 즉 슬라빈스키, 비앙코 그리고 델리유신느의 논문이 그것이다. 앞의 두 저자가 홍창회를 다루고 있다면, 후자는 일관도를 연구했다.[31] 여기서 우리는 이 후자에 대한 검토를 생략하기로 한다. 왜냐하면 그것은 본서의 연구 대상인 혁명과정에 대한 탐구라기보다는 '해방' 후의 '정복' 과정을 다루고 있기 때문이다.

앞의 두 저자에서 보이는 공통된 시각은 비밀결사의 낡고 지방적이고 협애한 성격과 공산주의운동이 보여준 "그들을 계급투쟁으로 인도하려던 시도"를 극적으로 대조시키고 있다는 점이다. 저자들은 그리하여 양자의 접촉과정에서 관찰되는 "커다란 곤란들"을 확인한다(Slawinski, p.402).[32] 비앙코에게서 이러한 대조적 관점은 더욱 선명히 표현된다. "상황적 국면 변화에 대한 지나친 민감성, 지속성의 결여"야말로 "비밀결사의 행동과 진정한 혁명활동을 구별짓는 첫 번째 특징이다"라고 지적하면서, 그는 혁명적

31) Roman Slawinski, "Les Piques Rouges et la révolution chinoise de 1925~1927"; Lucien Bianco, "Sociétés secrètes et autodéfense paysanne(1921~1933)"; Lev Delioussine, "La société Yiguandao et sa supression par les autorités de Chine populaire."

32) 비앙코의 유사관점은 L. Bianco, "Paysans et communistes dans la révolution", *Historiens-Géographes*, no. 340, 1993, p.163 참조.

행동이 '전체적 포부' (그것은 모든 이를 위한 문제의 해결을 지향한다)와 '공격적 전략' (권력의 탈취)를 구사한다면, 결사의 그것은 집단 자위와 보호에 머물면서 "행동의 고유 성격에서뿐만 아니라 그 외연에 있어서도 스스로를 한계지운다" 고 주장했다(pp.414 · 420). 이것은 결사 활동과 혁명운동 간의 관계 문제에 관한 일종의 '비연속성' 론 혹은 '불용성' 론에 다름 아니다.

이러한 전통과 근대의 대조 혹은 이분법은 페리에게서도 보인다. 그녀로서는 혁명이 "급속한 정치적 · 사회적 · 경제적 · 문화적 변화를 전망하고 그를 성취하는 하나의 폭력적 과정" 이라면, "반란은 조직화된 반정부 저항에서 보이는 훨씬 일반적인 현상 — 이념이나 계급의식 혹은 정치적 성공에 관한 어떠한 규정도 없는 현상에 다름 아니다." (1980, p.2) 그녀의 주된 연구 개념인 집단행동(반란)의 '약탈' 과 '보호' 라는 생존전략이 물질적 이해관계와 밀접한 관련을 갖고 있지만 계급적 특징을 띠고 있지 않다는 점에서 그러한 전략은 지역사회를 변혁시키고자 하지 않는다. 페리는 이러한 변혁을 위해서는 지역사회는 공산혁명가들을 기다리지 않으면 안 되었다고 주장한다(p.255). 그녀에 따르면, 혁명가들의 새로운 접근 태도는 전통적인 (결사의) 반란과 아무런 공통점도 갖고 있지 않았다(p.245 · 255). 따라서 공산주의자들이 농촌사회에 침투해 들어가기 시작할 때 후자는 다가오는 변화에 저항했다(p.257).

페리에게서, 비밀결사 홍창회는 반란과 혁명 간의 비연속성을 보여주는 전형적인 하나의 예가 된다(1980, 제6장). '농민운동 시기' 에 홍창회와 혁명운동 간의 대립과 모순은 분명했다. 그리고 중일전쟁기에는 홍창회와 중공은 양자의 차이에도 불구하고 공통의 적, 침략자 일본군에 맞서 일시적으로 연합하게 된다. 그러나 공산주의자들이 지역사회에서 주도권을 쥐는 순간 그들은 홍창회와 그 전통적인 전략을 제거하기 시작했다. 공산주의자들이 더욱 많은 것을 제공함에 따라서 전통적인 생존전략에 참여했던 농민들도 자신의 행동 양식을 바꾸게 된다. 요컨대, 페리에게서 전통적 반란과 결사세력은 근대 혁명에 의해 제거되어야 할 하나의 장애에 다름 아닌 것으로 파악된다.[33]

사실 비앙코와 페리에 의해 제기된 이러한 '불용성' 의 관점은 오랜 반란의 전통과 근대 혁명운동 간의 긍정적 관계에 관한 흔한 입론들에 비하자면 비교적 새로운 것이었다. 농촌사회의 취약한 구조가 전근대 농민반란을 야기한 것처럼 근대의 혁명운동에 유리한 조건을 제공했다고 주장하는 연구자가 있었는가 하면,[34] 농민반란의 유산이 중국혁명을 도왔다고 본 학자들도 있었다. 후자에 따르면, 전통반란은 사실 혁명가들의 영감의 원천이자 혁명에 참여했던 농민들에게도 참고 작용을 했다.[35]

---

33) '白狼起義' 에 관한 논문에서 페리는 그것을 민국 초 약탈 전략의 하나로 보면서 다음의 몇 가지 점에서 홉스봄의 '의적(사회비적)' 개념의 한 좋은 예로 파악한다. 즉 첫째, 백랑운동의 '농민적 기초', 둘째, '로빈 훗' 식의 성격, 셋째, 그 '혁명적 잠재력의 한계' 등이다. 특히 이 마지막 특징과 관련하여 그녀는, 백랑기의 수령의 혁명적 야심에도 불구하고, 백랑부대의 기본 성원들은 협애하고 경쟁적인 목표에 스스로를 한계지웠고, 수령은 부하들로 하여금 협소한 이해관계를 떠나 보다 큰 목표를 향해 나아갈 수 있도록 지도하는 데 실패했다고 서술했다. Elizabeth Perry, "Social Banditry Revisited: The Case of Bai Lang, a Chinese Brigand", *Modern China*, vol. 9, no. 3, 1983, p.378.

34) Barrington Moore, *Social Origins of Dictatorship and Democracy: Lord and Peasant in the Making of the Modern World*, Boston: Beacon, 1966, pp.201-227; Theda Skocpol, *State and Revolution: A Comparative Analysis of France, Russia, and China*, Cambridge, Eng.: Cambridge University Press, 1979, pp.112-154; Eric Wolf, *Peasant Wars of the Twentieth Century*, New York: Harper and Row, 1969, pp.118-119.

특히 무어에 따르면, 이른바 향약, 보갑과 같은 제도들은 지역 엘리트와 농민을 긴밀히 연결시켜 주도록 고안되었지만, 그러나 그것은 지배자와 피지배자를 이어주는 인위적 유대, 즉 "심각한 긴장 하에서는 쉽게 끊어져 버리는 끈" 에 다름아니었고, 이것이야말로 "중국사회에서 농민반란이 빈번히 일어난 사실을 상당한 정도로 설명해준다" 고 서술했다(pp.206-208).

특히, 훼이링 데이비스는 중국 비밀결사를 전통 농민운동과 근대 혁명운동을 이어주는 가교로 파악한다. 그녀에 따르면, 결사의 성원들은 홉스봄이 명명하는 바의 "원초적 반란자" 라기보다는 "원초적 혁명가" 였으며, 그들의 행동은 혁명운동이 더욱 발전되고 보다 전진된 형태로 나아가기 이전에 겪어야 할 필수적인 코스였다. 데이비스는 "전통 중국의 비밀결사에 관한 연구는 중국혁명의 기원과 전개에 관한 연구이다" 라고까지 언급하였다.[36)]

테츠야 카타오카 역시 공산당 동원과 기존 농촌 군사화 현상간의 '연속성' 을 강조한다. 전통적인 자위 메카니즘을 언급하면서, 그는 "중국공산당 역량의 한 요소는 이 현상을 자신의 혁명적 구조 속으로 재조직해 내고 포섭할 수 있었던 그들의 능력에서 왔다" 고 지적하였다. 비밀결사에 관하여, 공산주의자들에 의한 비밀결사의 처리는 "일정한 부드러움으로 특징지어진다. …… 그것은 이들 이단적 조직과 과거 제국 정권에 저항했던 농민폭동간의 뗄 수 없는 연계에서 연유하는 것이다" 라고 강조하면서 카타오카는 공산당과 결사 간의 '이데올로기적 친화성' 을 주장한다. 그는 양자간의 자연스러운 협조 관계를 시사하고 있는 것이다.[37)]

이러한 연구자들의 상이한 해석, 즉 양자 간의 불용성, 비연속성을 주장하는 '근대론자' 와 그 친화성, 연속성을 주장하는 넓은 의미의 '도덕경제론자' 들의 극단적 이분법적 사고는 사실 동일한 기원을 갖고 있다. 예컨대,

---

35) 특히 다음 저작들을 참조. Jerome Ch' en, *Mao and Chinese Revolution*, New York, 1967; Maurice Friedman, *Lineage Organization in Southeastern China*, University of London, 1974; Ralph Thaxton, "Tenants in Revolution: The tenacity of Traditional Morality", *Modern China*, vol. 1, no. 3, 1975.

36) Fei-Ling Davis, *Primitive Revolutionaries of China*, London and Henley: Routledge & Kegan Paul, 1977, pp.5 · 176-177.

37) Tetsuya Kataoka, *Resistance and Revolution in China*, Berkeley: University of California Press, 1974, pp.104 · 107.

혁명에 관한 근대론자들의 시각은 현장에서 실행되고 있던 제반 수단들이 갖고 있던 근대성을 제대로 파악하지 못한다. 또한 이들 기존의 연구들은 단기간이면서도 특정한 예에 그 경험적 연구를 국한시키고 있다. 슬라빈스키가 농민운동의 초기 — 제1차 국공합작 시기(1925~1927) — 에 논의를 한정하고 있다면, 비앙코의 그것은 1921~1933년에 불과하다. 카타오카의 논의 대상은 중일전쟁기에 집중된다. 게다가 그들의 연구 대상은 모두 교문계 결사로 간주되는 홍창회일 뿐이다. 페리의 경우도 홍창회를 벗어나지 못한다. 그러나 필자가 앞서 지적한 것처럼, 중국의 비밀결사는 두 계통, 즉 교문계 뿐만 아니라 회당계 결사로 구성되고 있었다. 위에서 검토된 연구자들에게서는 그 기원과 구성 그리고 담론의 면에서 상이한 구조를 보이는 이 회당계 결사에 대한 주목이 결여되어 있는 것이다. 이제 다음 장에서 살펴보게 되겠지만, 중국 공산주의자들은 운동의 초기 단계에서 이미 상이한 두 계통의 결사를 구분하는 눈을 갖고 있었다. 그들은 교문계보다는 회당계 결사를 높이 평가했고, 전자(예컨대, 홍창회)와 자주 충돌했지만 후자와의 연합은 빈번했다. 교문계 결사가 중국의 결사를 모두 커버하는 것이 아니라면, 그리고 그들과 중공의 관계가 양자 간의 복잡한 관계를 전면적으로 보여주지 못하는 것이라면 우리는 이 두 계통의 결사를 함께 시야에 넣는 연구를 통해서만이 양자간 관계의 전체상을 얻을 수 있게 될 것이다. 그리고 서로 다른 지역과 시기도 함께 고려하지 않으면 이 관계의 변화상과 복잡성을 파악하기 어렵게 된다.[38]

본서의 서론에서도 지적했듯이, 최근의 중국혁명에 관한 연구들은 공산

---

38) 바로 이러한 의미에서 太行山 근거지 黎城縣 离卦道 반란에 관한 데이비드 굿만의 논문은 교문계 결사의 또 다른 한 예에 불과하다. David Goodman, "The Licheng Rebellion of 1941: Class, Gender, and Leadership in the Sino-Japanese War", *Modern China*, vol. 23, no. 2, April 1997.

주의자들의 전략이 현장의 실제적 조건에 적응하는 과정을 겪었음을 잘 보여주고 있다. 예컨대, 하남성을 연구한 오도릭 우는 공산주의자들이 조건에 따라 다양한 책략들을 구사하고 있음을 강조한다. 즉 江東지역(하남 동부)에서는 농민의 주된 근심이 중일전쟁에 의해 야기된 무정부 상태와 안전의 문제였기 때문에 중공은 자신의 에너지를 집단적 지역 자위를 위한 동원에 집중했고(제6장), 계급적 긴장이 컸던 淮北의 호수 주변의 농촌에서 공산주의자들은 세금 포탈을 위해 누락된 토지의 등기에 노력을 기울였으며(제7장), 太行山 지역에서는 소농이 광범했기 때문에 중공의 동원노력은 재분배보다는 농업생산의 증가와 경제의 회복에 중점을 두었다(제8장).[39] 1996년 호주에서 열린 한 국제학술회의에 제출되었던 논문 모음집의 경우도 중국혁명이 당중앙에 의해 전체적으로 지도된 것이 아니라 다양하고 분산적이며 지방화된(localized) 상이한 과정이었음을 분명히 보여준다.[40]

---

39) Odoric Y. K. Wou, *Mobilizing the Masses: Building Revolution in Henan*, Stanford University Press, 1994. 한편 폴린 키팅과 데이비드 굿만의 연구는 혁명과정은 한 근거지 내에서도 다른 양상으로 전개되었다는 사실을 보여준다. 전자는 삼감녕 변구의 두 分區(延屬과 綏德)에 대한 연구이며(Pauline Keating, *Two Revolutions: Village Reconstruction and the Cooperative Movement in North Shaanxi, 1934~1945*, Stanford University Press, 1997), 후자는 산서성 태행산 근거지의 세 개현의 혁명과정을 분석했다(David Goodman, *Social and Political Change in Revolutionary China: The Taihang Base Area in the War of Resistance to Japan, 1937~1945*, Rowman & Littlefield Publishers, 2000).

40) Feng Chongyi & David Goodman(eds), *North China at War: The Social Ecology of Revolution, 1937~1945*, Rowman & Littlefield Publishers, 2000. 사실 20여년 이래로 진행되어 온 이러한 지역연구는 새로운 자료 특히 지방 당안관 자료와 개인적인 인터뷰의 이용에 근거한다. 이러한 새로운 자료의 발굴을 통해 연구자들은 현 차원뿐만 아니라 촌락 수준의 혁명과정을 분석해 낼 수 있었다. 예컨대, Joseph Esherick, "Deconstructing the Construction of Party-State: Gulin County in the Shaan-Gan-Ning Border Region", *China Quarterly*, no. 140, December 1994; "Revolution in a Feudal Fortress: Yangjiagou, Mizhi County, Shaanxi, 1937~1948", *Modern China*, vol. 24, no. 4, October 1998.

서로 다른 정치 · 군사적, 사회적 구조로부터 오는 중국혁명 전개의 이러한 지방적 차이와 그 다양한 과정에 대한 연구들을 통하여 우리는 본 연구의 과제를 해결하는 데 있어, 주어진 공산당 근거지의 구체적 상황에 근거하여 분석을 진행할 필요성이 있다는 사실을 알게 된다. 바로 이러한 이유에서 필자는 색다른 두 지역, 섬감녕 변계 지역과 강소 북부 지역을 선택했던 것이다. 이 두 지역에서 필자는 제1장에서 정리한 것처럼 서로 다른 두 계통의 비밀결사에 주목할 것이다. 전자로서는 가로회가 검토될 것이며, 후자로서는 소도회가 분석될 것이다. 서로 다른 두 타입의 비밀결사, 서로 다른 두 지역의 사회구조와 혁명과정을 대비시킴으로써 필자는 중국혁명과 비밀결사의 관계에 관한 전체상을 얻기를 기대해 본다. 물론 본 연구는 각각의 경우에 존재하는 다양한 특수성에 대해서도 관심을 기울이게 될 것이다.

사실 비밀결사와 공산주의자들 간의 관계의 다양성은 공산주의운동의 초기 단계를 통해 이미 분명히 드러난다. 바로 이어지는 다음 장에서 분석듯이, 비밀결사에 대한 공산주의자들의 관점과 그 정책은 1920년대와 30년대 초기를 통하여 다양한 변화의 모습들을 보였다. 그러나 長征 이전 시기까지 살펴보게 되는 이 초기 혁명과정을 통하여 필자는 단지 그 변화와 다양성뿐만 아니라, 시기 전체를 통해 관철되는 일정한 경향성도 도출해 보고자 한다. 상황은 복잡한 양상을 보였지만, 단순히 혼란스러운 것은 아니었다.

제3장

공산주의운동 초기 中共의 비밀결사관의 변천

— 전국적 수준(1920~1934)

본장에서는 陝甘寧과 蘇北의 구체적인 지방적 사례에 들어가기에 앞서 창당 전후로부터 長征 이전까지의 초기 단계를 대상으로 중공의 비밀결사관의 변화를 전국적 수준에서 연대기적으로 추적해 본다. 이를 통해 우리는 초기 순수 이념형의 중국 공산주의자들이 점차 중국 사회의 실제에 적응해 가는 과정을 추적해 볼 수 있을 것이다.

그간 幇會, 秘密社會, 會道門 등으로 불리는 비밀결사와 그것이 중국 공산주의운동에 서 차지하는 역할과 의미는 크게 두 가지 시각에서 연구되어 왔다. 하나는 비밀결사가 갖는 전통적인 고유의 태도와 성향에 주목하면서 그것이 근대적인 공산주의운동에 장애가 되어왔다는 입론이며,[1] 다른 하나는 중공 측에서 본 비밀결사 정책에 대한 연구가 그것이다.[2] 본장의 분석은

---

1) 비밀결사의 보수성, 자위성, 협애성과 공산주의운동의 진보성, 공격성, 전국성을 대조시킨 루시엥 비앙코(L. Bianco)와 엘리자베쓰 페리(E. Perry)에 대한 비판 및 기타 제 논의에 대해서는 앞장 제4절 참조.

2) 우리는 대륙의 현대사학계에서 공산당의 비밀결사 정책에 대한 다수의 연구논문들을 확인할 수 있다. 예컨대, 孔凡軍, 「黨在創立時期對幇口和會黨的政策與策略」, 『中共黨史硏究』, 1990-4; 胡訓民・賀建, 「黨如何解決中國革命的一個特殊問題 - 幇會問題」, 中共上海市委宣傳部理論處編, 『黨史黨建論文集 - 紀念中國共産黨成立七十周年學術討

후자와 관련된 위상을 갖는 것이지만, 그러나 필자는 기존의 정책연구들이 보여준 당 지시문의 단순한 소개와 요약의 차원에 그치지는 않을 것이다.

기존의 연구들이 주로 상급당의 결의와 지시에 집착하고 있는 것은 어쩌면 공산주의운동 연구자들에게서 일반적으로 보이는 전체주의적인(totalitarian), 물신화된(fetishized), 혹은 추상화된(reified) 공산당 모델에 속한다고 볼 수 있다. 이러한 모델 속에서는 당내의 상급과 하급, 그리고 계획과 실행 사이에 무조건적인 복종 관계가 성립한다는 무의식적인 가정이 내재되어 있다. 그리하여 상부의 지시 내용이 얼마나 정확하게 하급에게 이해되었는가? 의도했던 것은 그대로 이행되었는가? 당내 상·하급의 견해 차이는 없었는가? 지도부와 일반 대중의 상호 작용은 어떠했는가? 따위의 질문은 제기할 필요가 없게 된다.[3)]

論專輯』, 1992; 沈移元, 「新民主主義革命時期我黨解決幇會問題的策略」,『經濟, 社會』(呼和浩特)1997-3 등이다. 이들 연구는 주로 중공 중앙 또는 성급의 지시와 명령에 의거하고 있을 뿐 지방적 차원의 구체적 사태전개는 거의 다루지 않고 있다. 중일전쟁기에 관해서도 사정은 마찬가지이다. 魯廣錦, 「抗日戰爭時期中國共産黨對會黨的政策及其實踐」, 『東北師範大學學報』, 1993-6; 喬培華, 「抗日戰爭時期中共對農村會黨的政策」, 『南開史學』, 1992-1; 邵雍, 「論抗日戰爭時期中國共産黨對會黨的政策」, 『黨史研究與教學』(福州), 1991-1; 張學繼, 「黨在抗日民族統一戰線中的幇會工作」, 『黨史研究資料』, 1988-8 등 참조.

3) 에셔릭의 다음 지적은 이점에서 시사적이다. "공산당은 상당한 내부적 복잡성을 갖는 사회적 구성 개념이지, 당중앙의 명령을 받는 복종적인 당기관원의 조직 무기가 아니었다." Joseph Esherick, "Ten Theses on the Chinese Revolution", *Modern China*, vol. 21, no. 1, January 1995, p.61. 이러한 명제에 대한 에셔릭의 구체적 사례연구는 "Deconstructing the Construction of the Party-State: Gulin County in the Shaan-Gan-Ning Border Region", *China Quarterly*, no. 140, December 1994 참조. 한편, 중국공산당이 창당 당시 지식인, 학교 교사, 출신지역 동료들의 결사체(association) 성격으로부터 경험과 투쟁을 통해 점차 레닌주의 당(Leninist party)으로 변화되어갔다는 반 더 벤의 견해도 시사적이다. 그에 따르면, 1927년이 되어서야 중공은 '공산당'이라는 이름에 걸맞은 조직이 되었다. Hans J. van de Ven, *From Friend to Comrade: The Founding of the CCP, 1920~1927*, Berkeley: University of California Press, 1991.

필자는 그러한 가정을 지양하고, 정책의 구체적인 문맥을 재구성하는 데 주목할 것이다. 즉, 정책이 결정되게 된 실제의 문제, 실천의 과정에서 부닥친 곤란, 계획과 실제 결과와의 관계 등이 탐구될 것이다. 요컨대, 본장은 비밀결사를 보는 공산당의 시각의 변천과 그 정책의 변화를 당시의 전반적인 공산주의운동 발전의 단계 및 성숙도, 그리고 지방적 차별성과 관련지어 검토하고자 한다. 본장을 통하여 우리는 초기의 미숙한 중국 공산주의주자들의 비밀결사에 대한 경멸적 태도가 운동의 경험을 통해 그러한 태도를 지양하고 결사에 대한 적극적 이용과 현실 조건에의 적응으로 나아갔다는 사실에 주목하게 될 것이다. 그리고 이러한 결사관의 변천은 지역에 따라, 사안에 따라, 그리고 당내 상·하급의 차이에 따라 다양한 양상으로 표출되었다는 점을 확인하게 될 것이다.

예상되는 지방적 차이에 대한 구체적이고도 상세한 분석은 분명 유의미한 작업이 되겠지만, 그러나 본장의 서술 범위가 그 모든 경우를 커버하는 것은 아니다. 그것은 무엇보다도 자료의 문제이다. 이 초기 공산주의운동은 이후의 시기(중일전쟁기 이후)에 비하여 관련 자료가 적고 지극히 단편적이며 분산적이다. 본장에서는 이곳저곳 흩어진 지방사의 영쇄한 자료들을 가능한 폭넓게 수집하여 장정 이전까지의 중공의 비밀결사관의 변천을 전국적인 수준에서 전망해 보고자 한다.

1. 멸시 태도로부터 유용성의 발견으로

공산당 지도자들 가운데 일찍이 비밀결사에 대해 관심을 가졌던 이는 陳獨秀였다. 그러나 그가 비록 上海 사회에서 차지하고 있던 青幇의 힘과 비중을 잘 인식하고 있었다고 하더라도, 그가 주목한 것은 이 비밀결사의 부정적 측면이었다. 그는 이미 1920년 다음과 같이 기술했다.

> 대다수의 공장 노동자, 모든 운수 노동자 그리고 사실상 대부분의 경찰들이 청방의 통제 하에 있다. …… 상해에서 이들 조직은 다른 어떤 집단보다도 강하다. 두목의 명령은 상해 工部局의 그것보다 더 효력이 있다. 그들의 범죄행위는 너무나 많고, 상해의 질서와 안녕은 그들에 달려있다고 할 수 있다.[4)]

한편, "혁명은 신성한 것"이라고 강조하면서, 이 공산당 지도자는 혁명에 비밀결사를 이용하자는 의견에 반대하고, 이러한 방법은 "결국 혼란을 불러올 뿐"이라고 주장했다.[5)] 그에 따르면, 사회혁명은 "조직화된 산업 노동자"에 의해서만 달성될 수 있는 것이었다. 이 초보적 공산주의자에게서는 대의 달성에서 예견되는 곤란과 그것을 해결할 방법, 즉 사회적 실제에의 유연한 적응은 아직 고려되고 있지 않았다. 당시 마링(H. Maring)의 경우도 마찬가지였다. 이 코민테른의 중국 지도자는 상해가 중국의 가장 큰 산업 중심이지만, 서구와 같은 노동운동은 존재하지 않는다고 지적하면서, 青幇, 紅幇과 같은 비밀결사는 "노동운동의 보조세력이라기보다는 오히려 장애"라고 서술했다.[6)]

중국공산당의 성립 직후 조직된 中國勞動組合書記部의 선언은 진독수와 동일한 시각을 보여준다. 선언은 기업 내의 노조 조직의 필요성을 하나의 원칙으로 강조할 뿐, 출신 지역별로 조직화된 幇口에 경멸적 태도를 취했

4) 陳獨秀, 「四論上海社會」, 『獨秀文存』, 第2卷, 東亞圖書館, 1922, pp.103-104; Alain Roux, *Grèves et politiques à Shanghai: les désillusions (1927~1932)*, Editions de l' EHESS, 1995, p.346.

5) 陳獨秀, 「革命與作亂」, *ibid.*, p.107.

6) 「馬林給共産國際執委會的報告」(1922.711), 中央統戰部 · 中央檔案館 編, 『中共中央第一次國內革命戰爭時期統一戰線文件選編』, 檔案出版社, 1990, pp.413 · 415.

다. 그에 따르면, 이러한 방구는 노동자의 '자기분열책' 이외에 아무것도 아니었다.[7] 비밀결사에 대한 공산당의 멸시태도는 호남 安源 지방당의 한 보고에서도 분명히 관찰된다. 보고는 비밀결사를 '洪幇 비적(洪匪)' 이라는 제국시대 이래의 정부당국의 인습적인 호칭을 사용하면서, 노동자들의 '匪黨' 가입의 잘못을 바로잡아야 한다고 지적했다.[8] 당시 상해 지역 당조직의 한 보고도, 노동자들이 전 중국을 통해 상해에 가장 많이 분포하지만, 광동, 호남 등에서 보이는 노동자 고유조직이 존재하지 않는 것은 사실 비밀결사의 통제 때문이라고 서술하면서 10여 만에 이르는 青·紅幇이야말로 노동운동의 주요 장애라고 평가했다.[9]

공산주의자들의 경멸적 비밀결사관은 사실 공산주의운동의 하급 수준에서부터 바뀌기 시작했던 것으로 보인다. 현장의 활동가들이 노동계에 침투해 들어가는 과정에서 비밀결사의 유용성을 발견하게 되었던 것이다. 비록 그들의 성공이 전면적이고 지속적인 것은 아니었지만, 그것을 가능케 했던 것은 실제적 상황에의 적응을 통해서였다. 1921년과 1922년 호남의 安源에서 탄광 노동자들의 운동을 지도하던 李立三은 紅幇의 수령과 타협함으로써 파업의 성공과 파업 중의 질서유지를 꾀한 바 있었다.[10] 상해의 경우, 노동계에서 차지하던 청방의 비중이 막강했으므로, 張國燾, 李啓漢 등의 활동가들은 1921년 8월 英美烟公司의 파업시 비밀결사와의 관계를 동원했으

7) 「中國勞動組合書記部宣言」(1921.8), 中央檔案館 編, 『中共中央文件選集』(全18册), 中共中央黨校出版社, 1989~1991(이하는 『中央文件』), 第一册, p.560. 幇口가 꼭 비밀결사를 일컫는 것은 아니지만, 이 동향조직의 대부분은 비밀결사가 장악하고 있었다.

8) 「安源地方報告」(1924.5.14), 中共萍鄉市委本書編纂組 編, 『安源路礦工人運動』(上), 中共黨史資料出版社, 1991, p.235.

9) 「上海地方報告」(1924.6.1), 『中央文件』, 第1册, p.258.

10) 「李立三就安源工運史硏究問題答北京大學歷史系教師王興等問」, 中共萍鄉市委本書編纂組 編, 『安源路礦工人運動』(下), 中共黨史資料出版社, 1991; 「李立三同志談安源工運」, 『黨史硏究資料』, 第1集, 四川人民出版社, 1982.

며,[11] 1925년 5·30운동 기간 상해의 이립삼은 신변의 안전을 위해 청방의 한 수령을 스승으로 모셨다.[12] 바로 이러한 경험으로부터 1926년 7월의 중공 중앙위원회 확대회의는 비밀결사관의 변화된 모습을 분명히 보여준다. 당중앙은 상해 공작을 위한 한 결의를 통해 "각종 비밀결사(청·홍방 등)에 사람을 파견하여 활동케 하고, 그들의 관계를 이용하여 우리 조직을 공고화" 시켜야 한다고 지적했던 것이다.[13]

이를 전후하여 중공과 상해 청·홍방과의 관계가 전체적인 수준에서 얼마나 밀접한 것이었는지 구체적으로 보여주는 자료는 거의 없다.[14] 공산당의 청방 이용 노력이 얼마만큼의 성공을 거두었는지도 분명치 않다. 다만 우리는 공산당이 단지 부분적이고 개별적으로만 청방의 지지를 획득하고 있었다는 정황적 사실을 인정해도 좋을 것이다. 사실 이러한 양자의 관계는 '청방' 이 단일하지 않았던 것과 관련된다. 그것은 정단과 같이 체계적으로 조직화된, 상하 위계질서가 관철되는 정연한 하나의 '조직' 이었다기보다

---

11) Chang Kuo-tao, *The Rise of the Chinese Communist Party: The Autobiography of Chang Kuo-tao*, vol. 1, University Press of Kansas, 1971, pp.170-174; Jean Chesneaux, *Le mouvement ouvrier chinois de 1919 à 1927*, Paris: Mouton, 1962, pp.248-249; Alain Roux, *op. cit.*, pp.25-26.

12) 「張維楨同志談上海"五卅"運動」, 『黨史硏究資料』, 第1集. 四川人民出版社, 1982. 당시 이립삼은 당의 승인 하에 다른 몇 명의 공산당원들과 함께 靑幇에 가입했다. 朱學範, 「上海工人運動與幇會二三事」, 中國政治協商會議上海市委員會文史資料工作委員會 編, 『舊上海的幇會』(『上海文史資料選集』, 第14集), 上海人民出版社, 1986, p.1.

13) 「上海工作計劃決議案」(1926年7月, 中央擴大會議), 『中央文件』, 第2冊, p.263.

14) 여기서 우리는 마틴의 주도면밀한 저작을 통해 공산당의 정책전환의 계기가 노련한 노동조직가 汪壽華(1901~1927)의 등장과 관련되어 있다는 사실을 알게 된다. 그러나 저자의 입론은 지나치게 회고록에 의존하고 있다는 점에 주의할 필요가 있다. 필자로서는 개인의 사후 회고보다는 오히려 당시의 공식 문건과 상황적 맥락에 비중을 두어 공산당의 시각 전환의 계기를 살펴보고자 한다. Brian Martin, *The Shanghai Green Gang: Politics and Organized Crime, 1919~1937*, Berkeley: University of California Press, 1996, pp.91-92.

는 기타의 민간 비밀결사와 마찬가지로 대소 '두목'을 중심으로 느슨하게 얽혀있던 일종의 '연계망'(network)으로 이해되는 편이 적당하다. 중공의 접촉면은 청방 전체였다기보다는 청방이라는 네트워크 내에서 각 기업의 작업장 노동자를 장악하고 있는 중소 그룹과 그 군소 두목들에 불과했던 것으로 보인다. 사실 청방의 다수는 공산당보다는 그와 경쟁하는 세력 있는 자본가와 국민당 쪽에 서는 경우가 많았다.[15] 공산당으로서는 최소한 그들로 하여금 중립을 유지하게 하는 것이 중요했다. 1926~27년 기간 상해의 3차에 걸친 노동자 무장폭동 기간에도 청방과 공산당은 서로를 이용하고 타협하고자 시도했다.[16]

상해 區委의 한 회의기록에 따르면, 1927년 3월 19일, 그러니까 노동자 세력에 의해 도시가 장악되기 며칠 전, 상해의 무시무시한 청방 두목 杜月笙은 공산당에 대하여 공산당이 이후 아편 판매에 개입하지 않는다면, 상해의 모든 청홍방 세력을 결집하여 공산당의 지도하에 들어올 의사가 있다고 표명했던 것이다.[17] 이러한 맥락에서, 진독수는 비밀결사에 대한 변화된 시각을 반영하듯, 그들을 이제 룸펜프롤레타리아트('遊民無產階級')라고 부르게 된다.[18] 瞿秋白의 경우는 "토비 유맹이 과학적 혁명당을 더럽힐까 두려워하는 자는 혁명가가 아니라, 개량주의 모리배이다"라고까지 언급하였다. 그는 청방·홍방·대도회·소도회·가로회·삼점회·홍창회 등의 활동에 대해 지극히 높은 평가를 내렸다.[19]

---

15) 上海總商會 회장 虞洽卿과 '流氓工會'인 工團聯合會 및 青幇의 결탁에 관해서는 李立三, 「李立三同志對二月罷工和五卅運動的回憶」, 上海社會科學院歷史研究所 編, 『五卅運動史料』, 第1册, 上海人民出版社, 1981, pp.144-147; 鄧中夏, 『中國職工運動簡史(1919~1926)』, 人民出版社, 1953, pp.119-120.

16) 中共上海市委黨史資料徵集委員會 編, 『上海工人三次武裝起義研究』, 知識出版社, 1987, p.186.

17) *Ibid.*, p.221.

18) 『陳獨秀文章選編』(下), 香港: 交流圖書公司, 1990, p.91.

2. 紅槍會 운동의 흥기와 의외의 문제들

공산당 지도부의 비밀결사에 대한 긍정적 평가로의 시각 전환은 사실 교문계 비밀결사인 홍창회운동의 흥기와 밀접히 연관된다. 1920년대 초부터 농촌에 광범히 확산되어 있던 이 '會門武裝' 세력은 1926년 초 이래로 보다 격화된 방식으로 북방 각 성에서 군벌의 수탈에 저항하는 자위무장을 일으켰던 것이다.[20] 특히 하남의 홍창회는 1926년 2~3월에 걸쳐 吳佩孚와 전쟁을 벌이고 있던 군벌 岳維峻 군대를 붕괴시키는 놀랄만한 힘을 보여주었다. 이 농촌 비밀결사에 대한 공산당의 관심은 공산당 기관지 『嚮導』에 즉각적으로 반영되어 나타난다. 당시 神州의 글은 홍창회를 "혁명 세력 가운데 무시할 수 없는 세력"이라고 평가하면서 "반혁명가들에게 이용당하지 않도록 그들을 올바른 길로 인도해야 한다"고 지적했던 것이다.[21] 바로 이러한 맥락 하에서 毛澤東이 책임을 맡게 된 第6屆 農民運動講習所의 교육 프로그램이 「비밀결사와 토비」를 하나의 조사연구 항목으로 편입시켰다고 생각된다.[22]

홍창회에 대한 공산당 지도부의 관심은 진독수의 논설에 다시 등장한다.

---

19) 瞿秋白, 「中國革命中之爭論問題」(1927.2), 中共中央書記處 編, 『六大以前 - 黨的歷史資料』, 1942, 人民出版社, 1982 재판, pp.683-684.

20) (紅)槍會 운동 일반에 관해서는 王少卿 · 朱金瑞, 「大革命時期中國共産黨對槍會的認識和改造」, 『中共黨史研究』, 1992-4; 朱金瑞, 「槍會運動述議」, 『許昌師專學報』, 1995-4; 王天奬, 「也談本世紀20年代的槍會運動」, 『近代史研究』, 1997-5 등 참조.

21) 神州, 「國民軍第二軍之失敗」, 『嚮導』, 第147期, 1926.3.27, p.1371.

22) 「第六屆農民運動講習所辦理經過」, 『中國農民』, 第9期, 1926.11, 『第一次國內革命戰爭時期的農民運動』, 人民出版社, 1953, p.27. 모택동은 그 다음 해인 1927년 3월 2일 國民革命軍 總政治部 農民問題討論會 第3次常會에 참석하여 '紅槍會調査訓練委員會' 主席委員에 선출되었다. 中國軍事博物館, 『毛澤東軍事活動紀事』, 解放軍出版社, 1994, p.14.

그는 이 홍창회운동을 태평천국과 의화단 등의 농민폭동의 역사 가운데 위치시키면서 그들의 행동을 '지배계급에 대한 반항'으로 정당화했다. 비록 진독수가 홍창회의 일정한 부정적 특징들을 열거하고 있다고는 해도, 그는 "오늘날은 혁명적 당과 군대가 있으므로, 전시대의 농민폭동이 보여준 낡고 미신적인, 야만적이고 파괴적인 요소들을 극복할 수 있다"고 주장했다. 그리고 그는 홍창회운동을 "자발적인 폭동 상태로 내버려두지 말고 반제국주의와 반군벌의 깃발 아래로 인도"해야 할 필요성을 강조했다.[23)]

뒤이은 李大釗의 논설은 홍창회에 대해 진독수의 그것보다 더 구체적인 인식과 긍정적인 태도를 보여준다. 그는 이 무장 자위운동의 기원을 제국주의와 군벌에 의해 야기된 혼란의 탓으로 돌리고, 그들의 강인한 지방의식, 서양에 대한 적의, 미신 그리고 혼합주의적인 종교적 특징들을 분석한다. 홍창회운동 내부의 갈등과 충돌에 대해서도 언급하면서, 이대교는 그것이 그들의 '지방주의'에서 오는 것이라고 지적했다. 결국 그는 정치적으로 깨어있는 농촌의 청년, 소학 교사, 지식인, 농민운동 활동가들이 홍창회에 참여하여 그들을 계몽시키고 지도할 것을 주장했다.[24)]

그러나 공산당 지도부의 이러한 강한 관심에도 불구하고 홍창회를 지도하기 위한 어떤 구체적인 전술이 제기된 것은 아니었다. 그것은 다른 한편으로 당시 농민운동 일반에 관한 당의 구체적 책략의 결여와 궤를 같이하는 것이었다.[25)] 홍창회를 혁명에 동원하기 위한 구체적인 전술이 채택된 것은 1926년 7월의 중공 중앙집행위원회 제3차 확대회의를 통해서였다. 회의에서 채택된 제 결의안은 이후의 지방 활동가들에 의한 농민운동의 전개에 실

---

23) 陳獨秀, 「紅槍會與中國的農民運動」, 『嚮導』, 第158期, 1926.6.16.

24) 李大釗, 「魯豫陝等的紅槍會」, 『政治生活』, 1926, 『六大以前』에 수록.

25) Yves Chevrier, "Mort et transfiguration: le modèle russe dans la révolution chinoise", *Extrême-Orient Extrême Occident*, vol. 2, 1983, p.56.

제적인 지도효과를 갖는 것이었고 '對 홍창회 결의안'은 바로 그러한 전반적인 당의 농촌 전략과 맞물려 있었다.[26)]

우선, 결의안은 홍창회 조직방법에 대해 다음과 같이 제시한다. 즉 "각 지방의 홍창회를 연합시켜 비밀 연락기관을 조직하고, 홍창회 회원이자 당원이 이를 지도케 한다." "이 기관은 처음에는 단지 연락과 조사 기관에 불과하지만, 곧이어 점차 운동의 지도기관으로 된다." 결의안은 뒤이어 홍창회운동을 지도하기 위한 구호와 정치적 행동 원칙을 제안했다. 그것은 토비와 문란한 군대에의 저항, 군용표의 거부와 정부지폐로의 세금 납부, 탐관오리에 대한 반대 등을 내용으로 했다. 한편, 결의안은 이러한 홍창회운동에 대한 일정한 행동의 한계도 지적하고 있다. 즉 홍창회는 단지 자위조직에 불과하므로, 지방자치 참여를 요구할 수 있지만, 지방정부 전체를 장악하려고 해서는 안 된다는 것이다.

결의안은 위에서 언급한 당 지도자들의 홍창회 인식의 확대이자 심화이며, 당시 당 전체의 종합적 인식을 반영한다. 홍창회의 미신 신앙에 대하여 결의안은 그에 대해 적극적으로 비판할 필요는 없다는 유연한 태도를 보인다. 왜냐하면, 바로 그것에 의해 홍창회는 결집되고 유력한 투쟁을 전개할 수 있다고 보았기 때문이었다. 더 나아가 결의안은 하남과 산동 홍창회의 세 가지 서로 다른 형태를 파악하고 있었다. 즉 홍창회가 모두 군벌 張宗昌과 吳佩孚에 반대하고 있을지라도, 그들은 진정한 農民의 홍창회, 土匪 성질의 홍창회, 그리고 土豪에 의해 지도되는 홍창회로 분류할 수 있다는 것이다.[27)] 결의안에 따르면, 따라서 공산당은 진정한 농민의 홍창회를 지원하

26) 「對於紅槍會運動決議案」, 『中央文件』, 第2冊, pp.216-218. 또한 「農民運動決議案」, 같은 책, pp.206-215 참조.

27) 이 분류는 당 기관지 『嚮導』(第158期, 1926.6.16)와 공산주의 청년단 기관지 『中國青年』(第126期, 1926.7.10)에 실린 瀟湘과 霽帆의 글에 의거하고 있다고 생각된다. 霽帆

여 군벌정부에 대항하는 연합전선을 구축해야한다고 지적한다.

이 결의안에서 특히 우리의 관심을 끄는 것은 홍창회를 농민협회운동의 일환으로 파악하고 있다는 점이다. 결의안은 河南, 山東, 直隸 등 홍창회운동이 가장 발전한 省에서 농민운동과 홍창회운동은 서로 중첩되어 분명히 구별되고 있지 않다고 지적하면서, 현재로서는 홍창회를 이용해 농민협회의 발전을 기한 후, 후자가 확고히 발전하게 되면, 전자를 농민무장 조직으로 삼을 것을 제안했다. 사실 이 모든 것은 1925년 이래의 통일전선 전략 하에 수립된 농민대중 동원론과 관련된 것이었다.[28)]

비밀결사의 이용과 농민협회로의 흡수는 북방뿐만 아니라 남방 각 성에서도 보편적인 현상이었다. 특히 하남의 경우 다수의 농민협회가 비밀결사의 변형을 통해 성립되었다.[29)] 남방의 호남의 경우도 마찬가지였다. 모택동의 보고에 따르면 이곳에서는 哥老會가 농민협회에 적극적으로 참여했다.[30)] 어떤 경우에는 비밀결사가 농민협회의 지도부를 장악하기도 했다.[31)] 모택동은 또 다른 보고에서 이들 '룸펜프롤레타리아트'를 빈농으로 취급하고, 구추백과 마찬가지로 그 성원들이야말로 '가장 혁명적'이라고 평가했다.[32)]

그러나 당 지도부가 기대했던 것과는 달리 홍창회의 경우는 급진화하고 있던 농민운동에 하나의 장애가 되어갔다. 왜냐하면 대부분의 경우 홍창회

은 張霽帆으로 당시 豫陝區黨委 지도부의 한 현장 활동가였다. 『河南黨史資料』, 第2期, 1984, p.178.

28) Yves Chevrier, op. cit.

29) 「河南的農民運動」, 『中國農民問題』, 1927.1 (『第一次國內革命戰爭時期農民運動』, p.422)

30) 毛澤東, 「湖南農民運動考察報告」(1927.3), 『六大以前』, p.752.

31) 龍宣, 「耒陽第二農運指導團下鄉工作的報告」(1927), 『湖南農民運動資料選編』, 人民出版社, 1988, pp.472-473.

32) 李維漢, 『回憶與硏究』(上), 中共黨史資料出版社, 1986, p.101.

류의 자위조직들은 지주를 주요 성원으로 하는 지역 엘리트와 그 지방적 권력구조에 의해 지도되고 있었기 때문이다. 지주들은 농민협회의 급진화에 의해 초래되고 있던 기존 질서의 변혁에 대항하기 위해 자신들의 지도하에 있던 홍창회를 동원했다. 공산당 지도하의 농민운동에 대한 홍창회의 반대는 북방 각 성, 특히 호북 · 하남 · 산동 · 섬서 등지에서 거의 공통적으로 관찰된다. 우리는 홍창회에 관한 전술한 슬라빈스키, 비앙코, 페리 이외에도 일본의 미타니 다카시, 바바 다케시의 연구[33] 그리고 1980년대 이래 중국에서 출간된 다양한 지방사 저작들을 통하여 농민운동과 홍창회의 충돌과정을 알 수 있다.

이하에서 우리는 이들 최근의 지방사 저작들에 기초하면서 호북-하남 경계지대의 홍창회에 대해 간략히 살펴보기로 한다. 그 과정에서 우리는 양자의 충돌뿐만 아니라, 그에 대처하는 공산당의 다양한 전술을 확인할 수 있을 것이다.

보다 정확히 말하자면 여기서 다루고자 하는 것은 호북의 黃安縣(현 紅安縣)과 麻城縣 그리고 하남 光山縣의 사례이다. 먼저 황안의 각 촌락에서는 1925년 이래로 바로 인접한 광산현 홍창회의 영향 하에 '紅學' 이라고 명명한 홍창회 조직이 지주들의 주도로 설립되기 시작했다. 이 조직들이 1926년 말에 대대적으로 발전하면서, 공산당 활동가들은 이 비밀결사 조직을 농민자위군으로 조직하기 위한 공작에 착수하게 된다. 그것은 바로 위에서 언급한 당중앙의 홍창회 결의안에 따른 홍창회 동원 전략과 궤를 같이 하는 것이었지만, 당지의 활동가들은 기존의 홍학 조직에 침투해 들어가는 것뿐

33) 三谷孝, 「國民革命期の北方農民暴動 - 河南紅槍會の動向を中心に 」, 『中國國民革命史の硏究』, 靑木書店, 1974; 馬場毅, 「農民闘爭における日常と變革 - 1920年代紅槍會運動を中心に」, 『史潮』, 新10號, 1981; 「紅槍會 - その思想と組織」, 『社會經濟史學』, 42卷1號, 1976.

만 아니라 자신들 고유의 조직, 즉 새로운 '革命 紅學'을 건립하는 방향으로 나아갔다. 거기에는 지역 엘리트의 세력 기반이었던 宗族 조직이 하나의 매개가 된다. 당지의 유력 종족 吳씨의 자제인 농민운동가 吳煥先이 결정적 역할을 수행했다. 그는 집안의 백부와 당숙들의 홍학 설립 지지를 얻고 이를 통해 족장의 승인을 이끌어 낼 수 있었으며, 자신이 이 독자적인 비밀결사, 홍학의 學長을 맡았다. 비록 홍창회의 저 유명한 '刀槍不入'을 가르치는 정신적 미신 신앙의 지도자 '老師'를 초빙해 오기는 했지만, 그것은 단지 아직도 '낡은' 전통에 갇혀있던 농민들을 조직해 내기 위한 책략에 불과했다. 오환선 등의 활동가들은 지주와 종족에 의해 주도되던 지방적 권력구조를 이용할 줄 알았던 것이다. 이렇게 하여 현장 활동가들은 세 개의 홍학을 설립할 수 있었고, 이를 통해 '농민자위군'을 조직했다.[34)]

그러나 공산당에 의한 이러한 독자적인 홍학과 자위군의 조직이 그들이 현 전체의 홍창회와 지방적 권력구조를 장악하고 그것을 자신의 대의로 동원할 수 있었다는 것을 의미하는 것은 아니었다. 그와는 정반대로, 대부분의 홍창회는 지역 지주-엘리트의 권력을 보호하면서, 점점 과격화의 경향을 띠어 가는 농민운동을 적대시했다. 이에 1927년 봄부터 양자간의 충돌이 시작된다.

황안에서의 농민운동의 급격한 발전은 국공합작의 표적인 '土豪劣紳' 타도운동을 통해 나타났다. 3월 황안현의 紫雲區, 七里區 등 하남 광산현과 인접한 곳에서 농민들이 들고일어나 '토호' 吳芾村을 살해했다. 4월 黃安縣審判土豪劣紳委員會가 성립하고, 그 다음달 위원회는 공판대회를 개최하여 5명의 홍창회 수령을 제거했다. 인접한 麻城縣에서도 사정은 마찬가지였다. 2월에 현 당부에 의해 3천 명의 농민이 동원되어 현성을 공격하고 3

34) 紅安縣革命史編寫辦公室 編著, 『紅安縣革命史』, 武漢大學出版社, 1987, pp.67-68.

명의 토호를 제거했다.[35]

이러한 폭력적 행동에 맞서 지역 지주-엘리트들은 이웃 하남의 광산현으로 도주하여 그곳의 홍창회와 결탁하고자 했다. 이 현에서는 대부분의 홍창회가 지주에 의해 장악되어 청장년층 주민을 대대적으로 동원할 수 있었다. 이에 홍창회와 농민협회가 정면으로 대립하는 구조가 형성된다. 2월부터 6월 24일 '黃麻光三縣和平會議' 가 열릴 때까지 하남과 호북의 교계지대에서는 수만 명이 동원된 양자간의 무수한 유혈 무력 충돌이 발생했다.[36]

이 모든 과정은 농민운동의 주도권을 장악하고 있던 공산당 전략 전술의 일정한 성공을 보여준다. 공산당 활동가들에 의한 농민자위군으로서의 자신의 홍창회('혁명 홍학') 조직은 현장의 실제에 대한 공산당의 유연한 적응을 말해준다. 그러나 홍창회 전체의 수준에서 보면, 공산당 활동가들의 비밀결사 정책이 진정으로 성공적이었다고는 말할 수 없을 것이다. 기존질서와 지방적 권력구조에 의해 장악되고 있던 홍창회는 외부적 요소에 의해 가해지는 변화에 저항했고, 공산당은 그러한 저항에 사실 무력한 모습을 노정했다. 지방적 권력구조를 자신의 의도대로 변혁하는 데 성공할 수 있을 만큼 공산당은 아직 강하지 못했다. 공산당의 홍창회 정책은 1927년 7월의 국공합작 붕괴에 이르기까지 수많은 곤란에 봉착하게 되고 왕정위의 '7·15 정변' 과 함께 농민운동은 완전히 실패로 돌아간다.[37]

---

35) 紅安縣委黨史資料徵編委員會 編, 郭家齊 主編, 『黃麻起義』, 武漢大學出版社, 1987, pp.3-4.

36) 董雷·劉心銘 主編, 『豫南革命史』, 河南人民出版社, 1991, pp.86-88; 『紅安縣革命史』, pp.71-86; 鄭位三, 「紅色的黃安」, 『星火燎原』, 第1集(下), 人民文學出版社, 1958.

37) 「全國農協最近之訓令 - 反抗土豪劣紳之武裝襲擊」(1927.6.13), 『中央文件』, 第3册, p.618.

3. 공산당 전술의 전환과 上 · 下級의 괴리

국공합작의 붕괴는 공산당으로 하여금 새로운 정치적 상황에 처하게 만들었다. 국민당과 그 군벌 동맹자들의 탄압 속에 불법화되고, 이제 지하로 숨어든 공산주의자들은 1927년 가을과 겨울 그리고 그 다음해 봄에 이르기까지 호남, 호북, 강서, 광동, 강소, 하남, 호북, 섬서 등지에서 무장 폭동을 조직했다. 그것은 실제 조건이 아직 성숙하지 않은 상황임에도 불구하고 농민운동을 보다 급진화 시키고자 했던 하나의 의지적 선택('voluntarism')이었다. 목표달성을 위한 수단의 하나로 공산당은 여전히 비밀결사에 주목했다. 그러나 그것은 이제 새로운 시각 하에서였다.

우선, 공산당은 비밀결사의 首領에 주목하던 기존의 방식보다는 결사 조직 내의 대중('群衆') 획득의 필요성에 주목하게 된다. 이러한 새로운 경향은, 한편으로는, 장개석에 의해 매수된 청방 두목들에 의한 노동자 진압이 주는 교훈과 관련되어 있고,[38] 다른 한편으로는 위의 홍창회의 사례 및 각지 비밀결사 공작 가운데 부닥친 많은 곤란과 연관된 것이었다. 당시 당중앙의 한 지시는 국공합작 시기의 '減租減息' 대신 이제 '農村革命' 을 주장하면서, 비밀결사 일반 성원들의 지지 확보의 중요성을 강조하고 기존의 정책이 단지 그들의 수령에만 주목했다고 비판했다.[39] 지방차원의 경우도 마찬가지였다. 예컨대, 강서성위원회는 당원들에게 폭동의 준비를 위해 비밀

---

38) 「上海區委主席團會議記錄」(1927.4.1 오전 8시), 『上海工人三次武裝起義研究』, p.219. 당시 장개석은 6백만원으로 청방세력을 매수해 노동자 진압에 나섰다. 이 문제에 관해서는 많은 저작들이 다루고 있고 그 가운데 B. Martin, *op. cit.*, pp.99-112의 분석이 압권이다.

39) 「中央通告農字第九號 - 目前農民運動總策略」(1927.7.20), 『中央文件』, 第3冊, pp.220-221; 「中央通告第一號 - 八七會議的意義及組織黨員討論該會決議問題」(1927.8.12), *ibid.*, p.312.

결사와의 연합에 주의할 것을 요구하면서도, 결사의 '군중' 을 장악할 것이지 '오로지 수령과의 접촉(接頭)' 을 꾀하지는 말 것을 지시했다.[40] 이러한 변화는 사실 7월 이래 당내의 진독수 '우경주의' 경향에 대한 비판 정서와 맥을 같이하는 것이었다.

다음으로, 공산당은 다양한 비밀결사 조직들에 대해 일정한 구분의 시각을 새롭게 보여준다. 당은 남방 會黨系 결사에 대해 보다 높은 평가를 내리면서, 홍창회와 같은 북방 敎門系 결사에 대해서는 경멸적 태도로 돌아섰다. 이점은 내부적 구분 없이 비밀결사를 전체적으로 파악하던 기존의 국공분열 이전의 당내 문건들 및 당 지도부(특히 구추백)의 언론과는 큰 차이를 보여준다.[41]

국공분열 후의 공산당 전략 전술 변화의 이정표가 되는 '8 · 7긴급회의' 이후에도 비밀결사와의 연합이라는 구도는 기존과 마찬가지였다고 할지라도, 사회적 담론은 더욱 급진화의 경향을 띠어갔다. 호남 · 호북 · 광동 · 강서 4성 추수폭동 계획 속에서 당중앙은 다음과 같이 지적했다. "농민협회를 중심으로 농민에 근접한 모든 사회적 역량(예컨대, 토비, 會黨 등)을 결집하여 폭동을 실행한다."[42] 또 다른 당중앙의 문건은 이렇게 지시한다. "농민 폭동의 과정에서 빈농을 주력으로 삼고, 일반의 실업한 빈민 會黨 등의 세력과 연합한다……."[43] 호남성위원회에 보내는 당중앙의 서신은 회당계 비밀결사 가운데 혁명성이 풍부한 자들을 대대적으로 입당시켜야 한다고까지 지시했다.[44] 이러한 경향은 지방적 수준의 현장의 경우도 마찬가지였다.

---

40) 「江西全省總暴動的準備工作計劃 - 江西黨的目前政治任務」(1928.2.9), 『江西黨史資料』, 4, 1987, pp.127 · 132.

41) 「中央通告農字第八號 - 農運策略的說明」(1927.6.14), 『中央文件』, 第3册, pp.188-189.

42) 「中央關於湘鄂粵贛四省農民秋收暴動大綱」(1927.8.3), 『中央文件』, 第3册, pp.241, 243.

43) 「最近農民鬪爭的決議案」(1927.8.23), 『中央文件』, 第3册, p.297.

강서성위의 폭동계획은 비밀결사를 '농민의 형제' 이자 '농민과 마찬가지로 혁명의 주체' 로 간주하면서, 그들에 대한 단순한 '이용의 심리' 를 비판했다. 성위는 회당계 비밀결사의 무장을 동원하여 이를 수단으로 정부 무장 혹은 '반동' 무장을 장악하고자 했던 것이다.[45] 호남 성위의 한 문건은 심지어 비밀결사에 의한 농민협회의 설립을 허용하기까지 했다.[46] 이러한 회당계 결사에 대한 긍정적 태도는, 조금 뒤에서 살펴보듯이, 공산당의 黨·政·軍 내에 많은 회당계 결사 성원의 참여를 불러 왔다.

會黨系 결사에 이러한 긍정적이고 적극적인 태도와는 대조적으로 教門系 결사, 특히 홍창회류의 '會門武裝' 에 대한 당의 태도는 판연히 달랐다. 河南의 예는 대표적이다. 성위에 보내는 당중앙의 한 편지는 홍창회는 "미신적이고 가부장제적인 조직이며, 그 군중은 맹목적으로 수령에 복종한다." 그들은 "봉건제를 전복시키고 토지혁명을 수행하고 혁명정권을 수립하는 사명을 수행할 수 없다"라고 비판했다. 위에서 언급한 진독수가 홍창회운동을 두고 '지배계급에 대한 반항' 이라고 긍정적으로 평가했다면, 그간의 경험은 공산당으로 하여금 홍창회에 대해 보다 신중한 태도를 갖도록 만들었던 것이다. 편지는 다음과 같이 언명한다. "한편으로, 자위에 머물러 있고 보수적인 홍창회 군중의 정치의식을 공격적이고 혁명적인 방향으로 변혁시켜야 하고, 다른 한편으로 홍창회 군중으로 하여금 반동수령으로부터 벗어나 농민협회의 깃발 아래로 돌아오도록 해야 한다."[47]

현장의 경우도 마찬가지였다. 대부분의 현장 활동가들은 기존 홍창회와

---

44) 「中央致湖南省委信」(1927.8.9), 『中央文件』, 第3冊, p.309.

45) 「江西省委對于秋暴的計劃」(1927.9), 江西省文化廳文物處 等編, 『秋收起義在江西』, 文物出版社, 1993, pp.13, 15.

46) 「湘省目前農民運動(農村暴動)行動綱要」(1927.10.5 修改發出), 中央檔案館 編, 『秋收起義(資料選輯)』, 中央黨校出版社, 1982, p.106.

47) 「致河南省委函」(1927.9.24), 『中央通信』, 第6期, 1927.9.30.

의 연합 전략을 포기했다. 활동가들은 홍창회를 변혁시키고 그것을 쟁취할 만한 역량을 보여주지 못했다. 농민운동의 급진화를 선언한 이래로, '계급 배치'는 더 이상 군벌과 농민사이의 모순에 있지 않았다. 이제는 한편에서는 토지를 요구하는 과격화하고 정치화된 농민과, 다른 한편에서는 촌락 자위무장을 동원하면서 기존 질서를 유지하고자 하는 지주 지도하의 지역권력과의 충돌로 나타났다. 국공합작의 붕괴, 공산당과 그가 주도하는 농민운동의 파괴를 타깃으로 하는 '백색테러'는 농촌 공동체 내의 계급간 구분을 분명히 하도록 만들었던 것이다('계급 대 계급' 전술). 이러한 변화는 남방에서뿐만 아니라 농민운동이 상대적으로 덜 발전해 있던 북방의 경우도 마찬가지였다.[48]

이같은 변화에 직면하여 현장의 활동가들, 특히 북방의 활동가들은 홍창회에 대한 새로운 전략을 채택했다. 당중앙의 정책은 홍창회 일반 대중을 수령과 분리하고 농촌 혁명정권 기관으로서의 농민협회를 발전시키는 것이었지만, 역량의 부족을 실감하고 있던 지방 당은 이를 실행할 수 없었다. 지방 활동가들이 홍창회를 분화시키고 그 대중을 획득하고자 하는 공작에 주의를 기울이고 있었다고는 해도, 이는 거의 성공할 수 없는 과제였다.[49] 그리하여 그들은 자신 고유의 홍창회를 건립하는 방향으로 나아갔다. 우리는 앞서 호북성 황안의 사례를 통하여 이미 그러한 전술을 살펴본바 있는데('혁명 홍학'), 이제 그것은 省委의 차원에서 계획되고, 보다 적극적이고 광범한 형태로 추구되었다. 예컨대, 하남 성위는 이른바 '獨立 紅槍會'를 통해 농민무장을 수립하기로 결정하면서, "하남 농민의 문화적 낙후성으로

---

48) 山本秀夫, 「農民解放鬪爭の新展開 - 中國共産黨と農民戰爭」, 『講座現代中國 2, 中國革命』, 大修館書店, 1969.

49) 지주 · 토호 지도하의 홍창회와 대립하던 '天門會'를 이용하고자 했던 공산당의 전술도 거의 성공을 거두지 못하였다. 喬培華, 『天門會研究』, 河南人民出版社, 1993, pp.108-109 참조.

말미암아, 농민협회나 당의 이름으로 농민을 조직하는 것은 불가능하다"라고 지적했다.[50] 이러한 과정에서 우리는 독립 '홍창회'라는 이름 이외에도 공산당 지도하의 '光蛋會', '窮人會', '扁擔會' 등의 다양한 명칭들을 확인하게 된다.[51] 현장 활동가들은 기본의 지방권력에 대항한 새로운 권력을 수립하기 위해 독자의 무력을 조직하고자 했던 것이다.

한편, 회당계 결사의 경우에 관해서 구체적 정황을 알 수 있는 사례는 많지 않다. 그러나 분산적 자료를 통하여 우리는 공산당과 이 계통의 결사 조직의 많은 연합 관계를 확인할 수 있다. 예컨대 1929년 초 강서 호남 변계 酃縣의 3~4백 당원 중에는 '洪會' 분자가 다수였고, 1929년 봄 강서 서남부의 초기 홍군 가운데 獨立 紅2團은 전체 부대원 가운데 15%가 회당 성원이었으며, 獨立 紅4團에도 다수의 三點會 회원들이 가담하고 있었다.[52] 호북성위원회의 한 보고에 따르면, 大冶縣의 공산당은 당지의 홍창회와는 아무런 연계를 맺지 않았지만, 다수의 홍방 성원들이 1927년 음력 9월의 현성 공격에 참여했다.[53] 湖南 서부의 경우, 당지에 광범하게 분포하고 있던 회당계 비밀결사와 연합하기 위해 지방 공산당은 결사 수령이자 당원인 雲卿이라는 인물을 동원했다.[54]

---

50) 「河南省委報告」(1927.9.4), 『中央通信』, 第6期, 1927.9.30. 당중앙과 하남성위의 전술상의 차이에 대해서는 三谷孝, 「國民革命期における中國共産黨と紅槍會」, 『一橋論叢』, 第69卷, 第5號, 1973 참조. 공산당에 의해 조직된 독립적인 홍창회의 다른 사례는 1928년 초 호북성 孝感縣 북부의 당조직에 의한 '紅學會'이다. 「孝感南新地區農民起義」, 中國人民解放軍歷史資料叢書編審委員會, 『土地革命戰爭時期各地武裝起義: 湖北地區』, 解放軍出版社, 1996, pp.447-448.

51) 『豫南革命史』, p.90.

52) 「楊克敏關於湘贛邊蘇區情況的綜合報告」(1929.2.25), 江西省檔案館 · 中共江西省委黨校黨史敎研室, 『中央革命根據地史料選編』(上), 江西人民出版社, 1983, p.43; 江西省委, 「江西軍事工作報告」(1929.5.4), *ibid*. (中), pp.424, 427.

53) 「中共湖北省委關於湖北農民暴動經過之報告」(1927.10), 『黃麻起義』, pp.44-47.

54) 「吳明: 往湘西工作計劃草案」(1928年初), 『湖南革命歷史文件匯集』, 甲, 9(1927~1933),

여기서 우리는 1927년 말 井岡山 근거지의 건립시 저 유명한 모택동과 홍방의 두목 王佐, 袁文才의 연합 사례를 구체적으로 언급할 필요는 없을 것이다.[55] 그리고 같은 해 강서성 興國縣 폭동에 참여했던 한 베테랑의 회고에 따르면, 공산당은 '三點會' 의 무장역량을 모두 흡수하여 폭동에 동원했다.[56] 삼점회 수령 段起鳳과 그 무장역량은 얼마 후 강서의 '東固 근거지' 홍군(江西工農軍第4獨立連)의 주된 구성부분이 되었다. 단기봉은 곧이어 1929년 말 동고 소비에트 정부 주석을 맡았고, 1930년에는 중국혁명군사위원회 위원, 강서 소비에트 정부 위원이 되었다.[57]

국공합작의 붕괴 후, 우리는 전술한 전략 전술의 변화 이외에도 공산당 내부의 새로운 변화를 관찰하게 된다. 그것은 당내 상급과 하급 수준 간에 분명한 괴리가 발생했다는 점이다. 당중앙은 점점 더 현장의 실제로부터 멀어져 갔다. 이것은 한편으로 '백색테러' 로 인해 당 하급과의 의사소통이 원활하지 못하게 된 상황과 관련되고, 다른 한편으로는 현장의 상황을 제대로 고려하지 못하는 당내의 강한 주의주의적 경향(voluntarism), 즉 차후에 '좌

中央檔案館 · 湖南省檔案館, 1989, pp.139-142.

55) 陳毅, 「關於朱毛軍的歷史及其狀況的報告」(1929.9.1), 『文獻與硏究 (一九八七年匯編本)』, 檔案出版社, 1988, p.60; 何長工, 「改造王佐部隊」, 『難忘的歲月』, 人民出版社, 1982; Philip C. C. Huang, et al(eds), *Chinese Communists and Rural Society, 1927~1934*, Berkely: University of California, 1978.

56) 陳奇涵, 「興國的初期革命鬪爭」, 『星火燎原』 1, 人民文學出版社, 1964, p.235. 만안현의 소비에트 확장을 위한 회당과의 연합 전술에 관해서는 「萬安工農鬪爭及一九二七年十月至一九二八年三月大暴動經過情形 - 張世熙一九二八年七月在蘇聯莫斯科第六次共産國際會議上的講話」, 『秋收起義在江西』, p.103 참조. 강서 지역의 삼점회 및 홍방세력에 관해서는 賴孝福, 「綠林武裝三點會」, 『江西黨史資料』, 第10期, 출판년도 불명; 汪明敏, 「羅浮洪江會」, 『井岡山文史資料』, 第3.4期, 1989.

57) 劉大年, 「從綠林好漢到紅軍團長 - 段起鳳」, 『江西黨史硏究』, 1988-1; 趙敏, 「'李文林式' 東固革命根據地的特點及其歷史作用」, *ibid.*, 1988-2, pp.5-6; Stephen Averill, "Party, Society, and Local Elite in the Jiangxi Communist Mouvement", *The Journal of Asian Studies*, vol. 46, no. 2, May 1987, pp.290 · 297.

경노선' 이라고 비판되는 경향과 연관된다.

'좌경' 의 당중앙은 비밀결사와 관련하여 그 수령과의 연합 대신, '대중획득' 의 필요성을 강조하고 있었지만, 중앙의 지시에 따라 무장 폭동을 준비해야 될 현장의 활동가들이 결사의 성원들로 하여금 그들의 수령에 반대하도록 이끌만한 힘은 없었다. 그들로서는 폭동을 일으키기 위해서는 어떠한 수단이든 강구하지 않으면 안 되었고, 특히 기존의 '군사화' (militarization)의 현상으로 표출된 향촌 무장역량에 주목하지 않을 수 없었다. 그들의 토비와 회당 세력과의 연합은 그 좋은 예가 될 것이다. 사후에 이러한 연합과 실패가 당중앙에 의해 대중의 참여 없는 '군사적 모험주의' 로 비판되게 될 것이지만, 현장 활동가들로서는 다른 선택의 여지는 그리 많지 않았다.

그것은 교문계 비밀결사에 대해서도 마찬가지였다. 위에서 언급한 하남의 예는 홍창회에 대한 전술과 관련하여 이미 당중앙과 省委의 일정한 괴리를 분명히 보여준다. 성위가 기존 홍창회의 수령과 연합하는 대신 전술적으로 자신 고유의 '독립 홍창회' 를 조직하는 방향으로 나아간 것에 대해서도, 당중앙은 비판적 입장을 표시했다. 당중앙은 홍창회가 아니라 어디까지나 농촌 권력 기관으로 농민협회를 조직할 것을 요구했다. 그러나 성위로서는 이러한 지시를 수행할 만한 능력을 갖고 있지 못했던 것이다. 縣 차원으로 오게 되면 모든 것이 당중앙의 의향과는 다른 방향에서 전개되었다. 우리는 현장의 수준에서 여전히 많은 (홍창회 대중이 아닌) 홍창회 수령과의 연합을 관찰할 수 있고, 그것은 활동가들에게 대중동원의 유효한 수단으로 간주되었다. 하남과 마찬가지로 홍창회운동이 활발했지만, 농민협회 운동은 훨씬 미약했던 산동의 경우, 활동가들은 무장역량을 확보하기 위하여 언제나 홍창회와의 연합을 중시했다. 아래 산동성 泰安과 萊蕪縣의 사례는 이러한 괴리를 보다 분명히 보여준다.

1927년 가을, 泰萊縣委는 당지의 홍창회 세력이 특히 강했기 때문에 이를 기반으로 폭동을 일으킬 것을 계획했다. 특히 태안 일대에서는 농민의 70~80%가 홍창회 회원이었다. 이러한 상황에서 "홍창회운동에 개입치 않는다면, 그것은 농민운동의 방기를 의미하는 것이었다." 당중앙과 省委의 노선이 국공합작의 붕괴 이전부터 이미 농민협회를 건설하고 그것을 농촌의 정권기관으로 삼는다는 방침이었지만, 현 당위는 '농민협회' 라는 구호조차 사용하지 않았고 그럴만한 상황도 아니었다. 홍창회를 내세운 지주 중심의 지방권력의 힘은 강했다. 지방 활동가들로서는, 홍창회 내부의 '계급분화' 와 혁명정권의 건립은 실현불가능한 일이었다.[58] 상급의 지나치게 강한 의지는 이렇게 하급 활동가들에게 일정한 정치적 혼란을 불러왔던 것이다.

4. '左傾路線' 과 '근거지' 에서의 비밀결사 진압

주지하듯이 중국공산당의 공식 역사에서는 국공합작 분열 후 장정 이전까지 3차의 좌경노선이 계속되었다고 언급된다. 瞿秋白, 李立三 그리고 王明의 노선이 그것이다.[59] 이들 좌경노선은 일정한 극단적인 경향, 즉 '맹동주의', '도시중심주의' 그리고 '계급 순결주의' (지나치게 엄격한 "계급노선") 등으로 특징져진다. 우리의 논의와 관련하여 마지막 특징이 특히 중요한 의미로 떠오른다.

좌경노선의 '아래로부터의 통일전선' 은 연합대상의 순수한 계급적 구성을 강조했다. 당과 군대 내에서도 일체의 지주 부농의 성분뿐만 아니라 비밀결사 성원의 대다수를 이루는 流氓成分도 축출되어야 한다는 입장이었

58) 馬場毅, 「中共と山東紅槍會」, 『中嶋敏先生古稀記念論集(下)』, 汲古書院, 1980, pp.769-770.

59) 「關於若干歷史問題的決議」(1945.4.20), 『毛澤東選集』, 第3卷, 人民出版社, 1964.

다. 토지의 분배에서도 유맹들은 부농과 마찬가지로 배제되었다.[60] 물론 이러한 경향은 공산당 근거지의 일정한 공고화와 관련되고 있었다. 이제 일정한 지역과 인민을 지배하는 자신의 권력(미니 국가)을 수립한 공산당은 국가권력 통제 밖에서 자신의 존재의미를 찾고 있던 구래의 비밀결사와 같은 조직들을 허용하지 않았다. 이것은 공산당 자신이 단순히 기존권력에 대한 파괴적인 반대세력에 머물지 않고 새로운 국가, 새로운 사회의 건설 단계에 들어섰다는 것을 의미했다.[61]

중국공산당 제6차 전국대표대회는 이미 이러한 새로운 시각을 드러내고 있었다. "폭동 전에, 우리는 그들[토비]과 연합할 수 있다. 폭동 후에는 그들의 무장을 해제시키고 그 수령을 제거하지 않으면 안 된다. …… 그것은 지방 질서를 유지하고 반혁명의 부활을 피하기 위한 선결 조치이다."[62] 룸펜 프롤레타리아트의 조직으로서 비밀결사를 높이 평가해마지 않았던 구추백은 이제 "그들 수령의 대부분은 직업적 범죄자이고 …… 그들 성원은 수령 간의 다툼의 희생자이자 기회주이자의 도구가 되었다"고 비난했다.[63] 이러한 맥락에서 '좌경'의 당중앙은 비밀결사의 수령에 대한 대책에 주목하면서, 비밀결사 '해체' 정책을 다음과 같이 제시했다.

> 소비에트 구역과 그 부근의 구식 농민 무장조직, 예컨대 小刀會, 槍會 등 혹은 會黨, 예컨대 洪江會, 三點會 등에 대하여 당은 그들 수령에 엄중히 주의하

---

60) 「中共湘贛蘇區省委關於重新徹底平均分配土地條例」(1932.1.9); 「土地問題決議案 - 湘贛省蘇維埃第一次代表大會決議案之三」(1932.1.12), 『湘贛革命根據地』(上), 中共黨史資料出版社, 1990, pp.167 · 193 · 199.

61) 여기서 필자는 1930년대 초기 분산적으로 존재하던 각 '근거지(소비에트 구역)'의 차별성을 사상하고자 하는 것은 아니다. 오히려 그 다양성이 중요한 의미가 있는 것이지만, 그럼에도 불구하고 본 연구가 그 모든 경우를 다루는 것은 아니다.

62) 「蘇維埃政權的組織問題決議案」(1928.7.10), 『中央文件』, 第4册, p.399.

63) 瞿秋白, 「中國職工運動的問題」, 『布爾塞維克』, 第3卷, 第2-3號, 1930.3.15.

지 않으면 안 된다. 당은 전력을 다하여 그들 군중을 쟁취하여 당의 영향 하에, 공산당원의 직접 영도 하에 두도록 해야 한다. 이러한 과정에서 농민의 구식 무장 조직은 적위대와 홍군으로 개편하고, 회당 조직은 반드시 점차적으로 소멸시키거나 최소한 그 군중으로 하여금 수령을 이탈하여 그 비밀생활을 改變시키고…….[64]

사실 비밀결사 측의 태도도 중공의 정책 전환에 따라 변화하는 모습을 보여준다. 일례로, 호남 남부의 경우 소비에트 건설 이전에 중공의 세력 확장은 홍방 세력에 힘입은 바 컸고, 중공의 홍방에 대한 영향력이 유지되고 있었지만, 朱德 군대의 도래와 함께 소비에트 건설의 방향이 분명해지자 홍방세력은 지방 권력자인 '豪紳' 과 연합하여 공산당에 대항했다.[65] 결국, 소비에트 근거지의 건설과 함께 비밀결사의 해체와 그 수령의 제거는 지방 수준에서 보편적으로 발생했다. 우리는 앞서 언급한 모택동의 주요 연합 세력이었던 왕좌와 원문재의 운명을 잘 알고 있다. 그들은 바로 당시 유행하던 좌경노선, 즉 룸펜프롤레타리아트와 토비를 '살해' 하던 정책의 희생자였다.[66] 전술한 '동고 근거지' 에서 단기봉이 겪어야 했던 숙청은 유사한 사례에 다름 아니다. 그는 'AB團' [67] 분자로 취급되어 체포되고, 1932년 좌경노

64) 「中央政治局關於蘇維埃區域目前工作計劃」(1930.10.24), 『中央文件』, 第6冊, p.455.

65) 「共青團湘南特委關於湘南暴動的經過的報告」(1928.6), 『湖南工運史料選編』, 第2卷, 第3冊, 湖南省總工會 · 湖南省社科院歷史所 · 湖南省檔案館, 1985, p.60.

66) 「潘心源關於秋收起義前後瀏醴平革命鬪爭情況的報告(節錄)」(1929.7.2), 平江縣委黨史辦公室 編, 『紅旗漫展出轅門: 平江起義資料匯編』, 中國文史出版社, 1986, p.83; 「鄂豫皖中央分局通告第十三號 - 對青紅幇, 小馬子, 流氓, 土匪的策略」(1931.9.20), 『中國工農紅軍第四方面軍戰史資料選編, 鄂豫皖時期』(下), 解放軍出版社, 1992, p.483.

67) 당시 중공은 안티 볼세비키(Anti-Bolshevik)를 의미하는 이 AB團이 소비에트 구역 내에 광범히 확산되어 있다고 믿고, 그에 대한 경계를 늦추지 않았다. 이에 대해서는 Trygve Lötveit, *Chinese Communism, 1931~1934: Experience in Civil Government*,

선에 의한 반혁명분자 숙청('肅反')의 일환으로 처형당했다.[68]

비밀결사 진압의 다양한 사례, 특히 大刀會 숙청의 사례들이 소비에트 중앙정부의 기관지인 『紅色中華』에 자주 등장한다. 보도에 따르면, 비밀결사의 회원들이 소비에트 기구에 침투해 들어오거나, 이들 비밀결사를 이용하여 지주 부농들이 소비에트 정부의 '査田運動'에 저항했다.[69] 홍군과 대도회 간의 수많은 충돌에 관한 『紅色中華』의 기사들은 공산당 영역 내에서 비밀결사에 가해진 무자비한 진압 정책을 선명히 보여준다.[70]

앞서 살펴본 호북 하남 교계 지대인 황안 · 마성 · 광산을 포함하는 '鄂豫皖 근거지'의 홍창회도 공산당 당국에 의해 진압되었다. 그때까지 공산당 지도하에 있던 독립적인 '혁명적' 홍창회도 해체되고 공산당 자위군 시스템 속으로 흡수되었다. 1931년 악예환 근거지 군사위원회의 한 지시는 홍창회에 대한 진압정책을 분명히 했다. 지시문의 내용 가운데서 우리는 홍창회에 대한 어떠한 긍정적 평가도 발견할 수가 없다. 처음부터 지시는 홍창회를 '반혁명 조직'으로 규정했다. 지시에 따르면, 홍창회에 대해 취해져야 할 대책은 그들을 '분화', '와해', '무장해제' 시키고 그 수령을 '제거'하는 것이었다.[71] 1930년 악예환 근거지 英山縣의 한 區에서는 7개의 농민협회

Scandinavian Institute of Asian Studies Monograph Series, no. 16, London and Malmö: Curzon Press, 1979(second edition), 제4장(박상수 역, 『중국 소비에트운동사』, 고려원, 1994, pp.141-144).

68) 劉大年, 앞의 글, p.62.

69) 사전운동에 대해서는 金志勳, 「江西時期 中央소비에트區의 査田運動」, 『成大史林』, 第11輯, 1996 참조.

70) 『紅色中華』 第43期(1932.12.5), 第56期(1933.2.25), 第82期(1933.5.29), 第181期(1934.4.28), 第205期(1934.6.21) 참조; 『青年實話』, 第2卷, 第3號, 1933.1.29; 中共廣昌中心縣委, 「對目前肅反工作與消滅團匪土匪刀匪的決定」(1934.4.10), *Ch'en Cheng Collection* (陳成文庫), Hoover Institut, microfilm, reel, no. 4.

71) 「鄂豫皖軍委會關於對紅槍會策略的指示」(1931.9.11), 『中國工農紅軍第四方面軍戰史資料選編, 鄂豫皖時期』(下), 解放軍出版社, 1992, pp.381-385.

가 哥老會에 의해 장악되어 있었는데, 당지의 당조직은 소비에트 정부를 건립한 후 '반동' 가로회 수령을 체포하여 그중 가장 반동적인 7명을 처단하고 그 조직을 해체시켰다.[72]

당내의 권력대립에 주목했던 다양한 선행연구 덕분에 '좌경노선' 에 의해 지배되던 이 시기의 다양한 정치 과정에 대해 우리는 이제 잘 알고 있다.[73] 군사적으로 좌경노선은 공격 노선을 선호했다. 우세한 적군에 대해서도 게릴라전보다는 보루전과 총공격전을 선호했고 주요 도시의 점령을 고집했다. 토지분배 정책의 면에서도 극단적인 조치들을 시행했다. 협소한 계급정책은 자신의 입지를 축소시키고, 적의 숫자를 늘려갈 뿐이었다. 비밀결사에 대한 정책도 바로 그러한 맥락 속에 위치한다. 이러한 비밀결사 진압정책은 얼마 후 장정의 종결과 함께 모택동 중심의 새로운 당중앙에 의해 '통일전선' 을 알지 못한 전술적 오류로 비판받게 된다.

5. 소결

이상의 소묘를 통해 본장에서는 장정 이전시기 중국공산당이 아직 경험 있는 세력이 되기 전까지의 비밀결사관과 그 정책의 변화과정을 살펴보고자 했다. 초기의 상급 당 지도자들의 결사에 대한 경멸적 태도는 현장의 경험을 통하여 그를 이용한 사회 침투라는 적응의 방향으로 변화되어 갔다.

---

72) 「六安等縣土地分配情況及婦女兒童的擁紅工作」(1930.2.10), 湖北省檔案館 · 湖北省財政廳合編, 『鄂豫皖革命根据地財經史資料選編』, 湖北人民出版社, 1989, p.485.

73) John Rue, *Mao Tse-tung in Opposition, 1927~1935*, Stanford University Press, 1966; Shanti Swarup, *A Study of Chinese Communist Movement*, Oxford University Press, 1966; Derek Waller, *The Kiangsi Soviet Republic: Mao and the National Congress of 1931 and 1934*, Berkeley: Center for Chines Studies, 1973.

靑·紅幇 등 '범죄' 집단들에게서 '혁명성'을 발견해가는 陳獨秀·李大釗·瞿秋白 등 중공 지도자들의 언론은 그러한 변화를 입증해 준다. 두말할 필요도 없이 그것은 공산당의 역량이 초기의 순수한 이념형의 자신을 유지해 갈 수 없었다고 하는 현실과 관련된 것이었다. 李立三·張國燾·李啓漢 등 초기 노동운동 지도자들의 비밀결사 가입이나 농촌 지역 활동가들에 의한 '革命 紅學', '獨立 紅槍會' 등의 조직도 그러한 적응의 과정을 보여주는 좋은 예이다.

그러나 우리는 현실에의 적응 과정에서 공산당의 태도가 단일한 것이 아니었다는 점을 알 수 있었다. 특히 국공합작 붕괴를 전후하여 당내 상하급의 괴리는 河南과 山東의 사례를 통해 분명히 관찰된다. 상급의 지시는 현장의 실제를 고려하지 못하는 경우가 대부분이었고, 지방 혁명가들의 활동은 상급 당의 의도와 거의 조응하지 못했다. 비밀결사에 대한 일정한 기대도 의외의 문제들에 부닥치지 않을 수 없었다. 홍창회 동원의 한계는 그러한 과정을 웅변으로 보여준다. 공산당 지도하의 과격화한 농민운동은 대부분 지주의 지방권력에 의해 지도되던 '홍창회운동'과 거의 예외 없이 충돌했다. 이에 공산당 내에는 이들 홍창회류의 교문계 비밀결사와 홍방·가로회류의 회당계 비밀결사에 대한 상이한 시각이 자리 잡게 된다. 전반적인 수준에서 볼 때, 중공은 전자를 폄하하고, 후자에 대해 더 높은 평가를 내렸으며 이들과 쉽게 연합했다.

중국공산당의 점차 깊어가는 이데올로기적 편향은 소비에트 근거지의 건설과 동시적으로 진행되었고, 비밀결사에 대한 태도는 경직화되었다. 백색테러가 횡행하던 달라진 '계급배치'의 상황 속에서, 그리고 이제 영토와 인민을 갖는 정권으로서, '좌경노선'의 주의주의적 경향은 결국 소비에트 근거지 내에서 비밀결사 진압을 서두르게 만들었다. 會黨의 수령들은 제거되고, 그 성원인 流氓들은 토지 분배에서 제외되거나 살해당했으며, 홍창회 · 大刀會 등의 교문계 회문무장은 반혁명 조직으로 진압되었다. 훗날 '統戰' 을 알지 못했다고 비판당하게 될 이러한 노선과 정책은 이른바 적을 늘리고 아군을 줄이는 자기 고립의 결과를 초래했다. 장정 후 중국공산당이 자기 기반의 사회적 폭을 넓히면서 새로운 통일전선의 노선으로 전화할 때 비밀결사에 대한 중공의 태도는 다시 변화를 맡게 될 것이었다.

초기의 중공의 대 비밀결사관은 어떤 분명한 형태로 공식화될 수 없는 변화의 연속이었다. 그것은 이 시기 정치적 상황의 복잡다단함을 반영한다. 그러나 중공의 결사관의 변화가 단순히 상황에 따른 무원칙한 혼돈에 불과한 것은 아니었다. 우리는 본장의 분석을 통하여 점차 현실에 적응해 가는 현장 혁명가들의 유연한 행동들을 확인할 수 있었고, 지방적 상황에 따른 다양한 전술들을 읽을 수 있었으며, 민간 사회세력으로서의 비밀결사에 대한 중공의 인식의 심화를 확인할 수 있었다. 전체 중국혁명사가 지방적 차원의 기존의 사회적 실제에 대한 적응과 변혁의 종합에 관한 흥미로운 이야기라고 한다면 이 시기는 그러한 이야기의 序詞가 된다.

필자는 이상의 소묘 속에서 몇 가지 사례를 검토해 보았지만, 그것을 보다 구체적인 지방적 사회구조와 정치, 군사적 상황 속에 파악할 수는 없었다. 자료는 영성하고, 지나치게 분산적이었다. 보다 구체적인 자료들이 확보된다면, 또 다른 문맥 속에서 각 사례들이 검토될 수 있는 여지는 얼마든지 있다고 생각된다. 우리는 이제 위에서 검토하지 않았던 보다 구체적인 사례로 논의를 옮겨보기로 한다. 앞에서 제기한 바와 같이 이하의 제2부와 제3부에서는 각각 섬감녕변구의 가로회와 강소 북부의 소도회가 혁명의 전체과정 속에서 구체적 사회구조와 상황의 변동 가운데 분석될 것이다.

제2부

陝甘寧邊區의 중공과 哥老會

(1930~40년대)

1860년대 이래 섬감녕을 중심으로 서북지역에 광범히 확산되어간 가로회는 청조의 마지막 몇 십 년간 다양한 反淸 집단행동을 조직하고 1911년의 신해혁명을 주도하면서 정치의 전면에 등장했다. 그러나 신해혁명을 끝으로 그들의 활동이 사라진 것은 아니었다. 뒤이은 민국시기를 통하여 가로회는 더욱 확대일로를 걸었다. 특히 1920~30년대의 상황은 가로회의 확산에 더욱 유리한 조건을 제공했다. 그칠 줄 모르는 내전과 각종 세금의 가중, 자연재해, 1920년대 말부터 30년대 초에 걸친 대기근은 지역 주민들로 하여금 생존의 수단을 찾아 나서게 만들었고, 심각하게 해체된 농촌사회에 가로회라는 '호조' 조직은 민중에게 유효한 보호수단을 제공했다.

이 지역의 공산당은 국공합작의 붕괴, 게릴라 운동, 장정부대와 당중앙의 도착, 중일전쟁의 전면적 폭발과 섬감녕변구의 수립이라는 다양한 혁명단계를 경험했다. 이 모든 정치과정을 추적하면서 필자는 공산당이 어떠한 상황 하에서 가로회와 만나게 되고, 유격활동 가운데서 맺게 되는 가로회와의 관계는 어떠하며, 당중앙에 의한 가로회의 정치화과정과 그 방향 수정은 어떻게 진행되었는지 살피게 될 것이다. 그러한 정치과정에 대한 구체적 분석을 통해 우리는 앞서 제기했던 문제, 즉 비밀결사와 공산당의 관계는 '친화' 인가 '불용' 인가, 아니면 단순한 '길항' 의 관계인가, 근거지 내의 국가권력으로서 공산당은 역사가 남긴 이 비밀조직들을 어떻게 처리했던 것인가라는 물음에 대한 답을 추구하게 될 것이다. 양자간의 복잡한 관계는 1920년대 말부터 공산당의 전국적 승리의 마지막 단계에 이르기까지 정치적 · 군사적 상황, 공산당 내의 상하급의 차이에 따라 끊임없는 변화를 보이게 된다.

이하의 논의에서 스튜어트 슈람에 의해 서방에 최초로 소개된 모택동 서명의 「가로회 선언」에 대한 이해는 핵심적인 부분을 차지한다. 슈람의 글은 그때까지의 에드가 스노우식의 개인 인터뷰나[1] 기타 다양한 악성 '루머'의 형식으로 세간에 알려진 중공과 비밀결사간의 관계를 명확한 문건 증거를 통해 '폭로' 했다는 점에서 연구자들의 관심을 불러일으켰다. 슈람이 「선언」을 소개할 당시는 문화혁명이 발발하여 전통 문화에 대한 극단적 부정(반전통의 경향, 'anti-traditionalist tendency')을 외치고 있던 시점이었다는 점을 상기할 필요가 있다. 그는 이러한 상황에 대하여, 중국 공산혁명이 비밀결사와 반란의 전통으로부터 많은 것을 부여받았음을 강조하고, 이에 대한 한 증거로 이 선언을 제시함으로써 결사와 공산당의 관계를 극명히 보여주고자 했다.[2] 그러나 학계에서는 그간 이 선언을 전후한 가로회의 동향뿐만 아니라 공산당 정책의 구체적 내용 및 그 변화를 전혀 알지 못하였다고 해도 과언은 아니다.

현시점에서 공산당과 결사의 관계가 여전히 정치적으로 민감한 부분을 차지하고 있지만, 그것이 더 이상 감출만한 비밀이 아니라는 사실은 모두에게 인지되어 있는 것이 사실이다. 우리는 특히 1980년대 이후 대륙에서 대

1) Edgar Snow, *Red Star Over China*, First Revised and Enlarged Editon, London: Victor Gollancz Ltd., 1968, p.221.

2) Stuart Schram, "Mao Tse-tung and Secret Societies", *The China Quarterly*, no. 27, July-September, 1966, p.10.

량으로 쏟아지기 시작한 회고록을 통해 양자간의 관계를 어느 정도 알 수 있게 되었다. 최근에 출판된 결사연구의 통사적 저작들은 이에 관한 다양한 사례들을 제시하고 있다.[3)]

그럼에도 불구하고 이러한 저작들은 그들이 수집한 다양한 단편적 사례를 구체적 상황 가운데 적절히 위치시키지 못한 채 中共黨史上의 공식적 시기구분의 틀 속에 사실을 나열하고 있을 뿐이다. 그것은 무엇보다도 관련 문헌 자료의 부족 때문이다. 중공은 자신의 활동지역에서 거의 예외 없이 이들 '비밀결사'와 만나게 되었고 그들과 연합과 충돌의 다양한 경험을 하게 되지만, 문사자료 등이 수록하고 있는 단편적 회고록 이외에는 이를 구체적으로 보여주는 자료들을 현재로선 거의 습득할 수 없는 실정에 있다. 대부분의 관련 당안자료들, 특히 공산당과 관련된 공식문서들은 아직도 이용 가능한 형태로 공개되지 않고 있다. 중앙당안관은 중국인 연구자들에게조차 열람이 허용되지 않는다. "당안 보존의 목적은 연구를 위한 것이 아니라 당과 정부의 상급의 열람요구가 있을 때 이에 부응키 위한 것"일 뿐이다.[4)]

필자는 문제의 해결을 위해 1999년 6개월여에 걸친 섬감녕 지역에 대한 현장조사를 통해 관련 문헌 및 문서 자료들을 습득할 수 있었다. 거기에는 지방 당안과 지방 당사자료, 그리고 공간되지 않은 것을 포괄하는 당시 활동가들의 회고록이 포함된다. 습득한 자료들은 충분할 정도로 풍부한 것은 아니고, 오히려 극히 분산적이다. 또 그것은 대부분은 공산당 측 자료이며,

---

3) 蔡少卿, 『中國秘密社會』, 浙江人民出版社, 1989, 제9장; 周育民 · 邵雍, 『中國幇會史』, 上海人民出版社, 1993, pp.494-512 · 604-627 · 721-741; 邵雍, 『中國會道門』, 上海人民出版社, 1997.

4) 이것은 필자가 지방 당안관에서 자료조사시에 도움을 주었던 한 당안관 직원의 언급이다.

비밀결사 측에서 온 것은 특히 적다. 그러나 필자가 이용한 자료들은 비록 완전한 형태는 아닐지라도 당시의 중공과 가로회 관계를 구체적 맥락 속에 위치지울 수 있도록 해준다.

제1장

20세기 전반 섬감녕 哥老會의 확산과 존재양상

— 농촌사회의 해체구조와 관련하여

본장의 지리적 분석 대상은 주로 동으로는 黃河로 山西省과 경계하고, 서로는 甘肅의 六盤山 동쪽에 이르며, 남으로는 渭河 北山에 닿고, 북으로는 모오스(毛烏素) 사막에 이르는 황토 고원의 중심부, 지리학자가 말하는 '隴東 · 陝北 高原' 지대이며, 1930~40년대 중국공산당의 근거지 '陝甘寧邊區' 지역이다.[1] 이 지역의 민간 비밀결사 哥老會는 1911년 신해혁명을 통하여 세간의 이목을 집중시킨 바 있고, 따라서 그간의 연구는 이 신해봉기 전후 과정에서의 가로회의 활동과 역할에 집중되어 왔다.[2] 그러나 이 지역

1) 吳志淵, 『西北根據地的歷史地位』, 湖南出版社, 1991, p.4. 본서 권말 부록 지도 1 참조.

2) Carl Whitney Jacobson, "Brotherhood and Society: The Shaanxi Gelaohui, 1867~1912", Ph. D. Dissertation, University of Michigan, 1993; 孫志亮, 張應超, 『陝西辛亥革命』, 陝西人民出版社, 1991; 孫志亮 · 馬林安 · 陳國慶 主編, 『陝西近代史稿』, 西北大學出版社, 1992; 政協陝西省委員會辛亥革命史料組 調査整理, 「陝西辛亥革命中的哥老會」, 中共陝西省委黨史資料徵集研究委員會 編, 『辛亥革命在陝西』(陝西黨史資料叢書 3), 陝西人民出版社, 1986, pp.235-243; 和龔, 「寧夏哥老會與辛亥革命」, 『中央民族學院學報』, 1981-1 및 『寧夏文史資料』, 第10輯, 1981; 「慶陽一帶哥老會反正及其慘遭鎭壓之實況」, 『甘肅文史資料選輯』, 第11輯, 1981; 李扈民, 「彭四海早勝起義與淸軍鎭壓起義經過有關資料集成」(原稿), 甘肅省 寧縣黨史辦資料; 馬啓成, 「甘肅辛亥革命概略」, 『寧夏文史資

가로회 세력은 뒤이은 袁世凱 치하에서 탄압을 받아 일시적으로 위축되기는 했지만, 1920~30년대를 통해 지속적으로 각계각층에 광범히 확산되어 갔다.

본 연구는 기존 섬감녕 가로회 연구의 공백으로 남아 있는 신해 이후를 중심 대상으로 한다.[3] 본 장에서는 우선 다양한 비밀결사 조직 가운데서도 이 지역에서 가로회가 확산된 원인에 대한 의문으로부터 출발한다. 왜 섬감녕에서는 華北·華中의 諸省에서 흔히 발견되는 教門系의 紅槍會類 '會門武裝'이 아닌 가로회라는 會黨系 비밀결사가 만연했던 것일까?[4] 이에 답하기 위해 필자는 이 지역 가로회 확산의 이유가 농촌 공동체의 원자화(atomization)라는 해체구조(disintegration)와 연관된다는 가설 위에 선다.

이 가설에서 기존의 이론적 접근들은 매우 유용한 이해의 도구가 된다. 에릭 울프, 제임스 스코트, 조엘 미그달 등에 따르면 농민은 전통적으로 강력하고도 준 자치적인 지역집단 속에서 살아왔다. 그들이 각각 제시한 폐쇄공동체('closed community'),[5] 도덕경제('moral economy'),[6] 내향적 촌락

料』, 第10輯, 1981; 韓定山,「辛亥革命在甘肅」,『甘肅文史資料選輯』, 第11輯, 1981; 何其正,「辛亥革命中衛縣會黨起義述略」,『寧夏文史資料』, 第10輯, 1981; 鄭自毅,「張雲山傳略」,『陝西文史資料』, 第24輯(陝西民國人物2), 1991; 李鳳權,『胡景翼傳』, 陝西人民出版社, 1991; 雷冬文,「論民初陝西會黨與革命黨的衝突」,『史學月刊』, 2002-8 등.

3) 사실 가로회 연구는 지역을 불문하고 시기적으로 신해혁명시기까지를 다루는 연구가 대부분이라고 할 수 있다. 다만 尹恩子,「兩湖地區哥老會硏究」, 南京大學博士學位論文, 2002.9는 많은 檔案資料를 이용하여 호남·호북을 대상으로 청말부터 민국시기까지 통사적으로 다루고 있는 보기 드문 포괄적 연구이다. Kristin Stapleton, "Urban Politics in an Age of Secret Societies: The Cases of Shanghai and Chengdu", *Republican China*, vol. 22, no. 1, November 1996은 민국시기 도시지역 비밀결사 上海의 青幇과 四川 成都의 袍哥(가로회)에 대한 비교 연구이다.

4) 교문계와 회당계로 대별되는 중국 비밀결사의 두 계통과 결사조직의 정치적 의미에 관해서는 본서의 제1부 제2장 참조.

5) Eric Wolf, "Closed Corporate Peasant Communities in Mesoamerica and Central Java", *Southwestern Journal of Anthropology*, vol. 13, no. 1, Spring 1957, pp.7-12. 중국에 관

('inward-oriented village')[7] 등의 개념들은 전통 농민사회에서 그러한 집단성이 생존의 안정성을 제공했고 외부의 위협에 대해 생존을 가능케 했다는 것이다. 그러나 이것은 새로 도래한 자본주의 앞에 무력했다. 자본가들이 지역 자원을 착취함에 따라, 전통제도들이 그 권위와 정당성을 상실했고, 농촌사회는 해체의 길을 걸었다. 결국 이들 이론에 따르면 자본주의와 시장에 의해 전통 공동체로부터 갑작스럽게 '해방된' 농민들은 자유롭게 정치행동(근대 혁명운동)에 나서게 되었다는 것이다.[8] 분명 이론들은 자본주의의 도래와 궤를 같이하는 '근대'를 전후한 변화에 많은 관심을 집중하고 있지만, 농촌사회의 해체가 반드시 자본주의와 관련된다는 사고를 넘어선다면, 일반 농촌사회는 공동체적 유대의 존재여부를 기준으로 구분될 수 있을 것이다. 본장의 탐구대상인 섬감녕 교계 지역의 농촌사회는 민국시기에 걸쳐 그러한 유대가 결여된 극단적인 빈곤과 해체의 길을 걸었다. 필자는 그 해체구조를 섬서 북부의 사회·경제 상황에 대한 분석을 통해 밝혀보고자 한다.

해서는 William Skinner, "Chinese Peasants and Closed Community: An Open and Shut Case", *Comparative Studies in Society and History*, vol. 13, no. 3, July 1971, pp.270-281 참조.

6) James C. Scott, *The Moral Economy of the Peasant: Rebellion and Subsistence in Southeast Asia*, New Heaven, Conn.: Yale University Press, 1976.

7) Joel S. Migdal, *Peasants, Politics, and Revolution: Pressures towards Political and Social Change in the Third World*, Princeton, N.J.: Princeton University Press, 1974.

8) 이러한 자본주의 영향을 중국에 직접 적용한 연구로는 Barrington Moore, *Social Origins of Dictatorship and Democracy: Lord and Peasant in the Making of the Modern World*, Boston: Beacon, 1966; Eric Wolf, *Peasant Wars of the Twentieth Century*, New York: Haper and Row, 1969; Edward Friedman, *Backward toward Revolution: The Chinese Revolutionary Party*, Berkeley: University of California Press, 1974; Theda Skocpol, *State and Revolution: A Comparative Analysis of France, Russia, and China*, Cambridge, Eng.: Cambridge University Press, 1979 등이 있다.

다음으로 본장에서는 서북 가로회의 내부 조직구조에 대한 소개를 통해, 기존의 연구자들이 주목했던 청말 가로회의 구조가 민국시기에 더욱 보완되고 체계화되어 갔다는 사실을 보여줄 것이다. 그리고 그 조직구조의 제 특성이 위에서 언급한 사회구조와 결합되면서 가로회의 확산을 가능케 했음을 논급할 것이다. 마지막으로 가로회의 분포와 성향에 대한 분석을 통해 이 비밀결사가 단순히 민간사회 하층의 소극적 '互助' 조직에 머물지 않고, 군벌 · 민단 · 토비 가운데 두루 분포하면서 생존자원을 획득하기 위한 다양한 활동을 전개했음을 확인하게 될 것이다.

1. 섬감녕 가로회의 기원과 辛亥革命

오랫동안 민간에서 믿어 온 것과는 달리 가로회는 天地會의 支派가 아니라, 그와는 계통상의 연원관계가 없는 독자의 발전과정을 밟았다. 최근의 연구에 따르면, 그 기원은 乾隆 치세(1736~1795) 초기 四川의 초보적인 의형제 조직인 괵로(嘓嚕)로 거슬러 올라간다. 그 후 괵로는 사천 동부의 白蓮教와 북쪽으로 확산되던 天地會의 영향 하에 유력한 세력으로 성장해 갔다. '哥老會' 라는 명칭은 19세기 중엽에 비로소 등장했고, 湘軍에 유입되면서 확산의 계기를 맞았다. 19세기 중 · 후기 이후에는 많은 가로회 회원을 포함하고 있던 상군의 실업한 병사를 매개로 사천, 호남, 호북, 강소, 절강 등 장강 중하류 지역에까지 광범히 분포하게 된다.[9)]

---

9) 酒井忠夫, 「清末の會黨と民衆 - 特に哥老會について」, 『歷史教育』, 第13卷, 第12號, 1965; 蔡少卿, 「關於哥老會的源流問題」, 『南京大學學報』, 1982-1; Liu Cheng-yun (劉錚雲), "The Ko-lao Hui in Late Imperial China", Ph. D. Dissertation, University of Pittsburgh, 1983.

천지회와 기원상의 연관이 없다고 하더라도 가로회는 회당계통 비밀결사의 제 특징을 공유하는 조직이었다. 초기 그 주요성원들은 해산병사, 유민, 유맹, 빈농들이었고 따라서 '互助'(상호부조)를 위해 스스로를 조직했다. 가로회는 태평천국의 진압과 함께 약화되기 시작한 천지회의 뒤를 이어 19세기 후반 역사무대의 전면에 등장했다.[10] 그들은 19세기 후반기를 통하여 다양한 사회 · 정치적 제 사건에 개입하거나 참여하고, 또 그것을 조직했다. 각종 反기독교 사건과 '반외세' 폭동들에서 거의 예외 없이 가로회의 존재가 확인된다.[11] 그리하여 청말 대부분의 공화 혁명가들은 양자강 유역의 제 성에서 가로회와 연합하는 전략을 채택했다.

가로회는 19세기 말 이래 유력한 세력으로 등장했던 또 다른 비밀결사 青幇과 대칭되어 紅幇이라는 이름으로 더욱 많이 알려지게 되고 민간에서는 양자를 병렬하여 '青紅幇'이라고 칭하는 경우가 빈번했다.[12] 한편, 洪門, 洪家 등의 명칭은 원래 천지회 계통의 결사를 일컫는 것이었지만, 그러한 명칭들은 종종 가로회에도 혼용되어 널리 사용되었다. 가로회는 지역에 따라서 江湖會, 袍哥, 哥弟會, 漢流(留) 등 다른 이름으로 불리기도 했다.[13]

비록 섬감녕 지역 가로회의 활동은 장강유역에 비하면 잘 알려지지 않았지만, 그것이 갖는 사회 · 정치적 의미는 그에 못지않은 것이었다. 이 지역 가로회의 기원도 태평천국 진압과정에서 활약한 湘軍 등의 陝西 이동과 밀

10) 王天奬, 「十九世紀下半期中國的秘密社會」, 『歷史硏究』, 1963-2; 蔡少卿, *ibid*.

11) Guy Puyraimond, "Le Gelaohui et les incidents anti-étrangers de 1891", in Jean Chesneaux, et al (eds), *Mouvements populaires et sociétés secrètes en Chine aux XIXe et XXe siècles*, Paris: Maspero, 1970, pp.282-296.

12) 20세기로의 전환기 점차 유력한 세력으로 등장하게 된 青幇의 기원에 대해서는 Brian Martin, *The Shanghai Green Gang: Politics and Organized Crime, 1919~1937*, Berkeley: University of California Press, 1996, pp.9-43.

13) 蔡少卿, *op. cit.*, p.72. 사천의 포가에 대해서는 王純五, 『袍哥探秘』, 巴蜀出版社, 1993.

접한 관련을 갖는다. 즉 同治 6년(1867) 回民 및 西捻軍 반란 진압을 위해 섬서에 주둔한 左宗棠 군대(그 휘하의 군대는 좌종당 자신의 楚軍(호북) 이외에 상군과 안휘군의 일부 및 사천군, 감숙군으로 구성되어 있었다) 중의 가로회 성원을 통해 섬서·감숙, 더 나아가 신강 등 서북지역에 가로회가 전파되기 시작했던 것이다.[14] 그 후 가로회는 이들 군대 내부의 사병의 급료 지급에 대한 팽배한 불만을 이용하여 반란을 조직하고, 주둔지 주변의 饑民을 모아 수차례의 폭동을 일으키고, 혹은 강자에게서 약탈한 양식을 빈자에게 분배하는 '로빈 훗' 식의 義賊(social bandit)활동을 전개하면서 19세기말까지 서북의 민간 사회에 광범하게 확산된다.[15] 당시의 陝·甘지역 관료들의 중앙에 대한 보고를 통해 우리는 가로회가 혼란스러운 사회경제적 상황 속에서 '호조' 에의 호소를 통해 성원을 모집했다는 사실 이외에도,[16] 정치적 불만 속에서 '王' 을 칭하면서 국가권력에 대한 전면적 반역의 길로 나아

14) 左宗棠, 「哥老會在陝西軍中活動情形」(同治7年[1868]), 黎青 編, 『清代秘密結社檔案輯印』 9, 中國言實出版社, 1999, pp.3467-3468; 左宗棠, 『左文襄公全集』, 臺北: 文海出版社, 信札, 9, pp.68-69; 秦翰才, 『左文襄公在西北』, 商務印書館印行, 民國34年[1945], pp.75-77; Carl Whitney Jacobson, op. cit., p.95. 湘軍과 가로회의 관계에 관한 체계적 논증은 Liu Cheng-yun, op. cit., 1983 참고.

15) 예컨대, 1868년 12월 延安 가로회 수령 杜占元·張光如의 봉기, 1869년 3월의 甘肅提督 高連升 부대 내의 가로회 수령 鄭玉龍·鄔宏勝의 반란과 回民軍과의 연합, 1869년 3월 清軍 劉松山 부대 내의 가로회 수령 謝永青·唐太春 등의 綏德 지구 兵變과 縣城 점령 등이 대표적 사례이다. 孫志亮·馬林安·陳國慶 主編, 『陝西近代史稿』, 西北大學出版社, 1992, pp.132-133 참조.

16) 陝西巡撫鹿傳霖, 「奏審明會匪徐茂案擬斬」, 光緒十九年五月初九日(1893年 6月 22日), 國立古宮博物院圖書文獻部文獻股編, 『宮中檔光緒朝奏摺』, 第7輯, 臺北: 古宮博物院, 1973, p.759(……光緒十六年九月間, 徐茂出外游蕩, 在四川不知縣名地方會遇四川人段平章一處閑談. 段平章聲稱, 江湖會弟兄能以患難相顧, 並有許多好處, 勸令入會……); 陝西巡撫升允, 光緒二十八年二月十九日(1902年 3月 28日), 中國第一歷史檔案館編, 『光緒朝硃批奏摺』, 第118輯, 中華書局, 1995, p.831(……拜霖籍隸該縣, 貿易度日, 先未爲匪. 光緒二十三年十一月間, 拜霖因貧憶, 及向在各處聽得江湖會, 有許多好處, 出外能患難相顧. 起意開堂放飄, 邀人入會, 結拜弟兄……).

가는 하나의 정치적 조직 수단이 되기도 했다는 사실을 어렵지 않게 발견하게 된다.[17]

20세기 첫 10년간 섬감녕 가로회의 활동은 장강유역과 마찬가지로 그리고 서북의 기타 민중운동에서 보이듯이 그 정치적 색채를 노골화했다. 가로회는 다양한 教案[18]과 반란[19]에 참가하고 이를 지도했을 뿐만 아니라, 新政의 실시가 불러온 세금 압박의 증가에 반항하는 反官 민중운동의 주된 구성부분이었다.[20] 위에서 인용한 제큅슨의 섬서 가로회 연구가 지적하고 있는

---

17) 陝甘總督楊昌濬, 光緒十八年六月二十二日(1892年 7月 15日).『光緒朝硃批奏摺』, 第118輯, p.470 (……固化道何維楷平涼府. ……鎭原縣. ……惠佔熬供稱, 鎭原縣人, 平日在外游蕩. 前在寧州環縣, 犯搶有案, 因聞拿嚴緊, 往各處潛匿. 旋同孫義亭・夏忄興淋等結拜哥老會, 起意謀逆, 各立有山堂香水各名目, 刻刷飄布到處散放, 約有五百餘人. 伊與孫義亭・夏忄興 淋, 各自潛稱僞王, 賽步連素習測字, 卽立爲僞軍師, 製有招軍旗, 隨帶身旁, 到處煽人入會. 約定十八年三月初五日, 在於平龍山卽環固交界之大黃山起事; 陝甘總督陶模,「奏報拿獲謀逆各犯審擬斬」, 光緒二十三年十二月二十日(1898年 11月 2日),『宮中檔光緒朝奏摺』, 第11輯, p.527(……二月初三日, 訪聞兩縣(安化縣・合水縣-筆者注)連界之柳村塬地方, 有匪徒煽惑愚民, 謀爲不軌情事. 正密查間卽據武生張彦雄等密報, 有四川會匪劉二卽劉天潰與文在洪卽文二皮及其子文潮琪並唐三麻子卽唐得奎・張三・文在治, 製造槍礮刀矛旗幟喜圖起事, 聞被誘入夥子甚衆. 劉二自稱僞王, 封文在洪爲僞元帥, 文潮琪爲僞總管, 唐三麻子・張三・文在治各封爲統領營官名目. 文在洪之親屬不肯從逆, 恐走漏消息閉置土窯內, 說俟起事時斬首祭旗. 該犯親屬等遣人, 密囑伊等出首), p.528(……匪首劉二卽劉天潰供稱, 四川閬中縣人, 幼習武藝, 慣使刀矛, 在外游蕩度日, 早入哥老會. 光緒二十二年九月, 來至合水縣柳村塬地方, 與寄居該處同鄕. 文在洪・文潮琪・唐三麻子・文在治・張三先後認識, 向他們商量伊係會中頭子, 手下有千餘人, 並曾得有天書, 言世界不好, 不如造反, 圖個出身的話……).

18) "會匪頭目李振新……訊供:該匪興安府人……冀圖燒毀教堂, 乘便起事……"「署陝西巡撫升允奏會黨屢來省城兵營菁煽緝拿懲辦片」, 光緒27年(1901) 4月20日, 中國第一歷史檔案館, 北京師範大學歷史系 編選,『辛亥革命前十年間民變檔案史料』(下册), 中華書局, 1985, p.808; 政協安康縣委員會,「平利雒河教案紀實」,『陝西文史資料』, 第16輯, 1984, pp.214-217.

19) 1900년 渭南의 田貴濱의 반청 활동에 관해서는『陝西近代史稿』, pp.219-221.

20) 특히 1905년 3월 梁和尙(悅興)의 安康縣 반청기의에 관해서는 中共陝西省委黨史資

바와 같이, 이러한 가로회의 정치적 활동에는 지역 엘리트의 지도가 현저히 드러난다.

필자는 지역 엘리트의 결사에의 참여와 지도를 다음과 같은 전망 하에 이해하고자 한다. 즉 제국시대 지역 주민에게 도덕적 · 경제적 · 사회적 · 정치적 영향력을 직접적으로 행사해 오던 지역 엘리트들이 국가권력이 인정하는 유교적 정통 질서의 유지자로서 기능했었다면, 특히 신정 이래의 청말 마지막 10년간의 지역 엘리트들은 점증하는 국가권력의 강화 노력과 그에 따른 지역자원의 강제적 수탈에 저항하게 되었고, 그때까지 이단으로 간주되던 결사조직에서 유효한 저항의 수단을 발견하게 되었던 것이다.[21] 가로회는 파산자와 유맹 등 사회 하층민이 주된 성원이 되었다고 하더라도 지역의 지주 등 엘리트층의 영향력 하에 정치적으로 동원되어 청말의 제반 정치적 사건에서 주요한 구성부분을 이루게 된다.[22]

섬감녕 가로회의 신해혁명 참여는 이러한 엘리트에 의한 가로회의 정치적 동원과정의 정점에 위치한다. 청말 新政의 주요 사업 가운데 하나였던 新軍의 건설과정에서 招兵의 대상은 대부분 파산 농민과 수공업자들이었는데, 그 가운데는 다수의 가로회 성원들이 존재했다. 신군에 참여하여 청조군대의 정치화를 통해 청조 전복을 꾀하던 섬서, 감숙, 영하 등의 同盟會 회원들에게 군대 내의 이러한 가로회 성원은 주요한 무력 쟁취의 고리를 제

料徵集硏究委員會 編, 『辛亥革命在陝西』(陝西黨史資料叢書 3), 陝西人民出版社, 1986, pp.147-150 참조.

21) Joseph Esherick, *Reform and Revolution in China: The 1911 Revolution in Hunan and Hubei*, Berkeley: University of California Press, 1976.

22) 사천의 보로운동과 가로회의 참여는 대표적 사례이다. 大野三德, 「四川保路運動と哥老會」, 『東方學』, 第50號, 1975. 新政에 대한 민중의 저항에 대해서는 특히 Roxann Pranzniak, *Of Camel Kings and Other Things: Rural Rebels Against Modernity in Late Imperial China*, Rowman and Littlefield, 1999 참조.

공했다. 지역 엘리트 출신의 동맹회원들은 스스로 가로회에 참여하는 방식을 통해 그리고 가로회 두목들을 동맹회에 가입시키는 방법을 통해 가로회 봉기를 지도했다. 민간차원의 가로회 행동도 사정은 마찬가지였다. 당시 섬감녕 각지의 신해폭동은 가로회의 참여가 두드러진 '가로회 反正' 이라고도 불리지만, 그러한 비밀결사의 정치적 행위에는 대부분 동맹회 회원이 중심이 되는 지역 엘리트의 지도가 확인된다.[23)]

西安의 경우는 사천 成都와 마찬가지로 가로회 세력이 특히 강력했다. 존 러스트가 지적했듯이 청조 전복을 위해 공화 혁명가들이 이데올로기를 제공했다면, 가로회는 대중을 동원했다.[24)] 당시 섬서의 동맹회 회원들이 아직 행동의 준비가 되어있지 않은 상황 속에서 '武昌首義' 소식이 서안에 전해졌고, 그만큼 가로회의 역할은 특히 두드러진 것이었다. 즉 西安城 내의 만주인 거주구역을 점령하는 데 주도권을 쥐고, 글자그대로 만주인 살해를 통해 만주족의 통치를 제거하고자 행동에 나섰던 것은 바로 가로회였다.[25)] 군사적 상황은 가로회 세력의 부상을 더욱 유리하게 했다. 陝甘總督의 부대가 서부로부터 공격해오고, 기타 청조의 군대들이 河南으로부터 압박해 오고 있을 때, 이들 정부군에 저항할 수 있었던 것은 바로 가로회 세력뿐이었고, 그것이 신생 혁명 정부에서 가로회의 입지를 강화해 주었다. 가로회는 섬서성 전역에 걸쳐 자신들의 하부조직인 '碼頭' (이하에서 설명)를 조직해

23) 본문에서는 신해혁명에 참여했던 서북 각 성, 각지의 가로회 봉기에 대해 구체적인 분석은 생략한다. 그에 대해서는 각주 2 참조.

24) John Lust, "Les sociétés secrètes, les mouvements populaires et la révolution de 1911", in J. Chesneaux, et al(eds), *op. cit.*, pp.387-388 [영문판은 p.194].

25) 서안성 내에서 만주인을 물리적으로 제거한 것은 당시 다른 지역에 비해 특징적인 현상이었다. 당시 漢口 주재 일본 총영사의 보고에 따르면, 이때 학살된 15세 이상의 만주족은 도합 4~5천 명에 이르렀다. 松村貞雄, 「日本駐漢口總領事館情報節錄」(1912.1.10), 『辛亥革命在陝西』, pp.834-935.

나갔다.[26]

그러나 가로회의 정치·군사적 성공은 오래 가지 못했다. 곧바로 섬서 가로회는 당시 다른 지역에서와 마찬가지로 정치무대로부터의 퇴출을 강요당했다. 가로회와 공화 혁명가들 간의 연합과 긴장은 신생 정권을 장악한 원세개의 비밀결사 금지 조치와 함께 막을 내렸다.[27] 그러나 가로회가 이러한 조치를 통해 큰 타격을 입었다고 하더라도 완전히 사라진 것은 아니었다. 뒤이은 민국시기를 통하여 이 비밀조직은 섬감녕 교계지역의 민간에 광범하게 확산되었을 뿐만 아니라 정치·군사계에서도 영향력을 잃지 않았다. 이하에서는 그 확산을 농촌사회의 구조와 관련지어 검토하고자 한다.

2. 농촌사회의 해체 구조와 가로회

본장의 무대가 되고 있는 섬감녕의 교계지역을 여행해 본 사람이라면 무

---

26) 서안 점령 직후 성립된 軍政府 내에서, 가로회는 군사·재정권을 장악했고, 동맹회 회원은 대통령과 부통령을 맡는 데 그쳤다. 정치권력은 가로회의 동의 없이는 행사될 수 없었다. 「陝西辛亥革命中的哥老會」, 『辛亥革命在陝西』, p.240; 張奚若, 「辛亥革命回憶錄」, *ibid.*, p.487. 碼頭 설립에 관해서는 朱叙五·黨自新, 「陝西辛亥革命回憶」, *ibid.*, pp.381-382.

27) 마두는 먼저 民團으로 개조하기 위한 시도가 있었지만, 뒤이어 철저히 금지되었다. 「諭令各地碼頭改民團告示」, 『國民新聞』, 1912.3.11; 郭希仁, 「從戎紀略」, *ibid.*, p.452-453. 혁명파에 의한 비밀결사 금지 행동을 전국적 차원에서 고찰한 것으로는 蔡少卿, 「論民國初年資産階級革命黨人與會黨關係的破裂」, 蔡少卿, 『中國近代會黨史硏究』, 中華書局, 1987, pp.313-329. 민국 초 원세개 정권의 會黨 금지 법령으로는 「通飭嚴禁秘密結社文」(1912.9.29); 「通飭解散秘密結社集會文」(1912.11.9); 「嚴禁,解散湖南會黨令」(1913.10.3); 「嚴禁哥老會令」(1914.1.9), 章伯鋒·李宗一 編, 『北洋軍閥』, 全2卷, 武漢出版社, 1990, pp.535-536·540·1360·1363 참조. 섬서성의 縣차원에서의 가로회 진압은 孫志亮·張應超, 『陝西辛亥革命』, 陝西人民出版社, 1991, pp.167-173 참조.

엇보다도 그 혹독한 자연환경에 놀라지 않을 수 없다. 해발 평균 1,000미터의 산악지대에 미량의 강수 탓에 수목이라곤 거의 찾아 볼 수 없는 황량함을 배경으로, 경사진 농토 위에 힘겹게 뿌리를 내리고 누런 먼지에 뒤덮인 생기 잃은 농작물의 모습은 이곳의 열악한 생태환경을 그대로 보여준다.[28) 關中의 일부를 포함하는 이 지역은 중국문명의 발상지이지만, 대체로 唐代 이래 長安의 발전과 대조적으로 20세기에 이르기까지 인구가 희박한 고립되고 낙후된 지역이 되었다.[29) 섬감녕의 농촌사회는 특히 청말-민국시기를 통하여 완전한 해체의 길로 나아갔고 지역 주민들은 일상적인 빈곤 속에 처하게 된다.

여기서 우리는 중국농민의 빈곤과 농촌사회의 해체를 몰고 온 원인에 관한 이론들을 상기할 필요가 있다. 이론들은 빈곤을 야기한 어느 한 요인에 주의를 집중하기보다는 여러 요인들을 그 중요성을 기준으로 순서를 매겨가는 경향이 있다. 인구 압력, 불공평한 사회제도와 국가권력의 불안정성에 기인하는 지나친 수탈, 기술의 낙후와 토지 이용의 분산, 고리대의 성행, 교통의 낙후 등으로 초래된 생산력의 저하와 낮은 투자수준 등등이 지적된다. 이들 요인 가운데서 '좌파'는 토지집중과 소작료의 부담 등 불공평(혹은 착

28) Edgar Snow, *op. cit.*, p.82; Claude Aubert & Cheng Ying, *L'entraide agricole dans la Chine du Nord précommuniste*, Publications orientalistes de France, 1980, pp.7-11.

29) 한 통계에 따르면 1930~40년대 섬감녕 지역의 인구는 1평방킬로미터 당 평균 15.2명을 기록하고 있었다. 그리고 인구의 절반이 지역 내의 동북부 綏德分區에 집중되고 있었던 상황을 고려한다면, 기타 지역의 인구밀도는 평균을 훨씬 밑돌았다는 사실을 알 수 있다. 통계는 삼감녕변구 5개 분구의 1평방킬로미터 당 인구 밀도를 다음과 같이 보여준다. 綏德: 47.4명, 關中: 16.5명, 延屬: 16명, 隴東: 10.3명, 三邊: 5.4명(房成祥 · 黃兆安 編, 『陝甘寧邊區革命史』, 陝西師範大學出版社, 1991, p.65). 섬감녕변구 정부의 1941년 통계에 따르면 각 分區의 인구분포는 다음과 같다. 延安市: 5,029명, 延屬: 326,136명, 隴東: 204,768명, 關中: 115,093명, 三邊: 114,502명(吳旗縣 제외), 綏德: 544,562명. 총 1,305,862명(胡新民 · 李忠全 · 閻樹聲, 『陝甘寧邊區民政工作史』, 西北大學出版社, 1995, p.44). 본서 권말 부록 지도 5 참조.

취)의 심화를 강조하고, '우파'는 순수하게 경제적이고 심성적인 장애들에 더 많은 관심을 집중한다. 이러한 이른바 '분배학파'와 '생산학파'의 쟁론은 아직도 학계에서 완전히 해결된 것은 아니다.[30)]

우리의 분석대상인 섬감녕의 경우, 먼저 인구 문제에 관한 검토로부터 논의를 시작해 보자. 위에서 인용한 통계들에 따르면, 분명 인구 대비 토지의 양은 다른 지역에 비해 부족한 것은 아니었다. 인구가 집중된 綏德 지구를 제외하고는 토지소유관계도 긴장된 상황은 아니었다. 1920년대 말, 30년대 초의 J. L. 버크의 조사는 陝北 지역에서 소작농이 단지 4.25%, 반소작농(반자경농)도 26.74%에 불과했다는 사실을 보여준다.[31)] 대다수의 농민은 자경농(69%)이었다. 소작지의 비율도 단지 전체의 10.35%였다. 1933년의 조사는 수덕 지구에서조차 소작지는 전체 경작지의 절반을 넘지 않았다.[32)] 1935년 섬서성의 92개 현에 대한 조사에 따르면, 자경농의 토지는 83.36%에 비해 소작지는 16.64%였다.[33)] 전체적으로 본 연구가 대상으로 하고 있는 지역에서는 토지의 지주 집중 정도는 그리 높지 않았다.[34)] 그러므로 토지의

---

30) 이상의 쟁론에 관해서는 Ramon Myers, *The Chinese Peasant Economy: Agricultural Development in Hopei and Shantung, 1890~1949*, Harvard University Press, 1970, pp.13-24.

31) John Lossing Buck, *Land Utilization in China: Statistics*, Shanghai: Shangwu yinshu guan (commercial press), 1937, p.55(table no. 21)과 57(table no. 22). 이 통계는 陝北의 楡林과 靖邊縣을 대상으로 한 것이다.

32) 行政院農村復興委員會, 『陝西省農村調査』, 商務印書館, 1934, p.144.

33) 土地委員會, 『全國土地調査報告綱要』, 南京: 土地委員會, 1937, 表 25.

34) 또 다른 통계에 따르면, 섬서성 전체는 70% 이상의 자경농 혹은 반자경농을 보였다. 實業部中國經濟年鑑編纂委員會 編, 『中國經濟年鑑二四年續編』, 1935, pp.G 1-G 39; 菊池一隆, 「陝西省における軍閥支配 とアヘン」, 『近代中國』, 第4號, 1978, p.118에서 재인용. 일반적으로 섬서성은 陝北 關中 陝南의 3지역으로 나뉘어 진다. 우리가 "關中無地主"라고 말하듯이, 관중 지역은 자경농이 상대적으로 많았고 나머지 두 지역은 지주-소작관계가 보다 광범했다고 할 수 있겠지만, 그 차이는 그렇게 크지 않았다. 秦暉 · 蘇文, 『田園詩與狂想曲 - 關中模式與前近代社會的再認識』, 中央編譯出版社,

불공평한 분배나 소작료 문제가 농민의 빈곤을 초래한 것은 아니었고, 거기에는 다른 요인이 있었다.

우선, 적은 강수량과 관련된 황토 고원지대의 낮은 생산성이 문제가 된다. 黃宗智는 화북에서 5인 가족을 부양할 수 있는 토지 면적은 15畝라고 보았지만,[35] 섬서성의 경우에는 약 50무였다.[36] 이러한 통계치는 섬감녕 변계의 생산력이 극히 낮았다는 것을 증명한다. 게다가 1933년의 통계에 의하면, 50무 이하의 토지를 소유하고 있던 농가가 85.78%에 달했다. 10무 이하의 극빈 농가도 47.54%였다.[37] 대부분의 농민은 생존선에도 미치지 못하는 만성화된 빈곤 속에 살고 있었던 것이다.

다음으로 이 지역 농촌사회의 해체와 빈곤의 원인을 우리는 과중한 세금에서 찾을 수 있다. 1920~30년대의 기타 성과 비교하여 그 복잡성에서나 정도의 면에서 섬서성의 세금은 특별히 가혹한 것이었다. 토지세는 1무당 1/10량으로 계산되고 있었지만, 실제로는 지주와 부농은 3~5무당 1/10량을 납부했던 데 비해, 빈농들은 1무당 2/10량을 지불했다. 어떤 경우에는 부재지주의 토지를 경작하는 소작인이 지주 몫의 세금을 내기도 했다. 토지세 이외에 30종 이상의 부가세, 예컨대 공공건설세 · 수리세 · 개발세 · 민단

1996, pp.45 · 49. 피터 슈란도 이 지역에서 "토지 소작문제는 그리 두드러지지 않았다"고 서술했다. Peter Schran, *Guerilla Economy: The Development of the Shensi-Kansu-Ninghsia Border Region, 1937~1945*, State University of New York Press, 1976, p.46.

35) Philip C. C. Huang, *The Peasant Economy and Social Change in North China*, Stanford University Press, 1985, pp.293-294.

36) 그리고 그러한 토지 소유량은 중농의 수준에 해당하는 것이었다. 石筍, 「陝西災後的土地問題和農村新恐慌的展開」(1932.7), 馮和法 編, 『中國農村經濟資料』, 黎明出版社, 1933, p.801.

37) 內政部, 「內政調査統計表」(1933), 馮和法 編, 『中國農村經濟資料續編』, 黎明出版社, 1935, p.501. 이 통계에 따르면 100무 이상은 2.47%, 51-100무: 11.73%, 31-50무: 15.91%, 11-30무: 22.33%, 10무 이하: 47.54%의 분포를 보인다.

세 · 토비 토벌세 등등의 세금이 존재했다.[38] 유난히 무거웠던 세금은 아편세였는데, 문제는 양귀비를 재배하지 않는 농가에게도 아편과 관련된 각종 세금이 부과되었다는 사실이다. 한 통계는 1930년 섬북 12개현의 세금 구조를 다음과 같이 보여준다. 정규토지세 441,618원으로 전체의 22%, 아편세 871,000원으로 43%, 군사관련세 685,000원으로 34%가 그것이다.[39]

마지막으로 농촌사회의 해체를 불러온 주요원인으로 인재 및 천재 즉, 구조적이라기보다는 상황적인 요소들을 들 수 있다. 스키너식의 '중심지대' 에서(core area)[40] 멀리 떨어진, 따라서 정치권력에 의해 잘 통제되고 있지 않던 이 지역은 역사적으로 반항과 반란이 반복되는 고유의 정치 · 사회적 전통을 간직하고 있었다. 멀리는 明末의 李自成 반란으로부터 가깝게는 전술한 19세기 후반기의 回民의 반란, 그리고 청말과 민국혁명기의 혼란은 광범한 농촌지역을 불안하고 빈한한 지역으로 만들어 버렸다. 1920~30년대 군벌의 지배는 이러한 상황을 더욱 악화시켰다. 잡다한 세금과 부가세에 더하여 지역 군벌간의 전쟁은 일상적인 것이었다. 이러한 반복적이고 불확실한 각종 人災에, 이 지역의 역사상 극히 예외적인 자연재해가 더해졌다. 그것은 1928~33년에 걸친 연속적인 가뭄과 기근이었다.[41] 섬감녕을 포함한 서북지역에서는 이 대기근 동안 수백만의 인구가 사라졌다. 1929년 華洋義賑會(China International Famine Relief Commission)의 집계에 따르면, 2년간의 旱災만으로 250만의 목숨을 앗아갔다. 그것은 당시 섬서성 인구의 1/3에 해당하는 수치였다. 당시의 평가에 따르면, 섬서성은 전국의 재난 지역 가

---

38) 위에서 인용한 行政院農村復興委員會의 조사에 의하면 33종의 세금이 확인된다.

39) 石筍, op. cit., p.798.

40) 스키너의 중심지대('core area')는 서안을 중심으로 한 渭河 계곡지대에 위치한다. William Skinner, *The City in Late Imperial China*, Stanford University Press, 1977, pp.214 · 215의 지도 참조.

41) 袁林, 『西北災荒史』, 甘肅人民出版社, 1994, pp.71 · 302.

운데서도 가장 심각한 피해를 당한 곳이었다.[42] 이 자연재해는 이미 해체 상태를 걷고 있던 농촌사회를 더욱 원자화시켜 버렸다. 약 10무 수준을 소유하고 있던 빈농들 가운데, 60~70%가 완전히 파산했고, 50무 전후의 중농들의 다수도 파산하거나, 생존을 위해 고리대에 의존하지 않을 수 없었다.[43]

이렇게 만성화된 빈곤 속에 해체된 섬북 농촌에는, 화북의 농촌사회에서 흔히 보이는 바와 같은, 토비 · 군벌 등 외부의 충격에 대항하여 지주를 중심으로 자위를 위해 조직화된 촌락공동체는 존재하기 어려웠다. 화북의 경우처럼 섬북에도 지주권력이 강하고, 그에 의존한 다수의 소작인이 존재하던 촌락이 없었던 것은 아니지만(J. 에셰릭이 논급하는 米脂縣 楊家溝[44]), 지주가 소작인과 촌락 농민을 결집하여 공동체적 자위 무장을 조직하는 경우는 없었다. 토지의 집중도가 가장 심했던 綏德縣의 경우,[45] 대부분의 지주는 현내가 아닌 다른 곳에 사는, 특히 이웃 미지현에 거주하는 부재지주

---

42) 華洋義賑會, 「西北慘劫報告」, 『天津大公報』, 1930.1.24; 1930.3.7; Mark Selden, *The Yenan Way in Revolutionary China*, Cambridge, Mass.: Harvard University Press, 1971(*China in Revolution: The Yanan Way Revisited*, M. E. Sharpe, 1995, p.6); 「接受中央來信與陝西黨目前中心政治任務及中心工作決議案」(1931.8.10), 中共陝西省委黨史研究室, 『土地革命戰爭時期的中共陝西省委』, 陝西人民出版社, 1991, p.433.

43) 石筍, 앞의 글, p.801. 또 다음의 통계는 농촌사회의 해체, 토비의 횡행, 농민의 파산을 선명히 보여준다. 1935년 전국적 수준에서 농민의 촌락 이탈 원인을 조사한 자료에 의하면, 섬서성의 경우 '토비'가 28%로 첫 번째 이유가 된다. 다음으로 '한발'이 21.8%였다. 章有義 編, 『中國近代農業史資料』, 第3卷, 1957, p.892; 李卓然, 「陝甘寧邊區歷史」(1944), 中央檔案館 · 陝西省檔案館 編, 『中共中央西北局文件匯集』, 全7卷(甲, 6; 乙, 1), 1994, 甲, 5, p.468.

44) Joseph Esherick, "Revolution in a Feudal Fortress: Yangjiagou, Mizhi County, Shaanxi, 1937~1948", *Modern China*, vol. 24, no. 4, October 1998, pp.342-45. 저자가 분석하고 있는 마씨는 당시 섬북의 '유일한' 대지주였다. 觀山, 「陝北唯一的 '楊家溝馬家' 大地主」(1934), 馮和法, *op. cit.*(續編), pp.480-483.

45) 柴樹藩 · 于光遠 · 彭平, 『綏德米脂土地問題初步研究』, 西北局邊區研究室, 1942, 人民出版社, 1979, pp.5 · 22 · 41.

였다.[46] 화북 제성의 경우처럼 간혹 섬서성에도 자위무장인 '홍창회' '硬肚' 등의 존재가 확인되지만,[47] 대부분 비교적 부유한 陝南과 渭河 유역의 關中地域에 집중되어 있었고, 그 확산의 정도와 역량의 면에서 하남과 산동의 그것과 견줄 수 있는 수준은 아니었다. 이러한 섬감녕 지역의 농촌을 우리는 고도로 분절되고 원자화된, 공동체적 유대(solidarity)가 결여된 촌락사회라고 규정지을 수 있을 것이다.

이러한 사회구조는 가로회의 확산에 유리한 환경을 제공했다. 화북의 제성에서 각 촌락을 단위로 촌락민 대부분을 하나의 會門武裝으로 조직했던 홍창회류의 교문계 결사조직이 촌락의 공동체적 유대를 기초로 발전할 수 있었다면, 섬감녕의 해체된 농촌사회는 주민들로 하여금 촌락 성원 전체라는 집단이 아닌 개별(인)적 차원에서 생존의 수단을 찾도록 만들었고, 이것이야말로 가로회와 같은 회당계 결사가 확산될 수 있는 토양이었다. 그렇다면 해체된 농촌사회에 적응할 수 있었던 가로회의 조직구조와 그 특징은 어떠했는가? 이하에서는 이를 구체적으로 검토해 본다.

3. 가로회의 조직구조와 그 특성

가로회의 조직구조는 전국적 수준에서 대동소이하지만, 지역과 시기에 따라 서로 다른 변화가 관찰된다. 잘 알려진 陶成章의 「教會源流考」가 절강의 가로회를 대상으로, 平山周의 「中國秘密社會史」가 양호 지역을 대상으로 한 淸末의 상황을 반영한 것이라면, 앞서 인용한 蔡少卿의 연구는 강서

46) 麗水, 「陝西綏德鵝峁峪村的借貸」, 馮和法, *op. cit.*, p.890.

47) 「陝西硬堵[肚]與河南紅槍會」, 『共進』, 第101期, 1926.3.1, pp.4-5; 素昧, 「劉閻殘虐一班」, 『共進』, 第34期, 1923.3.25, pp.3-4.

의 萍鄕, 호남의 瀏陽, 醴陵의 사례로 역시 청말의 상황을 반영하고 있다. 민국시기 가로회에 대해서는 劉師亮의 저작을 들 수 있는데, 그것은 四川을 대상으로 한다.[48)]

본 연구는 민국시기의 서북지역, 특히 공산당의 근거지가 되는 섬감녕 변계 지역을 대상으로 하는바, 당시 중공 중앙 지도하의 한 기구임이 분명한 延安 '西北硏究社'의 『哥老會與靑幇槪況』(1941년 1월 출판)[49)]에 의거하여 가로회의 구조를 살피고자 한다. 본서는 민국시기 특히 1920~30년대의 섬감녕의 상황을 반영한 유일무이한 소개서라고 해도 과언은 아니다. 본서가 위의 平山周의 책을 참고한 것은 확실하지만,[50)] 그 조직에 대한 설명은 여러 가지 점에서 차이를 보인다.

이에 따르면, 平山周가 묘사하고 있는 청말 신해혁명기와 비교하여 민국시기 서북의 가로회는 많은 점에서 조직의 변천과 완전성을 보여준다. 아래의 설명이 기존의 연구 성과들이 보여주는 가로회 조직과 비교하여 다른 점이 있다면 그것은 바로 시기와 지역에 따른 가로회 조직의 변화와 다양성을 반영하는 것에 다름 아니다. 서북의 가로회는 청말 이래의 장강유역 가로회의 일반적인 기본 구조를 바탕으로 하면서도 조직의 확산 과정에서 더욱 복잡화·체계화되어 갔던 것이다.

가로회 조직은 기타 회당계 결사조직과 마찬가지로 전통사회의 산물이고 따라서 그 조직은 이 전통사회의 종법제도와 관료제도를 모방한 복잡한 등급관계로 조직되어 있었다. 특히 서북지역 가로회는 기본적으로 輩와 步

---

48) 耘夫, 「劉師亮」, 『漢留全史』, 1938, 臺灣: 古亭書屋, 1975, 影印.

49) 본서는 陝西省檔案館 '資料部'에 소장되어 있다. 당시 중공 중앙 서기처는 본서가 이 주제에 관한 "좋은 참고"가 된다고 언급했다. 「中央關於哥老會淸幇工作的初步指示」(1940.12.25), 中央檔案館 編, 『中共中央文件選集』, 第12冊, 中共中央黨校出版社, 1989~1991, p.585.

50) 西北硏究社, *op. cit.*, pp.4-5 참조.

로 구분된다. 배는 10등급으로 나뉘어 각기 하나의 堂을 점한다. 各輩는 또 上八步(內八堂이라고도 칭함)와 下八步(外八堂)로 구분되며, 전자가 후자의 우위에 선다. 이 배와 보는 각기 상응하는 상징 字로서 대표되고, 그 순서에 따라 존비대소의 차별이 있다. 다음은 전술한 서북연구사의 저작을 기본 자료로 하고, 관련 회고록과 공산당 근거지 내의 일부 조사자료를 보충하는 방식을 통해 정리해 본 민국시기 서북 가로회의 조직구조이다.

十輩

一輩: 威字 西北堂(혹은 西號)[51)]

二輩: 德자 平牌(東號 혹은 德字號)[52)]

三輩: 福자 三元堂

四輩: 芝자 四喜堂

五輩: 賢자 五福堂

六輩: 松자 六威堂

七輩: 柏자 七字堂

八輩: 一(葉)자 八義堂

九輩: 枝자 九支堂

十輩: 梅(稀)자 十梅堂

51) 一杆旗라고도 칭해짐. 張百川, 「洪幇在武威的始末」, 『甘肅文史資料選輯』, 第13輯, 1982, p.70.

52) 본당은 二杆旗라고도 칭해짐. 張百川, ibid., p.70 및 張成英, 「封建幇會組織-哥老會」, 中共慶陽地委黨史辦·中共正寧縣委員會·中共慶陽地委統戰部 編, 『陝甘寧邊區隴東黨的統戰工作』, 1995, p.426. 회고자 장성영은 중국공산당원으로 1941년 당의 지시에 따라 가로회에 가입해 활동했다. 당시 그의 가로회 내의 이름은 馮鼎山이었다(1999년 8월 7일 감숙성 華池縣 자택에서 필자의 방문 담화). 또한 기타 회고록이나(1940년대 중공의) 가로회 조사에 따르면 '上堂口'와 '下堂口'라는 용어가 사용되는데, 이는 각각 西北堂과 三元堂을 일컫는 다른 명칭에 불과하다.

각 배 내의 上八步와 下八步의 상징 字와 그 직책은 다음과 같다.

上八步 (內八堂)

一步: 乾字; 正副龍頭(正山主 副山主라고도 칭함),[53] 가로회 내의 최고권력자, 관할 가로회 내의 일체를 관리.

二步: 坎字; 盟證, '형제' (회원)들의 통계 심사 등기 사무를 전담.

三步: 艮字; 香長, 山의 '軍師', 향당(후술 함)내 일체의 사무를 관리.

四步: 震字; 佐堂, 東閣學士 혹은 佐相이라고도 칭함, 향장을 도와 내무를 관리.

五步: 巽字; 陪堂, 서각학사 혹은 右相이라고도 칭함, 위의 좌당과 동일한 직무.

六步: 離字; 理堂, 錢糧 재정 軍需 등의 일을 전관.

七步: 坤字; 執堂, 各路 碼頭의 내정을 검사하고 이를 감독.

八步: 兌字; 刑堂, 불초한 형제 조사, 죄상 판결, 기율집행.

下八步 (外八堂)

一步: 孝字; 心一大爺(혹은 心腹이라고도 칭함),[54] 하팔보의 최대권력자로서 상팔보 각 영수[55]의 명령을 받아 하부조직(碼頭)을 통솔한다. 상팔보의 명령에 대해 부당한 점이 있으면 건의할 권한이 있다. 새로운 형제를 받아들일 수 있고, 일반형제에 대해서 인사이동과 제명의 권한이 있다.

---

53) 각 배의 최고 권력자 용두대야는 坐地大爺라고도 칭해진다. 張成英, ibid., p.426.

54) 각종 중공 조사기록이나 회고록에서는 종종 行衣大爺, 行義 혹은 行一 등으로도 칭해진다. 이는 xingyi, xinyi 등 발음의 유사성과 관련된다.

55) 심일대야와 상팔보 각 영수는 '대야' 라고 불리운다.

二步: 悌자; 老二, 關羽 聖人의 지위, 따라서 아무도 이를 감히 점하지 못한다. 향당을 설치할 때 임시로 인덕과 명망이 있는 자로 충임한다.

三步: 忠자; 老三,[56] 當家(披紅당가, 揷花당가, 皇后당가로 구분), 피홍당가는 산당의 內務 및 錢糧 등의 사무를 담당한다. 삽화당가는 내무 및 전량에 대한 監査를 맡는다. 황후당가는 당가 중의 최고지위로서 전술한 심일대야를 대행할 수 있고, 독자적으로 開山立堂(후술함)을 할 수도 있는데 이를 替兄代勞(형을 대신하여 힘쓴다)라고 한다.

四步: 信자; 老五,[57] 管事(習旗관사, 藍旗관사, 黑旗관사, 紅旗관사, 正印관사의 명칭이 있다), 혹은 紅旗大督都 혹은 紅旗官이라고도 칭해진다. 가로회 내에서 역시 큰 권력을 소유한다. "內事를 잘 모르면 當家에게 묻고, 外事를 잘 모르면 관사에게 묻는다"고 한다. 開山과 향당설치(擺香堂), 신회원의 입회의식은 이들 관사가 없으면 거행할 수 없다. 습기관사는 재능을 익힌다는 의미로 아무런 책임을 지지 않는다. 남기관사는 領事라고도 칭해지는데 홍기관을 보좌하여 人馬를 통솔한다. 흑기관사는 기율부문을 전담하고 홍기관을 도와 내왕하는 형제들을 접대한다. 홍기관사는 正印紅旗大管事 혹은 總理로 칭해지는데 경우에 따라서는 五毒관사가 되어 형벌부문을 전담한다. 관사중의 최고 권력자이다.

五步: 禮자, 老六, 福祿, 관사를 보좌하고 평소 신입회원의 훈련을 담당한다.

六步: 義자, 老八, 巡山, 전하는 바에 의하면 이 字는 흉악한 자가 점하면

---

56) 三爺로도 칭함. 張成英, op. cit.

57) 五爺로도 칭함. 張成英, ibid.

쉽게 죽어버린다고 하여 향당을 개설할 때 임시로 설치한다.

七步: 廉자, 老九, 江口(巡山으로도 칭해짐), 각 조직에 대한 순시와 검사 책임을 전담한다.

八步: 恥자, 么滿, 十排, 혹은 十哥, 大一哥, 小老么, 大老么 등으로 칭해지며 가로회 중의 보통회원이다.

이 하팔보 중 老四와 老七이 없는 것은 전하는 바에 의하면 이 2위가 예전에 滿淸에 투항하여 가로회를 배반했기 때문에 이를 점하는 것을 욕으로 여겨 아무도 이를 원하는 자가 없기 때문이라고 한다.

가로회는 스스로를 光棍이라고 칭하는데, 淸水光棍(혹은 價値光棍)은 가로회 중 '歷史가 있는 자' 이고,[58] 混水光棍은 가로회 중 비적행위를 하는 자이다. 그리고 捐班光棍(혹은 招財童子)은 돈을 납부하고 가로회 성원이 된 자로서 가로회 성원 중에서도 무시당하는 부류이다.

가로회의 용두대야는 顧問을 둘 수 있는데 이를 四大名山이라고도 칭한다. 고문은 비회원 중에서도 충임할 수 있다.

가로회는 각지에 판사처를 두는데 이것이 곧 山堂에 해당한다. 통신연락을 위한 하부 조직은 棍口 혹은 碼頭라고 불린다. 규정에 따르면 30리에 1개 小碼頭, 70리에 1개의 中碼頭, 1백 리에 1개 大碼頭, 그리고 1개의 省에 1개의 總碼頭를 설치한다고 되어 있는데, 이들 마두의 내부 성원 및 그 직책은 다음과 같다. 총마두는 山堂에 해당한다. 내부에 상하팔보의 각급 인원이 포치하며 그 산의 일체 업무를 총괄한다. 대마두는 河路碼頭라고도 하는데 심일대야 1인, 황후당가 1인과 기타 당가 1~2인, 홍기관사 2~4인과 기타 관

58) 이는 가로회 내에서 그 출신과 경력을 알 수 있는 자, 즉 떠돌이 부랑자가 아닌 성원을 가리킨다.

사 3~4인, 副六 2인 이상을 둔다. 소마두는 通事마두라고도 불리며, 홍기관사 1인, 남기관사 1~2인, 습기관사 혹은 부육 2인 이상, 그리고 전령으로서 小弟兄(보통 회원) 3~5인을 두어 소식과 서신의 전달을 맡긴다.

開香堂: 가로회 입회식

위에서 언급한 가로회의 상팔보 각급과 하팔보의 심일대야만이 신회원을 모집할 권한을 갖는다. 신입회원의 입회식을 향당의식이라고 하는데, 어떤 경우에는 향당을 개최할 때 특정 사안이나 형제의 처벌을 논의하기도 한다. 향당의식에는 小香堂과 大香堂이 있는데 그 규모와 복잡성에서 차이가 있을 뿐 개최의 목적과 방식은 유사하다. 소향당은 1개의 소마두 혹은 紹介人의 집에서도 간단히 열릴 수 있다. 當家가 주재하고, 규정에 따른 복잡한 문답과 의식을 거행한 후 신입회원을 맞아들인다.

대향당은 일반적으로 비교적 융중하고 古廟나 家廟 등에서 거행된다. 개설이전 먼저 관할 마두에 통지(公事를 전한다고 한다)하여 그 시일과 장소를 알린다. 먼저 관사, 당가, 부육 등이 파견되어 개최 준비를 하고 시일이 되면 각 지역의 두령들이 속속 도착하여 의식에 들어간다.

開山立堂(開山堂)

개산이란 새로운 산당의 성립을 말한다. 일반적으로 상팔보의 '덕 있고 존경받는 대야' 들이 자기 산의 용두대야의 허락을 얻어 새로운 산을 건립하게 된다.[59] 향당의 포치는 대향당보다도 융중하다. 먼저 관할 회원에게 새로 성립될 山 堂 香 水의 각 이름과 개산 시기 및 장소를 통고(통고서를 柬이라고 하는데, 이에는 出山柬과 進山柬이 있다)한다.

---

59) 郭緖印, 『洪幇秘史』, 上海人民出版社, 1996, p.57.

향당의 설치는 대향당의 방식과 유사하나 將臺 一座를 더 설치하는 점에서 다르다. 즉 이 장대는 發號 施令의 주석대인 것이다. 포치가 완비되고 각로의 두령들이 도착하면 大管事에 의해 다시 출산간 · 진산간이 낭독되고, 준비된 '開山令'의 시가가 읊어지면서 개산당은 시작된다. 이후 주석대의 대야와 사회를 보는 관사 간의 각종 令에 관한 복잡한 문답이 진행된다. 이 절차가 끝나면 형제들은 차례로 血酒를 마신 후 개산의식은 폐막하게 된다.

이상의 조직구조와 의식들은 민국시기 섬감녕의 가로회가 청말 기타 지역의 가로회에 비에 더욱 정밀화, 조직화, 체계화되었음을 분명히 보여준다. 물론 그 제반 조직과 의식의 절차 그리고 기율에 관한 규정 등이 실제로 엄격히 지켜졌다고는 생각되지 않는다. 가로회 조직은 수많은 용두를 우두머리로 하는 山(堂)을 통해 분포하면서, 각 山 사이에는 기본적으로 독립적 활동 양상을 보인다. 실제로 일정 지역의 모든 산을 아우르는 어떤 중심 조직이나 혹은 전국적 통제조직은 없었다. 가로회원 상호 간에 山의 차이를 불문하고 모종의 연대감이 있어 암호와 은어 등을 통해 회원임을 확인하고 유사시 상호부조의 행동을 하게 되지만, 각 용두는 독자적 세력을 확보하고 산하의 성원에게 영향을 미치는 형태로서, 다른 산의 성원에 대해서는 불간섭의 입장을 취하며 간여할 수도 없다.[60] 가로회라고 자칭하는 그룹들 전체의 수준에서 보면, 그것은 어떤 강고한 조직이라기보다는 개별적이고 분산적으로 활동하는 하나의 느슨한 관계망(network)이었다고 할 수 있다.

이러한 관계망 속에서 특정 용두를 수령으로 하는 개별 조직은 하나의 村 혹은 몇 개의 촌락을 아우르는 鄕 차원에만 그 회원이 국한되지 않는 보다 큰 활동범위를 갖고 있었다. 그것은 다른 한편으로 하나의 촌락에도 수

---

60) 閔鑄九, 「洪幇在甘肅的活動」, 『甘肅文史資料選輯』, 第13輯, 1982, p.59. 저자는 민국 24년(1935년) 감숙 西峰鎭에서 '中華山'을 설립한 山主(용두대야)이며 본문은 1951년에 씌어졌다.

령을 달리하는 가로회 성원이 존재하고 있었다는 것을 말해 준다. 1940년대 공산당이 섬감녕변구에서 행한 조사 자료는 하나의 향, 또는 한 촌락 내에서도 서로 다른 山들이 병존했다는 사실을 분명히 보여준다(본장 말미의 【부록 3】 참조). 이러한 가로회의 존재방식은 촌락공동체의 유대가 존재하지 않던 섬감녕의 해체된 농촌사회에 적합했다. 유대의 결여 속에서 주민들은 촌락 전체를 아우르는 집단적 방식이 아니라, 개별적 차원에서 생존의 위기를 해결해야했는데, 가로회는 바로 그러한 수요에 부응할 수 있었던 조직구조와 특성을 갖추고 있었던 것이다.

4. 분포와 성향

청조의 전복 후 원세개 정권하에서 섬감녕의 가로회는 대대적인 진압의 대상이 되어 일시적으로 위축의 시기를 맞았다고 해도, 앞서 지적한 바와 같이 민국시기를 통하여 都農의 구분 없이 각계각층에 광범하게 확산되어 갔다. 그러나 중국의 다른 지역에서와 마찬가지로 민국 성립 이래 섬감녕 지역 가로회의 확산 정도를 정확한 통계수치로 제시하는 자료는 존재하지 않는다. 일례로, 한 자료는 1930년대 전국 靑幇의 회원수를 1억 6천만으로 언급하고 있지만,[61] 그것이 어떤 구체적인 조사를 통해 파악된 숫자가 아님은 쉽게 짐작할 수 있다. 우리는 다만 단편적인 자료들에 의거하면서 섬감녕 변계 지역의 가로회 분포 상황을 대략적인 차원에서 가늠해 볼 수는 있다.

필자가 입수한 자료들에 따르면, 1920~30년대 섬서-감숙 변계의 군벌과 무장부대, 즉 隴東 주둔군 陳珪璋, 민단군 譚世麟, 섬북 주둔군 井岳秀 및 高

61) 「朱琳等呈請組織中華淸正會」(1937.1.15), 蔡少卿, *op. cit.*, 1989, p.309에 인용.

志淸(高士秀), 高雙成, 토비 부대 張廷芝 그리고 高桂滋, 馬鴻濱 등은 모두 가로회 수령이거나 회원들이고 그 부대의 다수는 가로회 성원이었다. 주요 민단의 두목과 성원 가운데서도 많은 가로회 회원의 존재가 확인된다.[62] 한편, 군벌 부대 내의 소단위 그룹이 변절과 배신의 과정을 통하여 토비로 전환하거나 토비가 군벌 부대에 收編되는 경우 兵과 匪의 경계는 사라진다. 이들 섬감녕의 토비의 대부분은 가로회 회원이었다.[63]

1936년의 공산당 내부 문건에 의하면, 섬서 · 감숙의 경계지대인 保安과 合水 일대에는 30여 龍頭가 가로회를 이끌고 있었고, 環縣과 合水 일대 주민들은 "10에 9가 가로회 회원"이라고 평가될 정도였으며, 여성과 어린아이들까지도 가로회에 가입했다. 섬북의 동부 黃河 연안과 無定河 유역에도 많은 가로회 碼頭와 山堂이 존재하고 있었다.[64] 가로회 세력은 민국시기를 통하여 이후 공산당의 활동무대가 되는 이곳 섬감녕 교계의 황량한 황토 고원지대의 각종 직업과 각 계층에 두루 분포하고 있었던 것이다.[65] 한 불완전한 통계에 따르면, 감숙의 경우만 해도 1930년대 말 6개 이상의 가로회 조직(산당)이 존재하고 있었고, 회원수는 40~50만에 달했다.[66]

---

62) (李)富春, 「陝甘寧蘇區的形勢與黨的任務」(1936.7.20), 『黨的工作』, 第7期, 1936.8.3; 齊華, 「關於我們對民團與保甲的策略」(1936.9), 『黨的工作』, 第15期, 1936.10.5; 盖生, 「怎樣赤化新城東南之廣大地區(節錄)」(1936.8); 景林, 「從紊亂中轉變過來的紅宜長」(1936.8). 공산당 내부 간물인 이 『黨的工作』은 연안 혁명기념관 뒤편 건물 '자료부'에 소장되어 있다.

63) 「嚴防! 土匪的陰謀」, 『新中華報』, 第356期, 1937.5.31; 「消滅土匪的幾個辦法」, 『新中華報』, 第376期, 1937.7.19; 「股匪槍去俘匪數人」, *ibid.*; Eric Teichman은 1917년 서북지역의 여행 기록에서 서북의 토비는 주로 해산병사와 가로회로 구성되어 있었다고 썼다(M. Selden, *op. cit.*, 1995, p.26에 인용).

64) 鄧小超, 「中共中央西北局關於爭取哥老會的重要及方法」(1936); 惠建和, 「中國共産黨爭取陝西哥老會共同抗日芻議」, 陝甘寧根據地史研究會 編, 『抗日戰爭問題研究』, 西北大學出版社, 1995.

65) 본장 말미의 【부록 1】 참조.

가로회의 확산은 특히 1930년대의 집중적인 현상이었다고 판단된다. 1940년대 공산당의 가로회 조사 자료는 대다수 가로회 회원들이 1920년대 말 이후에 충원되었다는 사실을 보여준다. 앞서 언급한 바와 같이 1928년부터 시작된 5년간의 지속적인 가뭄과 기근이 초래한 농촌사회의 해체가 이러한 현상을 설명해 주는 근거가 된다. 상황은 가로회로 하여금 '호조'의 수단을 통한 가입자 확대를 더욱 용이하게 만들었던 것이다.[67] 예컨대 甘肅省 合水縣의 경우는 대표적 사례라고 할 수 있다. 현내 제3구(店子區)의 조사에 따르면, 83명의 조사대상 가로회원 가운데 76%인 57명이 1928년 이후에 가로회에 가입했다. 제2구(西華池)는 68명 중에 67%인 46명이 같은 경우에 해당한다.[68] 慶陽縣도 마찬가지였다. 현내 高迎區에 대한 1949년의 조사에 의하면 회원 22명 가운데 16명(72%)이 1928~39년 기간에 가로회에 가입했다.[69]

이렇게 민간에 광범히 확산되어간 가로회는 민국시기 전체를 통하여 다양한 사건들에 가담했다. 군벌 군대에 사병으로서 충원되는가 하면, 지방정부 당국이 강요하는 세금에 대한 반항을 조직하기도 했다. 어떤 가로회-토비는 농민을 약탈하는가 하면, 어떤 이들은 출신지역의 농민을 보호했다.[70] 이러한 다양한 활동을 두고, 섬감녕 가로회의 어떤 성향을 명료히 분석한다는 것은 쉬운 일이 아니다.

---

66) 西北研究社, *op. cit.*, p.6.

67) 본장의 말미 【부록 2】 참조.

68) 合水縣政府, 「店子區哥老會分子登記表」(1941.3.28), 慶陽地區檔案館, 40-19-9; 「合水二區哥老會分子登記表」(1941.10), 慶陽地區檔案館, 40-19-8.

69) 慶陽縣政府, 「高迎區壹,三鄕,五鄕,六鄕鄕會門分子表」(1949), 慶陽地區檔案館, 32-12-156.

70) 王英, 「在慶北和中宜蘇區」, 中共陜西省委黨史資料研究室, 『西北革命根據地』, 中共黨史出版社, 1998, p.344; 鄧小超, op. cit.

가로회가 청조 말기를 통하여 각종 정치적 사건에 참여했다는 사실이 이 결사가 본래부터 '反淸復明'과 같은 정치적 목적에서 조직된 것이라거나, 원래 반정부적 성격을 지니고 있었다는 사실을 말해주는 것은 아닌 것과 마찬가지로, 민국시기 섬감녕의 가로회가 일정한 정치세력에게 이용되어 일시적 반관행위에 동원된 경우가 있었다고 해도,[71] 가로회가 반관적이라거나 권력에의 대항이라는 고유의 성격을 갖고 있었다고 일반화하기는 어렵다. 가로회의 反稅 행위는 자원의 보호와 획득을 위한 다양한 행동 가운데 일부를 구성하는, 다분히 상황적이고 일시적인 행위였다고 생각된다. 특히 중앙권력이 붕괴하고 다양한 정치 군사세력이 각축하던 민국시기 섬감녕의 정치 상황 속에서는 비밀결사가 갖는 정치 지향성을 명료하게 정의할 수 있는 잣대는 존재하지 않는다.

필자는 다양한 활동상을 보이는 민국시기 결사조직에 대한 이해의 편의를 위해 그 정치적 · 사회적 성향보다는 활동의 적극성의 유무를 기준으로 '단순 互助型'과 '적극 行動型'으로 구분한다. 가로회의 경우 그 내부에서 통용되던 두 부류의 호칭은 중요한 의미를 갖는다. 즉 앞서 가로회의 조직 구조를 분석하면서 살펴보았던 '淸水'와 '混水'의 구분이 그것이다.

전자는 자신이 거주하던 촌락사회를 이탈하지 않은 자들이며, 후자는 파산자 · 유랑자들이다. 본장 말미에 수록된 【부록 2】는 주로 촌락사회에 정주하던 가로회 회원에 대한 조사 결과로 보이는데, 이 조사가 말해주듯이 淸水는 행위의 범위도 대체로 합법적 수준에 머물고, 평화적이며 일상적인 호조가 중심이었다. 거주지역 밖으로의 이동도 거의 없다. 경우에 따라서

---

71) 1929년 가을 중공 安塞縣 지부는 가로회 高善祥 · 閻樹華 등을 통해 饑民 수천 명을 동원, 항세 폭동을 일으켰다. 『安塞縣志』(原稿), 1993, p.457, 安塞縣檔案館藏. 1932년 6월에도 당조직의 지시에 따라 康全民이 가로회 조직을 이용, '反暴政' '抗捐款'의 농민운동을 전개했다. 같은 책, p.703의 '人物志' 부분의 '康全民(1912~34)' 참조.

는 정부당국에 항의를 표출하기도 하지만, 행동의 수준은 소극적이라고 할 수 있다. 그것은 집단적이고 폭력적이 아니라, 제임스 스코트가 말하는 '일상적 저항의 형태'와 가깝다고 할 수 있을 것이다.[72)]

이와는 대조적으로, '混水'는 자원 획득을 위해 적극적 태도로 행동에 나선다. 그들은 협박, 밀수, 살인, 약탈을 조직하는 것도 마다하지 않았다. 지역 토비와 민단, 군벌 군대에 참여하는 자들이 바로 이 부류이며 공산당측 자료에서 말하는 '가로회 내의 낙후 분자'가 그것이다.[73)] 이들은 지역간 갈등과 군벌 간의 전쟁에 개입하고 동원됨으로써 지역차원의 정치과정에 일정한 역할을 수행하기도 했다. 즉 이들은 주로 '정치 기업가'(political entrepreneur)의 정치적 자원으로도 이용되었던 것이다. 가로회를 이용해 정치·군사적인 화려한 경력을 쌓은 지역 주둔 군벌 수령, 민단의 단장, 토비 두목들이야말로 혼수 부류의 극단적인 예라고 할 수 있다.[74)]

5. 소결

섬감녕의 가로회는 생태적·사회적으로 가혹한 환경에 대응하기 위해 출현한 민간 비밀조직으로서, 이른바 '소전통'(little tradition) 혹은 농민 '하위문화'(subculture)를 대표한다. 가로회는 청조 말기 同治 年間 回民반란 진압 차 진주한 左宗棠 군대를 따라 이 지역에 널리 확산되기 시작했다.

---

72) James Scott, *Weapons of the Weaks: Everyday Forms of Peasant Resistance*, Yale University Press, 1989.

73) 「嚴防! 土匪的陰謀」, 『新中華報』, 第356期, 1937.5.31.

74) 특히 전술한 진규장은 가로회를 통해 출세하여 사단장이 된 예이다. 閔鑄九, op. cit., pp.54·59; 李芳林, 「洪幇對民主革命的作用」, 『合水文史』, 第12期(總83期), 1996, p.10.

1911년 신해봉기의 적극적 주도는 가로회 세력의 놀라운 성장을 보여준다. 기존의 연구들이 섬감녕의 가로회 문제에 관하여 신해혁명을 전후 한 이 "가로회 反正"까지 다루었지만, 뒤이은 민국시기 전기간을 통하여 가로회 활동이 중단된 것은 아니었다. 가로회는 그 전시대보다도 더욱 광범하게 사회 각계각층에 확산되어 갔다.

본장은 민국시기에 더욱 두드러진 섬감녕 가로회의 확산을 농촌사회 구조와의 연관 속에서 분석했다. 섬감녕의 농촌사회는 청말 · 민초 이래 극단적인 해체의 과정을 걸었다. 그것은 촌락공동체의 유대를 유지할 수 없을 만큼 극단적인 촌락사회의 原子化 · 分節化로 나아갔다. 이러한 구조는 농촌 주민들이 거주 촌락을 단위로 한 어떤 집단적 자위를 통해 생존을 모색할 수 없도록 만들었다. 따라서 섬감녕 교계의 농촌에서는 화북 각 성에서 흔히 발견되는 촌락 자위무장으로서의 紅槍會類 教門系 결사의 출현은 거의 불가능했다. 해체된 농촌사회에 적합했던 것은 촌락민 전체를 단위로 하는 그러한 '會門武裝' 이라기보다는 본래 떠돌이 유맹 · 유민 · 파산자의 조직이었던 會黨系 결사였고, 섬감녕의 경우 그것은 가로회였던 것이다.

민국시기 섬감녕 가로회의 조직구조는 상하의 엄격한 위계질서 속에서 조직의 정밀화 · 체계화로 나아갔다. 그러나 그것은 가로회 전체를 아우르는 어떤 강고한 조직이었다기보다는 각 山堂의 수령('龍頭')을 중심으로 분산적으로 존재하는 하나의 느슨한 관계망이었다. 그리고 각 산당의 활동범위는 촌락 단위 혹은 鄕을 넘어서는 비교적 광대한 수준에 걸쳐있었다. 다른 한편, 한 촌락 내에도 많은 산당이 존재하고 있었음을 보여주는 1940년대 공산당의 조사보고는 촌락 주민들이 각기 (촌락이 아닌) 용두를 단위로 하여 개별적으로 생존을 위한 互助를 행하고 있었음을 말해 준다. 바로 이러한 가로회의 조직구조야말로 공동체적 유대를 상실한 섬감녕의 해체된 농촌사회에 적합한 것이었다.

한편, 가로회의 행동은 단순한 호조 혹은 정치적 동기에서 조직되었다고 일반화하기에는 곤란한 다양한 스펙트럼을 보였다. 촌락사회에 정주하던 가로회 회원들이 주로 일상적이고 합법적인 선 안에서 상호부조라는 소극적 행동에 머물렀다면, 파산자와 유랑자들은 군벌 · 토비 · 민단 등에 가입하여 살인 · 약탈과 같은 공격적 · 적극적 행위를 서슴지 않았다. 군벌 · 토비 · 민단의 수령들은 가로회를 입신출세와 세력 확대를 위한 군사 · 정치적 자원으로 이용했다. 민국시기 섬감녕의 가로회는 빈곤이 만연한 해체된 농촌사회에서 생존자원 획득을 위한 다양한 수단을 제공함으로써 확산될 수 있었다.

【부록 1】 가로회의 사회적 성분, 직업 및 교육 수준

〈吳起縣 106명 가로회 사회성분 통계〉

貧農 84, 雇農 11, 中農 5, 工人 2, 富農 1, 地主 1, 不明 2

출전: 吳旗縣政府, 「社會調査統計表」(1946), 吳起縣檔案館, 1-1-97; 吳旗縣政府, 縣委, 「吳旗縣參議員登記表」(1945.8.24), 吳起縣檔案館, 1-1-88; 吳旗縣政府第一科, 「縣代表登記花名册子」(1945.12.30), 吳起縣檔案館, 1-1-88.

〈合水縣 西華池 1-5보의 32명 가로회 회원의 사회성분 통계〉

빈농 18명, 지주 4명, 중농 3명, 부농 2명, 상인 2명, 유맹 · 공인 · 고농: 각 1명

출전: 合水縣政府保安科, 「西華池社會調査登記表」(1940), 慶陽地區檔案館, 40-19-3.

〈曲子縣 天子區 52명 가로회 통계〉

성분: 빈농 43, 중농 5, 고농 2, 지주 1, 士紳 1

직업: 농업 44, 공업 3, 상업 1, 二流子(遊民 떠돌이) 4

출전: 曲子縣保安科, 「曲子縣天子區哥老會統計」(1946.7.17), 慶陽地區檔案館, 38-17-27.

위 통계들은 빈 · 고농이 압도적 다수를 차지한다. 이것은 가로회가 사회경제적 하층민의 조직이라는 사실을 말해 준다. 떠돌이 부랑자들을 볼 수 있으나(곡자현의 경우), 소수에 불과하다. 민국시기 가로회가 파산하지 않고 촌락에 남아 있는 정주사회 주민들에게도 널리 확산되었음을 확인할 수 있다.

한편, 가로회 내의 높은 지위를 지주나 부농 등 사회경제적 상층 출신이 차지했음을 보여주는 뚜렷한 증거는 없다. 예컨대, 1945년 오기현 정부 3科 과장이자 현 참의원이었던 藺士耀는 고등소학을 졸업한 지주(토지 25垧 소유)로서 가로회 내의 지위는 大爺였지만, 마찬가지로 1945년 현 대표였던 공산당원 王景은 5區 구위원회 서기로서 고등소학의 학력을 소유한 부농이었음에도 단순히 가로회의 일반 성원이었다. 또한 당시 현 참의원이던 黃金貴는 빈농이었지만, 가로회 대야였다.

다른 한편, '교육수준'(문화정도)에 대한 조사에서도 성원의 절대다수는 '不識字'이고 전혀 교육을 받지 못한 것으로 보아 가로회가 '문화적' 하층의 조직인 것임은 틀림없으나, 섬감녕 지역 전체의 식자율을 고려해 보면 이러한 문화적 상황은 가로회에 국한된 사실이 아님을 알 수 있다. 즉 한 통계에 따르면, 당시 변구 인구의 99%가 문맹이었던 것이다. 특히 "감숙의 華池縣과 曲子縣의 경우, 글을 읽을 수 있는 자는 단지 전체 인구의 0.5%였다"(齊禮 編, 『陝甘寧邊區實錄』, 解放社, 1939, p.32). 결국 문맹은 가로회만의 문제는 아니었다.

【부록 2】 가입동기

"환영을 받을 수 있어서(能吃的開)", "사람을 사귀는 데 편리해서(行走方便)", "타인의 사기를 당하지 않기에(不吃別人的虧)", "타인의 강요를 받지 않기에(不受別人的强迫)", "떠돌이 부랑생활에 도움이 되어(便利爲二流子)", "흉년에 더 이상 생활해 나갈 수가 없어서(荒年度不住自己的生活)", "거지 생활하는 데 편해서(討要方便)", "작은 장사에 도움이 되어서(爲便作小生意)", "자기 집을 보호하기 위해(保護自己家)", "분위기가 화목해서, 회원 간에 일이 생기면 서로 돕고, 다른 이의 사기를 당하지 않기에(因爲和氣, 有事一個能包庇一個, 不受別人的欺騙)", "토비가 횡행하고 여행하는 데 도움이 되어서(因爲土匪兇勢, 出門赶脚便利)"

출전: 中共合水縣委,「會門分子登記表」(1949), 慶陽地區檔案館, 39-18-103.

이 자료에 따르면, 일반성원들은 생활의 곤궁, 토비의 횡행 속에 일정한 상호부조와 보호의 수단을 찾기 위해 가로회에 가입했다. 민국시기 가로회 가입에 정치적 목적은 전혀 찾아 볼 수 없다. 그것은 일반 성원이든 가로회 대야이든 마찬가지이다. 비록 그들이 제반 정치적 사건들에 참여하고 정치세력에 의해 이용되었다고 하더라도 기본적인 가입목적은 호조로부터 출발한다.

【부록 3】 소속 山堂

합수현 4구 2향 21명 가로회에 대한 불완전한 통계는 각 산당 소속 회원의 수를 다음과 같이 보여준다.

文華山 6, 回中山 3, 正華山 2, 全盛山 2, 九龍山 2, 朝陽山 1, 玉石寶山 1, 漢寶山 1, 威武山 1, 불명 1.

출전: 合水縣政府保安科, 「哥老會分子調查登記表」(1942), 慶陽地區檔案館, 40-19-13.

기타의 조사와 다르게 본 자료는 가로회의 소속 산당이 제시되고 있어, 존재했던 산당과 그 성원의 분포 양상을 알 수 있게 해준다. 통계는 하나의 鄕에도 수많은 산당이 존재했고 가로회 회원들은 두목을 따라 분산적, 독립적으로 행동했음을 보여준다. 한 촌락 혹은 한 향 전체의 가로회를 장악하는 산당은 존재하지 않았다. 같은 자료에 따르면, 4행정촌의 경우 9명의 가로회 회원들이 6개의 산당에 분산 소속되어 있었다.

제2장

섬감녕의 초기 공산당 활동

— '長征' 이전까지의 略史

1. 1920~30년대 섬감녕의 정치 · 군사형세와 국공분열 직후의 공산당 무장폭동

신해혁명 후의 陝北과 甘肅 변계의 정치 · 군사상황은 다른 지역에서와 마찬가지로 군벌의 통치와 밀접한 관련을 맺고 있었다. 이 지역의 주요 군벌 수령은 섬북 북부의 楡林에 주둔한 井岳秀였다. 그는 산서군벌 閻錫山과 결탁하여 지위를 공고히 하면서도, 그 휘하의 高雙成, 左協中, 楊袞, 姜梅生, 種寶卿, 石謙, 高志淸 등 지방 소군벌과의 경쟁과 알력 속에 지방통치를 담당하게 된다.

정악수는 섬서 蒲城人으로서 본래 섬서육군 제9혼성여단 陳樹藩 부대의 일개 工兵營長이었다. 1913년 부대를 이끌고 섬북에 도착, '神團' 이라는 일종의 교문계 농민 자위조직의 활동을 진압하면서 세간에 널리 알려지기 시작한 그는 1916년 보병단장으로 승진하면서 발판의 기초를 다지게 된다. 1917년 5월 대총통 黎元洪에 의해 陝北 鎭守使로 임명되어 유림에 진주하였고, 이로부터 본격적인 군벌 통치가 시작된다. 그후 吳佩孚, 段祺瑞, 馮玉祥 등의 북경정권의 부침에도 불구하고 그는 지속적으로 책봉을 받아 사단장으로 승진했다. 1933년에는 장개석에 의해 육군 第86師 사단장으로, 후에 22군 군장으로 임명되었다. 비록 그 임명자가 다르다 해도 그는 변함없이 섬북에 독립왕국을 구축하였고, 1936년 권총사고로 사망할 때까지 '陝北王', '土皇帝'로 군림하게 된다.[1]

군벌정치의 와중에서 섬감녕의 공산주의운동은 비교적 일찍 시작된다. 기타 지역과 마찬가지로 5·4운동의 사상조류 속에 있던 지식인·학생들이 이를 주도했다. 1924년 말~25년 초에 이르러 섬서에는 黨團支部가 건립되고 국공합작하의 '大革命'의 형세발전에 따라 공산당의 역량도 성장해 갔다. 1927년 2월에는 中共陝甘區委員會가 성립하고, 섬서·감숙 양성의 공작과 혁명투쟁을 통일적으로 지도하기에 이르렀다. 1927년 5월 섬서지구 당조직은 7개 地委, 37 特支, 당원 2,147명으로 불어났고, 감숙 지구는 4개의 특지, 당원 30명을 보유하게 된다.[2] 이들 당단 조직은 국민혁명기를 통하여 제반 학생운동, 농민운동 등 민중운동을 지도했다.[3]

국공분열 후인 1927년 8월, 정악수는 공산당을 불법화하고, 농민협회를 해산하는 등 이른바 '백색공포'가 섬감녕 지역을 휩쓸었다. 그러나 陝西省委(섬감구위를 1927년 7월 11일에 개명)는 이미 사태를 감지하고 일찍이 지하로 잠적하여 대비함으로써, 특별한 손상을 입지 않은 채 당의 역량을 유지할 수 있었다. 중국공산당 전략 전환의 주요한 기점인 '8·7회의'의 내용 전달도 비교적 빨랐다. 9월 26일 '中共陝西省委 第1次擴大會議'(9·26 회의)를 통하여 섬서 공산당은 노선 전환을 꾀하고, 군사공작, 농촌공작의 중

1) 吳志淵, 『西北根據地的歷史地位』, 湖南出版社, 1991, pp.5-6.

2) 「陝西省委第1次擴大會議的黨務報告」(1927.9.26), 中央檔案館·陝西省檔案館 編, 『陝西革命歷史文件匯集』, 全21卷(甲, 18; 乙, 3), 1991~1993(이하는 『陝西文件』), 甲, 2, p.113.

3) 菊池一隆, 「陝西省における國民軍と農民協會運動」, 『近代中國』, 第22號, 1991.

요성을 강조하면서 兵變(군대폭동)과 농촌 무장기의를 결의했다.[4] 국공분열 후의 이러한 무장폭동 노선 하에서 섬서 공산당은 여러 차례에 걸친 무장 폭동을 조직했다. 이 초기 단계의 섬서 공산주의운동은 앞서 인용한 마크 셀덴의 저작에 비교적 상세히 설명되어 있고, 이 부분의 설명을 위해 좋은 참고가 된다.[5] 그러나 필자로서는 그가 분석하고 있는 당내 권력투쟁의 시각보다는 게릴라 운동과 근거지의 수립에 초점을 두어 설명하고자 한다. 사실 당내 권력투쟁은 현장의 활동가들 — 주로 게릴라 전사들 — 에게 그리 유의미한 것은 아니었다. 이하의 설명들은 다음 장에서 본격적으로 분석하게 될 가로회와 공산당의 관계를 이해하기 위한 선결 작업이 된다.

1) '清澗起義'

위의 '9·26 회의' 후 섬서 당조직 최초의 무장 행동은 섬북 청간에서의 군사폭동('兵變')이었다. 唐澍, 李象九, 謝子長, 白樂亭 등 정악수 밑에서

---

4) 「陝西省委第1次擴大會議關於農民鬪爭決議案」(1927.9.26), 『陝西文件』, 甲, 2, pp.188-192; 「陝西省委第1次擴大會議關於軍事運動決議案」, *ibid.*, pp.197-199.

5) Mark Selden, *The Yenan Way in Revolutionary China*, Cambridge, Mass.: Harvard University Press, 1971(*China in Revolution: The Yanan Way Revisited*, M.E. Sharpe, 1995). 다만 1980년대 이래 출간된 이 지역 지방당사 자료에 의하면, 셀덴의 설명은 사실적 측면에서 몇 가지 오류들이 존재한다. 예컨대, 셀덴은 '五頃園子'의 토지개혁에 대해 언급한 바 있는데, 그가 서술하듯이 이는 섬서 三元縣의 한 區가 아니라(p.39), 감숙성 정녕현의 10여 호에 불과한 한 촌락이었다. 또 다른 오류의 예는 紅24軍과 관련된다. 셀덴은 山西省에서 온 이 부대가 1931년 유지단의 게릴라부대에 합류했다고 보고 있지만(p.34), 이것은 사실과 다르다. 이하에서 살펴보게 되겠지만, 황하를 건너와 유지단에 합류한 부대는 산서의 소규모 게릴라부대('晉西遊擊隊')였고, 홍24군과는 아무런 관련이 없었다. 홍24군은 사실 1931년 9월 섬북의 북부 楡林으로 향했고, 거기서 국민당군에게 궤멸되었다. 「陝北特委給河北省委報告」(1932.3.15), 『陝西文件』, 乙 1, p.273; 中共陝西省委黨校黨史研究室·陝西省社會科學院黨史研究室, 『新民主主義革命時期陝西大事記述』, 陝西人民出版社, 1980, pp.200-202.

청간 · 安定 일대 주둔해 있던 石謙 여단에서 연대장을 맡아 활동하던 공산주의자들이 대혁명 실패 후 당의 무장폭동 노선 하에 10월에 군사행동을 일으킨 것이다. '기의' 부대는 이후 남하하여 延川, 延長, 宜川 등의 봉기부대와 배합, 의천을 점령하고, 다시 韓城으로 남하 '西北工農革命軍遊擊支隊'를 조직했다. 이후 이 부대는 압도적인 적군의 무력 앞에 섬북 · 섬감 지역을 전전하다 소멸되고, 유격대의 正 · 副 指揮 당주와 사자장은 西安의 성위원회로 복귀한다.[6]

2) '渭華起義'

'병변' 방식의 청간기의가 실패한 후, 섬서성위는 渭南 · 華縣(=위화) 지구에서 군대가 아닌 농민 군중에 의한 무장폭동을 조직했다. 이 지역은 당 조직이 국공분열 후에도 큰 타격을 받지 않고 건재한 곳으로서, 1928년 초 黨團員은 모두 1,000여 명에 이를 정도였다. 1928년 4월 陝東特委가 구성되어 무장 '기의'를 지도하게 되는데, 5 · 1 노동절 기념일에 위남의 崇凝鎭에서 1,000여 명의 군중을 동원, 국민당 반대 · 군벌타도 · 耕者有其田 등의 구호를 외치며 시위행동에 들어갔다. 마침내 崇凝區 소비에트위원회가 구성되면서, 위화기의의 서막이 오른다.[7]

이어서 섬동특위는 위남 游河川에서 섬동 赤衛隊를 조직하여 무장부대로 삼았다. 섬서성위는 무장역량의 강화를 위해 당시 '국민군' 부대(國民聯

---

6) 李象九, 「淸澗起義前後」, 中共陝西省委黨史資料硏究徵集委員會 編, 『淸澗旬邑等地的武裝起義』, 陝西人民出版社, 1988, pp.75-80; 「陝西省委給陝北函(北字第一號)」(1927.10), 『陝西文件』, 乙, 1, p.76; 「陝西省委給中央報告(第一號)」(1927.10.13), *ibid.*, p.68.

7) 「陝東區特派委員會目前工作計劃大綱」(1928.4.9), 中共陝西省委黨史資料徵集硏究委員會 編, 『渭華起義』, 출판사 불명, 1985, pp.61-68.

軍 南路軍 부총사령 李虎臣 부대)의 여단장 許權中(공산당원) 부대로 하여금 위화지역으로 이동하여 기의에 참가토록 지시하고, 이의 지도를 위해 劉志丹, 당주, 사자장을 파견했다. 부대는 '西北工農革命軍' 의 기치를 내걸었다. 유지단이 혁명군 軍事委員會 主席을 맡았고, 각 촌락에 소비에트를 건설해 나갔다. 그러나 뒤이은 정부군의 진압(성정부 주석 宋哲元의 직접 지휘)에 따라 기의군의 역량은 급속히 약화되고, 성위는 기의 지도부의 철퇴와 지하공작으로의 전환을 지시하게 된다. 그해 8월 중순 허권중이 이끄는 잔여 기의부대는 하남의 鄧縣에 이르러 토비와 민단, 홍창회의 포위공격으로 무장해제를 당했고, 기의는 실패로 돌아갔다.

위화기의와 거의 같은 시점에서 섬서성위의 지시에 의한 무장폭동은 旬邑, 禮泉, 淳化, 三原, 澄城 등 각지에서 기도되지만 모두 실패로 돌아갔다. 혹독한 백색테러의 결과 당의 역량은 대대적인 손실을 입게 되는데, 이것은 호남 · 호북 · 강서 등지의 무장폭동과 마찬가지로 중공 당사상에서 지적되는 구추백 '좌경 맹동주의' 의 일반적 후과라고 할 수 있다.

맹동주의적 무장폭동 노선의 실패 이후 1928년 중반부터 섬서 공산주의 운동은 군중의 쟁취와 역량축적의 방향으로 전환했다. 이 과정에서도 '兵運' ('軍運' = 군사폭동)은 중요한 수단의 하나였는데, 그것은 당원으로 하여금 "白軍"(국민당군, 군벌군)에 침투토록 하여 무장역량을 장악하고 다가올 혁명의 고조기를 준비하는 정책이었다. 본격적인 게릴라 부대의 등장은 바로 이 병운의 실패 후에야 가능하게 된다.

3) 섬감 및 섬북의 兵運

위화기의 실패 후 서안으로 복귀한 유지단 · 사자장 등은 섬서성위의 지시에 따라 陝北으로 활동의 방향을 돌리게 된다. 1928년 4월 성립한 陝北特

委 군사위원회 서기에 유지단이 임명되고(사자장은 위원), 1929년 4~5월 간 섬북특위는 확대회의를 개최, 병운공작의 전개를 결정했다. 회의는 무장투쟁의 형식을 3종으로 구분했는데, 그것은 '白色 무장투쟁'('白軍' 내의 병운공작), '灰色 무장투쟁'(토비 부대 개조), '紅色 무장투쟁'(혁명무장의 건립)으로, 당면의 시점에서 백군에 대한 공작을 위주로 할 것을 결정했다. 회의 후 특위와 각지 당 조직은 다수의 당원들을 陝北, 甘肅, 寧夏 등지의 국민당 주둔군 및 민단에 파견하여 병운활동에 종사토록 조치했다.[8]

그러나 대체로 1930년 초부터 시작된 이러한 2년여에 걸친 병운과 군벌 민단 부대 등을 이용한 수차례 병사폭동의 시도들은 결과적으로 모두 실패로 돌아갔다. 이러한 실패의 경험은 당시의 현장 혁명가들에게 어떠한 교훈을 남겼던 것일까? 그것은 소규모 게릴라로부터 시작되는 공산당 독자의 무장역량의 확보와 혁명근거지 수립의 필요성이었다.

2. 유격운동의 전개와 혁명근거지의 건설

1) 晋西遊擊隊

독자적인 무장역량의 건설과 근거지의 구축으로 나아가기 위한 제일보는 유격대를 창설하는 일이었다. 새로운 유격대 활동은 진서유격대의 陝北 및 陝甘 지역 도래와 함께 시작된다. 본래 山西省委의 지시에 따라 1931년 4월 산서 서부 呂梁山 지구에서 中國工農紅軍西北遊擊隊 晋西遊擊隊 第1大

8) 中共陝西省委黨史研究室 · 中共榆林地委黨史研究室 編, 『陝北革命根據地』, 中共黨史出版社, 1995(이하는 『陝北根據地』), p.6.

隊가 성립한다. 당시 섬북특위는 이 진서유격대의 창건에 閻紅彦·白錫林 등을 파견하여 협조했다(유격대 대대장 拓克寬, 부대대장 염홍언 吳岱峰, 政委 黃子文, 지부서기 楊重元). 1931년 8월 산서성위의 파괴로 인해 지도 계통이 단절된 유격대는 30여 명의 대원을 거느리고 9월 초 황하를 건너 섬북으로 이동하게 된다. 유격대는 安定縣에 이르러 부대를 개편하고(대대장 염홍언, 부대대장 오대봉, 정위 양중원), 섬북특위와 접선하여 그 지도하에 들어가게 된다. 진서유격대는 토비와 가로회 분자들을 편입시켜 '陝北支隊' 로 편성한 후(총지휘 師儲杰), 섬북특위 및 안정현위의 지도하에 유격활동 전개하면서, 1931년 10월 陝甘邊의 南梁에 도착, 유지단의 부대와 합류했다.

2) 陝甘遊擊隊

당시 유지단 등은 군벌간의 알력을 이용한 병운공작의 실패 후, 1931년 중반 섬감변의 南梁에 도착해 있었고, 위의 '섬북지대' 의 남량 합류는 당시 병운의 실패 후 새로운 활력을 불어넣는 계기가 되었다. 1931년 10월 사자장이 성위로부터 남량에 파견되어 오면서 그의 지휘하에 부대는 1932년 1월 西北抗日反帝同盟軍이라는 독자적인 유격대를 성립시키게 된다(총지휘 사자장, 부총 유지단, 참모장 양중원). 이 부대가 '紅軍' 이라고 명명하지 못했던 것은 당시 부대 구성원의 다수가 토비와 유맹 등 '나쁜 성분' 으로 구성되어 있었기 때문이었다.[9] '동맹군' 은 1932년 2월 감숙 正寧縣 三嘉元(原)에서 부대를 숙정[10]한 후 中國工農紅軍陝甘遊擊隊로 개편함으로써 비

9) 「陝西省委給中央的報告(第一號)」(1932.2.15), 『陝西文件』, 甲, 4, p.16.
10) 서북당사상 '三嘉原사건' 으로 불리워진다. 다음 장에서 다시 상세히 설명된다.

로소 홍군의 기치를 내걸었다(총지휘 사자장, 정위 李杰夫, 참모장 양중원). 그후 부대는 성위의 방침에 따라 남하하여 渭北지구로 이동하게 된다.

3) 渭北, 照金 根據地와 '紅26軍'의 성립

위북은 관중분지와 섬북고원의 중간 지대로서, 동서 300여 킬로미터에 걸쳐있는 지역이다. 대체로 관중분지의 북부로서 그 중앙에 三原, 富平, 涇陽, 淳化, 耀縣, 高陵 등의 현이 위치한 지역을 위북이라 통칭한다. 이 지역은 1927년 12월 공산당원 黃子文 등이 성위 지시에 따라 무장 폭동을 조직했던 곳이며, 이어 1930년 5월 삼원, 부평을 중심으로 비교적 대규모의 농민 무장인 '災民自救軍'(황자문이 정위)을 성립시켰으나 민단의 공격으로 실패한 경험이 있던 곳이었다.[11)]

1932년 2월 남하한 예의 '섬감유격대'는 순읍, 요현, 同官(현 銅川), 宜君 등지에서 유격활동을 전개하고 3월 감숙의 정녕현에서 寺村塬革命委員會를 성립시킴으로써, 섬감변구 최초의 '혁명정권'을 건설하고 '토지혁명'을 실시했다. 유격대는 4월에 순읍 현성을 점령(이 또한 섬감유격대 최초의 현성 攻克이다)하기도 했다. 이때 섬북 지방당사상 좌경노선을 대표하던 杜衡이 섬서성위원회로부터 파견되어 와, 현장을 순시했는데(이하에서 다시 설명), 그는 유격대 총지휘의 직위를 취소해 버리고 총지휘를 맡고 있던 사자장을 감숙의 正原縣에서 병운공작에 종사하도록 조치했다. 그는 이때 부대를 3 · 5 두 지대로 개편하고(제3지대장 유지단, 제5지대장 염홍언), 자신은 省委로 복귀한다.

이후 성위는 부대의 통일적 지휘를 위해 총지휘부를 재건했다(유지단 총

---

11) 이하의 내용은 본서 권말 부록 지도 2 참조.

지휘, 이걸부 부대 정위 서기 담임). 뒤이어 지휘부의 반복적인 개편이 있었고 승리와 실패를 거듭하면서, 1932년 봄 이래 유격대는 위북지역에 혁명정권을 건설해 나갔다. 그해 8월 三原縣 武字區 革命委員會, 9월 原·富·耀 革命委員會가 성립되고, 10월에는 渭北特委가 구성되어 이 지역의 당조직과 유격대에 대한 통일지도를 꾀하면서, 토지분배를 시행했다. 그러나 11월 민단과 국민당군 2개 연대에 의한 이른바 '渭北蘇區' 포위공격을 이겨내지 못하고 위북 당단조직과 유격대는 이산된다.

1932년 12월 중공 중앙 北方局 특파원과 섬서성위 대표의 신분으로 다시 파견되어 온 두형의 지도하에 섬감유격대는 비로소 中國工農紅軍 第26軍 2團으로 개편된다(= 紅26軍: 團長 王世泰, 政委 杜衡). 이것은 이 지역 최초의 공산당 정규군의 탄생을 의미했다.[12] 이 '홍2단'의 성립과 함께 성위의 지시에 따라 照金 지구에 혁명근거지의 건설이 결정되었다. 조금은 요현, 삼원, 순화, 순읍, 의군, 동관 등 6현의 교계지로서 橋山 남단의 작은 鎭이었다.

홍2단의 행동 개시와 함께 1933년 3월 중공 '陝甘邊特委'가 조금에 성립되고, 4월에는 陝甘邊 工農兵代表大會를 개최하여 陝甘邊革命委員會가 수립되었다. 이것이 바로 薛家寨를 중심으로 한 이른바 "照金根據地"이다. 근거지는 동으로 香山, 서로 淳化縣 原畔, 남으로 高山槐 그리고 북으로 馬欄에 이르는 동서 50여 리, 남북 80여 리를 커버하게 된다.

조금근거지 성립 후 楊虎城, 정악수 부대의 공격을 막아내는 등 형세는 호전되고 있었다. 그러나 두형은 일부의 유격대에게 조금근거지의 방위를 맡기고, 예의 渭華지역에 새로운 소비에트근거지의 건립을 결정하면서 홍군의 남하를 명령했다. 주력 홍2단은 압도적인 백군의 우세 앞에 번번이 좌

12) 「陝西省委關於創造陝甘邊新蘇區與遊擊隊的工作決議 - 接受中央『關於陝甘遊擊隊的工作及創造陝甘邊新蘇區的決議』」(1932.6.1), 『陝西文件』, 甲, 1, p.153.

절했고, 마침내 홍군 주력은 궤멸되고 패잔부대만이 조금으로 복귀할 수 있었다. 그후 조금의 유격대는 홍26군 제4단으로 재편된다. 7월 요현 주둔 국민당 陝西騎兵團의 王泰吉 부대가 '기의'를 일으켜 西北民衆抗日義勇軍을 자칭했는데, 8월 이 부대가 제4단에 합류함으로써 홍군은 역량을 강화하고 陝甘邊紅軍臨時總指揮部를 성립시켰다(총지휘 왕태길, 정위 高崗). 그러나 10월 조금근거지는 양호성, 정악수 등의 4개 정규단과 6개현 민단의 공격 앞에 함락되고, 홍군 주력은 이를 전후하여 보다 북방의 섬감변계, 즉 감숙성 合水縣으로 이동하게 된다.

4) 陝甘邊革命根據地(南梁)

'섬감변홍군임시총지휘부'는 1933년 11월 합수현의 包家寨에서 회의를 개최하여 '홍26군'의 회복을 결정하고, '紅42師'를 성립시켰다(사단장 왕태길, 정위 고강, 참모장 유지단[곧 왕태길은 하남으로 병운 공작을 위해 떠나고, 유지단이 사단장을 맡게 됨]). 부대는 11월 중순 남량으로 진입, 이곳에 혁명근거지를 건설하기 시작했다.

이 남량지구는 감숙성 慶陽, 합수와 섬서의 富縣, 保安縣 등 4현 경계지로서 荔園保川의 南梁保를 중심으로 한 사방 100여 리 지대이다. 이곳은 전형적인 행정구역상의 교계지이자 험악한 산악지대로서 정부군의 통제가 취약한 지역으로 유격전쟁과 근거지 건설에 적합한 곳으로 판단되었다. 부대는 주변의 민단세력과 국민당 陝西警備騎兵을 제거하고 근거지 건설로 나아갔다. 1934년 1월 근거지 임시정권 — 陝甘邊革命委員會 — 을 구성함으로써 이른바 '南梁根據地'가 기본적으로 형성되었고, 1934년 11월 陝甘邊第1次工農兵代表大會가 이원보에서 거행되어 陝甘邊蘇維埃政府, 陝甘邊革命軍事委員會, 陝甘邊赤衛軍總指揮部를 성립시켰다.[13] 소비에트정부는 토지혁명 등 제반 혁명정책을 수행했고, 섬감변 혁명사상 가장 강고한 정권을 수립했다고 평가된다. 이 근거지는 얼마 후 이하에서 서술하게 될 陝北革命根據地와 합쳐지게 된다.

5) 陝北革命根據地

섬북의 유격대 활동은 섬감변에 비해 시기적으로 늦고 그리고 비교적 완만한 보조를 보인다. 섬북은 섬서성위가 아니라 중앙 북방국의 지도하에 놓여 있었다. 일찍이 1930년 10월 북방국은 陝北特委에 보내는 指示를 통해 "유격대의 조직과 즉각적인 유격전쟁의 개시"를 요구하지만,[14] 사실 이곳의 유격운동은 섬북특위와는 관계없이 시작되었다. 즉 劉善忠, 高朗亭 등이 당과의 연락이 단절된 채 독자적으로 주변의 민단의 총기를 빼앗아 1932년 봄 中國工農紅軍延川遊擊隊를 건립했다. 이것이 섬북 역사상 최초의 유격대 조직이었다. 유격대는 4월 '中國工農紅軍西北先鋒隊'를 성립시킨 후 비로소 섬북특위와 접선하는데 성공하게 되고 그 지도하에 들어갔다. 1932년 10월 특위는 부대를 中國工農紅軍陝北遊擊隊第9支隊(지대장 고랑정)로 명명함으로써 특위 지도하의 최초의 홍군유격대가 성립했다. 그러나 이 유격대는 내부 반란에 의해 사령관 유선충이 피살되는 등 혼란을 겪은 후(다음 장에서 후술), 1933년 4월 中國工農紅軍陝北遊擊隊第1支隊로 개편된다. 6월에 이르러 유격대는 4개 분대로 재편되는데, 그 총 인원은 100명을 넘지 못했다. 당시 섬감변의 '紅26軍'의 활동 및 '照金根據地'의 건립과 비교하면 섬북의 역량은 상당히 열악한 수준에 놓여 있었다고 판단된다.[15]

---

13) 본서 권말 부록 지도 2 참조.

14) 「中共北方局對中共陝北特委的工作指示」(1930.10.18), 『陝北根據地』, p.81.

15) 사실 섬감변의 게릴라 부대와 홍 26군은 1934년 중반까지 거의 섬북에 오지 않았다.

이후 8월 청간에서 홍2지대, 11월 神木에 3지대가 성립되어 섬북의 유격대는 역량을 확대했다. 이때, 1932년 말 홍26군 성립과 함께 두형에 의해 상해로 보내져 정치훈련을 받도록 조치되었던 사자장이 북방국에 의해 서북군사특파원을 임명되어 섬북에 도착하고, 이어서 郭洪濤, 李鐵輪 등도 1933년 말에 섬북에 파견되어 온다. 이들의 지도하에 1934년 전반기 홍4, 5지대가 연이어 건립되고 섬북의 홍군은 비약적인 발전을 보았다. 1934년 4월 佳縣 '神堂溝會議' 를 통해 특위는 섬북 유격대활동의 강화를 위해 유격대 총지휘부의 성립을 결정함로써 정규홍군의 편성을 위한 기초를 놓게 된다. 7월 총지휘부가 정식 성립했는데(총지휘 사자장, 정위 곽홍도), 대원은 모두 300여 명에 달했다.

1934년 후반기 섬북 유격대는 섬감변의 홍26군과 협동작전을 펴는 등 활약하면서, 정악수의 제1차 포위공격('圍剿')을 분쇄할 수 있었다. 이후 섬북 유격대는 급속도의 발전을 보여 도합 26개 지대를 보유하게 됨으로써 정규군을 구성할 수 있는 수준에까지 이르게 된다. 1934년 9월 안정의 1지대와 9지대가 중국공농홍군 제1단으로 확편되는 것을 필두로, 그해 말까지 청간의 2지대는 제2단, 신부의 3지대는 제3단으로 편성됨으로써 정규군의 면모를 갖춘 후, 마침내 1935년 1월 섬북의 공산당부대는 中國工農紅軍第27軍 84師로 탄생하게 된다. 그후 1935년 중반기까지 섬북지역은 정규 1개 사단의 주력과 1개 정규독립단(神府 주둔), 수십개의 유격대, 그리고 2만 여의 적위군을 보유하는 실력을 과시하는 데 이른다.

이같은 군사력의 보조하에 1934년 후반기를 통하여 안정 · 연천지구, 綏

그들의 활동 방향은 위하 북부 관중 지역에 집중되었다. 따라서 섬북의 게릴라는 그들과는 관계없이 독립적이고 자율적으로 성장했다. 「陝北特委代表崔瑞生給中央的報告」(第四號) - 關於紅二十六軍與陝北游擊運動」, 『陝西文件』, 甲, 7, pp.309-312; 「陝甘邊區特委關於陝甘邊區黨的任務的決議」(1934.7), 劉鳳閣 · 任愚公 編, 『紅二十六軍與陝甘邊蘇區』(上), 蘭州大學出版社, 1995, p.268.

德 · 청간지구, 가현 · 吳堡지구, 신목 · 府谷지구에 연이어 혁명정권이 성립했다. 1935년 1월 마침내 安定에서 陝北第1次工農兵代表大會가 소집되어 陝北省蘇維埃政府가 성립하고(= 섬북근거지: 주석 馬明方, 부주석 崔田民 · 霍維德), 휘하 16개 현급의 '工農民主政府' 를 관할하게 된다.[16)]

6) 西北革命根據地

1935년 후반기 '섬북근거지' 의 비약적인 발전은 남량을 중심으로 발전하던 '섬감변근거지' 와의 거리를 불과 100리로 좁히게 된다. 양 근거지 사이의 安塞 · 延安 · 甘泉 등 현의 유격전쟁도 활발히 전개되고 있었다. 이러한 상황은 양 근거지가 한 덩어리로 합쳐질 수 있는 객관적 조건이 성숙해 가고 있다는 증거였다. 1935년 2월 5일의 赤源縣(안정) 周家嶮에서 개최된 '섬북특위' 와 '섬감변특위' 의 연석회의는 이러한 혁명운동의 발전추세에 조응하기 위한 회의였다. 회의는 '中共西北工作委員會' 와 '中國工農紅軍西北軍事委員會' 를 정식 성립시킴으로써 양 근거지와 그 혁명무장에 대한 통일적인 지도부를 갖추게 된다. 회의 직후의 급선무는 국민당군의 새로운 포위공격을 분쇄하는 것이었다.

1934년 10월 國民黨中央統帥府는 서북 홍군에 대한 '圍剿' 를 단행했다. 대체로 6개 사단 30개 단 약 5만의 병력을 동원한 대규모 공격이었다. 이른바 이 '제2차 위초' 는 1935년 1월 말 시작되어 8월까지 지속되었다. 그러나 홍군은 오히려 연장 · 연천 · 안새 · 靖邊 · 보안 등 현성을 점령하는 전과를 기록하는 등 국민당군의 포위공격을 물리치고 막대한 양의 군용물자를 획득함으로써 근거지는 더욱 확대 · 공고화했다. 특히 6월 안새현 전역의 점

16) 본서 권말 부록 지도 3 참조.

령으로 섬감과 섬북의 양 근거지는 마침내 하나로 합쳐지는 결과가 되었다. 이것이 바로 중공당사상의 '西北根據地' 이다.[17]

섬북지역에서 국민당 세력은 단지 榆林·綏德·米脂·神木·府谷·横山·延安 등의 현성을 통제할 수 있었을 뿐 기타 광대한 농촌지역은 모두 공산당의 세력범위로 들어갔다. 공산당 근거지의 인구는 최대로 잡아 100만을 넘어서고 그 범위는 동으로는 황하, 서로는 감숙의 環江, 남으로는 淳·耀, 북으로는 長城에 이르는 광대한 지역, 20여개 현에 전면적 혹은 부분적 혁명정권을 건립했고, 유격지구는 30개 현에 미쳤다. 공고화된 '서북근거지' 는 곧 중공 중앙과 장정부대의 도착을 준비하고 있었던 것이다.

이상에서 살펴본 바와 같이, 섬감녕의 초기 공산주의운동은 극히 복잡한 과정이었다. 성공과 실패의 반복, 군사·정치적 국면의 끊임없는 변화의 만화경은 '長征' 부대의 도착 이전까지의 이 지역의 혁명과정을 특징짓고 있었다. 그러나 이 과정 속에서 우선적으로 우리의 관심을 끄는 것은 불리한 여건 속에서도 종국에 '국가 속의 국가' (근거지 혁명정권)를 건설하는 데 이르게 되는 지방 공산혁명가들의 끈질긴 노력이다.

이러한 지방 혁명가들의 성공을 이해하기 위한 중요한 요소로서 마크 셀덴은 개인적 관계, 이데올로기적 호소, 그리고 객관적·군사적·경제적 요인을 들고 있는데,[18] 본 연구의 주제인 가로회와 관련지어 보면, 위의 첫째 요소가 중요한 의미를 띠고 등장한다. 현장 혁명가들과 가로회의 관계는 이 지역 공산혁명의 흥기에 기여한 개인적·사회적 관계의 중요성을 분명히 보여준다. 그것은 다수의 지역 대소 군벌과 그들 부대 내의 사병들, 민단성원, 토비들의 다수가 가로회 회원이었다는 점에서 더욱 분명해진다. 이

17) 본서 권말 부록 지도 4 참조.

18) Mark Selden, *op. cit.*, p.26.

하에서 우리는 적군의 압도적 우세에도 불구하고 지방 활동가들이 어떻게 가로회 관계를 통해 현장에 뿌리를 내릴 수 있었는지 구체적으로 분석해볼 것이다.

제3장

초기 공산주의운동과 哥老會
(1928~1935)

1920년대 말 국공합작의 붕괴와 함께 시작된 무장폭동에 실패한 후, 섬북과 섬서-감숙 변계의 산악지대로 후퇴 이동하게 된 공산세력은 유격대 활동과 근거지의 건설 과정에서 가는 곳마다 거의 예외 없이 가로회와 만나게 된다. 그것은 단지 민간의 차원만이 아니라, 토비와 민단, 군벌 부대 내에서도 동일했다. 우리는 이하에서 微視史學的 방법을 통하여 극도로 불리한 정치·군사적 조건 속에서 공산주의자들이 지역의 유력한 비밀결사인 가로회와 맺고 있던 관계 양상에 관한 세밀화를 그리게 될 것이다. 본장에서는 먼저 중국 섬감녕 공산 게릴라 운동에서의 가로회의 위치(제1절), 지방 혁명가 劉志丹의 활동(제2절), 그리고 당내 상·하급의 문제를 보는 눈의 차이(제3절)에 대한 분석을 통해 '장정' 부대의 도래 이전까지의 상황을 분석한다.

1. 게릴라 운동의 흥기와 가로회

陝西 공산당 활동과 비밀결사의 관계는 국민혁명기 농민협회의 건설과

정에서 이미 그 밀접한 관계를 노정하게 된다. 먼저 '硬肚' 라고도 불리던[1] 紅槍會 세력에 주목한 공산당은 이와의 연합을 통해 농민운동을 추진하고자 했다. '刀槍不入' 의 신앙과 촌락자위를 목적으로 성장한 이 자발적 농촌 무장결사운동 속에서 일정한 가능성을 발견하고 이를 이용 개조한다는 방침은 당시 북방 각 성에서 채택되고 있었는데[2] 이는 섬서에서도 예외가 아니었다.[3] 그러나 국공분열 전의 陝西省委의 홍창회 정책은 거의 효과를 보지 못했던 것으로 판단된다.[4] 상황은 국공분열 후에도 마찬가지였다. 1928년의 澄城의 홍창회로의 침투('打入')는 활동가들이 공산당원임을 숨긴 채 이루어졌고, 이를 농민자위군으로 조직한다는 계획은 이렇다할 성과를 내지 못한 채 끝나고 만다.[5] 당시 중공 중앙은 이미 紅槍會 大刀會 土匪의 '소멸' 이라는 정책으로 돌아섰고, 이들과의 연합을 '군사투기' 로 비판했다.[6]

---

1) 「陝西硬堵[肚]與河南紅槍會」, 『共進』, 第101期, 1926.3.1, pp.4-5; 素昧, 「劉閻殘虐一班」, 『共進』 第34期, 1923.3.25, pp.3-4. 이 잡지는 반월간으로 1921년 10월~1926년 9월 기간 북경대학 섬서출신 학생들의 조직 「共進社」에 의해 출판된 것이다.

2) 「對於紅槍會運動決議案」, 中央檔案館 編, 『中共中央文件選集』(全18册), 中共中央黨校出版社, 1989-1991, 第2册, pp.216-218. 또한 「農民運動決議案」, *ibid.*, pp.206-215 참조.

3) 「紅槍會民團決議案」, 원재, 陝西省農民協會 編印, 『陝西第一次全省農民代表大會決議案及宣言』(1927.6.11), 中共陝西省委黨史資料徵集研究委員會 編, 『大革命時期的陝西地區農民運動』(陝西黨史資料叢書 2), 陝西人民出版社, 1986, pp.219-220에 수록, 「耿病光給宗禮,栢桂的信」(1926.6.18), 中共陝西省委黨史硏究室 編, 『中共陝西組織初建及早期活動』(陝西黨史資料叢書 38), 출판사항 불명, p.403; 崔貫一, 「憶建黨初期涇陽農民協會和自衛團成立經過」, *ibid.*, pp.597-598; 「耿炳光關於陝西政治情況給中央的報告」(1927.7.19), 中央檔案館・陝西省檔案館 編, 『陝西革命歷史文件匯集』, 全21卷(甲, 18; 乙, 3), 1991~1993(이하는 『陝西文件』), 乙, 1, p.28.

4) 「中央與陝西代表李子洲談話」(1927.8.12), 『陝西文件』, 乙, 1, pp.35-36; 「陝西省委第一次擴大會議的黨務報告」(1927.9.26), 『陝西文件』, 乙, 1, p.151.

5) 「陝西政治,黨務報告」(1928.3.20), 『陝西文件』, 甲, 2, pp.308-309; 中共陝西省委黨史資料研究徵集委員會 編, 『清澗旬邑等地的武裝起義』, 陝西人民出版社, 1988, pp.333-369.

6) 「陝西工作決議案 - 陝西代表出席中央會議決定」(1928.3.18), 『陝西文件』, 乙, 1, pp.109-

홍창회 정책의 실패는 1928년 8월의 지방당사상 최대의 무장봉기로 기록되는 앞장에서 서술한 '渭華起義' 의 패퇴 과정에서 홍창회의 공격에 의한 봉기 부대의 궤멸을 통해 분명히 확인된다.[7)]

국공합작의 분열을 전후한 이러한 농민운동의 과정에서 우리의 주제인 哥老會가 어떠한 위치를 차지하는지는 분명히 드러나지 않는다. 혁명가들이 가로회 이용을 배제하지는 않았겠지만, 가로회와의 관계를 보여주는 자료들은 앞장에서 서술한 '위화기의' 의 실패 이후의 극심한 백색테러 속에서 농민운동을 비롯한 각종 군중운동이 급속히 퇴조하고 혁명의 준비를 위한 兵運과 뒤이은 게릴라 전술의 방침이 채택되는 시기에 비로소 등장한다. 불법화한 공산당의 지하활동 과정에서 또는 산악지대의 유격대 활동 가운데서 혁명가들은 가로회와 접촉하고 이를 이용하고자 했던 것이다. 섬서성위의 중앙에 대한 한 보고는 당시의 상황을 이렇게 전한다.

"…… 비밀결사, 예컨대 가로회와 같은 조직은 陝北에 보편적으로 존재한다. 어떤 지방에서는 남녀 모두 가입하여 큰 세력을 갖고 있다. …… 섬북의 가로회에는 많은 동지들이 침투해 활동하고 있고, 그들을 농촌투쟁에 참가시키고 진정한 농촌무장역량이 되도록 지도하고 있다."[8)]

이러한 변화는 첫째 다른 지역에서와 마찬가지로 군벌의 진압에 의해 홍

110.

7) 「陝西省委臨時通訊(第二號) - 關於渭華暴動, 軍事及經費情況」(1928.8.1), 『陝西文件』, 甲, 2, pp.339-340; 中共鄧縣縣委黨史辦公室, 「關於渭華起義失敗後許權中旅在鄧縣的情況調査」, 中共陝西省委黨史資料徵集硏究委員會 編, 『渭華起義』, 출판사 불명, 1985, pp.390-395.

8) 「陝西臨時省委關於九月分工作給中央的報告」(1929.10.9), 『陝西文件』, 甲, 2, pp.471-472.

창회 세력이 급속히 퇴조했던 사실과 관련되며, 둘째 혁명의 무대가 關中과 陝東 등 비교적 인구가 많고 토지가 상대적으로 비옥했던, 국민혁명시대의 농민운동 중심지역으로부터 陝北 · 陝甘邊의 척박한 '황토 고원' 의 산악지대로 전이하게 되었던 것과 관련된다. 사실 이곳에서 홍창회의 존재를 확인해 주는 자료는 극히 미미하며,[9] 공산당 유격대와 홍창회는 협조적이라기보다는 모순과 충돌의 관계를 맺게 된다.[10] 섬서의 기타 농촌지역에서 촌락민 전체 혹은 다수가 미신적 신앙의 기반위에 촌락을 단위로 자위를 위해 가입하는 교문계의 반공개적 비밀결사 紅槍會 조직과는 달리, 인구가 극히 희박하면서도 극단적으로 해체되고 원자화된 이 산악지대 농촌은 주로 가로회의 활동무대였고, 이곳으로 전이한 혁명가들에게 그 조직은 좋은 이용의 대상이 되었던 것이다.

한 혁명가의 회고는 '대혁명' 실패 후 섬북의 농촌지역으로 전이해 들어간 공산당 활동가들이 무장력을 확보하기 위해 우선적으로 접촉했던 것은 바로 가로회였다고 서술한다. 그것은 당시 가로회가 총기를 소유하고 있었기 때문이었고, 혁명가들은 당원을 가로회에 침투시키는 방법을 통해 이를 포섭, 혁명무장을 확보하고자 했던 것이다.[11] 1930년 섬서성위의 한 지시는, 당시 섬북의 민정 상황을 토비 및 기타 비밀결사의 활동이 각지에 보편적으로 존재한다고 진단하고, 그 원인을 농촌경제의 파산과 그 파산 농민이

---

9) 1933년 橫山縣의 홍창회운동은 예외적 사례일 것이다. 『陝西文件』, 甲, 7, p.385.

10) 이 시기 홍창회는 다른 지역에서와 마찬가지로 주로 '豪紳' 에게 장악되어 공산 유격대에 대항했다. 「陝西臨時省委給中央的報告(第6號) - 關於政治, 經濟, 軍事, 群運黨團等工作概況」(1930.4.31), 『陝西文件』, 甲, 3, p.62. 紅26軍이 1933년 초 照金에 이르렀을 때도 홍창회를 진압하고 몇 명의 '紅學' 教師(=老師)를 처단했다. 「了凡幫助栒邑地方黨的工作給省委的報告」(1933.3.13), 『陝西文件』, 甲, 6, p.315.

11) 張達志, 「憶中共陝北特委第四次擴大會議前後的一些情況」, 『陝西文史資料』, 第9輯, 1981, p.4.

이들 조직에 가입한 데서 연유하는 것으로 분석하면서, 이들의 활동이 비록 유맹의식에 의해 지도되고 있다고 하더라도 그 "혁명적 의의는 절대로 감소될 수 없다"고 평가했다. 이러한 평가는 전국적 수준에서 보면, 제1부 제3장에서 언급한 바와 같이 秋收暴動期를 전후한 호남, 호북, 강서 등에서 공산당의 회당계 비밀결사 및 토비에 대한 방침과 동일한 시각이다. 이어서 지시는 각종 봉건조직(哥老會, 拜把會 등)에 '침투'하여 투쟁 과정에서 이를 "혁명조직으로 전변시켜야 한다"고 강조한다.[12)]

섬감녕의 조기 공산당 활동에 있어서 가로회가 차지하는 위치와 역할을 알려주는 자료는 그리 많지 않다. 가로회는 어떤 통일적 지도기관을 갖춘 정단과 같은 체계화된 조직이 아니라, 각 山堂의 수령을 중심으로 분산적으로 존재하는 느슨한 형태의 하나의 '관계망(network)으로서의 비밀상태'로 존재했기 때문에 조기 공산당 활동에 있어서 공식적 협상이나 연맹의 대상이 될 수 없었고, 따라서 그에 관한 당사상의 체계적이고 공식 기록이 남아 있지 않기 때문이다. 공산당원이나 그 유격대 가운데 가로회원이 다수 참여하고 있었지만, 그들은 가로회로서 공산혁명에 참여한 것이 아니라, 단순히 개인자격에 의한 것이었다.

그러나 현장의 공산당 활동가들(특히 당시의 유격대 조직)에게 가로회와의 관계는 혁명활동에 중요한 의미를 갖는 것이었다. 첫째, 어떤 의미에서는 섬감녕의 조기 공산당과 그 유격대는 이 황토 고원의 전통적 집단행동('농민 하위문화')의 연장선상에서 자신의 활동을 위치시키지 않으면 안 되었다. 비록 그들이 "근대적" 공산주의 이념을 공유했다고 해도 그들의 행동방식은 지역 농민들에게 전통적 의적('好土匪')이나,[13)] 단순히 약탈을 일

12) 「陝西省委給陝北特委的工作指示信」(1930.5.25), 『陝西文件』, 甲, 3, pp.99 · 111.

13) 「陝西省委關於陝甘邊境遊擊隊指示信」(1932.1.20), 『陝西文件』, 甲, 4, p.3.

삼는 토비의 행위와 별반 차이 없이 여겨졌다. 당시 당내의 한 문건은 공산 유격대가 활동하던 지역의 농민들이 '劉大人'(劉志丹), '謝大人'(謝子長)의 군대가 있다는 사실은 알고 있어도 '홍군' 이라든가 '소비에트'를 알지 못한다고 비판하고 있다.[14] 조기 공산혁명의 활동가들은 자신들의 열악한 역량으로 인해, 섬감녕 지역 고유의 전통적 집단행동의 환경으로부터 완전히 자유로울 수 없었고, 전통의 개조보다는 그러한 전통에의 적응과 이용을 강제받게 되었던 것이다.

둘째, 필자는 개인적 관계와 감정의 중요성에 주목한다. 가로회 회원들이 비록 개인자격으로 공산혁명에 참여했다고 해도, 그가 '결배형제'로서 개인적으로 맺고 있던 기존의 가로회 관계가 당과 그 무장역량의 활동에 상당한 영향력을 행사했다. 극단적으로 불리한 환경 하에서 공산당 무장역량의 확대에는 가로회 등 결배형제의 개인감정에의 호소가 주효했다고 해도 과언은 아니다.[15] 그리고 공산당 규율보다 더 강할 수도 있는 그러한 감정의 유대는 당과 유격대의 활동에 반드시 유리한 측면만 있었던 것은 아니고, 오히려 장애로 작용하는 경우도 발견된다. 뒤에서 살펴보게 될 유격대 내부의 가로회원들에 의한 반란 사건들은 이러한 개인적 관계의 중요성을 잘 보여준다.

마지막으로, 혁명가들의 가로회 관계는 농민대중의 동원을 위한 유효한 수단이 되었다. 비록 상급 당이 지속적으로 농민대중의 획득을 강조하고 있었을지라도 이러한 임무는 쉽게 실현될 수 있는 성질의 것은 아니었다. 이

14) 「陝西省委關於紅軍陝甘遊擊隊的決議」(1932.3.6), 『陝西文件』, 甲, 4, p.39.

15) 王世泰, 「'九一八' 前劉志丹的革命活動」, 中共陝西省委黨史硏究室 · 中共延安地委黨史硏究室 編, 『劉志丹』, 陝西人民出版社, 1993, p.310. 1932년 7월 공산당원이자 가로회 성원이었던 陳鴻賓 · 劉交用 등은 자신들의 가로회 신분을 이용하여 안새현 北中川 민단과 靖邊縣 민단에 침투했다. 『安塞縣志』(原稿), 1993, p.487. 安塞縣檔案館藏.

산악지대의 게릴라 활동가들은 사실 농민대중의 지지획득을 위해 상급이 요구하던 '토지혁명'에 그리 구애받지 않았다. 비록 그들이 일반적인 수준에서 토지의 몰수와 재분배가 갖는 혁명적 의미를 부인한 것은 아니었지만, 그들은 이러한 과제는 강고한 근거지의 건설을 전제하지 않고서는 무의미한 것이라고 간주했다. 한 회고는, 인구가 희박한 산악지대에서 토지는 오히려 풍부했고, 따라서 농민들의 '분배' 열기는 그리 강하지 못했다고 증언한다.[16] 이 지역의 주된 문제는 토지의 집중이나 고율의 소작료가 아니었다. 농민이 직면했던 곤란은 척박한 자연환경, 낮은 생산성, 중세, 자연재해 등이었다. 어떤 경우에는 "농민들이 토지를 원치 않았다. 종자도 농구도 부족한 상황에서 토지가 있다고 해도 경작할 수가 없었기 때문"이었다.[17] 이러한 맥락에서 현장 활동가들로서는 이 지역 가로회의 대중성을 간파하고, 이를 통해 농민을 동원하고자 했다. 공산당 게릴라들은 가로회와의 관계를 기반으로, 미약한 토지혁명의 열기를 뒤로하고, 지주와 부자들에게서 몰수한 식량과 축력(가축)을 빈자들에게 직접 분배해 주는 '로빈 훗' 식의 방식을 선호했던 것이다.

2. 劉志丹과 가로회의 관계

朱德, 賀龍 등 중공 지도급 인사가 가로회의 성원이었다는 사실은 이미 유명한 이야기가 되어 있지만,[18] 섬감녕 지역 공산주의운동에서 주목되는

16) 「習仲勳談五頃園土改」, 劉鳳閣 編, 『隴東的土地革命運動』, 中共慶陽地委黨史資料徵集辦公室, 1992, p.75.

17) 이러한 상황이 제1차 국공합작 기간 농민운동의 중심지였던 三原縣에서도 발생했다는데 의의가 있다. 「陝西省委給中央的報告」(1932.9.27), 『陝西文件』, 乙, 1, p.319.

인물은 후일 당중앙에 의해 '가로회의 모범'이라고 칭송되던 유지단[19] (1903~1936)이다. 본지(陝北 保安縣: 1936년 그의 사망 후 志丹縣으로 개칭) 향신 지주 집안 출신으로[20] 공산주의 세례를 받은 지식 청년으로서 유지단이 이 지역의 공산주의운동에 헌신하면서 가로회에 주목하고 이를 이용한 과정은 비밀결사와 공산주의운동의 관계를 보여주는 좋은 예가 된다. 이하에서는 유지단 주변 인물들의 각종 회고록을 통해 그와 가로회와의 관계를 구체적 사례를 중심으로 추적해 본다.[21]

유지단이 가로회의 유용성에 대해 인식했던 것은 '위화기의' 실패 후 중공 '陝北特委' 군사위원회 서기의 신분으로 섬감변으로 회귀한 뒤, 1929년 병운공작의 일환으로 보안현 민단을 장악하면서부터였던 것으로 판단된다.[22] 당시 악명 높던 보안현 민단 團總 路仰之(본명 路登高)에 대해 유지단은 그에 대한 반대여론을 조성하여 결국 자신이 민단 단총에 취임하게 되는데, 다름 아니라 路는 지단현의 한 가로회 大爺였던 것이다. 유지단이 이렇게 민단에 주목했던 것은 그의 공산당 활동을 위장할 합법적 수단이 필요했

18) 주덕에 관해서는 Agnes Smedley, *The Greate Road: The Life and Times of Chuthe*, London: John Calder, 1958, pp.88-89. 하룽은 Edgar Snow, *Red Star Over China*, First Revised and Enlarged Edition, London: Victor Gollancz Ltd., 1968, pp.78-79; *Jerome Ch'en*, *The Highlands of Central China: A History, 1895~1937*, Armonk, New York, 1992, Chapter 10 참조.

19) 「蘇維埃中央政府對哥老會宣言」(1936.7.15), 『鬪爭』, 第105期, 1936.7.12[20의 오기?].

20) 유지단의 조부는 동치연간 '拔貢'이었고, 부친은 향리의 '秀才'였다. 李振民·張守憲, 「劉志丹」, 中共黨史人物硏究會, 『中共黨史人物傳』, 第3輯, 陝西人民出版社, 1981, p.191.

21) 이하에서 필자가 인용하게 될 회고록의 많은 부분은 志丹縣 黨史辦公室 전 주임 史炳忠이 1980~90년대를 통하여 수집한 것이다. 이 기회를 빌어 자료를 제공해 준 그에게 심심한 사의를 표한다. 이하 인용되는 회고록의 번호는 본장 말미의 【부록 4】 '회고록 목록' 참조.

22) 王子宜, 「記志丹同志二三事」, 『解放日報』, 1943.5.15.

기 때문이었다. 물론 路로서는 단총 선거에서 실패한 후 그 자리를 쉽게 물러나려 하지 않았다. 회고에 따르면 그는 휘하의 '流氓' 들을 동원하여 단총 직위의 이양압력에 저항했다고 하는데, 이들이야말로 가로회 회원들이었던 것이다.[23] 이때 유지단은 永寧鄉 蒼溝村의 민단 단총이자 가로회 대야인 馬海旺과[24] 접촉, 가로회의 전반적인 상황을 숙지하고 大王莊에서 馬와 또 다른 대야 鄭XX을 保官으로[25] 하여 香堂 의식을 개최하고 스스로 가로회에 가입하게 된다. 그것은 대체로 1930년 봄의 시점이었다.[26]

가로회 내에서의 그의 지위는 분명히 확인되지 않지만, 그가 '劉大爺' 로 불리워졌다는 회고를 통해 보면, 가로회 내부구조에서 內八堂 내의 한 대야이거나 外八堂의 '心一(心腹)大爺' 였을 가능성이 크다.[27] 앞에서 살핀대로

---

23) 王子宜, 「回憶劉志丹同志和中共永寧山支部」, 『陝西文史資料』, 第12輯, 1982, p.75.

24) 당시 그의 가로회 내의 지위는 분명치 않다. 회고자에 따라 그를 용두대야로 부르는 경우가 있으나, 사실은 西北堂 內八堂 내의 한 大爺 지위였던 것으로 판단된다(주 34 참조). 1938년 그는 지단현에 水稻 기술을 최초로 보급했는가 하면, 1943년 가을 陝甘寧邊區政府가 소집한 전국 노동대회에서 '노동영웅' 칭호를 받게 된다. 그해 말에는 '志丹縣抗聯委員會' 의 주임을 맡았다. 史炳忠, 「馬海旺(1890~1944)」, 中共延安地委黨史辦公室 編, 『延安黨史人物英烈專輯』, 1987, pp.84-87.

25) 소개인. 가로회 가입시에는 保(保證), 恩(恩賜), 承(承認), 引(引進) 각각에 해당하는 소개인이 필요한데 일반적으로 '소개인' 이라면 保官을 가리키며, 신회원의 신분에 대해 책임을 지는 자로서 소개인과 신회원 사이에는 직접적인 보호-피보호의 관계가 성립한다. 필자가 입수한 1940년대 공산당의 가로회 조사표에는 어김없이 소개인이 기록되어 있다. 張成英, 「封建幫會組織-哥老會」, 中共慶陽地委黨史辦 · 中共正寧縣委員會 · 中共慶陽地委統戰部 編, 『陝甘寧邊區隴東黨的統戰工作』, 1995(이하는 『隴東統戰』), p.426; Liu Cheng-yun, "The Ko-lao Hui in Late Imperial China", Ph. D. Dissertation, University of Pittsburgh, 1983, p.93 참조.

26) 袁開花, 회고록 4; 高錦純, 「陝甘邊區黨的統一戰線工作」, 『隴東統戰』, p.425.

27) 張策, 「共産黨人的光輝榜樣」, 中共陝西省委黨史研究室 · 中共延安地委黨史研究室 編, 『劉志丹』, 陝西人民出版社, 1993(이하는 『劉志丹』), pp.165-166. 가로회 조직은 기타 회당계 결사조직과 마찬가지로 전통사회의 종법제도와 관료제도를 모방한 복잡한 등급관계로 조직되어 있다. 특히 섬감녕의 가로회는 기본적으로 輩와 步로 나뉜다. 배는 10배로 구분되어 각기 하나의 堂을 점한다. 各輩는 또 上八步(內八堂이라고

가로회 내부 규칙에 따르면 사회적 명망이 있는 자는 가로회 서열상의 최하위(제10위) 老么로부터 일보일보 승진하는 절차를 밟지 않고, 가입과 동시에 심일대야에 오를 수 있다. 이 경우에는 일반적으로 고정된 직무를 담당하지 않는다.[28] 이때 유지단이 관계를 맺은 보안현의 심일대야 馬錫五는 이후 섬감지대 유격활동 가운데 유지단과 행동을 같이 하면서 가로회 관계를 이용, 유지단의 활동을 돕게 되는 충실한 조력자가 된다.[29]

당시 민단과 국민당 부내에는 많은 가로회가 참여하고 있었기 때문에, 유지단의 가로회 가입은 당시 그의 兵運 공작과 게릴라 활동에 많은 도움을 제공했다. 가로회 가입 직후 유지단은 1930년 봄 寧夏의 駐甘騎兵 第4師 蘇雨生 부대의 第8旅 16團(단장 張廷芝)의 부단장, 이어서 隴東 민단 사령 譚世麟의 기병 第6營 營長 등에 취임하여 합법적 지위를 이용 병운공작을 펼치게 된다. 당시 감숙과 영하에 할거하던 소우생, 담세린, 장정지, 李培霄 등 토비-소군벌들은 모두 가로회의 성원이었다. 이외에도 당시 섬북특위 병운공작의 주된 대상의 하나였던 高志清은 가로회 산당 '賀蘭山'의 山主(용두대야)로서 휘하에 三邊, 내몽고 변경, 영하 동부지구의 광범한 회원을 갖고 있었고, 신해혁명시 寧夏의 '反正'에 참여한 후 섬북의 神木으로 이전해 온 유명한 가로회 두목이었다.[30] 그가 비록 명목상으로 섬북의 최대군

도 칭함)와 下八步(外八堂)로 나뉘며, 전자가 후자의 우위에 선다. 이 배와 보는 각기 상응하는 字로서 대표되고, 그 순서에 따라 존비대소의 차별이 있다. 그리고 호칭상에서 내팔당 내의 각 배와 외팔당의 최고지위인 심일(심복)만이 '대야'라고 불렸다. 西北研究社, 『哥老會與青幇概況』, 1941.1 및 앞의 제1장의 가로회 '조직구조' 참조.

28) 王濤, 「洪幇淵源, 組織及幇規」, 『文史資料選輯』(全國政協), 第27輯(總第127輯), 中國文史出版社, 1994, p.166.

29) 馬文瑞, 「革命楷模」, 『劉志丹』, p.100; 劉景範, 「陝甘邊革命根據地的創建及發展」, 中共陝西省委黨史研究室 · 中共甘肅省委黨史研究室 編, 『陝甘邊革命根據地』, 中共黨史出版社, 1997(이하는 『陝甘根據地』), p.405.

30) 政協陝西省委員會辛亥革命史料組 調查整理, 「陝西辛亥革命中的哥老會」, 『辛亥革命

벌, '섬북왕' 井岳秀의 휘하에 있었지만, 그는 늘 井과 모순관계에 있었고,[31] 유지단은 이에 주목하여 가로회 회원이자 공산당 활동가들을 파견하여 병변을 기도했다. 1931년 중반 유지단을 자신의 여단장으로 삼았던 隴東의 사단장 陳珪璋은 가로회를 이용해 起家한 후 사단장으로 출세한 군벌이었고 부대의 다수 사병은 가로회 성원이었다.[32] 유지단의 가로회 가입은 그의 병운에 유리한 사회적 관계를 제공했다.

유지단이 군벌 부대 내에 일정한 지위에 있을 수 있었던 것은 당시 섬감녕 지역 군벌정치의 난마와 같은 복잡한 내막과도 관련이 있다. 위에서 열거한 섬감녕 지역 소군벌 토비 부대 간의 세력 다툼은 당시 수하에 일정한 병력을 소유하고 있던 유지단에게 유리한 '兵運'의 기회를 제공했다. 유지단은 황포군교 출신으로서 國民聯軍 第4路軍 馬鴻逵 부대에서 정치부 주임을 역임한 바 있고, 특히 위화기의의 주모자로 정치·군사계에 두루 알려진 인물이었기 때문에 토비, 소군벌, 민단 수뇌들은 유지단을 흡수하여 자신의 세력을 확충하고자 했던 것이다.[33]

군벌 상호간의 역관계를 이용하여 무장 폭동을 일으키고 근거지의 건설 활동을 전개하던 유지단에게 가로회는 위기시마다 중요한 도움을 제공했

在陝西』, p.236; 「陝西代表團給中央的報告 - 關於政治, 黨務, 農村經濟概況」(1929.5.4), 『陝西文件』, 甲, 2, p.375; 張秀山, 「劉志丹同志在隴東兵運工作的情況」, 『隴東統戰』, p.409.

31) 「陝西代表團給中央的報告 - 關於政治,黨務,農村經濟概況」, 『陝西文件』, 甲, 2, p.375; 張秀山, 「劉志丹同志在隴東兵運工作的情況」, 『隴東統戰』, p.409; 和龔, 「寧夏哥老會與辛亥革命與」, 『中央民族學院學報』, 1981-3.

32) 閔鑄九, 「洪幇在甘肅的活動」, 『甘肅文史資料選輯』, 第13輯, 1982.

33) 張邦英, 「永遠活在人民心裏」, 『劉志丹』, p.198; 정악수, 고자청, 고쌍성, 左協忠 등 서북 소군벌간의 세력 경쟁과 알력에 대해서는 「陝西省軍委關於軍事情況給中央的報告」, 『陝西文件』, 甲, 2, pp.252-253; 「陝西政治, 黨務報告」(1928.3.20), 『陝西文件』, 甲, 2, pp.296-301 참조.

다. 다음의 몇 가지 사례들은 가로회라는 사회적 · 개인적 관계를 이용할 수 있었던 직접적 효과를 잘 보여준다.

1930년 봄 유지단을 가로회에 가입시킨 위의 마해왕 대야는 이후에도 여러 측면에서 그를 돕게 된다. 그는 유지단 유격대를 위해 무기와 탄약 등의 물자를 제공할 뿐만 아니라 자기휘하의 가로회원들을 동원, 유지단의 유격대에 참가시켰다.[34] 유격대 대원의 이산시에도 마해왕은 이들을 연결하는 중요한 고리가 되어 주었다.[35] 한 회고는 마대야는 '홍군의 병참, 유지단의 근거지' 였다고 말한다.[36]

유지단은 1930년 10월 휘하의 기병 6영을 이끌고 감숙 合水縣의 太白鎭에서 기의를 일으켜 롱동 민단군 24영 영장 黃毓麟을 제거하고 그 휘하의 대부분의 무기를 노획하여 세력을 강화한 후 섬감변계에서 유격활동을 펼치게 된다. 당시 이 유격대는 4개 연대로 구성되어 있었는데, 3聯과 4聯의 연대장 趙連璧(二娃, 1903~1932), 賈生財(1903~1934) 등은 모두 가로회 관계를 통해 연결되어 있었다. 조련벽은 유지단의 이종 사촌으로 가로회 대야였고, 유지단의 지도하에 태백진 부근에서 의적 활동('打富濟貧')을 전개했다. 가생재도 한 민단의 排長을 역임한 바 있는 가로회 대야였다.[37] 이때 합수현에서 饑民을 조직하여 유격대에 가담한 唐清山은 가로회 老三으로서 조련벽 연대의 부연대장이었고, 楊培盛이라는 가로회 성원을 흡수하여

---

34) 郭治才, 회고록 8(『黨史資料選刊』, 第8期, 中共志丹縣委黨史資料徵集領導小組辦公室 編, 1989.11.1 에도 수록).

35) 王世泰, 「紅二十六軍紅二團」(원재, 『甘肅黨史資料徵集工作通訊』, 1985-1), 劉鳳閣 · 任愚公 編, 『紅二十六軍與陝甘邊蘇區』(上) · (下), 蘭州大學出版社, 1995(이하는 『紅26軍』), 下, pp.656-657.

36) 白玉發, 회고록 9.

37) 史炳忠, 「趙連璧傳」, 志丹縣黨史辦公室 소장 자료; 趙丕成, 회고록 5; 劉滿堂, 회고록 7; 陶興範, 「賈生財」, 劉鳳閣 主編, 『慶陽地區中共黨史人物傳』, 中共慶陽地區黨史辦, 中共華池縣委員會 編, 1996, pp.309-310.

유격대에 참가시키는데, 이 楊은 이후 조련벽, 가생재와 더불어 유지단 유격대의 또 하나의 주요 골간이 된다.[38]

유지단을 둘러싼 哥老會 관계도

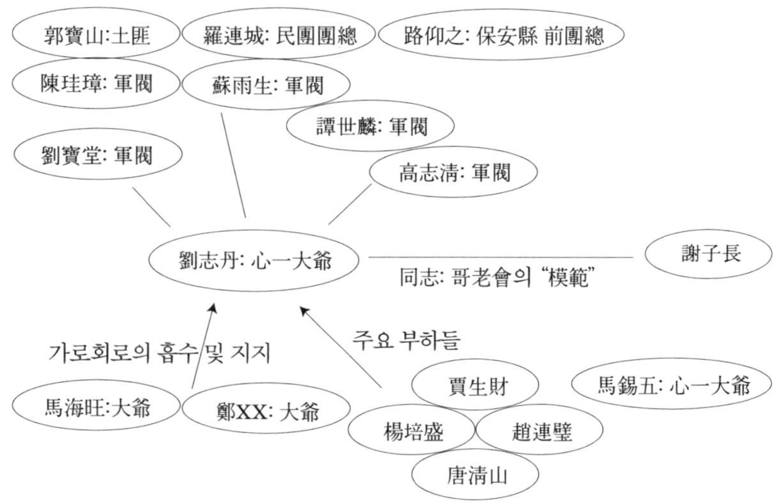

1931년 2월 유지단이 이 4개 연대를 이끌고 감숙의 合水, 寧縣 일대에서 활동할 당시 감숙군 진규장 부대 謝牛旋 여단과 충돌, 패퇴한 후, 부대를 수습하는 과정에서도 가로회 관계를 동원했다. 즉 총탄과 식량의 부족으로 시달리던 당시 유격대는 심일대야였던 馬錫五를 파견하여 宜君縣 小石崖의 가로회 대야이자 그곳 민단 단장 羅連城과 접촉, 탄약과 물자를 보급 받게 되었고 이어 旬邑縣 職田鎭과 彬縣에서 다시 병변을 기도했다. 이 가로회 대야 나련성은 1934년 여름까지 유지단 유격대와의 우호관계를 가장 오래 유지한 민단부대였다. 토비 부대 '山大王' 李培霄 부대의 공산 유격대로의

38) 王世泰, 「陝甘邊初期革命武裝鬪爭」(원재, 『黨史資料通訊』, 甘肅省委黨史委, 1989-1 增刊), 『紅26軍』, 下, p.523; 劉景範, 「劉志丹的軍運活動」, 『劉志丹』, pp.316-317; 楊培占, 회고록 6.

收編은 전적으로 나련성과의 연결을 통해서였다.[39] 이후 나련성 민단 내부의 반란에 의해 나가 죽은 후에 그 휘하의 부대는 모두 유지단의 홍군 유격대에 흡수된다.[40]

1931년 7월 유지단이 省委의 지시에 따라 劉寶堂[41] 등과 진규장 부대 내에서 병운공작을 전개할 당시 진규장의 13旅 旅長 高廣仁의 배반으로 체포되었다가('早勝鎭 사건') 풀려나 합수현 지역을 벗어나고자 할 때 副官 王璧成 1인만을 대동하게 되는데, 그가 가로회 성원으로서 일대의 가로회 성원들을 잘 알고 있었고 이를 통해 보호를 받을 수 있었기 때문이었다.[42] 결국 가로회의 도움을 통해 유지단은 南梁에 무사히 도달할 수 있었다. 그 과정에서 유지단은 9월 倒水灣에 이르러 부대를 정편하게 되는데 당시 그 휘하 3개연대의 연대장은 앞서 언급한 토비 민단 가로회 趙連璧, 賈生財, 楊培盛이었다.[43] 이 유지단의 부대는 남량에서 楊重遠, 閻紅彦이 이끄는 예의 晉西遊擊隊와 회합하고, 앞장에서 서술한 섬감변의 '南梁根據地'를 건설하기에 이른다.

혁명과정에서 유지단이 가로회와 맺었던 밀접한 관계를 보여주는 사례들은 이외에도 다수 발견된다. 유지단은 합수현 固城의 麻谷에서 부대를 정

---

39) 白冠五, 「烈士事迹片斷」, 『劉志丹』, p.330.

40) 劉景範, 「創建陝甘邊根據地時期爭取幇會士紳爲我效力」, 『隴東統戰』, p.420; 張仲良, 「回憶陝甘邊"第三路遊擊隊"」, 『紅26軍』, 下, p.835; 劉景範, 「陝甘邊革命根據地的創建及發展」, 『陝甘根據地』, p.405 참조.

41) 역시 가로회 성원. 유보당의 동생은 유지단과 유보당이 '哥弟關係' 였다고 서술한다. 이는 당시 가로회 성원간의 관계를 일컫는 말이었다. 劉滿堂, 회고록 12(『黨史資料選刊』, 第11期, 中共志丹縣委黨史資料徵集領導小組辦公室 編, 1989.12.15에도 수록).

42) 조성진, 합수, 청양 등지는 신해혁명 당시에 寧州(寧縣)의 가로회 수령 彭四海의 지도로 반청봉기가 일어났던 곳이다. 韓定山, 「辛亥革命在甘肅」, 『甘肅文史資料選輯』, 第11輯, 1981, pp.151-152.

43) 張秀山, 「在隴東搞兵運的情況」, 『劉志丹』, p.304.

편할 때 固城 小堡子의 재력가이자 호신인 가로회 용두대야 趙鳳鳴의 물질적 도움을 받게 된다. 이 조봉명은 신해년 가로회 '반정' 시 당지의 또 다른 용두대야 郭干城과 寧縣의 가로회 두목 彭四海와 협력, '秦隴復漢軍'의 기치를 내걸고 봉기하여 합수현성을 '광복' 시킨 바 있으며, 이후에도 합수현에서 최대의 영향력을 행사하고 있던 가로회 두목이었다. 유지단은 그의 둘째 아들 趙國璧과 '押香弟兄'(의형제) 관계를 맺게 된다.[44]

유지단을 비롯한 지방의 혁명가들이 현장의 상황을 숙지하고 그러한 현장에의 적응을 통해 혁명을 수행한다는 전략의 일환으로 가로회에 가입하고 그 사회적 관계를 이용했던 것은 혁명의 유지와 발전을 위한 가장 토착적 방법이었다. 전통적 요소의 강한 잔존과 낙후성, 상급의 기대와는 다른 노동자계급의 결여, 농민대중의 소극성, 거기에 압도적인 군벌의 무력에 마주하고 있던 현장 혁명가들에게 가로회라는 '군중조직'의 전통적 관계는 활동의 편의와 입족의 발판 마련에 유리한 수단을 제공했다. 유격대 성원의 충원, 무기와 군량의 조달,[45] 흩어진 대원의 재결집, 민단 토비 및 군벌과의 담판 등에 혁명가들은 가로회 관계를 적절히 이용할 줄 알았다.[46]

현장 조건에 유연하게 적응하고 있던 이상과 같은 토착적 혁명방식은 그러나 상급 당에 의해 비판의 대상이 되면서 커다란 위기를 맞게 된다. 단순

---

44) 『民主革命時期合水縣的統戰工作』, 合水縣黨史辦公室, 1987, pp.1-2; 李占年 調査整理, 「劉志丹與平子遊擊隊的誕生(節選)」, 『紅旗輝映合水縣』 2, 合水縣黨史辦公室, 1986; 『合水縣志』(原稿), 第8節 '會道門'의 「哥老會」 부분, 合水縣縣志辦公室 소장.

45) 王子宜, op. cit., 1982, p.88.

46) 1934년 正寧縣 平子遊擊隊의 조직과정에서 유격대장 何炳正이 "활동의 편의와 입족의 발판을 마련키 위해" 가로회에 가입했던 것은 또 다른 좋은 예에 속한다. 李占年 調査整理, 「劉志丹與平子遊擊隊的誕生」, 『紅旗輝映合水縣』(2), 中共合水縣黨史資料徵集辦公室, 1986; 「陳國棟1985年12月19日談平子遊擊隊」, 『紅26軍』, 上, p.395. 가로회 관계를 이용하여 흩어진 병사를 찾아 온 경우는 宋飛, 「創建陝甘邊根據地中的幾次主要戰鬪」, 『陝甘根據地』, p.601 참조.

한 '좌경노선' 을 넘어서, 당내의 성층화는 서로 다른 수준에서 나타난 상이한 반응을 잘 설명해 준다.

3. 위계질서, 反變 그리고 좌경노선

지방적 수준에서 보면, 노선의 차이는 1960년대 이래 구미학자들이 반복적으로 지적해 온 당내 권력투쟁의 이미지와는 사뭇 다르게 나타난다.[47)] 혁명의 방법을 둘러싸고 전개되는 노선투쟁은 헤게모니를 향한 권력투쟁이라기보다는 이론적이고 기계적인 상급(당중앙, 북방국, 성위)과 상대적으로 현실적이지 않을 수 없었던 지방 현장 혁명가들 사이의 견해 차이의 문제였다. 상급에게는 전국적, 지역적 혹은 전성 차원에서 시기마다 일정한 행동의 목표가 있었고 이를 달성하기 위한 제반 계획이 있었지만, 현장으로서는 어떻게든 생존의 문제가 중요했고, 이를 위해 주어진 조건에 적응하고 이를 최대한 활용해야했다. 대체로 상급은 '군중쟁취' 의 중요성과 당과 군대내의 성분 구조의 '순수성' 을 강조하는 일관된 방침을 견지했지만, 사실 현장혁명가들에게 있어 이것은 단시일 내에 달성키 어려운 목표였고 사실 어떤 경우에는 고려의 대상이 되지 못했다. 우리가 다루는 섬감녕의 지방 당사에서 이러한 상급의 노선이 '좌경노선' 으로 명명되는 것은 현장 혁명

---

47) 이 시기 권력투쟁에 주목한 연구로는 John Rue, *Mao Tse-tung in Opposition, 1927~1935*, Stanford University Press, 1966; Shanti Swarup, *A Study of Chinese Communist Movement*, Oxford University Press, 1966; Derek Waller, *The Kiangsi Soviet Republic: Mao and the Natonal Congress of 1931 and 1934*, Berkeley: Center for Chines Studies, 1973. 한편 김일평은 모택동과 유소파의 대립을 인정하면서도, 당중앙의 서금 이전 후, 양자는 근거지 건설을 위해 타협했다고 서술했다. Kim Il-Pyeong, *The Politics of Chinese Communism: Kiangsi under the Soviets*, University of California Press, 1973, p.203.

가들의 노선과 방법이 결국 승리하게 되고, 그들의 논리에 따라 공식 역사가 써졌기 때문이다.

상급 당은 사실 가로회 홍창회 토비 등 자발적 농촌 결사와 '무장조직' 에 대해 체계적이고 명확한 대책을 갖고 있었던 같지는 않다. 가로회 토비 등의 조직에 대해 '혁명적 의의' 를 부여하고 이의 지도를 강조하는가 하면, 이를 부정하고 이의 이용을 '부정확한 관점' 으로 비판하기도 한다. 이러한 일견 모순된 평가와 방침은 1927년 후반기 국공합작 분열 후('대혁명' 의 실패 후)의 복잡한 정치상황의 전개와 관련된다.

주지하듯이 국공분열 직후 이른바 瞿秋白 '맹동주의' 노선과 그 영향이 확인되는 시점의 섬서성위의 지시는 총폭동의 방침 하에 무장력의 확보에 주력하게 되고, 이 과정에서 농촌 '군사화' 의 현상이었던 토비, 민단, 결사 등의 무장력에 주목하여, 가능한 한 이를 이용하고자 했던 것이다. 이러한 상황은 홍창회와 토비에 대해 '농민의 형제' 등 우호적 평가를 불러일으키고 당은 이들과의 연합의 필요성을 제기하게 된다.[48] 그러나 전국의 다른 지역에서처럼 무장 폭동의 열기가 지나가고, 그 실패의 원인에 대한 분석을 통해 섬서성위원회는 이들 구식 조직에의 단순한 이용의 관점에서부터 일반 대중의 쟁취(동원)의 방침으로 전환한다. 1930년 7월 성위의 지시는 그해 추수기를 앞두고 폭동의 필요성을 강조하면서 토비 및 가로회 등 비밀결사를 이용하여 추수폭동을 일으킨다는 사고를 '부정확한 관념' 으로 비판하고, 일반 '農民群衆' 의 동원을 강조했다.[49]

이러한 상급의 견해가 현장의 혁명가들에게 얼마나 실제적인 영향을 주었는지는 쉽게 확인되지 않는다. 사실 상급의 모순되어 보이는 지시와 결의

48) 「陝西省第一次擴大會議農民鬪爭決議案」(1927.9.26), 『陝西文件』, 甲, 2, p.190.

49) 「陝北秋收鬪爭的策略路線 - 省委全體會對于陝北工作決議案」(1930.7.9), 『陝西文件』, 甲, 3, p.165.

들은 현장혁명가들에게 거의 영향을 주지 않았던 것으로 보아도 좋을 것이다. '백색테러'의 지배 속에 省委와 현장의 의사소통은 단절되는 경우가 많았다. 예컨대 '위화기의' 실패 이후 유지단은 섬북특위 신분으로 섬북에 파견되었지만, 그 후로 그는 西安의 성위와 제대로 연결되지 못했다.[50] 이러한 상황 속에서 현장 혁명가들은 자기 고유방식에 따라 혁명 활동을 전개했다. 그들은 누구보다도 현장의 조건들에 익숙했고, 이를 적절히 이용할 줄 알았던 것이다. 앞서 살펴본 유지단의 가로회 가입과 그 가로회 관계를 이용한 兵運과 유격대 활동은 이의 대표적 예에 다름 아니다. 성위의 지시는 토비 가로회 등의 상층두목과의 연합이 아닌 '하층 군중의 쟁취'를 강조하고 있었지만[51] 당시 섬감·섬북의 현장 혁명가들은 대중을 동원할 만한 역량도 그러한 객관적 조건도 갖추고 있지 않았다. 유지단 등 현장 혁명가들에게 상급의 요구는 거의 실현 불가능한 과제였다. 오히려 당시 한 현장혁명가의 회고는 가로회의 내부 등급이 삼엄한 상황을 지적하면서, 그 일반성원들에 앞서 두목의 쟁취를 통해 그 조직전체를 혁명으로 쉽게 끌어 낼 수 있었던 상황을 묘사한다.[52]

사실 이렇게 해서 동원된 유격대에는 토비와 가로회 '유맹'의 성분이 다수를 차지할 수 밖에 없었고 종종 그들의 토비식 활동이 현장 활동가들에게 예기치 못했던 곤란을 안겨주었지만, 그것 또한 쉽게 극복할 수 없는 당시의 '조건'이었다.

유지단이 예의 조련벽, 가생재, 양배성 등의 부대를 이끌고 남량에서 산

50) 「陝西代表杜勵君在北方會議上的報告」(1932.6.2), 『陝西文件』, 甲, 4, pp.200-201. 여기서 '두려군'은 이하에서 언급하게 될 杜衡이다.

51) 「陝北秋收鬪爭的策略路線 - 省委全體會對于陝北工作決議案」(1930.7.9), 『陝西文件』, 甲, 3, pp.173-174.

52) 蔡子偉, 「南梁根據地革命鬪爭片斷回憶」, 『陝西文史資料』, 第9輯, 1981, pp.51-52.

서로부터 이전해온 晋西遊擊隊와 회합 한 후인 1932년 초 그의 부대가 '工農遊擊隊' 혹은 '紅軍'의 기치를 내걸지 못하고 단지 '西北反帝同盟軍'이라고 칭했던 것은 부대의 성분이 모두 과거의 토비와 유맹으로 도처에서 '닥치는대로' 약탈행위를 일삼았기 때문이었다.[53] 얼마 후 부대는 내부적 정돈(三[山]嘉原 사건)을 거쳐 '中國工農紅軍陝甘遊擊隊'라는 명칭을 달게 되지만,[54] 그해 말 紅26軍의 성립 직전 섬서성위의 군사특파원이었던 高崗의 섬감유격대에 관한 보고는 당시 공산당 군대의 생생한 현실을 그대로 보여준다. 1932년 11월 그의 보고 시점에서 유격대는 기병대대와 보병대대로 나뉘어 있었는데, 기병대대의 대대장 閻XX와 중대장 姫XX 및 張XX는 토비 출신이었다. 이 기병대의 일반 성원도 1/3이 토비 유맹출신이었고, 보병대의 劉XX 대장도 토비출신이라고 고강은 보고했다.[55]

이러한 상황 속에서 유격대 내 가로회의 反變은 사실 혁명무력의 성장에서 겪어야 할 피할 수 없는 과정이었다고 생각된다. 陝北 최초의 유격대였던 劉善忠, 高朗亭 등이 1932년 清澗縣에서 혁명의 기치를 내걸고 安定, 清澗, 延川 등지에서 유격전을 전개하고 있었을 당시, 이 유격대는 일부의 가로회 회원을 흡수하여 신속한 발전을 보였고, 그해 4월 中國工農紅軍西北先鋒隊를 정식으로 성립시켰다. 그러나 이러한 가로회의 참가를 통한 유격

---

53) 「陝西省委給中央的報告(第1號) - 關於陝西遊擊隊情況」(1932.2.15), 『陝西文件』, 甲, 4, p.16. 유지단의 부대가 대부분 토비와 가로회로 구성되고 아편(大煙)을 피우는 자가 많은 '나쁜'(不好) 성분으로 구성되어 있었다는 사실은 당시 '서북반제동맹군' 제1지대 제1대대장이었던 염홍언의 1942년 서북 고급간부회의 석상의 발언들을 통해서도 확인된다. 「閻紅彦同志在西北高干會上討論黨內歷史問題的發言」(1942.11.6), 『子午嶺上紅旗飄』(5), 正寧縣黨史辦公室, 1986, p.138.

54) 이 사건에서 유지단 휘하의 가장 중요했던 지도자 조련벽은 그의 약탈행위를 이유로 비판받고 총살당했다. 그는 1979년 중공 지단현위와 지단현 정부에 의해 복권('平反')된다. 「山嘉原事件」, 『子午嶺上紅旗飄』(5), pp.121-164; 趙丕成, 회고록 5.

55) 「高崗1932年11月29日關於陝甘遊擊隊情況給陝西省委的報告」, 『紅26軍』, 上, p.215.

대 세력의 확대는 결국 가로회의 內部 叛亂과 사령관 유선충의 피살이라는 사태를 불러왔다. 6월에 이르러서야 당조직은 가로회 반란 분자를 숙청하였고 부대는 다시 중건되어 11월 中國工農紅軍陝甘遊擊隊 第9支隊로 명명된다.[56)]

가로회 성원의 반변은 유격대 탄생 초기의 사실만은 아니었다. 그것은 통일적 지도 없이 분산적으로 활동하던 각지의 소규모 공산 유격대가 안고 있던 고질적인 문제였던 것으로 판단된다. 1934년 감숙 慶陽縣 北部에서 활동하던 유격대는 10여 명의 대원으로 구성되어 있었는데, 그 가운데 9명이 모두 가로회 성원이었다. 이들은 그 지역 민단 단총의 물밑 공작에 의해 유격대 지도원을 살해하고 모두 반변의 길을 걸었다. 당시 경양유격대의 나머지 부대는 安定에서 활동하고 있었는데, 이후 5~6월간 華池로 돌아와 반변의 주모자를 처형하게 된다.[57)] 가로회의 사회적 관계를 이용한 혁명무력의 성장에는 그에 상응하는 위험이 늘 따르고 있었던 것이다.

상급 당의 유격대 성분에 대한 비판은 이러한 상황을 방지하고 보다 확고한 대중적 기초 위에 혁명무력을 구축하고자 하는 의도로 해석될 수 있는 것이지만, 상급의 순수화를 지향한 지도 노력은 현장 혁명가들의 토착적 방법에 쉽게 수용될 수 있는 것은 아니었다. 상급과 현장이 직접적으로 충돌하는 모습을 보이기 시작하는 것은 예의 杜衡의 '좌경노선' 집행에서 뚜렷이 드러난다. 1932년 말 성위의 섬감유격대에 대한 직접지도를 의미하는 성위 대표 두형의 섬북 도래는 유지단을 비롯한 현장 혁명가들을 혼란스럽게

---

56) 「陝北代表團報告(第3號) - 關於中國工農紅軍陝甘遊擊隊第九支隊問題」(1932.12.13), 『陝西文件』, 乙, 1, pp.353-357; 崔瑞生(崔逢運), 「關於陝北情況給中央的報告」(1933.12.5), 中共陝西省委黨史研究室・中共榆林地委黨史研究室 編, 『陝北革命根據地』, 中共黨史出版社, 1995, pp.150-151; 崔田夫, 「回憶陝北黨的活動情況」, *ibid.*, p.271. 또한 앞장의 '섬북근거지' 항목 참조.

57) 「李占義1979年10月26日談慶陽遊擊隊」, 『紅26軍』, 上, p.390.

만든다. 두형은 당중앙과 성위의 지시에 따라 그 동안 섬감지대에서 활동하던 유격대를 기반으로 '紅26軍'(中國工農紅軍第26軍)을 성립시키고 그 정치위원에 취임하면서 상급의 지도를 무기로 현장혁명가들의 혁명방식을 비판하기 시작했다.

그는 유지단 등이 섬감·섬북의 농촌에 광범히 분포해 있던 가로회를 이용하고 토비와 연합하는 방식에 대해 그 성분을 문제 삼고 '右傾路線' '土匪主義' '逃跑主義' '軍事主義' '機會主義' 등으로 몰아 비판했다.[58] 두형은 새로 성립한 홍26군의 군장에 王世泰를 내세우고 베테랑 유격대 지도자 閻紅彦과 謝子長으로 하여금 부대를 떠나 상해 당중앙에서 정치 훈련을 받도록 조치했다. 특히 사자장에 대해서는 '留黨察看' 3개월의 처분을 내렸다. 다만 유지단과 또 다른 유격대 지도자 楊重元에 대해서는 유격전의 군사기술과 지리파악 등의 문제로 양을 참모처장에 포치시키고, 유를 정치처장에 임명했다.[59]

1933년 초 홍26군의 渭北 지역으로의 남하전술과 그곳에서의 새로운 근거지 건설 계획의 실패는 현장의 조건에 무지하고 군사를 모르던 두형과 상급 당의 최대 실수였다.[60] 특히 홍군 유격대와 오랫동안 불침범 관계를 맺고 있었던 廟灣의 哥老會 두목 夏老么(夏玉山) 휘하의 민단에 대한 공격과 실패는 현장 혁명가들이 구축해 놓은 기초에 커다란 손실을 가져왔다. 결국 1933년 중반 渭華지역으로의 강요된 남하과정에서 압도적인 국민당군의

58) 「陝西省委關於帝國主義國民黨四次"圍剿"創造陝甘邊新蘇區及紅二十六軍決議案」(1932.8.25), 『陝西文件』, 甲, 4, pp.442-444; 習仲勳, 「群衆領袖 民族英雄」, 『人民日報』, 1979.10.6, 轉載, 『劉志丹』, pp.13-15.

59) 「黃子文1933年1月5日關於紅二十六軍情況給陝西省委的信」; 「杜衡1933年1月9日改編經過及改編後的工作概況給陝西省委的報告」, 『紅26軍』, 上, pp.223-230.

60) 두형은 자신의 보고를 통해 군사상의 무지를 스스로 인정했다. 「勵君關於紅二十六軍的報告」(1933.1.15), 『紅26軍』, 上, p.237.

세력 앞에 홍군은 패퇴 이산한다.[61)]

두형의 군사적 실패와 성위로의 복귀 이후, 홍군은 다시 재건되고 활발한 근거지의 건설로 나아갔다. 적극적인 토비의 收編은 여전히 홍군 재건의 중요 수단의 하나였다. 1933년 말 전술한 南梁을 중심으로 한 '섬감변근거지'의 공고한 건설은 바로 이 이후의 일이다. 상급의 현장에 대한 지도력은 후퇴하고 현장혁명가들 고유의 방식에 의해 게릴라전을 전개했다. 한 보고는 두형의 실패 이후의 군사지도는 완전히 유지단 개인의 손에 맡겨지게 되었다고 지적한다.[62)]

이 '남량 근거지'는 사실상 상급 지도의 완전한 결여 속에, 현장 혁명가들의 방식에 의해 구축되고 운영된 것이었다. 1933년 8월 중반 국민당 당국에 의한 두형의 체포와 그의 공산당 배신, 그리고 그것이 결과한 섬서성위의 '파괴'로 인해,[63)] 당의 현장에 대한 지도는 전혀 이루지지 못했다. 그 후 홍26군은 현장 활동가들에 의해 조직된 '陝甘邊特委'의 지도하에 놓이고, 특위는 형식상 당중앙 駐북방 대표의 지도하에 들어가지만, 상급과의 연계는 여전히 불확실했다. 상급 당과의 관계는 1935년 중반 北方局 대표의 도래시까지 장기간 단절된 상태에 놓이게 된다.[64)]

홍군의 남하 실패는 당시 홍군의 '統戰工作'에 심각한 교훈을 제공했고,

---

61) 「天花關於紅二十六軍在廟灣作戰經過給省委的報告」(1933.1.25), 『陝西文件』, 甲, 6, pp.134-136; 「陝西省委給中央的工作報告」(1933.11.25), 『陝西文件』, 甲, 7, pp.246-247; 劉景範, op. cit., 『隴東統戰』, p.420.

62) 「金理科給省委的報告(第1號) - 關於紅26軍及邊區工作概況」(1933.2.2), 『陝西文件』, 甲, 6, p.143.

63) 陝西省委의 파괴에 대해서는 「拓夫關於陝西黨破壞的報告(節錄)」(1933.11.13), 中共陝西省委黨史研究室, 『土地革命戰爭時期的陝西省委』, 陝西人民出版社, 1991, pp.550-562.

64) 「紅二十六軍1934年6月20日給中共中央的工作報告」 및 그 부록 「石心給中共上海中央局的信」(1933.10.8), 『紅26軍』 上, pp.260-265.

홍군의 지휘자들은 다시 북쪽의 산악 지대로 후퇴하면서 상황적 조건에 깊숙이 적응하는 방법을 통해 이를 극복해 갔다. 正寧縣 가로회와의 관계는 그 대표적 사례이다. 즉, 정녕현 西渠는 당시 홍군 남하와 북상의 주요 교통로로서 당시 이곳에는 가로회 陳大爺가 주변에 상당한 영향력을 행사하고 있었다. 주위의 가로회 성원은 물론 토비, 민단도 그를 존중했다고 한다. 홍군은 결국 그와 우호관계를 건립함으로써 주요한 교통로와 휴식처를 획득하게 된다. 특히 그의 집은 '혁명 대오의 숙식지' 이자 '회의 장소' 였다. 뿐만 아니라, 그의 직업은 대장장이(철장)였는데 홍군을 위해 무기도 제조했다.[65]

홍군은 감숙 隴東의 黃龍山 '山大王' 이었던 토비 郭寶珊을 쟁취하는 과정에서도 가로회 관계를 이용하게 된다. 이미 유지단은 1931년 초부터 이 토비 부대의 쟁취를 위해 수차에 걸쳐 편지를 보내 홍군과의 연합을 제의한 바 있었지만, 곽의 태도는 쉽게 결정되지 않았다. 급기야 1934년 유지단은 가로회 관계를 통해 그를 회유했고, 西華池에서 홍군에 합류하는 곽의 부대를 당시 가로회 심일대야로서 유지단 부대의 공급책임을 맡고 있던 馬錫五를 파견하여 접수케 했다. 이 부대는 '西北抗日義勇軍' (사령관 곽보산)으로 개편되어 홍26군 42사의 직속으로 들어가게 되고, 곽보산과 그 휘하의 다수의 '哥老會 弟兄' 들은 공산당에 가입하게 된다.[66]

남량의 섬감변근거지는 섬감녕의 혁명사에서 최초의 안정된 근거지 위에 제반 혁명 정책을 수행했던 것으로 평가된다. 혁명정부는 토지의 몰수와 분배, 대중 조직의 건설 그리고 각종 사회정책을 집행했다. 외견상 이 근거지는 사회적 변혁의 과정 위에 건립된 잘 조직화된 혁명정부의 모습을 띠고

---

65) 『隴東統戰』, p.7.

66) 張秀山, 「郭寶珊部隊走上革命的經過」, 『隴東統戰』, p.417; 黃羅武 口述, 張俊祥 等整理, 「從"土匪"到司令 - 回憶收編郭寶珊的經過」, 『延安文史』, 第1輯, 1998.

있었다. 그러나 당시 陝甘邊蘇區(남량소비에트) 정부의 주석을 담임했던 習仲勳에 따르면, 정부는 섬감지역에 광범하게 분포하던 가로회에 대해 이른바 '쟁취정책' 을 집행하면서 그들과 항상적인 관계를 유지했다고 서술했다.[67] 1934년 2월의 섬감변혁명위원회 성립시 초대 토지위원장 梁XX은 바로 가로회 대야였다(그해 4월 譚世麟부대 일개 사단에 의한 남량근거지 포위공격전 중에 사망). 1934년 11월 섬감변 소비에트 제1차 대표대회를 통해 섬감변소비에트 정부가 정식 성립되면서 조직된 지방무장, 섬감변구 赤衛軍 총지휘부의 총지휘 朱子淸과 부총지휘 鄭德明도 남량일대의 유명한 가로회 坐地大爺였다.[68]

자율적 방식에 의한 지방 공산세력의 발전은 그러나 1934년 중반 '중공 북방국 대표' 郭洪濤의 등장으로부터 다시 한 번 혼란에 빠지게 된다. 1934년 7월 남량근거지의 閻家洼子에서 열린 섬감변특위와 陝北特委 지도부 연석회의에서, 곽홍도는 상급 당의 시각을 감추지 않았다. 과거 두형이 그랬듯이, 그는 산악지대의 게릴라 활동과 산악 근거지 건설을 '逃跑主義' '梢山主義' (산악주의)라고 비판했다. 토비와의 연합은 '토비노선' 이라고 비난되었다. 회의의 결과, 섬감변의 홍군 42사 정위 고강의 직위를 해제하고, 사자장이 이를 대체했다. 여기서 불분명한 것은 사자장의 역할과 입장이다. 당시 북방국 군사특파원의 신분으로서 섬북으로 회귀하여 게릴라 활동을 지도하고 있었던 그는, 곽홍도와 마찬가지로 상급당의 대표이면서도, 곽에 의해 '우파' 라고 비난받던 현장 활동가 蔡子偉와 黃子文을 변호했다. 가로회 회원이었던 그가 현장혁명가들을 변호했으리라고 추측하는 것은 그

67) 「習仲勳同志在西北黨的歷史座談會上的發言」(1945.7.11), 『隴東統戰』, p.271.

68) 劉景範, op. cit., p.420; 張成英, op. cit., p.427; 蔡子偉, 「南梁根據地革命鬪爭片斷回憶」, 『陝西文史資料』, 第9輯, 1981, pp.51-52; 白天章, 「南梁蘇區情況片斷」, 『陝甘根據地』, pp.654-655.

리 어렵지 않다. 회의 폐막 후, 42사는 사자장의 지휘 하에 처음으로 섬감변으로부터 섬북으로 이동하여 그곳의 유격대 활동을 돕는 데 동원된다.[69] 전체적으로 보면 이 회의는 그러나 기존의 활동 방식에 비판을 가할 수는 있었어도 현장 혁명가들의 활동방식에 거의 영향을 주지 못했던 것으로보인다.[70]

현장 활동가들에 대한 진정한 재난은 1935년 6월 이른바 '중앙대표'로 자칭한 朱理治의 등장과 함께 시작된다. 그의 비난은 곽홍도의 그것과 비슷했다. "토비와 가로회에 대하여, 그들[유지단 등 현장 활동가들]은 쟁취 정책을 취했는데, 우리들은 그것을 '토비주의 정책'이라고 비난했다"고 주리치는 차후에 자아비판을 하게 된다.[71] 이 좌파들은 모택동의 새로운 당중앙이 섬북에 도착하기 직전인 1935년 9월 鄂豫陝 蘇區로부터 '西征'을 통해 북상한 徐海東 지휘하의 紅25軍의 도래와 함께 이른바 '반혁명 숙청'(肅反)의 회오리를 몰고 왔다. 당시 홍25군은 두형의 배신 이래 섬서의 공산주의운동에 대해 깊은 '불신'을 갖고 있었다고 한다.[72]

당시 유지단은 공산근거지에 대한 위초를 맡고 있던 국민당 西北軍 군장 楊虎城과 내통했다는 혐의를 받고 있었는데, 이러한 주장의 근거는 다음과 같다. 첫째, 양호성은 자기 막료 중에 공산당원 南漢宸 王炳南 등을 두고 있었다. 둘째, 당시 섬서성 정부의 비서장 杜斌丞, 그리고 양호성이 창립한 三民軍官學校 정치부주임 魏野疇 등은 유지단의 유림중학 시대의 은사였다. 특히 두는 앞의 남한신과 함께 유지단이 1931년 봄 彬縣에서 체포되었을

69) 「習仲勳同志在高干會上關於黨內歷史問題的發言」(1942.11.11); 「歷史座談會上郭洪濤同志的發言」(1945.7.5).

70) 「張秀山1985年5月14日談閻洼子會議」, 『紅26軍』, 上, p.431.

71) 「歷史座談會上朱理治同志的發言」(1945.7.10). 그의 발언의 일부는 中共陝西省委黨史資料硏究室, 『西北革命根據地』, 中共黨史出版社, 1998, pp.430-433에 재록됨.

72) 郭述申, 「陝北 '肅反' 的一點情況」, *ibid.*, p.450.

때, 주변의 관계를 동원하여 유지단을 석방시킨 바 있다. 셋째, 유지단과 양호성은 모두 가로회 회원이었다.[73] 에드가 스노우는 1931년 봄 당시 유지단이 석방된 것은 섬서 가로회 세력에 의지한 것이라고 간단히 언급하고 있는데, 이것은 아마도 세 번째 사실과 관련이 있는 듯하다.[74]

당시 섬감변, 섬북지역의 혁명활동은 전술한대로 남량의 섬감소비에트와 1935년 초에 성립한 섬북소비에트가 합쳐져 '서북혁명근거지' 를 구성하고 있었다(1935년 6월). 곽홍도 · 주리치의 현장 혁명가들에 대한 비판은 과거의 두형과 대동소이한 내용을 담고 있는 것이었지만, 그 정도는 더욱 극단적인 것이었다. 유지단 · 고강 등은 '우경기회주의' 라는 죄목으로 투옥되었고, 200여 명의 현장 혁명가들이 총살이나 생매장('活埋')의 기혹한 방식으로 처형당했다.[75] 위에서 인용한 1942년의 '高級幹部會議' 와 1945년 '歷史座談會' 상의 발언들은, 그것이 비록 이른바 과거의 '좌경노선' 을 정리하기 위한 모택동식 정치투쟁의 성격이 강한 것이었지만, 당시의 현장혁명가들의 보다 현실적이고 유연한 혁명방식과 보다 이론적이고 기계적이었던 상급의 비전 및 그 운용 사이의 간극을 극명히 드러내어 준다.

상급의 이름으로 직접 현장을 지도하고자 했던 이 '좌경노선' 은 가로회, 토비, 민단 등과의 연합을 비난하고 "土匪와 流氓, 거지, 妓女 등에 대하여 대부분 살해의 정책을 취했다."[76] '통전' 을 이해하지 못하던 이러한 정책은

---

73) 菊池一隆, 「劉志丹と陝北革命」, 『中國近現代史の諸問題』, 國書刊行會, 1984, p.354.

74) Edgar Snow, *op. cit.*, p.210,

75) 「中共中央關於1935年陝北(包括陝甘邊及陝北)"肅反"問題重新審查的決定」(1942.12.12), 『紅26軍』, 上, pp.301-305; 「關於胡繼元等十人被錯殺問題的平反決論」, 『志丹縣黨史資料選刊』, 第3期, 1982.9.15.

76) 朱理治, op. cit.; 「1945年西北歷史座談會文件的摘要」(1945.11.27); 高崗, 「邊區黨的歷史問題檢討」(1943.6). 1942년 서북역사문제에 관한 고급간부회의에 관해서는 方生祥主編, 『毛澤東與延安整風運動』, 陝西人民出版社, 1993, pp.59-60 · 162-167.

가로회에 대해서도 동일한 태도를 보였던 것으로 판단된다. 1936년 중반의 당내 한 문건은 과거 당과 홍군 중의 일부가 채택한 이러한 죽이는 정책이 "특히 섬북의 가로회에 공포와 회의를 가져다주었고 …… 홍군(특히 홍26군)의 작전에 여러 가지 어려움을 초래했다"고 비판했다.[77)]

1935년 10월 장정의 주력부대와 함께 섬북에 도착한 모택동은 지방 당내의 이러한 긴장된 상황에 직면하게 된다. 그것은 그 자신이 희생양이 되었던, 江西에서 몸소 겪은 상황과 유사한 것이었다. 우리는 1932년 8월 강서의 '寧都會議'를 기점으로 '留蘇派'에 의해 군권이 박탈되고, 1934년 1월 제2차 전국소비에트 대표대회 이래 중앙 소비에트 정부에서 마저 손을 떼야했던 모택동의 처지를 상기할 필요가 있다.[78)] 장정의 와중에서 遵義會議를 통해 당권과 군권을 장악하기 시작한 그가 이제 섬북에 도착하여 핍박받는 현장 활동가들의 손을 들어주리라는 것은 쉽게 예상할 수 있는 일이었다. 유지단, 고강 등 현장 활동가들의 석방과 복권 조치는 그간 현장 혁명가들의 가로회, 토비와의 연합 등을 통한 혁명 활동방식에 대한 전면적인 승인을 의미했다.

4. 소결

섬감녕의 사례를 통하여 우리는 비밀결사 운동이 혁명에 적응했던 것이 아니라(홉스봄의 테제), 오히려 현장의 혁명가들이 그러한 비밀결사가 뿌

---

77) "……甚至對哥老會份子采取殺的辦法, 引起哥老會, 特別是陜北的哥老會中人對我們懷疑恐懼, 至今尙不敢接近我們, 甚至有一部分仇恨我們, 曾與紅軍爲難(如過去對二十六軍)……." 鄧小超, 「中共中央西北局關於爭取哥老會的重要及方法」(1936).

78) Hu Chi-hsi, *L'armée rouge et l'ascension de Mao*, Paris: Editions de l'EHESS, 1982.

리 내리고 있던 농촌 하위문화에 적응하고자 했고, 그러한 적응을 통해서만 이 현장에 착근할 수 있었다는 사실을 알게 된다. 유지단이 가로회에 스스로 가입하고 가로회와의 사회적 · 개인적 관계를 동원한 것은 그 유연한 적응의 완벽한 예에 해당한다. 마크 셀덴이 지적한 바와 같이, 개인적 · 사회적 관계의 동원은 이데올로기에 대한 호소, 군사 · 경제적 조건과 함께 이 지역 공산주의운동의 성공을 결정지은 주요 요소의 하나였다.[79] 가로회와의 관계는 불리한 여건 속에서도 현장혁명가들이 '국가 속의 국가' (근거지)를 건설하는데 유력한 수단이 되어 주었다.

물론 거기에는 공산주의 활동 내부의 층차가 지적되지 않으면 안 된다. 당 내부의 위계질서와 상, 하급의 사태를 보는 시각의 차이는 공산당 자체가 단일하지 않았다는 사실을 보여주며, 그로부터 비밀결사에 대한 태도와 정책도 다양한 양상으로 나타난다. 상급의 태도가 黨 · 政 · 軍 내에서의 계급구성의 순수화, '대중' 의 쟁취라는 보다 '근대적' 이고 이론적인 강한 경향성을 띠면서 가로회라는 비밀결사와의 연합을 비판했다면, 현장 혁명가들로서는 비밀결사의 행동방식에 적응하고 그와의 연맹을 통한 생존의 문제가 중시되었다. 그러나 우리의 논의가 단순히 공산주의운동과 결사운동과의 관계의 다양성과 결사를 보는 태도의 혼란에 대한 지적으로 그치는 것은 아니다. 그러한 상이함이 단순한 무정형의 무질서를 의미하는 것은 아니었으며, 이후 전개되는 '근거지(공고)화' 와 전국적 혁명권력의 수립으로 나아가는 전체과정을 장기적 관점에서 바라본다면, 그것은 조기단계의 비공식적이고 실험적인(그리하여 교훈적인) 과정의 하나였다고 보아도 좋을 것이다.

우리는 또한 섬감녕의 사례를 통하여 담론화된 공산당의 '철의 규율'

---

79) Mark Selden, *op. cit.*, p.26.

'민주집중' '강고한 이념과 조직' '당-국가 체제' 는 처음부터 주어진 것은 아니었다는 점을 확인하게 된다.[80] 당내 상 · 하급의 시각의 차이, 느슨한 위계질서, 규율의 해이 그리고 배신 등이 본장의 미시분석을 통하여 분명히 드러난다. 그러나 위의 언어들이 반드시 존재하지 않는 '이상형' (Ideal type)으로 치부되지 않는다면, 그에 이르는 점진적 과정이 우리가 살펴본 섬감녕의 초기 공산주의운동(1928~1935)에 해당한다.

【부록 4】 회고록 목록

* 지단현 당사판공실 전주임 史炳忠 수집, 縣 당사판 소장.

1. 馬錫五,「劉志丹動員我參加了革命」
2. 王世泰,「回憶馬大爺對我們的招待」
3. 張策,「回憶鄭大爺護送我」
4. 袁開花,「回憶劉志丹與我翁父馬海旺的關系」
5. 趙丕成,「回憶趙二娃革命的經過」
6. 楊培占,「回憶楊培盛參加革命的經過」
7. 劉滿堂,「回憶賈生才參加革命的經過」

---

80) 이러한 시각에 시사적인 것은 아리프 딜릭의 저작이다. 그는 당 창립과정에서 보이는 이데올로기와 組織과의 상호관계에 관한 탐구를 통하여, 중국의 초기 마르크스주의에 대한 기존의 일반적 견해가 이데올로기를 조직 활동과 분리시켜 전자가 후자에 시기적으로 선행하고 그것의 성격을 규정하는 것으로 보고 있다고 비판한다. 그는 이 양자의 상호관계를 변증법적인 과정으로 파악하고, "이미 완성된 지적 체계라기보다는 계속 활동이 진행 중인 것으로서의 이데올로기, 또 이미 완성된 구조라기보다는 계속 건설이 진행 중인 것으로서의 組織" 에 논의의 초점을 두면서, 공산주의의 이념, 조직, 활동 방식을 이미 주어진 '고정된 것' 으로 파악하기 보다는 끊임없는 변화가 '진행중인 것' 으로 관찰할 필요가 있다고 강조한다. Arif Dirlik, *The Origins of Chinese Communism*, New York: Oxford University Press, 1989, pp.10-11.

8. 郭治才,「回憶馬大爺動員蘆仲祥等人入伍」

9. 白玉發,「馬大爺動員我參加紅軍」

10. 高明,「我父親是紅軍的宣傳員」

11. 謝志玉,「回憶劉大爺的情況」

12. 劉滿堂,「對劉寶堂營救劉志丹的回憶」

13. 樊廷治,「回憶張九林營救劉志丹一事」

14. 李生旺,「回憶付大爺革命活動的情況」

15. 王耀玉,「回憶李漢如參加工作的經過」

16. 侯占彪,「回憶我父親給紅軍傷病員治病的實況」

17. 李公升,「回憶高玉亭和曹力如的關系」

18. 任國繁,「哥老會大爺李學連掩護劉志丹」

19. 任國繁,「富縣縣委組織部長張育民通過哥老會張大爺改造了一支土匪」

20. 劉占和,「哥老會的幾件好事」

21. 張萬祥,「回憶靖邊縣的哥老會」

22. 崔義,「回憶哥老會活動二,三事」

23. 王國楨,「回憶毛澤東劉志丹爭取哥老會的情況」

24. 張崇德,「參加馬頭山山堂大會情況的回憶」

25. 劉守義,「參加馬頭山哥老會大會的情況回憶」

26. 李立森,「回憶我參加馬頭山哥老會大會的情況」

27. 孫玉貴,「回憶我保護馬頭山會議的情況」

28. 尚存義,「回憶西陽溝成立哥老會招待站的情況」

29. 白振武,「回憶杜大爺來靖邊縣宣傳抗日主張」

30. 羅成德,「回憶朱大爺動員哥老會成員參加抗日義勇軍」

31. 黨鴻魁,「收編清澗縣民團」

제4장

中共의 哥老會 정치화

2만5천 리의 저 유명한 長征을 거친 후, 모택동 지도하의 중공 중앙이 섬북에 도착하면서 공산당과 가로회 관계는 커다란 전기를 맞게 된다. 그러나 당중앙은 '좌경노선'의 교조적인 정책들을 부정하면서도 가로회와의 연합이 갖고 있는 제반 문제와 그로 인해 치러야 할 대가를 넘어서지 않으면 안 되었다. 당은 이러한 문제를 사회적 관계의 혁명적 변혁 속에 위치시키고자 했고, 그를 위해서는 가로회의 정치화(politicization)가 요구되고 있었다. 그때까지 공산당의 가로회에 대한 정책이 현장과 상급의 의견대립 가운데 혼란을 맞고 있었을 뿐만 아니라, 현실 조건에의 적응과 비공식적인 개인적 및 사회적 관계의 이용이라는 관점에서 접근되고 있었던 것이라면, 장정 후의 가로회 정책은 黨·政의 공식적이고 전면적인 정치화의 방식을 취하게 된다.

달리 말하자면, 이 비밀결사 조직은 점차 공적 행위의 조건들을 변화시켜가는 정치 전반 가운데 한 구성 부분을 이루게 될 것이었고, 이 변화는 새로운 혁명 권력에 의한 사회의 정치화라는 어려운 문제와 관련된 것이었다. 우리는 여기서 '정치화'(politicization)를 정치적 차원에서의 '의식화', '동화', '주입' 혹은 '교육'이라고 정의하고자 하지만,[1] 이러한 언어들이 민간

사회의 어떤 독자성이나 역동성을 무시하려고 하는 것은 아니라는 점을 명기해 두고자 한다. 우리가 분석하게 될 구체적 맥락에서 보면, 정치화는 일정한 사회적 질서구조의 부과와 동시에 사회적 변혁의 강제로 나타난다. 그러나 전체적인 수준에서 이러한 정치화가 '통치' (혹은 지배)와 분리될 수 없는 것이라고 할지라도, 새로운 권력 관계의 수립을 단순히 강압적인 것으로 분석하는 데 그치는 것은 올바르지 않을 것이다. 상징적 측면이 무시되어서도 아니 될 것이며, 구래의 사회 · 정치질서가 새로운 구조에 편입되고 상호작용하는 것을 간과해서도 안 된다. 바로 거기에서 새로운 질서가 숨쉬고 강력한 정당성을 획득해 갈 수 있었기 때문이다.

그러한 맥락에서 우리는 점진적이고 점증적인 성격이야말로 중국공산당의 행위 구조의 한 중요한 측면을 이룬다는 사실을 발견하게 된다. 이러한 특징은 그들의 행동이 체계화되는 경향을 보이는 시기에도 마찬가지로 적용 가능하다. 공산당의 역량이 강화됨에 따라 공산당의 행위구조는 더욱 체계화되고, 이질적인 요소들과 연맹자들의 몫은 줄어든다. 이러한 의미에서 1930년대 후반 섬감녕 지역에서 시작된 정치과정은 이후 1950년대 말의 '大躍進' 의 시기에 정점에 이르고 한계에 부닥치게 된다고 필자는 생각한다. 거기에 이르기까지 공산당은 이러 저러한 시기에 필요로 했던 연맹자들을 포용하기도 하고 배제하기도 하면서 다양한 과정을 거쳐 갔다.[2] 이상의 일반적 가설은, 중국공산당이 겪은 혁명의 궤적이 특수한, 지방화된, 그리고 세분화된 곡선들을 그리며 전개되었다는 점을 감안할 때, 구체적 사례

---

1) Maurice Agulhon, "1848, le suffrage universel et la politisation des campagnes françaises", *Histoire vagabonde II: la politique en France, d'hier à aujourd'hui*, Gallimard, 1996. 특히, pp.72-81 참조.

2) 배제와 포용의 사회적 논리에 관해서는 Yves Chevrier, "Mao Zedong et la révolution d'un seul", in D. L. Caglioti & E. Francia(eds), *Rivoluzioni. Una discussione di fine Novecento*, Rome: Direzione generale per gli archivi, 2001, pp.101-131 참조.

속에서 상세히 확인되지 않으면 안 될 것이다. 요컨대 공산당 행위구조의 점진적 변화 발전의 전망 속에 장정 후 당중앙에 의한 가로회 정치화가 위치한다.

1. 전면적 가로회 정치화의 기도

1)당중앙의 현장 파악

1935년 10월 長征의 주력부대가 섬북 吳起鎭에 도착할 당시 중국공산당의 상황은, 그것이 장정과정을 통해 단련된 것이었다고 할지라도, 익히 알려진 것처럼 4,000의 병력으로 줄어든 절대적 약세를 면치 못했다.[3] 중공중앙('中國共産黨 中央委員會')의 급선무는 당시의 정치군사적 상황에 대한 정확한 파악과 그에 대한 적절한 대응을 통해 우선적으로 자신의 생존을 보장받는 것이었다고 생각된다. 당중앙의 당면했던 주요 문제는 다음과 같이 정리된다. 첫째 '肅反'(반혁명 숙청 사건)과 張國燾 문제 등 당내문제의 해결, 둘째 張學良, 楊虎城, 高桂滋, 馬鴻逵, 馬鴻賓 등 변구 주변 지역 군사 실력파와의 '統戰', 셋째 回族, 蒙古族 등 소수민족 문제, 넷째 哥老會 문제가 그것이다.[4]

사실 이들 몇 가지 문제에는 공히 가로회가 관련되어 있었다. 모택동이 이끄는 당중앙이 섬북에 도착한 후 맨 처음 취한 조치 중의 하나는 '肅反의 착오'를 정정한 것이었다. 이른바 '좌경노선'에 의해 탄압받던 劉志丹, 高

3) Harrison E. Salisbury, *The Long March: The Untold Story*, McGraw-Hill, 1985, p.2.

4) 王玉祥, 「中共中央長征到達陝北後對內外各種關係的處理」, 『中共黨史研究』, 1996-5; 李維漢, 『回憶與研究』, 中共黨史資料出版社, 1986, pp.372-373.

崗 등 게릴라 지도자들의 석방과 복권 조치는 그간 현장 혁명가들의 가로회, 토비와의 연합 등을 통한 혁명 활동방식에 대한 전면적인 승인을 의미했다. 한편 당중앙은 주변의 지방 실력파, 국민당 군대와의 휴전 협정을 체결할 수단을 찾고 있었는데, 이들과의 이른바 統戰 및 견제에는 가로회와의 관계가 적절히 이용될 수 있는 것이었다. 이들 군대 내의 장교와 사병들의 다수가 가로회 성원이었기 때문이다. 또한 回族과의 통전 정책에도 가로회는 하나의 중요한 고리를 이루게 된다. 다수의 회족 유력자들이 가로회에 가입하고 있었다.[5)]

결국 가로회와의 관계는 상황의 전략적 열쇠 가운데 하나였고, 당중앙의 지도자들은 이러한 상황적 요구를 잘 인식하고 있었다. 당내의 편지, 연설, 전보 등 다양한 자료들은 가로회 문제에 관한 당중앙의 인식을 분명히 보여준다.

당내의 한 문건은 서북 數省의 농촌과 도시, 적군의 사병 가운데 그리고 白區(국민당 지배지역)와 蘇區(소비에트구역: 중공지배 지역)에 가로회가 광범히 존재함을 지적하고 이의 '爭取'를 강조한다.[6)] 특히 鄧穎超('鄧小超')에 의해 작성된 중공 중앙 서북국 문건은 소구 북쪽의 적 張廷芝, 史文華[7)] 등이 이미 가로회를 이용, 소구 공격과 소란의 별동대로 삼고 있다고

---

5) 李一氓, 「回民工作中的幾個問題(節錄)」(1936.9.3), 『黨的工作』, 第14期, 1936.9.25, 延安革命紀念館 資料部 소장.

6) 中共中央西北局, 「兵運的目前形勢及策略問題」(1936.2.3), 中共慶陽地委黨史辦 · 中共正寧縣委員會 · 中共慶陽地委統戰部 編, 『陝甘寧邊區隴東黨的統戰工作』, 1995(이하는 『隴東統戰』), p.106.

7) 사문화는 내몽고 하투지역의 가로회 토비 王英 부대 내에서 특무 營長을 역임한 바 있는 가로회 성원으로, 1929년 겨울 염석산에 의해 왕영 부대가 收編되자, 일부의 부대를 이끌고 이탈하여 섬북 변경지대에서 활동하고 있었다. 劉培榮, 「內蒙河套的哥老會與土匪」, 河北文史資料編輯部, 『近代中國幇會內幕』, 下卷, 群衆出版社, 1992, pp.412-414.

지적했다.[8] 1936년 6월 2일자 모택동, 주은래, 양상곤의 서신은 紅軍 81師 내에 다수의 장교와 사병이 가로회 성원이거나 심지어 가로회 두목인 점을 파악하고 이들에 대한 설득, 교육 공작에 주의하고 공포, 불안에 떨지 않도록 지시하고 있고,[9] 이어서 6월 7일자의 모택동, 주은래, 양상곤의 전보는 甘肅 지구의 가로회 성행을 주목하고 固原 지역의 가로회 두목 唐寶山과의 연합을 지적했다.[10] 팽덕회는 1936년 군중운동 공작에 관한 한 회의를 통하여, "가로회와 기타 비밀결사 가운데 공작을 더욱 강화하여 … 항일전선을 위해 적극화시킬 것"을 주문하고 있다.[11]

지역의 현실 조건에 대한 충분한 인식에 기반을 둔 이러한 당중앙의 시각은 가로회에 대한 새로운 정책 속에 지체 없이 구체화된다.

2) 정치화의 기도: 소비에트 정부의 「宣言」과 당중앙의 「指示」[12]

가로회에 대한 이른바 '쟁취 정책'은 1936년의 중반기를 통해 근거지 내의 정치일정의 전면에 등장했다. 소비에트 중앙정부와 당중앙 명의로 각각 발표된 가로회에 대한 「선언」과 「지시」는 중공이 당시 가로회와 같은 비밀결사를 어떻게 혁명의 대의를 중심으로 정치화하고 동원해 내고자 했는지

---

8) 鄧小超, 「中共中央西北局關於爭取哥老會的重要及方法」(1936).

9) 王玉祥, op. cit.; 당시 紅81師는 장정 이전 섬북의 紅27軍의 후신이다. 雷雲峰 主編, 『陝甘寧邊區大事記述』, 三秦出版社, 1990, p.54.

10) 中共中央文獻研究室, 『周恩來年譜 1898~1949』, 人民出版社・中央文獻出版社, 1990, p.311; 袁偉 主編, 『毛澤東軍事活動紀事』, 解放軍出版社, 1994, p.218.

11) Edgar Snow, *Red Star Over China*, First Revised and Enlarged Editon, London: Victor Gollancz Ltd., 1968, p.332.

12) 「蘇維埃中央政府對哥老會宣言」(1936.7.15), 『鬪爭』, 第105期, 1936.7.12[20의 誤記?], 香港大學圖書館藏 마이크로필름; 「中共中央關於爭取哥老會的指示」(1936.7.16), 『黨的工作』, 第6期, 1936.7.25.

를 분명히 보여준다.

「선언」은 당시 중국의 위급한 정치적 상황을 환기시키면서 시작된다. 즉 중국은 일본의 침략으로 인해 민족적 위기에 처해 있고, 이에 대해 전민의 항일운동의 필요성이 우선적으로 지적된다. 이어서 「선언」은 가로회를 流氓의 조직이라거나 반사회적 非法 활동의 측면에 대한 일반적인 지적을 고의적으로 생략한 채, 그 '劫富濟貧'의 도덕적 정의의 측면과 반청활동, 특히 신해혁명에의 참여를 통한 '민족혁명' 세력으로서의 역사를 환기시킨다. 선언은 가로회의 이러한 애국적 측면이 공산당의 항일입장과 일치된다고 평가할 뿐만 아니라, 가로회와 공산당의 어떤 구체적 공통점을 섬감녕 현장혁명가들의 지도자였던 劉志丹과 謝子長의 가로회 참가 사실로 설명한다("홍군의 지도자일 뿐 아니라, 가로회의 모범"). 또한 선언은 국민당정권하에서 비합법적인 탄압의 대상의 되고 있는 가로회의 처지가 바로 공산당의 상황과 동일하다고 주장함으로써 모종의 정치적 차원의 공통분모에 호소했다. 요컨대, 선언은 중국 비밀결사조직의 도덕적 · 정치적 담론에 근거하여 공산당과의 항일연합을 가로회에 호소하고 이를 통해 그들의 정치적 동원을 전면화, 공식화하고자 했던 것이다.

선언에서 주목되는 점은 가로회에 대한 공식적인 인정이다. 선언은 공산당 지배지역('蘇區') 내에서 가로회가 공개적으로 존재할 수 있다고 언급하고('公開存在'), 그 공개적 활동의 무대는 가로회 초대소가 될 것이며, 국민당 지역에서 탄압받는 가로회 두목과 성원들의 소구 방문을 환영한다고 천명했다. 이러한 비밀결사에 대한 합법적 인정은 사실 일정한 영토와 인민을 갖는 '근대적 혁명 정권'으로 보자면 주목되는 사건이 아닐 수 없었다. 가로회라는 세력의 사회적 비중은 이제 국가건설을 향해가는 정치권력의 사회 침투과정에 깊은 자국을 남겼던 것이다. 장정 이전 유지단과 현장의 토착 활동가들이 게릴라전의 유동적인 상황에 적응하고 인맥과 개인적 ·

사회적 관계를 통해 가로회를 동원한 분산적이고 임시 대응적인 이용의 방식에 머물고 있었다면, 당중앙은 이제 가로회 관계망에 하나의 제도적 지위를 부여하고 그 지배지역 내에서 이를 공식화시키고자 했다. 그것은 한편으로는 정치적 문맥과 분리된 개인적 관계들과 다른 한편으로는 국가 내에서의 사회세력의 제도화라는 두 가지 방향의 변증법적 종합으로 나타난다. 이 선언은 당 기관지 『鬪爭』지에 우선 등재되고, 이후 '가로회 초대소'(후술) 등에 의해 널리 공간되었다.[13]

선언에 뒤이은 당내의 「지시」는 중공이 이 낡은 비밀결사를 어떻게 정치화해 내고자 하였는지 더욱 분명히 드러내어 준다. 이 지시는 '黨內刊物, 秘密'이라고 명기된 당중앙 발간의 『黨的工作』에 수록되어 있는 당 내부용 문서라는 점에서, 일반인을 상대로 한 위의 공개적인 선언과는 분명한 차이를 읽을 수 있다. 당내 간부에게 배포되던 이 중앙의 지시를 통해 우리는 위의 선언이 단순한 정치적 제스처나 일시적 이용의 시각에서가 아니라 가로회라는 비밀결사의 정치화를 위해 중공이 얼마나 진지하게 접근하고 있었는지 알 수 있게 된다.

「지시」는 선언에서 고의적으로 생략되고 있던 가로회의 부정적 측면, 즉 그들 "의식과 조직형식의 농후한 보수적 미신적 · 봉건적 그리고 반동적 색채"와 종종 반혁명의 야심가, 군벌 관료에 의해 이용되어 반혁명의 도구가 되고 있다는 점도 지적한다. 그러나 지시의 주된 강조점은 어디까지나 가로회가 "민족이익과 군중이익을 대표"하고 통치계급에 대한 반대 투쟁에서 자주 "혁명적 작용"을 다했다는 점에 두어졌다. 이것은 당내 일부 성원들의 가로회에 대한 지나친 경계와 회의 심리를 비판하고 이에 대한 적극적 평가

13) 필자는 이 선언 및 유관 문건들이 이후 가로회 초대소에 의해 인쇄되었다는 점을 섬서성당안관에서 확인할 수 있었다. 陝西省檔案館, 全宗 2(統一戰線類), 案卷 13.

를 주장했던 앞의 등영초의 관련 당내 문건의 시각과 동일 선상에 서 있다.[14] 당시 당중앙이 이 비밀결사를 단순한 이용이 아니라 그것의 정치화와 그와의 연합을 공식적 정치일정 속에 위치시키고 있었다는 점은 분명하다.

지시는 당원들을 향하여 소구내 가로회의 공개적 존재의 허용을 재확인할 뿐만 아니라, 가로회의 정치화와 동원의 실제적 방법을 다음과 같이 제시했다.

> "첫째, 가로회와 관계있는 인물 특히 가로회에 참가한 적이 있는 동지 혹은 혁명적 군중을 물색하여 가로회 두목, 특히 豪傑尙義志士와 통일전선의 담판을 진행하고 소비에트 정부의 가로회에 대한 태도를 전달한다. 둘째, 가로회 내의 진보적 우수한 분자를 도와 開山堂의 방식을 이용 일정 지역의 가로회의 영도권을 장악하고, 그들로 하여금 가로회를 혁명적 군중조직으로 변화시켜 군중의 혁명 참가를 영도하게 한다. 그리고 그 중 믿을 수 있는 자를 흡수 입당시킨다. 셋째, 훈련된 동지를 직접 가로회에 가입케 하여 그 내부로부터 공작을 진행시킴으로써 가로회를 혁명적 군중조직으로 변화시키거나 그 중 다수의 성원을 쟁취하여 혁명방면으로 이끈다 … 넷째, 가로회 내의 위망 있는 두목 및 일체의 구도덕 관습 종교의식 등에 대해서는 신중하고 인내심 있는 태도를 취하여 공작과정에서 점진적으로 이를 진보적인 것으로 변화시킨다."

이 지시는 상급 당의 수준에만 머물지 않았고, 당정군의 각급 회의를 통해 전달, 토론되었다.[15]

---

14) "… 過去陝北的黨及紅軍中一部分的同志, 沒有去估計哥老會之扶明興漢的民族性, 沒有去估計到他們在豪俠義氣上的作用, 只看到哥老會中大部分的流氓混混無賴而覺着討厭, 甚至對哥老會份子采取殺的辦法 …"(鄧小超, op. cit., pp.8-9).

15) 瀋陽軍區〈賴傳珠日記〉整理編輯領導小組, 『賴傳珠日記』, 人民出版社, 1989, p.63.

자료 1. 「中央關於爭取哥老會的指示」(1936.7.16)

『黨的工作』, 第6期, 1936.7.25.

中央关於争取哥老会的指示

(一)哥老会是中国许多秘密结社(如青红帮，礼门，三合会，红枪会等)中之一，是中国历史遗留下来的许多不满意当时统治者的社会分子(如明末遗老，清时不得志的文人，富有民族思想与急公好义的"侠士"等)与所谓"下层社会"结合起来的旧式的群众组织。这些下层社会的份子大都是农民，手工业者，士兵，失业者，在政治与经济上遭受压迫与剥削的阶级与阶层。

(二)哥老会的宗旨是保护其群众利益(如主张兴汉灭满，打富济贫，反对贪官污吏等)，和反对统治阶级的压迫，他们常常起着革命的作用。但他的思想与组织形式带着极浓厚的保守的，迷信的，封建的与反动的色彩，因此也又时常为反革命的野心家与军阀官僚所利用收买，而成为反革命的工具。这是他们

3) 가로회의 새 조직: '江湖抗日救國(委員)會'와 '救國軍(義勇軍)' 및 '哥老會招待所'

당중앙의 가로회 정치화를 위한 노력은 선언과 지시의 발표 이후 다음과 같은 급한 보조를 띠게 된다. 그리고 그 정점은 1936년 10월의 '馬頭山 開山堂', 즉 '江湖抗日救國會'의 정식 성립이었다. 이하에서는 그 전후 과정을 연대기적으로 추적해 보도록 한다.

1936년 8월 중화소비에트중앙정부 西北辦事處는 지단현 蒼溝村에서 中華江湖抗日救國委員會籌備處를 성립시켰다. 또 구국회의 簡章과 會規를 제정하고, 19일자로 이 籌備處(委) 명의로 전국 가로회 앞으로 공개서한을 발표하여 구국위원회 성립대회에 각 분회 조직인 '碼頭'의 대표 참가를 호소했다.[16] 강호항일구국(위원)회는 10월에 지단현 馬頭山에서 '全國哥老會代表大會'의 소집을 통해 정식으로 성립되는데(후술), 이 강호구국회의 정식 성립 이전에 이미 소구 각지에는 그 분회의 형식으로 다수의 가로회 '구국회'가 구성되기 시작했다.

일본의 화북 점령이래 구국회 조직은 일종의 유행이었고, 青年救國會, 婦女救國會, 軍人抗日救國會, 農民救國會, 工人救國會 등등 각계의 구국회가 존재했다.[17] '강호구국회'는 소비에트 정부의 후원 하에 설립되었지만, 가로회만의 단독조직의 형태를 띠고 있었다. 華池縣 가로회 대회를 통해 구성된 일종의 분회 형식의 가로회 구국회 조직은 비단 소구 내 뿐만 아니라 주

---

16) 「中華江湖抗日救國委員會通函」, 籌備委員會 8月 19日 啓, 陝甘寧省哥老會招待處 8月 30日 飜印(陝西省檔案館 全宗1, 目錄1, 案卷13). 또한 『紅色中華』, 第301期, 1936.9.18 참조. 전술한 바와 같이 江湖會는 가로회의 또 다른 호칭이다.

17) 中共中央西北局, 「兵運的目前形勢及策略問題」(1936.2.3), 『隴東統戰』, p.106; 中共陝西省委黨史資料研究室, 『西北革命根據地』, 中共黨史出版社, 1998, pp.776-778; 「陝甘寧邊區隴東的群衆運動」, 中共慶陽地委黨史資料徵集辦公室, 1994, pp.223-224.

변의 국민당 통치 지역에도 존재했다.[18] 이러한 동원 구조는 동시에 전국적 통일을 전망하는, 민중의 조직화와 지도를 위한 구조였다. 전략적 목표는 사회 내의 활동적인 관계망을 포섭하고 또 경우에 따라서는 새롭게 그것을 만들어 내는 것이었다. 그리고 그러한 작업 속에서 통합과 조정의 역할은 공산권력에게 위임되는 것이었고, 이후의 새로운 국면 속에서는 가로회와 같은 독립 조직을 건립할 필요는 사라지게 될 것이었다. 이점에 대해서는 다음 절에서 살펴보게 될 것이며, 현재로서는 가로회 동원의 상세한 과정을 계속 추적해 보기로 한다.

각 碼頭를 통해 가로회 사이에 산포되었던 강호항일구국회의 '簡章' 내용 중 다음의 '10대 條規' 는 이 전통적 비밀결사가 어떻게 당시의 첨예한 정치적 이슈, 즉 항일을 향해 정치화되고 동원되어 가는지 분명히 보여준다.[19]

〈中華江湖抗日救國會10大條規〉

1. 일본제국주의를 타도하고 우리 중화인민을 구한다.
2. 漢奸의 재산을 몰수하여 항일 기금으로 삼는다.
3. 탐관오리를 제거하여 (保)國(安)民을 실행한다.[20]
4. 재부에 눈먼 土豪 劣紳은 우리 漢流의 적이다.[21]
5. 전국의 용기 있는 好漢들을 결집하여 打富濟貧을 실행한다.

---

18) (郭)滴人, 「關於哥老會工作的檢討」(1936.10.2), 『黨的工作』, 第15期, 1936.10.5; 「拓夫同志來信, 八月分定鹽赤化工作的前進」(1936.8.30), 『黨的工作』, 第14期, 1936.9.20.

19) 「中華江湖抗日救國會簡章」, 中華江湖抗日救國委員會籌備會 制, 陝甘寧蘇區哥老會招待處 翻印, 陝西省檔案館, 1-1-13(陝西省檔案館 1964年 11月 複製, 原件은 刻印).

20) 괄호 안의 두 글자는 원문에는 누락되어 있는데, 필자가 전후 문맥상 맞추어 넣은 것이다.

21) 漢流(留)는 특히 장강 중상류 지역에서 부르던 가로회 명칭으로, '한인의 후예' 라는 뜻으로 번역될 수 있을 것이다.

6. 재부보다는 정의를 발양하고, 한류의 同德同心을 꾀한다.

7. 救國救民의 紅軍 항일을 원조한다.

8. (국민당의) 苛捐雜稅와 징역에 일률적으로 반대하여 따르지 않는다.

9. 각지의 한류에게 무기를 분배하여 스스로 항일무장을 건설토록 한다.

10. 모든 한류 형제들은 본회 장정을 준수한다.

簡章에 따르면, 조직 구조상 구국회의 기본단위가 되는 각 분회는 가로회의 전통적 香堂, 碼頭를 단위로 하여 설치되는 것으로 규정했다. 각 분회는 또한 고유의 무장조직으로서 '中華江湖抗日救國軍'을 두었는데,[22] 이 부대의 주된 활동지역은 백구지역으로 주로 유격활동을 전개하게 된다.

哥老會招待所

소구내 가로회의 공개적 활동 장소로서의 가로회 초대소는 哥老會招待處, 哥老會招待站, 哥老會辦事處 등 다양한 명칭으로 불렀다. 이 조직은 각 마두를 따라 조직되었던 것으로 보이며, 순수한 가로회만의 기구는 아니었다. 주로 가로회 회원들이 참여했지만, 당정군의 인원 가운데 비회원이 그 공작에 차출되기도 했다.[23]

이 조직의 활동 내역을 말해주는 자료는 분산적이고 零碎하다. 앞의 「선언」과 「지시」에 따르면, 정부의 지원 하에 각지에 설립된 이 초대소의 기능은 국민당 구역의 '英雄好漢'과 소구 내의 용두대야를 초대하고, 특히 과거

22) '簡章'의 부록 〈軍隊武裝組織簡章〉 참조. 회고록에서는 종종 '江湖義勇軍'으로도 칭해진다.

23) 한 회고는 각 홍군부대 가운데서도 인원을 차출하여 초대소 일에 종사하도록 했다고 한다. 李赤然, 「紅二十七軍八十一師在東征西征中」, 『陝西文史資料』, 第10輯, 1981, p.65.

직업이 없던 가로회 회원을 흡수하여 생산에 참가시키고 정착시키며, 혹은 그들 자신의 의향에 따라 소구 혁명단체에 혹은 백구, 백군 내에서 혁명공작에 종사하도록 배치하는 것이었다. 이렇게 함으로써 그들에게 생활의 보장과 공작의 출로를 제공하는 것이 초대소의 주된 기능이었다.

초대소는 가로회 동원을 위한 상설적인 기관이었지만, 그 주된 공작의 방향은 白區였다. 즉 「지시」에서 언급하는 바와 같이 백구의 가로회 수령과 '강호 호한' 의 소구 참관을 조직하고 이들과의 연합을 기도했다. 지단현 西陽溝의 초대소 공작을 담당하던 한 회고에 의하면 이 조직은 백구 가로회 성원의 소구 여행시 숙식을 제공하거나 상호 간의 연락 임무를 주로 담당했다.[24)]

2. 낡은 형식 새로운 내용 – '開山堂'

1) 가로회의 제 반응: 가로회 대회

각지의 강호구국회 분회 및 그 '구국군' 그리고 초대소의 활동 이외에, 중공의 가로회 쟁취 및 동원전략은 소구내의 크고 작은 가로회 대회를 통해 이루어졌다. 대회와 관련된 다양한 사례들이 당중앙의 가로회 정책에 대한 가로회 측의 강렬한 반응을 보여준다. 사실 대부분의 경우 이러한 가로회 대회는 黨政에 의해 치밀하게 계산된 것이었다.

1936년 8월 26일, 陝甘寧省 소구 정부는 環縣의 何連灣에서 가로회 大爺 대회를 소집하여 중공의 가로회 정책을 전달하고 항일을 호소하게 된다. 이

24) 尙存義, 「回憶西陽溝成立哥老會招待站的情況」, 志丹縣黨史辦公室 소장.

대회에 80여 명의 대야가 참가했는데, 그 중에는 감숙성 西峰鎭, 三岔 등 백구에서 온 자도 20여 명에 이르렀다. 이 회의를 주재했던 것은 가로회 西北堂 下八步의 心一大爺로서 과거 유지단의 충실한 전우였던, 이제는 省소비에트 정부 주석이 된 馬錫五였다. 회의상에서 그는 먼저 소비에트 중앙정부의 '가로회 선언'을 보고하게 된다. 그 다음 성위 대표가 당면 형세와 공산당의 항일 구국주장 및 가로회에 대한 책략을 보고했다. 정부 기관지 『紅色中華』는 당시 이러한 정부대표의 보고 후 "우레와 같은 박수가 장내에 가득했다"고 보도했다. 보도에 따르면, 이어서 當地 가로회 대야 李榮, 서봉진의 徐대야 등이 발언에 나서 공산당과 가로회의 연합 항일과 가로회가 어떻게 과거 신해혁명에서의 영광을 공산당의 지도하에 다시 발양할 것인가 등에 대해 격앙된 연설 발표했다.

회의는 가로회 '山堂會' 소집을 제의하고, 열띤 토론을 거쳐 '打日本救中國', '擁護共產黨抗日救國主張' 등 10개항을 장래 산당회에서의 토론의 중심문제로 삼을 것을 통과시켰다. 마지막으로 마석오 주석은 陝甘寧省의 성급 哥老會招待所의 성립과 적극항일의 '龍頭大爺' 및 '江湖好漢'을 초대한다고 선포했다.[25)]

陝甘工作委員會와 마석오의 주도로 소집된 가로회 대회는 이외에도 1936년 10월 甘泉縣 下寺灣에서의 '가로회연합항일구국대회'가 있다. 당시 보안현 가로회 용두대야 李有亮을 '少華山' 산주로 삼아 소집된 이 대회는 색다르게 회원의 모집도 병행하고, 일부 공산당원이 당의 결정에 따라 가로회 회원으로 가입했다. 당시 이 대회의 주된 목적은 국민당 駐防 서북군 馮欽哉 부대 내에 적지 않은 가로회 회원이 참여하고 있는 사실에 주목, 가로회 관계를 통해 '통전공작'을 강화하기 위한 목적을 가지고 있었다고

---

25) 「盛況空前的哥老會大會」, 『紅色中華』, 第301期, 1936.9.18.

한다.[26)]

한편, 당정의 지도 없이 가로회 독자의 회의가 소집되기도 했다. 당시 당중앙의 소재지 志丹縣의 吳堡區 가로회는 정부의 「선언」 발표 후, 8월에 회원을 소집하여 회의를 개최하고, 현 소비에트 정부에 자신들을 지도해 달라고 요청했는가 하면, 특히 당시 강력한 세력을 자랑하던 "旦八寨子 민단 내의 가로회 분자와 홍군의 연합항일을 호소" 했다.[27)] 여기에는 하나의 사회집단으로서 공통의 이상과 상징의 이름으로 공산권력의 의도와 목표를 자신의 입장에서 새롭게 확인해 가는 가로회의 역동성이 자리 잡게 되었다고 할 수 있을 것이다. 물론 그러한 역동성에는 일정한 한계도 내재하고 있었는데, 다음 장에서 후술하게 되듯이 가로회는 그들 나름대로 자신의 이익에 따라 상황을 이용하기도 했다.

8월 8일에는 華池縣 가로회가 현정부 소재지 吳印子에서 회의를 소집, 대야 9명, 일반성원 30명이 참가한 가운데, 항일구국행동계획을 토론하고 '항일구국회' 조직을 선포했다. 구국회 주임은 長征 이전 섬감변 '南梁根據地' 시대 지방무장인 陝甘邊區 赤衛軍 총지휘부의 총지휘였던 朱子淸이었고, 부주임은 그 부총지휘 鄭德明(가로회 坐地 大爺)이었다. 『紅色中華』에 따르면, 회의를 통하여 "모두가 백구와 변구지역의 가로회 관계망을 이용, 대야와 일반회원으로 하여금 항일에 참가하도록 할 것을 동의" 했다고 한다.[28)] 당시 이같은 가로회의 독자적 회의는 소구 내에만 국한된 것은 아니었다. 당시 국민당 지역이었던 環縣, 西峰, 合水, 三岔(鎭原縣) 등에서도 공

---

26) 王華(李華堂), 「甘洛縣白區工作部的工作」, 『對黨領導安塞, 甘泉人民進行革命鬪爭情況的點滴回憶』, 甘泉縣黨史辦公室, 1983, p.73.

27) 「哥老會積極擁護蘇維埃抗日主張」, 『紅色中華』, 第297期, 1936.8.29.

28) 「華池哥老會開會討論抗日救國工作」, 『紅色中華』, 第302期, 1936.9.23; 張成英, 「華池縣哥老會抗日救國會始末」, 『隴東統戰』, p.442.

산당의 가로회 「선언」과 그 정책을 둘러싸고 비밀리에 가로회 회의가 열렸다.[29)]

이상의 가로회 대회가 소구 내외에 공산당의 전면적인 가로회 승인 정책을 선전해내고 가로회와 중공의 항일연합이라는 정치화를 위해 일정한 역할을 수행했던 것은 분명한 사실이었다. 그것은 소구 내에 국한되지 않고 주변의 국민당 지역과 군벌 내의 가로회에 대해서도 일정한 영향력을 발휘했던 것으로 판단된다. 일례로, 영하의 回民 가로회 대야로서 국민당 군벌 馬鴻逵 휘하에서 단장과 부단장을 역임한바 있는 劉XX, 馬XX 등이 항일을 둘러싸고 마홍규와 불화를 겪은 후 '內賊'으로 간주되어 체포의 위험이 닥치자, 당시 소구 내 三邊의 가로회 초대처로 도피해 왔다. 그들은 기타 가로회 대야들과 협조하여 '抗日興中'의 구호 하에 적극적으로 활동함으로써, 섬북의 三邊 및 인근, 그리고 백구의 가로회 회원의 지지를 얻게 되었다고 홍색중화는 보도했다.[30)]

2) "開山堂"(開山立堂) 大會

다양한 가로회 회의는 분명 공산당이 의도했던 유리한 결과를 가져왔지만, 가로회 정치화를 위한 다양한 방법 가운데 가장 유력한 수단으로 간주되었던 것은 이상의 가로회 대회라기보다는 앞서 「지시」가 말하고, 陝甘寧省 가로회 대회가 제기한 바 있는 '開山堂'이었다. 제1장에서 서술한 대로 개산당이란 본래 가로회 조직 구조상의 內八堂의 大爺輩가 내외의 명망을 얻고 본산 산주(용두대야)의 허가를 받아 자기 독자의 새로운 산당을 설립

---

29) 『隴東統戰』, p.13.

30) 「邊白區群衆擁護蘇維埃」, 『紅色中華』, 第301期, 1936.9.18.

하는 것을 말한다.[31] 하나의 새로운 산을 당의 지도하에 성립시킨다면, 그 성원 전체를 장악할 수 있게 되고 정치적 동원은 보다 수월해 질 것이었다. 전술한 '가로회 대회' 가 가로회 성원을 중심으로 개최되었다고 해도 일반 대중도 참여 할 수 있었던(전술한 지단현 오보구 대회에 '군중참가' 의 언급이 보인다) 다소 유연한 문호 개방식의 군중대회였다면, 개산당은 엄격히 가로회만이 참여할 수 있는, 가로회 내의 제반 활동 가운데 가장 진지하고도 의미 있는 활동이었다. 주은래는 개산당이야 말로 "가로회 군중을 동원하고 단결시키는 가장 좋은 방법" 이라고 지적했다.[32] 중공은 개산당을 위해 어떠한 준비를 했던 것일까?

지단현 永寧區 石畔鄉의 馬頭山에서 개최된 개산당 대회는 그 전통적 형식을 빌었지만, 사실상은 앞서 지적한대로 '중화강호항일구국(위원)회' 정식 성립대회도 겸함으로써 명목상 '全國哥老會代表大會' 의 형식을 띠고 있었다. 이 위원회는 이미 설립되기 시작한 각급 강호구국회 분회의 최고 지도기관이 될 것이었다. 개산당 대회는 당시 陝北省委員會의 白區工作部가 공작의 안배를 전담했다. 먼저 일자의 선택에 있어서 공작부는 1936년 10월 15일로 정했는데, 이는 음력 9월 1일로 1911년 신해혁명 서안봉기 폭발일에 해당한다. 이 날짜는 이민족에 대항한 폭동을 주도했던 가로회의 '민족적 영광된 전통' 을 선전해 내는 상징적 의미가 있었고, 공산당은 주저 없이 거기에 자신의 행동을 위치시켰던 것이다.

---

31) 또한 郭緒印, 『洪幇秘史』, 上海人民出版社, 1996, p.57 참조.

32) 「恩來同志關於哥老會問題給陝北省委信」(1936.10.6), 『黨的工作』, 第16期, 1936.10.15.

자료 2. 「恩來同志關於哥老會問題給陝北省委信」(1936.10.6)

『黨的工作』, 第16期, 1936.10.15.

물론 이 개산당은 각지 가로회 산당의 山主들과 사전 협의 없이는 불가능한 것이었다. 가로회 측에서 주요역할을 담당했던 것은 지단현의 余대야, 杜대야 그리고 馬대야였다. 특히 이 마대야는 앞장에서 언급한 대로 유지단을 가로회에 가입시키고 지속적으로 그의 혁명활동을 도왔던 馬海旺이다. 마대야는 두대야와 함께 새로 성립하는 산당의 부산주를 맡았는데, 여기서 山主로 추대된 余대야가 누구인지는 사료상 알려지지 않고 있다.

성위 백구공작부는 하급의 각 현 백구공작부에 통지하여 과거 가로회에 가입한 적이 있던 당·정·군 간부들로 하여금 개산당회의에 참가하도록 지시하고 이에 관한 약간의 훈련을 실시했다. 훈련기간은 보통 1~2일의 시간을 할애하여 이루어졌는데 주요 목적은 회의시 당원-가로회 성원들이 공산당의 입장을 잃지 않을 것을 강조하기 위함이었다.[33] 당시 지단현 현위 부서기 겸 백구공작부장의 회고에 따르면, 당시 공작상의 필요에 따라 일부 당원들도 가로회에 가입하였고, 그 내규, 암호 및 회원간의 응대방법 등을 습득하기 위해 가로회 내부 문서인 『海底』를 기초로 며칠간 학습기간을 가졌다고 한다.[34]

산당회의는 원칙적으로 가로회 성원들만의 회의이지만, 전통적으로 개산당시에는 가로회 성원이 아니어도 開山의 山主가 대회의 융성함을 과시하기 위해 인근의 유명인사나 부호 등을 초청하는 경우가 있었다. 당시 중공은 가로회에 가입한 적이 있던 성원의 참여뿐만 아니라 가로회 비회원이라도 당과 소비에트 대표의 명의로 이 대회에 참여하고 이를 지도, 장악하고자 했다.[35] 그것은 새로운 산당이라는 공인된 세력 내에서의 입지 확보를 의미했다. 공산당은 자신의 권력을 수립하기 위해 지방적 수준에서의 권력의 제반 논리를 이해하고 배울 줄 알았던 것이다. 즉 당면 목표는 기존의 사회 관계망을 파괴하기보다는 그 내부로 침투해 가는 것이었다.

대회의 안전보장을 위한 호위 공작도 당시 성 백구공작부의 안배에 따라 이루어졌다. 대회일을 전후하여 당시 旦八寨子 민단에 대한 포위공격에 동원되어 있던 부대 중 赤安縣의 유격 3지대(대장 屈生華)가 차출되어 마두산에 파견되었고, 당시 지단현의 공안국장 李萬勝(역시 가로회 회원)과 협조하에 호위공작을 수행했다.[36]

---

33) 「恩來同志…」, op. cit..

34) 張崇德, 「參加馬頭山山堂大會情況的回憶」, 志丹縣 黨史辦 소장.

35) 「恩來同志…」, op. cit..

개산당의 소식은 이미 가로회의 마두를 통하여 급속히 가로회 회원에게 전해졌고, 소구의 가로회 회원들은 모두 이에 참여하고자 했다. 周恩來 서신의 표현에 따르면, 當地인 지단현으로 말하자면 '과거의 어느 기념절보다도 사람들을 흥분시키는 것'이었다. 이러한 표현이 단순히 정치적인 '희망적 사고'(wishful thinking)에 불과한 것이 아니라, 충분히 설득력 있는 실제적인 지단현의 분위기였다는 점은 분명하다. 당시 당중앙은 安定縣(現 子長縣)의 瓦窯堡로부터 이미 保安縣(현 志丹縣) 현성에 이전해 온 상태였고(1936년 7월), 주은래는 현내의 가로회 동향을 현장에서 직접 느끼고 있었다고 판단해도 좋을 것이다. 당시 현성의 인구는 400명에도 미치지 못했다.[37]

10월 15일에 개막된 이 회의는 회고자에 따라 일정치 않지만 대체로 6~8일 동안 지속되었던 것으로 보이며, 대체로 6~8백의 가로회원이 참가했다. 회고들이 전하는 바에 따르면 이 개산당 대회의 내부 정황은 전통적인 그것과는 색다른 면모를 보인다. 본래 개산당은 가로회 조직 내에서 外八堂의 제4위 직위인 管事가 전체회의를 주재하는 방식이었으나(제1장 참조), 마두산 개산당에서는 그것이 黨政이 후원하는 '전국가로회대표대회' 겸 '강호항일구국위원회'의 성립대회이기도 했으므로, 섬북성위 백구공작부장 賈拓夫가 개막사를 했고, 중공 중앙의 대표로서 龔逢春[38]의 발언에 뒤이어 앞서 서술한 섬감녕성 주석이자 심일(심복)대야였던 마석오의 동원보고가 있었다. 회의는 뒤이어 참석한 각지 산주의 항일지지 발언이 있은 후 며칠간에 걸친 항일에 관한 분임 토론을 벌이게 된다. 회의의 주요 내용을 회고

36) 孫玉貴, 「回憶我保護馬頭山會議的情況」, 志丹縣 黨史辦 소장.

37) 趙振軍, 『中共中央在陝北』, 解放軍出版社, 1988, p.59.

38) 그는 紅26軍 騎兵團 政委와 中共陝甘邊區特委 宣傳部長을 역임한 바 있는 가로회 대야였다.

들은 이렇게 전한다. 즉 ① 항일구국의 의의에 대한 선전과 토론, ② 당의 통전정책 선전, ③ 가로회원의 조직과 항일구국 호소, ④ 항일의용군 조직 선전, ⑤ 山主의 선출(산주로서 예상대로 余대야를, 부산주로서 杜대야와 馬海旺을 선출)과 중화강호항일구국회의 정식성립, 章程의 선포 등이다.[39)]

회의를 통해 가로회의 통합적 조직형식으로서 '중화강호항일구국위원회'가 성립하고, 그 아래 기존의 각 산당이 分會가 되는 형식을 취했다. 본래 가로회 내부 규율에 따라 마두산 산당은 형식상 '興隆山 忠義堂'의 명의로 산당이 소집되었지만, 회의 과정에서 항일의 의미를 분명히 하기 위해 산당의 명칭을 '興華山 救國堂'으로 바꾸고 위의 구국위원회의 산하에 두는 방식을 채택했다. 청말 이래의 '打[劫]富濟貧'이라는 구호는 '驅逐日寇, 剷除漢奸'으로 변경됨으로써 산당의 정치적 목표가 분명해지고, 현실에 맞게 재조정되고 정치화되었다. 여기서 우리는 새로운 공산정권이 자기 고유의 원칙과 궁극적인 목표와는 이질적인 요소들과 조합되어 가는 구체적이고 생생한 예를 관찰하게 된다. 그것은 즉각적이고 강압적인 것이 아니라 점진적인 전망하에서 자신의 권력을 강화해가는 공산당 특유의 방식이었다.

이 대회는 비록 전통적 개산당 형식을 빌었을 지라도, 그 내용상에서 항일 민족운동으로 가로회를 정치화해 내기 위해 중공이 기울인 노력의 최정점이었다. 당시 참가했던 일반회원 老十 劉守義의 가로회 憑證(票布 또는 公事, 즉 회원증)[40)]에 보이는 다음 각 문구들은 전통적 형식에 담겨진 새로운 내용을 상징적으로 확인시켜준다. '興華山', '救國堂', '民族香', '長江水', '驅逐日寇', '剷除漢奸', '民主共和求解放', '團結一致救中國', '聯合

39) 李立森, 「回憶我參加馬頭山哥老會大會的情況」, 志丹縣 黨史辦 소장.

40) 郭緒印, *op. cit.*, p.139.

자료 3. '開山堂' 時 가로회원 '劉守義' 의 회원증(1936.10)

志丹縣 黨史辦公室 前主任 史炳忠 수집

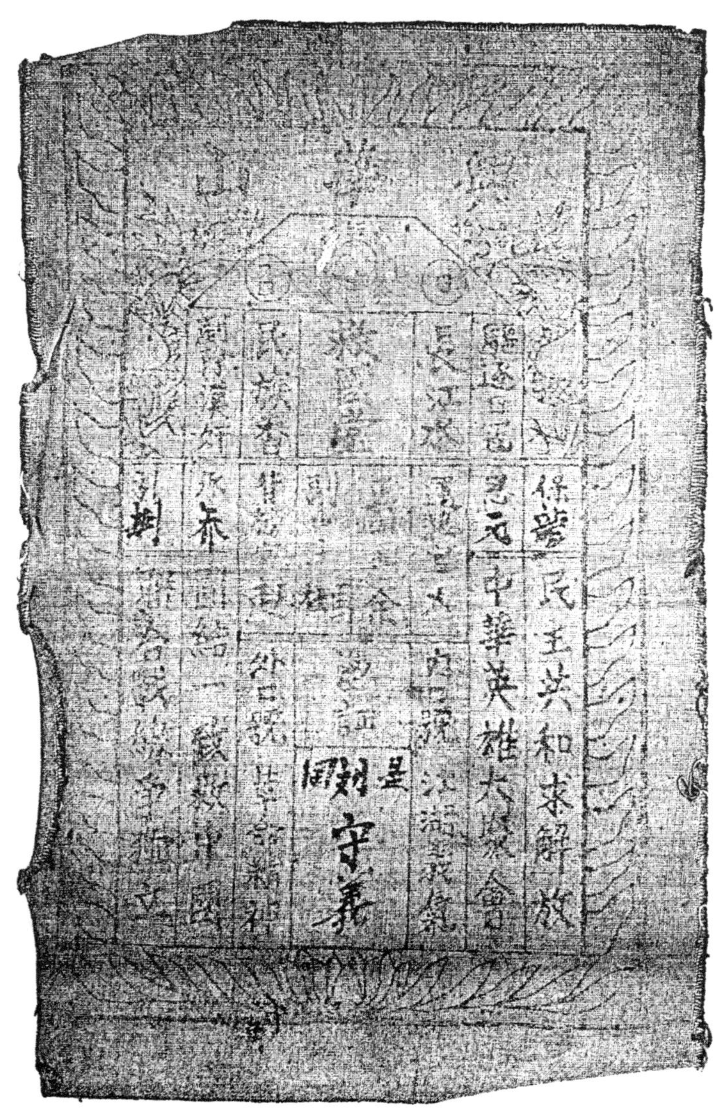

中華英雄大聚會

團結一致救中國

是劉守義

戰線爭獨立' 등이 그것이다.[41]

3) 개산당 이후

개산당 후 10월 23일 중공 중앙 政治局擴大會議 상에서 陝北省委는 가로회 개산당의 정황을 보고했다. 유감스럽게도 필자는 이 회의에서 논의된 섬북성위의 匯報 문건을 입수할 수 없었지만, 개산당 회의는 소기의 목적을 달성할 수 있었다고 판단된다. 주은래는 확대회의 상에서의 발언을 통해 가로회 공작이 초보적인 성공을 거두었다고 긍정하고 계속적인 가로회 교육과 개조의 필요성을 강조했다.[42]

전통적으로 산당회의는 새로운 산의 성립대회이기 때문에 가능하면 많은 회원을 소집하여 그 성대함을 내외에 과시하고자 하는 측면이 있으므로, 이 전통적 형식을 통해 중공의 정치적 입장과 가로회와의 연합을 선전하는 데에는 큰 효과가 있었던 것으로 판단해도 좋을 것이다. 산당회의에 섬감지역의 가로회가 주로 참여했지만, 회고들은 이외에도 백구의 가로회, 특히 동북군 및 고쌍성, 고계자, 井岳秀 부대의 개별 가로회 회원들도 참여했다고 전한다.[43]

이들 각지에서 온 가로회 성원들은 회의 폐막 후 자신의 활동지로 돌아가 당의 정책을 선전해 내는 임무를 맡게 되는데, 대회는 회의에 참여했던 주요 골간을 '4保下山' 으로 나누어 공작을 분담시켰다고 한다. 東保하산은 섬북 최대 군벌 井岳秀 부대의 한 가로회 대야, 南保하산은 동북군내의 한 가로회 대야가 맡았고, 西保하산의 책임자는 감숙 華池縣의 曹대야, 그리고

41) 지단현 당사판공실 전주임 史炳忠이 수집한 개인 소장품(무명천, 14.5cm×22cm).

42)『周恩來年譜』, p.327.

43) 앞의 張崇德 및 李立森 회고록.

北保하산은 섬북 정변의 白대야(坐地대야 白文煥)와 李立森(역시 정변 출신의 가로회 대야, 그에 따르면 자신이 혁명 간부이므로 활동에 불편했고, 따라서 이후 賀대야가 자신을 대신했다고 함)이 맡았다. 이립삼의 회고에 따르면 그들은 대체로 가로회에 대한 선전 및 조직 훈련의 임무를 수행했고 이를 위해 가로회에 대한 등기 작업도 병행했다.[44)]

개산 이후의 선전공작은 마두산 개산당 이전의 가로회 대회 방식이 여전히 차용되었다. 북보하산의 책임을 맡았던 靖邊의 白文煥[45)]대야는 개산당 폐회 후 부산주이자 강호항일구국회의 비서였던 전술한 杜대야를 대동하고 정변으로 돌아가, 11월 초 정변현 新城區(二區)에서 가로회원 200여 명이 참가한 대회를 소집했다. 회고에 따르면 그들은 회원들에게 마두산 전국 가로회 대표대회의 의미를 전달하고 항일구국 운동에 가로회의 적극적 참여를 호소했다고 한다.

회의 후 다수의 가로회 회원들은 자원하여 항일의용군에 참여한다든지, 당지의 土匪 '收編'에 앞장서고, 현정부의 공작 인원을 보증하여 張廷芝 군대와 담판을 벌이는 데 도움을 주었다. 담판에 참여한 적이 있던 白振武의 회고에 의하면 이러한 가로회 관계를 이용한 담판은 장정지, 宗文耀, 金林及 등 토비 부대 및 지방 민단과의 일시적인 불침범 협정을 성공시켜 소구의 상대적 안정을 가져왔다고 한다.[46)] 淸澗縣 군사부의 경우에는 12월 초 李家塌 寨子에 반거하고 있던 李成善 '반동' 민단에 대해 청간의 가로회 대야 惠之仁을 통해 담판을 진행하여, 민단 두목 이성선을 비롯 휘하 60여 명을 收編했는데, 그 중 다수는 항일 의용군에 참가하게 된다.[47)]

---

44) 李立森, ibid.

45) 그는 이후 1942년 정변현 參議會의 부의장을 맡게 된다.

46) 白振武, 「回憶杜大爺來靖邊縣宣傳抗日主張」, 志丹縣 黨史辦 소장.

47) 黨鴻魁, 「收編淸澗縣民團」, 志丹縣 黨史辦 소장. 그는 당시 청간현 군사부 부부장이

사실, 이러한 두 가지 수단 — 정치화와 전통적 기능 방식 — 은 지방적 수준에서 영향력 있는 세력의 동원이라는 동일 목표를 향해 가고 있었다. 공산당의 선전은 가로회의 열정을 부추기고 그들로부터 직접적인 혁명 참여와 물질적 원조를 이끌어 내기도 했다. 安塞縣의 朱대야는 자신의 아들을 홍군에 입대시켜 모범을 보임으로써 다수의 주변 가로회 성원들의 의용군 참가를 주도했다. 그는 또 가로회 관계를 이용하여 안새현 중부 馮道峺先 산악지대의 가로회 성원이 다수였던 한 토비 부대를 의용군에 편입시켰는가 하면, 당시 섬북성 정부 공작인원의 양식 문제 해결을 위해(당시 섬북성 위의 소재지는 안새현 譚家營村) 가로회 성원들을 동원 양식 3,000근을 제공했다.[48]

회의 후 각지에서 조직되기 시작한 위와 같은 항일구국의용군의 활동 방향은 소구가 아니라 백구였고, 주로 토비의 수편을 통해 유격활동을 전개했다. 항일구국의용군의 한 부대에 참여했던 한 전사의 회고는 당시의 활동을 다음과 같이 전한다. 위의 개산당 직후 조직된 이 부대의 대장 李春發은 가로회 회원으로 구성된 20여 명의 대원을 대동하고 감숙성 합수현의 국민당 지역으로 파견되어 토비 收編을 담당하게 된다. 부대장은 먼저 국민당 현장 商玉山과 접촉하여 중화강호항일구국위원회 '외교부'를 성립시키고(부장은 가로회 대야 郭鴻), 이 외교부의 지도하에 의용군의 활동을 전개하면서, 그해 11월 30여 명의 토비를 흡수 확편하는 등 성과를 올리게 된다. 이춘발 지도하의 의용군은 이후 3년에 걸쳐 지속적으로 유격활동을 전개하면서 토비 100여 명을 흡수하고 2개의 의용군을 추가로 조직했다. 이들은 이후 1940년 합수현 전체가 공산당 근거지로 변한 후 주둔 홍2단으로 편입된다.[49]

었다.

48) 羅成德, 「回憶朱大爺動員哥老會成員參加抗日義勇軍」, 志丹縣 黨史辦 소장. 그는 당시 섬북성 정부 양식부장이었다.

이렇듯 중공의 가로회 정치화는 중공의 사회세력 포섭 논리를 따라 정치과정에 가로회가 적극적으로 참여하는 형식으로 나타났다. 그러나 거기에는 이 신생 당-국가가 직면해야했던 수많은 곤란과 더불어 지방적 수준의 미니 국가로 하여금 변동하는 상황적 국면에의 또 다른 적응을 강요했던 새로운 정치과정이 시작되고 있었다. 그것은 이제까지 상호배제와 적시로 대면했던 국민당과의 관계의 변화였다. 그러한 새로운 상황의 전개와 더불어 변화된 중공의 가로회 정책은 제4절에서 구체적으로 검토하게 될 것이며, 이하에서는 그에 앞서 변구 통일전선 정책에서의 가로회의 위치와 역할에 대해 살펴보기로 한다.

3. '통일전선' 과 가로회

1935년 10월 섬북에 도착한 모택동 지도하의 중공 중앙의 입지는 매우 취약했다. 국민당은 剿共의 고삐를 늦추지 않았고, 섬감녕의 지방적 상황도 결코 중공에 우호적인 것은 아니었다. 사태를 타개하기 위한 중공의 새로운 담론은 항일을 위한 내전의 정지와 '통일전선' 이었다. 초공의 임무를 맡고 있던 장학량, 양호성 부대 등과의 정전 혹은 휴전을 위한 노력은 장정 이듬해부터 점차 실효를 거두어 가기 시작했다. 그러나 중공의 통일전선의 대상이 이와 같은 '상층' 에 국한된 것은 아니었다. 중공은 자신의 통제 지역 내에서 이해를 달리하는 사회세력과 집단에 대해서도 '통전' 을 적용했다. '통전' 은 기타 세력과의 단순한 대칭적 연합이 아니라 중공의 우위를 확보해 가는 과정이기도 했다. 이러한 과정은 다음의 回民 · 蒙民과 民團에 대한

49) 劉守義, 앞의 글.

대책에서 분명히 확인된다. 그리고 그러한 통전에서 가로회는 중요한 매개자의 역할을 하게 된다.

1) 回民 · 蒙民과 가로회

장정 후 중공에게 서북 각 성에 광범히 분포해 있던 回民 · 蒙民에 대한 쟁취는 당면한 급선무 중의 하나였다. 이들 소수민족은 역사 · 문화적으로 그리고 정치적으로 한족과 오랜 갈등관계에 있었다.[50] 소수민족과의 평등한 연합이라는 정책은 공산당의 각종 선언을 통해 분명히 표명되었지만,[51] 한족과 소수민족과의 불화와 반목은 해결되기 어려운 문제였다.

중공 측의 문건에 따르면, 본래 회민은 그 종교의 교리상 기타 단체에 가입하는 것을 허용하지 않았지만, 현실적으로는 청말 이래로 다수의 회민들이 가로회에 가입하고 있었다. 가로회가 제공했던 상호부조의 이점이 회민 사회에도 널리 인정되고 있었던 것이다. 당시 한 공산당원의 공작상의 경험에 의하면, 이 가로회 관계의 이용은 회민의 '쟁취' 에 상당한 효과를 발휘했다. 회민과 한족 간에는 비록 민족 대립이 존재하고 있었지만, 가로회 회원으로서 일단 상대방이 가로회 성원임을 확인하게 되면('上符'), '江湖兄弟' 로서 양자간의 민족적인 편견이 소멸되거나 최소한 경감되는 효과가 있었던 것이다.[52] 따라서 중공은 가로회를 통해 회민에 접근하고 회민 가로회를 통해 당시의 국민당 回軍(白軍)에 침투하는 정책을 채택했다.[53] 그러나

---

50) Jonathan Lipman, *Familiar Strangers: A History of Muslims in Northwest China*, Seattle: University of Washington Press, 1997.

51) 「中華蘇維埃中央政府對回族人民的宣言」(1936.5.25); 「中華蘇維埃人民共和國中央政府對內蒙古人民的宣言」(1935.10.10), 中央檔案館 編, 『中共中央文件選集』(全18册), 中共中央黨校出版社, 1989-1991(이하는 『中央文件』), 第10, 11册 참조.

52) 李一氓, 「回民工作中的幾個問題(節錄)」(1936.9.3), 『黨的工作』, 第14期, 1936.9.25.

모택동이 지적했듯이, 회민 가로회를 한인 가로회에 강제로 가입케 한다거나, 양자의 강제적인 합병 등의 방식은 회피되었다. 모택동은 회민의 사안은 회민 자신에 의해 해결되어야 한다고 지적했다.[54)]

회민 가로회에 대한 중시는 모택동의 전보를 통해서도 분명히 드러난다. 1936년 9월 7일자 홍28군 군장 宋時輪에게 주고 三邊特委 서기 賈拓夫에게도 전달하도록 한 한 서신을 통하여 모택동은 가로회 수령인 회민 馬懷蘭이 寧夏 지역에서 상당한 '군중적 기초'가 있다고 판단하고 그에게 서북항일구국군 제1로 유격사령을 맡기도록 지시했다. 아울러 그가 섬북의 保安을 거쳐 安定으로 이동할 시에 군대를 보내 접송하도록 하는 배려도 아끼지 않았다.[55)]

1936년 중반 시작된 홍군의 이른바 '西征'의 대상이 甘肅과 寧夏였고, 이 지역은 회민이 집중적으로 분포한 지역이었다. 西征 부대가 영하에 이르렀을 때 회민공작의 필요에 의해 紅軍 總政治部가 조직한 '回民獨立師'는 본래 공작 인원을 합해 총합 200여 명에 지나지 않았으나, 후일 이 부대는 홍15군단 정치부의 의해 성립된 가로회 조직 '江湖抗日遊擊隊' 1,000여 명을 받아들여 그 역량을 강화하게 된다.

서정의 결과 1936년 10월 현재의 영하성 同心 縣城에서 회민 최초의 자치정부, '豫海縣回民自治政府'가 수립된다.[56)] 이 정부가 조직한 무장부대는 馬和福 주석이 이끄는 유격대 외에 또 하나의 '群衆性' 무장조직이 존재했는데, 이는 바로 가로회를 중심으로 조직된 '抗日救國江湖委員會'였다. 이

---

53) 당시 회민은 주로 국민당에 장악되어 있었다. J. Lipman, *op. cit*.

54) 『毛澤東軍事活動紀事』, p.229.

55) *Ibid.*, p.232.

56) 「豫海縣回民代表大會的盛況」, 『紅色中華』, 1936.11.9. 이 자치정부는 1936년 11월 중순 주력 홍군의 이동 후, 1937년 4월 馬鴻逵의 치하로 떨어지면서 단명으로 끝난다. 邢方瑩, 「西北革命根據地寧夏區域」, 『西北革命根據地』, p.676.

부대의 인원은 최고조시 3,000명에 달하였다. 이 부대는 가로회를 쟁취하고 이 지역 가로회의 홍군에 대한 적대정서를 변화시키는 작용을 하는 한편, 홍군 작전에 협조하여 적군 교란과 견제임무를 맡았다. 이후 이 강호위원회의 무장은 홍군 철수와 함께 해산된다.[57] 회민이 많이 분포하던 영하와 감숙의 隴東 지역 공작에는 그 이후 1940년대에도 가로회의 동향이 늘 중시되고 중공 당원들은 지하당 활동에 가로회 관계를 동원했다.[58]

蒙民에 대해서도 회민과 마찬가지로 유사한 정책이 채택되고 있었던 것으로 판단된다. 섬북과 현재의 내몽고 변계 지역도 가로회 세력이 특별히 강했던 지역이었다. 辛亥革命 이래로 내몽고 河套 지역(황하가 寧夏에서 陝西까지 내몽고를 굽이돌아 흐르는 곳)에는 가로회 세력이 광범히 분포해 있었다. 1924년 제2차 직봉전쟁 후 서북변방 督辦으로서 차하르 수원 섬서-감숙-영하 지역을 관할하고 있던 馮玉祥 휘하의 군대에 의해 토비·가로회 두목들이 처단되면서 가로회 세력은 일시적인 위축의 시기를 맞았으나, 가로회는 여전히 민간에 잠복된 세력으로서 위력을 갖고 있었다. 1926년 9월 풍옥상이 소련에서 귀국하여 '國民聯軍總司領' 으로서 마침내 북벌에 나서게 되는데('五原誓師'), 그는 부대를 이끌고 蘭州를 거쳐 동쪽의 潼關을 통해 화북으로 진격하는 길을 택하게 된다. 바로 그가 통과해야 될 包頭 五原 臨河 噔口로부터 寧夏에 이르는 1600여 리의 길목은 모두 가로회 세력에 의

57) 회민자치정부와 가로회에 관련된 이상의 내용은 당시 '回民獨立師' 사단장이었던 馬青年, 「紅軍西征的回憶」, 寧夏區政協文史資料研究委員會 編, 『寧夏文史資料』, 第13輯, 1984, pp.1-25; 王首道, 『王首道回憶錄』, 解放軍出版社, 1988 참조.

58) 「陝甘寧邊區委員會關於回民工作給隴東分委的指示」(1938), 中央檔案館·陝西省檔案館 編, 『中共陝甘寧邊區黨委文件匯集』, 全2卷(甲, 2卷), 1994(이하는 『陝甘寧文件』), 甲, 1, pp.193-194. 회민지역에서 가로회 관계를 이용한 사례에 대해서는 衛一吾, 「我和馬青年同志來固原」, 中共固原地委黨史資料徵集領導小組辦公室, 『固原地區黨史資料選輯』(一), 1987, pp.206-207. 1945년 고원지역의 지하당활동에서의 가로회 이용사례는 陳添祥, 「隆德縣地下黨的回憶」, *ibid.*, pp.208-221.

해 장악되어 있었다. 이러한 상황에서 풍옥상은 綏西 지구의 가로회 두목 馬福元을 통해 오원에서 '拜山' 한 연후에야 이 지역을 무사히 지날 수 있었다고 한다.[59)]

기타 군벌간의 협상과 상호 이용 과정에서 가로회 관계가 분명 일정한 역할을 했을 것임은 정황상 충분히 인정할 수 있겠지만, 이것은 더 많은 관련 자료의 공개와 발굴이 이루어질 때 비로소 기록 가능한 역사가 될 것이다.

2) 연안점령과 가로회 - 民團 문제

서안사변 직후 공산군의 휘하에 들어온 후 항전기를 포함한 그 후 10년간(1937년 1월~1947년 3월) 공산당의 수도가 된 연안의 '해방' 에도 가로회의 관계가 이용된다. 1936년 말 서안사변 이전부터 연안 일대의 농촌지역에는 이미 광범한 공산정권이 들어선 상태였으나 延安城은 아직 공산군에게 금지된 구역이었다. 주둔 東北軍 67군(군장 王一哲 부대의 일부)이 철퇴한 후 이 연안성을 지키고 있었던 것은 延安 民團(단장 李翰華)[60)]과 인근 安塞縣城 공산화 이후 도망쳐 온 안새현 민단(단장 薛生華)[61)] 그리고 연안현 정부의 '保安隊' 와 '剿共義勇軍' 부대였다. 도합 1,000명에 가까운 이 연안 방위 병력은 정규군은 아니었지만, 나름대로의 방어능력을 갖추고 있었던 것으로 판단된다. 특히 민단 부대는 주변 농촌의 공산당 지배지역에 원정하는 등 활동력을 과시하고 있었다. 그러나 동북군의 철퇴 후 중공이 연안성 무력진공을 단행하지 않은 것은 이들의 방어능력 때문이라기보다는 당시 밀약되어 있던 홍군과 동북군 및 서북군과의 정전 협정과 중공의 연안성에

59) 劉培榮, op. cit., pp.423-414.

60) 혹은 李含花로 알려지고 있었다(『紅色中華』, 第315期, 1936.12.13).

61) 안새현 민단에 대해서는 『安塞縣志』(原稿), '民團' 부분, p.487, 安塞縣檔案館 所藏.

대한 평화적 해결 방침에서 연유한다. 공산당은 특히 민단 문제를 해결하는 데 '統戰' 을 포함한 평화적 수단을 찾고 있었다.

섬감녕 변계 지역의 민단들의 한 특징은 다수의 가로회가 참여하고 있었다는 점이다. 가로회의 조직구조에서 이른바 '混水' 부류에 속하는 가로회의 유동적 인자들이 토비 부대와 국민당 군벌 부대 그리고 민단에 적극적으로 참가하고 있었다는 사실을 상기할 필요가 있다.[62] 연안성 내 민단도 예외가 아니었다. 가로회를 통해 민단을 장악한다는 방침은 따라서 공산당이 유지단 시대의 초기 단계부터 채택하고 있던 통전 정책을 이루는 한 부분이었다. 지단현의 旦八寨子 민단은 또 하나의 예가 된다. 당시 주변의 민단 가운데 가장 강력한 힘을 자랑하던 이 민단은 1936년 12월 가로회 관계를 이용해 평화적으로 제압된다. 그 다음해 봄에는 감숙 합수현으로 도주했던 이 민단의 한 대장 周士俊과 가로회 회원 薛風岐, 徐光明 등이 공산당 지배지역으로 투항해 왔다.[63]

연안성의 민단 부대에 대한 공산당 전략은 이미 일찍부터 제안되고 계획되었던 것으로 보인다. 여기서 주도적 역할을 했던 이는 東北軍工作委員會 위원이자, 가로회 龍頭大爺였던 李仲英(섬서 安定人, 1911~1961)이었다. 1936년 9월 중앙위원회로 보내진 그의 보고에 따르면, 당시 공산당은 이미 활동가들을 이한화 민단 내로 침투시켰고, 민단 성원을 쟁취하기 위한 공작을 시작했다.[64] 그 이후의 상황을 전해주는 자료는 없으나, 이러한 민단 공

62) 가로회 회원은 청수와 혼수의 두 부류로 구분된다. 전자가 정주사회를 이탈하지 않고 일상적인 호조와 합법적인 선 안에서 활동했다면, 후자는 대부분 파산자 · 유맹 등의 부류로서 살인 · 약탈 등의 행동도 서슴지 않고, 주로 군벌부대 · 토비 · 민단 등에 가입해 활동했다. 이에 관해서는 제1장 참조.

63) 志丹縣志辦公室, 『志丹縣志』, 陝西人民出版社, 1996, p.543; 『新中華報』, 1937.3.9 및 1937.3.16.

64) 李仲英, 「對安塞縣工委工作意見 - 利用哥老會關係發動民團家屬寫信爭取民團」(1936.

작은 그해 12월이 되기까지 거의 성과를 거두지 못했던 것으로 판단된다.

민단 공작은 12월 12일 서안사변을 계기로 급속한 보조를 띠게 되고, 본격적으로 가로회 관계에 주목하는 공작이 기도되었다. 그것은 가로회를 통해 민단 부대 내의 반란을 조직하는 일이었다. 당시 연안성 '해방' 의 주된 현장 지휘부문은 東線 동북군공작위원회(서기: 葉劍英) 소속이었던 安塞縣工作委員會(서기: 前 馬文瑞, 後 王英)였다. 工作委員會는 자체 조사를 통해 연안성 민단 내의 대다수가 가로회 회원이고, 城內의 가로회 대야 周海山, 解虎 그리고 城外의 藍長有 등이 이들 민단내의 가로회 회원과 관계가 있다는 사실을 알아내고 이들을 동원하게 된다. 당시 이한화는 가로회 내에서 성원들로부터 신망을 잃어가고 있었고,[65] 결국 주해산 등의 가로회 대야들은 민단내의 중대장들과 연락, 3개 중대의 반란을 이끌어 낼 수 있었다. 이한화는 100여 명의 수하들과 동쪽의 산악으로 도주하고(그는 1952년 반혁명 진압시에 체포되어 처형당했다), 12월 18일 黃羅斌이 이끄는 홍1단은 평화롭게 연안성에 입성할 수 있었다.[66]

9.24), 陝西省檔案館, '革命史資料' 부문; 「恩來同志…」(1936.9.25), pp.114-115.

65) 『紅色中華』는 가로회 대야 李含花(李翰華)의 가로회 '진보분자' (분명 친공산당) 살해에 가로회 내부의 성원들이 반대에 나섰다고 보도했다(第315期, 1936.12.13).

66) 「延安城秩序已恢復」, 『紅色中華』, 1936.12.28; 黃羅斌 · 鍾輝, 「憶抗戰前接收延安城」, 『人民日報』, 1985.1.27; 王英, 「延安首次解放」, 『延安文史資料』, 第3輯, 1986; 折正千, 「西安事變與延安解放」, *ibid*.

4. 가로회 정책의 전환

1) 가로회 정책의 제 문제

가로회 정책의 전변은 1937년 중반, 그러니까 소비에트 구역 내에서 가로회의 합법적 존재가 보장되고 공개적 활동이 인정된 후 꼭 1년이 지난 시점이었다. 그 정책 전환의 원인은 다음 두 측면에서 찾아 볼 수 있다. 하나는 가로회원들의 '出問題' 이며,[67] 다른 하나는 서안사변 이후의 새로운 정치과정, 즉 제2차 국공합작의 전망이었다. 공산당은 결국 보다 유리한 세력관계를 이용하고, 전반적인 정치적 플랜에서 다른 연맹자들을 발견할 수 있게 되었던 것이다. 공산당은 이제 가로회라는 완전히 신뢰하기 어렵고, 별반 내키지 않는, 또 위험하기까지 한 상황적 연맹자에 대해 부여한 특권적 지위를 취소하게 된다. 이제 서술해 나가겠지만, 어떤 측면에서는 공산당은 그 연맹자 전체를 내부로부터 완전히 개조하거나 통제하는데 이르지 못했던 것이다.

가로회가 야기한 제 문제의 저변에 가로놓여 있던 것은 가로회의 '공개적 존재' 의 인정이라는 「선언」의 문구를 어떻게 이해할 것인가라는 문제와 관련된다. 「지시」는 다른 한편으로 소구 내에서 "과거와 같은 가로회는 자연히 그 존재의 기초가 사라졌기 때문에 다시 각 방면으로 가로회의 회원을 소집하여 가로회의 단독조직을 성립시킬 필요가 없다" 라고 언급하고 있지만, 이는 가로회 회원뿐만 아니라 당내 특히 당정의 하급 인원들에게는 쉽게 이해할 수 있는 문제가 아니었다.[68] 사실, 「선언」의 진정한 의미는 공산

---

67) 당시 당의 승인 하에 가로회에 가입해 활동했던 張成英은 필자와의 인터뷰에서 구체적 설명을 요구하는 필자의 질문에 단지 "出問題(문제를 일으켰다)" 라고만 대답했다.

68) 「恩來同志…」, op. cit.

당의 우위를 확인시키면서 세력관계를 점진적으로 변화시켜가는 것이었다. 그러나 중공의 공개적 인정 정책은 가로회뿐만 아니라 일반대중들에게도 소비에트 정부가 가로회의 공개적 활동을 보장하고, 지속적인 가로회의 발전과 신입회원의 모집을 장려하는 것으로 해석되었다. 華池縣의 한 가로회 수령은 소구 내에서의 "가로회의 공개적 활동, 공산당과 가로회의 상호 교차 가입, 가로회 무장의 조직과 그와 홍군과의 연합" 이라는 세 가지 의견을 제기하기도 했다.[69)]

가로회 정책의 혼란은 지방 당정 인원에게서도 공히 발견된다. 첫째, 지방 당내에는 '가로회 쟁취' 를 명목으로 가로회의 역량을 과장하는 경향이 발생하고 있었다. 지방 당정의 책임자들이 가로회에 대하여 그들이 얼마나 혁명적인가 혹은 얼마나 큰 역량을 보유하고 있는가 등등 '공경의 언사' 를 늘어놓는가 하면, 심지어 가로회가 공산당과 마찬가지로 혁명적이라는 말까지 일삼을 정도였다. 이러한 상황에서 대중동원의 곤란한 임무가 있으면 곧 가로회 수령을 찾아 해결하고자 했고 이러한 경향은 소비에트 정부가 가로회를 '提高' 시키고 '復興' 시킨다는 인상을 초래했다.[70)]

둘째, 이와는 상반되게 당정 공작인원 가운데는 고압적인 자세로 가로회를 무시하는 태도를 견지하는 경우도 있었다. 이들은 가로회가 모두 '아편쟁이' '유맹' '무뢰' (光棍)로서 반혁명 세력에 이용되어 믿을 수 없는 분자라고 회의하고, 당의 '쟁취' 정책에 호응하지 않았다. 가로회 수령의 신입회원 모집에 대하여, 이들은 교육과 설득공작을 등한시하고 단순히 '不許' 의 입장을 고수함으로써 당의 가로회 정책에 대한 가로회 측의 반감을 불러오기도 했다. 사실 가로회 수령으로서는 중공의 항일주장을 수용한다고 해도

---

69) 郭滴人, 「關於哥老會工作的檢討」(1936.10.2), 『黨的工作』, 第15期, 1936.10.5

70) Ibid.

정부가 가로회 신입회원의 모집을 허용하는가의 여부를 기준으로 중공의 가로회 정책의 진실한 태도를 확인하고자 했고, 이에 대해 단순한 불허, 혹은 금지를 선포하는 것은 자연히 그들의 회의를 불러오기 마련이었다. 사실 소비에트 정부로서도 가로회가 비밀리에 신입회원을 모집한다고 해도 금지할 수 있는 것은 아니라고 당시 조직부장 郭滴人은 지적한다. 그로서는 이 가로회 회원의 모집 문제에 대해 당정인원들의 유연한 대응을 요구하고 있었다.[71]

셋째, 과거 가로회에 참가한 적이 있었던 중공 당원들이 당의 입장을 망각한 채 가로회의 입장에 서서 가로회 공작에 나서는 경우가 문제였다. 이러한 현상은 당이 가로회를 쟁취하는 것이 아니라 가로회가 중공당원을 영도하는 식의 결과를 초래했다고 곽적인은 지적했다. 가로회원이기도 한 일부의 당원들은 당에 자신이 가로회 회원이라는 사실을 숨기고 당의 회의 후 자신들만의 가로회 회의를 다시 열기도 했으며, 어느 현소비에트의 한 부장은 자신이 직접 하급 소비에트 책임자에게 새로운 가로회 회원의 모집('收弟兄夥')을 지시하기도 했다.[72] 주은래는 이를 가리켜 '공산당 내의 비밀당단', '소비에트하의 이중정권'을 수립하는 행위라고 비판했다.[73]

---

71) Ibid.

72) 당정이 가로회 회원의 모집을 도왔던 것은 李維漢(羅邁)의 회고에도 보인다. 그는 1936년 후반기 靖邊工作委員會의 서기로 해당지역에 파견되어 가로회의 단결을 위해 '香堂'을 개설했다고 한다. 향당의 개설은 신입 가로회 회원의 입회의식이다. 李維漢, *op. cit.*, p.381.

73) 「恩來同志…」, op. cit.

자료 4. 「關於哥老會工作的檢討」(1936.10.2)

(郭)滴人, 『黨的工作』, 第15期, 1936.10.5.

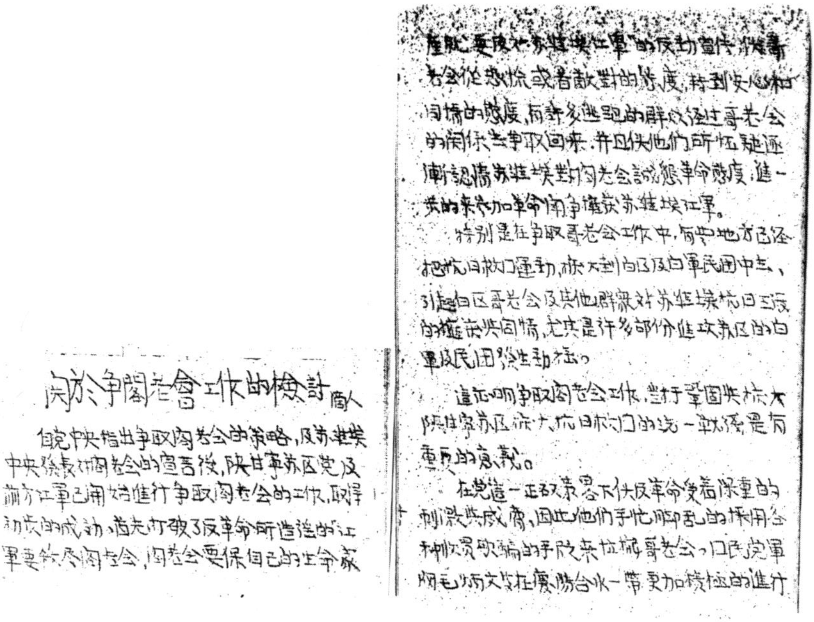

關於爭取哥老會工作的檢討 滴人

自從中央指出爭取哥老會的策略，及蘇維埃中央發表對哥老會的宣言後，陝甘寧蘇區黨及前方紅軍已開始進行爭取哥老會的工作，取得初步的成功，首先打破了反革命所造謠的紅軍要消滅哥老會，哥老會要保自己的生命家

產就要使他們蘇維埃紅軍的反動宣傳，使哥老會從恐慌或者敵對的態度，轉到安心和同情的態度，有許多逃跑的群眾經過哥老會的關係去爭取回來，並且使他們所懷疑逐漸認識蘇維埃對哥老會誠懇革命態度，進一步的來參加革命鬥爭擁護蘇維埃紅軍。

特別是在爭取哥老會工作中，有些地方已經把抗日救國運動，擴大到白區及白軍民團中去，引起白區哥老會及其他群眾對蘇維埃抗日主張的擁護與同情，尤其是許多部分進攻蘇區的白軍及民團發生動搖。

這証明爭取哥老會工作，對於鞏固與擴大陝甘寧蘇區擴大抗日救國的統一戰線是有重要的意義。

在黨這一正確策略下使反革命受着嚴重的刺激與威脅，因此他們手忙腳亂的採用各種收買欺騙的手段來拉攏哥老會，如民黨軍閥毛炳文於在慶陽合水一帶更加積極的進行

가로회에 대한 쟁취정책의 지나친 강조가 빚어낸 또 하나의 문제점은 유격대의 조직과 관련된다. 즉 그것은 유격대 성원의 모집을 위해 단순히 가로회 수령을 찾아가 청부하는 경향이었다. 홍군 유격대의 구성을 위해서는 가로회 자신의 조직인 강호구국군과 달리 일반 대중을 동원해야 하는 어려움이 있었고, 관련 책임자들은 이 곤란한 임무를 가로회 수령을 통해 해결하고자 했던 것이다.[74] 이러한 공작태도의 결과는 비록 유격대의 성원을 증

74) 「中央組織部總政治部給陝甘寧省委轉三邊及宋伍閻杜諸同志」(1936.8.18), 『黨的工作』, 第10期, 1936.9.1.

가시킬 수는 있었다고 해도, 그 '성분'은 지극히 '나쁜' 것이었다.[75] 예컨대 감숙의 環縣, 悅樂, 唐台子(慶陽), 華池 등지의 유격대는 가로회에 의지해 충원되었고, 그 결과 가로회는 공개적으로 회원을 모집하고 부대 내에서 비밀 소모임 회의를 개최하는가 하면 공산당이 가로회의 지도를 받고 있다고 선전하기도 하였다. 유격대의 기율 위반이 빈번했고 경우에 따라서는 '反變' 이라는 엄중한 사태가 발생했다. 환현의 경우는 그 정도가 심각해 11개의 유격대 중 10개가 반변의 길을 걸었다.[76]

가로회 정책의 혼란은 강호항일구국회 및 그 구국군(혹은 강호항일유격대)의 조직과도 관련된다. 앞서 살펴본 바와 같이 구국회 조직은 선언의 발표 이후 서북판사처에 의해 주비처가 설립되고 마두산 산당대회를 통해 정식으로 출범한 가로회 독자의 조직이다. 그러나 마두산 산당회의 이전부터 이 조직에 대한 일부 중공 지도부의 우려가 표명된다. 곽적인은 소구내에서 이러한 조직의 설립을 통해 가로회에게 독자의 조직을 보유하도록 할 필요가 없고, 백구에서도 항일구국회라는 명칭이 국민당 당국의 주의와 회의를 야기함으로써 공개 활동의 가능성을 잃게 된다고 우려한다. 그는 단지 가로회 원래의 조직을 이용할 것을 건의했다.

마두산 대회를 겨냥해 쓰인 주은래의 서신은 곽적인의 이러한 의견에 동의를 표하면서, 그 이유로서 첫째, 이러한 명칭[구국회]이 가로회에게만 국

---

75) (賈)拓夫, 「關於新區工作中的幾個問題」(1936.9.10), 『黨的工作』, 第12期, 1936.9.14.

76) 賴傳珠, 「陝甘寧游擊隊與游擊戰爭」(1936.9.11), 『黨的工作』, 第14期, 1936.9.25; 「關於陝甘寧游擊隊與游擊戰爭突擊的總結」(날짜 불명), 『黨的工作』, 第20期, 1936.11.25; (吳)亮平, 「把干部教育列到黨的主要工作中來」(날짜 불명), 『黨的工作』, 第17期, 1936.10.25; 「陝甘寧省委對進行游擊戰爭與游擊隊突擊的決定」(1936.9.13), 『黨的工作』, 第16期, 1936.10.15; 馬文瑞, 「隴東黨的工作」(1942.4.13), 劉鳳閣 主編, 『陝甘寧邊區隴東黨的建設』, 中共慶陽地委黨史辦 · 中共慶陽縣委員會, 1995, pp.158-159; 環縣縣志辦公室, 『環縣志』, 1993, p.502. 이 마지막 문건은 中共中央西北局 組織部가 소집한 第1次 黨史報告會에서의 보고문이다.

한되어서는 안 되기 때문이고, 둘째, 그 명칭 자체가 가로회의 발전을 도와주는 결과를 초래하기 때문이었다. 주은래는 가로회 성원들은 일반 항일구국운동 내지 공회 농회 및 시민단체 등에 참가해야 한다고 지적했다. 그는 또한 가로회를 대신해서 그들의 독립 무장조직(강호항일구국군 등)을 성립시켜서는 안 된다는 입장을 제기했다. 결국 10월 11일자 중앙의 한 문건 「同哥老會建立統一戰線的目的」은 이 조직에 대해 '무형중의 취소'를 지시했다.[77] 그러나 이미 이 조직의 구성을 향한 준비가 정치 일정에 올라있던 이상 마두산 대회는 예정대로 진행되었고, 이 조직을 정식 출범시켰던 것이다. 항일구국회의 각 분회 조직은 백구뿐만 아니라 소구 내에서도 각지에 성립되었고, 1937년 중반까지 존재하고 있었다고 판단된다.[78]

가로회 독자의 무장조직으로서의 '구국군'의 활동에도 유사한 문제가 존재했다. 이 무장조직은 앞서 살펴본 바와 같이 마두산 개산당 이후 인근의 국민당 지역에서 주로 활동했던 것으로 보이는데, 그 기율의 문란함은 전술한 홍군 유격대보다도 더욱 심각했다. 예컨대 1937년 2월 환현에서 활동하던 '江湖隊'의 張仕奎, 張鳳山 등은 유격대장 呂鳳山, 王三才를 살해하고 반변의 길을 걸었는가 하면,[79] 甘洛縣 獨立營 간부였던 李芳春은 陝甘省委 '군사부'로부터 무기를 공급받아 "陝甘江湖抗日救國義勇軍"의 명의로 감숙의 백구에 파견되어 활동하게 되었는데, '違法亂紀, 搶劫群衆牲畜' 등 문란한 행위로 말미암아 결국 성위는 홍29군에 그 처리를 맡기게 된다.[80]

---

77) 王玉祥, op. cit., p.42.

78) 羅邁(李維漢), 「特區統一戰線工作中的一些問題」(1937.4.25), 中共延安地委統戰部·中共中央統戰部硏究所 編, 『抗日戰爭時期陝甘寧邊區統一戰線和三三制』, 陝西人民出版社, 1989(이하는 『三三制』), p.130; 「李富春談對慶陽, 合水等八縣民團的統戰工作」(1937.3.8), 原載, 『省委通訊』, 第6期(『隴東統戰』, p.130에 節錄 수록).

79) 環縣志辦公室, *op. cit.*, p.54.

80) 王華(李華堂), op. cit., pp.73-75.

유효한 가로회 쟁취수단으로서 간주되던 개산당에도 문제가 없는 것은 아니었다. 중공의 개산당의 목적은 가로회의 전통적 형식을 이용한 교육과 선전 그리고 동원에 있었지, 소구 내에서 가로회를 발전시켜 자신의 라이벌로 만들고자 한 것이 아닌 이상 소구내 가로회의 공개적 활동을 의미하는 개산당에는 이에 상응한 주의와 섬세함이 요청되어야 했다.

곽적인과 주은래의 개산당에 관한 언급은 개산당시의 주의점을 다음과 같이 지적한다. 이들에 따르면, 개산당의 방법은 임시적이며 모종의 특수한 상황에서 이용되는 방법일 뿐, 가로회 쟁취를 위한 유일한, 주요한 그리고 항상적인 방법으로 간주되어서는 안 되었다. 그리고 그것은 반드시 소비에트의 정부의 허락을 거침으로서 그 공개적 기회를 이용하여 중공의 정치적 영향을 확대하는 수단이 되어야 했다.

개산당의 지점에 있어서도 그것은 변경지대가 되어야했다. 가로회 활동의 중심이 소구 내가 아니라 백구와 백군이 되어야 하는 이상 변경지대의 개산당은 교통상 백구 가로회의 참가를 유인하는 데 이점이 있었다. 소구한 복판에서 개최된다면 백구의 가로회는 거리가 멀다는 이유로, 그리고 소구 내에 깊숙이 진입하여 안전이 문제가 된다는 이유로 개산당 참가를 꺼리게 된다는 것이었다.

개산 그 자체의 방식에 있어서도 통일적인 아닌 분산적 방법으로 개최할 것이 지적되었다. 그것은 가로회 용두대야 사이에 파벌의 구분이 있어 각기 자신 고유의 영역을 점하고 있는 이상 그들을 강제로 합병하여 새로운 산당을 조직(開山)한다면 그 지도의 효과를 거들 수 없다는 판단에 근거하고 있었다.

이상과 같은 개산시의 주의점에 비추어 주은래는 공산당의 수도 보안현 馬頭山에서의 개산당은 그것이 소구의 한 복판이라는 점에서 이미 지점상의 한계를 안고 있고, 따라서 객관적으로 가로회의 소구 내의 집회를 방조하고 소구 내에서의 활동과 발전을 도울 가능성이 있다고 지적했다.

2) 정책 전환과 그 외연

1936년 중반기 이후 전면적인 정치 일정에 올라 있던 가로회 정책이 전변을 맞이하게 되는 것은 이상과 같은 가로회 활동의 문제점과 동시에, 당시의 제반 정치적 상황의 변화가 시작되었다는 것과 관련된다. 그것의 계기는 전술한대로 서안사변이다. 서안사변의 평화적 해결에 따라 대립에서 항일연합으로의 국공 양당의 관계 변화는 그에 상응하는 제반 정책의 전환을 불러왔다.

정책 전환의 저변에 놓인 담론은 바로 소비에트제도로부터 '민주제도'로의 변화였다. 1937년 2월 중공 중앙은 국민당에 대한 '5항요구 4항보증' 가운데 소비에트정부의 '中華民國特區政府'로의 개칭과 근거지 내 "보통선거에 의한 철저한 민주제도의 시행(實施普選的澈底的民主制度)"을 약속했다.[81] 1937년 중반 특구정부는 국공합작의 정식 성립인 9월 이전 각종 군중단체의 조직형식과 공작방식에 변화를 가한다. 기존의 貧農團은 '農會'로, 赤衛軍은 '抗日自衛軍'으로, 婦女代表會는 '各界婦女聯合會'로 개조된다. 이들 변환의 논리는 이른바 항일을 위한 계급과 당파를 초월한 통일전선 대상의 확대였다.[82]

이러한 이른바 항일 연합으로의 대전환 가운데 가로회에 대한 정책전환이 위치한다.[83] 장정 후 섬북에 도착한 중공 중앙이 주변의 토비, 군벌들의

---

81) 「中共中央給中國國民黨三中全會電」(1937.2.10), 『中央文件』, 第11册, p.158.

82) 「陝甘寧邊區黨委關於改造赤衛軍的決定」(1937.8.25); 「陝甘寧邊區黨委關於貧農團改造的決定」(1937.8.27); 「陝甘寧邊區黨委關於邊區婦女群衆組織的新決定」(1937.9), 『陝甘寧文件』, 甲, 1.

세력들과 마주해야 했던 적대적 분위기와 대중동원의 어려움 앞에 부닥쳐 있었다면, 서안사변 후 1937년 중반 시점의 공산근거지는 상대적으로 안정된 시기를 맞게 되고, 정치적 상황은 섬감녕에 국한되는 지역적 차원을 넘어 보다 전국적인 정치일정을 요구하고 있었다.[84] 공산당은 결국 보다 큰 정치적 운용의 여지를 가능케 하는 새로운 상황으로 들어가게 되었던 것이다.

이제 보다 광범한 계급 및 당파와의 '폭넓은 민주적 연합'으로 전환하게 된 중공의 주된 관심은 그때까지 적용되어온 가로회와 같은 '봉건적' 결사의 정치적 동원이 아니었다. 그 결과는 일반 대중의 측면에는 사회정책의 변화(포용 대상의 확대)였으며, 가로회에 한정해서 보면 세력 관계의 변화였다.

가로회 정책상의 제 문제와 정치상황의 변화를 배경으로 가로회 정책의 전환이 요구되는 시점에서, 그 직접적인 계기가 된 사태가 발생한다. 그것은 바로 섬감녕의 지방 당사상 주은래의 '勞山遇險'으로 알려진 사건이다.

1937년 5월 국민당과의 담판을 위해 서안으로 가던 주은래 일행이 연안성 남부, 지금의 甘泉縣 勞山 지역에 이르렀을 때 토비의 습격을 받게 된다. 이른바 국민당에 이용된 '정치토비'였다고 하는 이들은 다름 아닌 가로회 세력이었다. 당시 노산 지역의 토비 진압을 위해 동원되어 있던 공산당 剿匪 부대 사령 吳台亮의 회고는 이 지역 토비의 상황을 다음과 같이 전하고

---

83) 郭洪濤,「邊區開始成爲直接抗戰地區的形勢及黨的任務與工作 - 郭洪濤在延安邊區一級活動分子會議上的報告提綱」(1937.10),『黨的工作』, 第45期, 1937.10.

84) 이러한 차원에서 중공 중앙은 1937년 5월 1일 '陝甘寧特委會', 즉 '陝甘寧邊區黨委員會'의 성립을 비준하고, 당중앙은 이제 섬감녕 지역을 벗어나 전국적인 혁명운동을 지도하는 방향으로 나아갔다. 王自成,「陝甘寧邊區的形成及演變」,『中央檔案館叢刊』, 1987-5, p.26. 그리고 당내간물『黨的工作』은 이로부터 '中共中央'의 명의가 아닌 '陝甘寧邊區黨委'의 이름으로 간행된다.

있다.

회고자는 당시 延安縣 보위국 국장으로 南線 剿匪司令의 직무를 맡고 있었다. 초비 부대의 政委는 賈騰雲이었고, 1937년 4월 초부터 부대는 감천현 小勞山에 도착, 초비임무에 들어가게 된다. 당시 섬감녕변구 당위원회의 정책은 이른바 '爭取土匪'로서 토비에 대한 적극 토벌을 반대하는 입장이었고, 이를 위해 담판을 택했다. 정위 가등운이 담판 대표로 나섰는데, 그는 입당 전에 가로회 대야였고, 토비 생활을 한 경력이 있는 자였다. 장정 직후 홍군의 산서성 東征 시기에 임시 조직되었던 紅5團의 정위를 역임하기도 했던 그는 가로회 대야들이 주류를 이루던 토비와의 접촉 과정에서 결국 당을 배반하고 반변의 길을 걷는다. 당시 토비 두목으로 일컬어지던 李青伍(武), 王中陽, 齊金權 등은 모두 가로회 대야였던 것이다. 그럼에도 불구하고 변구 당위는 토비 쟁취의 가능성을 계속 강조하고, 무력 토벌을 반대함으로써 초비부대는 적극행동을 취할 수 없는 상황에 놓이게 된다. 이러한 상황 하에서 마침내 5월, 주은래는 張雲逸 등과 함께 국민당과의 담판을 위해 서안을 거쳐 남경으로 가는 길에 오르게 되고, 노산에서 이들 토비의 습격을 받게 되었던 것이다. 주은래는 결국 토비의 공격을 피해 무사히 서안으로 가게 되지만, 그의 참모 등 9명이 사망하는 '위난'을 당하게 된다. 사건 발생 후에야 변구 당위원회는 결국 병력을 증원, 200여 명의 토비를 진압하게 된다.[85)]

勞山遇險으로 불리는 이 사건의 충격과 그 여파는 연안지역의 가로회의 활동에 직접적인 제한을 초래했다. 연안 七里鋪에 성립되어 있던 '중화강호항일구국 연안분회'는 정부에 의해 해산되고 중앙은 소구내 가로회의 공개적 활동을 제한하는 방향으로 나아가게 되었던 것이다.[86)]

---

85) 吳台亮, 「周副主席勞山遇險前後」, 『陝西文史資料選輯』, 第7輯, 1980, pp.110-118.

가로회 쟁취를 위한 당내 지시가 내려진지 정확히 1년 후 1937년 7월 15일자 당내간물 『黨的工作』지에는 가로회 정책에 관한 기존의 여러 가지 혼란과 문제점에 기초하여 새로운 지시가 내려졌다. 「陝甘寧邊區黨委關於哥老會工作的指示」가 그것이다.[87]

이 새로운 지시에서 주목되는 점은 우선 特區(공산당 근거지)와 友區(국민당 지배지역에 대한 새로운 명칭)의 명확한 구분이 이루어지고 있다는 점이다. 이것은 1년 전과 비교하여 가로회 정책의 실천과 경험을 통해 그에 대한 인식과 대응책이 심화되고 세련되었음을 의미한다. 1년 전의 지시가 가로회의 '혁명적' 작용을 평가하면서도 그것이 소구와 백구의 차이를 언급하지 않음으로써 소구 내 가로회에 대해서도 긍정적으로 평가하고 그를 동원하려 했던 상황과는 많은 점에서 차이를 보인다. 새로운 지시는 그 혁명적 작용을 우구로 국한하고 특구의 가로회에 대해서는 그 봉건성, 낙후성, 반혁명의 도구가 될 가능성 등에 주목한다.

다른 한편 우구의 가로회 정책에 있어서도 새로운 지시는 변화된 방침을 명확히 제시했다. 즉 기존의 정책이 백구(국민당 지역)를 향하여 가로회를 '발전' 시키고 이를 이용하고자 했다면, 새로운 지시는 백구 내에서도 가로회의 본래 역량에 기초하여 공작을 진행할 것이지, 가로회의 조직을 다시 회복하고 발전시키지는 않는다는 입장을 분명히 했다. 이것은 서안사변 후 본격적으로 모색되기 시작한 국민당과의 연합이라는 새로운 정치적 상황의 한 반영물에 다름 아니다. 이제 '우구' 로 칭해진 국민당 지역의 가로회에 대한 정책은 따라서 가로회의 발전이 아닌 '쟁취' 와 '분화' 라고 지시는 지적한다.

---

86) 崔義, 「回憶哥老會活動二,三事」, 志丹縣 黨史辦 소장.

87) 『黨的工作』(陝甘寧邊區黨委會 出版), 第37期, 1937.7.15. 陝西省檔案館, 革命歷史資料, A46-6-139.

무엇보다도 가로회 정책의 전변이 분명히 확인되는 것은 공산당 근거지 내의 가로회에 대한 정책이다. 지시는 "山堂의 설립, 香堂 의식의 개최, 가로회 회원증의 발급, 마두의 설립을 정지한다." "가로회 초대처를 취소하고 가로회 공개활동의 기회를 취소함으로써 조직이 확대되지 못하도록 한다" 라고 명확한 태도로 새로운 가로회 정책을 지시했다. 이것은 예전의 지시가 말하던 "개산당을 돕는다"라든가, "개산당은 가로회 쟁취의 유효한 수단이다"라는 주은래의 언급과 극단적인 대조를 보이는 대목이다. 공산당 근거지 내에서 이제부터는 더 이상 비밀결사와 같은 구식 조직에 대한 전면적인 동원은 고려되지 않았다. 특구의 가로회에 대한 책략은 이제 '쟁취'와 '분화' 뿐만 아니라 '瓦解'의 동시병용이었다.

이 지시가 내려진 후 특구(이후 변구) 내에서 정부가 후원하는 어떤 가로회의 개산당이나 승인된 가로회의 공개적 활동이 있었다는 기록은 찾아보기 어렵다. 가로회의 '반혁명' 활동에 대한 보고는 끊이지 않지만, 정부가 이를 쟁취하기 위해 과거와 같이 가로회 고유의 조직 형식을 공식적 차원에서 이용했다는 증거는 없다. 물론 국민당 통치지역에서의 활동의 편의를 위해 가로회가 이용되고, 특구 내에서도 조직의 승인을 거쳐 당원이 가로회에 가입하는 것은 여전히 유효한 가로회 공작의 방법이었다고 하더라도,[88] 가로회의 활동은 억제되고 종국에는 해체되어야 할 것이었다.

88) 다음의 자료들은 1937년 중반 이후에도 중공이 가로회 공작에 경험이 있던 당원들을 통해 국민당 통치 지역에서 가로회를 이용하여 농민대중을 조직하고자 했다는 사실을 보여준다. 「漢南工作報告」(1938.6.1), 中央檔案館 · 陝西省檔案館 編, 『陝西革命歷史文件匯集』(全21卷: 甲, 18; 乙, 3), 1991-1993, 甲, 10, p.218; 「陝西省委關於各地十月分工作報告匯錄」(1938.11.3), *ibid.*, 甲, 11, pp.210-211; 「陝西省委秘書處關於各地工作報告摘抄(1939年一至三月)」, *ibid.*, 甲, 12, pp.427-428.

자료 5. 「陝甘寧邊區黨委關於哥老會工作的指示草稿」

『黨的工作』(陝甘寧邊區黨委會出版), 第37期, 1937.7.15

陕甘宁边区党委关于哥老会工作的指示[illegible]

一年来哥老会工作的经验告诉我们，对于哥老会的策略，及具体工作，在特区和白区，是应当采取不同的方针的。因此，现在总结一年来工作的经验，我们必须把特区和白区，哥老会工作的不同，给一个清楚的指出，并根据各地具体情况布置工作。

(一) 对哥老会性质的估计。

(甲) 哥老会是中国历史遗留下来的秘密结社之一，他包含着农民，手工业者，士兵，失业民众等下层社会的分子；因此在反对统治阶级的斗争时，下层群众能起着革命的作用；同时在哥老会内部还包含着一部分土匪流氓分子，哥老会在思想组织形式方面都带着极浓厚的，保守的，迷信的，封建的，狭隘的色彩；因此哥老会组织又时常被反革命分子所利用收买，而成为反革命的工具。就中大的这一点估计，特别在白区是完全适用的。

(乙) 在特区由于经过苏维埃的革命斗争，哥老会弟兄中的最大下层群众得到了政治经济的利益；

그러나 여기서 주의해야 할 것은 이 '와해' 정책이 분명 가로회에 대한 부정이었다고 하더라도, 그를 위해 모종의 적극적인 파괴의 수단이 강구되었다고 간주해서는 안된다. 중공이 가로회의 해체를 위해 정부차원에서 어떤 공개적인 조치를 취한다거나 그 활동을 금지하는 급작스러운 법률을 채택한 것은 아니었다는 점에 주목할 필요가 있다. 가로회의 와해는 즉각적으로 달성되어야 할 과제는 아니었다. 이것은 또 다른 봉건 '미신' 조직인 佛教會, 一心會의 활동에 대해 정부가 단호한 금지조치를 단행했던 것과 극명히 대조된다.[89] 따라서 1937년 7월의 전략적 전변이 공산당 근거지 내에서 가로회의 존재 조건을 완전히 바꾸어 버렸다고는 말할 수 없다. 변화된 것은 그들의 공식적인 지위였고, 그리고 그러한 지위와 함께 그들이 자율적 세력으로 성장할 수 있는 가능성이었다.

새로운 지시가 발표된 이후에도 가로회는 1940년대를 통하여 변구 내에서 여전히 '존재' 할 수 있었고, 변구정부로서는 가로회에 대해 '承認' 도 아니고 어떤 '公開限制' 도 가하지 않는 태도를 취했다.[90] 따라서 가로회의 비밀활동에 대한 가능성은 상존했고, 당정으로서는 여전히 교육과 선전이라는 방법으로 대처하고, 이를 배제가 아닌 체제 내 포용과 통합으로 나아가야 했다. 가로회 회원이라는 단순한 이유로 체포된다거나 어떤 불이익을 당하는 경우를 찾아보기 어렵다. 지시는 명확한 태도로 "가로회 자신의 의향에 따라 가로회 조직을 이탈하도록 해야 한다"고 지적했다. 1941년의 관중분구의 가로회 공작에 관한 지시도 '반혁명' 활동을 하는 가로회 회원을 처

---

89) 「陝甘寧邊區政府布告 - 禁止佛教會, 一心會活動」(1938.7.15), 陝西省檔案館 · 陝西省社會科學院 編, 『陝甘寧邊區政府文件選編』, 檔案出版社, 第1輯, 1986, pp.82-83. 이 '불교회' 는 정통 불교조직이 아니라 교문계 비밀결사 九宮道의 한 지파였다. 이에 관해서는 이미 제1부 제1장에서 서술한 바 있다.

90) 邊區政府民政廳, 「各種教會組織概況」(1942.11), (감숙) 慶陽地區檔案館 邊區政府卷, 276-41-5.

리하는 데 있어서 일반 회원들의 공포현상을 일으키지 않도록 주의할 것을 요구하고 있다.[91)]

가로회의 정치화에는 전술한 것처럼 많은 곤란이 따랐고, 정책의 전환이 확인된다고는 해도, 가로회는 전반적인 수준에서 공산당을 지지했고, 체제 내에 통합되어 갔다. 다음의 사료는 그러한 사실을 웅변으로 보여준다. "항전 이전(內戰時代) 志丹縣 가로회는 15%가 국민당(友方)을 위해 일했고, 7%만이 공산당의 공작에 참여했는데, 항전 후 이들 가로회의 공산당에 대한 태도는 호전되어, 호의적인(好的) 혹은 중립적인(無所謂的) 태도를 갖는 가로회가 85% 이상이고, 나쁜 태도(壞的)를 갖는 가로회원은 11%이다."[92)]

물론, 가로회에 대한 공산당의 태도는 1940년대 말과 50년대 초의 분석을 통해 더욱 분명히 확인될 필요가 있을 것이다. 여기서 간단히 살펴보자면, 단편적 자료들은, 곧이어 '신중국'의 성립으로 이어지는 내전기를 통해서도, 체제에 통합된 가로회 세력들이 특별한 문제를 야기하지 않은 채 존재하고 있었다는 사실을 보여준다. 1948년 감숙성 曲子縣의 사례는 대표적이다. 1947년 12월 曲子縣 保安科는 便衣隊員 朱聚奎의 보고를 통해 곡자 4鄕의 가로회 심일대야 張占山 등 7인의 향당개최와 회원 모집 정보를 입수하게 된다. 정찰과 대원이 파견되고, 10여 일간의 관찰 끝에 가로회 회원들의 동향을 파악하게 된다. 결국 이들 가로회 회원과 국민당 特務와의 왕래 사실, 가로회 분자 辛義銘의 토지개혁에 대한 불만 등의 혐의가 포착되면서, 장점산, 馬德福, 신의명 등 3인이 체포되었다. 그런데 여기서 주목되는 것은 이들에 대한 처리 과정이다. 가로회의 활동을 금지하는 명확한 법률 규정은 없었고, 따라서 縣委의 토론을 거쳐 처리가 결정되었다. 즉 西峰鎭의 국민

91) 「關中分委關於對哥老會工作的指示」(1941.5.16), 『隴東統戰』, p.229-230.

92) 「志丹縣各區哥老會人員名單統計」(1941), 志丹縣黨史辦公室 所藏資料.

당 특무 王振東(마두 책임자, 즉 용두대야)과 왕래했던 마덕복의 경우는, 군중대회를 소집, 그의 가로회 활동 상황과 특무와의 관계를 폭로하고 그의 가로회 관계 및 특무와의 관계 단절을 맹세시킨 뒤, 고역 3개월에 처했다. 향당개설 이외에 여타의 정치활동을 하지 않았던 장점산은 역시 군중대회를 통해 가로회 활동 사실을 폭로했지만, 떠돌지 않고 당지에 살 것을 맹세시키는 선에서 그치게 된다. 특히 신의명은 '정치문제'가 분명치 않음으로 잠시 결정을 보류하기로 하고 정치문제가 분명히 드러나게 되면 차후 처리하도록 결정되었다.[93] 이 사례는 항상적인 당국의 감시 속에서도, 가로회는 당이 요구하는 일정한 '규범'의 선을 넘지 않는 선에서 법률적 저촉을 받지 않고 활동할 수 있었다는 사실을 잘 보여준다. 위의 보고를 통해 보면, 향당의식에 참여한 7명의 회원 가운데, 체포된 가로회 회원은 단지 정치적 혐의가 있는 자 3명에 국한되었고 그 가운데서도 단 1명(마덕복)만이 형사처벌되었다.

이 가로회의 사례를 통하여 우리는 이른바 '연안방식'(Yan'an Way)을 확인하게 된다. 즉 그것은 다양한 사회집단에 주어진 승인(수용)과 통제(배제)의 다양하고 점진적인 스펙트럼을 통해 표현되는 권력관계의 섬세한 운용에 다름 아니다. 1937년 7월을 전후로 가로회에 주어졌던 서로 다른 두 지위는 공산당이 보다 개방적인 사회적 연맹관계를 찾아 나가면서 보여준 승인과 배제의 두 가지 방식을 나타낸다. 특징적인 것은 바로 이 공산당이 오늘날 개혁 개방 이래 자신과 '사회'의 관계를 운영하기 위해 다시 그러한 방식을 동원하고 있다는 점이다. 다양한 사회 집단과 조직들이 일반적인 규범적 공간에서 활동할 수 있는 가능성이라는 측면에서 오늘날의 당국가-사

93) 曲子縣保安科, 「關於破獲曲子四鄉哥老會案件報告」(1948.2.1), 慶陽地區檔案館, 38-17-114.

회의 관계는 섬감녕의 그것과 다른 것이라 할지라도, 우리는 그 가운데 하나의 연속성을 발견한다. 사실 공개적 승인이 결코 불변하는 것은 아니며, 그것은 전반적인 정치적 맥락과 국면에 따라 변화한다. 다른 한편, 승인의 취소가 직접적인 금지와 진압을 의미하는 것이 아니라면, 역으로 사회집단의 승인이 곧 그 활동에 대한 통제와 조정의 방기를 뜻하는 것은 아니다. 우리는 이러한 과정을 1937년 전후의 가로회의 경우에 확인할 수 있었다.

5. 중공의 가로회 감시와 통제

1) 對가로회 선전과 교육

공산당 근거지 내의 가로회 활동을 제한하기 위한 교육, 선전, 설득의 방법은 우선 근거지 내에서 널리 읽혔던 정부기관지 『紅色中華』의 보도 방식을 통해서 확인된다. "가로회란 무엇인가?"라는 제하에 연 2회에 걸쳐 등재된 문답식 기사는 공산당에 의한 가로회 정치화의 핵심적 문건인 1936년 7월의 「선언」과 「지시」의 내용을 다음과 같은 평이한 방식으로 전달한다.

『紅色中華』 第304期(1936.10.5)

問: 가로회란 어떤 조직인가?

答: 가로회는 중국의 수많은 비밀결사 중의 하나이며 중국역사가 남긴, 당시 통치에 불만인 지식분자와 농민, 수공업자, 사병, 유민이 결합된 군중조직이다.

問: 우리의 가로회에 대한 태도는 응당 어떠해야 하는가?

答: 우리는 응당 가로회의 혁명정신을 발양하고 통일전선하에 그들을 흡수하여 항일구국운동에 참여시켜야 한다. 따라서 우리는 가로회의 소구에서의 존재를 허용하고 백구 내의 일체의 피압박 강호 호한을 초대하고 기용한다.

問: 그러나 소구 내에서 우리는 가로회에 반드시 참가해야 하는가?

答: 소구 내에서는 일체의 항일구국의 군중운동이 모두 우리 소비에트정부의 영도를 받고 있고, 또한 각종의 군중독자의 혁명조직 예컨대 공회 호조회 등등으로 우리 자신의 이익을 보장하고 있기 때문에, 꼭 가로회에 참가할 필요는 없다.

『紅色中華』 第305期(1936.10.10)

問: 백구 내 가로회 형제들의 생활상태는 어떠한가?

答: 백구 내 가로회 형제들은 가장 압박받고 착취당하는 계층으로, 경제상 파산과 실업으로 갈곳이 없고, 정치상 완전히 피압박의 지경에 처하여, 자신의 생존을 도모하기 위해 "逼上山"(어쩔 수 없이 가로회에 가입) 하고 "험한 길로 나아가" 게 되었고, 이리하여 국민당에게 "사회 기생충이자 도적으로 반드시 제거해야 할" 존재로 간주되고 있다. 이러한 상황에서 가로회 형제들은 자신의 출로를 획득할 수 가 없다.

問: 소구 내 가로회 형제들의 생활 상태는 어떠한가?

答: 소구 내 가로회 형제들은 모두 그들이 필요로 하는 것을 얻었다. 그들은 토지와 양식과 畜生, 가옥을 얻었고, 실업의 고통을 벗어났고, 일체의 정치상의 압박이 제거되었다. 소비에트만이 가로회 뿐만 아니라 일체의 피압박 피착취 인민의 출로이자 救星이다.

問: 현재 소구의 모든 지방에서 산당을 열고 있고, 군벌 毛炳文, 마홍규 등도 산당을 개설하려고 하는데, 이것은 무슨 의미인가? 홍이건 백이건 모두 가로회의 환심을 사려고 하는 것인가(討好).

答: 소구의 개산당은 백구 가로회 제형들로 하여금 혁명과 공작에 참여케 하여 소비에트 승리를 위해 투쟁하기 위한 것인데 비해, 군벌 毛炳文 등의 개산당은 반대로 가로회 형제들을 이용하여 소구를 공격하고 소비에트를 파괴하고 가로회 자신의 형제들을 도살하려는 것이다. 만약 모병문에 의지하여 소구를 공격한다면 가로회 형제들은 아무런 이익을 얻을 수 없을 뿐만 아니라 그 반대의 결과인 죽음의 길로 갈 뿐이다.

공산정권은 상황적 국면이 요구하는 일시적인 목표를 제시하는 것 이외에도, 하나의 규범적 질서를 확산시키기 위한 노력도 기울였다. 가로회와 관련하여 발생하는 실제적 문제들의 대부분은 이러한 상황적 측면과 규범적 측면의 두 축을 중심으로 전개되었다. 한 예로, 제2차 국공합작의 성립 전, '토지혁명' 의 진행시 지주가 가로회 두목인 경우는 어떻게 처리해야 했던 것일까? 한 지시문에 의하면, 가로회 두목의 세력 하에 아직 많은 가로회 군중들이 그를 믿고 의지하는 경우에는, 당은 책략상 그 토지몰수에 조급해서는 아니될 것이었다. 이 경우에는 그와 연합할 수도 있고 그로 하여금 기부를 하도록 하는 것도 허용되었다. 그후 그의 詐欺와 착취 사실을 선전해 내고, 가로회 군중이 당을 지지하는 경우에 비로소 그 몰수조치를 단행할 수 있었다.

반혁명적인 가로회 수령의 처리에 있어서도 군중의 반향이 무엇보다도 중요했다. 군중이 그의 진면목을 잘 알지 못할 경우에는 한편으로는 그를 외교적으로 대우하면서 다른 한편으로 그의 반혁명적 사실을 폭로함으로써 대중의 지지를 얻고 그런 다음에야 처벌이 이루어져야 했다. 가로회 회원 중에 그들이 반혁명의 우두머리이거나 군중이 통렬히 미워하는자가 아닌 경우에는 그가 과거에 비록 약간의 반혁명 활동을 했더라도 그의 쟁취에 노력하고 일반 대중과 마찬가지로 토지를 분급하도록 했다.[94]

사실 가로회 중의 '토호' 분자에 대한 처리는 당의 가로회 정책에 대한 가로회 성원 자신의 판단에 중요한 영향을 미치는 사안이었다. 정변현 5구의 사례는 대표적이다. 이곳의 한 가로회 토호는 흉년시 군중에게 식량을 분배해준 전력이 있고 따라서 원근의 군중들이 모두 그를 '太善人'이라고 칭송하였고, 주변의 토비들조차 그를 함부로 침범하지 않는 명망을 얻고 있었다. 그러나 당시 소비에트 구역으로 갓 편입된 이 지역(新區)의 당정은 그 흑백을 가리지 않는 태도로 이 토호에 대해 투쟁을 전개함으로써 군중의 불만을 사고 결국 군중들이 소구 밖으로 도망치는 등 큰 혼란을 초래했다.[95] 위의 지시문은 바로 이와같은 가로회 측의 반감을 사지 않기 위한 신중한 태도를 요구하는 것이었고, 선전의 역할에 대한 강조는 바로 그러한 류의 어려움을 방지하기 위한 것이었다.

중공의 신중한 태도는 가로회를 향한 선전구호의 선택에서도 분명히 확인된다. 예컨대 三邊特委는 중앙의 가로회 정책에 부응하여 "淸水 영웅들의 소비에트 공작에의 참여를 환영한다"라는 구호를 제출한 바 있는데, 이는 곧 당중앙으로부터 비판의 대상이 되었다. 그것은 바로 이 구호가 청수만을 쟁취하겠다는 뜻으로 오해될 수 있다는 이유에서였다. 제1장에서 살

94) 「陝甘寧省委給慶陽縣委指示信」(1936.6.18), 『黨的工作』, 第5期, 1936.7.21.
95) 拓夫, op. cit.(1936.9.10).

펴본 바와 같이 가로회 내부 조직에 따르면, 가로회 성원은 '청수'와 '혼수'의 구분이 있어, 전자는 촌락사회에 아직 잔류해 있는 자들인데 비하여 후자는 토비와 유맹의 부류를 일컫는다. 중앙의 지적에 따르면 위의 구호는 현재 토비, 민단 내에 혼수가 많은 삼변지역에서 이들 혼수로 하여금 공산당이 자신들의 혁명 참여를 원하지 않는 것으로 느끼게 할 수 있다는 것이다. 중앙은 가로회 중의 가장 활동적인 일부이자, 사실 가장 쟁취하기 어려운 부분이 바로 이 혼수라고 지적하고, 따라서 당은 특히 이들을 쟁취하여 '올바른 길'로 돌아오도록 해야 한다고 강조했다.[96)]

2) 당내 가로회 문제

중국공산당 내부의 가로회 존재는 장정 이전 유지단 시대이래 섬감녕 지역의 오랜 그리고 빈번히 발견되는 현상이었다. 당 지도부로서는 사실 이 특이한 가로회-당원들이 '공산당 내의 비밀당'을 만들지 않도록 주의를 기울였다. 앞서 인용한 주은래의 편지는 바로 그러한 상황에 대한 우려를 표명한 것이었다.

결국 보다 정확히 말하자면, 가로회는 권력의 지방적 구조 속에서 공산당에 대하여 국민당 군대, 토비, 민단 내에서 그랬던 것처럼 일종의 "잠입"의 태도를 취하는 경우도 많았다. 앞서 살펴 본 바와 같이 혁명운동의 초기부터 적극 행동형의 가로회 회원들은 그 사회적 개인적 관계를 통해 공산혁명에 참가했고, 그 결과 홍군, 유격대 그리고 당정의 각 부문에 다수의 가로회 분자가 침투해 있었던 것이다. 당내 가로회의 광범한 존재는 지방당정, 특히 현급 이하의 경우에 두드러진 현상이었다. 어느 지역보다도 많은 가로

---

96) 「陜甘寧省委轉三邊及宋伍閻杜諸同志」, op. cit., 1936.8.18.

회 회원이 존재하고 있었다고 판단되는 지단현의 경우, 한 區의 상황은 이를 웅변적으로 보여준다. 1936년 중반 가로회 「선언」이 발표되던 당시 지단현 志良區 정부의 간부 인원 16명 중 11인이 가로회 회원이었다(區長 劉萬發, 부구장 韓維勝, 조직부장 蘇德秀, 선전부장 劉世旺, 공회 주석 田憲寬, 경제부장 孫寶貴 등등).[97] 정부 인원뿐만 아니라 지방 당내의 사정도 상황은 유사했다. 1939년 11월 시점의 한 보고에 의하면, 延川縣 東陽區 2개 촌(中河村 蔡少村)의 34명 당원 중 가로회에 참가하지 않은 자는 단지 1남 1녀에 불과했다.[98] 동양구 전체의 가로회 회원은 모두 115명으로 집계되고 있는데, 그 중 당원이 64명으로 가로회 회원의 과반수 이상을 차지한다.[99] 이것은 적극 행동형 가로회 회원들의 지방 당정에의 활발한 참여를 재확인 시켜주는 것이다.

지방 당정 내의 다수의 가로회 회원의 참가는 섬감녕 지역의 가로회의 광범한 분포라는 상황적 요인뿐만 아니라, 1935년 당중앙의 섬북 도착 직후부터 1936년에 걸친 급격한 당원의 확대와 관련된다. 1939년 10월 말 시점의 중앙 조직부의 보고는 변구 3만6천 131명의 당원 중 1935~36년에 참가한 당원이 전체의 71.24%를 차지하고 있음을 보여준다.[100] 그러나 가로회 회원의 입당 자체가 문제가 된 것은 아니었다고 판단된다. 문제는 앞서 지적한 바와 같이 이들 당내의 가로회 회원들이 당내에서 독자의 가로회 비밀활동을 구축하고 이러한 활동이 통제 불능의 상태에서 이른바 반혁명에 이용될 가능성이었다. 따라서 당내 가로회 문제는 일반 군중 내의 가로회와는

97) 王國楨, 제3장 말미의 부록 4, 회고록 23. 그는 당시 지량구 정부 비서였다.

98) 「延川縣縣長常德義, 巡視員劉景瑞的來函」(1939.11.10), 陝西省檔案館. 全宗 2 - 案卷 292.

99) 「劉景瑞給高自立,曹立如同志的來函」(1939.11.21), 陝西省檔案館. 全宗 2 - 案卷 292.

100) 「黨員黨齡百分比」(組織部制)(1939.10.27), 『陝甘寧文件』, 甲, 1, p.330.

다른 차원에서 접근되어야 했다.

가로회 정책의 전변을 획기하는 1937년 중반 예의 새로운 「지시」 이후 5, 6차에 걸친 당원의 정리와 심사 과정에서 출당(開除, 洗刷)의 대상에 가로회가 포함된 것은 그리 놀랄만한 일이 아니다.[101] 1939년 10월 5일자 중앙조직부의 변구 내 당원 상황에 대한 통계보고는 당내의 가로회 문제가 비교적 엄중했음을 단적으로 보여준다. 출당자 1,257명 중 출당의 원인으로 열거되는 자수(237)나 도망(439), 정치불명(103), 탐오(171), 도박(93), 천주교(22) 등의 배신이나 규율 위반, 종교 신앙의 문제 이외에 '가로회' 라는 명목으로 출당된 자는 전체의 12%를 차지하는 152명에 이르고 있다. 10월 27일자의 또 다른 통계는 이 단기간을 통하여 변구 내 1383명의 당원에 대해 다시 출당 처분이 내려졌고 그 가운데 7.17%에 이르는 99명의 가로회 회원이 포함되어 있음을 보여준다. 이와 같이 수차례의 출당 조치가 내려진 후, 1939년 10월 시점의 변구 지방당 내의 상황에 대한 조사통계에서도 과거 가로회에 참가한 적이 있던 회원은 '당파관계' 중 수위를 차지한다. 가로회 820, 종교 198, 국민당 70, 肅反小組 3, 자수 169, 내력불명 29, 홍창회 2, 총계 1291로서 가로회는 약 71%였다.[102]

그렇다면 가로회의 출당에는 어떤 원칙이 적용되고 있었던 것일까? 가로회에 참여했던 적이 있다고 하여 모두 출당 처분이 내려진 것이 아닌 이상, 이에는 상응하는 세부 원칙이 적용되었다고 판단된다. 1939년 말의 연천현의 사례는 이러한 출당 처분의 방법에 나름대로의 원칙이 수립되어 있었음을 보여준다. 거기에는 우선 공개출당, 개별출당 그리고 비밀출당의 방법이

101) 「陝甘寧邊區黨委組織部關於兩年來組織工作報告提綱」(1939.10.31), 『陝甘寧文件』, 甲, 1, pp.338-339.

102) 「陝甘寧邊區黨委組織部關於邊區黨員幹部情況統計表」(1939.10.27), 『陝甘寧文件』, 甲, 1, pp.328-329 · 331 · 333 참조.

있었고, 가로회 참가와 입당의 시기를 기준으로 출당 처분이 결정되었다. 즉 입당 이전 가로회에 참가한 자로써 현재 가로회 활동을 진행하지 않는 자는 교육에 중점을 두고 출당 처분하지 않았지만, 입당 이후 당조직의 허가를 거치지 않은 채 가로회에 참가한 경우는 출당 조치했다.[103] 물론 이러한 조치는 최상급인 변구당위원회의 허가를 거치도록 되어 있었다.[104]

연천현 동양구 당내의 가로회 분자 64명 중 출당 처분을 받은 28명은 입당 후 가로회에 참가하여 가로회 활동을 벌였던 것이며, 이들은 진정한 공산당원이 아니라 주로 가로회 대야의 지시를 받고 당을 파괴하는 자로 간주되었다. 1940년 8월 당내의 한 지시는 심사를 통하여 '반드시 깨끗이 씻어내야 할'(必須淸洗的) 대상으로 가로회·일심당·불교회·기독교·천주회 등 봉건 미신, 종교단체에 참가한 적이 있고 아직 관계를 청산하지 못한 당원간부를 들고 있다.[105] 이것은 공산당이 더 이상 당내의 가로회를 용인

103) 앞의 연천현 측의 두 서신 참조. 입당 후 조직의 허가를 거치지 않고 가로회에 가입한 당원에 대한 출당 처분의 사례는 국민당 통치구역의 중공 '陝西黨' 내에서도 발견된다. 즉 城固縣의 한 농민당원은 입당 후 '생활문제'의 해결을 위해 다시 가로회에 가입했다는 이유로 '투기분자'로 분류되어 '淸洗' 되었던 것이다. 「陝西省委組織部關於部分地區審查黨員工作情形初步總結」(1941.6.18), 『陝西文件』, 乙, 3, p.34. 당내의 가로회 제거는 조직 성분의 건전화라는 차원에서도 접근할 수 있는데, 그러나 그들이 가로회라는 단순한 이유로 출당 처분된 것은 아니었다. 유지단을 도와 혁명에 참여했고 陝甘寧省 주석을 역임했던 心一大爺 馬錫五는 해방 후 人民最高法院副院長의 직위에까지 오르게 된다. 문제는 입당 후 당원들이 여전히 과거의 조직과 관계를 맺고 있는가의 여부였다. 李恩群, 「馬錫五(1899~1962)」, 楊文耀, 高希聖 主編, 『延安黨史人物英烈全輯』, 中共延安地委黨史辦公室 編, 1987; 「馬錫五」, 劉鳳閣 主編, 『慶陽地區中共黨史人物』, 中共慶陽地委黨史辦·中共華池縣委員會 編, 1996, pp.65-73.

104) 「高自立, 曹力如同志關於東陽區剿匪問題給延川縣縣長常德義及劉景瑞復函」(1939.11.30), 陝西省檔案館. 全宗 2 - 案卷 292.

105) 「邊區黨委關於繼續審查黨的組織成分給各級黨部的指示」(1940.8.1), 『陝甘寧文件』, 乙, 2, p.149.

하지 않겠다는 의미로 해석된다. 공산당으로부터의 가로회 배제는 단지 가로회가 권력으로부터 소외되었다는 것만을 의미하는 것은 아니다. 비록 당 밖에서는 공산정권이 가로회를 물리적으로 핍박하지는 않았지만, 이제 그들이 누려오던 정당성은 상실되었다.

3) 가로회원의 '登記'

가로회의 영향력을 제한하고 통제하기 위한 조치들은 '등기' 라는 전통적 통제방식을 떠나서는 완전해 질 수 없는 것이었다. 이 공산당의 소형 '국가' 는 가로회라는 '비밀' 의 사회 세력을 자신의 영토 내에서 자유롭게 활동하지 못하도록 하기 위한 목적의 하나로 등기라는 수단을 통한 가로회 회원의 정확한 조사를 기도했다. '등기' 라는 용어는 '해산' , '금지' 혹은 그것을 위한 '자료의 작성' 이라는 의미의 외연을 갖기 때문에 가로회 회원들에게 모종의 공포를 야기하는 것이었음은 분명하다. 그러나 중공의 가로회 등기는 그에 대한 강제적 진압과 해산의 일환이었다고 볼 필요는 없다. 그보다는 오히려 가로회의 비밀활동이 초래할 수 있는 반혁명의 가능성에 대한 감시 및 그 회원들에 대한 동원과 정치적 지도라는 공산권력 측의 가로회 침투를 위한 자료파악에 있었다고 판단된다.[106] 그리고 그러한 침투의 강화는 1937년이래 공산권력의 상대적 공고화와 궤를 같이 하는 것이었다.

1936년의 「선언」 직후부터 일부 지방 당정은 공개적인 報名 등기를 통해 가로회의 활동을 제한하고자 하는 경우도 있었지만(郭滴人, 앞의 글), 중공의 기본적인 정책이 교육과 선전에 중점을 두고 있었기 때문에 회원의 등기 작업을 위해 어떤 강압적 방법을 동원한 것은 아니었다. 근거지 내 가로회

106) 張崇德, 제3장 말미의 부록 4, 회고록 24.

성원의 광범한 분포와 중공의 공개적 존재의 인정으로 가로회는 이미 소구 내에서 (半) 公開的 상황에 놓여 있었고, 적극 활동형 가로회 회원들이 참여하고 있던 지방 당정의 경우 그 관할 구역 내에 가로회원을 파악하기란 그리 어려운 문제는 아니었다. 결국 가로회 회원에 대한 등기는 대체로 비공개적인 조사와 개인적 설득의 방법을 통해 이루어졌던 것으로 판단된다. 회고들에 의하면 각 지방당정이 예의 「선언」이래 保衛(安) 부문의 책임 하에 가로회 회원에 대한 통계업무를 개시했다.

등기 공작은 섬감녕의 공산근거지 전역을 통해 실시되었던 것으로 보인다. 그러나 이용 가능한 자료들은 극히 단편적이어서 몇 개현에 국한된 몇 년간의 통계, 특히 1940년대의 조사에 집중된다. 게다가 필자가 입수한 관련 당안들은 본서의 '서론' 에서 언급한 다양한 이유로 인해 해독 불가능한 경우도 있다. 한 회고에 의하면 1936년 정변현의 가로회는 300여 명, 1937년 가을 시점 지단현 가로회는 총 700여 명에 이르렀다고 하지만,[107] 이러한 통계수치는 사실 거의 의미가 없다고 할 수 있다. 왜냐하면, 그것이 해당 현 전체의 가로회 숫자를 말해주는 것이 아님은 분명한 사실이기 때문이다. 현재로서는 섬감녕의 공산근거지 전역을 커버하는 가로회 회원수를 말해주는 종합적 자료는 존재하지 않는다.

그러나 그럼에도 불구하고, 필자가 입수한 가로회 조사 자료들은 그 조사의 절차와 내용을 알 수 있게 해준다. 조사에 따르면, 가로회 등기는 가로회 1인에 카드 한 장을 배정한 체계적 방식으로 진행되었던 것으로 판단되며, 그러한 카드는 등사를 사용하여 동일한 내용과 형태로 작성되고 있었다(이하의 예시 자료 6의 등기 카드 참조).[108] 그것은 동시대 국민당의 거의 모

107) 李立森, 제3장 말미의 부록 4, 회고록 26.

108) 이하는 필자가 입수한 1940년대의 가로회 조사자료 목록이다. 合水縣政府保安科, 「西華池社會調查登記表」(1940), 慶陽地區檔案館藏 40-19-3; 合水縣政府保安科, 「店

든 자료들이 보여주는 바와 같은 단순한 인명만을 기록한 장부가 아니라,[109] 한 카드 안에 회원의 출신 성분, 당파관계, 가로회 가입시기, 가입시의 소개인, 조직 내에서의 지위와 위신, 사회적 관계, 근거지 내의 활동 상황과 방식, 군중의 그에 대한 평가, 공산당에 대한 정치적 태도, 그리고 당시 참여하고 있던 군중단체 등에 걸친 상세한 내용을 담고 있다.

가로회 등기부에서 무엇보다도 중시되었던 것은 가로회 회원의 공산당에 대한 태도였다. 카드 내의 '우리들에 대한 태도'(對我們態度) 항목은 좋음("好"), 매우 좋음("很好"), 매우 좋고 우리들의 동원공작에 관심을 보임("很好, 關心我們的動員工作"), 우리들에 대해 비교적 우호적, 훈련 때마다 나옴("對我們還不錯 爲訓練時都來"), 우리에 대해 좋고 나쁨이 반반임("對我好壞表現均量"), 우리에 대해 비우호적, 우리가 아편 피우는 것을 반대하기 때문("對我不好因抗火烟與他不利"), 표면상으로 좋음("表面上[很]好"), 표면상으로는 좋지만 실제는 어떤지 불분명("表面上好 實際內情不明"), 평상적("平常"), 좋지 않음("不好"), 우리를 무시하는 태도를 취함("對我們採取不理態度"), 좋다고도 나쁘다고도 말하지 않음("沒什麼不說壞也不說

子區哥老會分子登記表」(1941.3.28), 慶陽地區檔案館藏 40-19-9; 合水縣政府保安科, 「合水二區哥老會分子登記表」(1941.10), 慶陽地區檔案館藏 40-19-8; 合水縣政府保安科, 「三五鄕哥老會册」(1947?), 慶陽地區檔案館藏 40-19-9; 合水縣政府保安科, 「蕭嘴區哥老會分子登記表」(1942?), 慶陽地區檔案館藏 40-19-9; 合水縣政府保安科, 「蕭嘴區哥老會分子登記表」(1942), 慶陽地區檔案館藏 40-19-13; 合水縣政府保安科, 「蕭嘴區調査登記本」(1943). 慶陽地區檔案館藏 40-19-16; 中共合水縣委, 「會門分子登記表」(1949), 慶陽地區檔案館藏 39-18-103; 慶陽縣政府, 「高迎區壹,三鄕,五鄕,六鄕鄕會門分子表」(1949), 慶陽地區檔案館藏 32-12-156; 曲子縣保安科, 「關於破獲曲子四鄕哥老會案件報告」(1948.2.1), 慶陽地區檔案館藏 38-17-114; 曲子縣保安科, 「曲子縣天子區哥老會統計」(1946.7.17), 慶陽地區檔案館藏 38-17-27.

109) 국민당 측의 비밀결사 조사자료는 「西安市與蔡家坡幇會人員名册」(1944~1948, 1948~1949) 陝西省檔案館, 民國檔案, D699/50-1-98, D699-492/50-3-2에서 그 일단을 엿볼 수 있다.

好"), 우리에 대해 좋지 않음, 언제나 함부로 비난함("對我們不好 常亂講壞話") 등등 회원마다 다양한 형식의 평가가 내려졌다. 기타 항이 공란으로 남겨진 경우가 있지만, 정치적 태도란은 어김없이 채워졌다. 이같은 가로회 각 회원에 대한 상세한 정보는 그들에 대한 일상적인 감시와 유사시의 대책에 효율적인 준비가 되어주었다고 판단된다.

가로회 감시는 우선적으로 가로회에 가입한 적이 있는 혹은 아직도 당의 승인하에 가로회 와 조직관계를 맺고 있던 신뢰받는 당원들에게 맡겨졌다. 지단현의 한 불완전한 자료는 1941년의 지단현 전체 가로회 회원수를 445명으로 집계하면서, 뒤이은 코멘트를 통해 이 가로회 내에 당원이 100명이라고 지적하고, 18%에 이르는 이들 당원을 통해 전체 가로회원을 통제할 수 있는 역량을 갖고 있다고 자평하고 있다.[110)]

110) 「志丹縣各區哥老會人員名單統計」(1941), 志丹縣黨史辦公室 所藏資料. 이 통계에 의하면 各區의 가로회 인원수는 다음과 같다. 1구 130명, 2구 120명, 3구 90명, 4구 80명, 5구 25명. 도합 445명.

자료 6. 哥老會 조사 등기표 '王建榮' 의 카드

「合水二區哥老會分子登記表」(1941.10), 慶陽地區檔案館, 40-19-8.

哥老會份子調查登記表 [illegible] 號

姓名	王建榮	號別	
年齡	四十六歲	社会出身	农人
籍貫 住址	永三区七保毛家庄	職業	
文化程度	不識字		
面貌身材及語言特長	黄色 五尺 言平常		
加入過何黨派做何工作	当过土匪		
参加哥老会情形 参加年月	民国十九年加入		
[illegible]	没有		
地位威信	上堂口老三 威信平常		
[illegible]	平常		
[illegible]	没有		
活動的方式和方法	没有	有何政治背景現受何人領导	农会领导
社会关系 友屬	没		
社会关系 [illegible]	有		
对我们態度	很好		
備致			

年 月 日

6. '邊區' 정치과정 속의 가로회

1) 국공의 알력과 가로회

1937년 9월 항일을 위한 국민당과 공산당의 공식적 합작이 범국민적 열망과 기대 속에 출범했다고 해도, 양자간의 알력이 완전히 해소된 것은 아니었다. 특히 비공식 부문에서의 양자의 불화는 변구 주위의 통일전선을 위태롭게 하기도 했다. 전면적 충돌이라기보다는 '마찰' 로 표현되는 양자간의 라이벌 상태는 지방 차원의 크고 작은 사건을 통해 드러난다.[111)]

중국공산당사상 '反共高潮' 로 불리는 이러한 마찰은 국공합작의 출범 후 1938년을 전후하여 전국적인 하나의 현상이 되어갔던 것으로 보인다. 그것은 결국 1941년 1월 皖南事變이라는 신사군 궤멸 사건을 통해 전면화했지만, 그 배후에는 다양한 지역과 다양한 방식에 걸친 양자간의 알력이 가로놓여 있었다. 변구 주변(특히 '統一戰線區', 즉 국민당과 공산당이 일정한 선을 경계로 동시 통치하는 현들, 이러한 '이중정권' 의 방식은 1940년이 되어야 해결된다[112)])에서의 양자의 마찰에 관한 陝甘寧邊區黨委員會의 보고는 양자의 알력이 거의 항상적으로 존재했음을 단적으로 보여준다. 섬감녕변구 지역의 양당의 불화는 직접적인 군사적 정면 충돌보다는 양 정부의 경계문제에 대한 이견으로부터 상대방에 대한 악선전, 공작의 방해, 상대방 공작인원의 체포와 암살 등에 이르기까지 다양한 형태를 띠고 있었다.[113)]

---

111) 蕭勁光, 「陝甘寧邊區的反摩擦鬪爭」, 『中共黨史資料』 20, 中共黨史資料出版社, 1986, pp.27-63.

112) 1937년부터 1940년까지 '섬감녕변구' 의 23개현 가운데 10여개 현이 이러한 이중정권의 방식, 즉 일정한 경계선을 따라 한 현의 영역이 나뉘고 각기 국민당 현장과 공산당 현장이 통치하는 방식이 존재하고 있었다. 宋金壽 · 李忠全 編, 『陝甘寧邊區政權建設史』, 陝西人民出版社, 1990, pp.178-214. 특히 184-185.

공고화된 변구 내에서 점차 활동의 입지가 축소되어 가고 있던 가로회에게 이러한 양자의 알력은 일정한 활동의 여지를 제공하는 것이었다. 공산당측의 자료들은 국민당이 변구 교란의 주된 수단으로 가로회를 이용했음을 보여준다.[114] 이에는 가로회 그 자체의 이용뿐만 아니라, 가로회를 통한 토비의 조직, 가로회를 통해 기타의 반공조직을 확충하는 방식이 채택되었다. 그 대표적인 예는 勵勤社(隊)의 조직이었다. 이 조직은 국민당 특무 CC계의 조직으로 장개석의 인가하에 조직된 半무장조직이었다. 이 조직은 특히 섬북의 안정현, 청간현, 연천현의 경계지대에서 두드러진 활동을 보였던 것으로 판단되는데, 전문적으로 가로회 회원을 조직하여 세력을 확충하고 토비의 명목으로 변구를 소란스럽게 했다.[115] 1938년 7월 안정현 공산당정부가 처형한 陳文才는 여근대의 한 대장이자 가로회 회원이었다. 이 사건은 뒤이어 안정현 국민당 정부에 의한 공산당 현장의 억류와 공산당측의 군사적 압력에 의한 석방에 이르는 양자간의 일련의 마찰을 야기했다.[116] 국민당에 의해 이용된 또 하나의 가로회 조직으로 '黑軍' 이 존재했다.[117] 이 조

---

113) 邊區黨委, 「陝甘寧邊區周圍摩擦事件調査材料」(1939.4), 『陝甘寧文件』, 甲, 1, pp.468-549.

114) 賈拓夫, 「抗戰中西北政治問題報告提綱」(1940.4.15), 『陝甘寧文件』, 甲, 2, p.84; 「蕭勁光, 高自立, 高崗對邊區周圍磨擦問題的分析與指示」(1940.7.2), 『陝甘寧文件』, 甲, 2, p.132.

115) 「延川縣縣長常德義, 巡視員劉景瑞的來函」(1939.11.10), 陝西省檔案館, 全宗 2 - 案卷 292.

116) 위의 '摩擦事件調査材料', pp.475-476 · 483 · 495 · 516 · 524. 여근대와 가로회의 관계는 연천현의 1939년 11월 보고 및 王若飛의 글에도 나타난다. 「如何鞏固接近抗日前線的延川」(1938.6.23), 『關山渡若飛 - 王若飛百年誕辰紀念集』, 中共黨史出版社, 1996. 여근대 이외에 국민당이 가로회를 이용해 변구정권에 대항하기 위해 조직했던 '黑軍' 에 대한 언급은 郭廷藩, 「陝甘邊和關中地區革命鬪爭紀實」, 子午嶺上紅旗飄(一), 中共寧縣黨史辦公室, 1983, pp.53-54; 「延川縣志」(原稿), '公安司法志' 의 '人民專政' 부분, 延川縣志編纂委員會, 1996 참조.

117) 蕭勁光, *op. cit.*, p.38.

직의 상세한 내막에 대해서는 알려진 바가 없다. 물론 공산당으로서도 가로회를 이용해 다양한 대국민당 작전을 수행했겠지만, 공산당의 당시 자료에는 이에 관한 아무런 정보가 없다.

가로회는 국민당뿐만 아니라 지역의 反공산세력과 일본군에 의해 이용되기도 했다.[118] 반공세력 조종하의 가로회는 홍군을 빙자하여 군중에게 기부금과 식량의 재공('捐款借糧')을 강요함으로써 군중의 홍군에 대한 불만을 조성한다든지(中宜縣), 홍군내의 반란('開小差')을 선동하기도 했다(연안현). 가로회가 변구 소란의 도구로 되어 가는 이러한 상황에 대하여 공산당은 한간 처단('鋤奸')과 토비 토벌('剿匪')의 차원으로 대처하게 된다. 가로회의 토비 활동이라든가 한간에 의한 이용을 비판하는 많은 당내 문건은 공산당이 얼마나 가로회의 활동에 고심하고 있었는가를 보여주는 좋은 예가 된다.[119]

그러나 여기서 다시 주의하지 않으면 안 될 것은 공산당이 이들 반공 가로회 회원을 처리하는 데 있어서 일반 가로회 성원들과 분명히 구분하고 있었다는 점이다. 관중분구 공산당의 지시가 지적하고 있는 것처럼, 지방 당정은 '반혁명' 가로회에 대한 엄격한 처리가 일반 성원의 공포를 초래하지 않도록 주의해야 할 것이었다. 가로회 회원이라고 해서 어떤 권리상의 제한을 받았다는 증거는 찾아 볼 수 없다. 가로회 성원 일반에 대한 정책은 진압

---

118) 賈拓夫, 「抗戰中西北政治問題報告提綱」(1940.4.15), 『陝甘寧文件』, 甲, 2, p.84.

119) 「抗戰段階特區黨的任務與工作」(1937.8.20), 『黨的工作』, 第42期, 1937.8; 履清, 「怎樣開展鋤奸運動」, 『黨的工作』, 第47期, 1937.11.17, p.23; 特委, 「特區直屬各縣抗戰動員工作的第二次檢查」, 『黨的工作』, 第48期, 1937.12.1, p.28; 「陝甘寧邊區黨委統戰部關於統戰聯席會議報告提綱」(1939.3), 『陝甘寧文件』, 甲, 1, pp.216-217; 「陝甘寧邊區黨委統戰部通知 - 搜集頑固分子破壞統一戰線的材料予以揭露」(1939), 『陝甘寧文件』, 甲, 1, pp.417-418; 「西北局關於目前鋤奸問題的指示(初稿)」(1943.2), 中央檔案館 · 陝西省檔案館 編, 『中共中央西北局文件匯集』, 全7卷(甲, 6; 乙, 1), 1994(이하는 『西北局文件』), 甲, 3, p.31.

이 아니라 여전히 '선전', '교육', '설득' 이었다.[120]

이러한 정책과 조치에 대한 일반 가로회 성원들의 반응을 구체적으로 보여주는 자료는 거의 존재하지 않는다. 다만, 한 자료는 당시 섬감녕변구의 가로회 일반이 공산당 당국에 우호적이거나 최소한 중립적이었다는 사실을 보여준다. 앞서 인용한 지단현의 한 가로회 조사 통계는 항전개시 후 공산당에 대해 긍정적인 태도를 보인 가로회가 85%에 이르고 있었다는 점을 상기할 필요가 있다.[121] 그렇다면 이 자료에 근거하여 우리는 공산당에 의한 가로회의 정치화, 즉 그 동원과 통제와 용인 정책이 성공적이었다고 판단할 수 있을 것인가? 공산당의 의례적인 언어들에 주의하면서, 우리는 가로회가 이제 전적으로 자유롭게 행동할 수는 없었다고 하더라도, 그들에 대해 당이 시도한 '규범화' 가 완전하지는 못했다고 말할 수 있을 것이다. 공산당 근거지 내에서 가로회는 여전히 존속했고, 다양한 대중 조직과 정치과정에 참여하게 된다. 결론에 이르기 전에 우리는 마지막으로 가로회의 '항일 민주제도', 즉 '삼삼제' 참여를 분석해 보기로 한다.

2) '三三制' 와 가로회

항일 통일전선의 형성과 민주제도로의 전환 가운데 중요한 부분을 이루던 삼삼제 '민주선거' 는 공산당원이 근거지 내의 참의회와 행정 각 기관 내에서 3분의 1을 넘지 않도록 제한함으로써 '기타 黨派' 및 '無黨派'(무소속) 인사들의 광범한 참여를 유도한다는 조치였다.[122] 섬감녕변구에서

120) 「陝甘寧邊區黨委統戰部關於統戰工作中若干問題給關中分區統戰部的復信」(1940.1.13), 『三三制』, p.294; 「關中分委關於對哥老會工作的指示信」(1941.5.16), 『隴東統戰』, pp.229-230.

121) 「志丹縣各區哥老會人員名單統計」(1941), 志丹縣黨史辦公室 所藏資料.

는 1941년의 현급 참의원 선거와 변구참의원 선거 그리고 1942년의 향급 참의원 선거를 통해 전 변구는 이른바 '삼삼제' 에 근거한 각급 정권이 구성된다.

섬감녕변구의 삼삼제 실시는 그러나 새롭게 건설된 기타 화북의 근거지와 달리 그 오랜 근거지 건설의 역사에서 연유하는 색다른 문제를 안고 있었다. 즉 변구 내의 기타 당파의 부재였다. 지방차원에서 공산당 이외의 당파는 국민당과 기타 민주당파였으나, 그 당원의 숫자는 극소수이거나 근본적으로 존재하지 않는 경우가 대부분이었다.

기타 당파의 부재는 지방당정으로 하여금 공산당 이외의 당파를 애써 찾아내야 하는 수고를 부여하게 되었고, 여기에서 가로회의 존재가 주목을 받게 된다. 지방당정 내에는 가로회를 하나의 黨派로 간주하는 경향이 발생하고 있었던 것이다.[123] 지방당정의 삼삼제에 대한 인식의 불충분은 이러한 경향을 더욱 부추겼다. 심지어 당정의 간부 가운데는 삼삼제를 공산당 1/3, 국민당 1/3, 가로회 1/3로 해석하는 경우도 있었다.[124]

가로회를 하나의 당파로 취급하는 경향은 선거 준비 및 그 결과에 대한 지방 당정의 보고에서 여실히 드러난다. 삼삼제 선거는 당시 일종의 새로운 '창작' (위 임백거의 글)이었으므로 이의 실시에는 각종 선전과 실습이 선행되어야 했다. 1941년 鎭原縣의 한 선거공작 보고에 따르면 당시 관할 각 區는 하나의 保를 실습의 대상으로 삼아 먼저 선거위원회를 성립시켰다. 위

---

122) 毛澤東, 「抗日根據地的政權問題」(1940.3.6).

123) 張邦英, 「建立鄕級三三制政權的幾點意見」, 西北中央局, 『黨的工作』, 第1期, 1941.7.5, p.23.

124) 「西北局辦公廳關於邊區"三三制"經驗的初步硏究(初稿)」(1944.3.23), 『西北局文件』, 甲, 5, p.219; 林伯渠, 「陜甘寧邊區三三制的經驗及其應該糾正的偏向」(1944.3.25), 陜甘寧邊區高干會上報告, 『三三制』, 1989, p.476; 逸屛, 「勝利的收穫-隴東(1942年)鄕市選擧通訊」, 『解放日報』, 中華民國 30.10.20-21.

원회는 정부가 초빙한 9인으로 구성되었는데, 그 '黨派關係'는 공산당원 4인, 가로회 1인 그리고 기타 당파 4인을 참여토록 했다.[125] 진원현은 감숙 隴東分區 관할의 현으로 이 롱동지역은 당시 섬감녕변구 내에서도 가로회의 분포가 가장 많았던 지역으로 조사되고 있었고,[126] 이러한 가로회의 세력이 공산당의 가로회 정책 전변 이후에도 여전히 해당 지역에 강한 세력으로 남아 있었던 것으로 판단된다. 특히 롱동전역의 변구로의 편입은 당시 비교적 최근의 일이었다. 그리고 1941년 이래의 삼삼제의 실시는 다시 가로회에 대한 지방 당정의 주목을 불러 왔고, 선거를 위한 선전과 실습 과정에서 가로회는 정부의 초빙 대상이 되었던 것이다.

삼삼제에 대해 가로회 회원들이 어떠한 반응을 보였는지는 분명치 않다. 다만 1936년의 가로회 「선언」에 따른 적극적 연합이 1937년 중반이래 그 활동의 제한으로 전변되어 온 과정을 고려하면 정부의 삼삼제 호소에 대해 가로회의 반응이 그렇게 적극적이었던 것 같지는 않다. 예컨대, 연안시의 한 가로회 성원은 "정부의 지주 士紳 계급에 대한 삼삼제 참여 호소는 과거 가로회를 이용했던 정책과 다를 바 없다"고 악선전을 했다고 한다.[127]

어쨌든 상급 당정 고위 간부들의 비판 속에서도, 지방 당정의 상황은 가로회를 공산당 이외의 당파로 간주하는 경향이 항상적으로 존재하고 있었다. 롱동분구 新正縣의 1942년 참의회 改選 결과 10개 향에 대한 보고는 가로회가 무당파로서 분류되었던 것이 아니라 공산당, 국민당과 나란히 '당

125) 「陝甘寧邊區鎭原縣政府關於'選擧工作總結'的呈文,抗字第三十三號」(1941.9.7), 中共慶陽地委黨史資料徵集辦公室 編, 『陝甘寧邊區時期隴東民主政權建設』, 甘肅人民出版社, 1990(이하는 『隴東政權』), p.266.

126) 邊區政府民政廳, 「各種教會組織概況」(1942.11), 慶陽地區檔案館 邊區政府卷, 276-41-5.

127) 「西北局關於三三制政權工作初步經驗的總結」(1942.6.20), 『西北局文件』, 甲, 2, pp.139-140.

파' 의 서열에 위치하고 있음을 단적으로 보여준다. 통계는 10개향의 향의원 중 공산당 62, 국민당 1, 가로회 12, 무당파 117명의 분포를 보여준다.[128] 新寧縣의 경우 1941년 현의원 당파관계에 대한 통계는 공산당 14(29.6%), 국민당 2(4%), 가로회 2(4%), 무당파 30(62.5%)이었다. 그리고 1942년의 신녕현 향의원 중에는 이보다도 더 많은 가로회가 참여하고 있었다. 즉 공산당 111(18.9%), 국민당 10(1.64%), 가로회 25(4.1%), 무당파 463(76%)였다.[129] 同宜耀縣의 1942년 선거결과 전현 향의원은 공산당원 43명(10.02%), 국민당원 11명(2.56%), 가로회 9명(2.10%), 무당파 인사 366명(85.31%)의 분포를 보여준다.[130]

가로회를 하나의 당파로 취급하지 않은 현의 경우일지라도 가로회에 대한 주목은 삼삼제에 관한 각종 통계를 통해 분명히 드러난다. 어느 현의원이 무당파 인사로 분류되는 경우에도 그가 가로회 회원이라는 사실이 비고란을 통해 분명히 제시되는가 하면, 참의회 및 정부기구에 참여하고 있던 인사들의 개인 신상 조사에도 가로회 회원인 경우는 틀림없이 기록되었다. 예컨대, 1941년 말 42년 초의 섬북 정변현 참의원 조사표는 '당파관계' 항목에서 공산당 46, 국민당 1, 기타 당파 4, 무당파 16으로 분류하면서, 그 비고란에 "기타 당파는 단지 가로회일 뿐이다(其他黨派只是哥老會)"라고 분명히 언급하고 있다. 그리고 현 참의회의 부의장은 전술한 가로회 '개산당'의 '북보하산' 책임자인 白文煥이었고, 통계표는 그의 '당파' 를 '가로회'로 분류하고 있다.[131] 이러한 경우는 다른 사례를 통해서도 종종 증명된

128) 「新正縣10個鄉參議員階級成分黨派關係統計」(1942年 改選), 『隴東政權』, p.642.

129) 「縣議員黨派職業登記表」(1941年選的); 「鄉參議員統計表」(1942), 『隴東政權』, pp.655 · 659.

130) 「1942年選擧以後11個縣的參議員及黨派階級成分統計表」, 宋金壽 · 李忠全 主編, 앞의 책, p.274.

131) 「西北局組織部關於志丹等十六縣市及隴東分區各縣參議員黨派成分統計表」(1941.

다.[132)]

삼삼제에 관한 제반 통계보고는 또 다른 경향성을 보인다. 즉 그것은 변구급, 현급, 향급 등 각급 참의원 가운데 가로회의 비중이 하급으로 내려갈수록 증가한다는 점이다.[133)] 이것을 통해 우리는 향촌 내의 가로회 성원 가운데 여전히 명망 있는 인사들이 존재하고 있었음을 확인할 수 있다. 그러나 전체적으로 참의원 가운데 가로회는 극히 소수였거나 대체로 소수였고, 개인적 차원의 입후보에 의해 선거를 치렀으며, 따라서 어떤 당파로서 진정한 영향력을 행사할 수 있는 위치에 있었다고는 판단되지 않는다(그것은 국민당 및 기타 당파의 경우도 마찬가지였다). 그럼에도 불구하고 통계들은 가로회의 부인할 수 없는 사회적 비중을 말해준다.[134)] 가로회는 중공의 가로회 정책의 전변 이후 중일전쟁기에도 소구 내에 여전히 공개적으로 존재할 수 있었고, 그 가운데 명망있는 가로회 인사들은 국민당과 같이 모종의 당파와 같은 존재로 취급되면서 초빙인사로서 혹은 당선 참의원으로서 공산당의 새로운 '민주정권' 에 적절히 참여할 수 있었다.

결국 삼삼제 선거에서의 가로회의 등장이 의미하는 것은 첫째는 변구 내에서 1940년대 전기간을 통하여 가로회의 존속과 그 영향력이 지역적 차이를 두면서도 여전히 행사되고 있었다는 점이며, 둘째는 그러한 가로회의 영

12~1942.3), 『西北局文件』, 甲, 2, p.66.

132) 隴東專暑, 「慶陽縣兩年來三三制執行情況」(1944.6.23), 『三三制』, p.512; 關中專署, 「關中分區實行三三制民主政權的概況」(1944.11), 『三三制』, p.529; 「新寧縣民主政權統計」, 『隴東政權』, pp.656-658; 吳旗縣政府, 縣委, 「吳旗縣參議員登記表」 중의 '哥老會成員' 部分(1945.8.24), 吳旗縣檔案館藏 1-1-88; 吳旗縣政府第一科, 「縣代表登記花名册子」 중의 '哥老會成員' 部分(民國34.12.30), 吳旗縣檔案館藏 1-1-88; 「志丹縣第二屆第三次參議會議員報到册」(1944.11.8), 志丹縣檔案館, 全宗 6, 案卷 5.

133) 1941년의 '邊區級' 參議會에도 감숙 還縣 출신 가로회 인사의 참여가 보인다. 「陝甘寧邊區一年來"三三制"實行的材料(節錄)」(1942), 『隴東政權』, p.624.

134) 「慶陽現政府工作報告」(節錄)(1940.5), 『三三制』, p.313.

향력이 가로회 자체의 세력 확대와 성장을 의미하는 것이 아니라 다시 한 번 중공의 권력을 살찌우는 정치과정에 동원, 편입되고 있다는 점이다. 다시 말하자면, 삼삼제 '선거제도' 는 사회적 구성 요소들의 정치화와 그 대의적 기능의 수행을 보장하면서도 공산당에게 정치적이고 규범적인 보다 우위의 조정의 역할을 부여했다고 말할 수 있을 것이다.

7. 소결

장정 이후 당중앙의 가로회에 대한 태도와 정책은 그 때까지의 현장 혁명가들을 계승하면서도 이제는 공식적인 차원에서 가로회에 대해 전면적인 정치화의 시도로 나아갔다. 이러한 정치과정을 가능케 했던 것은 제반 혁명운동 지도의 중앙집중화(centralization)가 아니라, 역으로 상급 당의 현장으로의 지방화(localization)였다. 현장에 내려와 그곳의 특수한 사회적 실제의 세력관계를 깊이 인식하게 된 당중앙은 지체 없이 가로회 관계망을 동원하게 된다. 그것은 그들의 구식 조직과 형식을 유지하면서도 그 안에 새로운 내용, 즉 항일과 공산당과의 연합이라는 내용을 담아내는 방식을 통해 이루어졌다. '開山堂', '哥老會大會', '江湖抗日救國會', '江湖救國軍' 등 다양한 형식을 통하여 가로회는 공산당의 가이드에 따라 제반 정치과정에 참여했다.

주목되는 것은 이러한 정치화 과정에서 가로회 고유의 정치 · 도덕적 담론이 중요한 연결의 고리가 되었다는 점이다. 당시 가로회의 내부 전설이 되었을 뿐만 아니라 하나의 '창조된 전통' 이기도 한 '劫富濟貧' 과 '反淸復明' 의 구호는 행동의 주요 원칙으로서 공산당의 가로회 정치화에 촉매제 역할을 했다. 공산주의자들은 사회 · 도덕적 정의와 애국심이라는 공통된 이상의 기초 위에 자신의 이데올로기를 구축할 수 있었다. 우리가 가로회라는 비밀결사와 공산당의 '친화성' 을 논할 수 있다면, 이러한 담론이야말로 양자를 연결하는 매개가 된다.

그러나 가로회의 정치화는 단순히 이러한 두 가지 담론의 조우에만 기초했던 것은 아니다. 그것은 또한 현장에서 연맹자를 찾고 있던 파트너의 전략적 접근에 의해 보충되는 것이었다. 가로회는 공산당에게만 독점적인 연맹자의 지위를 부여하지 않았다. 우리는 군벌 부대, 지역 토비, 국민당 조직 내에서도 가로회의 존재를 확인하게 된다. 그러나 여기서 중요한 것은 공산당과 가로회의 그러한 관계가 대칭적이고 대등한 것(陳永發의 '경쟁관계' 론[135])은 아니었다는 점이다. 공산당은 이른바 '모택동 노선' 이 구사하는 '권력의 기교' (power technique)와 전술적 유연성을 통하여 점차 현장에 자신의 권력을 구축해 가기 시작했다. 이러한 인내심 있고 체계적으로 구축된 정치적 구도와 그 틀 안에서, 가로회는 공산당 지배지역 내에서 존재할 수 있었다고는 해도 더 이상 확대 발전해 갈 수 없었다. 비밀결사는 권력 장악을 추구하는 조직이 아니라, 기존의 권력 혹은 권력들과 공생(symbiosis)하도록 기능할 운명으로 남게 된다. 이러한 의미에서 중공의 가로회에 대한 정치화는 결과적으로 택스톤의 '전통 도덕으로의 복귀' 도 아니었고, 카타오카의 양자간의 '이데올로기적 친화' 를 의미하는 것도 아니었다.

따라서, 장정 후 매우 주변적이고 거의 근대적이지 못한 환경에 적응해야했다고 하더라도 공산주의운동은 그러한 지방적 조건과 상황을 넘어 결국 가로회를 흡수할 수 있는 정치적 건설로 나아가게 된다. 이러한 성공의 열쇠는 공산당의 역량뿐만 아니라, 흡수되는 측의 동의에 기반을 둔 데 있

135) Yung-fa Chen, *Making Revolution, The Communist Movement in Eastern and Central China, 1937~1945*, University of California Press, 1986, pp.496-497.

었다. 공산당은 이를 통해 사회의 기타 부문에 대해 자신의 힘과 정당성을 강화할 수 있었다. 갈등이 전면에 등장할 때, 공산당은 이러한 역량과 정당성을 이용해 이제 당에 라이벌이 될 수 없게 되어버린 가로회를 통제하고 제한할 수 있었다. 그것은 다름 아니라 사회세력의 파괴가 아닌, 그것의 흡수를 통한 공산당권력의 구축을 의미한다. 바로 이러한 의미에서 우리는 가로회의 '정치화' 를 논했던 것이며, 연대기적 순서를 따라 한 걸음씩 공산당에 의한 가로회의 정치적 동원을 분석했다.

* * *

가로회는 섬감녕 지역에서 생태적이고 사회적으로 가혹한 환경에 대응하기 위해 출현한 농민 하위문화를 대표한다. 섬감녕의 삶의 조건은 청말 이래 악화일로를 걸었고, 회민 진압차 진주한 좌종당 군대를 따라 가로회는 널리 확산되기 시작했다. 1911년 신해봉기의 적극적 주도는 가로회 세력의 놀라운 성장을 보여준다. 기존의 연구들이 섬감녕의 가로회 문제에 관하여 이 '가로회 反正' 까지 다루었지만, 뒤이은 민국시기 전기간을 통하여 가로회 활동이 중단된 것은 아니었다. 가로회는 그 전시대보다도 더욱 광범하게 사회 각계각층에 확산되어 갔다. 1920년대말부터 1930년대 초에 걸쳐 서북을 휩쓴 대기근은 보호의 수단이 필요했던 지역 주민들로 하여금 가로회 가입을 더욱 부추겼다. 정치 · 군사 세력은 지역 차원의 세력 경쟁에서 정치적 자원을 획득하기 위해 가로회를 이용했다.

1920년대 말 국공합작의 붕괴와 함께 시작된 무장폭동에 실패한 후, 섬북과 섬서-감숙의 산악 변경지대로 후퇴 이동하게 된 공산세력은 가는 곳마다 거의 예외없이 가로회와 만나게 된다. 그것은 단지 민간의 차원만이 아니라, 토비와 민단, 군벌 부대 내에서도 동일했다. 유지단 등의 현장 활동가들과 유격대원들은 공산주의 이데올로기에 충실하면서도('鬧紅'), 가로회에 스스로 가입하면서 사회적 실제에 적응해 갔다. 그들은 상급 당이 요구하는, 당시로서는 실현 불가능했던, 대중동원의 임무에 고심하기보다는 가로회와의 개인적 사회적 관계를 통해 현장에 침투하고 그에 착근할 수 있었다. 이들 상급 당, 즉 중앙집중을 기도하던 책임자들은 이후 이 지역의 지방 당사에서 '좌경노선'으로 규정된다. 그들은 사실 현장의 활동가들이 보여준 현실에 대한 적응과 타협에 대하여 혁명의 순수성에 집착하는 모종의 이론가로 등장한다. 현장의 활동가들과 그들의 전략이 1934~35년의 정치적 숙청(肅反)에 의해 무대에서 사라질 순간, 이제 모택동 — 강서에서 그 자신이 '좌경노선'과 싸워야했던 — 에 의해 지도되는 당중앙이 장정부대와 함께 섬감녕에 도착하고, 그들의 전략은 정당화된다. 그러나 그것은 이제 새로운 전망 하에서였다.

이제 그때까지의 현장 혁명가들을 계승하면서도 공식적인 차원에서 가로회에 대해 전면적인 정치화를 시도한 것은 당중앙이었다. 공산당 영역 내에서 '공개적 존재'가 인정된 가로회 관계망은 민족적이고 애국적 대의를 위해 동원되었다. 공산당의 이러한 정책이 비록 가로회에 의해 야기된 제 문제들로 인해, 그리고 국민당과의 새로운 합작이 연맹자의 폭을 넓힐 수 있도록 해 줌으로써, 가로회 활동의 엄격한 제한으로 재조정되지만, 이 비밀결사는 당이 통제하고 동원할 수 있는 사회 구성 요소의 하나로서 여전히 일상적으로 존속했다. 공산당정부는 결코 가로회의 금지를 공개적으로 선언하지 않았다. 가로회 성원들은 다양한 대중조직에 참가하고, 지방적 수준에서는 사실상 인정된 당파로서 변구 정치 과정(예컨대, 삼삼제)에 참여했다.

사회적이고 지방적인 차원에서 이러한 정치과정의 결과를 고려해 본다면, 1930년 후반부터 40년대 전반 시기 섬감녕변구의 가로회는 국가권력에 의한 지방 사회 침투의 하나의 독특한 과정을 보여준다. 우리가 이제까지 추적해온 지방화된, 그리고 종종 微視史學的인 접근이 사료의 불충분으로 인해 근대 국가-사회 관계에 관한 모든 문제에 답할 수는 없다고 하더라도, 우리는 공산당 국가권력의 국한성과 동시에 그 성공도 지적할 수 있을 것이다. 공산당의 침투는 자신 주변 세력들을 완벽하게 제거할 수도 없었고 그러기를 바라지도 않았다는 의미에서 제한적인 것이었고, 당이 지방적인 차원에까지도 자신의 기본적인 우위를 확인시킬 수 있었다는 의미에서 성공적인 것이었다. 사회 내의 가로회의 비중과 그들과 연합할 수밖에 없었던 공산당의 경험은 결국 국가권력과 지역사회의 주요 구조간에 상호침투(interpenetration)를 결과했다 — 물론 전자의 결정적 우위 하에서이지만.

감시와 통제, 규범의 틀 내에서, 농민 하위문화의 한 현상이자, 가혹한 환경에 대응하기 위한 하층민의 호조 조직이었던 섬감녕의 가로회는 점차 역사무대에서 퇴장해 갔다. 이 전통 사회세력은 공산당 치하에서 정치적으로 동원되어 "혁명에 참여"하고, 새로운 활동의 장으로 제공된 다양한 군중단체로 흡수되면서 서서히 사라져갔다. 결국 섬감녕변구에서는 1948년 내전의 종식과 함께 '반혁명' 분자가 체포된 것 이외에, 가로회들은 스스로 조직을 해산했다.[136] 주은래가 예견했듯이 가로회라는 전통 사회세력은 역설적이게도 공산당 근거지 내에서 '공개적 존재'를 인정받음으로써,[137] 그리하여 변혁된 사회에 편입됨으로써 점차 '소멸'되어 갔던 것이다.

136) 延安市志編纂委員會, 『延安市志』, 陝西人民出版社, 1994, p.483.

137) 「恩來同志關於哥老會問題給陝北省委信」(1936.10.6), 『黨的工作』, 第16期, 1936.10.15.

제3부

江蘇 북부의 小刀會와 공산혁명

(1920~40년대)

제3부에서는 교문계의 범주에 속하는 또 다른 유형의 비밀결사가 분석될 것이다. 이를 통해 우리는 비밀결사와 중국공산주의자 간의 또 다른 관계 양상에 접근해 보고자 한다. 분석의 대상이 되는 이 교문계의 비밀결사는 앞에서 인용된 비앙코, 페리, 미타니 다카시, 바바 다케시 등에 의해 연구되어 온 산동, 하남 등 화북지역에 폭넓게 분포해 있던 농촌 자위조직 紅槍會와 매우 유사한 會門武裝, 즉 강소 북부의 小刀會이다. 제2부에서 검토한 섬감녕 지역과는 달리 이 강소 북부는 군벌 통치시기와 남경국민정부시기 공히 국가권력의 직접적인 통제 하에 놓여있었다. 뒤이은 중일전쟁 기간에도 이 지역은 일본 침략군의 직접적이고 항상적인 위협에 처해 있었다.

중일전쟁 기간 이 지역의 공산주의운동은 진영발의 훌륭한 연구에서 상세히 분석된 바 있다. 그는 구체적인 문맥 속에서 '지방화된'(localized) 혁명과정을 분석했다. 본 연구의 주제와 관련된 역사상황을 이해하는 데 있어 그의 저작은 좋은 참고가 된다. 저자에 따르면, 중국혁명은 중국공산당에 의해 지휘·통제된, 그리하여 만들어진 혁명('making revolution')이었다.[1)]

---

1) Yung-fa Chen, *Making Revolution, The Communist Movement in Eastern and Central China, 1937~1945*, University of California Press, 1986, p.18. 스티븐 레빈도 유사한 해석을 내리면서 동북 지역에서 공산당이 정치조직과 군사력을 통하여 혁명을 '창조'

이하의 분석과정에서 우리는 그의 이러한 견해가 전체적으로 타당하다는 점을 확인하게 될 것이다.

소북 지역에서 필자는 어떤 혁명 폭발을 초래할 준비된 전제조건을 발견하기 어려웠다. 촌락사회에 대한 지주의 지배는 특별히 강했지만, 소작인과 하층 대중이 지주에 대하여 각별한 반감을 갖고 있는 것은 아니었다. 촌락공동체에 닥친 가장 심각한 위협은 외부로부터 온 것이었다. 그것은 토비의 약탈과 국가권력의 침투였다. 그러한 외부의 압력은 부분적으로는 공동체로부터 이탈된 일부 인자들(*éléments déclassés*)을 발생시키면서도, 주로는 촌락공동체 내부의 결속력을 강화시켜줄 뿐이었다.

제1차 국공합작의 붕괴 후 이 지역의 공산당 활동가들은 지주에 대항하여 농촌 하층 대중을 동원하고자 기도했지만 허사로 끝나고 말았다. '혁명을 만들기' 위해 공산주의자들은 무엇보다도 지주 및 그 지도하의 자율적 지역권력(autonomous local power)과 투쟁해야 했지만, 그럴만한 능력은 없었다. 따라서 혁명은 훨씬 뒤에나 다른 수단, 즉 군대를 통해서야 가능했다. 1940년 중반에야 시작되는 근거지의 건설은 군사력에 의한 일정한 지역의 점령과 지역권력의 제압이 전제되지 않고서는 불가능했던 것이다.

자율권력의 도구로서 기능하던 소도회는 공산당에게 극도의 적의를 보였다. 외부로부터 이 지역에 다가온 공산군대는 처음부터 소도회의 항상적인 저항에 부닥치게 된다. 공산정권에 대한 소도회의 반항은 중화인민공화국 수립 초까지 지속되었다. 섬감녕의 가로회에 대해 시행되었던 방식과는 달리, 공산주의자들은 소도회를 자신들의 대의로 이끌고자 하는 노력을 거의 시도하지 않았다. 1920년대 말~30년대 초 국민당 국가권력에 대항하기 위해 몇 차례에 걸친 소도회 동원의 시도가 실패한 이후, 공산주의자들은

(creation)했다고 지적했다. Steven Levine, *Anvil of Victory: The Communist Revolution in Manchuria, 1945~1948*, New York, Columbia University Press, 1987, p.9.

단기적 목적을 위해 소도회를 이용하고자 하는 시도를 멈추지는 않았지만, 그것을 자신의 대의를 위해 정치화시키는 데 이르지 못했다. 몇몇 성공적인 사례가 있지만, 공산주의자들은 소도회를 전체적으로 장악하지는 못했다. 공산정권은 결국 소도회와 그 배후에 놓인 지역권력에 대해 총체적인 진압의 방향으로 나아갔다.

제1장에서 우리는 먼저 소도회의 기원과 부상을 구체적 지역사회의 구조 속에서 분석함으로써 그것이 소북 지방사회의 권력구조와 맞물리면서 강력하게 뿌리 내리고 있었음을 확인하게 될 것이다. 제2장에서는 국가권력과 자율적 지역권력의 대립과 후자를 보호하는 소도회의 국가권력에의 저항(폭동), 그리고 그 양자의 길항관계를 비집고 등장하는 이 지역 초기 공산당 활동가들의 소도회에 대한 책략과 그 실패를 분석할 것이다. 제3장에서는 중국공산당이 자신의 독자 군대를 가지고 등장하는 항일시기를 다루게 될 것이며, 이 시기 소도회에 대해 가해진 공산당의 무자비한 군사적 진압 작전을 분석할 것이다. 그리고 마지막 제4장에서는 공산당의 소도회 및 기타 교문계 비밀결사에 대한 정책의 변화와 그것이 결국 모든 비밀결사의 총체적인 금지에 이르게 되는 점진적인 과정을 검토한다.

제1장

1920~30년대 蘇北 小刀會의 대두

— 教門系 비밀결사와 촌락공동체의 결속력

본장에서는 민국시기 소북 소도회의 등장과 존재양상을 이 지역 농촌사회의 구조와 관련지어 분석하고자 한다. 기존의 비밀결사에 대한 연구는 결사의 기원, 내부 조직, 활동의 양상과 성격 등을 검토해 왔지만, 특정 결사의 존재양상을 결사가 활동했던 특정 농촌사회의 구조와 관련하여 탐구한 것은 찾아보기 어렵다. 민간의 결사조직이 '反清復明'을 위한 정치적 목적에서 기원한 것이었다는 전통적 연구에서 뿐만 아니라, 이를 비판하면서 비밀결사를 18세기 이래 사회경제적 모순으로 인해 발생한 파산자의 '互助組織'으로 자리매김한 연구들이 있었고, 20세기 紅槍會를 사례로 하여 '土豪劣紳'의 주도권을 강조한 연구, 여러 '會門武裝'의 촌락자위 성격에 주목한 연구들이 있었지만, 특정 비밀결사가 어떠한 사회적 구조 속에서 뿌리를 내릴 수 있었는지를 분석한 것은 아니었다.[1)]

1) 제1부 제2장 참조. 하남 · 산동 등 화북지역에 널리 확산된 홍창회 등 '會門武裝'에 대한 토호 · 열신 및 '지주계급'의 주도권, 홍창회의 촌락 방어기능 등은 지난 30년간의 거의 모든 홍창회 연구자들이 지적하고 있는 점이지만(예컨대 孫承會, 「河南 紅槍會와 地域社會 - '會 · 匪世界'의 成立과 關聯하여」, 『東洋史學硏究』, 第70輯, 2000; 「民初

필자는 제2부의 섬감녕의 경우를 통해 농촌사회의 해체구조와 가로회의 존재양상을 밀접히 관련지어 검토했다. 그 지역의 농촌사회는 민국시기 극단적인 원자화(atomization) · 분절화(segmentation)를 통해 해체되었고, 촌락차원의 공동체적 결속력은 존재하지 않았다. 어떤 집단의식이나 집단자위를 위한 조직은 성립하기 어려웠다. 따라서 농촌사회의 주민들은 촌락의 범위를 넘어 개별적 차원에서 생존자원을 추구하지 않으면 안 되었다. 그리고 가로회라는 결사 조직은 고유의 조직원리, 활동의 방식을 통해 결속력이 결여된 농촌사회의 해체 구조에 적응함으로써 확대될 수 있었다.

소북 농촌은 陝甘寧의 농촌사회와 대비하여 상대적으로 강력한 촌락공동체적 결속력을 보여준다. 빈부의 격차 혹은 '계급분화' 는 분명히 존재하고 있었지만, '계급의식' 은 희미했다. 빈부의 격차가 촌락사회의 양극화와 그로부터 오는 내부적 갈등과 대립으로 현실화한 것은 아니었다. 소북의 촌락사회에서 특징적인 것은 어디까지나 계급의식보다는 지주를 중심으로 한 '집단의식' 이 더 강력했다는 점이다. 촌락 내부의 분화는 토비와 국가권력의 침투를 위시한 외부로부터의 충격으로 인해 억제되고 이른바 내향적 결속력을 강화는 방향으로 나아갔다. 이러한 촌락 차원의 결속력을 소북의 모든 촌락에 일률적으로 적용한다는 무리일 것이다. 黃宗智가 화북의 연구에서 지적한 바와 같이 결속력의 유무는 촌락마다 달랐다고 할 수 있다.[2]

(1912~1928年) 河南 土匪, 紅槍會 硏究」, 서울대학교 박사학위 논문, 2001 참조), 홍창회의 존재양상을 촌락의 사회적 구조 속에 위치한 경우는 찾아보기 어렵다. 또 미타니 다카시의 연구(三谷孝, 「紅槍會と鄕村結合」, 『シリ-ズ世界史への問い, 四, 社會的結合』, 岩波書店, 1989)의 서술내용은 논제가 의미하는 것과는 다소 거리가 있는 것으로, 土地神(廟), 廟會 등 구래의 향촌의 습속과 관련된 홍창회의 '활동' 과 그 양상의 변천을 분석하고 있을 뿐 홍창회를 촌락사회 구조와 관련지어 논한 것은 아니다.

2) Philip C. C. Huang, *The Peasant Economy and Social Change in North China*, Stanford University Press, 1985, pp.249 · 259-264.

그럼에도 불구하고 전반적인 수준에서 볼 때, 소북의 촌락에는 비교적 강력한 공동체적 결속력이 존재하고 있었다.

공동체적 결속력이 강했던 소북의 촌락사회에 만연된 것은 어느 비밀결사보다도 교문계의 소도회였다. 소도회는 폐쇄적 농촌 공동체에 적응할 수 있었던 고유의 논리와 의식을 보유하고 있었고, 그를 통해 지주 지도하의 공동체적 질서에 쉽게 적응할 수 있었다. 지주는 촌락의 소작인들과 온정주의적 관계를 통해 지배를 관철하고 공동체를 지도했다. 교문계 결사는 지주를 중심으로 한 촌락사회의 권력구조에 적응함으로써 공동체적 결속력을 유지 발전시키는 데 기여했다. 그리고 지주와 교문 양자를 연결하던 고리는 바로 소도회라는 무장 조직이었다. 이하에서는 지주와 소작인, 지주와 소도회, 교문계 결사와 소도회, 소도회의 조직구조 등에 대한 구체적 분석을 통해 촌락사회 내의 결속력의 내용과 소도회의 존재 양상을 검토한다.

본 연구의 주된 탐구 대상지역은 구체적으로 淮陰·淮安·洪澤·泗陽·宿遷·漣水·沭陽 등의 현과 그 주변지역, 즉 1920년대 말 중국공산당 江蘇省委員會에 의해 「淮陰地區」로 분류된 지역이다.[3] 이 지역은 1920년대 토비의 만연, 군벌 혼전의 무대로서 극단적인 지역 자원의 착취가 횡행했을 뿐만 아니라 1920년대 말 이래 국민당 국가권력의 지역침투에서 하나의 '模範區' 였음에도 불구하고,[4] 소도회라는 민간 비밀결사가 그러한 제반 지

3) 이 지역은 중일전쟁의 발발 후 新四軍과 八路軍이 연합작전을 통해 건설한 이른바 '蘇北根據地' 의 일부이며(이 근거지는 淮海區와 鹽阜區로 구성됨), 또한 淮北根據地의 강소성 부분에 해당한다.「江蘇農民運動工作計劃(第一次)」(1927.9), 『中央政治通訊』 18, 江蘇省檔案館 編, 『江蘇農民運動檔案史料選編』, 檔案出版社, 1983(이하는 『江蘇農民檔案』), p.40; 「前言」, 中共江蘇省委黨史工作委員會, 『蘇北抗日鬪爭史稿』, 江蘇人民出版社, 1994. 본서 권말 부록 지도 6 및 7 참조.

4) 金明, 「淮海區工作報告 - 在華中局擴大會議上的報告」(1942.2), 中共江蘇省委黨史工作委員會·江蘇省檔案館 編, 『蘇北抗日根據地』, 中共黨史資料出版社, 1989, p.168.

역자원의 침탈에 강력히 저항했다. 소도회는 이후 중일전쟁기를 거쳐 1950년대 초에 이르기까지도 국민당과 공산당 국가권력의 농촌사회 침투를 어렵게 만들었다. 소북 소도회는 촌락공동체의 결속력의 구조, 지주권력과 비밀결사의 역할, 촌락 방어와 교문계 비밀결사의 관계를 보여주는 좋은 사례를 제공한다.

1. 蘇北 소도회 대두의 배경

소도회라는 이 명칭은 독자로 하여금 1850년대 전반 天地會의 支派로서 上海와 福建 지역에서 반란을 주도함으로써 이름을 떨친 會黨系 비밀결사를 떠올리게 하지만,[5] 본 연구의 분석대상인 강소 북부의 소도회가 그것과 아무런 관련이 없다는 점은 분명하다. 그것은 명칭상의 단순한 우연의 일치이며 양자간에는 아무런 조직상의 혹은 기원상의 연관은 없다. 소북 소도회의 기원은 극히 모호하고 복잡하다. 그에 관한 공식적인 기록이 존재하지 않으며, 기원을 말해주는 자료들은 주로 해당 지역출신 주민들의 기억에 근거한 구술사의 문헌들이다. 이에 따르면 소도회의 발생은 시기적으로 清末로 거슬러 올라가며, 20세기 전반기 중국의 화북 · 화남 · 서남 · 동북 등 각

5) 이 회당계 결사에 속하는 小刀會의 출현은 乾隆7年(1742)으로 거슬러 올라간다. 이에 관한 자료는 上海師範大學歷史系中國近代史硏究室 · 中國第一歷史檔案館編輯部 編, 『上海小刀會檔案史料匯編』, 福建人民出版社, 1993 참조. 또한 Joseph Fass, "*L'insurrection du Xiaodaohui à Shanghai (1853~1855)*", in Jean Chesneaux, et als(eds), *Mouvements populaires et sociétés secrètes en Chine aux XIXe et XXe siècles*, Paris: Maspero, 1970, pp.178-195; Bryna Goodman, *Native Place, City and Nation: Regional Networks and Identities in Shanghai, 1853~1937*, Berkeley: University of California Press, 1995, pp.72-83 참조.

지에 분포해 있던 농민 자위조직인 紅槍會·大刀會·神兵 등과 유사한 조직이었다.[6] 중국의 비밀결사를 구성하는 教門系와 會黨系의 두 계통을 두고 볼 때, 소북의 소도회는 틀림없이 전자에 속하며 이러한 사실은 후술하는 분석을 통하여 분명해 질 것이다.

한편, 소도회의 역사적 기원과 관련하여, 필자는 조셉 에셰릭의 義和團의 기원에 관한 연구에 주목한다. 왜냐하면 통설적으로 소도회는 의화단의 발전과 밀접한 관련이 있는 大刀會의 支派라고 믿어지기 때문이다.[7] 대도회의 발생 지점이 江蘇와 山東의 경계지대라는 사실을 고려해 보면 대도회가 소북 소도회의 등장에 일정한 영향을 주었다고 판단하는 것은 무리가 없을 것이다. 에셰릭에 따르면 대도회는 金鍾罩라는 18세기 말 이래 존재해 온 일종의 산동 무술로부터 왔다. 19세기 초, 이 무술 연마자들의 일부가 주술의 마력을 얻기 위해 종교적 방법을 채택하면서 白蓮教 등의 교문계 비밀결사에 가담하게 된다. 교문계 비밀결사로서는 이들 민간의 전통 무술 수련조직과 연계하면서 그것을 매개로 자신의 세력을 확대해 나갈 수 있었다. 바로 이러한 결합 가운데서 19세기 말경 산동과 강소의 경계지대에서 대도회가 출현했던 것이다.

이 과정에서 우리는 대도회의 일정한 특성들을 확인할 수 있다. 비록 에셰릭은 대도회와 교문계 비밀결사(특히 백련교)가 기원상에서 무관하다는 입장에 서있지만, 필자가 주목하는 바는 교문과 무술단체의 결합과정에 보이는 무술단체의 변화상이다. 그가 보여주는 바와 같이, 양자의 결합이 비록 교문계 비밀결사의 확산에 기여했다고 할지라도, 그 과정에서 대도회의

---

6) 호남 - 호북 - 사천 - 귀주 交界 지대에 확산된 神兵에 관한 정보는 매우 부족하다. 이에 관한 간략한 소개로는 栢貴喜, 「現代鄂川黔湘邊區的神兵運動」, 『中南民族學院學報』, 1995-6 참조.

7) 戴玄之, 『紅槍會 1916~1949』, 臺北: 食貨出版社, 1973, p.183.

구성원들 내부에서는 종교적 신앙심의 희석화를 초래했다. 많은 교문계 비밀결사의 전통과는 달리 대도회 내의 교주와 신도의 관계는 긴밀하지도 확고하지도 않았다. 무술 수련에 대한 강조가 종교적 성격을 단순화시켜버렸던 것이다. 대도회의 성원들 가운데는 교문계 결사의 고유 특징인 無生老母에 대한 신앙을 거의 보이지 않는 이들도 있었다. 이제 대도회 조직의 설득력은 미래의 救援의 신앙이 아니라 세속적인 실천으로부터 연유하게 된다. 즉 일정한 수련을 거쳐 얻게 되는 '刀槍不入'[8]이라는 신비한 보호능력이 개인과 가족의 안위('保衛身家')를 추구하는 성원들에게 더욱 큰 관심으로 자리 잡게 되었던 것이다.[9]

일정 지역에서 대도회들은 다른 명칭을 채택하게 된다. 어떤 경우에는 神拳으로 이름하고, 종교적 의식은 더욱 단순화했다. 신권의 성원들은 단지 며칠간의 수련과 신내림('降神附體')으로 도창불입의 능력을 획득할 수 있다고 믿었다.[10] 동시대인의 회고가 확인해 주고 있는 바와 같이, 1920년대

8) '칼과 창이 들어오지 않는다' 라는 뜻의 刀槍不入은 1920년대에 더욱 확대된 의미로 쓰였다. 즉 槍은 중국어에서 글자그대로 찌르는 창을 의미할 뿐만 아니라 총을 뜻하기도 한데, 이로부터 '총알이 몸에 들어오지 않는다', '총알을 맞아도 죽지 않는다' 는 의미로 받아들여졌다.

9) Joseph Esherick, *The Origins of the Boxer Uprising*, University of California Press, 1987. 특히 '교문과 무술 수련자들' (Sectarians and Martial Artists) 부분(pp.51-53) 및 Chapter 4 참조. 에셰릭의 '대도회 · 신권과 백련교 無關說' 에 대한 유력한 비판은 佐藤公彦, 유장근 역, 「의화단의 기원에 대해 - 조셉 에쉬릭설에 대한 비판」, 『慶大史論』, 第8輯, 1995.6 참조. 여기서 양자의 입장의 분기점은 전자가 금종조 · 대도회 등의 무술단체가 기원상에서 백련교와 관련이 없고, 경우에 따라 양자가 결합되기도 한다는 것이며, 후자는 이들 '拳棒' 단체가 본래부터 백련교 등의 교문조직과 밀접히 연관된다는 것이다("拳教"). 필자는 기원의 문제보다는 에셰릭이 언급하는 양자의 결합과 그 결합과정에서 보이는 일정한 변화상에 주목하고자 한다.

10) J. Esherick, *ibid.*, Chapter 8 과 pp.217, 327-328. 대도회의 神拳으로의 발전에 관해서는 佐藤公彦, 「從大刀會到神拳 - 秘密會社與鄉村社會, 義和團的形成」, 第1屆中國近代秘密社會史國際學術討論會 제출논문, 南京大學, 1993.6, p.12.

대두한 강소 북부의 소도회는 바로 이 神拳(會)로부터 왔다. 특히 강소 북부와 安徽 북부의 경계지대에서 이 소도회 명칭은 흔히 관찰된다. 소도회라 부른 것은 명칭이 뜻하는 바와 같이 그 성원들이 주로 사용하던 무기가 대도회의 '大刀' 와는 달리 칼날의 폭이 상대적으로 좁은 '朴刀' 였기 때문이었다.[11]

1920년대 강소 북부에서 우리는 소도회 대두의 배경이 되는 두 가지 상호 모순되는 특징적인 사회현상을 확인할 수 있다. 그것은 지역사회의 해체(disintegration)와 함께 동시에 진행되고 있던 촌락 내부의 결속력(solidarity)의 강화였다.

강소 북부 지역이 대부분의 화북 지역과 비교하여 상대적으로 부유한 지역이었다고 할지라도, 이 지역은 장강의 다른 한쪽('江南')과 견주어 보면 사회 경제적 측면에서 매우 다른 낙후된 상태를 면치 못했다. 1920년대 공산당의 제 문건들이 확인해 주고 있듯이 長江 이북의 소북 농민들은 강남과 달리 곡물 생산이외에 수입을 보충할 이렇다 할 부업을 갖지 못했다. 소북에서 이른바 '계급분화' 현상은 분명히 관찰된다. 한 불완전한 통계에 따르면 자경농은 전체 강북 인구의 20%에 불과했고, 60%의 농민들이 반자경농이거나 소작농 혹은 雇農이었다. 나머지 20%는 완전히 파산한 농민들이었다. 따라서 어떤 농민들은 일거리를 찾아 일시적으로 강남을 전전했고, 또 일부 파산 농민들은 생존 수단을 찾기 위해 지역 土匪에 가담하기도 했다.[12]

---

11) 대도회와 소도회가 사용한 칼은 2~3尺(약 60~90cm)의 길이였다. 張鈁, 『風雨漫漫四十年』, 中國文史出版社, 1986, p.268; 文史辦 整理, 「淮安小刀會概術」, 『淮安文史資料』, 第4輯, 1986, p.91.

12) 「江蘇農民運動計劃」(1927.11), 『江蘇農民檔案』, p.60; 「江蘇農民秋收鬪爭決議案」(1928.7), 『江蘇農民檔案』, p.181. 지주-소작 관행의 특징에 대해서는 본장의 다음 절 참조.

강소 북부의 특징이기도 한 이 토비행위는 자연재해와 흉년, 과중한 세금과 지주의 착취가 몰고 온 곤란의 시기에 더욱 기승을 부리는 경향을 띠고 있었다. 그것은 토비화한 농민이 농민을 약탈하고, 그리하여 파산한 농민이 토비가 되는 하나의 악순환과 같은 것이었다. 당시 이 지방 공산당의 한 문건은 "많은 江北의 농민들은 半소작농이자 半토비"라고 말할 정도였다.[13)]

이러한 토비행위에 더하여 1920년대 극성을 부렸던 軍閥의 통치와 대립이 재난적 상황을 더욱 악화시켰다. 세력 확대를 위해 고심하던 孫傳芳을 우두머리로 하는 五省聯軍과 奉天軍의 전쟁은 농민의 삶을 더욱 불확실한 것으로 만들었다. 농촌을 유랑하던 해산병들의 약탈과 무자비한 세금과 부가세가 강요되었다. 1927년의 상황은 더욱 복잡했다. 그해 5월 北伐軍이 강소 북부에 도달하여 군벌군을 몰아내었지만, 寧漢分裂과 함께 북벌군은 곧 남쪽으로 철퇴했다. 군벌 直魯聯軍 부대가 다시 이 지역에 진주했고, 북벌 혁명군은 11월에야 다시 도래했다. 漣水縣의 경우 북벌군과 군벌군의 전쟁 과정에서 縣長이 3번이나 바뀌기도 했다.[14)] 이 한 해 동안 그치지 않았던 전쟁은 소북 농촌에 파괴적인 영향을 남겼다.[15)]

이러한 농촌사회의 해체 경향에 대응하여 또 다른 움직임이 출현하기 시작했다. 그것은 촌락공동체의 결속력의 강화였다. 대부분 소작농과 고농의 상태에 있던 농민들은 자신들의 촌락공동체를 방어하기 위해 스스로 조직을 갖추어가기 시작했는데, 그것은 바로 토비와 군벌에 대항하기 위해서였

---

13) 「江蘇農民運動工作計劃 (第一次)」(1927.9), 『江蘇農民檔案』, p.32; 「匪亂紀要」, 『宿遷志資料(解放前四十年史)』, 1964, pp.18-29. 이 자료는 1987년 宿遷縣志編纂委員會辦公室에 의해 재인쇄되어 현재 宿預縣檔案館에 소장되어 있다(全宗001 - 序號29). 또한 張榮軒, 「宿遷匪禍四十年」, 『宿遷文史資料』, 第6輯, 1985, pp.127-137 참조.

14) 藝孫 搜集整理, 「漣水小刀會」, 縣志辦 編, 『漣水史志通訊』, 3, 1984. 11, p.24.

15) 張榮軒, 「辛亥革命以來宿遷縣軍事動亂史略(上) - 軍閥混戰到北伐戰爭(1921~1927)」, 『宿遷文史資料』, 第3輯, 1984, pp.8-16.

다. 이 과정에서 대부분의 주도권은 촌락 지도자였던 지주가 담당했다. 빈부의 분화가 분명히 관찰되지만, 빈자들이 어떤 '계급의식'을 갖는다거나 그로부터 오는 어떤 갈등에 행동으로 가담한 것은 아니었다. L. 비앙코가 말한 바 있듯이 계급의식보다는 오히려 촌락 전체를 아우르는 '집단의식'이 촌락사회를 지배했다.[16] 강소 북부의 일반 농민들은 비교적 강력하고 자율적인 지역 공동체에 소속되어 있었던 것이다. 여기서 우리는 전통 농민사회를 묘사하기 위해 이론가들이 동원한 이미지, 즉 앞장에서 언급한 E. 울프의 폐쇄 공동체(closed community),[17] J. 스코트의 도덕경제(moral economy),[18] J. 미그달의 내향적 촌락(inward-oriented village)[19] 등 외부의 침입에 대해 생존의 안전과 보호를 보장하기 위해 기능하던 지방적 집단성(local collectivity)을 보게 된다. 소작관계는 분명 소작인의 착취를 기초로 하고 있었지만, 소작인들은 지주들과 보호-종속(patron-client)의 온정주의적 관계를 통해 집단적 자위의식 속에 삶을 영위했다.

소북 小刀會의 출현은 바로 이러한 농민들의 공동체적 집단의식 및 자위의식과 밀접히 관련되어 있었다. 그러나 그것만이 충분한 이유였을까? 그러한 자위의 필요가 이 教門系 '異端' 결사의 등장을 자연스럽게 설명해주

16) "한 지역공동체에의 소속의식 - 사회적으로는 이질적이지만" ("conscience d' appartenir à une communauté locale - socialement hétéogène") (Lucien Bianco, "Paysans et communistes dans la révolution", *Historiens-Géographes*, no. 340, 1993, p.163).

17) Eric Wolf, "Closed Corporate Peasant Communities in Mesoamerica and Central Java", *Southwestern Journal of Anthropology*, vol. 13, no. 1, Spring 1957, pp.7-12. 중국에 관해서는 William Skinner, "Chinese Peasants and Closed Community: An Open and Shut Case", *Comparative Studies in Society and History*, vol. 13, no. 3, July 1971, pp.270-281 참조.

18) James C. Scott, *The Moral Economy of the Peasant: Rebellion and Subsistence in Southeast Asia*, New Heaven, Conn.: Yale University Press, 1976.

19) Joel S. Migdal, *Peasants, Politics, and Revolution: Pressures towards Political and Social Change in the Third World*, Princeton, N.J.: Princeton University Press, 1974.

는 것일까? 왜냐하면 농촌에는 오래 전부터 민단, 보안대, 현경비대 등 촌락 공동체의 안전을 위해 동원될 수 있는 공식 혹은 준공식 무장역량이 존재하고 있었기 때문이다. 농민들은 당국에 의해 승인되지 않은, 어쩌면 당국에 의해 진압당할 수도 있는 '이단'의 결사조직들에 의존하지 않고 자신을 방어하기 위해 이들 공식 조직에 의탁할 수도 있었을 것이다. 여기에 근본적인 의문이 제기될 수 있다. 왜 촌락 주민들은 국가권력에 의해 탄압되어 온 위험한 비밀교문과 관련된 소도회를 선택했던 것일까?

여기에 답하기 위해서 우리는 서로 구분되면서도 분명히 연계된 두 가지 요소에 대해 언급하지 않으면 안 된다. 우선 공식적 제도의 약화를 들 수 있다. 이것은 청조 말기 이래 유교 국가에 의해 지탱되던 도덕적 기준의 붕괴와 궤를 같이하는 것이었다. 인구압과 사회경제적 변화에 의해 초래된 농촌사회의 해체와 불안정에 직면하여 농민들은 쇠퇴해 가는 국가에 의지할 수 없었다. 국가의 공식적 제도는 사회 일반의 질서를 유지하고 안전을 지키는 데 무력했다. 옛 정치적 질서의 이데올로기적 기초였던 유교적 규범도 마찬가지였다. 사회적 변동은 유교 이데올로기의 지배적 지위를 흔들어 놓았지만, 그것을 대체할 만한 어느 것도 제공되지 않았다.

무질서한 권력이 판을 치고 있었지만, 정치적 정당성은 결여되어 있던, 이 농촌사회에 또 다른 현상이 등장했다. 그것은 농민 '下位文化' 혹은 농민 '小傳統'이라고 부를 수 있는 民衆文化의 괄목할 만한 대두였다. 유교적 사고에서 종종 '이단'으로 간주되었지만, 대체로 관용되고 있던 이 민중문화는 촌락사회 내에서 농민들의 일상적 삶 속에 뿌리를 내리고 있었다. 조상 숭배, 촌락 수호신 신앙, 다양한 형태의 샤머니즘과 미신 등에 관한 많은 기록들이 존재한다.[20] 농민들은 이제 정당한 기능을 더 이상 수행할 수 없

20) 본 연구에서 언급하는 민중문화는 앞서 인용한 에셰릭과는 달리(p.106) 民間宗教

게 된 공식제도에 호소하기보다는, 그러한 민중문화에 영감을 받으면서 어느 때보다도 적극적으로 자위수단을 찾기 시작했다. 지역사회의 엘리트들에 의해 성층화되고 운용되던 구체제에서 엘리트들이 제국적 질서와 그 규범을 촌락 수준에까지 침투시키는 역할을 했다면, 그러한 질서의 붕괴는 촌락으로부터 국가권력을 소원하게 만들었고 촌락사회는 자기고유의 문화적 가치와 접합될 수 있었다. 이상과 같은 필자의 시각을 민국시기 전체 중국 농촌사회에 일반화하기는 매우 어려운 일이지만, 본장의 분석 대상인 1920년대 말 국민당 국가권력의 개입을 전후한 소북의 상황은 바로 그러했다.

2. 地主權力, 촌락공동체 그리고 소도회

소도회의 대두는 사실 이 지역의 특수한 농촌사회의 물리적 구조와 밀접히 연관된다. 1920년대 말 소북 농촌의 경관은 드넓은 개활지를 배경으로 도처에 요새화된 촌락들이 존재하고 있었다. 圩, 寨, 集, 莊 등으로 불리는 이 촌락들은 2~3킬로미터에 달하는 성벽으로 둘러싸여 있었고, 농민들의 삶의 단위를 이루고 있었다.[21] 요새화된 촌락 내에는 지주들 — 그들 가운데

(popular religions)와 教門系 비밀결사(sectarian secret societies)를 모두 포함하는 개념으로 사용한다. 백련교와 (민중문화의 주요 구성물인) 샤머니즘의 전통을 분리하여 고찰하는 에셰릭에 대한 비판은 佐藤公彦, 유장근 역, 앞의 글, pp.22-23 참조.

21) 강소 북부 농촌사회의 전반적인 상황에 관한 기술은 주로 다음에 근거한다. 吳壽彭, 「逗留於農村經濟時代的徐海各屬」, 『東方雜誌』, 第27卷, 第6·7號, 1930.3.25, 1930.4.10. 이 글은 소북의 淮陰, 淮安, 泗陽, 漣水, 阜寧, 鹽城, 邳縣, 宿遷, 東泰 등 현에 대해 1929년 여름에 행한 현장조사를 기반으로 작성된 보고서이다. 보고는 촌락의 구조, 지주권력과 그것의 현정부에 대한 자율성, 공상업의 낙후성, 토지의 집중, 각종 세금, 소작 상황, 고리대, 관개상황, 토비, 비밀결사 등 매우 광범한 분야에 걸친 포괄적 내용을 담고 있다. 또한 三谷孝, 「江北民衆暴動 (一九二九年)」, 『一橋論叢』, 第

圩主, 寨主, 莊主 등으로 불리는 촌락의 지도자가 있다 — 과 그들의 토지를 경작하는 수십 혹은 수백의 농민 가정이 거주했다. 각 요새들은 2~3킬로미터의 간격을 두고 분포해 있었고, 그 요새 주변에는 아주 작은 촌락들이 흩어져 있었으며, 거기에는 요새화된 촌락에 연결된 소작인들이 살고 있었다.

요새화된 촌락의 지도자들은 통상 1만 내지 2만 畝의 토지를 소유하면서, 소작인 · 해산병사 · 파산 농민 등으로 이루어진 '保衛團' 이라는 자신들 고유의 무장을 조직하고 있었다. 이들 보위단은 정부의 지도하에 촌락 방어 역량으로서 국민당정권 수립 직후에 조직된 것이었다.[22] 국민당정권이 등장하기 전에는 정부의 지원을 받는 준공식적인 제도는 몇몇 民團 이외에는 존재하지 않았다. 1920년대 후반 민단은 이미 이 지역에서는 그 정당성과 기능을 상실한 상태였던 것으로 보인다. 국민당은 보위단 제도를 시행했지만, 이 보위단들은 대부분 이름만 바꾼 소도회 조직에 불과했다.[23] 촌락의 지도자들은 소도회를 기반으로 농촌사회에서 조상숭배의 사당과 여러 賽會들을 지도하고, 공적 질서를 유지하고 촌락민들을 '교화' 시키면서 진정한 지방권력을 행사했다.

이러한 방식의 삶은 매우 오래된 것이었다. 1898년 한 선교사는 요새화된 촌락과 그곳의 지주에 대해 다음과 같이 묘사했다. "그것은 그의 성채(castle)라고 할 수 있다. 깊은 해자와 견고한 담벼락으로 둘러싸였고, 그 내부에는 네모난 4층 높이의 두 탑이 있었다. 그의 주거는 그 탑의 꼭대기에

83卷, 第3號, 1980.3, pp.430-432; 「江蘇省委關於外縣黨部的概括報告」(1929.4.19), 江蘇省檔案館 · 中央檔案館 編, 『江蘇革命歷史文件匯集』(全32卷), 1984~1986(이하는 『江蘇文件』), 甲, 4, p.308 참조.

22) 「行政院核準蘇省各縣保衛團暫行條例」(1929年 1月 4日), 『江蘇省政府公報』, 第94號, 1929.3.27, pp.1-6.

23) 「各縣組織民團應遵前頒 保衛團暫行條例辦理」, 『江蘇省政府公報』, 第96號, 1929.3.29, p.2.

벽돌로 지어졌다. 그의 정원, 저택, 희귀하고 향기로운 꽃들은 아마도 이 강소 북부 지역에서 가장 아름다울 것이다. 그는 그 일대의 실질적인 領主였다. '그가 기침을 하면 대여섯 명이 벌떡 일어섰다.' 대문 앞에서는 매일같이 약 100여 명의 이웃 사람들이 얼마 안 되는 양식들을 받아갔다. ……"[24)]
강소 북부 지주들의 자치적 경향은 특히 군벌시대인 1920년대에 강화되었다. 군벌간의 대립 가운데서 省권력은 붕괴하고, 정부의 권위는 더 이상 촌락 주민들에 의해 존중되지 않았다. 촌락의 지도자들은 납세를 거부하고 縣정부에 대항하여 요새화된 촌락들의 연합을 구축하는 데까지 나아갔다.

앞서 언급했듯이 강소 북부에서 계급의 분화는 분명히 관찰된다. 이 지역에는 두 종류의 소작관행이 존재하고 있었다. 하나는 소작인이 비료, 종자, 도구 등 경작에 필요한 모든 것을 부담하는 承租 방식이 있었는데, 소작료는 수확의 1/3 혹은 1/4이었다. 다른 하나는 分種으로서, 지주가 비료와 종자를 제공하고, 소작인은 노동력만을 투여하는 것이었다. 이 경우 소작인은 수확량의 1/2을 지불했다. 소작인으로서는 전자가 더 수지타산이 맞는 것이었지만, '강남' 과는 반대로 강북에서는 대부분의 소작은 분종방식을 채택하고 있었다. 게다가 실제로는 지주와 소작인 간의 수확물의 배분은 55 대 45 혹은 60 대 40, 심한 경우는 70 대 30이었다. 1927년 말 성정부의 규정에 따르면 소작료는 수확의 1/3을 초과할 수 없고, 이를 초과할 경우 20% 인하한다고 되어있다. 즉 당시 25감조(소작료 25% 인하)라는 국민당의 정책을 고려한다면, 강소성의 그러한 개혁은 호남 · 호북 등보다 온건한 것이었다. 그리고 이러한 인하는 1928년 11월의 강소성 정부 제116차 회의를 통해 1년도 되지 않아서 취소되었다. 이 회의가 소작료는 수확의 35%를 초과할 수 없다고 규정하고, 이를 초과할 경우 소작인은 인하를 요구할 수 있다고

---

24) *North China Herald*, vol. 60, no. 1068, 30 May 1898, p.929.

언급했지만, 그 인하의 비율은 정확히 제시되지 않았다.[25] 한편, 앞서 인용한 吳壽彭의 조사보고가 보여주고 있는 바와 같이 이 35%라는 기준 자체가 지주들에 의해 전혀 지켜지지 않았다. 강소 북부의 경우 구래의 전통 방식의 소작관행은 이른바 '남경정부 10년' 동안 내내 지속되었던 것이다. 대부분의 농민들은 10~20무의 토지를 경작하면서 봄에는 주로 밀을, 가을에는 高粱을 수확했다. 생산량은 많지 않았다. 풍년시에 농민들은 20무당 20석의 밀을 생산했고 그 절반을 소작료로 지불했다. 그러나 평년작 혹은 흉년의 경우 농민들은 극심한 가난에 시달려야 했다.

그러나 부자와 빈자를 가르는 이러한 구조 속에서도 소작인들이 그러한 시스템을 쉽게 거부할 수는 없었다. 그것은 소작인들이 외부의 위협에 대해 보호의 수단이 필요했기 때문이었다. 소작인들의 계급의식의 수준은 극히 낮은 편이었고, 지주에 의해 통제되는 촌락 차원의 자율적 권력을 받아들였다. 강북의 소작인에 대한 지주의 지배는 강남의 경우 — 즉 종종 不在地主制를 특징으로 하면서 주로 공·상업의 이익에 경도되어 있던 지주들 — 와는 큰 대조를 보인다.[26] 강북의 농민들은 거의 전적으로 토지 이익에 매달리던 재지지주들의 통제하에, 이렇다 할 부업 활동의 결여 속에서 토지와 그 토지의 소유자인 지주에게 긴박되어 있었던 것이다. "의식은 사회적 행위 속에서 …… 발생하고 성장한다"는 고든 마샬의 언급을 빌린다면, 이 지역에서 그러한 사회적 행동은 거의 관찰되지 않는다.[27] 예컨대 1920년대 말

25) 10개조의 규정 중 제3조. 田中忠夫, 『革命支那農村の實證的研究』, 衆人社, 1930, pp.178·426-427.

26) 이러한 대조에 관해서는 Robert Ash, *Land Tenure in Pre-Revolutionary China: Kiangsu Province in the 1920s and 1930s*, Research Notes and Studies, no. 1, London: Contemporary China Institute, SOAS, 1976, pp.9-11 참조.

27) Gordon Marshall, "Some Remarks on the Study of Working Class Consciousness", *Politics and Society*, no. 12, 1983, p.272.

의 이 지역 공산당 문건은 淮陰-鹽城 지구에서는 "얼마 안 되는 농민의 투쟁은 모두 세금에 대한 저항"이었고, 촌락사회 내의 "계급투쟁이 아니었다"고 불평하고 있다.[28] 요새화된 촌락의 유력한 지주는 흡사 '부족 정권'을 장악하고 있는 형국이었다.[29] 그는 촌락 무장조직의 우두머리였을 뿐만 아니라, 촌락민들의 다양한 분쟁을 조정하고 심각한 범죄에 대해서는 사형을 선고하는 등 독자적인 행정적·법률적·도덕적 권력을 행사하고 있었다.[30]

宿遷縣의 한 예는 지주의 힘과 촌락사회에 대한 통제력을 잘 보여준다. 북벌군이 도래하기 이전인 1927년 가을, 숙천현 운하 동쪽의 한 대지주 黃繩武는 요새화된 촌락 黃莊에서 자신의 지도하에 소도회를 조직했다. 그 아들 黃秀生은 스스로 '神仙'이라 칭하면서 소도회 회원과 그 가속들에게 매일 같이 일정한 시간에 그를 경배하도록 명령했다. 그런데 어느 胡紹玲이라는 황가의 소작인이 소작료의 일부를 착복했다는 의심을 사게 되었다. 황수생은 소도회로 하여금 胡의 가족을 제거하라고 명령했다. 胡는 위험을 피해 현 정부에 이 사실을 고했고 현 당국은 경찰국에 명령하여 이 사건을 조사하도록 지시했다. 그러나 황수생은 다시 소도회를 동원하여 경찰대원의 촌락 진입에 대항했다. 뒤이어 현경비대가 파견되어 왔지만, 역시 황수생과 소도회의 저항으로 철퇴하지 않을 수 없었다. 상황을 통제할 수 없게 된 현 당국은 결국 정규군의 원조를 요청하지 않을 수 없었다. 直魯第10軍 부대의

---

28) 「江蘇省委致淮鹽區各縣委信(天字第一號) - 目前黨的中心任務, 淮鹽群衆鬪爭形勢與今後的工作」(1929.10.16), 『江蘇文件』, 甲, 6, p.352. 또한 Lucien Bianco, "Trop célébrèe… La résistance aux fermages dans la Chine prérévolutionnaire", *Etude chinoise*, vol. XVII, no. 1-2, print-automne, 1998 참조.

29) 앞서 인용한 吳壽彭은 요새의 주인이 행사한 이와 같은 통제력을 두고 하나의 '國家', '部落政權'이라고까지 묘사했다(p.72).

30) 吳壽彭, op. cit., p.72.

일부와 현경비대 도합 약 300~400명의 병사가 소도회를 진압하기 위해 동원되었다. 소도회는 군대의 출병에 겁을 먹고 급속히 흩어졌고 진압군은 황장에 진입하여 황가의 재산을 몰수했다.[31] 그러나 이들 소도회와 황수생의 명성과 권위는 여전히 유지될 수 있었다. 후술하듯이 黃은 후일 국민당정권에 대항한 현내 소도회 폭동을 지도했고 중일전쟁기 동안에도 여전히 강력한 소도회의 지도자로 남게 된다.

소도회 내에서 지주의 지도는 강력했다. 통상 교문계 비밀결사의 성원들을 초빙하여 소도회 건립의 정신적 지주로 삼았던 것은 언제나 지주(촌락의 지도자)들이었다. 바로 지주들이 일반 촌락민들을 소도회에 가입하도록 부추기거나 강요했다. 지주들은 종종 堂長, 會長, 總會長 등의 이름으로 소도회 조직의 지도자가 되었다.[32] 소도회 내에서 이들 지도자들이 행사한 지도력의 정도는 조직 구조의 상 · 하급에 따라 달랐다. 구조상 최하급인 堂은 각 촌락 수준의 조직으로 바로 이 수준에서 지도자(堂長)의 가장 효과적인 지도가 가능했다. 회장 혹은 총회장의 권력은 이론상 몇 개의 촌락을 아우르는 超村落的 범주에 미치는 것이었지만, 실제로는 매우 제한적인 것이었다. 그것은 이들이 일반 소도회 회원들로부터 직접적인 지지를 향유할 수 없기 때문이었다. 이들의 권력은 주로 그들 자신의 성망, 사회 · 경제적, 문화적인 다양한 요소로부터 오는 성망에 기초하고 있었다. 아래로부터의 실질적인 지지를 받고 있던 촌락 수준의 堂의 지도자들은 종종 상급의 결정에 반발하기도 했다. 조직 구조 전체에서 보면 소도회 내의 수직적 관계는 그리 긴밀한 것은 아니었고, 그것은 수평적 관계에서도 마찬가지였다. 각 당간에 서로 돕는 경우가 있었지만, 촌락 수준에서의 자율적인 각 당들은 상

---

31) 宿遷市地方志編纂委員會, 『宿遷市志』, 江蘇人民出版社, 1996, p.59.

32) 소도회의 구조에 대해서는 후술함.

호 협력을 거부할 수도 있었다.

이러한 의미에서 화북을 대상으로 한 P. 두아라의 연구를 본 연구에 적용하기는 어렵다. "홍창회를 …… 공동체적 폐쇄의 표현으로 보는 것은 잘못"이라고 황종지를 비판하면서,[33] 두아라는 홍창회의 다촌락적(multi-village) 특징과 공동체적 유대의 취약성을 강조한다.[34] 그에 따르면, 화북에는 촌락의 공동체적 유대가 결여되어 있었다는 것이다.[35] 그러나 소북의 소도회의 경우 그들이 종종 초촌락적 수준에서 재조직되기는 했지만, 그들의 단위와 기능은 어디까지나 촌락 수준에 기초하고 있었다. 활동 범위가 촌락 수준을 넘어서는 순간 그들의 응집력은 급격히 약화되는 것이었다. 회장 또는 총회장의 초촌락적 기능은 본질적으로 명목적이고 임시적이었다. 달리 말하자면, 강소 북부의 경우 소도회와 지주의 지도는 각 촌락 수준에서의 지방적 유대와 결속력의 표현이었고, 그것은 1920년대 이래로 더욱 강화되는 경향을 보이고 있었다.

지주의 지도하에 조직된 그러한 촌락공동체의 유대는 하남 홍창회의 경우에도 발견된다. 1920년대 후반 공산당의 한 문건에 따르면, 홍창회는 다음과 같은 3부류로 구분될 수 있었다. '진정한' 농민들의 홍창회, '토비' 성질의 홍창회, 그리고 '토호'에 의해 이용되는 홍창회가 그것이다.[36] 본장에

33) Philip C. C. Huang, *op. cit.*, p.262.

34) Prasenjit Duara, *Culture, Power, and The State: Rural North China, 1900~1942*, Stanford, CA: Stanford University Press, 1988, p.213.

35) P. 두아라는 또 중국 20세기의 세금수취 체제에서 촌락이 중요한 단위가 되었다고 지적하면서도 이 중요성이 공동체적 결속력을 초래한 것은 아니라고 말한다(*Ibid.*, pp.214-215). 촌락의 "자치기능의 결여", "공동체적 단결력의 결여"를 특징으로 하는 화북의 경우에 대해서는 佐佐木衛 編, 『近代中國の社會と民衆文化 - 日中共同研究, 華北農村社會調査資料集』, 東方書店, 1992, pp.5 · 12; 旗田巍, 『中國村落と共同體理論』, 岩波書店, 1973 참조.

36) 「對於紅槍會運動決議案」, 中央檔案館 編, 『中共中央文件選集』, 第二册, 中共中央黨

서 분석하고 있는 소도회는 바로 이 토호 주도하의 홍창회와 유사한 것이었다. 한 연구에 따르면 이러한 형태의 홍창회는 하남 남부에 주로 분포했고, 지주들은 촌락에 대해 절대적인 권력을 행사하면서 그들이 지도하는 홍창회를 통해 지방당국에 대항했다.[37] 필자는 본서의 제1부 제3장에서 하남의 이웃 호북성 북부에서 발생한 지방 토호 반대운동에 대항한 하남 남부의 光山縣 홍창회의 동향을 소개한 바 있다. 이 지역은 이후 공산당의 鄂豫皖 소비에트區域이 되는데, 홍창회는 공산당정권에도 반항했고, 결국 가차 없이 진압되었다.[38]

3. 教門, 소도회 그리고 그 조직구조 – 漣水縣의 경우를 중심으로

토비와 군벌이 초래한 농촌사회의 혼란이 지주를 중심으로 한 촌락공동체의 결속력의 강화를 초래했지만, 농촌경제의 파괴로 인해 다양한 종류의 파산자들이 증가하고 있었다. 이들이야말로 촌락공동체 밖에서 流動하던 비밀결사들 – 회당계와 교문계를 막론하고 – 의 주요 성원이었다.

校出版社, 1992, pp.216-218. 또한 「農民運動決議案」, *ibid.*, pp.206-215 참조. 이 분류는 당 기관지 『嚮導』(第158期, 1926.6.16)와 共産主義青年團 기관지 『中國青年』(第126期, 1926.7.10)에 실린 瀟湘과 霽帆의 글에 기초하고 있다고 생각된다. 霽帆은 張霽帆으로 당시 豫陝區黨委 지도부의 한 현장 활동가였다. 『河南黨史資料』, 第2期, 1984, p.178.

37) 馬場毅, 「紅槍會運動序說」, 『中國民衆叛亂の世界』, 汲古書院, 1974, pp.121-123; 하남의 홍창회에 대한 지주의 지배권에 대해서는 또한 馮祖琼 · 侯德範, 「戰勝地主武裝紅槍會的鬪爭」, 『鄭州大學學報』, 1980-1 참조.

38) 「鄂豫皖軍委會關於對紅槍會策略的指示」(1931.9.11), 『中國工農紅軍第四方面軍戰史資料選編, 鄂豫皖時期』(下), 解放軍出版社, 1992, pp.381-385.

우선, 이 지역에는 다수의 青·紅幇이 활동하고 있었다. 이 회당계 결사들은 떠돌이 부랑자들을 흡수하면서 주로 도시와 集市에 집중되어 있었지만, 농촌지역에서도 빈자와 토비들을 흡수하고 있었다. 어떤 경우에는 지주도 그 성원이긴 했지만, 다수는 아니었다. 소북 지역 青幇의 확산은 비교적 최근의, 즉 1920년대 이래의 현상이었다.[39]

다음으로, 교문계 비밀결사는 맨 처음 파산자들 사이에 확산되었지만, 떠돌이 의사, 유랑 풍수가, 무당 등을 매개로 촌락의 하층민들 간에도 파고들었다. 그러나 강소 북부에서 중요한 것은 교문계 비밀결사가 국가권력과 길항관계에 있으면서도 지주에 의해 통제되던 지방의 자율적 권력에 대항하지 않았다는 점이다. 오히려 교문계 결사는 모든 종류의 외부의 침입에 대항한 촌락 주민의 자위의 수요에 부응함으로써 농촌사회의 권력관계와 양립할 수 있었다.[40] 교문계 결사들은 지주와 협력하면서 그들의 지방 권력과 공존했다. 특히 1927년 후반기, 즉 군벌 부대와 북벌 부대의 혼전이 거듭되던 시기 소북 농촌은 그야말로 무정부 상태가 만연했고, 교문계 결사는 급속히 확산되어 갔다.

지주가 초빙해 온 소도회의 정신적 지도자들은 바로 촌락간을 떠돌던 교문계 결사의 성원이었다. 이러한 이유에서 소도회의 주요한 규율 가운데 하나가 "본지인은 전도할 수 없다"(本地人不傳道)였다.[41] 사실 외부인 초빙의 구조는 촌락 결속력의 한 표현이기도 했다. 즉 일상의 공동체적 유대 속에 살아오면서 익히 잘 알고 있는 촌락내의 한 주민이 정신적 지도자로 추대되

---

39) 吳壽彭, op. cit., p.67.

40) 「飭查宿遷童縣長釀亂案」, 『江蘇省政府公報』, 第109號, 1929.4.15, p.6.

41) 「取締刀會辦法」(1929.11.26), 『江蘇省民政廳法令輯要』(下編), 第四類 民政, pp.82-83, 江蘇省檔案館 資料部 마이크로필름. 여기서 우리는 소도회가 촌락 범위 밖과 관련되고 있다는 외부성을 간과해서는 안 되지만, 그 외부성이 꼭 소도회가 다촌락("multi-village") 수준에서 형성된 조직임을 의미하지는 않는다.

어 어느날 갑자기 신내림의 비상한 능력이 있다고 간주될 수는 없었기 때문이었다.

교문계 결사와 홍창회, 대도회 등 각종 농민자위 조직과의 연계문제는 선행 연구에서 분명히 언급된 적은 거의 없다.[42] 비록 대부분의 연구들이 紅槍會를 교문계 결사로 분류하여 서술하고 있지만, 연구자들의 시각은 주로 이 槍會類 자위조직들의 사회·정치적 활동에 집중되어 왔다. 즉 기존의 연구들은 민국시기 특정 농촌자위 조직의 건립에 어떤 교문계 결사가 관련되었는지 분명히 보여주지 못했던 것이다.[43] 사실 이 구체적인 연계문제는 지방적 문맥에서 전혀 연구된 바가 없다고 말할 수 있을 것이다. 이러한 공백은 주로 이용 가능한 사료의 부족에 기인한바 컸다. 사료들은 단지 이들 자위조직의 활동에 국한된 것이었을 뿐이었기 때문에 그 배후에 놓인 교문계 결사와의 연관관계는 여전히 모호한 상태로 남겨지게 되었다.

그러나 소도회의 경우 양자의 연관관계는 분명히 드러난다. 필자가 활용한 주요 사료들은 중국공산당 당국의 조사자료, 즉 1950년대 초 강소 북부 연수현 公安局의 자료로부터 왔다.[44] 이 자료들에 의하면 민국시기 소북의 漣水, 灌云, 鹽城, 阜寧 등의 지역에는 20여 개의 교문계 비밀결사 조직들이

42) 의화단 연구의 권위자인 路遙는 乾隆·嘉慶 年間(18세기말~19세기 초) 금종조가 팔괘교의 한 지파이고, 梅花拳도 교문계 결사의 일부라고 언급한 바 있다(路遙, 『山東民間秘密教門』, 當代出版社, 2000, pp.474-475). 대도회와 교문계 결사의 관계에 관한 논의는 『山東大學文科論文輯刊』, 1980-1 참조.

43) 각주 1에서 언급한 제 연구에서도 홍창회 등 '會門武裝' 과 교문계 결사의 연계문제는 분명히 분석된 바 없다. 양자의 밀접한 연관성에 대한 필자의 주목은 孫承會(앞의 글)의 홍창회의 '자위성' 에 대한 강조를 넘어 이 회문무장의 복잡한 성격을 보여준다.

44) 漣東縣公安局, 『取締封建道門會門工作基本總結』과 그 附錄 「西乾道五縣大元帥季永立材料」, 1950.5; 漣東縣公安局秘書室報導, 『封建道門會門的研究』, 1950.5, 江蘇省檔案館, 2736(長期)-14. 漣東縣은 연수현의 鹽河 동쪽에 1940년 10월 설치된 현으로, 1950년 6월 다시 연수현으로 편입되었다.

존재하고 있었다. 宗教道義會, 淸邦道德會, 未來會, 西乾道, 同善社, 大收圓, 玄修門 등이 그것이다. 이들 결사조직 가운데 가장 유력했던 것은 대수원, 미래회 그리고 서건도였다. 그러나 이 결사들은 표면상 서로 다른 조직으로 보이지만 사실상 대수원이 시간적 흐름 속에 그 이름을 바꾸어 간 것에 불과했다. 또 다른 공산당 측 조사 자료는 이들 모두가 이른바 一貫道의 휘하에 있었다고 말하고 있다.[45]

대수원은 소북의 漣水와 阜寧 일대에서 민국 초 朱東光과 李通潮에 의해 창립되었고 이후 李行廣의 지도하에 확산·발전했다. 그러나 이 조직은 1926년 陳士貴라는 寶應 출신의 한 교주가 부녕 출신의 魏小全과 함께 대수원에 반기를 들고, 교인들을 미래회라는 새로운 이름 하에 재조직할 때까지 취약한 상태에 머물고 있었다. 미래회는 뒤이은 몇 년간 적극적인 활동을 전개하면서 휘하에 紅會, 黃會, 藍會, 黑會 그리고 武會를 조직했다. 이 무회가 바로 소도회였다. 소도회 조직은 다음 장에서 상세히 분석하듯이 1920년대 말~1930년대 초 국민당정권에 대항하는 여러 폭동을 일으켜 강소 북부 지역을 진동시켰다.

뒤이은 국민당에 의한 소도회 진압은 미래회 조직을 폭로시켰고, 교인들은 지하로 잠적했다. 그러나 이 지역에서 교문계 결사의 활동이 중단된 것은 아니었다. 아직 폭로되지 않은 대수원이 다시 바통을 이어받았다. 몇 년간 주도권을 잃고 있었던 예의 李行廣이 미래회의 쇠락을 기회로 대수원을 부흥시키고, 1940년 이래 중국공산당의 근거지가 수립된 지역에서 '武會'[小刀會]를 동원하여 반란을 일으켰다. 수차례에 걸친 반공 폭동은 모두 수포로 돌아가고 거의 모든 비밀교문은 지하로 잠적하지 않을 수 없었다.

45) 漣東縣公安局偵察股, 『一九四九年取締道門工作總結報告』, 1950.1.30, p.1, 淮陰市檔案館, G5-12-064.

자료 7. 『封建道門會門的研究』(1950.5)

漣東縣公安局秘書室報導, 江蘇省檔案館, 2736(長期) - 14.

封建道门会门的研究。

一、历史概述

封建道门会门组织名目繁多，如宗教道义会、[illegible]道德会、一贯道、未来会、西乾道、同善社、大收圆、玄修门、[illegible]门等不下廿余种，[illegible]在涟境组织最大活动最凶的则为大收圆、未来会、西乾道三个组织，但这个[illegible]是在三个时期名称的更换，其实质仍是[illegible]。

早在民国初年大收圆即在涟阜等地出现，[illegible]，李遇潮、[illegible]傳圣、李行广[illegible]该道大兴，普及涟阜[illegible]，[illegible]迷惑而参加。民国十五年间由宝应陈士贵[illegible]改为未来会[illegible]。[illegible]“未来会”，是创[illegible]“未来大事”[illegible]大大，[illegible]全国领导人为[illegible]真古佛[illegible]，此人是神仙[illegible]，[illegible]人都[illegible]，此人[illegible]，是大[illegible]下世，将来是真命天子，以[illegible]取得一般道众之信仰，[illegible]收圆[illegible]未来会中[illegible]极[illegible]红、黄、蓝、白、黑、武会（所谓武会，即是拔刀枪的武装人[illegible]未来会的领导下，扶主保朝，成大事）。民国十八年间[illegible]领导，[illegible]武会（大刀会）在[illegible]暴动，攻打涟水城，[illegible]被[illegible]逮捕镇压而告失败。[illegible]

[illegible]

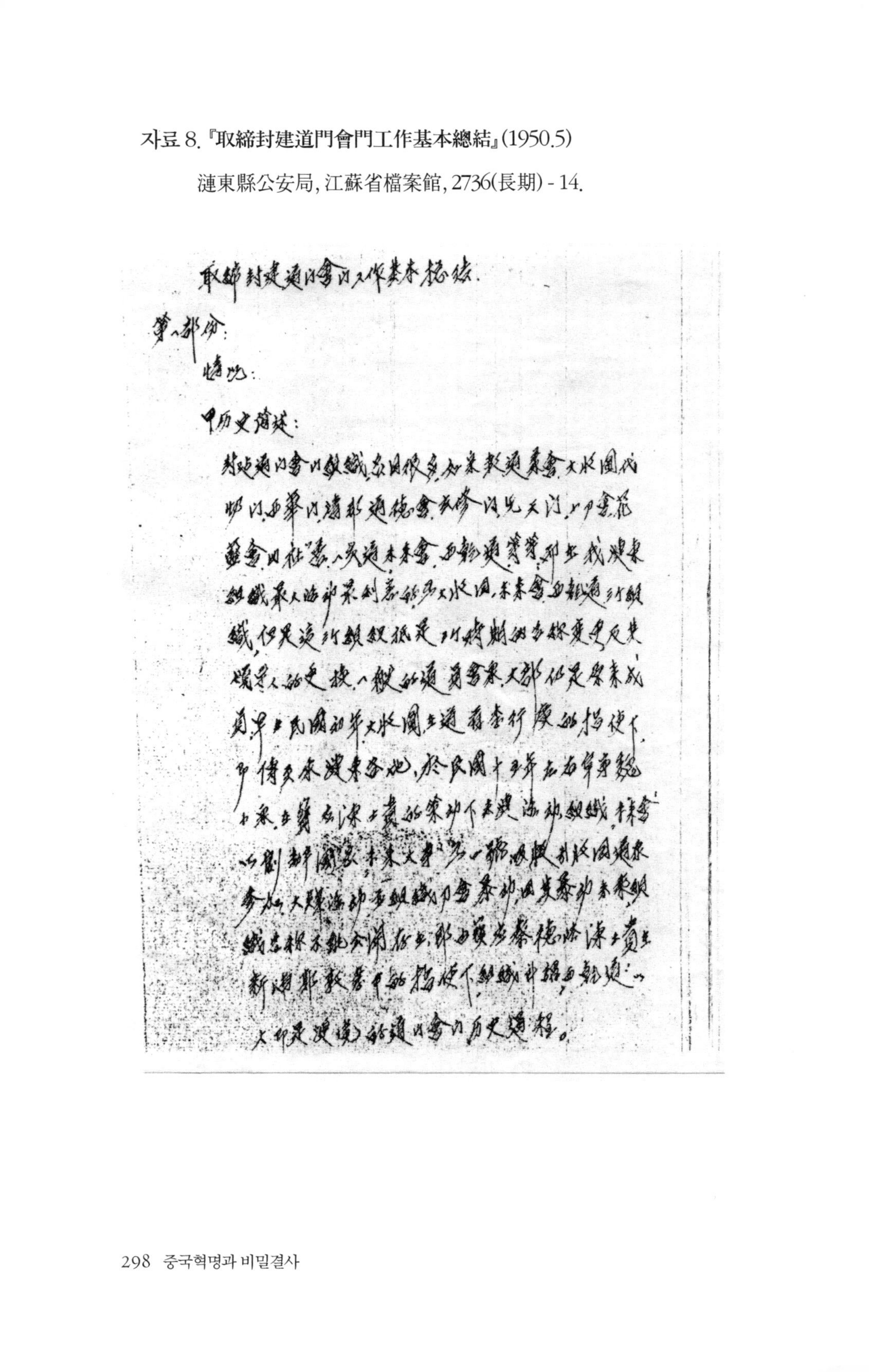

자료 8. 『取締封建道門會門工作基本總結』(1950.5)

漣東縣公安局, 江蘇省檔案館, 2736(長期) - 14.

取缔封建道门会门工作基本总结.

第一部分:

情况:

甲.历史简述:

[illegible]

그러나 강소 북부의 교문계 결사들이 모두 힘을 잃은 것은 아니었다. 앞서 언급한 진사귀는 1941년경 다시 활동을 개시했고, 결국 전술한 서건도의 창립으로 나아갔다. 이 서건도야말로 강소 북부의 교문의 역사에서 가장 강력한 조직으로 기록된다. 서건도는 소도회를 지도하여 중국공산당이 전국적 수준에서 자신의 정권을 수립한 직후에 이르기까지 공산당 당국에 대항했다. 그 구체적인 과정은 제4장에서 분석될 것이다.

이상과 같은 공산당 측의 조사 자료가 소개하고 있는 교문계 결사에 관한 간략한 역사를 통하여 우리는 교문계 결사와 촌락 무장 자위조직 소도회의 긴밀한 연관관계를 분명히 확인할 수 있다. 교문계 결사 측에서 보자면 소도회는 상황에 따라 끊임없이 이름을 바꾸어 간 교문조직의 한 부분, 즉 '武會' 라는 무장조직에 불과했던 것이다.

초기에 소도회는 비밀리에 회원을 모집해갔지만, 다수의 촌락 주민들이 소도회에 가입하면서부터 점차 공개되어 갔다. 원칙적으로 소도회 가입은 자원에 의한 것이었지만, 강요에 의한 경우도 발견된다.[46] 예컨대, 가입을 거부하는 한 주민을 강제하기 위해 소도회 지도자는 회원들로 하여금 그의 집에 몰려가 그가 회원가입을 받아들일 때까지 양식을 축내도록 만들기도 했다. 지리적 분포의 면에서, 1920년대 말경 소도회는 소북의 거의 모든 촌락에 확산되어 갔지만, 현청 소재지나 集市에는 드물었다.[47]

소도회 조직 구조는 촌락에 따라, 현에 따라 달랐다. 어느 소도회의 창립 시에 특정한 공통된 조직원칙이 요구된 것은 아니었다. 이 지역의 모든 소

---

46) 「小刀會漣水暴動之補聞」, 『申報』, 1926.7.3; 「小刀會擾民之可惡」, 『申報』, 1926.7.8.

47) 이하의 소도회 조직 구조에 대한 소개는 기본적으로 동시대인 혹은 소도회 회원 등의 회고에 기초하여 출판된 다음의 '文史資料' 에 의거한다. 曙東, 「淮寶地區的小刀會活動簡介」, 『淮陰縣文史資料』, 第4輯, 1990; 黃旭明, 「淮寶地區的小刀會」, 『洪澤文史資料』, 第2輯, 1986; 文史辦, 「淮安小刀會概述」, 『淮安文史資料』, 第4輯, 1986; 藝蓀 搜集整理, 「漣水小刀會」, 縣志辦 編, 『漣水史志通訊』 3, 1984.11.

도회를 지도하는 어떤 통일된 중심이 존재한 것도 아니었다. 당시 소도회 참가자나 소도회 관련 공작에 가담한 공산당 활동가들의 회고로부터 오는 이용 가능한 자료들은 이러한 소도회 조직의 다양성을 잘 보여준다. 소도회는 촌락 별로 그룹 지워진 분산적이고 자율적인 실체였고, 각 집단들은 고유의 특수성을 보유하고 있었다. 그러나 그럼에도 불구하고 내부 조직구조 면에서 소북 소도회 집단들을 가로지르는 다음과 같은 일정한 공통점이 발견되는 것도 사실이다.

우선 소도회는 내부적으로 세 그룹으로 구분되는데, 그들 상호간의 관계는 분명치 않다. 즉 紅會는 숫적으로 가장 다수를 차지한다. 黃會의 수는 그보다 적고, 花籃會는 여성들만으로 구성된 가장 소수의 그룹이었다. 홍회가 가장 강력한 힘을 보유하고 있었기 때문에 어떤 현(예컨대 연수현)에서는 紅刀會라고 불리기도 했다. 이 세 종류의 소도회는 서로 다른 수호신(老祖=祖師)을 신앙했고 상이한 상징들을 갖고 있었다. 홍회는 紅蓮老祖를 숭배했고, 그 회원들은 부적을 담은, 천으로 된 주머니를 휴대하고 있었다. 칼의 손잡이는 붉은 천으로 장식되었고, 장식용 술도 붉은 색이었다. 황회는 黃蓮老祖를 신앙했다. 그 성원들은 가슴팍에 노란색 주머니를 차고 있었다. 칼의 장식도 모두 노란색 일색이었다. 화람회 회원들은 왼손에 꽃바구니를 휴대하고 오른 손으로는 칼을 들었다. 지금까지 이들 소도회의 상호관계와 그러한 구분의 이유는 분명히 알려져 있지 않다. 필자로서는 이 구분이 아마도 각기 여러 '소도회'를 조직했던 교문계 결사들의 상이함에서 온 것이 아닌가 한다. 그것은 앞서 언급한 중국공산당의 관련 자료가 말해준다.

한편, 소도회는 3수준으로 구성된다. 원칙적으로 각 자연촌락에는 최하 수준의 堂이 조직된다. 간혹 어떤 당은 몇몇 촌락을 포괄하는 경우도 있다. 많은 회원수를 확보하고 있는 大堂은 몇몇 組로 재분되는 경우도 있다. 그러나 기본적인 단위는 역시 당이다. 그 다음, 몇몇 당들이 합해 段을 형성하기도 하지만, 이에 관해서는 명확한 규칙이 있는 것은 아니었다. 최고 수준에는 會가 위치한다. 그 회장은 대체로 향 수준의 지도자이다. 간혹 몇몇 향을 통합한 수준에서의 지도자로 總會長이 나오기도 한다. 이들 각 수준의 지도자들은 주로 지주들이며 원칙적으로 조직의 관리와 행정을 담당한다.

위와 같은 소도회 조직의 각 단계에는 행정의 지도자 이외에 老師라는 정신적 신앙의 지도자가 위치한다.[48] 전투가 발발하면 노사는 군사적 지휘까지도 담당한다. 그는 행정상의 지도자(지주) 휘하에 자리하지만, 소도회 내에서 진정한 권력의 소유자가 되기도 한다(특히 연수현의 경우). 하나의 堂의 창립에서 이 정신적 지도자의 역할은 불가결한 것이었다. 그만이 앞서 언급한 신을 부르고 현실세계에 출현할 수 있도록 매개할 수 있으며, 소도회원들을 도창불입의 경지로 훈련시킬 수 있었다. 소도회는 초기의 발전 단계에서는 교문계 결사의 주도권 하에 그 세속 조직으로 출현하기 시작했지만, 이후 이 조직이 보여준 촌락 자위에서의 역할이 널리 알려지면서 촌락 주민들이 지주의 지도하에 주동적으로 소도회를 끌어들였고, 교문의 성원들이 소도회 노사의 역할을 담당했던 것이다.

이른바 '도창불입' 을 가능케 하는 신내림('降神附體')의 의식은 老師의 전유물이었다. 이 의식은 촌락 자위조직에 대한 교문계 결사의 지도에서 불가결한 구성부분이었다. 각 당의 소도회 성원들 중에서 2~3사람이 선택되어 '大神' 으로 지명되고 전투에서 최선봉의 역할을 담당하게 된다. 일반 성원들과 달리 이들의 몸에만 신이 내리게 된다. 이론적으로 이 신은 앞서 언급한 수호신(祖師)이지만, 실제로 어떤 신이 내릴 것인지를 결정하는 것은 노사였다.

48) 이 정신적 지도자의 호칭은 다양했다. 開化師, 神拳師, 傳道師, 傳教師, 教師, 老師 등이 그것이다.

신내림의 의식은 비교적 단순했다. 일반적으로 회원들이 향을 피우고 수호신의 부적을 태우는 제단 앞에 무릎을 꿇고 신의 강림을 빌게 된다. 몇 시간이 지나면 장시간 눈을 감은 채 무릎을 꿇고 있던 회원들은 더 이상 자세를 유지할 수 없는 지경에 이르게 되고, 다리에 쥐가 나기 마련이다. 바로 이때를 기다려 노사는 고통에 떠는 특정 회원을 지목하고는 그 "신체의 떨림이 곧 신의 강림을 뜻한다"고 선언하게 된다. 노사는 곧장 이 선택된 회원을 데리고 堂으로 들어가 문을 닫고 그에게 비밀리에 道를 전한다("六耳不傳道": 제3자에게는 도를 전하지 않는다).

노사는 어떠한 도를 전했던 것일까? 그것은 선정된 회원에게 어떤 신이 그의 몸에 강림하게 되었는지를 설명해 주는 것이었다. 이 도를 전해들은 회원은 堂을 박차고 나가 그가 어떤 신의 현신인가를 큰 소리와 동작으로 포고했다. 이렇게 하여 그는 大神이 되고 이후로 일반 회원들을 지도하게 될 것이었다. 노사가 그의 몸에 '姜子牙'가 내려왔다고 말했다면, 그는 姜太公의 현신이었다. 만일 그에게 '關公大帝'가 강림했다고 한다면, 그는 이제 도를 전하는 소도회의 정신적 지도자 老師가 될 수 있었다. J. 에세릭이 언급했듯이 강림하는 신들은 흔히 廟會 기간 중에 상연되는 민중 극단의 등장인물에서 왔다. 연극의 내용은 『三國演義』, 『水滸傳』, 『西遊記』, 『封神演義』 등 민간의 소설 혹은 전설 등으로부터 자양분을 취하고 있었다. 미신 활동은 농민사회 고유의 민중문화에 깊이 뿌리를 두고 있었던 것이다.[49]

도창불입의 능력을 획득하는 것도 역시 간단했다. 증언들에 따르면, 소도회 회원들이 전투를 대비하여 진정으로 어떤 단련과정을 수행한 것은 아니었다. 이 소도회 조직이 전통 무술의 강한 영향 하에 있었지만, 그 회원들은 훈련보다는 의식을 더 중시했다. 그들은 자신의 몸을 청결히 하고, 진심

---

49) J. Esherick, *op. cit.*, p.329.

으로 향을 피우면서 수호신을 신앙한다면 신의 보호를 받을 수 있다고 믿었다. 전투에 임하기 전에 그들은 주문을 외우고 부적을 살라 물에 타 마시면서 이러한 행동이 신의 보호와 '도창불입' 을 가능케 한다고 생각했다. 이러한 믿음이야말로 조악한 원시적 무기에도 불구하고 소도회 회원들의 용감성을 설명해 주는 근거가 된다. 설사 전투 중 소도회원의 사망을 목격한다고 해서 그러한 신앙이 깨지는 것은 아니었다. 그것은 어디까지나 소도회의 규칙에 대한 개인 차원의 위반 혹은 요구된 신앙생활의 부족 때문에 초래된 결과로 간주되었다. 결국 도창불입에 대한 믿음은 유지되었다.

4. 소결

본장에서는 소북 소도회의 존재 양상을 농촌사회의 구조와 관련지어 설명하고자 하는 목표 하에 촌락사회의 공동체적 결속력의 존재에 주목했다. 기존의 연구에서는 華北의 경우를 통하여 민국시기 중국 농촌의 공동체적 결속력의 不在가 지적되어 왔지만, 본 연구의 분석대상인 蘇北의 농촌은 상대적으로 강력한 촌락공동체의 결속력을 보여준다.

그러한 결속력은 1920년대에 더욱 강화되는 경향을 보였다. 농촌사회의 파산자들이 流動層을 형성하면서 토비 조직을 통해 촌락의 定住社會 농민들을 외부로부터 압박했고, 무질서한 군벌 권력이 촌락의 자원을 수취해 가고 있던 상황에서, 소북의 촌락은 더욱 內向的이고 폐쇄적인 성향을 보였다. 촌락사회 내에서 지주와 소작인 사이에 '계급 착취' 가 광범히 존재하고 있었지만, 그러한 계급분화가 곧바로 '계급의식' 의 발생과 계급투쟁으로 나아간 것은 아니었다. 당시의 공산당 조직이 간파한 바와 같이 얼마 안 되는 농민의 집단행동은 대부분 국가권력의 자원 수취에 대한 저항이었거나,

토비의 약탈과 파괴에 대항하고자 한 것이었을 뿐, 촌락사회 내부의 투쟁은 아니었다.

촌락공동체의 결속력에서 지주의 역할은 중요했다. 계급구조와 착취적 사회·경제관계가 소북 농촌사회 구조의 한 축을 형성하고 있었지만, 1920년대라는 불안정한 상황 속에서는 그러한 계급구조를 뛰어 넘는 '집단의식'과 공동체적 단결이 또 하나의 축을 이루고 있었고, 그러한 단결의 중심에 지주가 위치하고 있었다. 지주들은 '部落政權'이라는 표현이 뜻하는 바와 같이 촌락이라는 자율적 공동체 권력의 지도자로서 소작인들과 온정주의적 관계를 통해 촌민들을 교화하고, 촌락의 분쟁을 조정하면서 권력을 행사했다.

이러한 공동체적 결속력이 강했던 蘇北의 농촌에 적응할 수 있었던 것은 다름 아닌 教門系 비밀결사였다. 소북의 농촌에서 青·紅幇 등 會黨系 결사의 존재가 확인되고 있지만, 이들의 활동 영역은 주로 土匪와 遊民 등의 유동층의 세계였다. 교문조직도 이들 유동층에 확산되어 갔지만, 대부분의 일반 성원들은 촌락 정주사회의 주민들이었다. 교문조직이 촌락사회에 침투해 들어갈 수 있었던 한 주요 요인은 지주를 중심으로 한 촌락 권력구조의 수요에 부응할 수 있었기 때문이었다. 그리고 교문의 하부조직인 소도회는 외부의 압력에 대한 촌락의 방어라는 보다 현실적인 목표에 유력한 수단을 제공했다. 漣水縣의 예가 보여주고 있는 바와 같이 소도회는 전체 교문조직 가운데 '武會'라는 무장조직에 해당한다. 교문은 이 소도회를 통해 촌락사회의 수요와 지주권력에 적응함으로써 확산될 수 있었다. 교문은 그 성원들을 파견하여 촌락공동체의 방어 조직으로서 소도회를 조직하도록 했으며, 지주는 이들을 자신이 장악한 소도회 조직의 '老師'로 추대하여 정신적 지도자로 삼았다. 결국 소도회는 지주권력과 교문세력의 교집합의 지점에서 촌락공동체의 결속력의 유지와 강화에 기여했다.

소도회의 각종 의식과 신앙은 오랜 民衆文化에 뿌리를 두고 있었다. 청말 이래의 유교국가의 권위의 쇠락과 정당성의 위기 속에서 구래의 정통과 이단의 이분법적 관념은 희석되었고, 촌락사회 고유의 민중문화가 대두하기 시작했다. 조상숭배, 촌락 수호신 신앙, 다양한 형태의 샤머니즘과 미신, 각종 민간 종교와 비밀결사의 전통 등이 소도회의 성립에 기여했다. '刀槍不入' 의 신앙은 그러한 민중문화의 정수였다. 어떤 진정한 신체단련보다는 呪術을 통해 이 신비한 능력을 획득할 수 있다고 본 소도회 회원의 믿음이 지속된 이유는 바로 뿌리 깊은 민중문화의 힘에서 찾을 수 있을 것이다.

제2장

國家權力, 자율적 地域權力 그리고 초기 共産黨 활동

앞장의 분석을 통하여 우리는 소도회 집단이 소북 지역 농촌사회에서 지주와 教門系 비밀결사를 연계하면서 촌락공동체의 결속력과 지역 자율권력(autonomous local power)의 핵심으로 기능하고 있었음을 살펴보았는데, 본장에서는 국가권력에 대항하는 소도회의 폭동과 후퇴의 구조를 통해 국가권력의 강화와 지역사회로의 확장에 지역권력이 대항하는 과정과 특징을 검토할 것이다. 앞장의 시각이 정태적 분석이었다면, 본장은 소도회의 집단행동('暴動')을 중심으로 한 동태적 연구라 할 것이다.

중화민국시기 국가-사회 관계 문제는 그간 국가건설, 지역 엘리트의 역할, 시민사회 및 공공영역의 존재 혹은 결여 등의 주제에 대한 탐구에 집중되었다. 민국시기의 국가건설은 "성공과 실패, 성장과 해체의 동시적 과정"이었다는 주장[1]으로부터 민국시기 국가건설은 진행되지 않았다는 견해,[2]

1) Prasenjit Duara, *Culture, Power, and The State: Rural North China, 1900~1942*, Stanford, CA: Stanford University Press, 1988, pp.1-2 · 74. 그는 '국가 내권화' (state involution)라는 개념 하에 민국시기 국가권력의 강화 노력은 '문화적 연계' (cultural nexus)를 파괴하고 통제할 수 없는 브로커 엘리트를 양산시켜 국가의 존립 자체까지도 위협

그리고 국가권력의 강화와 소작인의 정치적 힘의 성장으로 인해 지주 엘리트가 몰락했다는 견해[3] 등 다양한 견해들이 제시되어 왔지만, 국가건설의 노력(국가권력의 강화 및 확장)과 엘리트의 자기 동원(elite 'mobilization'; elite 'activism')이 동시·병행적으로 이루어졌다는 사실에 대해서는 일반적으로 동의하는 경향이라고 할 수 있다.[4]

필자는 국가-사회 관계에서 '사회'를 '지역 엘리트'라는 관점에서라기보다는 비밀결사·종족·토비 등 지역집단(local collectivity)을 핵으로 한 자율적 지역권력의 측면에서 접근하고자 한다. 중화민국시기 국가권력의 강화와 지역 엘리트의 활발한 자기 동원이 동시적으로 진행된 것과 마찬가지로, 지역사회는 강화되는 국가권력과 그 점증하는 자원요구에 굴복하기

함으로써 국가건설은 실패로 끝났다고 본다(pp.6·214-215). 한편 포메란쯔도 산동의 황하와 운하가 만나는 '黃運' 지역에 대한 연구를 통해 1937년 이전까지 국가의 건설과 해체라는 이중적 과정이 동시적으로 진행되었다("simultaneous occurrence of state making and unmaking")는 견해를 피력했다. Kenneth Pomeranz, *The Making of a Hinterland: State, Society and Economy in Inland North China, 1853~1937*, Berkely: University of California Press, 1993, p.271.

2) 스코파는 杭州灣 개간사업을 중심으로 국가건설 노력을 살피면서, 그 과정에서 보이는 강압적 방식으로 인해 국가지배의 정당성이 침식되었고, 이것은 "궁극적으로 국가건설의 노력을 붕괴시켰다"고 서술했다. Keith R. Schoppa, "State, Society, and Land Reclamation on Hangzhou Bay during the Republican Period", *Modern China*, vol. 23, no. 2, April 1997, p.269.

3) Kathryn Bernhardt, *Rents, Taxes and Peasant Resistance, The Lower Yangzi Region, 1840~1950*, Stanford University Press, 1992, p.232; Lenore Barkan, "Patterns of Power; Forty Years of Elite Politics in a Chinese County", in Joseph Esherick & Mary Rankin(eds), *Chinese Local Elites and Patterns of Dominance*, Berkley: University of California Press, 1990, pp.214-215.

4) Joseph Esherick & Mary Rankin(eds), *ibid.*, p.342; Frederic Wakeman Jr., "Models of Historical Change: The Chinese State and Society, 1839~1989", in Kenneth Lieberthal, Joyce Kallgren, Roderick MacFarquhar & Frederic Wakeman Jr.(eds), *Perspectives on Modern China: Four Anniversaries*, Armonk, N.Y.: M. E. Sharpe, 1991, pp.76-77.

보다는 오히려 지역집단을 중심으로 자원의 보호를 위해 자신을 강화시켰다. 본 연구는 이러한 지역사회('집단')의 자기 강화라는 하나의 가설을 소도회라는 민간 비밀결사 조직의 행동을 통해 확인해 볼 것이다. 국가-사회 관계에 관한 기존의 대부분의 연구가 도시, 상업화된 지역, 혹은 이른바 핵심지대('core area')에 집중되어 있었다면 본장의 분석은 도시화·상업화와는 거리를 두고 있던 소북 농촌의 주변지대에 대한 연구라 할 것이다.

공산당 활동가들은 국가권력과 지역사회(=지역권력)의 길항의 틈을 타고 등장하기 시작했다. 기존 국가권력(국민당정권)의 전복을 통해 자신의 것을 구축하고자 했던 중국공산당은 국가권력에 대항하고 있던 자율적 지역권력과 연합하는 방향을 취했다. 그러나 공통분모는 국가권력에 대한 반대뿐이었고, 반응적인(reactive) 지역권력의 행동이 미래의 독자의 세계를 구상하는 전향적인(proactive) 공산당의 행동과 부합하기는 어려웠다. 그러나 초기 공산당은 홀로 (국민당)국가권력에 대항하기에는 매우 취약한 존재였다. 그리하여 1930년대 중반 국가권력이 상대적으로 안정되면서 공산당이 온전히 제거되기까지 공산당은 지역권력과의 연계를 끊임없이 시도했다. 그것은 현장에의 적응을 통한 착근의 시도였지만, 통상 지주 지도하의 지역사회의 강고한 결속력이 공산당과 같은 외부세력의 침투를 어렵게 만들었다. 사실 공산권력은 기존의 국가권력을 전복함으로써 자동적으로 수립될 수 있는 것은 아니었다. 공산당은 자신의 국가권력을 구축하기 위해 지역사회 고유의 권력관계를 해체하고 공동체적 결속력의 구조를 깨지 않으면 안 되었다. 본장에서는 이 모든 과정을 蘇北 小刀會의 폭동과 공산당의 개입과정을 통해 고찰하고, 그것을 국민당 국가권력과의 관계 속에서 검토한다.

1. 1920년대 말 '小刀會 暴動'

여러 자료들이 소도회가 청말 민초에 출현했다고 언급하고 있지만, 당시 소도회의 활동에 대한 기록은 찾아보기 어렵다. 그만큼 초기 소도회 활동은 분산적이고 단속적인 상태에 머물러 있었다고 보아도 좋을 것이다. 초기의 소도회는 단지 지방 토비에 대항한 자위의 범주에 국한되어 있었고, 이는 지방 당국의 주의를 끌지 않았던 것으로 보인다. 기본적으로 자발적이고 지방적인 수준에서 촌락의 자원 보호에 머물고 있던 소도회가 어떤 정치적 영향력을 보여줄 만큼 세력화되지는 않았던 것이다.

1920년대에 이르러 소도회는 비로소 자신의 정치적 의미를 확인시켜 갔다. 후술하듯이 소도회는 점차적으로 국가권력에 대한 적의를 표출하는 방향으로 나아갔다. 이제 소도회는 토비 방어뿐만 아니라 국가권력의 각종 수취에도 저항하게 되었던 것이다('防匪抗捐'). 당국으로서도 국가권력이 승인하지 않은 이들 소도회 조직에 대해 경계심을 늦추지 않았다. 소도회 조직이 토비 토벌에 일정한 역할을 수행했지만, 그러한 류의 대중 역량이나 집단화, 그리고 그것들의 광범위한 수준에서의 조직화는 국가권력의 입장에서 보자면 무언가 혼란을 야기할 수 있는 위험한 것이었다. 소도회의 자위적 성격은 촌락공동체의 외부로부터 오는 일체의 개입이나 혼란에 대한 공격적 저항으로 변형될 수 있었다. 세리, 민단, 정부군 등에 대한 대항의 과정에서 소도회 성원들은 일정한 정치의식을 획득하기도 했다. 소도회는 당시 무질서한 군벌 국가권력에 대항한 소북의 자율적 지역권력의 대표였다.

일정한 조직화된 집단의 형태를 띠고 있던 소도회의 존재는 당시 국가권력에 대항하던 또 다른 정치 세력의 관심을 끌기에 충분했다. 군벌의 통치하에서 소도회가 갖고 있던 정치적 의미는 다양한 정치적 사건들에 의해 분명한 형태로 확인된다. 정치 세력들 — 특히 공산당 활동가 — 은 소도회와의 연합을 기도했다. 이를 통하여 소도회는 그들 자신이 의식하던 그렇지 못했던 간에 민국시기 전 기간을 통하여 정치 과정에 참여하게 된다.

본절에서는 우선 1920년대 말~1930년대 초 소도회의 '자율적' 활동을 검토하게 될 것이다. 이 시기 강소 북부 소도회의 활동은 1927년 북벌군의 도래와 함께 크게 강화되었다. 1927년 후반기 군벌군('直魯聯軍')과 북벌군('國民革命軍')의 밀고 당기는 전쟁은 이 지역을 지극히 불안정한 상황으로 내몰았다. 이제 소도회는 더 이상 토비 방어에 활동의 범위를 한정하지 않았고, 군벌 군대도 소도회의 주요 표적이 되었다.[5] 군벌군의 무자비한 세금 수취와 규율 없는 병사들의 약탈은 촌락 주민들에게 토비의 행위나 마찬가지로 보였다. 많은 단편적 사례들이 소도회의 성장을 말해준다. 예컨대, 孫傳芳 휘하의 馬玉仁 부대가 淮安縣 서남부 黃集에 주둔해 있었는데 약 2,000명의 소도회에 의해 공격당하기도 했다. 비록 그것이 실패로 돌아가긴 했지만, 마옥인 부대도 소도회의 압력하에 그곳으로부터 철퇴하지 않을 수 없었다.[6] 같은 해 회안 소도회의 일부는 당시 악명 높던 민단의 단장 任培欽에 대항하여 행동을 일으켰다. 지역 신사로 보이는 吳德功의 지휘 하에 范集, 陸集 촌의 소도회 지도자 戴金榮(戴三)과 '張小跛子'는 황집의 민단 소재지를 공격했다. 하루 동안의 전투는 소도회의 실패로 끝나고 현 경비대의 출동에 의한 소도회 진압작전이 시작되었다. 그러나 그 진압이 이 지역의 소도회의 확산을 억제할 수 있었던 것은 아니었다.[7]

불안정한 지역 상황으로 인해 더욱 강력해진 소도회는 뒤이어 등장한, 취약한 통제력만을 보유하고 있던 국민당정권에 대항하게 된다. 국민당은

---

5) 岳威, 「革命的江蘇農民」, 『布爾塞維克』, 第1號, 1927.10.24, p.18.

6) 文史辦, 「淮安小刀會概述」, 『淮安文史資料』, 第4輯, 1986, p.96.

7) 黃旭明, 「淮寶地區的小刀會」, 『洪澤文史資料』, 第2輯, 1986, p.39.

1927년 말 권력 장악 후 일련의 이른바 '근대국가 건설'을 위한 제반 조치를 취하기 시작했다. 각종 세금과 부가세 등을 포함하는 세제 개혁, 사묘 재산에 대한 몰수, 春節과 春聯의 금지 등이 그것이다. 미신 타파운동('破除迷信運動')도 그러한 조치의 일환이었다. 이 운동은 1928~29년 기간 강소·절강·안휘 등 남경정부에 의해 직접 통제되던 3성에서 전개되었다. 국민당 지방 당부와 청년 당원들에 의해 주도된 이 운동은 지방 사묘와 우상의 파괴를 통해 '미신'과 '무당'을 공격했다. 민간 사회에 뿌리내린 여러 관습들에 대한 부정은 곧 대규모적인 반발을 불러왔다.[8] 그러한 불만과 반발 가운데 소북 소도회에 의해 주도된 두 폭동이 주목된다. 연수현과 숙천현의 예가 그것이다.

1) 漣水縣 小刀會

연수현의 소도회는 1927년에 이르러 지역 주민들에게 자위의 수단을 제공하면서 급속도로 확산되어 갔다. 1927년 이전 연수현에서 소도회의 영향력은 제한적이던 것으로 보인다. 소도회를 결성하지 않은 촌락들이 다수 존재하고 있었고, 소도회는 이들 촌락들에 압력을 가하기도 했다. 예컨대, 1926년 6월 연수현 서북향 金岔市의 紀家蕩, 于家圩, 馬家油坊莊 등 촌락의 소도회는 臥佛寺에 집결하여 關帝 탄생일을 기념하고, 주변의 촌락들에게 소도회의 촌락보호 대가로 기부금을 납부할 것을 요구했다. 馬圩村은 이를 받아들이지 않았다. 촌락 지도자 馬紹明은 민단을 동원하여 소도회에 대항했고, 동시에 소도회에 대표를 파견하여 협상에 나섰다. 그러나 소도회는

8) 三谷孝, 「南京政權と'迷信打破運動'(1928~1929)」, 『歷史學硏究』, 第455號, 1978, pp.1-14.

협상을 거부했고 결국 양 진영 간에는 유혈충돌이 발생했다. 마소명이 살해되었고 소도회는 현당국이 개입하여 현 주둔 제10師團의 대대병력이 출동하고 나서야 후퇴했다.[9]

1927년에 들어서면서 소도회는 힘을 강화하기 시작했다. 이 해 연수현의 정치 · 군사적 상황은 극도로 불안정했다. 북벌군과 군벌군의 전쟁과정에서 현 장관이 3번이나 바뀌었다. 국가권력의 동요가 극심했던 하반기 내내 소도회는 토비, 민단, 토호들과 충돌하면서, 그 일대에 명성을 구축해갔다. 특히 五港鎭 부근의 소도회의 세력은 각별한 주목을 받고 있었다. 가을, 小窯 북쪽의 소도회들은 악명 높은 顔大賣 토비 부대를 패퇴시켰고, 뒤이어 會黨系 비밀결사 安淸幇의 두목과 그 무리들을 제거했다.[10]

이러한 소도회의 대두에 직면하여 선수를 친 것은 국가권력이었다. 국민당정권의 신임 현장 劉天祥은 소도회의 활동을 금지하고 현 공안대로 하여금 소도회를 진압하도록 명령했다. 소도회의 몇몇 성원들이 오강에 주둔해 있던 공안대에 의해 체포되었는데, 이는 전현 수준에서 소도회의 반발을 불러왔다. 곧이어 소도회는 공안대에 대항하여 大陣集, 時家碼頭, 宋集 등에서 들고 일어났다. 소도회는 공안대의 무기를 탈취하였고, 현성을 공격하겠다고 선언했다. 여러 진에서 소도회는 전선과 전주를 부수는 등 파괴적 행동을 보였는데, 당시 상해의 근대적 잡지는 어김없이 자신의 세계관에 반하는 이 '파괴행위' 의 정신세계에 주목하면서 그 경과를 상세히 보도했다.[11]

현성의 안전을 우려한 현장은 소도회의 성내 진입을 막기 위해 1928년 1월 6일부터 모든 성문을 닫아걸도록 명령했다. 그는 한편으로 이웃 현의 공안부대의 지원을 요청하고, 다른 한편으로는 여러 시진을 장악하고 있는 소

9) 「小刀會漣水暴動之補聞」, 『申報』, 1926.7.3; 「小刀會擾民之可惡」, 『申報』, 1926.7.8.

10) 藝蓀 搜集整理, 「漣水小刀會」, 縣志辦 編, 『漣水史志通訊』3, 1984.11, p.24.

11) 「江北小刀會猖獗」, 『申報』, 1928.1.9.

도회와 협상하기 위해 대표를 파견했다. 소도회는 3가지 요구를 제기했다. 현 공안대의 2개 연대를 해산하고 1개 연대를 남겨 활동 범위를 현성 내로 한정할 것, 향리의 토비 진압은 소도회가 맡도록 할 것, 그리고 각종 세금을 폐지할 것 등이 그것이다.[12)]

협상은 실패로 돌아가고 소도회는 1월 7일을 기해 현성 공격을 개시했다. 그들은 '현성 공격', '세금 납부 거부', '유현장 타도' 등의 슬로건을 내걸고 인근 宿遷과 沭陽의 소도회를 포함한 수천 명의 회원을 동원하였다. 현성 포위는 朱溫이라는 소도회 開化師(老師)의 지휘 하에 3일 동안 지속되었다. 소도회 회장 王志祥(强)은 27~8세에 불과했고, 소도회의 정신적 지도자였던 주온이 전체 연수현 소도회를 통제했다. 후일의 공산당 당국의 공안부문 檔案에 의하면, 주온은 이 지역 비밀교문 未來會 조직 내의 군사부문의 총수였고, 소도회는 바로 그 미래회가 조직한 무장역량('武會')이었다.[13)]

현성을 방어하던 부대는 현 경비대, 공안부대, 그리고 국민혁명군 신편 제1사단에 속한 특무 중대였다. 3일 동안의 충돌에서 앞의 두 부대는 장비도 열악했을 뿐만 아니라 '刀槍不入'을 맹신하는 소도회와의 전투에서 사기를 보여주지 못했던 반면, 특무중대는 소도회의 공격에 효과적으로 대처했다. 王振祥의 지휘 하에 특무중대는 소도회가 근대적 무기 앞에 무력한 존재임을 여실히 보여주었다. 현성을 포위하던 소도회는 급속히 흩어졌고, 중대의 기병들이 퇴각하는 소도회를 추격했다.

---

12) 「漣水小刀會繳公安隊械」, 『申報』, 1928.1.13; 「漣水小刀會風潮續誌」, 『申報』, 1928.1.14.

13) 漣東縣公安局, 『取締封建道門會門工作基本總結』과 그 附錄 「西乾道五縣大元帥季永立材料」, 1950.5; 漣東縣公安局秘書室報導, 『封建道門會門的硏究』, 1950.5, 江蘇省檔案館, 2736(長期)-14.

뒤이어 소도회에 대한 탄압이 개시되었다. 수백 명의 회원들이 살해되고, 주온은 처형당한 후 그 잘린 목이 길거리에 내걸렸다. 그러나 소도회는 1928년 전년을 통하여 그 실력을 보존했다. 사실 공권력은 소도회에 대해 효과적인 통제를 가하지 못했던 것으로 보인다. 소도회 회장 王志祥은 인접한 宿遷과 睢寧으로 피신했고, 다음해부터 淮陰에서 비밀 활동을 재개했으며, 결국 연수현으로 돌아와 소도회를 부흥시키게 된다.

1929년, 소도회의 새로운 봉기가 10월 10일로 계획되어 있었다. 그러나 이 계획은 탄로나고, 현 당국은 미리 부대를 파견하여 새로운 소도회 노사 許秉剛을 처형했다. 왕지상은 다시 피신했다. 이로부터 연수현의 소도회는 다시 실력을 회복하지 못했다. 연수현 소도회는 그 후 오랫동안 쇠락의 시기로 접어들게 된다.[14)]

이상의 연수현 소도회의 활동은 그 조직들이 어떻게 정치권력에 대항하여 촌락의 자율적 권력에 의한 무장역량으로 이용되었는지를 잘 보여준다. 소도회는 縣權力이 붕괴하던 1927년의 무정부적인 상황에서 자신의 힘을 강화했고, 이어서 촌락사회 저변에까지 통제력을 미치고자 했던 새로운 국민당정권에 대항했다. 그러나 소도회의 대대적인 동원은 어떤 미래에 대한 전망이 결여된 반응적인(reactive) 차원에 머물고 있었다. 소도회의 행동은 권력 측의 개입 특히 소도회 진압 행동으로부터 초래된 것이었다. 비록 '근대' 국가를 건설하고자 했던 새로운 권력의 사회침투가 거기에 그친 것은 아니었지만, 여러 전통적인 실천에 대한 국가권력의 적대감은 민간의 적극적인 반감을 초래했다. 소도회는 이제 권력에 대한 지역 주민의 저항의 수

14) 藝蓀, op. cit.; 漣水縣政府, 「布告民衆禁入各種刀會」(1929.9), 『漣水縣政公報』, 第13號, 1929.10.16, 江蘇省檔案館, 全宗 5-30, 卷號 56; 「江蘇白色恐怖的形成 淮鹽地區和江陰縣白色恐怖情況」(1928), 江蘇省檔案館 · 中央檔案館 編, 『江蘇革命歷史文件匯集』(全32卷), 1984~1986(이하는 『江蘇文件』), 甲, 3, 1985, p.385.

단이 되어갔던 것이다. 이하에서 살펴볼 숙천현의 사례는 새로운 국가권력과 지역 공동체의 자율적 세력간에 발생한 갈등을 통해 그러한 양자의 관계를 더욱 분명히 보여준다.

2) 宿遷 小刀會 폭동

연수현 소도회 사건 후 1년 뒤인 1929년 초 강소 북부의 소도회는 숙천현성의 포위라는 집단행동을 통하여 다시 표면에 부상했다. 이는 소북 지방사상 이른바 '2·13사건'으로 불리지만, 소도회와 정부군의 충돌은 그해 전반기 내내 계속되었다.[15)]

여기서 우리의 주목을 끄는 것은 우선 이 폭동의 과정에서 약 1만 명에 이를 정도로 동원의 범위가 크게 확대되고 있다는 점이다. 그 대부분은 소도회가 주도했지만, 거기에는 불교승려, 농민, 부랑자들('流氓'), 노동자('勞工'), 그리고 이른바 토호·열신('土劣')으로 경멸되던 지방 유력자들이 폭동에 참여했다.[16)]

이들 폭동의 기원은 신생 국민당정권의 일련의 정치적 선택에서 찾아 볼 수 있다. 숙천현의 국민당 黨部(당 지부)는 1928년 현정권을 장악한 이래 예의 이른바 '미신 타파운동'을 벌여오고 있었다. 그것은 민간 사묘의 철폐(예컨대, 수호신을 모시던 東岳廟의 철폐와 대중 강연장의 설립), 양력의 채용과 음력설의 금지 등을 포함한 민간의 전통에 대한 심각한 증오로 표출되

---

15) 사실 숙천현의 소도회 폭동은 江蘇省政府 第87次 會議가 언급하고 있는 바와 같이 이미 그 전해인 1928년부터 일어났으나, 그에 관한 상세한 정황은 알 수가 없다. 『江蘇省政府公報』, 第42號, 1928.7.26, p.5.

16) 「宿遷僧衆土劣刀匪暴動」, 『申報』, 1929.2.20; 「宿遷奇變」, 『京報』, 1929.2.19. 또한 史志辦公室, 「'二.一三' 小刀會暴動」, 『宿遷文史資料』, 第2輯, 1983; 鄭克明, 「宿遷小刀會始末」, 『淮陰文史資料』, 第2輯, 1984 참조.

었다. 민간의 반발을 불러온 이들 '근대적' 정책들에 더하여 현내의 '토호·열신'에 대한 조치들도 내려졌다. 馬啓豫, 孫用標, 臧蔭篤 등 대지주이자 자율적 지역권력의 대표자들이 체포되었고, 그들의 재산은 몰수되었다. 많은 불교 사원의 재산도 근대 학교('洋學堂')의 설립을 이유로 몰수되었다.

이리하여 불교 승려들과 '토호·열신', 그리고 소도회 3자의 연맹이 자연스럽게 성립되었다. 승려들과 지주들이 소도회를 지도·지원했던 것은 분명해 보인다. 강소 북부 농촌사회의 구조에서 소도회가 지주의 지역권력을 유지하기 위한 무장역량으로서 기능했다는 점은 이미 앞장에서 상세히 분석한 바 있다. 이러한 상황을 『申報』는 "土劣들에게 현혹된 佃戶들이 소도회에 가입하여 기회를 틈타 폭동을 일으켰다"고 보도하고 있다.[17] 한편, 불교 승려의 폭동 가담은 숙천의 특수한 상황과 밀접히 관련되어 있었다. 숙천에서는 五華亭이라는 불교 사찰과 그에 달린 사원들이 2만 무에 이르는 막대한 토지를 소유하고 있었다. 불교 승려들이 국민당 당국의 사원 재산의 몰수에 저항하여 들고 일어난 것은 당연한 일이었다.[18] 2월 13일 폭동 시에 내건 슬로건은 이 3세력이 어떻게 지역 주민들을 자극하여 정부에 대한 적대감으로 이끌었는지를 잘 말해준다. "현당부를 타도하라!", "洋學堂을 타도하자!" "백성을 반란으로 내모는 것은 바로 국민당이다!"(黨逼民反). 소도회는 현성으로 진격해 들어가 국민당이 설립한 강연장과 당부 건물, 근대 학교 등을 파괴하고, 국민당 당부의 몇몇 당원과 숙천중학 교장, 특히 여학생들을 사로잡았다.[19]

---

17) 「宿遷土劣僧匪暴動續訊」, 『申報』, 1929.2.21.

18) 吳壽彭, 「逗留於農村經濟時代的徐海各屬」, 『東方雜誌』, 第27卷, 第6號, 1930.3.25, p.79; 第7號, 1930.4.10, p.66. 폭동이 지나간 후 국민당 당국과 숙천 佛敎會 간의 사태해결을 둘러싼 갈등에 대해서는 「宿遷縣處理極樂, 五華兩寺廟糾紛」(1929.5~1931.3), 中國第二歷史檔案館, 全宗 2 - 案卷 1059 참조.

19) 「宿遷小刀會暴動續誌」, 『京報』, 1929.2.22; 「宿遷小刀會暴動情形」, 『京報』, 1929.2.24;

그 다음날 현장 童錫坤은 소도회와의 협상을 시도했다. 당국에 비하여 유리한 상황을 장악하고 있던 소도회 지도부는 현당국에 다음과 같은 요구들을 들이밀었다.

① 국민당 당부의 해산, ② 양학당의 철폐, ③ 강연장의 철폐, ④ 東嶽廟의 재건, ⑤ 馬啓豫 · 孫用標 · 臧蔭篤의 석방, ⑥ 馬啓豫 재산의 반환, ⑦ 사묘 재산의 유용 금지, ⑧ 아편 · 매춘 · 도박의 허용 ⑨ 묘회를 비롯한 세시 축제의 용인, ⑩ 춘련의 허용 등이 그것이다.

근대국가 권력과 지역의 자율적 권력 사이를 가로지르는 균열의 선이 이처럼 분명한 적은 없었다. 이 요구들은 국민당정권에 의해 취해진 근대적 조치들에 대한 분명한 반대를 표현하는 것이었으며, 민중문화에 깊히 영감을 받으면서 지방적 이익의 방어라는 목표를 달성하고자 했던 것이다.

童현장은 제1항의 국민당 당부의 해산을 제외하고 나머지 요구들을 받아들였다. 그는 이 항의 요구가 그의 권한 밖이라는 이유를 내세웠다. 당부의 당원들은 이에 반발하여 현정부가 처음부터 소도회의 진압에 적극적이지 않았기 때문에 폭동사태를 초래했다고 현장을 비난했다.[20] 여기서 우리는 현 黨部와 현 政府 사이에 정책상의 지도와 실행이라는 긴밀한 협조관계보다는 오히려 어떤 모순과 갈등이 내재해 있었다는 사실을 어렵지 않게 간파할 수 있다. 바로 이러한 모순이 소도회가 폭동 초기에 "동현장을 지지한다"라는 얼핏보아 이해하기 어려운 슬로건을 내건 이유를 설명해 준다. 소도회의 초기 목표 중의 하나는 국민당정권 내부의 당부를 고립시키는 데 있었던 것이다. 소도회 행동의 타깃은 특히 현당부의 청년당원들을 겨냥하고 있었다. 이들이야말로 전술한 '근대국가 건설' 을 위해 미신 타파운동을 주

周宣德, 「我在蘇北創辦兩個省中的因緣」, 宿豫縣黨史辦公室 소장자료, DY, B3-029.

20) 「宿遷黨教人員赴省請救」, 『申報』, 1929.2.25.

도했고 음력의 폐지와 '소도회 타도'라는 벽보를 붙이면서 자율적 지역권력에 대한 적대감을 노골화했기 때문이다.[21)]

소도회는 제9사단 기병연대의 정부군이 2월 16일 진압을 위해 도착할 때까지 계속해서 권력의 소재지를 공격했다. 결국 소도회는 정규 정부군에 대한 두려움 속에서 현성을 철수하면서 상당히 약화된 모습을 보였지만, 향촌에서는 여전히 강력한 영향력을 유지했다.[22)]

제2차 폭동

기병 연대의 현성 주둔으로 시급한 위기는 넘겼지만, 정부 당국은 이로부터 급속히 분열되기 시작했다. 국민당 현당부의 지도부는 여전히 이 폭동이 현장과 현 공안대, 현 商會 지도자의 공모에 의해 일어난 것이라고 주장하면서 3월 1일 남경에 모여 다음과 같은 조치를 취할 것을 요구했다. ① 소도회와 공모하여 그들을 사주한 현장과 현 공안대장에 대한 엄격한 처벌, ② 폭동에 참가한 불교 승려의 체포, ③ 오화정과 極樂庵의 재산 몰수, ④ 모든 토호·열신에 대한 철저한 진압, ⑤ 피해자에 대한 물질적 원조, ⑥ 소도회 조직의 제거, ⑦ 소도회 지도자에 대한 철저한 처벌, ⑧ 숙천현 정부의 숙청이 그것이다.[23)] 한편 동현장 측에서는 모든 비난을 소도회에 집중시켰다. 그는 일련의 조치를 내려 10여 명의 소도회 지도자들과 승려들을 체포했다.[24)] 국가권력을 담당하던 현정부와 국민당 당부의 모순 속에서도 자율적 지역권력에 대한 공통된 적의가 여과 없이 표출되었던 것이다.

3월 1일 소도회는 당국의 진압에 맞서 다시 행동에 나서게 된다. 이번에

---

21)「宿遷土劣僧匪暴動續訊」,『申報』, 1929.2.21;『時報』, 1929.2.23(三谷孝,「江北民衆暴動(一九二九年)」,『一橋論叢』, 第83卷, 第3號, 1980, pp.434-435 참조).

22)「宿遷刀匪播散鄉村」,『申報』, 1929.2.23;「宿遷匪亂暫告段落」,『申報』, 1929.2.24.

23)「宿遷指委會對刀會宣言」,『申報』, 1929.3.2.

24)「宿遷縣長呈報會議剿撫刀會辦法」,『江蘇省政府公報』, 第84號, 1929.3.15, pp.10-11.

는 이웃 泗陽과 衆興의 소도회와도 연합했다.[25] 약 1만 명 이상의 소도회가 다시 현성을 포위하고 정찰 중이던 기병 연대의 몇몇 대원들을 사로잡았다.[26] 소도회는 현장에게 포로의 교환, 각종 부가세의 폐지, 국민당 당부의 해산 등을 요구했다. 현장은 현 공안대와 기병 연대를 동원하여 소도회를 기습하는 것으로 대응했다. 그러나 3월 5일 상황은 급변했다. 현장은 공안대를 대동하고 현성을 빠져나와 도망쳤고, 기병 연대도 명령에 따라 다른 곳으로 철수했다. 현성은 더 이상 방어되지 못했다. 수감되었던 지주 馬啓豫, 臧蔭篤 등과 승려들이 소도회에 의해 석방되었다.[27]

현 권력의 붕괴와 극단적인 무질서 속에서 '사회단체' 들에 의해 '治安維持會' 라는 것이 조직되었다. 위원회는 王仰周를 숙천 임시현장으로 선출하고 현정을 대행하도록 했다.[28] 임시로 조직된 현정부는 단순한 진압 조치로는 사태를 해결할 수 없다는 인식하에 소도회와의 타협을 선택하게 된다. 정부는 각종 부가세를 폐지하고, 소도회 회원중 8명을 임시 현정부의 행정보좌로 임명했다.

이것은 소도회와 그것이 떠받치고 있던 자율적 지역권력의 진정한 승리였다. 대부분의 소도회 부대들은 이로부터 현성의 남문에 몇몇 대표자들만 남기고 현성을 철수했다. 3월 11일 泗陽 · 邳縣 · 睢寧 등 이웃 현의 현장들이 공안대를 앞세워 숙천현성에 도착했다. 현장들의 사태수습에 관한 긍정적인 연설을 들은 후 남문에 남아 있던 소도회들마저도 철수하여 향촌으로 돌아갔다.[29]

---

25) 「宿遷匪氛未靖」, 『申報』, 1929.3.7.

26) 「宿遷小刀會圍城」, 『京報』, 1929.3.7.

27) 「宿遷刀會又猖獗」, 『申報』, 1929.3.8; 「宿遷刀匪暴動後」, 『京報』, 1929.3.11.

28) 「宿遷各團體推擧臨時縣長」, 『申報』, 1929.3.12.

29) 「三縣長會查宿遷刀變案」, 『申報』, 1929.3.20 ; 「汪公易呈報刀匪亂宿先後狀況」, 『江蘇省政府公報』, 第109號, 1929.4.15, p.5.

소도회의 승리는 매우 인상적인 것이었다. 현장과 국민당 당원들이 현으로부터 도망침으로써 현 권력은 붕괴했다. 포로들은 석방되고 각종 세금의 폐지가 약속되었다. 국가권력에 대한 지역권력의 자원 보호의 목표는 달성되었다. 그러나 이 승리는 단지 일시적인 것에 불과했다. 그러한 상황은 보다 큰 수준에서의 정부군의 이동이 진행되고 있던 기간 동안 지속될 수 있을 뿐이었다. 즉 제19사단의 기병 연대가 철수한 후 岳維峻 사단이 숙천현의 방어를 위해 현성에 도래하기 전까지의 시기였다.[30] 그와 함께 劉昌言이라는 새로운 현장이 부임해 왔고, 상황은 다시 긴장되기 시작했다.

제3차 폭동

남경 국민정부와 강소성 정부는 숙천의 소도회 폭동에 대하여 일련의 무력 진압정책을 강구했다. 岳維峻의 새로운 기병 연대가 숙천 현성에 주둔하게 되자 신임 현장은 전임 현장에 의해 약속되었던 부가세 폐지에 관한 제반사항들을 거부했다. 현장은 소도회 회원들을 체포하고 그들의 집을 수색하는 등 소도회 탄압 정책을 본격화함으로써 다시 소도회로 대변되는 자율적 지역권력의 분노를 샀다.

이번에 소도회의 주요 폭동 지점은 숙천과 邳縣의 교계지대에 위치한 窯灣의 張家集이었다. 전술한 제2차 폭동 후, 黃秀生(앞장에서 언급한 바와 같이 그의 아버지는 유명한 소도회의 지도자였다), 張鼎臣, 胡幹淸, 薛幹臣, 臧栢石, 陳士髦 등 유명한 지역 유력자 "토호"들이, 장정신의 집에 모여 '大同軍'을 조직했다. 그들은 주변 일대의 소도회를 불러 모았을 뿐만 아니라 이웃 산동 남부와 안휘 북부의 紅槍會, 그리고 산동 동부의 군벌 잔여부대와도 연락을 취했다.[31] 그들은 4월 12일을 기해 대대적인 폭동을 조직하고

30) 「宿遷刀匪熾後」, 『申報』, 1929.3.10.

그 해를 '대동' 원년으로 삼을 것을 결정했다.

이리하여 제3차 폭동이 4월 11일 새벽부터 시작되었다. 이번에는 약 2만의 소도회들이 大同皇帝라고 칭하는 薛幹臣의 지휘 하에 행동을 일으켰다.[32] 소도회는 그날 저녁 窯灣鎭을 점령하고 공안대의 무기와 요만진의 기타 자위조직의 무기를 탈취했다. 그 다음날 수녕, 비현 그리고 숙천의 소도회들이 연쇄적으로 폭동에 호응했다. 그들은 행정 중심지와 국민당 당부의 건물, 학교 등을 파괴했다.[33]

공격을 당한 이들 현 당국은 인근에 주둔하고 있던 국가 정규군대의 원조를 요청했다. 특히 폭동의 진원지이자 사령부인 요만을 타깃으로 하여 제4독립 여단의 두 연대가 파견되어 왔고, 또 다른 기병 연대가 숙천 현성으로부터 들이 닥쳤다. 3일간(4월 15~17일)에 걸친 전투 끝에 소도회는 결국 요만을 포기하지 않을 수 없었다. 뒤이어 현내 기타 지역의 소도회 부대들도 차례로 붕괴되기 시작했다. 진압을 위해 동원된 정부군의 정규부대는 도합 4개 연대에 이르렀다.[34]

---

31) 당시 산동의 홍창회와 강소-안휘 북부 교계지대 소도회의 행동에 관해서는 「魯境紅槍會毁鐵軌」, 『京報』, 1929.3.16; 「睢寧也發生暴民兇毆案」, 『京報』, 1929.3.28.

32) 위에서 인용한 『申報』는 窯灣의 소도회 최고사령이 호간청이고, 설간신은 부사령이라고 보도하고 있지만, 당시인의 회고에 따르면 최고 사령인 황제는 설간신이었다. 陳挹江, 「窯灣小刀會始末」, 『新沂文史資料』, 第4輯, 1990; 婁書武, 「皀河刀會活動紀事」, 『宿遷文史資料』, 第7輯, 1986; 張承啓, 「刀會在窯灣鬧事的回憶」, 『新沂文史資料』, 第4輯, 1990.

33) 「徐東刀會又起騷動」, 『申報』, 1929.4.18; 「宿睢等縣刀匪又猖獗」, 『京報』, 1929.4.18.

34) 「徐東刀匪漸平」, 『申報』, 1929.4.19; 「宿遷刀會勢復猖獗」, 『申報』, 1929.4.21; 「宿邑刀匪又復騷擾」, *ibid.*; 「徐東刀會暴動經過」, *ibid.*

2. 國家權力의 강화와 小刀會 '후퇴의 구조'

군사적 위력을 통해 소도회 진압을 완성한 후 행정적인 통제가 가해지기 시작했다. 1929년 11월 26일 강소성 정부는 모든 관내 현에 '刀會' 의 금지를 선포했다. 다음에 보는 바와 같이 이 금지령과 이에 따른 조치들은 신 국가권력의 지방 통제 시스템과 밀접히 관련되어 있었다.

* 기한 내에 자수: 모든 刀會와 그와 유사한 조직들은 해산하고 15일 이내에 당국에 등기해야 한다.
* 무기의 몰수: 각종 칼, 창, 깃발 등은 모두 몰수한다.
* 지도자의 체포: 도회의 우두머리와 정신적 지도자인 老師는 모두 체포한다.
* 가택수색: 자수한 회원을 제외하고 10일 내에 모든 가택을 수색하여 도회 회원을 색출한다.
* 연대책임("人民互保"): 5戶로 1保를 조직하여 서로 감시하게 한다. 만일 保內에 도회에 가입한 자가 있고, 이를 당국에 알리지 않을 경우에는 보 전체가 연대책임을 진다.
* 노사의 초빙 금지: 이 노사들은 사실 파산한 부랑자들로 도처에서 질서를 문란케 한다. 각 區長들은 자신의 관할 구역에서 활동하는 자를 색출해야 한다. 그 경우 공안국은 이들을 추방하거나 체포하여 현당국에 이송한다.
* 사사로운 무기 제조의 금지.
* 인민 자위: 금후로 토비에 대한 방어는 최근 공포된 '保衛團' 조례에 의해 조직되어야 한다. …… 사사로운 무장을 조직하는 것을 금지한다. …[35]

---

35) 「頒發取締刀會辦法令」; 「取締刀會辦法」(1929.11.26), 『江蘇省民政廳法令輯要』下編,

이 조치들을 통해 강소 북부 소도회의 대규모적인 폭동이 재등장하기는 어려웠다. 선행하는 2년간에 걸친 대대적인 폭동과 비교되는 이러한 상대적인 평온은 신생 국민당 국가권력의 지방 차원에서의 안정화와 밀접히 연관되는 것이었다. 소도회는 해산되고 촌락공동체의 방어는 정부의 감독 하에 조직된 새로운 '保衛團' 에 의해 수행되었다. 소도회는 이제 엄격한 국민당 당국의 감시하에서 일찍이 J. 셰노가 말한 바 있는 '후퇴의 구조' (*structure du repli*) 속으로 들어가게 되었던 것이다(제1부 제2장 참조).

그러나 엄격한 의미에서 국민당정권이 지방적 차원에서 진정으로 공고화되었다고 말하기는 어려운 것이었다. 국민당정권은 지방 수준의 세금 수취체계, 치안제도, 보갑 등의 주민통제 체제를 수립하긴 했으나, 실제로는 토호 · 열신 등으로 불리던 자율적 지역권력의 대표자인 '지역 엘리트들'을 근본적으로 제거할 수는 없었다. 그들의 핵심은 지주였고, 그들은 지방사회에서 사회적 · 경제적 · 정치적 기존 지위가 위협받는 순간부터 국가권력의 확장을 위한 신정권의 중계자가 아니라 적이 되었다. 이 지역 지방정부도 이들 現場의 진정한 지도자들 앞에 취약한 모습을 보였다. 레노어 바르칸이 1927년 강소성 如皐縣의 경우에 대해 묘사한 것처럼, 1927년 국민당정권의 수립 이후 "새로운 관리들이 비효율적인 모습을 드러내자, 국민당은 결국 기존의 지역 엘리트들에 의존하지 않을 수 없었다." 또 화북의 경우에 대해 黃宗智가 서술했듯이 "민국시기의 정권들은 현 이하의 수준에까지 관리를 파견할 수 있을 정도로 관료체계를 확장할 수는 없었다. 그리하여 정권들은 촌락 또는 그 이상 수준의 엘리트들을 매개로 삼지 않을 수 없었다."[36]

第四類 民政, 江蘇省檔案館 資料部 마이크로필름, pp.82-83. 당시 기타 비밀결사에 대한 조치로는 「査禁理門令」(1929.6); 「申禁理教會令」(1929.11.11), 『江蘇省民政廳法令輯要』下編, 第五類, 警務, *ibid.*, pp.194-196 참조. 또한 『申報』, 1929.12.1 참조.

소북의 여러 현들에서도 상황은 유사했다. 지역 엘리트들은 자신의 지역 권력을 유지하면서, 경우에 따라서 새로운 국가권력에 협조하거나 반항했다. 한 조사에 따르면, 어떤 현에서는 현정부가 동원할 수 있는 무력은 그 무기뿐만 아니라 인원수 면에서도 지주의 동원 능력보다 못한 경우도 있었다.[37] 여기서 의미심장한 사실은 과거의 民團을 대체한 정부 후원 하의 保衛團이라는 새로운 치안체계 조차도 지주에 의해 지도되었으며, 그들의 무장력은 기본적으로 과거의 소도회 성원들로 구성되어 있었다는 점이다.[38] 이것은 소도회 세력이 완전히 사라진 것이 아니었다는 것을 의미한다. 실제로는 국민당 국가권력의 탄압에도 불구하고 소도회들은 여전히 국민당의 정책에 대항하는 역할을 담당하면서 민중 반란에 참여하거나 그것을 주도함으로써 공동체적 이익을 방어했다. 예컨대, 지방사료의 기록에 따르면, 1934년에도 사양현과 회음현의 소도회들은 淮河의 수리 건설을 위한 농민들의 강제동원에 반기를 들고 폭동을 조직했다. 이를 진압하기 위해 국민당 정권은 성정부의 공안병력을 동원하지 않으면 안 되었다. 폭동 초기 소도회는 이에 강력히 저항하면서 일시적으로 정부군을 격퇴할 정도의 힘을 여전히 보여주었다.[39] 결국 소도회가 완전히 제거되지 않고 '후퇴' 의 구조 속으

---

36) Lenore Barkan, op. cit., pp.193-194; Philip C. C. Huang, *The Peasant Economy and Social Change in North China*, Stanford University Press, 1985, p.289. 이 외에도 민국 시기 정치제도의 변동에도 불구하고 지방 유력자들의 권력에 별반 변화가 없었음을 서술한 연구로 朱德新, 『二十世紀三四十年代河南冀東保甲制度硏究』, 中國社會科學出版社, 1994, p.114; 王先明, 「士紳構成要素的變異與鄕村權力 - 以20世紀三四十年代的晉西北 · 晉中爲例」, 『近代史硏究』, 2005-2, pp.263 · 280 참조.

37) 吳壽彭, op. cit., pp.72-73.

38) '刀會' 성원들이 새로운 보위단 체계에 남게 되었다는 사실은 다른 지역에서도 발견된다. 강소 남부의 溧陽縣의 예에 관해서는 「溧陽整理保衛團計劃」, 『江蘇省政府公報』, 第272號, 1929.10.26.

39) 당시 국민당은 이 폭동들이 공산당의 사주에 의한 것이라고 주장했다. 裵干元, 「一九三四年泗陽南新灘小刀會暴動」, 『泗陽史料選』, 第4輯, 1984, pp.202-206. 또한 『中央

로 들어간 것은 국가권력과 자율적 지역권력의 타협의 구조가 성립했음을 의미한다. 1930년대 중반의 상황은 국가권력이든 지역권력이든 어느 일방이 완전한 승리를 거두지는 못했던 것이다.

이제까지 분석해 온 강소 북부 소도회의 활동은 그것이 지니고 있는 정치적 의미를 선명히 보여준다. 그들이 비록 토비행위에 대항하여 촌락공동체의 자위를 위해 조직되긴 했지만, 시간의 흐름에 따라서 지주에 의해 지도되는 자율적인 지역권력의 방어역량으로 기능하게 되었던 것이다. 당시 이른바 '토호·열신'으로 경멸적으로 보도되던 지주들은 농촌사회에서 진정한 지역권력을 행사했다. 그리고 교문계의 결사들은 그들에게 하나의 보조세력으로 기능했다. 교문조직들은 민간의 각종 신앙과 무술 수련의 전통을 이용하여 촌락 주민들을 조직했고, 지주에 의해 지도되는 자율적 권력에 참여했다.

그러한 공동체적 자율은 청말 지역 엘리트들이 공식권력의 매개자로 기능하던 전통적인 형태의 헤게모니가 사라지고, 국가권력의 지역사회에 대한 통제가 약화되면서 창출된 간극(interstice) 속에서 출현할 수 있었다. 즉 그것은 정치적인 틀 내에 제도화되지 않은 사실상의 하나의 자율이었다. 그리고 그러한 자율은 언젠가는 국가권력의 강화, 그것의 사회에 대한 개입과 충돌하지 않을 수 없었던 것이다. 필자는 바로 이러한 역동성을 통하여 소도회를 고찰하고자 했다. 소도회는 지역 주민들에게 국가권력에 대한 반대역량이자 조직을 제공했다. 위에서 언급했듯이, 국민당정권은 지방적인 차원의 '근대국가의 건설'을 위한 다양한 정책들을 시행하는 과정에서 수많

日報』, 1935.1.25의 보도 참조. 1930년대 소도회의 기타 활동에 대해서는 「湯靜逸談二戰時期宿遷地下黨的情況」, 『宿遷革命史料』, 第8輯, 1984, pp.117-122; 「泗陽李口暴動」, 『淮陰黨史資料』, 第3輯, 1982; 「刀會之亂」, 張照侯 編, 『淮陰風土記』(上), 1936, pp.194-195 참조.

은 어려움에 봉착했다. 부가세의 부과, 사묘 재산의 전용, '봉건' 혹은 '미신' 으로 치부된 전통적인 관례의 금지, 근대적인 학교의 건설 등 신 정권의 다양한 정치적 조치들은 소도회의 저항에 의해 진척되지 못했다.[40] 찰스 틸리에 따르자면, 그들은 국가권력에 대한 하나의 '반응적' (reactive) 역량을 이루고 있었다고 할 수 있을 것이다.[41]

소도회와 국민당정권의 충돌의 사례는 중화제국의 몰락 이후 촌락 수준에서 국가권력이 부재했다는 통설적인 시각에 대해 신중할 필요가 있다는 점을 시사한다. 하남성 지방 사회와 국가권력의 문제를 다룬 한 연구가 보여주듯이, 국가권력은 지방차원에서 볼 때 C. 틸리가 말한 "자율적, 중앙집중화된, 그리고 공식적으로 상호 긴밀히 연관된" 조직으로서의 단일한 실체라기보다는, 미셸 만이 언급하는 다중형태(polymorphous)로 현상한다. 즉 원세개 시대의 성권력, 다양한 군벌 세력, 국민당정권 등이 서로 다른 국가적 실체로서 계기적으로 출현했던 것이다.[42] 그리고 국민당 국가권력이야 말로 틸리의 정의에 가장 가까운 것이었다.

---

40) 易元, 「黨逼民反」, 『紅旗』, 第14期, 1929.2.21, 『江蘇文件』, 甲, 3, pp.598-602; 「江蘇省委農委爲反對國民黨霸占廟産告農友書」(1928), *ibid.*, pp.366-367.

41) 틸리에 따르면, 지난 5세기 동안 유럽의 집단행동은 국가의 건설과 자원에 대한 통제를 둘러싸고 다음과 같은 변화를 거쳤다. 즉 15~16세기의 공동체간의 '경쟁적' (competitive) 행동, 17~19세기의 '반응적' (reactive) 형태(생존을 위한 소요와 항세 폭동 등), 그리고 현대의 '전향적' (pro-active) 행동(노동자의 파업 등)이 그것이다. Charles Tilly, "Rural Collective Action in Modern Europe", in Joseph Spielberg & Scott Whiteford(eds), *Forging Nations: A Comparative View of Rural Ferment and Revolt*, Michigan State University Press, 1976, pp.25-29.

42) Xin Zhang, *Social Transformation in Modern China: The State and Local Elites in Henan, 1900~1937*, Cambridge University Press, 2000, p.179; Charles Tilly, "Reflections on the History of European State-Making", in Charles Tilly(ed), *The Formation of National States in Western Europe*, Princeton: Princeton University Press, 1975, pp.34 · 70; Michael Mann, *The Sources of Social Power: The Rise of Classes and Nation-States, 1760~1914*, Cambridge University Press, 1986, pp.723-739.

그러나 국민당에 의해 촉발된 정치적 역동성은 상당한 한계가 있었다는 점도 분명하다. 또한 중앙 권력의 역량과 그 행동의 반경이 갖는 한계가 우리의 주목을 끌면서도, 다른 한편으로 그러한 한계는 지방적 차원의 국민당의 적대 세력들에게서도 분명했다. 지방적 차원의 자율적 권력들은 국가권력과의 충돌에도 불구하고 거의 전향적으로 변화되지 못했다. 자율적 지역권력의 무장역량인 소도회 조직은 여전히 여러 촌락과 다양한 지도자에 따라 극도로 분산적인 상태에 머물고 있었다. 그들의 행동은 결코 효율적으로 지도되지 못했다. 어떤 경우 소도회는 자신들 고유의 정권(숙천 제3차 폭동의 경우에 보이는 '大同皇帝') 수립으로 나아가고자 하는 전향적 시도가 없었던 것은 아니지만, 그들의 행동은 기본적으로 정부에 대한 청원(petition)에 그치거나 자발적인(spontaneous) 상태에 머물렀다. 소도회는 그들을 진압하기 위해 동원된 부대보다 수적으로 우세했다고 해도, 훈련되지 못한, 특수한 지방적 이익의 보호에 갇힌 조직에 불과했다. 그러나 이러한 모든 한계에도 불구하고 소도회는 지방의 정치 무대에서 하나의 중요한 지위를 점하고 있었다. 이 정치적 역할은 이하에서 보듯이 지방 공산당 활동가들이 국민당 국가권력에 대항하기 위해 연맹자를 물색하면서 더욱 분명히 드러나게 된다.

3. 地方 共産黨 활동가의 등장과 소도회

강소 북부 공산당의 활동은 제1차 국공합작의 출범과 함께 1924년부터 시작된다. 주변의 대도시에 유학하면서 공산당에 가입한 젊은 공산주의 지식인들이 고향으로 돌아와 다양한 활동에 나서게 되면서부터였다. 그들은 여러 단체들을 만들고 각종 간행물의 발간을 통해 자신들의 대의를 알려가기 시작했다. 경우에 따라서는 지방 활동가들은 북벌군의 북진과 함께 자율적 지역권력의 수호자였던 지역 엘리트들에 대항한 여러 운동들을 주도하기도 했다.[43] 그러나 그들의 활동은 민중의 계몽 차원에 머무는 경우가 대부분이었고, 그것도 공산당이라기보다는 국민당 당원의 자격으로 행동했다. 1927년 중반 국공합작의 결렬에 이르기까지, 이 지역 공산주의 지식인들은 자신들 고유의 당조직을 갖지 못했다.

1) 地方黨 조직과 小刀會 문제

국공합작의 결렬에 따라, 중국공산당 강소성위원회는 '淮陰地區'를 주요 활동지역의 하나로 삼고, 당조직의 건설을 결의했다. 사실, 그때까지 중공은 이 지역의 농민운동에 대해 이렇다할 관심을 갖고 있지 않았다. 국공의 분열에 따른 전략의 급변을 통해서야 중공은 비로소 강소 북부('江北')에 대해 '특별히' 관심을 두기 시작했던 것이다.[44] 중공은 이제 '폭동정책' 하에 폭동의 발발이 가능한 농촌지역의 물색에 나서게 되었던 것이고 거기서 강소 북부가 새롭게 주목되기 시작했다.

1927년 8월과 9월 중공 강소성위원회는 이 지역 출신의 공산당원들을 淮安, 淮陰, 宿遷 등에 파견하여 당조직의 건설에 착수했다. '淮安特委'가 9월에 조직되었고, 漣水縣委가 11월에 수립되었다. 淮陰特委는 유명한 何孟雄

---

43) 예컨대, 沭陽縣에서 1926년 12월에 吳苓生이 조직한 '共進學社'와 그 잡지 『共進周刊』, 1926년 淮安의 陳文正(治平)에 의해 조직된 '讀書會' 등이 그것이다. 中共淮陰市委黨史辦公室 編, 『淮陰革命鬪爭大事記』, 上海社會科學院出版社, 1989, p.18; 李先臣 編, 『淮安人民武裝鬪爭史』, 江蘇人民出版社, 1991, p.8.

44) 「江蘇農民運動工作計劃(第一次)」(1927.9), 『中央政治通訊』18, 江蘇省檔案館 編, 『江蘇農民運動檔案史料選編』, 檔案出版社, 1983(이하는 『江蘇農民檔案』), pp.32·35·40.

의 지도하에 陳文正(治平)을 서기로 하여 12월에 성립되었다. 이 특위는 이후 연말 기간에 연쇄적으로 조직되는 회음, 회안, 연수, 泗陽 등 현의 縣委員會를 지도하게 될 것이었다. 숙천과 沭陽縣에서도 마찬가지로 지부 조직 공작은 계속되었다. 이렇게 하여 그 다음해인 1928년 2월에는 강소 북부의 거의 모든 현에서 공산당 지부가 성립했다.

소북 공산당 지부의 조직과정에서 두 가지 특징적인 현상이 관찰된다. 첫째, 지부의 조직을 위한 주도권이 당의 상급에 있었다는 점이다. 지부의 창립을 위한 인적 자원은 모두 상부인 강소성위원회로부터 파견되어 왔다. 이것은 지부의 창립을 위한 현장의 조건이 그리 성숙하지 못했다는 것을 의미한다. 사실 토착 공산주의자들에 의한 지부 건립활동은 존재하지 않았다. 위로부터 파견된 간부들이 학생과 국민당 당원 가운데서 새로운 공산당원들을 충원하고, 그를 기반으로 각 현위원회를 구성했다.[45] 둘째, 국공합작의 결렬에 뒤이은 '백색테러'로 인해 공산당 지부의 지도자들은 국민당 당원의 자격으로 행동해야 했다는 점이다.[46] 몇몇 농민운동도 공산당 활동가들에 의해 조직되었지만, 아직 국민당에 의해 관습적으로 승인되고 있던 '농민협회'의 이름을 내걸지 않을 수 없었다. 따라서 공산주의자들은 그들 고유의 활동을 비밀리에 수행하지 않을 수 없었다. 한 통계는 1928년 11월 새롭게 조직된 淮鹽特委는 무려 3,500명의 당원을 지도하고 있었다고 말하고 있지만,[47] 강소 북부에서의 실질적인 영향력은 미미했다. 활동가들은 어

---

45) 1927년 가을 黎明은 강소성위원회 특파원으로 연수현에 파견되어 와 당시 연수현 국민당 지부의 당원 張際高를 공산당에 입당시켰다. 장제고는 그후 11월 중공 漣水縣特委의 성립과 함께 그 서기를 맡게 된다.

46) 회안현위 서기 陳文正(治平)은 국민당 연수현 지부 상무위원의 신분으로 활동했다. 당시 江蘇省委의 한 문건은 국민당의 신분으로 위장하거나 농민협회의 명의 하에 활동하는 방법은 "가장 위험한 현상"의 하나라고 지적하고 있지만, 현장의 상황은 그러했다. 「江蘇農民運動計劃」(1927.11), 『江蘇農民檔案』, p.62.

려움이 닥치면 쉽사리 공산당의 당적을 포기했다. 그러한 사례는 후술하는 바의 연수현 縣委 서기였던 張際高의 경우를 통하여 살필 수 있을 것이다.

지방적인 수준에서 공산당의 농촌폭동 정책은 1927년 후반의 여러 당내 여러 문건들을 통하여 분명히 관찰된다. 전술한 바 있는, 회음을 폭동지구로 간주한 제1차 농민운동 계획(1929.9) 이외에도, 중공 강소성위원회의 「緊急決議案」은 "江北(특히 鹽城, 淮陰 두 지역)에서 전체적인 농민 割據局面을 조성" 할 것을 요구하고 있다.[48] 그리고 제3차 농민운동 계획은 "농민폭동이 쉽게 발동할 것으로 기대되었던 鹽城, 阜寧, 淮安, 漣水 등에서 아무 일도 일어나지 않았다" 고 비판하면서, 현재의 상황은 여전히 "즉각적인 혁명적 상황" 임을 강조했다.[49] 강소성위원회의 또 다른 폭동계획은 "음력 년말을 넘기기 이전에 투쟁을 발동할 것" 을 요구하면서, '회안 각 현 폭동 계획' 이라는 항목을 통하여 "회안을 중심으로 연수, 사양, 술양 그리고 회음에서 연속적으로 폭동을 일으키고 …… 할거국면을 창출하고 부녕과 한 덩어리가 되어야 한다" 고 전망하고 있다.[50]

이 폭동정책을 수행하기 위하여 소북의 공산당 활동가들은 농민의 폭동을 조직하기 시작했다. 여러 폭동 가운데서도 이 지역 地方黨史上 회안 북부의 '黃溝寺暴動' 은 가장 큰 규모였다. 회안현 활동가들은 우선 국민당 당국에 의해 부과되는 제반 부가세에 대항하여 여러 시위를 조직하고, 1927년 말 약 1만 명의 농민들을 동원할 수 있었다. 당시 국민당 신정권은 전후 복구의 명목으로 1畝當 2毛의 부가세를 신설했는데 이것은 자경농이 다수를

47) 中共淮陰市委黨史工作委員會 編, 『淮陰人民革命鬪爭史』, 黑龍江人民出版社, 1993, p.26.

48) 「江蘇省委緊急決議案 - 組織全省暴動計劃」(1927.11.9), 『江蘇農民檔案』, p.43.

49) 「江蘇農民運動之第三次計劃」(1927.12.5), 『江蘇農民檔案』, pp.71 · 80.

50) 「江蘇各縣暴動計劃」(1928.1.1), 『江蘇農民檔案』, p.103.

차지하던 회안 북부 농민들 사이에서 광범한 반발을 초래하고 있었다.[51] 당시 회안현위원회는 1천 명의 당원을 기록하고 있었는데, 그들 대부분인 800명이 이 회안 북부지역 출신이었다.

1928년 2월 10일, 활동가들은 국민당 당국의 진압조치가 임박했다는 정보를 입수하고 대대적인 폭동을 조직했다. 1천명 이상의 무장한 농민들이 黃溝寺에 모여 주변의, 특히 지주들의 무기를 몰수했다. 다음날 아침 폭동에 가담한 농민들은 황구사의 소학교 정문 앞에 모여 '회안현 소비에트 정부'와 '회안현농민군'의 성립을 선포했다. 농민군은 '토호'로 알려진 몇몇 악덕 지주들을 제거하고, 지주의 토지문서를 불사르고, 곡식을 분배했다.

셋째날, 국민당 당국은 현 경비대를 파견하여 폭동의 진압에 나섰다. 정부군의 출동에 직면하여 전투경험이 없던 폭동 '농민군'들은 급속히 흩어졌다. 공산당 지도자들은 처형되거나 현을 빠져나갔다. 이 폭동으로 인해 회안현 위원회와 회음특위는 괴멸적 타격을 입고 해체되었다.[52] 소북 공산당 활동가들의 최초의 공격적 행동은 그렇게 짧게 막을 내렸다.

이상의 폭동정책이 지속되던 시기 이 지역 공산당은 자연스럽게 '농민자위조직'으로 간주되고 있던 小刀會의 존재에 주목했다. 그러나 강소성위원회는 소도회를 두 부류로 구분했다. 지주에 의해 통제되는 소도회와 토비성질의 소도회가 그것이다. 또 성원위회는 "세금과 토비, 해산병사, 그리고 토호에 대해 저항한다는 측면에서 보면 그들은 혁명적 성격을 갖고 있다. …… 그러나 소작료 거부 및 耕者有其田 정책은 그들에 의해 거부될 수 있다"는 점을 분명히 했다.[53] 이러한 지적은 이들 농민 자위조직을 공산주의

51) 당시 중공의 평가에 따르면, 회안현 북부에서는 농민의 80%가 자경농이었고, 모든 토지가 旱田이자 매우 척박했던 반면, 현 남부는 소작농이 전체 농민의 70%였고 대부분의 토지가 稻田이었다. 「淮安北鄕暴動報告」(1928.4), 『江蘇農民檔案』, p.110.

52) *Ibid.*, pp.110-121; 「淮安黃溝寺暴動」, 『淮陰黨史資料』, 第3輯, 1982, pp.26-32.

자들의 대의를 위해 동원하는 데 많은 어려움이 있다는 점을 암시하는 것이었다.

그러나 여기서 주목되는 것은 강소 북부에서 성위원회가 말하는 '토비성질'의, '토호에 대해 저항하는' 소도회를 실제로 찾아보기 어렵다는 점이다. 앞장에서 서술한 바와 같이, 오히려 소도회는 성곽으로 둘러싸여 지주에 의해 지배되는 요새화된 촌락의 조직화된 사회구조 속에서 촌락 자위의 이름으로 토비에 저항했다. 지주를 주요 성원으로 하는 지역의 유력자(엘리트)들이 국가권력과 불화하게 된 순간부터 지역권력과 촌락자위 조직은 상호 강화되어갔다. 이러한 구조 속에서 소도회가 차지하던 공간은 지역사회의 일종의 '군사화'(Philip Kuhn)의 한 형태에 다름 아니었지만, 그것은 촌락 주민을 약탈하는 토비는 아니었다. 강소성위원회가 소도회를 이렇게 두 부류로 구분한 것은 아마도 당시 하남과 산동의 홍창회 사례에 근거한 당중앙의 분류를 단지 모방하고 있는 것으로 보인다.[54)]

한편, 지주의 통제를 진정으로 받지 않는 소도회가 일부 존재했다는 사실은 인정된다. 지주의 권력은 강소 북부에서 특히 강력했던 것으로 생각되지만, 그것이 예외없이 적용될 수 있는 것은 아니었고, 각 지역마다 나름대로의 뉘앙스가 있었다. 예컨대, 전술한 회안현의 북부지역에서는 대부분의 농민은 지주의 지배를 받는 소작농이 아니라 자경농이었다.[55)] 따라서 지역 촌락 자위조직으로서 기능하던 소도회가 반드시 지주의 지도를 받았다고는 볼 수 없을 것이다. 이러한 색다른 구조, 즉 지주권력의 취약성이야말로 소도회 내에 공산당의 침투를 쉽게 만든 원인이었다. 이 회안 북부에서 공산당에 의한 소도회 동원의 상대적 수월성은 이후 중일전쟁기에도 관찰된

53) 「江蘇農民運動計劃」(1927.11), op. cit., p.65.

54) 본서 제1부 제3장 참조.

55) 「淮安北鄉暴動報告」(1928.4), op. cit.

다.[56)]

어쨌든, 폭동정책의 일환으로서 농민의 동원에 노력하고 있던 지역 공산당 활동가들에게 소도회는 이미 조직화된 농민역량이라는 점에서 일정한 유용성을 갖는 존재로 인식되었다. 활동가들이 소도회의 지도자들과 연합할 수 있다면, 소도회 전체를 국가권력에 대항하는 농민폭동으로 이끌 수 있는 것이었다. 국민당 신정권의 수립 초기는 이러한 양자의 연합에 유리한 국면을 연출하고 있었다. 앞서 살핀 바와 같이 지역 주민들은 신정권과 그들이 취한 제반 '근대적' 조치에 대단한 적개심을 보였고, 소도회는 그에 대한 유력한 저항의 수단을 제공했다. 그리고 국민당정권에 대항하여 상부의 지시에 따라 농민폭동을 조직하고자 했던 지역 공산당 활동가들에게 소도회는 농민동원의 일부를 구성할 수 있을 것이었다. 이리하여 전술한 '황구사 폭동' 기간에 공산당은 소도회와의 연합이라는 전략을 채택했다. 소도회는 공산당 활동가들이 도모한, 국민당의 부가세 부과에 대한 시위에 참여했다. 그러나 회안현의 경우 지역 공산당과 소도회의 실질적인 협력을 말해주는 정보는 매우 제한적이다. 소도회는 폭동 기간에 폭동에 대해 공감을 보였고, 이를 기회로 현성을 공격하고자 했다.[57)] 그러나 전술한 바와 같이 황구사 폭동은 제대로 조직되지 못했고, 공산당과 소도회의 연합이 구체화될 시간적 여유도 없이 신속히 진압되어버리고 말았던 것이다.

소도회와 공산당의 실질적인 접촉과 연합은 회안의 경우보다도 앞 절에서 분석한 바 있는 연수현과 숙천현에서 더 분명히 관찰된다. 이하에서는 우선 연수현의 사례로부터 시작하여 그러한 연합의 과정과 결과를 구체적으로 분석하고자 한다.

---

56) 吉樂山, 周興, 「謝蕩小刀會」, 『淮安黨史資料』, 第2輯, 1984, pp.108-111.

57) 「淮安北鄉暴動報告」(1928.4), op. cit., p.120.

2) 漣水縣의 공산당 활동가들

공산당 당내의 보고에 따르면, 국민당 당국에 대한 연수현 소도회의 적대감은 부분적으로 공산당의 책략 때문이기도 했다. 국민당 지방 당부의 당원으로 활동하고 있던 공산당원들은 전술적으로 소도회의 혐오의 대상이었던 토비에 대한 타도를 적극적으로 제기하지 않았고, 이것이 소도회의 국민당에 대한 반감의 한 원인이 되기도 했던 것이다.[58] 그러나 소도회가 현성을 포위 공격할 당시 연수현의 공산당 비밀활동가들은 지역 주민들에게 거의 아무런 영향력을 갖지 못했던 것으로 보인다. 몇몇 촌락에서 활동가들은 농민협회를 건립하고 지주에 대한 일부 항의 시위를 조직하기는 했지만, 연수현 전현에 걸쳐 1928년 초 시점의 공산당원수는 10명에도 미치지 못했다.[59] 현위원회의 지도자들은 국민당 당원이라는 타이틀 하에 비밀리에 활동해야하는 처지에 있었던 것이다.

활동가들에게 앞장에서 서술한 연수현 소도회의 현성공격은 충분히 예상치 못한 갑작스런 폭동이었다. 폭동의 발발 후에야 연수현위는 '민중대표' 의 이름으로 朱月山을 파견하여 예의 小刀會 老師 朱溫 및 회장 王志祥과 연합하고자 했다. 협상의 과정에서 공산주의자들은 소도회 지도부에 명백히 지나친 것으로 보이는 요구를 들이밀었다. 즉 "부자를 타도하고 가난한 자를 도울 것", "향촌에 소비에트 정권을 수립할 것" 등이 그것이다. 게다가 당은 현성공격을 중지할 것을 요구하기도 했다.[60] 이 마지막 요구는 공산당의 일시적인 전술의 일환이었으나, 연수현을 장악한 후 南京을 공격

---

58) 「淮鹽特委報告 - 關於目前政治環境的分析及組織, 宣傳, 工運工作」(1929.4.27), 『江蘇革命史料選集』, 第5輯, p.77.

59) 「江蘇各縣暴動計劃」(1928.1.1), op. cit., p.98.

60) 「漣水刀會暴動」, 『淮陰黨史資料』, 第3輯, p.24.

하겠다고 선언했던 소도회 지도부의 방침과 부합하기는 어려웠다. 앞의 여타의 요구들도 대부분 지주에 의해 장악되어 있던 자율적 지역권력 하의 소도회로서는 받아들이기 거의 불가능한 것이었다.

공산당 측의 지나친 요구는 사실 당시 중공이 강요받고 있던 정치적 선택의 하나였다. 중공 강소성위원회는 결의안을 통하여 "聯莊會, 小刀會, 紅槍會 등에 호소하여 '소비에트 정권의 수립' 이라는 슬로건 하에 행동하도록 한다" 라고 지시했던 것이다.[61] 활동가들은 이 주의주의적인(voluntarism) 상급의 결정에 따라 현장의 상황을 고려할 여유도 없이 행동에 나서야 했다. 공산당 활동가들과 소도회 간에는 국민당권력에 반대한다는 공통분모가 존재하고 있었다고는 해도, 연수현의 경우 양자 간에 어떤 구체적인 연계는 없었다. 얼마 후, 당의 상급은 현장의 활동가들이 "대중의 쟁취 없이 단지 소도회의 수령들과 협상하려고 할 뿐" 이라고 비난하게 된다.[62] 사실 연수현의 경우 활동가들은 소도회 수령들과의 연합조차도 성공시키지 못했다.

소도회의 '자발적인' (이것은 당시 중공이 사용했던 용어이다) 폭동은 정부군에 의해 진압되었다. 그러나 폭동의 실패는 소도회 자체의 타격에 그치지 않고, 공산당 활동가들에게도 파멸적인 결과를 초래했다. 폭동의 과정에서 공산당원의 신분이 노출되었고, 당국은 연수현위원회 서기 張際高가 소도회와 연합했다는 혐의를 두었다. 결국 일신의 안전을 우려한 장제고는 공개적으로 공산당 탈당을 선언했고, 기타 대부분의 지부당원들도 그 뒤를 따랐다. 이제 연수현위원회는 더 이상 존재하지 않게 되었다.[63]

---

61) 「中共江蘇省最近江蘇農民運動決議案」(1928.3), 『江蘇文件』, 甲, 2, 1985, pp.228-229.
62) 「淮安大地星星火-淮安地下黨的創建及其鬪爭」, 『淮陰黨史資料』, 第3輯, p.12.
63) 稽蔭根, 「回憶漣水黨務訓練班」, 『漣水黨史資料』, 第1輯, 1983, p.11; 時永康 編, 『漣水革命鬪爭簡史』, 1992, p.7.

소도회와 공산당의 그러한 초보적 형태의 연합은 이웃 泗陽縣의 경우에도 관찰된다. 처음부터 사양현위원회는 이미 확정된 목표에 자신의 활동을 집중했다. 즉 소도회 수령을 매개로 한 소도회의 쟁취가 그것이다. 공산당 활동가들은 소도회의 수령 중 하나인 陳榮之를 입당시키는 데 성공했다. 그러나 현위는 이로부터 소도회가 모두 공산당의 지도하에 들어왔다고 간주하게 되는 성급함을 보였다. 결국 진영지가 국민당 당국에 체포되자 당은 소도회의 일반 회원과 연결할 아무런 수단을 갖지 못했다. 상급당은 사양현에 대해 일반 대중 차원의 공작이 결여되어 있음을 비판하고, 소도회 성원들 가운데 빈농을 조직해 낼 것을 강조하게 된다.[64]

다시 연수현 활동가들로 시선을 돌려보면, 현성 공격 실패 이후 파괴를 딛고 재건된 현위원회는 살아남은 활동가들로 하여금 소도회 내부에 침투하여 대중 공작을 진행할 것을 지시하게 된다.[65] 그러나 그러한 공작이 효과적으로 수행되지 못했다는 사실은 추후의 경과를 통해 분명해 진다. 즉 그 다음해 소도회는 다시 한 번 대규모의 폭동을 기도했다. 1929년 10월 초 현내의 분위기는 극히 긴장된 상태였다. 소도회가 공산당과 연합하여 폭동을 일으킬 것이라는 소문이 떠돌았고, 당국도 공산당과 소도회와의 연합을 예의주시하고 있었다. 그러나 사실은 연수현 현위원회와 소도회의 연계는 매우 미약했고, 소도회의 전반적인 동향에 대해 현위원회가 갖고 있던 정보는 매우 부족했다.[66]

---

64) 「淮鹽特委工作報告 - 關於客觀形勢, 組織概況, 最近的決議及工作中的困難」(1928.11.15), pp.7-8 · 14, 江蘇省檔案館, 全宗 33 - 案卷 3. 또한 楊繼非, 「關於泗陽地下黨領導的幾次群衆鬪爭」, 『泗陽史料選』, 第2輯, 1983, pp.166-169; 『泗陽人民鬪爭史』(上), pp.20-21 참조.

65) 「淮安漣水七月分工作報告 - 組織及群運情況」(1928.7), 江蘇省檔案館, 全宗 001(永久) - 案卷 1.

66) 「漣水縣委報告 - 關於紅刀會暴動的經過及我黨的策略」(1929.10.5), 『江蘇農民檔案』, p.236.

연수현위원회의 상급에 대한 보고는 현위가 소도회와의 관계에서 다음과 구상을 갖고 있었음을 보여준다.

* 소도회에 침투하여 하층 군중을 쟁취하고 그들을 농촌혁명으로 이끈다.
* 농촌혁명을 수행하기 전에 당은 소도회 군중에게 호소하여 수령들의 우유부단함과 반혁명으로 나아가는 것에 대해 대비하게 한다.
* 제국주의의 소련침공에 반대하고, 세계대전, 군벌전쟁, 군벌에 의한 노동자 농민의 학살에 반대한다. 무장폭동을 일으켜 정권을 장악하고, 소비에트 혁명과 농촌혁명을 선전한다.
* 다른 지역에서도 투쟁을 개시하고 투쟁 가운데서 무장을 조직하고 유격전쟁을 일으키고 紅刀會(소도회)의 투쟁과 연합한다.[67]
* 홍도회 내에 당조직을 발전시키고 고농, 빈농 가운데 당조직을 건설한다.
* 홍도회의 폭동시 유격전 전술을 채택한다. 홍도회 내의 임명제도에 반대하고 지도부는 농민 자신에 의해 선출할 것을 요구함으로써 그들을 개혁하고 농민협회의 성질을 갖도록 만든다. 또한 수령이 망설임을 보이면 대중을 동원하여 단호한 입장을 보인다.[68]

이러한 계획은 활동가들이 상당히 조급하고 불안정한, 그리고 국민당의 탄압이라는 상황에서 활동하고 있었다는 점을 감안한다면, 그에 걸맞은 수단과 시간이 필요한 것이었다. (전술한 바와 같이 결국 폭동 계획은 누설되고 말았다!) 그러나 강소성위원회는 이러한 상황에 대해 아무런 양보도 하지 않았다. 성위는 "토호와 군벌의 지도하에 있는 소도회의 폭동을 혁명적 유격전으로 변화시키려는 것은 한낱 무분별한 …… 기회주의 노선에 불과

67) 연수현의 소도회는 刀會, 紅刀會 또는 간단히 紅會 등으로 불렀다(*ibid*.).

68) *Ibid*., pp.237-238.

하다" 고 비판하면서, 이에 덧붙여 "우리들은 소도회 수령의 기만과 배신에 반대하는 선전을 행하고, 소도회 하층의 고농과 빈농을 동원하여 지주와 토호에 반대하여 하층 군중을 쟁취해야 한다" 고 지시했던 것이다.[69]

그러나 경험이 아직 제한적이었던 지역 활동가들이 상급에 의해 지시된 그러한 임무를 수행하기란 쉬운 일이 아니었다. 활동가들이 소도회의 일반 성원들을 그들의 수령으로부터 분화해 내기란 거의 불가능했다. 다시 말하자면, 소북 농촌사회에서 지주의 통제와 지배력은 활동가들의 영향력에 비해 훨씬 강고했던 것이다. 강소성위원회도 한 내부 보고를 통하여 황구사 폭동 이후 대중에 대한 당의 영향력은 확대되었지만, 그 조직 능력은 매우 취약한 상태에 있다고 자인하게 된다.[70]

3) 宿遷의 경우

숙천현의 당 활동가들은 연수현의 경우보다 유력했다. 1927년 말경 시작된 공산당원들의 비밀활동은 ― 활동가들은 연수현과 마찬가지로 국민당원의 외피 밑에 자신의 공산당원 신분을 숨기고, '농민협회' 의 이름으로 농민을 조직했다 ― 그 다음해 1928년 3월 현 당지부(현위원회)를 수립하는데 이르게 된다. 洋河 소학교의 교사 馬倫이 현위 서기를 맡았다. 1928년 전년에 걸쳐 다양한 농민의 저항운동을 조직하면서 활동가들은 현 내의 '농민협회' 의 절반을 공산당의 지도하에 장악할 수 있었다. 한 통계에 따르면, '토호' 에 대항한 거의 모든 농민 집단행동은 공산당에 의해 지도・계발된

---

69)「江蘇省委致漣水縣委信(漣字第二號) - 新形勢下群衆鬪爭總路線, 紅刀會工作」(1929.10.22),『江蘇農民檔案』, pp.245-246.

70)「江蘇省委關於外縣黨部的概括報告」(1929.4.19),『江蘇文件』, 甲, 4, 1985, p.309.

(‘啓發’) 것이었고, 자연발생적인(‘自發’)인 것은 없었다. 1929년 초 현위는 604명의 당원을 확보하고 있었고, 이것은 강소 북부 徐州, 海州, 蚌埠 지역의 15개현 가운데 가장 많은 수였다.[71] 성위원회 순시원 羅世藩은 보고를 통하여 숙천현 당지부의 신속한 당원확장을 높이 평가하고 있다.[72]

숙천의 활동가들은 비교적 일찍 소도회에 대한 공작에 착수했다. 徐海蚌特委의 보고에 따르면, 1928년 하반기 현내 耿車區와 洋河區에서 다수의 소도회 회원들이 당에 가입했고, 이로부터 당은 소도회의 일부를 당의 직접적인 통제하에 둘 수 있었다. 이 과정에서 소도회 회원에게 상해를 입힌 한 지주에 대항하여 소도회를 동원해 낸 사례는 당 활동가들의 능력을 잘 보여준다.[73] 결국 숙천의 활동가들은 그 다음해 폭발한 소도회의 폭동에 참여할 수 있었던 일정한 역량을 이미 확보하고 있었다고 할 수 있을 것이다.

1929년 초, 숙천현위는 국민당의 제반 정책에 반대하고 있던(앞절 참조) 소도회를 이용하기로 결정하게 된다. 그러나 그 방법은 기존의 소도회 조직을 포섭하는 것이 아니라 소도회 조직의 구조와 원리를 모방하여 스스로 소도회를 조직하는 것이었다. 서기 마륜은 당의 지도하에 있던 각 농민협회와 현 동부의 大興莊 촌락과 그 주변의 당원들을 소도회로 개조했다. 현위원회의 지도자들이 소도회의 수령이 되었다. 활동가들은 소도회의 정신적 지도자(노사)로 周宏賢을 초빙해와 회원들에게 주문을 가르치고 그를 최고 사령으로 추대했다. 한편 마륜은 당원들을 현 서부에 파견하여 그곳의 소도회 수령 劉士龍과의 연합을 꾀했다. 결국 앞장에서 살핀 2월 13일의 소도회의

71) 「徐州海州蚌埠特委代表大會經過情形報告(徐字報告第一號)」(1929.1.30), 『江蘇革命史料選集』, 第5輯, 1982, pp.43 · 50 · 52-53.

72) 「羅世藩關於宿遷黨存在的缺點及今後工作意見給省委的報告」(1928.9.8), 『江蘇文件』, 甲, 3, 1985, p.11.

73) 中共宿遷市委黨史工作委員會 編, 『宿遷革命鬪爭大事記 1919~1949』, 1991, pp.8-9.

제1차 폭동에서 현 동부지역의 약 1,000명의 소도회가 周宏賢의 지휘하에 다른 소도회들과 함께 현성공격에 나섰다.[74]

그러나 공산당의 적극적인 참여가 인정된다고 해도 그들의 영향력은 분명 제한적이었다. 전술한 바와 같이 이 폭동은 약 1만 명의 참여자를 이끌어 내었고, 거기에는 소도회원 이외에 일반 농민, 불교 승려, 부랑자, 노동자 그리고 지주 등 지역 유력자들이 대거 가담하고 있었다. 그것은 국민당 국가권력에 대항한 지역사회 민중의 진정한 대연합이었다. 일련의 다양한 폭동의 과정에서 주도권을 쥔 것은 어디까지나 소도회였다. 그들은 폭동에 참여한 다른 어떤 구성부분보다도 잘 조직되어 있었고, 따라서 다른 참여자들보다 쉽게 동원될 수 있었다. 공산당 활동가들은 이 소도회 세력에 주목했고, 거기에 자신을 적응시키고자 했다. 그러나 그것은 어디까지나 '농민협회' 등 자신의 고유 조직의 일정한 희생을 통해서였다. 민중 항의의 정치과정에 영향을 주기에는 농촌사회에서 차지하는 공산당의 지위는 아직 매우 제한적이었던 것이다. 바로 그러한 이유에서 국민당권력에 대한 전면적인 대항의 과정에서 농민협회조직은 부적절하다고 판단되었고, 그것은 결국 공산당 스스로 '봉건적' 이고 '낙후된' 것으로 간주하던 소도회라는 조직으로 변형되었던 것이다. 분명 이러한 변형은 사회적 실제에 적응하기 위한 일종의 책략이었지만, 또한 당시 이 지역 정치과정에서의 공산당의 미약한 영향력을 인정하는 것에 다름 아니었다.

게다가 공산당은 폭동의 시기에 현내의 기타 소도회 집단과 실질적으로 연합하지도 못했다. 소도회 수령 劉士龍을 중공의 지도하에 두고자 했던 기도도 결국 성공하지 못했다. 기타 소도회 그룹과 공산당의 제휴에 관한 기

---

74) 「湯靜逸談二戰時期宿遷地下黨的情況」, op. cit., pp.107-110; 「宿遷地下黨鬪爭紀事」, 『淮陰黨史資料』, 第3輯, 1982, pp.43.

록은 존재하지 않는다. 국민당에 대한 반대라는 공통의 목표에도 불구하고 소도회는 여전히 각 수령에 따라 분산적인 방식으로 행동에 나섰다. 특히 공산당의 지도하에 있던 소도회들도 체계적으로 지도되지는 못했다. 현 동부 지역의 공산당 휘하의 대부분의 소도회들이 노사 周宏賢이 전사한 후 곧 현성으로부터 철퇴했는가 하면, 陸集의 일부 소도회들은 공산당 활동가 張有萬과 劉興擧의 지휘하에 계속해서 전투를 수행하는 등 통일적 지도는 이루어지지 못했다.[75]

연수현에서와 마찬가지로, 강소성위는 숙천현위에 소도회의 군중을 그 수령 – 지주 – 으로부터 '분화' 시킬 것을 지시했지만,[76] 현장의 활동가들로서는 이를 실현할 수단을 갖지 못했다. 현위는 서주-해주 지역은 토지의 집중이 심하기 때문에 '지주토지의 몰수, 농민으로의 분배' 라는 슬로건이 농민의 지지를 유발할 것으로 판단하면서도, 또한 스스로 이 지역에는 역사적으로 군벌에 대한 투쟁이 있었을 뿐, 농촌의 계급분화는 내우 모호한 상태임을 인정했다. 현장의 활동가들은 그러한 사회적 실제를 변혁하기 이전에 그에 적응하지 않으면 안되었지만, 당의 상급은 여전히 소도회 내에서의 '계급투쟁' 과 '계급분화' 의 요구를 되풀이 했다.[77] 현장의 활동가들로서는 계급투쟁을 촉발시킬 수도, 소도회 수령과의 연합도 성공시키지 못했다. 결국 강소성위원회의 지적처럼, 숙천 소도회의 활동은 여전히 '비조직적이고, 자발적인' 상태에 머물게 된다.[78]

---

75) 中共宿遷市委黨史辦 編印, 『輝煌的歷程 - 紀念中共宿遷縣委成立六十周年』, 1988, p.10.

76) 「羅世藩關於宿遷黨……」, op. cit., p.14.

77) 「江蘇省委給徐海特委的信 - 徐海的政治, 階級鬪爭形勢分析及今後的主要任務和策略」(1929.5.3), 『江蘇文件』, 甲, 4, 1985, pp.453, 463.

78) 「江蘇省委致宿遷同志書 - 農民鬪爭與黨的工作」(1929.9.5), 『江蘇文件』, 甲, 6, 1986, p.81.

3차에 걸친 숙천 소도회 폭동의 실패는 연수현에서와 마찬가지로 숙천의 활동가들에게도 파괴적인 결과를 남겼다. 농민협회와 숙천 동부의 당지부는 국민당 당국의 소도회 진압과정에서 해체되었다. 7월 국민당 강소성 정부 민정부장 繆斌은 공안대를 이끌고 숙천에 내려와 공산당원들을 체포했다. 마륜 · 蔡貢庭 등 주요 지도자들은 도피하였고, 현내의 모든 농민협회는 해산되었다. 소도회 폭동 때 확보한 공산당의 무기는 모두 압수당했다.[79] 이제 당의 공작상황은 "跛行"을 면치 못했다.[80]

공산당조직의 재건은 그 다음해 1930년 마륜의 복귀와 함께 시작되었다. 그러나 그러한 노력은 당시 당중앙을 장악하고 있던 '李立三路線' 지도하의, 지역 조건을 고려하지 않는 주의주의적이고 자기파괴적인 행동으로 이어졌다. 7월 강소성위원회의 지령하에 숙천현위는 '즉각적인 폭동'의 조직을 위해 '行動委員會'로 개조되었다.[81] 이 새로운 '行委'는 8월 예의 숙천 동부 양하 지역에서 폭동을 일으킬 것을 결정했다. 활동가들이 이 지역을 선택한 것은 아직도 그곳에서 소도회에 대한 공산당의 통제가 가능했기 때문이었다. 특히 '前敵指揮' 陸敬禮는 양하 지역 당지부의 書記였을 뿐만 아니라 자신이 소도회의 老師이기도 했다. 그리고 그의 수하 중의 하나는 洋河區 民團의 단원으로서 폭동의 발발시 그와 밀리에 소통할 것이 기대되기도 했다. 폭동은 소도회의 '亮刀'라는 무력시위와 함께 시작되었다. 양하구 일대의 소도회들은 차례로 區公所로 모여들어 "흉년에는 납세를 거부한다" "민중 스스로 민중의 일을 처리한다" "부패 관리를 타도하자" 등의 슬로건을 외쳤다. 그러나 한 당원의 배신으로 폭동은 결국 실패로 끝나게 된

---

79) 「江長師來信 - 關於恢復舊的組織和宿遷各區負責同志的決定」(1929.9.27), 『宿遷革命史料』, 第8輯, 1984, pp.14-17.

80) 「湯靜逸談二戰時期宿遷地下黨的情況」, op. cit., p.110.

81) 『宿遷地下黨鬪爭紀事』, pp.46-47.

다. 육경례의 체포로 폭동 가담자들은 공포에 휘말렸고, 지도자를 잃은 소도회는 급속히 흩어졌다.[82)]

이립삼 노선하의 소북지역의 주의주의적인 폭동들은 당시 중국의 다른 지역에서와 마찬가지로 모두 실패로 돌아갔다.[83)] 전술한 바와 같이 국민당 국가권력이 농촌 지역에 대해 지속적인 방식으로 긴밀한 통제를 가할 수 있었던 것은 아니었다고 해도, 공산당 폭동의 실패는 한편으로 지방적 수준에서 국민당정권의 안정화를 의미하는 것이었다. 강소성은 지리적으로 중앙권력의 소재지와 인접해 있었기 때문에 기타의 성에 비해 중앙정부의 통제를 가장 직접적으로 받던 지역이었다. 그리고 소도회에 대한 지주의 지배, 자율적 지역권력의 결속력이라는 현실을 감안한다면 그 수령 — 지주 — 에 대항한 일반 군중의 행동을 조직한다는 공산당의 전략은 비현실적인 것이었다. 그러한 투쟁을 이끌기에는 공산당은 아직 취약했고, 경험은 매우 부족했다. 이 지역에서 공산당 조직은 결국 완전히 자취를 감추었다. 몇몇 활동가들은 멀리 피신했고, 많은 당원들이 체포되거나 국민당에 자수했다. 강소 북부의 공산당 활동가들은 국민당의 압도적인 무력 앞에 당시 강서를 중심으로 한 화남지역과 같은 소비에트 정권을 수립하거나 유격전을 조직해 보지 못했다. 이 지역에서 공산당 조직의 성장은 이후 중일전쟁에 따른 정치상황의 전변과 외부로부터의 공산 정규군의 도래를 통해서 만이 비로소 재개될 수 있었다. 그때까지 소북은 국민당의 이른바 '模範區'로 남게 된다.[84)]

---

82) 「湯靜逸談二戰時期宿遷地下黨的情況」, op. cit., pp.117-122.

83) 『淮陰人民革命鬪爭史』, pp.36-46.

84) 金明, 「淮海區工作報告 - 在華中局擴大會議上的報告」(1942.2), 中共江蘇省委黨史工作委員會 · 江蘇省檔案館 編, 『蘇北抗日根據地』, 中共黨史資料出版社, 1989, p.168.

4. 소결

본장은 소도회의 행동을 사례로, 국가와 사회의 길항과정과 그 사이를 헤집고 등장하는 지방 공산당 활동을 구조적으로 분석하고자 했다. 필자가 새로 발굴한 각종 공식문서(檔案資料)와 현지의 文史資料 및 신문 보도들은 많은 연구자들의 관심이 되어왔던 중화민국시기의 국가-사회 관계와 공산당권력의 성장을 특정 지역사회의 구조 속에서 세밀하게 그려낼 수 있도록 해준다.

蘇北의 소도회는 1920년대에 지주 지도하의 자율적 지역권력을 지탱하는 유력한 세력으로 등장하여 토비의 약탈뿐만 아니라 무질서한 혹은 강화되는 국가권력에 저항했다. 1920년대 말 소북을 뒤흔든 소도회 폭동들은 국가권력과 지역권력의 화해하기 어려운 모순을 분명히 보여준다. 신생 국민당정권(특히 국민당 지방 당부)은 근대국가 건설을 목표로 국가권력을 사회 깊숙이 침투시키고자 했다. 세금 수취체제의 개혁이 경제적 자원 수취를 목적으로 했다면, 이른바 '미신 타파운동'(破除迷信運動)과 함께 전개된 春節·春聯·廟會 등 각종 전통적 관습에 대한 부정, 대중교육을 위한 강연장의 구축과 근대 학교의 건립 등은 사회·문화적인 측면에서 지역사회를 재편하고자 한 것이었다. 사회에 대한 국가권력의 행동반경을 확장하려는 의향과 노력이 이때만큼 강력한 적은 없었다. 그러나 국가권력의 미침(reaching)을 심화·확대하려는 기도가 강했던 것만큼 그에 대한 사회의 대응도 어느 때보다 강력했다.

소북의 농촌사회는 필자가 앞장에서 이미 분석한 바와 같이 1920년대 이래 내부적 결속력을 강화했다. 빈부의 격차가 확연히 확인된다고 해도 그 차이가 지역사회 내부의 계급대립으로 나아간 것은 아니었다. 오히려 토비·군벌·국가권력의 약탈에 대해 지역사회는 자원 보호를 위해 지주의 지도하에 단결했다. 그리고 그 단결의 중심에 소도회가 자리하고 있었다. 국민당 국가권력의 강화노력에 대항한 소도회 폭동은 바로 그러한 지역사회의 단결과 결속력의 가장 적극적인 표현방식이었다. 본장에서 주로 분석한 연수현과 숙천현의 사례는 소도회를 앞세운 자율적 지역권력의 자기보호 노력과 그로 인한 근대국가 건설의 어려움을 선명히 보여준다.

蘇北의 지방 공산당의 등장은 이상과 같은 국가권력과 지역권력의 길항의 과정과 불가분의 관계를 맺고 있었다. 국공합작 붕괴 이후 중공은 '폭동정책'을 통해 국민당 국가권력을 전복시키고, 독자의 권력('소비에트 정권')을 구축하고자 했다. 강소성위원회는 소북('江北')에 주목하여 농민폭동의 가능성을 높이 평가하고 위로부터의 당조직 건설에 착수하게 된다. 그러나 소북 초기 공산당의 역량은 매우 취약했고, 따라서 국가권력의 확장에 대항하던 예의 지역권력에 주목하지 않을 수 없었다. 여기서 소도회는 공산당의 유력한 연맹 대상으로 간주되었다.

그러나 효과적인 연합은 불가능했다. 그 이유로 우선 지적할 것은 공산당 전략의 비효율성이었다. 上級 黨은 지주 지도하에 단결한 소도회 내부에서 '계급분화', '하층 군중의 쟁취', '수령에 대한 반대' 등을 지시하면서 비현실적 판단으로 일관했다. 현장의 활동가들로서도 강한 결속력을 보이던 지역권력 내부로 삼투해 들어갈 수 있는 역량을 갖지 못했다. 활동가들은 당지도하의 '농민협회'를 오히려 '낙후된' 소도회로 개조하는 등 소북지방의 사회적 실제에 적응하고자 노력했지만, 그러한 노력이 자율적 지역권력을 공산당의 대의로 쉽게 이끌어 낼 수는 없었다.

양자 연합의 실패는 또한 소도회로 대표되는 지역권력의 성격에서 연유하는 것이기도 했다. 지역권력과 소도회의 행동이 갖는 특징은 그것이 어디까지나 국가권력의 압력에 대한 반응적(reactive) 차원에 머물고 있었다는 점이다. 소도회의 행동은 촌락과 지도자에 따라 극도로 분산적이었고 효율적으로 지도되지 못했다. 지방적 차원의 자율 권력은 국가권력과의 전면적인 충돌로 나아갔음에도 불구하고 결국 정부에 대한 청원(petition)으로 변질되거나 자발적인(spontaneous) 상태에 머물렀다. 소도회의 이러한 반응적 성격이 자신의 국가권력과 세계를 꿈꾸던 전향적인(proactive) 공산당 활동가들과 부합되기는 어려웠다. 사실 자율적 지역권력은 공산당의 지역침투에 호의적이지 않았다. 소북 공산당 활동가들이 조직한 많은 농민폭동 가운데 당원-소도회의 존재가 확인되지만, 이는 당에 의한 소도회의 쟁취라기보다는 당이 소도회라는 구래의 지역사회의 실천에 포섭되어 갔음을 의미한다. 소북의 초기 공산당 활동가들은 지역권력으로부터도 국가권력의 압력으로부터도 자유롭지 못했다. 그러한 의미에서 후일 공산당이 자신의 권력을 구축하기 위해서는 국민당의 국가권력의 전복이외에도 자율적 지역권력마저도 해체해야 할 것이었다. 그러나 소북의 초기 공산당 활동가들은 국민당정권에 대항할 역량도, 지역권력을 깰 힘도 갖추고 있지 못했다.

본장에서 분석한 소도회 폭동의 사례는 중화민국시기 국가권력의 확장노력, 지역권력의 힘과 성격, 그리고 그 양자 사이의 공산당 세력의 위상을 선명히 보여준다. 국민당에 의해 촉발된 정치적 역동성은 지역사회에 커다란 변화를 몰고 온 것이 사실이지만, 그 역동성에 상당한 한계가 있었다는 점은 분명하다. 또 국민당 국가권력의 행동의 반경이 갖는 한계만큼이나 국민당 반대세력의 한계도 주목된다. 그러한 차원에서 1930년대 중반 지방적 수준에서의 국민당 국가권력의 안정성은 어디까지나 상대적 · 잠정적인 것이었고, 중일전쟁의 폭발과 함께 새로운 역학관계가 전개될 것이었다.

제3장

중일전쟁기 중국공산당권력의 성장과 小刀會

중국 공산혁명 성공의 원인에 대한 탐구는 시기적으로 중일전쟁기의 혁명과정에 주목해 왔다. 그것은 이 시기 중국공산당 세력의 성장이 이후 국민당과의 내전을 승리로 이끌고 전국적 권력을 장악하는 결정적 기반이 되었다고 간주되기 때문이다. 주지하듯이 많은 연구들이 이 시기 공산세력의 성장 원인을 두고 상이한 입론들을 제기해 왔다. 1960~70년대를 통해 농민민족주의 대 사회·경제적 혁명론의 논쟁, 연안시대 중국공산당의 대중노선과 (신)민주주의에 대한 낭만적인 평가와 그 陰影에 주목하는 부정적 견해 간의 대립, 도덕경제적 설명과 그것을 부정하고 공산당의 유연하고도 노회한 전략을 강조한 연구 등을 들 수 있다.[1] 이들 연구에서 주목되는 것은

1) 중국혁명 연구에 관한 포괄적인 소개는 Kathleen Hardfort & Steven Goldstein(eds), *Single Sparks: China's Rural Revolutions*, M. E. Sharpe, 1989 참조. 도덕적·경제적 설명에 관한 유력한 비판은 Yung-fa Chen & Gregor Benton, *Moral Economy and Chinese Revolution: A Critique*, Universiteit van Amsterdam, 1986 참조. 연안시대 중공에 대한 평가와 그 변화에 대해서는 Mark Selden, *The Yanan Way in Revolutionary China*, Cambridge, Mass.: Harvard University Press, 1971; "Yan'an Communism Reconsidered", *Modern China*, vol. 21, no. 1, January 1995 참조.

그 대부분이 혁명의 성공을 단일원인(mono-causal)으로 설명하고자 했다는 점이다. 그러나 그러한 설명이 갖는 설득력의 한계는 1980년대 이래의 지방사자료의 발굴과 지방혁명사 연구의 축적을 통해 분명해졌다. 이미 본서 제1부 제2장에서 언급한 바와 같이 최근의 연구는 하나의 根據地나 하나의 縣 혹은 한 촌락의 혁명과정을 탐구한 미시적 분석을 통하여 중국혁명이 하나의 만화경('kaleidoscope')과도 같은 지방적 다양성('local diversity')을 통해 전개되었다는 점을 보여준다.[2)] 혁명은 당중앙에 의해 통일적 · 집중적으로 지도되었던 것이 아니라 현장의 지방적 조건에 따라 상이한 방식을 취하고 있었던 것이다.

본장에서는 이상과 같은 혁명사 연구의 새로운 진전에 착목하면서, 중일전쟁기 소북의 혁명과정을 분석한다. 소북은 모범적 근거지로 간주되던 '陝甘寧邊區' 나 유력한 八路軍에 의해 지탱되던 화북의 '抗日根據地' 와 비교하여 공산당 세력이 상대적으로 취약한 지구였다. 그만큼 경쟁자였던 일본과 국민당 세력이 상대적으로 강력했음은 분명하다. 그러나 공산당권력의 취약성은 후술하듯이 주로 지역사회의 적대적 반응 때문이었다. 소북 농촌은 적대적 환경 속에서 지방사회에 착근해가는 공산당 세력의 모습을 보여주는 좋은 예를 제공한다.

본 연구는 공산혁명과 지역사회 구조와의 상관성에 주목한다. 기존의 연구들은 대부분 공산당 혹은 군대의 전략과 행위에 주의하면서도 그러한 행

---

2) Tony Saich & Hans J. van de Ven(eds), *New Perspectives on the Chinese Communist Revolution*, M. E. Sharpe, 1995; Joseph Esherick, "Deconstructing the Construction of Party-State: Gulin County in the Shaan-Gan-Ning Border Region", *China Quarterly*, no. 140, December 1994; "Revolution in a Feudal Fortress: Yangjiagou, Mizhi County, Shaanxi, 1937~1948", *Modern China*, vol. 24, no. 4, October 1998; Feng Chongyi & David Goodman(eds), *North China at War: The Social Ecology of Révolution, 1937~1945*, Rowman & Littlefield Publishers, 2000.

위의 대상이었던 농촌과 농민을 매우 정태적으로 파악해 왔다. 즉 공산당의 유연하고 역동적인 태도가 갖는 효과를 논해왔을 뿐 공산당이 혁명현장에서 대면하게 된 농민사회의 조직과 구조에 대한 주의는 부족했다. 이하에서 소도회라는 민간 비밀결사 조직의 존재와 행동이 보여주는 바와 같이 농민은 원자화된 개별농민으로서 혁명을 기다리는 수동적 존재가 아니라 일정한 사회조직 속에서 공산당권력의 수립에 적극적으로 반응했다. 요컨대 본장에서는 농촌사회의 구조와 반응을 중국혁명 과정의 주요한 한 축으로 설정하고 그것과 공산당권력과의 길항 관계를 탐구할 것이다.

앞장의 분석을 통해 제시한 바와 같이 소도회는 1920년대 이래 소북 농촌에서 촌락공동체의 결속력의 핵심이었고, 집단행동의 조직자이자 농민 자위의 수단으로 기능하면서, 외부로부터의 자원침탈에 대항해 왔다. 漣水縣과 宿遷縣의 소도회 폭동들이 보여주듯이 소도회는 1920년대 말 사회의 저변에까지 국가권력을 미치고자 한 신생 국민당정권에 대항한 자율적 지역권력(autonomous local power)의 무장역량이었다. 1930년대 중반 국민당정권이 상대적으로 안정되면서 소도회는 '후퇴의 구조' 속으로 들어갔지만, 국가권력이 자율적 지역권력에 대해 완전한 승리를 거두지는 못했다. 결국 지역차원의 공동체적 자율권력은 국가권력과의 타협 속에서 실력을 온존시킨 채 중일전쟁을 맞게 되었던 것이다.

본장에서는 중일전쟁기 새롭게 등장한 공산당세력이 이상과 같은 자율적 지역권력의 무장역량이었던 소도회와 대면하는 과정을 지방사회의 문맥에서 구체적으로 분석한다. 소북 지역의 토착 공산당의 역량은 매우 취약했다. 본격적인 공산당권력의 수립은 글자그대로 외부로부터 도래한 공산정규군과 그와 함께 온 외래간부들에 의해 주도되었다. 지역사회의 자율권력이 사회를 재편하고자 했던 또 다른 새로운 권력과 만나게 되었던 것이다.

1. 소도회의 (재)등장과 공산당 지방 활동가

1) 정치상황의 변화와 소도회의 재기

1930년대 중반의 국민당정권의 상대적 안정화 추세는 그리 오래 가지 못했다. 지역사회에 대한 국가권력의 통제는 1937년 중일전면전의 발발과 함께 거의 불가능하게 되었다. 중앙정부는 처음에 漢口로, 뒤이어 重慶의 먼 후방("大後方")으로 도피했다. 1937년 7월 화북을 시작으로 군사행동을 개시한 일본군은 단지 몇 개월 만에 거의 모든 대도시, 大河 주변 그리고 연안 지역을 장악했다. 강소 북부의 경우 일본은 1938년 중반 鹽城, 阜寧, 徐州를 손에 넣었다. 그리고 그 다음해 봄까지 소북의 거의 모든 현성이 차례로 일본군에 의해 점령되었다. 국민당 군대는 취약했다. 국민당 제57군은 이렇다 할 저항도 해보지 못한 채 소북으로부터 山東 남부로 철퇴했다. 소북에서 국민당 국가권력은 급속도로 붕괴했다.

항일운동의 주도권은 어디까지나 민간으로부터 시작되었다. 남경, 상해 등 주변 대도시가 일본군에 의해 장악되면서 그를 피해 고향으로 돌아온 젊은 지식인들이 "구국"을 위한 다양한 항일단체들을 조직하기 시작했던 것이다. 강소 북부의 경우 일련의 민중 조직이 등장했는데, 염성의 「鹽城十四區上岡青年救亡服務團」, 東海縣의 「中國青年抗日義勇團」, 회안현의 「淮安群衆看報室」, 灌雲縣의 「湯溝鄉民衆自衛隊」, 泗陽 · 숙천 · 沭陽 등지의 「第五戰區青年抗日救國團」 등이 그것이다.[3] 그리고 그러한 움직임은 소북 지역의 애국적 민중운동에 대한 통일적인 지도조직의 결성으로 나아갔다. 결

3) 中共江蘇省委黨史工作委員會 · 江蘇省檔案館 編, 『蘇北抗日根據地』, 中共黨史資料出版社, 1989, p.2.

국 1938년 2월「蘇北抗日同盟(總)會」가 성립되기에 이른다.[4)]

이 과정에서 주목되는 점은 동맹회의 창립을 향한 일정한 주도권이 과거 공산당원 출신의 인사들에게 장악되어 있었다는 점이다. 그러나 공산당이 이 운동을 지도한 것은 아니었다. 1930년대 중반 이래 국민당정권의 안정화와 함께 소북 前공산당원들의 상급 당조직과의 연계는 완전히 단절된 상태였다. 그들은 일본의 침략에 따른 정치상황의 변화 속에서 당과의 연결을 시도하고 있었지만, 용이한 일은 아니었다. 활동가들은 독자적으로 행동하면서「동맹회」각 현 지부의 책임자가 되었다.[5)] 그러나 공산주의 활동가들에 의한 주도권은 오래가지 못했다. 일본군의 압박 하에 강소성 정부(주석 韓德勤)는 1937년 말 鎭江으로부터 소북의 淮陰으로 이전했고, 정부군 제89군은 민간의 항일조직들을 지원하기는커녕 오히려 탄압하는 방향으로 나아갔다.[6)] 결국「소북항일동맹회」는 강소성 정부의 명령에 의해 해산 조치된다.

중일전쟁 초기 소북지역 활동가들에 대한 중공의 체계적 지도는 불가능했다. 劉少奇가 지적했듯이, 화중의 공산당은 당시 국민당군이 철퇴한 후 남겨진 공간에서 유격전을 전개하거나 근거지를 건립할 기회를 제대로 이용하지 못했다.[7)] 결국 강소 북부의 당조직은 후술하듯이 뒤늦은 1940년 중후반 공산당 정규군인 팔로군 및 新四軍의 도래와 함께 비로소 시작될 수 있었다. 뒤늦은 당 조직공작의 개시는 이 지역에서 공산당정권 수립의 어려움을 말해주는 것이며, 그 어려움은 이후에도 쉽게 해결되지 못했다.[8)]

---

4) 陳揚,「蘇北抗日同盟總會」,『新華日報』, 1938.4.13, *ibid.*, pp.23-28.

5) 夏如愛,「從蘇北抗日同盟會到淮陰抗日義勇隊」,『淮陰黨史資料』, 第5輯, 연도미상, pp.115-116.

6) 中共江蘇省委黨史工作委員會,『蘇北抗日鬪爭史稿』, 江蘇人民出版社, 1994, pp.9-19.

7) 劉少奇,「六年華北華中工作經驗的報告」(1943.3),『劉少奇選集』上, 人民出版社, 1981, p.269. 이 보고의 원제목은「六年敵後工作經驗的報告」이다.

국민당 정부의 통제가 느슨해진, 그러나 공산당에 의해 장악되지 못한 이 소북에서 지역 주민의 삶의 조건은 극히 불안정했다. 일본군의 잔인한 군사행동이 초래한 광범한 공포감 이외에도[9] 국가권력이 후퇴한 농촌사회에서 다시금 1920년대 특징적 현상이던 토비의 약탈활동이 재개되고 있었다.[10]

지역 주민들은 결국 스스로 조직되지 않으면 안 되었고, 여기서 1930년대 중반 경 국민당정권의 상대적 안정화에 따라 '후퇴의 구조' 속으로 들어갔던 소도회는 다시 한 번 민간의 자위 수단으로 부상했다. 국민당 국가권력의 지도 아래 약 10년 전부터 등장했던 형식적인 保衛團 체계는 농촌사회에 대한 권력의 통제가 이완되면서 사라졌다. 그러나 소도회의 재등장은 1920년대로의 단순한 복귀를 의미하는 것은 아니었다. 새로운 상황의 전개와 관련된 소도회의 새로운 측면이 주목된다.

먼저, 소도회는 수적인 면에서 과거의 어느 때보다도 광범하게 확산되어 갔다. 중일전쟁기 소도회의 확대정도를 그 이전과 비교할 수 있는 정확한 통계는 존재하지 않지만, 많은 회고록들은 소도회의 대대적인 확산을 분명히 증언하고 있다. 淮陰-寶應 지역의 경우 "모든 촌락에서 가가호호 소도회에 가입하지 않은 자가 없었다."[11] 사실 소도회야말로 새로운 무정부 상황에서 지역 주민들에게 거의 유일한 자위수단이 되어주었다.

다음으로, 소도회의 대부분은 새로운 수령들에 의해 지도되었다. 물론 전 시대의 수령들이 재등장하는 경우도 없었던 것은 아니다. 예컨대, 숙천

8) 黃克誠, 「淮海五月來的黨的工作」(1941.3), 『淮陰黨史資料』, 第5輯, 연도미상, pp.92-93. 이것은 淮河地區 각 현 縣委 서기들의 회의에 제출된 보고이다

9) 일본군의 만행에 대해서는 예컨대 숙천의 경우 任重, 「宿城大屠殺調查紀實」, 『宿遷革命史料』, 第12輯, pp.175-183 참조.

10) 一戈, 「四十八年前的一件公案」, 『宿遷文史資料』, 第6輯, 1985, pp.137-145.

11) 黃旭明, 「淮寶地區的小刀會」, 『洪澤文史資料』, 第2輯, 1986, pp.44.

의 黃秀生의 경우가 그것이다. 앞장에서 언급한 바와 같이, 1920년대 자신의 요새화된 촌락 黃莊에서 거의 절대적인 권력을 행사하고 있던 황수생은 1927년과 1929년의 소도회 폭동을 이끈바 있고, 이제 중일전쟁기의 혼란 속에 소도회를 재건했다. 소도회는 여전히 지주 지도하의 자율적 지역권력의 자위역량으로 기능했지만, 그들의 행동은 이전과 비교하여 새로운 경향을 보였다. 1920년대와 30년대 초반의 소도회들이 촌락공동체 밖의 사태의 전개에 대하여 거의 개입하지 않았다면, 이제 소도회 그룹 간의 경쟁 및 대립관계가 분명히 관찰된다. 예컨대, 鹽河 북쪽의 소도회 지도자 阮小六과 戴金榮(戴三)은 세력을 확대하기 위해 서로를 공격했다. 완소륙은 이후 친일협력자와 함께하던 또 다른 소도회의 지도자 王如學에 의해 살해된다.[12]

정치적인 측면에서 보면, 1920년대 이래의 국민당정권에 대한 반대가 소도회의 유일한 지향은 아니었다. 공산당 지도자들이 지적한 바와 같이 소도회의 정치적 태도는 상황에 따라 다양한 모습을 보였다. 유소기는 소도회가 고유의 촌락사회에 이해관계를 한정시키는 폐쇄성을 보이면서도, 대부분 정치적으로 '중립' 적이거나 이중 혹은 삼중의 태도('兩面三面派')를 갖고 있다고 분석했다.[13] 후술하듯이 어떤 소도회들은 국민당정권에 대항하여 일본군 및 그에 협력하는 세력들과 제휴하는가 하면, 또 다른 소도회들은 국민당과 결탁하기도 했다. 또 정치적 태도를 분명히 내보이지 않는 많은 소도회들이 존재했다. 그러나 그들에게 공통되는 것은 지역사회의 자원 보호를 위해 외부 권력에 의해 가해지는 어떠한 압력에도 저항하고자 했다는 점이다.

---

12) Ibid., p.46.

13) 劉少奇, 「堅持華北抗戰中的武裝部隊」, 『解放』 43, 44, 1938.7; 陳毅, 「一九三八年至一九四三年華中工作報告」(1944 여름), 『陳毅軍事文選』, 解放軍出版社, 1996, pp.268-269.

2) 국민당정권, 일본군 그리고 소도회

국민당과 강소성 정부의 인사들이 정부 소재지의 이전과 함께 회음의 농촌 지역으로 들어왔다. 그러나 망명 강소성 정부가 농촌사회에 대해 효과적인 통제력을 행사하고 사회로부터 권력행사의 정당성에 대한 동의를 얻어낼 수 있는 처지는 아니었다. 오히려 정부관리와 군인들의 무분별한 자원수취 행위는 촌락공동체의 광범한 반발을 초래했다. 공공건설을 위한 강제동원, 다양한 부가세와 기부금의 강요, 군인들의 가혹행위 등이 촌락사회의 저항을 증폭시켰던 것이다. 특히 1938~1939년의 중일전쟁 초기 국민당은 다시 힘을 얻게 된 지역사회의 집단적 자위 행동과 대면해야했다. 소북의 과거의 관례적인 패턴에 따라, 이러한 지역사회의 저항은 소도회를 장악하고 있던 지주에 의한 지방적 자율권력에 의해 구조화되고 있었다. 회음-보응 지역에서는 국민당의 '常備十旅' 부대는 수차례에 걸쳐 소도회와 충돌해야 했다. 그 뒤를 이어 도래한 국민당 89군 33사단의 경우도 소도회와의 전투 중에 100여 명의 병사를 잃었다.[14)]

소도회와 국민당의 이러한 충돌은 1940년 소북에 공산당 부대가 도래하면서 변화를 맞게 된다. 새로운 정치적 경쟁세력에 대해 국민당은 소도회에 대한 전술을 바꾸어 그들과의 연합정책을 통해 대처하고자 했다.[15)] 국민당은 공산당의 출현에 대해 악의적 선전과 함께 지주를 중심으로 한 지역 유력자들을 동원했다. 국민당의 지지를 기반으로, 그때까지 소도회와 관계하지 않던 촌락의 지도자들도 이제 소도회 조직에 나서게 되었고 그 지도자를 자임했다. 소도회의 일반 성원들도 공산당과 그 군대를 국민당이나 토

---

14) 田壘, 「回憶小刀會」, 『洪澤文史資料』, 第2輯, 1986, pp.55-56; 中共洪澤縣仁和鎭委員會 · 洪澤縣仁和鎭人民政府 編, 『仁和鎭志』(原稿), 1990, p.315.

15) 『洪澤縣志』(原稿), 1999의 「軍事」 부분 참조, 洪澤縣黨史辦 소장.

비보다도 더 위험한 존재로 간주했다.[16] 1920년대 이래의 지방 "군사화"의 기본 구조는 변화되지 않았지만, 정치적 정향은 그렇게 변화를 맞고 있었던 것이다.

소도회와 일본 점령당국과의 관계도 주목된다. 일부 소도회 집단들은 일본과의 협력관계도 마다하지 않았다. 그러나 대부분의 협력은 일본 점령군과의 직접적인 제휴보다는 일본에 투항한 지방 '한간' 유력자의 매개를 통해 이루어졌다. 전술한 황수생은 휘하의 숙천 소도회를 동원하여 숙천의 친일 '괴뢰' 정권('僞政權') 경찰국의 임무에 협조했다.[17] 회음에서는 괴뢰정부의 군대('僞軍')에 다수의 소도회 회원이 충원되기도 했다.[18] 그러나 회음 및 기타 몇몇 사례가 보여주듯이 1940년경부터 일본 점령군은 군사작전에 소도회를 직접적으로 동원하는 경우도 있었다.[19]

그러나 전체적인 수준에서 대일 협력세력 및 일본군과의 제휴는 국민당과의 연합에 비하면 훨씬 제한적이었다. 일반적으로 일본군의 폭력적 행동은 다수 소도회의 성난 반응을 초래했다. 회안의 '黃土橋慘案'은 그러한 적대감을 분명히 보여준다. 1940년 2월 5일 회안 주둔 일본군은 주변 촌락에 대해 대대적인 약탈을 자행한 군사작전을 전개하는 과정에서 인근 鹽河鄉 소도회와 충돌했다. 며칠이 지난 후 일본군의 반격작전이 시작되었고, 楊大莊 촌락이 불탔다. 일본군의 잔인한 행위는 인근 소도회의 더욱 광범한 저항을 초래했다. 회안현성 부근의 황토교에 집결한 소도회는 양대장의 복수를 선언했다. 곧이어 두 진영 간의 치열한 전투가 전개되었다. 소도회는 용

16) 黃旭明, op. cit., pp.50-51. 또한 朱克禮, 「朱壩小刀會」, 『洪澤文史資料』, 第2輯, 1986 참조.

17) 宿遷市地方志編纂委員會, 『宿遷市志』, 江蘇人民出版社, 1996, pp.60-61.

18) 淮陰市地方志編纂委員會, 『淮陰市志』, 上海社會科學院出版社. 1995, p.2502.

19) 淮安市志編纂委員會, 『淮安市志』, 江蘇人民出版社, 1998, p.786.

감히 싸웠지만, 연발총 등 근대적 총포 앞에 결국 많은 희생자를 남기고 후퇴하지 않을 수 없었다. 이를 추격하여 蔣南莊 촌락에 진입한 일본군은 대부분의 농가를 불사르고 200여 명의 촌락 주민 및 외부 촌락민 약 370명을 살해했다.[20]

소도회는 유소기가 지적한대로 자신을 둘러싼 정치권력에 매우 다양하고 유동적인 태도로 임했다. 그러나 그것이 무질서하거나 무원칙한 것은 아니었다. 소도회의 모든 행동은 국민당에 대해서든 일본점령군에 대해서든 자율적 지역권력의 자기보호라는 목적에 따라 결정되고 있었다.

3) 소북 토착 공산당 활동가와 소도회

전공산당원이었던 소북의 활동가들이 상급당과의 연계를 모색하고 있던 시기, 이웃 산동의 당조직이 소북 지역에 당지부를 건립하는 임무를 맡게 된다. 결국 산동 당조직의 지도하에 1939년 말까지 몇몇 당 지부가 소북에 출현하기 시작했다. 그리고 이어서 이들 소북 당조직에 대한 지도 임무를 맡게 된 것은 蘇皖區黨委였다.[21]

당 지부의 조직과 함께, 중공은 소북지역에서 항일부대의 조직에 착수했다. 기존의 여러 무장 조직들은 '八路軍山東縱隊隴海南進支隊' 라는 이름하에 재조직되었다. 이름이 뜻하는 바와 같이 1938년 12월에 '산동종대' 의 지도하에 조직된 이 지대는 소북의 북단에서 게릴라 활동을 전개하기 시작

---

20) 「日軍在淮安暴行紀實」, 江蘇政協 · 南京市政協 編, 『腥風血雨(侵華日軍江蘇暴行錄)』, 출판사 미상, 1995, pp.439-440.

21) 「劉少奇關於淮海區概況致中共中央等電」(1941.5.4), 中國人民解放軍歷史資料叢書編審委員會 編, 『新四軍(文獻)』(全3卷), 解放軍出版社, 1994(이하는 『新四軍文獻』), 第1卷, p.709.

했다.[22] 지대는 그 다음해 9월 蘇皖縱隊로 개명한다. 그리고 기존의 관운·술양의 무장부대에는 제3연대라는 이름을, 회음·연수·회안의 무장부대에는 제8연대를, 그리고 연수 구경비대에는 제9연대라는 이름을 각각 부여하여 재조직했다. 1939년 12월 제8·9연대와 연수현의 게릴라들은 第三梯隊의 명칭 하에 재조직되었는데, 이는 '淮河大隊' 라고도 불렸다. 이 회하대대는 그 다음해 공산당 정규군(팔로군과 신사군)의 도래에 이르기까지 소북 공산당 부대의 핵심으로 기능하게 된다.

이상의 과정에서 지역 공산당 활동가들은 사병의 충원을 위해 소도회와의 연합을 꾀했다. 그러한 기도는 앞장에서 살핀 1920년대 말 국민당 국가권력에 대한 지역권력의 대항과정('소도회 폭동')에서 공산당 활동가들이 소도회와 연계하고자 했던 것과 유사했다. 회안현의 사례는 양자간의 긴밀한 관계를 분명히 보여준다. 사실 이 지역의 공산당 출신 활동가들은 위에서 언급한 「소북항일동맹회」 시기부터 소도회와의 연합을 통해 항일을 위한 민중 동원과 민중무장을 기도했다. 회안의 동맹회 지부 지도자들은 ─ 그들은 이후 공산당 지부의 당원이 된다 ─ 경우에 따라서는 스스로 소도회의 지도자가 되어 항일을 위해 소도회를 '쟁취' 하고자 했다. 1940년 4월 창립된 '淮安大隊' 는 기본적으로 소도회 회원으로 구성되었다. 이 대대는 병력 확대 정책의 일환으로 곧 전술한 바 있는 '회하대대' 로 흡수된다.[23]

그러나 소도회에 대한 활동가들의 침투는 1920년대 말에 그랬던 것처럼 여전히 제한적이었다. 소도회에 대한 지주층의 지배가 공산당이 원하던 소

---

22) 「同意由山東派一部遊擊隊去蘇北開展遊擊戰爭 - 毛, 王致郭幷告朱, 彭, 胡」(1938.12.3); 「中共中央山東分局關於隴海南進支隊已南下致毛澤東, 王稼祥, 朱德, 彭德懷, 楊尙昆, 陳光, 羅榮桓, 吳法憲電」(1939.5.8), 『蘇北抗日根據地』, pp.29-30.

23) 吉樂山·韋擧, 「淮安縣抗日同盟會的建立和變遷」, 『淮安黨史資料』, 第2輯, 1984, p.27.

도회와의 연합을 어렵게 만들고 있었던 것이다. 회안현의 활동가들이 모범적이라고 간주했던 몇몇 성공적인 사례는 주로 회안의 북부지역에 집중되었다. 謝蕩·晶墩·周崖·大橋·小丁莊 등 현 북부지역은 토지의 집중도가 낮아 지주의 세력은 크지 못했고, 농민의 대부분은 자경농이었던 것이다.[24] 여전히 국민당의 탄압 하에 비밀리에 활동하던 소수의 지역 활동가들이 당의 체계적인 지도나 세력 배치 면에서의 유리한 상황의 도움이 없이 국면을 주도해 갈 능력은 없었던 것으로 보인다. 당시 중공의 소북 지역에서의 당 지부 건설 공작이 이미 시작되긴 했지만, 유소기가 1939년 말 전보를 통해 보고하고 있는 바와 같이, 소북에는 아직 공산당의 정규군도 당조직도 존재하지 않았다.[25]

1920년대 말처럼, 활동가들은 분산적인 상태로 이러저러한 소도회의 일부 그룹들을 장악할 수 있을 뿐이었다. 대부분의 소도회 그룹은 여전히 지주에 의해 장악된 공동체적 자율권력에 의해 좌우되고 있었다. 앞서 지적한 대로 소도회와 지방적 자율권력은 어떤 경우에는 공산당에 극도의 적대감을 보이면서 국민당과 제휴하기도 했으며 또 어떤 경우에는 일본군 혹은 대일 협력세력과 연합하기도 했다. 소도회는 당시의 소북의 정치상황에서 자신의 고유 이익에 따라 대립하는 진영사이를 오가는 정치적 '중립' 을 유지했다. 이러한 정치적 각축장에서 어떤 지속적이고 의미 있는 힘을 행사하기에는 공산당 세력은 아직 매우 취약했다.[26] 그러나 공산당 정규군의 도래는 소북의 지방적 세력 배치에 깊은 충격을 줄 것이었고, 소도회는 이 새롭게

---

24) 吉樂山·周興,「謝蕩小刀會」, *ibid.*, pp.108-111.

25)「劉少奇關於目前華中發展地區及工作部署致中共中央書記處等電」(1939.12.19),『新四軍文獻』, 第1卷, p.137.

26) 지역 활동가들의 단편적인 행동에 관해서는 韋錫琢,「我在淮寶地下黨時期經歷過的一些革命活動」; 張茂勳,「參加地下黨活動點滴」; 韋杰之,「憶淮寶地下黨的鬪爭」,『洪澤革命史料選集』, 第7輯, 1984.

부상하는 권력과 충돌하게 될 것이었다.

2. 소북 공산당 근거지의 건설

공산군이 소북에 이르게 된 것은 1938년 11월 중국공산당 六屆 六中全會의 '화중 진출'에 관한 원대한 지리-전략적 결정에 따른 것이었다. 여기서 화중이란 장강과 隴海鐵路 사이의 지역을 일컫는다. 화중에 대한 중공의 주목은 기타 지역에 비하여 이 지역이 갖고 있는 상대적 중요성에서 기인한 것이었다. 즉 장강 이남은 국민당의 탄압과 통제력이 강력한 만큼 공산당의 세력 확대가 거의 불가능했고, 화북이 이미 공산군의 대규모적인 발전이 이루어져 그것을 공고화시키는 단계에 있었다면, 화중은 중국공산당이 앞으로 자신의 존재를 강화하고 군사역량을 확대할 수 있는 지역으로 간주되었다.[27)]

그러한 임무를 맡게 된 것은 6중전회를 통해 성립한 중국공산당 中原局이었다. 중원국 서기로 취임한 유소기가 그 군사작전을 지도했다.[28)] 신사군 쪽에서는 江北指揮部가 1939년 5월 성립했다. 이렇게 하여 1939년 후반기 팔로군의 일부와 신사군의 일부가 각각 서북과 남쪽 방향으로부터 소북지역으로 진격해왔다. 중공 중앙서기처의 한 전보는 "장강 이북 신사군의 모든 부대는 …… 바다에 이를 때까지 동으로 진격한다. 거기에 도달할 때까지 멈추어서는 안 된다"고 지시했다.[29)] 유소기는 강소 북부야말로 공산당

---

27) 「中共中央書記處關於發展華中武裝力量的指示」(1939.4.21), 『新四軍文獻』, 第1卷, p.126.

28) 「中共中央政治局關於中原局組成及管割區域的通知」(1938.11.9); 「中共中央書記處關於北方局與中原局割區劃分的決定」(1939.1.19), 『新四軍文獻』, 第1卷, pp.117-118.

세력이 가장 크게 발전할 수 있는 지역이라고 기대했다.[30] 그의 목표는 북부의 팔로군으로 하여금 먼저 염성과 보응을 점령케 하고 남부와 서부의 신사군으로 하여금 염성과 보응의 남쪽을 장악하도록 하는 것이었다. 그는 중공 중앙위원회에 이러한 작전을 지휘하기 위해 黃克誠을 파견해 줄 것을 요청하게 된다.[31]

1940년 8월 회하 이북과 津浦線(天津-浦口) 동쪽의 모든 공산당부대는 황극성의 지휘하에 八路軍第五縱隊로 재편되었다.[32] 종대는 남쪽으로 이동하면서 장강 이남으로부터 오는 신사군과 연합작전을 펴게 된다. 강소 북부로 이동한 이 신사군 부대의 지휘관(指揮)은 陳毅였고, 그 지휘본부는 이미 7월에 泰興縣의 黃橋에 주둔했다. 결국 10월 초 이 두 부대의 합류('會師')는 소북의 신사군 부대를 궤멸시키려는 국민당 군대에 대한 대응과정에서 이루어졌다. 국민당의 한덕근 부대는 협공해 오는 공산군 앞에 결국 철퇴하지 않을 수 없었다. '黃橋戰役'으로 불리는 이 전투의 승리를 통해 공산당은 소북의 대부분을 장악했다고 간주했다.[33]

11월 소북의 공산군은 새로운 지휘체계로 재편되었다. 즉 葉挺·유소기·진의의 지도하에「華中八路軍新四軍總指揮部」가 성립했다. 그러나 이 편제는 오래가지 못했다. 주지하듯이 그 다음해 1941년 1월 발발한 '皖南事

---

29)「中共中央書記處關於江北新四軍應猛烈向東發展的指示」(1939.11.19),『新四軍文獻』, 第1卷, p.132.

30)「劉少奇關於目前華中發展地區及工作部署致中共中央書記處等電」, op. cit.

31)「劉少奇關於江北部隊應向東發展向西防御致毛澤東等電」(1940.6.6),『新四軍文獻』, 第1卷, p.169.

32)「中共中央中原局關於成立第五縱隊和黨的軍政委員會的決定」(1940.8.16),『新四軍文獻』, 第1卷, p.697.

33)「陳毅關於韓德勤大規模向我進攻的通電」(1940.10.3);「陳毅關於黃橋戰役簡要經過和主要經驗致葉挺等電」(1940.10.7);「中共中央書記處關於抽調幹部到蘇北根據地工作的指示」(1940.10.17),『新四軍文獻』, 第1卷, pp.642-645·647.

變'으로 소북의 군사 지휘체계 전반에 걸친 재편이 불가피해졌던 것이다. 신사군 지휘부가 염성에 다시 성립되어 진의가 지휘를, 유소기가 정치위원을 맡았다.[34] 뒤이어 팔로군 5종대는 신사군 新四軍第三師로 재편된다.[35] 이제 강소 북부의 모든 공산군대는 신사군의 이름하에 개건되었던 것이다.

비록 지방 활동가들이 소북에 당 지부의 재건을 위해 노력했지만, 정권의 건설은 1940년 7월 이후 군사역량의 수단에 의해 비로소 실현될 수 있었다. 소환구당위의 지도하에 팔로군 부대의 일부에 의지하여 그 다음해 4월까지 사양, 회음, 술양, 숙천, 관운, 연수, 보응, 부녕, 염성 등 소북 각 현의 일각에 연이어 이른바 '항일민주근거지' 곧 공산정권이 수립되었다.[36]

그러나 정규군의 주둔에도 불구하고 공산당의 지배는 제한적이었다. 국민당 군대 및 일본군의 근거지 공격 이외에도 근거지 내에서 토비의 약탈행위가 계속되었다. 지주들은 공산당의 지배에 복종하기는커녕 소작인을 동원하여 자신들의 이익과 권력의 보호에 나섰다. 이러한 외부적 저항에 더하여 내부적 어려움도 있었다. 초기에 공산당권력은 충분한 인원을 결여하고 있었다. 지역출신 간부('本地幹部')는 극소수였고, 그들의 능력은 제한적이었다. 대부분의 공산당 공작인원은 정규군과 함께 온 '外來幹部'였다.[37] 그러한 상황에서 공산당정권은 일정기간동안 어쩔 수 없이 자신의 근거지에서 구래의 향촌 행정담당자들을 그대로 임용할 수밖에 없었다. 특히 鄕과

---

34) 「中國共産黨中央革命軍事委員會命令」(1941.1.20), 『新四軍文獻』, 第2卷, p.199.

35) 「劉少奇, 陳毅關於新四軍編六個師及師級幹部配備的建議致毛澤東等電」(1941.2.4); 「中共中央軍委關於新四軍各師領導幹部的任命」(1941.2.18), 『新四軍文獻』, 第2卷, pp.204·206.

36) 본서 권말 부록 지도 7 참조.

37) 지주와 소도회의 반공산당 활동에 대해서는 다음에 실린 黃克誠의 1941년 3월 18일자 보고 참조. 中共江蘇省委黨史資料徵集委員會蘇北領導小組, 『蘇北抗日鬪爭歷史資料』, 第3卷(1941.1-12), 출판사항 미상, p.39. 또 劉子久, 「論外來幹部地方化與培養提拔地方幹部」, 『拂曉報』, 1942.5.8, p.3, 『泗陽史料選』3, 1983, p.42 참조.

그 이하의 保의 경우가 그러했다. 그런데 이들 공산권력을 매개해야했던 인적 자원은 다름 아닌 지주들, 즉 공산당에의 적대자들이었다는 점에 주의하지 않으면 안 된다. 결국 여전히 강력한 지역권력의 존재라는 상황 속에서 위로부터의 공산당의 여러 정책과 법률은 제대로 시행될 수 없었다.[38] 「항일기」 중공의 주요 정책을 구성하던 '減租減息' 은 이른바 '地主惡覇' 로 대표되는 공동체 권력의 저항으로 실현되기 어려웠다.[39]

소북의 새로운 공산당권력의 취약성은 중일전쟁기 내내 지속되었다. 일본군의 끊임없는 공격이 공산당으로 하여금 근거지를 공고화시킬 수 있는 여지를 주지 않았다. 국민당 군대도 끊임없이 공산당정권에 압박을 가해왔다. 1942년 11월 일본군의 이른바 '掃蕩作戰' 에 직면하여 중공 華中局[40]과 신사군 지휘부는 염성으로부터 이웃 '淮南根據地' 인 盱眙로 이전을 강요당했다. 이 기회를 틈타 反공산당 세력들과 국민당 유격대들은 몇몇 공산당 지방 정부를 공격하거나 전복시켰다.[41]

보다 안정적이고 유력했던 화북의 다른 근거지와 비교하여 소북의 공산당 근거지들은 그레고르 벤튼과 陳永發의 연구가 보여주고 있는 바와 같이 내부적인 공고·안정화 과정을 보지 못했다.[42] 지방의 자율적 권력은 화북이나 섬감녕 지역의 경우에서처럼 축소되지 못했다. '民主選擧' 를 통해 기

---

38) 「黃克誠關於蘇皖邊區情況致毛澤東等電」(1940.12.9), 『新四軍文獻』, 第1卷, pp.705-706; 「劉少奇…」(1941.5.4), op. cit., p.709.

39) 何眞理, 「洪澤湖畔戰鬪, 十年的回顧」, 中共淮陰縣委黨史辨公室 編, 『黨史資料』, 第38輯, 1983.3, p.3.

40) 이 華中局은 환남사변 이후 기존의 東南局과 中原局을 통합하여 1941년 5월 성립한 것이다.

41) 劉震, 「淮海一週年來的對敵鬪爭」(1943.11.16), 『蘇北抗日根據地』, pp.354-366.

42) Gregor Benton, "Comparative Perspectives: North and Central China in the Anti-Japanese Resistance" in Feng Chongyi & David Goodman(eds), *op. cit.*, 2000, pp.203-204; Yung-fa Chen, *Making Revolution, The Communist Movement in Eastern and Central China, 1937~1945*, University of California Press, 1986, p.117.

존의 보갑제를 '鄕村制' 로 대체하고자 하는 시도가 있었지만, 지역권력과 지주의 영향력을 제거할 수는 없었다.[43] 지주들은 공산당의 정책에 대해 소도회를 동원하여 맞섰다. 소도회 동원에서 지주의 주도권은 분명한 것이었지만, 외부로부터 오는 혼란에 대한 농민의 적대감도 함께 고려되지 않으면 안 된다. 거기에는 기타의 모든 헤게모니에서처럼 피지배자의 동의에 기반을 두면서도 복잡한 양상을 띠던 지방적 헤게모니(자율적 지역권력)가 존재하고 있었던 것이다.

3. 공산당부대의 도래와 소도회와의 충돌

맨 처음 공산당 군대가 근거지를 건설하는 과정에서 대면해야 했던 문제는 국민당군이나 일본군이라기보다는 소도회였다. 즉 국가권력의 장악을 위해 경쟁하는 정치-군사세력이라기보다는 지역사회의 자율권력이었다. 소도회와의 초기 충돌들의 하나는 대운하의 서쪽 사양, 회안, 보응 등의 현 교계지대인 이른바 「淮寶地區」에서 발생했다.[44] 소북지역에 공산당 근거지를 건설하기 위해 팔로군 제5종대가 북쪽으로부터 진격해 오는 동안, 신사군의 제5지대(指揮 羅炳輝)가 '회남근거지' 로부터 접근해 왔다. 제5지대는 1940년 8월 안휘성과 강소 서부의 교계지대로부터 회보지역으로 들어왔다. 부대는 洪澤湖와 高郵湖를 연결하는 三河를 건넌 후 2개 연대병력이 新集을 장악했다. 이것이 소북에 근거지를 건설하기 위한 공산당의 제1보였다. 이동의 과정에서 공산군은 맨 처음 국민당 군대나 일본군으로부터 거의 아

43) 지방 행정체계의 변화에 관해서는 陳耀, 「取消保甲制, 實行鄕村制」, 『泗陽史料選』, 第9輯, p.146.

44) 본서 권말 부록 지도 8 참조.

무런 저항을 받지 않았다. 국민당군은 멀리 철퇴했고, 도시 지역에 집중되어 있던 일본군은 모습을 보이지 않았다. 유일한 저항은 지역사회로부터, 보다 정확히 말하자면 소도회로부터 왔다.

분명한 것은 공산군이 이 지역에 도래할 당시 지역주민들에게 곱지 않게 보였다는 사실이다. 위에서 간단히 언급한 바와 같이 공산당의 악명은 국민당의 악선전에서 초래된 바 컸다. 국민당은 공산군이 “죽이고 불태우고”, “재산과 함께 아내마저도 공유한다”(共産共妻)고 선전했다. 경쟁하는 정치세력이 지역의 자율권력을 동원하고자 했던 것이다. 회보지구의 현지 공산활동가들이 진격해 오는 나병휘 부대에게 국민당의 군사적 상황과 소도회에 대한 정보를 제공할 수는 있었지만, 그들이 공산군의 도래 이전 국민당의 선전에 대항하여 지역주민들의 지지를 이끌어낼 수단을 갖지는 못했다.[45] 따라서 공산 근거지의 건설은 거의 전적으로 외부로부터 도래하는 공산 정규군의 무력에 의존하지 않을 수 없었다.

신집을 점령한 첫날부터 신사군 부대는 소도회와의 피어린 전투를 수행하지 않을 수 없었다.[46] 중일전쟁의 발발과 함께 재등장하여, 전쟁 초기 소북 농촌으로 철퇴해 들어온 국민당군에 저항했던 소도회는 이제 공산당군의 점령에 대항해 국민당과 제휴했다.[47] 당시 신사군 부대의 사령 나병휘의 보고는 약 1개월간 지속된 소도회와의 충돌 과정을 상세히 서술하고 있다. 맨 처음 공산군은 소도회를 중립화시키고자 했다. 나병휘는 직접 소도회 지도자들에게 편지를 써 공산군의 정책을 설명했다. 그러나 이러한 노력은 아무런 결과를 가져오지 못했다. 이제 국민당 군대의 지원을 받은 소도회들은

---

45) 韋錫琢,「我在淮安地下黨時期的一些活動」,『淮安黨史資料』, 第2輯, 1984, pp.64-67.

46) 聞武,「羅炳輝率部開闢淮寶記」,『洪澤革命史料選集』, 第6輯, 1983, pp.32, 42; 王濤,「淮寶的公安工作簡況」,『洪澤革命史料選集』, 第8輯, 1985, p.85.

47) 田壘, op. cit., p.56.

끊임없이 공산군을 교란시켰다.

공산군의 소도회 대처방법은 다양한 형태로 전개되었다. 회고에 따르면, 공산군은 군사적 진압 이외에도 다양한 '정치적' 수단을 강구했다. 주민들의 공산군에 대한 공포와 반감을 떨어내고자 일대의 군중들과 촌락 유력자들을 소집한 대회가 열렸고, '민중에게 알리는 글'(告民衆書)이 나붙었다. 그러나 이러한 대중 교육적, 정치적 노력이 그리 효과적이었던 같지는 않다. 공산군은 자신에 대한 악명을 떨쳐내지 못했고, 지역 주민들의 반감을 제거하지도 못했다. 하물며 지역 주민들을 공산당의 대의에 따라 정치화시킨다는 것은 불가능한 일이었다. 공산주의자들은 일반적인 차원에서 수많은 정치적 언설들을 반복하면서도, 전 세계적인 혹은 전 중국적인 상황과 농민이 처해 있는 지역의 상황을 연결시켜 농민을 동원하는 데 이르지 못했다. 대신 지역 활동가들은 지방 고유의 민간신앙을 초보적으로 이용하는 데 자신의 노력을 한정할 수 밖에 없었다.

공산군이 이 지역에 도래할 당시 지역 활동가들은 일련의 행동을 통하여 "이제 세상은 신사군과 공산당의 천하가 되었다"고 선전했다. 설득력을 얻기 위하여 그들은 미신 신앙을 이용했다. 즉 이 말을 믿지 않는 자가 있다면 그의 집주변에 몰래 돼지털(猪毛: zhumao)을 묻어 두었다가 그것을 파내어 보이고는 "이것이야말로 이제 주모(朱毛 zhumao: 중공지도자 朱德·毛澤東과 紅軍)의 세상이 되었음을 뜻하는 것"이라고 설득했다. 활동가들은 이를 위해 소도회의 신내림('降神附體')의 미신을 이용하기도 했다. 소도회 회원의 몸에 내린 신은 "주모의 천하임을 믿지 못하겠다면, 땅을 파보라. 도처에 돼지털이 묻혀있을 것이다!"라고 말했다. 결국 신의 소리는 미리 묻어둔 돼지털을 들추어 내 보임으로써 증명될 터였다. 이리하여 회보지구로부터 소문은 급속히 퍼져갔다. "도처에 돼지털이 묻혀있다." "이제 주모(朱毛)가 출현할 것이다!"[48)]

공산군에 대한 지역 주민의 호감을 이끌어 내기 위해 또 다른 방법이 이용되기도 했다. 지역 활동가들은 岔河 일대의 일부 소도회와의 연합에 성공한 후, 스스로 소도회를 창립하는 방향으로 나아갔고, 다음과 같이 선전했다. "팔로군과 신사군은 본래 붉은 군대(紅軍)이었고, 소도회도 붉은 술과 붉은 두건을 둘러쓴다. 우리는 본래 一家이며 따라서 일가 사람을 공격하지 않는다." 부대의 지휘 나병휘는 또한 회보지역의 한 유력한 소도회 수령 羅通義를 초청해 연회를 베풀면서, 성이 같다는 이유로 '本家' 사람임을 강조했다.[49] 여기서 우리는 군사적인 측면과 마찬가지로 정치적 · 문화적인 측면에서 적과의 세력관계를 파악하고 일단 대세를 따르는 공산당의 행동을 관찰하게 된다. 이러한 사례는 외부로부터 도래한 새로운 권력이 지방 고유의 자율권력이 습용하던 방법을 통해 그 자율권력을 깨고자 했다고 해석될 수 있을 것이다. 공산당은 경우에 따라서는 힘을 통한 진압을 마다하지 않았다. 차하의 한 정치집회에서 공산당은 한 '완고파' 소도회 수령을 처단함으로써 비밀교문 조직의 '刀槍不入'의 믿음을 깨는 본보기로 삼았다.[50]

8월 2일 신집에서 시작된 신사군과 소도회의 전투는 신사군 북진의 선을 따라 전개되었고, 高良澗(현재의 洪澤)을 점령한 8월 28일까지 지속되었다.[51] 한편 신사군과 연합 작전을 펴면서 북쪽에서 활동하던 팔로군 제5종대도 같은 어려움에 봉착했다. 그 제1지대가 十五鋪를 점령할 당시 소도회가 보여준 저항은 특히 강력했다. 지대는 결국 훨씬 북쪽의 사양현으로 철퇴하지 않을 수 없었다. 이 문제를 해결하기 위하여 화중국은 제5종대의

48) 楊漢章, 「淮屬特委的活動情況」, 『淮陰黨史資料』, 第5輯, p.135; 花揚, 「淮寶抗日根據地開闢前後」, 『淮安黨史資料』, 第3輯, 1984, p.142.

49) 聞武, op. cit., pp.44-45.

50) 李紹斌, 「羅司令瓦解 '刀會'」, 『洪澤文史資料』, 第1輯, 1985, p.11.

51) 羅炳輝, 「淮寶反頑戰鬪詳報(卽開闢淮寶地區)」(1940.8), 宋霖 · 羅新安 編, 『羅炳輝將軍在淮南抗日根據地』, 安徽人民出版社, 1990, pp.302-314.

687연대를 동원하지 않을 수 없었다.[52] 그러나 이러저러한 소도회 집단에 승리를 거두거나 그것을 격퇴했다고 해서 새로운 공산당권력이 모든 소도회를 제압했다는 것을 의미하는 것은 아니었다. 나병휘가 보고를 통해 지적하고 있는 바와 같이 공산군이 단기간에 군사적 수단을 통해 소도회 조직들을 제거할 수 있는 것은 아니었다. 왜냐하면 그들은 "그 지역에서 나고 자랐기"(土生土長)때문이며 고유의 "社會關係"로 얽혀 있던 지역 고유의 권력관계에 기반을 두고 있었기 때문이었다.[53] 신생 공산당정권에 대한 지역사회의 반항은 깊고도 광범한 것이었다.

4. 공산당 근거지 내의 소도회 폭동 – 泗陽縣의 경우

사양현의 소도회의 폭동은 당시 공산당정권의 다양한 특징들과 함께 '근거지'에 대해 행사하고 있던 공산정권의 힘의 한계를 분명히 보여준다. 사양현은 공산당이 지주지도하의 자율적 지역권력과 해결하지 못했던 다양한 문제들이 응축된 예에 해당한다. 1940년 가을 이래의 사양에 대한 공산당의 군사적 점령은 현내의 정치적 세력관계를 근본적으로 변화시키지는 못했다. 주요 도시와 교통로(철로와 운하) 연변에 주둔해 있던 일본군은 '소탕작전'을 통해 항상적으로 공산당을 위협하고 있었고, 공산군의 도래 이전 농촌으로 철퇴해 있던 국민당 군대는 반공산당 진영의 핵심을 이루고 있었다. 반면 취약한 공산당은 농촌사회에 대해 이렇다 할 '믿을만한' 이미

52) 聞武, op. cit., p.40; 曙東, 「開闢淮寶中與小刀會的一場鬪爭」, 『淮陰黨史資料』, 第12輯, pp.43-44; 高家驊, 「小刀會慘殺八路軍戰士目擊記」, 『洪澤文史資料』, 第2輯, 1986, pp.60-61.

53) 羅炳輝, op. cit., p.314.

지를 제공하지 못했다. 한 보고에 따르면 주민들은 흔히 "어쨌든 (이 공산 정권이) 오래가지는 못할 거야. 어느 정도 좋은 점도 있지만, 그들에게 의지할 수는 없는 일이지"라고 말하곤 했다.[54)]

공산당 측의 자료는 당시 공산당의 정책을 집행하는 과정에서 지나친 행동을 보인 간부들을 문제 삼고 있다. 예컨대 심한 경우 수확의 3/5에 이르는 토지세('公糧')와 농민으로부터 '차용한 곡식'(借糧 : 일종의 군사적 징수)은 농민의 부담을 가중시켰다. 신정권 간부들의 고압적인 행동 방식은 주민들의 반발을 초래했는데, 특히 하급 간부들의 지주에 대한 복수심리는 지주들로부터 공포심을 유발했다.[55)] 자료가 언급하는 이러한 '지나침'의 — 그리하여 본래 공산당의 노선은 올바르다는 것 — 배후에 기존의 권력관계를 유지하는 데 집착하는 사회계층의 반발이 있었음을 간파하는 것은 어렵지 않다. 다시 한 번 국가권력은 국가권력을 원하지 않는 사회에 자신의 힘을 확인시키고자 했던 것이다.

바로 이러한 문맥에서, 사양의 소도회들은 반공산당 지역권력의 도구로 부상했다. 정신적 지도자들(老師)이 소도회를 창립하기 위해 촌락 밖으로부터 초빙되어 왔다. 그러나 1920년대와 마찬가지로 소도회에 대한 지도권은 여전히 지주의 손에 장악되어 있었다. 어떤 소도회들은 토비방어보다는 공산당 반대를 위해 조직되기도 했는데, 이러한 경우는 촌락 외부로부터 개입해 들어오는 권력에 맞서는 소도회의 행동이 지니는 정치적 의미를 분명히 보여준다. 촌락공동체의 이익을 방어하면서 소도회는 '감조감식'을 비

---

54) 張維城, 「泗陽新地區的開闢工作」, 『人民通訊』, 第17期, 1942, 『泗陽史料選』, 第4輯, 1984, p.37.

55) 羅炳輝, 「淮泗半月記 - 部隊做民運工作的一個例子」, 新四軍二師政治部 編, 『建軍叢書』 2, 1941.9, 『泗陽史料選』, 第4輯, 1984, pp.9-13; 黃克誠, op. cit. (1941.3), p.94; 金明, 「淮海區工作報告 - 在華中局擴大會議上的報告」(1942.2), 『蘇北抗日根據地』, pp.165 · 171 · 177.

롯한 공산정권의 여러 요구들을 거부했다. 그러나 맨 처음부터 소도회가 폭동으로 나아간 것은 아니었다. 폭동이 현실화한 것은 소도회가 공산정권의 취약성을 간파한 순간부터였다.[56] 아래에서 분석하게 될 王集과 그 주변 그리고 順河集의 폭동은 소도회의 행동들 가운데 가장 규모 있는 것이었다.[57]

소도회 발전의 배후에는 국민당의 지원이 있었던 것으로 보이지만, 그러한 공산당의 의심을 확인할 만한 분명한 자료는 발견되지 않는다. 물론 자율적 지역권력의 대표였던 지주들과 국민당은 새로운 공산권력에 대항하여 일정한 공통의 이해를 함께하고 있었다고 할 수 있다. 공산당의 한 보고는 양자의 관계에 대해 "이전 시대에 공산당이 국민당에 대항하여 소도회와 연계하고자 했던 것과 마찬가지로, 이제 국민당이 그들을 이용하고자 한다"고 분석하고 있다.[58]

왕집 주변의 소도회 조직의 급속한 확산은 공산당 당국의 주의를 끌기에 충분했다. 당국은 지주들에 의한 소도회 창립 활동의 즉각적인 중단, 회원의 소도회로부터의 탈퇴 등을 요구하는 '민중에게 고하는 글'을 도처에 게시하면서 소도회의 확산을 막고자 했다. 그러나 이러한 이른바 정치적 해결을 시도했던 공산당의 의도는 아무런 결과를 낳지 못했다. 오히려 소도회는 현 중심지역으로까지 확산되었고 그곳의 거의 모든 촌락에 만연했다. 이렇듯 확대된 세력을 배경으로 소도회는 소북의 다른 지역에서와 마찬가지로 공산당 당국의 자원요구(납세)를 거부했다.

56) 魯平, 「淮泗建政初期」, 『泗陽史料選』, 第1輯, 1982, p.83.

57) 李華, 「平息小刀會叛亂」, 『泗陽史料選』, 第2輯, 1983.3; 何眞理, 「淮泗順河區小刀會暴亂始末」, 『泗陽史料選』, 第2輯, 1983.3. 현재의 泗陽縣은 당시 공산당 당국에 의해 3현으로 분할되었다. 운하 남부 회음현 방향은 淮泗縣, 술양에 인접한 지역은 泗沭縣, 운하 남부는 泗陽縣이 그것이다. 이러한 분할은 공산군의 이 지역에 대한 분할 점령을 아울러 의미한다. 王集은 운하 북쪽에 위치하며, 順河는 운하 남쪽에 있다.

58) 金明, op. cit., p.163.

비록 공산당 縣당국이 獨立團이라는 고유의 무장력을 소유하고 있었지만, 정규군의 지원 없이 이 부대만으로 군사작전을 감행할 수는 없었다. 공산당 근거지 주변의 국민당군과의 정면충돌을 피하면서 독립단은 이리 저리 이동하면서 작전을 수행해야 했던 것이다. 유효한 방어수단의 결여로 인해 소도회가 확산될수록 공산당의 세력은 축소될 수밖에 없었다.

결국 양자간의 피어린 충돌이 1940년 12월 21일 劉仰書의 요새화된 촌락에서 폭발했다. 이유는 분명치 않지만 촌락에 갑작스런 공산군의 출현은 ― 사실 독립단의 일부였다 ― 촌락 내 소도회의 비등한 반발을 초래했다. 후일 소도회는 이 공산군대를 토비 부대로 오인했다고 주장하게 되지만, 사태의 전개는 공산당에 대한 소도회의 적개심을 확인시켜준다. 두 진영 간의 전면적인 충돌은 소도회 수백 명의 사망자를 내었고, 공산군 측에서도 10여 명의 희생자가 발생했다. 며칠 후 공산당 현장 夏如愛는 소도회 수령 王齊英과 접촉하여 지나친 행보를 삼갈 것을 요구하게 된다. 그러나 협상은 공산정권의 의도와는 정반대의 결과를 초래했다. 소도회는 현장과 동행했던 다수의 사병을 체포하여 처형해 버렸던 것이다.

피어린 충돌 사태를 통하여 '점점 거만해진' 소도회는 더욱 급속히 확대되어 갔다. 왕집 동쪽의 소도회 집단들과 魏圩 서쪽의 張小埧, 王古墩, 劉傳孟, 張家貴 등에 의해 장악된 소도회는 특히 강력했다. 이 지도자들은 소도회가 힘을 합하기만 하면, 공산정권을 몰아낼 수 있다고까지 호언했다. 이 소도회 발전의 배후에는 국민당이, 보다 정확히는 사양현의 국민당 현장 王光夏의 지원이 있었다고 공산당 자료는 언급하고 있지만,[59] 분명치는 않다.

이러한 위협에 대해 공산당권력은 우회적 수단을 쓰지 않을 수 없었다.

---

59) 江蘇省淮陰市公安局公安史辦公室, 『抗日戰爭時期淮海區公安史長編』(徵求意見稿), 淮陰市公安局, 1985, p.25, 淮陰市檔案館 소장.

소환구당위는 “전투 중에는 철저히 진압하지만, 전투가 끝난 다음에는 그들을 쟁취할 것”을 지시했다.[60] 이러한 정책은 공산당 현당국에 의해서라기보다는 상급당에 의한 결정이었다. 소도회에 대한 강력한 적대감을 갖고 있던 사양현의 공산주의자들은 직접적인 군사적 진압을 선호했다. 결국 소도회의 자발적 해산을 권고하는 일련의 정치적 제스처가 취해진 후, 현 공산당당국은 소도회와의 첫 충돌이 발생한 지 한 달 후 인근의 이동 가능한 군대를 대대적으로 동원하게 된다.

산악이 전혀 존재하지 않는 소북의 개활지에서 전투는 그리 오래가지 않았다. 소도회의 ‘도창불입’의 신앙이 회원들의 용감한 전투를 가능케 했지만, 잘 지휘된 공산군 앞에 무력했다. 소도회는 지형지물을 이용할 줄 몰랐고, 근대적 화기 앞에 맥없이 무너졌다. 수많은 희생자를 남긴채 소도회는 각자의 요새화된 촌락으로 후퇴해 들어갔다.

승기를 잡은 공산당 군대는 촌락을 포위하고 3가지 최후통첩을 전달했다. 첫째 5일 이내에 소도회 조직을 해체할 것, 둘째 무기를 현정부에 인도할 것, 셋째 미신 의식을 중지하고 의식에 소용되는 물건들을 폐기할 것 등이 그것이다. 그러나 소도회는 공산당의 의도대로 움직이지 않았다. 특히 소도회 수령 유전맹과 장가귀는 끝까지 저항할 것임을 천명했다. 며칠간에 걸쳐 전투가 재개되었고 결국 공산군은 소도회의 저항을 분쇄했다. 유전맹은 체포되어 얼마 후 처형된다.[61]

淮泗縣의 운하 남쪽 順河區에서도 유사한 폭동이 발발했다. 지주 盧思來

60) 당시 사양현위 서기였던 孫川人의 自傳 참조(「孫川人履歷摘編」, 『泗陽史料選』, 第9輯, 1995, pp.41-42).

61) 이상의 모든 사실은 기본적으로 李華, op. cit.의 회고에 근거한다. 현내 魏圩의 상황에 관해서는 王述清, 「平息魏圩小刀會暴亂的經過」, 『泗陽史料選』, 第9輯, 1995, pp.147-149 참조.

에 의해 지도되는 소도회가 1940년 말 공개적으로 반란을 일으켜 순하구의 몇몇 공산당 鄕政府를 전복시켰다. 현 당국의 무력과 팔로군 687연대의 일부가 개입하여 순하구의 요새를 점령했다. 그러나 요새로 몰려든 수천명의 소도회의 저항에 직면한 공산군은 남쪽으로 淮寶縣의 黃集까지 후퇴하지 않을 수 없었다. 공산당의 반격은 공산정규군에 의한 보강이 있고 나서야 가능했다. 며칠 후 신사군 제2사단 제10연대가 개입하여 소도회를 철저히 진압해 버렸다.

순하구 전체에 미친 이 폭동은 공산당 당국에게도 심각한 결과를 남겼다. 공산권력은 단지 五聯鄕 한 개의 향에서 유지될 수 있었을 뿐으로 기타 9개 향정부가 전복되고 정권 내에 수많은 반역자를 발생시켰다. 순하구의 대대장과 그 부관이 부대원을 이끌고 국민당으로 전향했다. 이어서 순하구 정부의 區長도 같은 길을 걸었다. 이후 조금씩 공산당권력이 회복되기는 했지만, 지주의 자율권력은 여전히 강력했다. 과거 국민당 치하의 '보위단' 에서처럼 이제 공산당 지도하의 '自衛隊' 의 이름하에 지방무장이 조직되기는 했지만, 그것의 주된 성분이 기존의 소도회 성원이었음은 쉽게 짐작된다.[62]

소북 공산당 근거지에서의 크고 작은 소도회 폭동은 도처에서 관찰된다. 그것은 특히 근거지 수립 초기에 집중되고 있었다. 그리고 모든 폭동은 군사적 수단에 의해 진압되었다.[63] 그러나 그러한 군사적 진압이 모든 저항을 완벽히 잠재울 수는 없었다. 소도회는 지역사회에 뿌리를 두고 있었고, 상황이 유리하게 돌아가는 순간 다시 모습을 드러내었다.[64] 한 예로, 앞서 나

---

62) 何眞理, op. cit.

63) 정권 건설 초기 소도회 폭동에 대한 군사진압에 대해서는 中共江蘇省委黨史資料徵集委員會領導小組, op. cit., 第3卷, pp.32-33 · 39-40. 술양의 구체적인 상황에 대해서는 劉凱 · 朱平 口述, 秦新邦 整理, 「平息 '小刀會' 的武裝叛亂」, 『沭水東流(沭陽縣委黨史資料)』, 第2輯, pp.160-168 참조.

64) 다음의 한 보고는 당국의 진압에도 불구하고 순하구의 소도회 활동은 지속되었다는

병휘의 쟁취대상이었던 회보지역의 소도회 수령 나통의는 결국 국민당 편에 서서 林集區의 공산당 당국에 대항했다.[65] 사양현의 경우, 1942년 6월 공산당정권이 근거지 건립 초기보다 비교적 안정적인 상태로 들어가 있던 시기 陳圩區의 鄭樓鄉 남부 五大家의 소도회는 朱昌雲의 지도하에 다시 한 번 폭동을 일으켰다.[66]

공산당권력의 안정화는 1941년 10월 왕광하 지휘하의 국민당부대에 대항한 程道口 전투의 승리이후에야 가능했다. 이 승리로 淮北 및 淮河根據地가 연접될 수 있었다. 국민당 군대의 압박은 이제 덜 강해졌고, 공산당권력의 사회에 대한 통제력은 강화될 수 있었다.[67] 그럼에도 불구하고 소도회 문제는 결국 해결되지 못했다. 이후 내전기를 거쳐 1950년대 초까지의 소북의 지방사가 보여주듯이 국가권력의 수립을 방해하는 소도회와 자율적 지역권력은 여전히 실력을 보존하게 된다.

5. 소결

본장에서는 중일전쟁기 소도회를 중심으로 한 자율적 지역권력과 공산당 세력의 길항과정을 분석하고 그로부터 공산당권력의 부상과 한계를 검

사실을 말하고 있다. 劉瑞龍, 「淮北蘇皖邊區鋤奸工作總結報告, 1942.7-11」(1942.12), 豫皖蘇魯邊區黨史辦公室 · 安徽省檔案館 編, 『淮北抗日根據地史料選輯』, 第6輯, 1985, pp.52 · 70.

65) *Ibid.*, pp.51 · 69.

66) 五大家의 소도회에 연결된 鄭樓鄉의 鄉長 陳蔚生도 공산당에 반대하여 국민당으로 넘어갔다. 杜化南 · 何宗純, 「陳圩區的鬪爭歷程」, 『泗陽史料選』, 第7輯, pp.101-102. 또한 中共江蘇省委黨史資料徵集委員會領導小組, *op. cit.*, 第4卷, p.192.

67) 劉少奇, 「對華中工作的意見」(1943.6.18), 『劉少奇選集』, 上, p.288; 金明, op. cit., pp.174-175.

토했다. 그것은 혁명의 무대였던 농촌사회와 농민을 정태적 대상이 아니라, 공산권력에 적극적으로 대응하는 역동적 측면에 주목하는 것이었다. 본장의 분석은 소북 농촌과 농민이 원자화 · 개별화의 상태로 외부로부터 다가오는 권력에 수동적으로 좌우되었던 것이 아니라, 일정한 지역집단(local collectivity)을 통해 구조화되어 있었고 그 구조를 통해 공산세력에 능동적으로 반응했음을 보여준다. 1920년대 말 신생 국민당정권의 지역사회 침투에 폭동을 통해 대항했던 소도회는 1930년대 중반 잠시 후퇴하게 되지만, 중일전쟁이라는 새로운 무정부상황의 출현에 따라 농촌사회의 자위역량으로 재등장했던 것이다.

1940년 중반부터 근거지 건설과 함께 시작된 소북의 공산정권은 바로 그러한 지역사회의 구조와 대면하지 않으면 안 되었다. 소북의 농촌지역에서 공산권력의 수립에 장애가 되었던 것은 국민당세력이나 일본군이었다기보다는 소도회로 대표되는 지역사회의 자율적 권력이었다. 소도회의 동원에서 지주의 주도권은 분명한 것이었지만, 자율적 지역권력이 단순히 지주의 이익만을 대변한 것은 아니었다. 거기에는 외부로부터 오는 혼란과 자원요구(침탈)에 대한 일반 농민의 적대감도 고려되지 않으면 안 된다. 소북 농촌의 자율권력은 여타의 모든 헤게모니에서처럼 피지배자의 동의 위에 서 있었던 것이다.

따라서 소북 공산권력의 성공여부는 자율적 지역권력과의 관계를 어떻게 처리하느냐에 달려있었다고 할 것이다. 소북의 경우 토착 공산당 활동가의 힘은 매우 미약했다. 1930년대 중반 이래 국민당정권의 상대적 안정화에 따라 소북의 무대에서 사라졌던 지방 공산당 활동가들이 중일전쟁의 폭발이라는 새로운 정치적 환경 속에서 다시 활동을 재개했지만, 전쟁 초기 지역사회의 힘의 배치는 여전히 공산당 활동가들에게 불리했다. 결국 소북 고유의 공산주의운동이 지역사회의 구조 속으로 헤집고 들어갈 힘을 축적하지는 못했다. 따라서 소북에서의 공산권력의 등장은 거의 전적으로 외부의 힘에 의존하지 않을 수 없었다. 공산근거지의 건설은 외부의 공산정규군의 도래와 함께 비로소 시작될 수 있었다. 그리고 이 외부로부터 온 공산군대가 소북의 농촌사회에서 우선적으로 해결해야 했던 것은 소도회를 앞세운 지역사회의 적대적 반응이었다.

소도회는 공산군의 지역사회로의 진입 초기부터 무력으로 저항했을 뿐만 아니라, 이후 지역사회에 구축된 공산근거지 내에서도 수많은 폭동들을 통해 공산권력에 대항했다. 자율적 지역권력의 신생 미니 국가권력에 대한 적대감은 과거 1920년대 말의 국민당 국가권력에 대한 폭동과 유사한 것이었다. 소도회의 저항행동은 자율적 지역권력이 분쇄되지 않고서는 국가권력이 제대로 구축될 수 없음을 의미했다. 결국 공산권력은 무력을 통한 자율적 지역권력의 해체를 기도했고, 소도회는 진압되었다. 그러나 중일전쟁기 내내 소북의 공산정권은 취약성을 면치 못했다. 소북의 지방사에서 흔히 국민당 잔여부대와 일본군의 공격이 공산권력의 취약성의 이유로 거론되지만, 본 연구가 시사하는대로 그 원인은 주로 지역권력의 존속에서 찾을 수 있을 것이다. 사실 자율적 지역권력의 무장역량이었던 소도회가 완전히 자취를 감춘 것은 아니었다. 과거 1930년대 중반 '후퇴의 구조' 속으로 들어갔던 것과 마찬가지로 소도회는 일단 잠적했다. 그리고 다음 장에서 살펴보듯이 이후 내전기와 1950년대 초에 다시 국가정권에 대항한 대규모 폭동을 조직하게 된다.

제4장

중공의 對小刀會 및 秘密教門 정책의 변천

— 중일전쟁기로부터 중화인민공화국 성립 초기까지

자율적 지역권력의 자위역량으로 기능하던 소도회가 중일전쟁기 공산권력의 대두에 강력히 저항했고, 공산당은 이를 무력으로 진압하지 않을 수 없었다. 앞장의 분석을 통해 필자는 공산당이 새로운 권력의 구축을 위해서는 지역권력을 깨지 않으면 안 되었다는 점을 보여주고자 했다. 그러나 공산당의 소도회 대책이 그렇게 단순한 과정을 거친 것으로 설명되기 어렵다는 점은 중일전쟁기 뿐만 아니라 뒤이은 국 · 공 내전기를 통해 분명히 드러난다.

목표는 분명했지만, 그에 이르기까지 공산당은 지역 고유의 세력관계에 좌우되지 않을 수 없었다. 지역권력과 그 권력구조를 구성하고 있던 소도회 및 교문계 결사 조직들은 국공내전기의 급변하는 정치상황의 리듬을 타면서 확대되어 갔고, 1950년대까지 간헐적인 폭동을 조직하면서 지속적으로 자신의 존재를 확인시켜갔다. 그러나 역량의 확대는 소도회와 교문계 결사에만 국한된 것은 아니었다. 중일전쟁기를 거쳐 기반을 다지고 경험을 축적한 공산당권력도 결사조직에 대한 대책을 강화해 가고 있었다. 본장에서는 공산권력이 비로소 지역사회권력과 직접 마주하게 되는 중일전쟁기로부터 전국적 권력을 장악하게 되는 1950년대 초까지 소도회와 그 배후의 비밀교문 조직에 대해 어떠한 태도로 접근했는지를 관련 정책의 추이를 통해 추적해 보고자 한다.

1. '통전' 정책에서의 소도회의 위치

앞장에서 살펴본 바와 같이 중공정권과 소도회 사이에 수많은 충돌이 발생했지만, 중공이 소도회와의 연합의 가능성을 배제한 것은 아니었다. 소도회에 대한 중공의 정책의 이러한 복잡성을 이해하기 위해서는 우선 근거지 건설로부터 시작되는 이 지역의 정치적 상황에 대한 파악이 전제되지 않으면 안 된다. 이하에서는 우선 중일전쟁기 이래의 전체적인 정치 상황을 요약함으로써, 강소 북부의 모든 공산당 근거지에서 적용된 전반적인 전략적 요구 — 즉 통일전선이라는 연맹자의 모색 — 를 도출해 보고자 한다. 즉 본 절의 내용은 이제까지 검토해 온 소도회의 비전과 행동에 대한 미시역사를 전체적인 문맥 속에 위치시키는 것을 목표로 한다. 먼저 정치적 상황을 묘사하고, 그것을 배경으로 공산당과 소도회의 관계를 강소 북부 교문계 비밀결사의 문제와 관련지어 검토할 것이다.

앞서 이미 여러 차례 언급한 바와 같이 강소 북부에는 공산당정권의 수립을 용이하게 해 줄 수 있는 하부구조가 결핍되어 있었다. 1930년대 중반 이래 국민당정권이 안정되면서, 지방 공산당 활동가들은 점차 정치무대에서 자취를 감추었다. 그들 대부분은 그 지방을 떠나거나 국민당에 자수했다. 결국 중일 전면전이 폭발할 당시 강소 북부에 공산 게릴라의 활동이란 존재하지 않았다.

따라서 공산정권의 수립은 공산정규군의 도래와 그를 따라온 외부의 간부들에 의해 시작되었다. 진정한 하부구조가 이 지역에 결핍되었다는 사실은 새로운 정권을 극히 취약한 존재로 만들었다. 일본군과 국민당군의 항상적인 위협 이외에, 지역사회도 공산당에게 적대적인 태도를 보였다. 1920년대 말과 1930년대 초에 공산당의 활동이 있었다고는 해도, 모두가 불법적인 지하당의 처지에 머물러 있었고, 중일전쟁 발발 이전 3~4년간 강소 북부에 공산당 조직은 전혀 존재하지 않았다. 지역 주민들은 중국공산당을 알지 못했다. 주민들에게 중일전쟁 발발 후 외부로부터 도래한 공산당 부대는 완전히 생소한 존재였다. 게다가 국민당의 정치 선전은 공산당에 대한 부정적인 이미지를 더욱 악화시켰다.[1)]

이러한 맥락에서 여타 사회 세력과의 연맹이라는 '統一戰線' 정책은 공산당정권의 수립에 필수불가결한 것이었다. 중국공산당의 전략 전환을 특징짓는 이 '통전' 정책은 중일 전면전의 발발 후 모든 공산당 지배지역에서 적용되기 시작했지만, 강소 북부의 경우는 공산당의 취약한 역량 때문에 특별히 중요한 의미를 지니는 것이었다. 이 지역에서 일반 대중의 동원은 지역 유력자나 토비 및 소도회 등 이미 조직화된 세력과의 제휴 이후에나 가능했다.

공산당은 지역 엘리트, 토비, 소도회라는 이 세 부류를 '中間勢力'으로 간주했다. 이 용어는 그들이 엄격한 의미에서 언제나 정치적 중립의 입장을 견지한다기보다는, 상호 대립하는 각 정치 진영에 대해 어떤 확고한 태도를 갖지 못했음을 뜻한다. 따라서 그들은 정치적 상황의 전변에 따라서 쉽게

1) 공산정규군의 도래 이전의 소북의 전반적인 상황에 대해서는 黃克誠, 「第三師與鹽阜區工作報告」(1942.2), 中國人民解放軍歷史資料叢書編審委員會 編, 『新四軍(文獻)』, 第3卷, 解放軍出版社,1994, p.421; 金明, 「淮海區工作報告 - 在華中局擴大會議上的報告」(1942.2), 中共江蘇省委黨史工作委員會 · 江蘇省檔案館 編, 『蘇北抗日根據地』, 中共黨史資料出版社, 1989, pp.168-169 참조.

정치 진영을 선택하고 연합의 상대를 바꾸어 갔다. 일본 및 국민당 등의 다른 정치 세력에 비해 열세에 있었던 공산당으로서는 이들 '중간세력'의 지지를 확보('爭取')하는 것은 매우 긴요한 일이었다. 그리고 최소한 이들이 다른 정치 진영으로 넘어가는 것을 방지해야 했다. 공산당의 이러한 분석은 지방적 수준에서 현실과 잘 부합하는 것이었다.

지역 엘리트 문제는 초기 단계에서 가장 중요한 요소였다. 왜냐하면 이들이야말로 일반 대중의 의견에 영향을 줄 수 있었기 때문이었다. 공산당의 공식 자료들이 분명히 한대로, 공산당 근거지 내의 여러 정책들의 현실적인 적용은 종종 지역 유력자와 지주들의 태도에 의해 좌우되기도 했다.[2] 그레고르 벤톤이 화중지역에 대해 지적한 바와 같이, 지방 권력을 장악하고 있던 엘리트들은 1927년 이래 국민당정권에 의해 타격을 받았지만, 중일전쟁의 발발과 함께 국민당이 후퇴하자 사회·정치적인 지배권을 다시 장악하게 되었던 것이다.[3] 그러나 이 지방의 지도자들이 뒤이은 공산정권과 갈등관계에 들어가게 된다고 해서 당시 그러한 상황적 논리만을 고려하는 것은 적절하지 못하다. 왜냐하면 자신의 취약성을 잘 인식하고 있던 중공은 士紳會議, 參議會 등을 통해 지방의 유력자들에게 권력에 참여할 수단을 제공했기 때문이었다. 다시 말해서 이미 앞장에서 살핀바와 같은 공산정권의 취약성은 정권으로 하여금 지방적 관계를 파악하고 또 그것을 적절히 운용하도록 강제했던 것이다. 바로 이러한 필요로부터 엘리트들의 공산정권에의 참여가 가능했던 것이다.

---

2) 劉彬, 「鹽阜區工作報告 - 在華中局擴大會議上的報告」(1942.1.30), 『蘇北抗日根據地』, p.129.

3) Gregor Benton, "Comparative Perspectives: North and Central China in the Anti-Japanese Resistance", in Feng Chongyi & David Goodman(eds), *North China at War: The Social Ecology of Revolution, 1937~1945*, Rowman & Littlefield Publishers, 2000, p.201.

지역 토비도 쟁취해야 할 대상이었다. 지역 주민들의 혐오의 대상이었지만, 공산정권은 토비에 대한 무분별한 진압이 그들로 하여금 경쟁자와 연합하고 적의 수자를 늘려가게 하는 것을 원치 않았다. 따라서 토비는 적으로 간주되지는 않았다. 게다가 과거 지하당 시절 토비를 이용한 바 있던 당의 경험이 토비에 대한 가혹한 진압을 가로막고 있었다. 토비는 연합을 통해 공산정권의 지방군대의 사병으로 전환되기도 했다. 한 보고에 따르면, 淮海區의 경우 공산당은 700~800명의 토비를 '쟁취' 하기도 했다.[4]

소도회에 대한 정책도 동일한 맥락 속에 위치하는 것이었다. 비록 대부분의 소도회 집단들이 공산당에 적대적인 지주에 의해 장악되어 있었지만, 당은 그들과의 연합정책을 견지했다. 소도회가 반공 진영으로 쉽게 넘어가버린다고 비판하면서도 공산당은 자신에 대해 호의적인 소도회들에게 주목했다. 지역 토비의 경우와 마찬가지로 당은 소도회에 대한 많은 경험이 있었고, 제2장에서 분석한 바와 같이 1920년대 이래로 정치적 경쟁자에 대항하기 위해 소도회와 연합할 줄 알았다.[5]

그러나 소도회 쟁취라는 전략 속에서도 공산당이 1940년 중반부터 자기 고유의 통치영역(근거지)을 장악하고 정권을 수립한 이래 지역에 따라 분명히 다른 공산당의 태도가 확인된다. 공산당은 지하당으로 활동해야 했던 자신의 근거지 밖에서는 소도회를 이용하고 그들과 제휴하고자 했다. 그러나 공산당 근거지 내에서 소도회의 존재는 허용되지 않았다. 그들은 대중의 동원을 방해하는 하나의 장애로 간주되었다.[6]

중공 華中局은 이러한 지역에 따른 차이를 분명히 했다. 장강 이남의 비밀교문 조직의 폭동에 대한 화중국의 한 지시는 폭동들이 "친일 부역자들

---

4) 金明, op. cit., p.166.

5) Ibid., p.164.

6) Ibid., p.167.

과 국민당 완고파에 대항한 대중의 자발적이고 장대한 운동"이라고 평가하고 그에 대한 올바른 지도의 필요성을 강조했다.[7] 한편, 화중국 서기였던 劉少奇는 소도회를 공산당 근거지의 건설에서 하나의 '걸림돌'이라고 간주하고 공산당 근거지 내에서의 소도회에 대한 진압을 요구했다.[8]

앞서 다양한 사례들을 통해 살핀 바와 같이, 공산당이 비록 소도회 문제를 온건한 수단으로 해결할 수 있다는 가능성을 배제한 것은 아니지만, 이 정책의 실상은 이상적인 해결책과는 매우 거리가 먼 것이었다. 대부분의 소도회가 공산당에 적대적인 지주와 그 자율적 지역권력에 의해 통제되고 있다는 사실로 인해 소도회는 반공주의자들과 협력하고 있다는 혐의를 벗어나기 어려웠다. 공산정권의 입장에서 보면 계급의 적에 종속된 이 소도회들은 단순히 자발적인 자위조직이 아니라, '반혁명' 혹은 국민당 특무에 의해 이용되는 반동적 정치집단이었다.

앞장에서 검토한 바와 같이 국민당뿐만 아니라 일본군과 그 중국인 부역자들도 소도회를 이용하고자 했다. 유감스럽게도 강소 북부의 공산당 근거지 내에서 국민당이나 일본의 소도회에 대한 공작을 구체적으로 또 독립적으로 보여주는 자료를 입수할 수는 없었다. 그러나 수많은 증언과 공산당의 보고들이 언급하고 있는 바와 같이, 매번 폭동이나 폭동의 기도가 공산당국에 의해 진압되거나 적발되었을 때마다 그러한 가능성은 매우 높았다고 판단해도 좋을 것이다. 예컨대 공산당 측의 한 보고에 의하면 일본 점령당국은 공산당 근거지의 경계지역을 공격하기 위해 빈번히 소도회를 이용하고자 했다. 淮陰에서 일본은 "소도회가 있는 곳에 대해서는 소탕작전을 벌이

---

7) 華中局, 「關於江南各種會門自發暴動的指示」(1941.5.30), 江蘇省檔案館, 2102 (永久)-54; 그 부분적 내용은 江蘇省公安廳公安史資料徵集委員會 編, 『江蘇公安史資料匯編(1938.4~1952.12)』(이하는 『江蘇公安史料』), pp.4-5에 재록됨.

8) Ibid., p.9.

지 않는다”(哪裏有刀會不向哪裏掃蕩)는 슬로건을 유포시켰다.[9]

공산당의 경쟁자들은 공산정권을 교란시키기 위해 소도회를 이용하는 것에 그치지 않았다. 공산당 자료에 따르면 모든 비밀교문 조직들이 국민당 특무와 일본 침략자의 도구가 되었다.[10] 따라서 소도회는 공산당 근거지 내에서의 사회질서를 어지럽힐 뿐만 아니라 비밀활동을 통해 ‘반혁명’에 이용되고 일본 점령당국에 협력하는 비밀교문들과 동일시되었다.

2. 비밀교문과 비밀회당 문제

강소 북부에는 소도회를 비롯하여 약 1백여 개의 비밀교문이 존재하고 있었다.[11] 이 교문계 비밀결사들은 수십 년 혹은 수세기에 걸친 오랜 역사를 가지고 있었지만, 그 활동은 언제나 비밀의 상태를 유지했다. 연수현의 서건도의 예를 통해 이미 살펴본 바와 같이(제1장), 이 지역의 소도회를 조직했던 것은 바로 이들 비밀교문이었고, 소도회는 결국 교문조직의 한 구성

9) 淮北蘇皖邊區公安局, 「淮北抗戰階段鋤奸工作總結」(1945.12.15), 豫檔皖蘇魯邊區黨史辦公室, 安徽省檔案館 編, 『淮北抗日根據地史料選輯』, 第6輯, 1985, p.350.

10) “… 대부분의 비밀교문들은 일본 특무에 의해 비밀리에 조종되고 있다”, “그들[국민당 반공특무]들이 小刀會, 僞軍의 이름으로 무장을 조직하여 우리 변경지역을 교란하고 있다.” 劉瑞龍, 「一九四二年上半年淮北蘇皖邊區鋤奸工作總結報告」(1942.7), 豫皖蘇魯邊區黨史辦公室・安徽省檔案館 編, op. cit., pp.27-28. 또한 中共江蘇省委黨史資料徵集委員會蘇北領導小組, 『蘇北抗日鬪爭歷史資料』, 第4卷 (1942.1~1942.12), 출판사항 미상, p.268 참조.

11) 소북 지역의 지방지들은 다음과 같은 비밀교문 조직들을 열거하고 있다. 一貫道(中華道德慈善會), 聖賢道(還鄕道, 一炷香道, 娃娃道, 三教會, 先天門後會), 九宮道, 天眞(後會)道, 先天道(先天教, 先天門, 先天玄關大道, 天仙道), 後天道, 黃帶會, 西華道, 淸淨道, 壽園道, 觀音道, 中華理教會(理教, 理門), 白蓮教, 儒積道, 宗教道義會, 淸邦道德會, 未來會, 西乾道, 同善社, 大收圓, 玄修門 (道) 등.

부분이었다('武會'). 소도회는 촌락사회에서 어느 정도 공개적인 방식으로 활동을 전개했고, 지금까지 그러한 부분에 많은 연구들이 주목해 왔지만, 바로 그 소도회 활동의 배후에는 비밀교문 조직이 숨어 있었던 것이다.

그러나 이 비밀교문 조직들이 모두 소도회와 연계되어 있었는지는 분명치 않다. 교문조직들이 반드시 소도회와 같은 무장조직을 필요로 했던 것은 아닌 듯하다. 공산정권에 대항한 폭동의 과정에서 비밀교문들은 따로 소도회를 조직하지 않고 휘하의 신도들을 직접 동원하기도 했던 것이다. 그러나 교문조직의 극히 다양하고 유동적인 이름들은 그것이 보다 단순하고 안정적인 사회적 기반을 갖고 있었음을 내포한다. 그리고 그러한 사회적 기반 위에서 교문의 신도들이 쉽게 촌락사회를 유동했던 것이다. 바로 이러한 맥락에서 전술한 서건도가 미래회 회원들을 흡수할 수 있었던 것이다. 그리고 이 모든 교문의 성원들은 본래 일관도의 회원이기도 했다.[12)]

12) "… 그러나 西乾道는 未來會(그 뿌리는 본래 一貫道)의 나머지 성원들을 흡수했다", "(서건도의) 총책임자는 江彭年 主席(서건도 내의 이름은 一楊子)이라고 불렀다. 서건도는 세 부분으로 구성되는데, 남부 · 중부 · 북부가 그것이다. 北新蒲 북쪽은 일관도 책임자인 총사령 郭敦孝의 지휘 하에 있었고, 그는 蔡德法과 그 부하 陳士桂가 맡고 있는 남부 서건도와, 黃元章(회안에 거주했고 이미 사망함) 휘하의 중부 서건도를 모두 통제할 수 있었다." 漣東縣公安局偵察股, 「一九四九年取締道門工作總結報告」(1950.1.30), p.1, 淮陰地區檔案館, G5-12-064.

자료 9. 「一九四九年取締道門工作總結報告」(1950.1.30)

漣東縣公安局偵察股, 淮陰地區檔案館, G5-12-064.

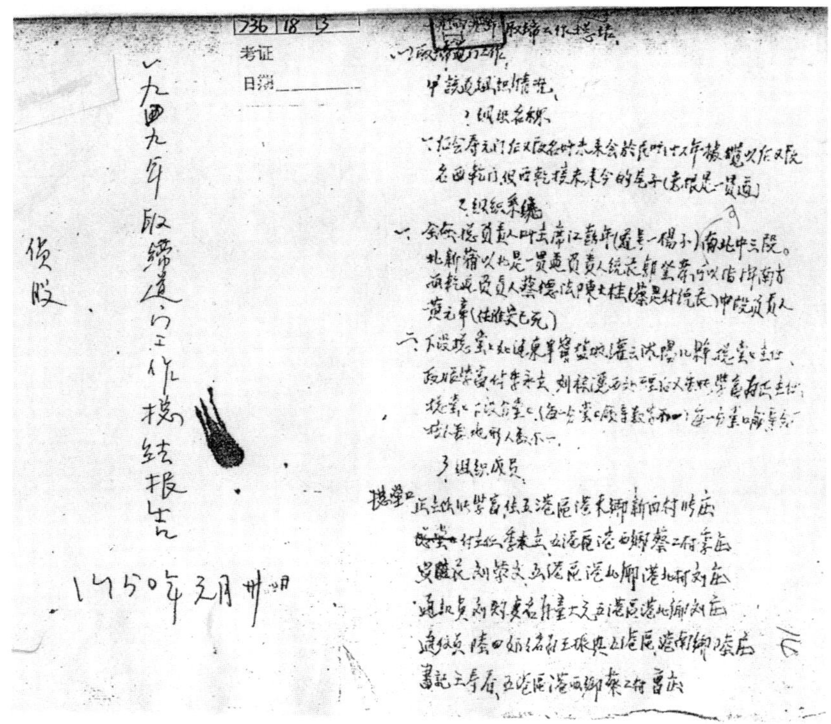

736 18 13
考证
日期

一九四九年取缔道门工作总结报告

偵股

1950年元月卅日

초기 단계에서 공산정권은 근거지 내의 모든 교문조직을 진압하기 위해 강압적인 정책을 채택하지는 않았다. 사실 공산정권이 교문조직을 모두 적발해 내고 그것을 진압할 능력은 없었다고 말할 수 있을 것이다. 그러한 능력의 한계 이외에도 비밀결사 특히 교문계 비밀결사 성원의 '쟁취' 라는 정책적 고려도 있었다. 따라서 공산당 당국은 자신이 통제하던 영역 내에서 교문조직을 허용하지 않는 정책을 펴면서도("不允許其組織"), 反공산세력과 연계된 조직들에 대해서만 강압적인 방식으로 진압에 나섰다. 일반 교문조직에 대해서는 그 성원들을 공산당식 대중조직으로 흡수함으로써 점진

적인 방식으로 제거하고자 했다.[13]

공산당 근거지에서의 이와 같은 교문조직에 대한 금지조치는 靑幇('三番子')과 같은 회당계 조직에 대한 정책과 대조를 이루는 것이었다. 본서 제2부에서 살핀 섬감녕 지역의 가로회에 대해서와 마찬가지로 공산당 당국은 청방에 대해 용인 정책을 채택했다. 회당계 결사에 대한 감시를 게을리하지 않았고, 그들을 점진적인 방식으로 제거한다는 의도를 갖고 있으면서도, 공산당은 이 청방조직에 대해 공개적으로 반대하지는 않았다("不公開反對").[14] 청방과의 연합 전술은 큰 어려움 없이 이루어지기도 했다. 泗陽縣의 경우는 공산당과 청방 간의 긴밀한 관계를 잘 보여준다. 청방과의 제휴 공작을 맡은 것은 현 '敵工部'였다. 물론 1943년 봄 그러한 전술을 결정한 것은 상급 당부, 즉 淮海區黨委였다. 청방과의 접촉의 결과, 20~30명에 불과했던 공산당 게릴라 부대는 1944년 100여 명으로 불어났다. 부대의 무기와 탄약은 모두 일본군 점령지로부터 조달했는데, 이는 청방의 관계망을 매개로 획득된 것이었다. 1945년 일본의 항복 이후, 이 게릴라 부대는 이전의 친일 부역자 부대를 흡수하여 淮海 독립 제1연대 제2대대로 재편되었다. 이 대대의 많은 간부들은 청방의 회원이었다. 대대는 얼마 후 동북지역으로 이동했고, 또 1949년 상해 점령에 동원되기도 했다. '해방' 후 그들은 부대의 간부 혹은 공산당원이 되었다.[15]

회당계 비밀결사에 대한 이러한 색다른 정책은 강소 중부(蘇中) 지역에서도 확인된다. 당의 한 지시는 공산 당국이 공산당 근거지 내에서 청방의 발전을 도모하지 말 것을 지시하면서도 그 존재를 묵인한다는 점("默許其存在")을 분명히 했다.[16] 그리고 청방의 적극적 발전을 도모한다는 일반적

13) 劉瑞龍, op. cit., p.36.

14) Ibid.

15) 吳心榮, 「利用 '安清幇' 開展對敵鬪爭」, 『淮陰黨史資料』, 第8輯, 1983, pp.41-50.

인 정책은 長江 이남 非공산당 지역의 경우에서 확인된다.[17] 중공과 청방과의 연합을 가능케 한 이유를 분석해 보는 것은 매우 흥미로운 주제일 것이다. 그것은 그들이 지주에 의해 통제되는 기존의 지역권력에 쉽게 편입될 수 없었기 때문이었을까? 아니면 청방에게는 서북 지역의 가로회와 같이 보다 적극적인 애국적 성향이 있었던 것일까? 아쉽게도 현재 이용 가능한 자료들은 이 모든 의문점들을 강소 북부의 경우에 관해 분석할 수 있을 만큼 풍부하지는 못하다.

다시 강소 북부 교문계 비밀결사의 경우를 살펴본다면, 교문조직 금지와 그 조직에 대한 적발이라는 임무는 公安當局의 일로 맡겨지게 된다. 초기에 공안기구는 체계적으로 조직되지는 못했다. 1941년 5월 성립한 공산당 화중국은 중일전쟁이 끝날 때까지 社會局을 두지 못했다. 정부 행정부문에서도 1943년 봄 공안업무를 체계화하고자 하는 일부 시도가 있었지만, 결국 통일적인 지도는 존재하지 않았다. 따라서 縣 수준의 지방 社會部와 함께 이 공안업무를 맡게 된 것은 1943년 1월에 성립한 新四軍 鋤奸部였다.[18]

통일적 지도의 결여로 인해 공안업무는 각 지방마다 어느 정도 독자적으로 수행되었고, 이는 일련의 혼란을 불러오기도 했다. 바로 이로부터 정책 실행에서의 이른바 '좌경' 혹은 '우경'의 경향들이 발생하게 된다. 한 縣 내에서도 정책을 잘못 적용함으로써 발생하는 문제들이 존재했다. 예컨대

---

16) 蘇中區委, 「關於反淸鄕鬪爭中掌握靑紅幫的指示」(1943.1.21), 江蘇省檔案館, 2102-55-7.

17) 장강 이남 지역의 일본군 점령지에서 靑幫의 활동을 돕고자 했던 중공과 신사군의 정책은 다음의 문건으로 확인된다. 「六師關於幫會工作的決定」(1942), 江蘇省檔案館, 2102(永久)-54-6.

18) 1943년 봄, 화중국은 친일 부역 분자를 제거하기 위해 당정군의 모든 유관부서를 통합한 鋤奸委員會를 조직할 것을 결정했다. 그러나 이 기구는 전시에 효과적으로 기능할 수 없었고, 결국 몇 달 후 政과 軍을 분리하는 옛 시스템으로 돌아갔다. 『江蘇公安史料』, pp.1 · 85-86 참조.

강소-안휘 교계지대에서 한 區黨委員會가 '萬國道德會' 라는 비밀결사의 수령을 체포했는데, 그 과정에서 강압적인 조치로 인해 "대중의 불만" 을 초래하였다. 구당위원회는 그 수령을 상급 縣委員會에 이송했지만, 현위는 그의 체포를 잘못으로 간주하고 석방해버렸다.[19)]

전체적으로 보면 비밀교문에 대한 공산정권의 정책은 "수령을 타격하고, 그 성원들을 쟁취하여 조직을 와해시킨다" (打擊首要, 爭取和瓦解其下屬) 라고 정리될 수 있을 것이다.[20)] 그를 위한 공산당의 방법은 다양했다. 비밀결사 내부로의 침투, 사회적 관계의 동원, 선전, 회유, 위협, 회원의 등기, 대중 집회 등등이 그것이다. 이 방법들 가운데 대중 집회는 필수적인 것으로 간주되었다. 왜냐하면 바로 이 집회들을 통하여 공산정권은 이른바 대중을 '교육' 하고, 교문조직 수령의 '기만' 을 드러낼 수 있다고 보았기 때문이었다. 그러나 대중집회는 곧 폭력으로 이어질 수 있었고, 폭력은 또 공포를 초래하여 관련자들의 불만을 살 수 있었다.

중일전쟁기 비밀교문 금지 정책을 전반적으로 평가해 본다면, 공산정권은 교문 문제에 대하여 충분한 주의를 기울이지 않았던 것으로 보인다. 비밀교문에 대해 어떤 항상적인 조사와 감시 등은 존재하지 않았다. 비밀결사 금지 정책을 실행하기 위한 어떤 구분 기준 등이 제시된 것도 아니었다. 교문에 대해 체계적인 통제가 가해지지 시작한 것은 교문의 일부가 공산당에 매우 적대적이라는 사실을 발견한 이후, 그리고 특히 그러한 통제를 가능케 하는 수단이 갖추어진 후의 일이었다. 요컨대 강소 북부의 경우 공산정권은 비밀교문에 대한 충분한 정보를 결여하고 있었으며, 중일전쟁 종결에 이르기까지 그러한 정보를 수집할 만한 현실적 수단도 갖지 못했다.[21)]

---

19) 淮北蘇皖邊區公安局, 「淮北抗戰階段鋤奸工作總結」(1945.12.15), 豫皖蘇魯邊區黨史辦公室 · 安徽省檔案館 編, 『淮北抗日根據地史料選輯』, 第6輯, 1985, p.358.

20) Ibid., p.357.

3. 국공 내전기 비밀교문의 대두

그러나 중일전쟁의 종결과 그에 따른 일본군의 철퇴가 곧바로 공산정권의 강화와 비밀교문 조직의 와해로 나아갔다고 보는 것은 잘못일 것이다. 오히려 교문조직들은 중일전쟁에 뒤이은 1946년 이래의 국공 내전을 이용했다. 1946년 7월 국민당 군대가 강소성 南通과 안휘성 來安으로부터 강소 북부의 공산당부대에 대해 전면적인 공격을 단행함으로써 이 지역의 내전이 개시되었다. 강소 북부 전 지역에서의 일본군의 패퇴와 함께 확대되었던 공산당 근거지는 1947년 초에 이르기까지 차례로 다시 국민당의 수중으로 떨어졌다.[22] 공산당의 주력부대는 인근 산동성으로 후퇴했고, 일부의 부대들은 다시 게릴라전을 수행하지 않을 수 없었다. 소북의 공산당 근거지는 주력부대의 부재 속에서 많은 곤란에 직면해야했다. 공산당 부대는 이 지역을 2년 후인 1948년 가을에나 재점령하게 된다.

공산정권의 동요는 소도회를 포함한 교문조직의 새로운 확산을 유리하게 했다. 일본 점령기에 상해, 남경 등으로 도피했던 사람들은 종전 후 고향으로 돌아와 이른바 '還鄕團'을 조직했고,[23] 또 적극적으로 소도회 조직활동에 나섰다. 淮安에서는 종전 후 공산당 세력의 확대에 대항하여 환향단들이 "保護村莊安全"의 슬로건 하에 소도회를 재조직했다. 그들은 주민들을 강제하면서 "소도회에 참가하지 않는 자는 바로 공산당"이라고 위협하기도 했다. 이러한 맥락에서 順河의 소도회가 재조직되었고, 비밀리에 도처에 소도회 堂을 재건했다. 1948년 가을 順河 동쪽 范八莊의 '환향'한 范成雲은 공공연히 주민들을 부추겨 소도회를 조직하도록 했다.[24]

---

21) Ibid., p.360.

22) 羅賓蓀, 『蘇北眞相』, 理想出版社, 1947, pp.262 · 267.

23) *Ibid.*, pp.257-258.

소도회 및 비밀교문의 성행은 극한적인 삶의 조건과도 관련된 것이었다. 당시의 공산당 자료가 지적하고 있듯이, 주민들은 다년간의 끊임없는 전쟁이 초래한 비정상적인 생산, 자연 재해, 전염병, 강제적인 동원과 납세 등의 매우 어려운 조건 속에서 삶을 영위하고 있었다.[25] 극단적인 불안정은 주민들로 하여금 비밀교문의 세계가 제공하는 구조와 신앙에 밀착하도록 만들었다. 교문조직은 일종의 정신적 안위뿐만 아니라 생존의 수단까지도 제공함으로써 확대되었던 것이다. 이러한 사실들의 중요성이 교문조직의 활동을 감시할 임무를 맡고 있던 공안기구의 자료에 의해 언급되고 있다는 사실은[26] 매우 흥미로운 점이 아닐 수 없다.

교문조직의 확대는 내전 후 공산당 당국에 대항한 대대적인 폭동을 가능케 했다. 중일전쟁 기간의 소도회 폭동이 區나 鄕 혹은 村落 등 지방적 차원에서 일어난 분산적인 것이었다면, 내전 후의 폭동은 몇 개의 현을 아우르는 대규모의 행동으로 전개되었다. 그리고 이하에서 상세히 살펴보는 이 반란 행동에서 우리는 다시 한 번 소도회에 대한 교문계 비밀결사의 지도를 분명히 확인하게 된다.

1) '臘八' 폭동

비밀교문의 최초의 연합 폭동은 1949년 초에 발발했다. 이는 그 전해 말

---

24) 淮安市志編纂委員會, 『淮安市志』, 江蘇人民出版社, 1998, p.786.

25) 1945년 5-6월에 걸친 극심한 가뭄이 지나간 후 엄청난 폭우와 홍수가 8월초까지 이어졌다. 그리고 1946년 봄 이래로 回歸熱 · 霍亂 등의 전염병이 확산되고 있었다. 中共淮陰市委黨史工作委員會 編, 『淮陰人民革命鬪爭史』, 黑龍江人民出版社, 1993, pp.250 · 255.

26) 陳庭槐, 「目前蘇北地區迷信團體動態與幾點處理意見的提出」(1949.5.12), 蘇北公安處, 『蘇北公安』2, 1949.5.20, p.4, 江蘇省檔案館, 重要革命歷史資料, 24-1-7.

승리로 끝난 '淮海戰役' 이후 공산당에 의한 이 지역 점령의 초기 단계에 해당한다. 이 폭동은 당시 '西乾道 刀會 暴動' 이라고 불렀지만,[27] 필자가 입수한 상세한 공안부문 당안자료가 말해주듯이 이는 서건도 및 그 휘하의 소도회뿐만 아니라 이 지역의 기타 거의 모든 교문조직을 아우르는 폭동이었다. 서건도 이외에 先天道, 一貫道, 同善社, 天仙道, 中華聖教金蜀堂 등이 확인된다.[28] 여기서 이 모든 비밀교문 조직에 대해 상세히 언급할 필요는 없겠지만, 다만 중요한 특징이 간과되어서는 안 될 것이다. 즉 그것은 그들이 모두 일정정도 한 통속이었다는 점이다. 각 조직들은 당국의 주의를 피하기 위해 혹은 조직 확대의 수월성을 위해 간단히 이름을 바꿀 수 있었다. 어느 한 교문조직의 지파가 독립을 선언하고, 다양한 이유로 다른 명칭을 내세우기도 했다. 결국 여러 이름으로 불리던 많은 교문들이 사실 동일한 기원을 갖고 있었던 것이다.[29]

이 폭동에서 놀라운 것은 교문조직들의 통합적이고 주도면밀한 준비태세였다. 그 전해 겨울부터 반란자들은 폭동을 위한 구조를 갖추고 있었다. '老佛' 로 칭해지던 총책임자 江彭年의 지도하에 지역 안배에 따라 3명의 골간 지도자가 등장했다. 북부 책임자로 郭敦孝, 중부에 黃潤(元)章, 그리고

---

27) 華中工委, 「對刀會暴動事件的通報及治安工作的指示」(1949.1.18), 『江蘇公安史料』, p.48.

28) 이 조직들의 기원과 변천 그리고 그 특징들에 관하여 현재로서는 구체적으로 알려진 바가 없다. 다만 이에 관한 기초적인 정보는 소북의 각 지방지를 통해 확인할 수 있다.

29) 編者, 「略談一貫道」, 『蘇北公安』2, 1950.5.20, pp.6-7; 蘇北公安處, 「九宮道與一貫道的歷史, 背景簡要介紹」(일자 미상, 다만 내용으로 미루어 앞의 자료와 동일시기로 판단됨), 江蘇省檔案館, 革命歷史資料, 編號 15-31. 이 공안당국 자료들은 一貫道, 西乾道, 九宮道, 關門道, 聖賢道 등이 서로 다른 이름을 취했고, 그 신도들 스스로도 서로 다른 조직으로 여겼지만, 사실 모두 같은 기원을 갖는 것이라고 보고 있다. 게다가 당시 어떤 이는 소도회가 일본 점령당국에 의해 일관도로 개조되었다고 여기는 경우도 있었다.

남부에 蔡德法이 그들이다. 그리고 그 휘하에 각 堂 — 江都, 高郵, 興化, 泰興, 如皐, 東臺, 회음, 회안, 사양, 연수 등 지역 — 의 동원을 맡은 각 지역 출신의 16명의 '大元帥' 가 위치했다. 그들은 揚州에서 회합하여 폭동의 개시일을 1949년 1월 6일로 결정했다. 폭동의 주도자들은 이날 '眞命天子' 가 세상에 출현할 것이라고 선언했다. 각 현의 교문의 신도들은 이날 子時를 기해 동시에 행동을 일으켜 먼저 보응을, 그리고 차례로 회음, 회안을 점령하기로 했다.[30)]

이날은 음력으로 12월 8일, 즉 '臘八' 로서 붓다가 成佛하는 날이었다. 예정대로 이날 교문의 신도들은 행동에 들어갔다. 각 당은 香會를 열고, 소도회원을 집결시켜 출정이 시작되었음을 선언했다. '西方白衣軍' 이라고 자칭한 반란자들은 공산정권에 대한 악의를 선명히 표하는 슬로건을 내걸었다. "모두 '노불' 을 보러 가자. 그렇지 않으면 신사군이 우리를 강제노역에 동원하고, 공산군대로 끌고 갈 것이다!" 남부 사령관 채덕법은 스스로 '大漢復興皇帝' 라고 칭했다.[31)]

이러한 정치적이고 상징적인 선언의 배후에 놓인 동원의 구조는 분명했다. 반란자들은 공산당 당국이 강제하고 있던 노력동원에 대한 지역주민의 불만을 이용했다. 당시 공산정권은 국민당군과의 전투에서 민공들을 동원하여 前線을 지원하고자 했던 것이다('支前民工'). 불만의 확산은 '랍팔' 폭동의 발발 이전 민간의 몇몇 반항 행동을 통해 확인된다. 예컨대, 1948년 12월 중순 淮寶縣의 山陽區 4개 향(萬元, 富士, 如意, 代灣)에서는 주민들이 민공 차출을 거부하면서 분란이 발생했다. 향별로 수백 명씩 결집한 불만

30) 폭동의 조직과 상세한 계획에 관해서는 蘇北軍區政治保衛部, 「敵特在暴動的布置過程」(1949), 淮安市檔案館, 201-1-154.

31) 陸仲偉, 「論會道門的反動性」, 第1屆中國近代秘密社會史國際學術討論會 제출논문, 南京大學, 1993.6.

주민들은 공산당 간부에 대해 이렇게 외쳤다. "정부에게 우리들을 총살할 것을 요구한다. 죽어도 집에서 죽겠다. 중앙군[국민당중앙군]은 보(保)마다 1명의 민공 차출을 요구했는데 이는 하늘의 뜻에 거스르는 것이었다. 이제 신사군도 주민들을 동원하고 있는데, 이 역시 하늘의 뜻이 아니다. 청천(青天)[청렴한 정부]은 주민 차출을 요구하지 않는다!" 공산당의 민공 동원에 반항했던 주민들은 마침내 '랍팔' 에 구(區)정부의 조세담당 부서와 만원향 정부를 공격했다.[32)]

랍팔 폭동은 각 지역마다 차이는 있지만 대체로 3일간 지속되었다. 이를 진압하기 위해 공산정권은 당 · 정 · 군의 가용 인원을 모두 동원하지 않으면 안 되었다. 폭동은 정권을 흔들어 놓았다. 지역주둔 공산당 군대 내에서도 소도회의 '도창불입' 을 실제로 믿는 사병도 있었다. 어떤 병사들은 내전으로 이어진 끝없는 전쟁에 환멸감을 표하면서 "일본군이 떠나자 국민당이 들어왔고, 국민당이 떠나자 또 소도회가 출현했다. 도대체 언제까지 싸워야 한다는 말인가?" "국민당과의 전투에서가 아니라 소도회에 의해 죽임을 당한다면 아무런 의미가 없다" 고 말하곤 했다. 심한 경우에는 군영을 이탈해 소도회 폭동에 가담하는 자들도 있었다.[33)] 이에 폭동이 발생한 다음 날 兩淮市 당과 정부는 하급 부서에 내려 보낸 긴급 통지를 통해 폭동을 두려워하지 말 것과 공산정권이 폭동을 진압할 충분한 능력이 있음을 강조하지 않을 수 없었다.[34)]

---

32) 黃旭明, 「淮寶地區的小刀會」, 『洪澤文史資料』, 第2輯, 52-54. 작자는 당시 회보현 黨委 서기로서 이 폭동을 진압하기 위해 현장에 파견되어 일했다.

33) 蘇北軍區政治保衛部, 「特情通報」(1949.1.19), 淮安市檔案館, 201-1-154.

34) 兩淮市政府 · 市委會, 「緊急通知 (秘字 第66號)」(1949.1.7), 淮安市檔案館, 201-147-2. '양회시' 는 공산군이 이 지역을 다시 점령한 1948년 12월 초에 공산당 당국에 의해 설립되었다. 관할범위는 명칭이 뜻하는 바와 같이 서로 가깝게 위치해 있던 淮陰과 淮安을 포괄하고 있었다.

결국 랍팔 폭동은 공산정권의 진압으로 실패로 돌아갔다. 힘의 균형은 어디까지나 공산당 쪽으로 기울고 있었고, 공산당의 조직 능력은 압도적인 것이었다. 소도회와 교문조직에 대한 무자비한 진압, 선전, 참가자들에 대한 체포 등이 체계적으로 진행되었다. 그러나 소북의 비밀교문이 완전히 일소된 것은 아니었다. 그 후 몇 개월에 걸쳐 교문들은 여전히 활발히 움직였다.[35] 특히 폭동의 주요 지도자들은 체포를 벗어나 잠적했다. 그들은 다시 한 번 규모 있는 폭동을 준비하게 될 것이었다.

2) 제2차 폭동의 기도

랍팔 폭동의 실패 후 반란의 지도자들은 관운현 大義山의 石佛寺에 집결하여, 실패의 원인을 검토했다.[36] 결국 그 다음해 지역의 비밀교문 조직들이 다시 한 번 폭동을 일으킨다는 계획이 수립되었다. 이 기도는 결국 공산당국에 의해 사전 적발되어 폭동의 실행으로 나아가지는 못했다고 하더라도, 그 계획된 동원의 규모는 주목할 만한 수준이었다. 즉 반란의 행동반경이 회음, 회안, 보응, 연수, 부녕, 관운 등 소북의 주요 현과 楊州, 그리고 강소 남부 지역까지 포괄하도록 계획되어 있었다.

1950년 2월 회음현 史渡에 모인 반란의 주모자들은 완전한 정치적 구조를 갖춘 폭동을 계획했다. 반란 정부는 더 이상 구래의 왕조체제와는 성격을 달리했다. 天幀이라는 국호를 내세우고, 황제 채덕법의 휘하에 각 부처로 구성된 중앙정부가 수립되었다. 현 수준에서는 현장이 3권 분립의 원칙에 따라 통치하도록 했다. 현 이하에는 각 區가, 그 밑에는 향이 위치했다. 智勇軍으로 명명된 군대는 국방부의 휘하에 두어졌다. 계획에 따르면, 군대

35) 陳庭槐, op. cit., pp.1-3.

36) Ibid., p.1.

는 먼저 가장 취약하다고 생각된 회안을 점령한 후 그 주변으로 세력을 확대하기로 되어 있었다. 동시에 고우, 보응, 염성, 부녕의 반란 가담자들과 揚州―淸江(회음) 라인의 가담자들이 회안에 호응하고, 곧 복귀할 것으로 예상되는 국민당 부대와 연합할 것이었다. 한편, 상황이 여의치 않다면, 반란군은 洪澤湖와 馬家蕩으로 철수하여 게릴라전을 전개하면서, 그곳의 토비와 연락하기로 했다.

소도회 반란군들은 특히 회음, 회안, 연수 등 현의 교계지대의 장악을 위해 노력했다. 중일전쟁과 내전기 동안 이 교계지대는 바로 토비 출몰 지역으로서 공산 군대와 밀고 당기는 전투가 벌어진 곳이었다. 그 과정에서 지역 주민들은 많은 총기들을 보유할 수 있었다. '해방' 후 공산당정권은 민간에 은닉된 무기들을 모두 즉각적으로 회수할 수는 없었다. 바로 이러한 상황이 소도회와 토비에게 공산당에 대항하기 위한 유리한 조건을 제공하고 있었던 것이다.[37)]

37) 이상의 정보는 주로 다음의 자료에 의거한다. 蘇北行政公署公安局, 「關於破獲淮, 淮, 漣, 揚刀會陰謀暴動案件的報告」(1950.7.4), p.11, 淮安市檔案館, 201-1-153.

자료 10.「關於破獲淮, 淮, 漣, 揚刀會陰謨暴動案件的報告」(1950.7.4)

蘇北行政公署公安局, 淮安市檔案館, 201-1-153.

關於破獲淮、淮漣、揚刀會陰謀暴动案件的報告：

第一、线索發現與偵破經過。

（一）线索發現與敵重點於淮淮漣地區。

今年二月下旬、淮安縣郝渠區得群眾反映刀会首領韓风池與通友聞歸人員約十餘人、夜晚秘密集会，得息查究、未獲悉聚会内容。後据利用关係梁公瑾报告"韓风池本於正月十五日計划組织刀会暴动，因人事不就，未能举事。在淮安城内外尚有與联絡點兩处，暴动負責人為胡秉図等"。淮陰區局得此消息後，即與淮陰淮安兩縣局取得联系，加強全面佈置偵察，主要是关係的進一步打入。

根据内外线偵察及不同线索所报材料的一致，刀匪企图暴动之陰謀計划及大部首会首已為我了解，加之該地刀会仍有相当的潛在基礎，武裝與地方組織控制薄弱等情况特點，估計能為匪特乘机利用造成對我之重大危害，因此一方面確定在"加強專门偵察、發动群众、爭取主动破案"的精神下除統一党政軍力量加

— 1 —

그러나 이상과 같은 제2차 폭동의 계획이 발각되자, 주요 지도자에 대한 체포와 그를 지탱하던 비밀교문 조직의 적발이 개시되었다. 1950년 8월 연수현 五港鎭에서 약 1만 명의 군중이 참가한 공개법정('公判大會')이 열렸다. 법정에 끌려나온 피고인들은 모두 그들의 죄악행위를 실토했다. 법정은 곽돈효(반란군 북부 사령)·胡秉國(반란군 외교부장)에게는 사형을, 朱鶴玉(국방부장)에게는 5년 징역형을, 염성·부녕·술양·회안·연수 등 6현 대원수 季永立에게는 3년의 징역을, 그리고 그의 부관 張學富·劉學文에게는 2년의 징역을 선고했으며, 하급 15명의 수령들에 대해서는 감시조치를 내렸다. 법정에 선 855명의 신도들은 그들이 속해 있던 비밀교문으로부터 탈퇴('退道')한다고 선언했다. 이 퇴도의 과정에 대해서는 조금 뒤에 구체적인 사례를 통해 분석해 볼 것이다.[38)]

그러나 이상의 엄격한 탄압 속에서도 더 이상 이전과 같은 규모 있는 정도는 아니었다고 해도 비밀교문 조직의 활동은 계속되었다. 예컨대 1950년 8월 邳縣의 關門道는 또 한 차례의 반란을 기도하기도 했다. 지방지의 기록에 의하면 같은 해 7월부터 8월 사이, 회음에서는 6차에 걸친 비밀교문의 반란이 시도되었다. 1952년에도 고우현의 서건도는 공산당정권에 대항하여 또 다른 반란을 조직했다. 그러나 1950년대 전반 강소 북부의 비밀교문 조

38) 「'西乾道' 覆滅紀略」, 漣水縣地方志編纂委員會, 『漣水縣志』, 江蘇古籍出版社, 1997, p.655; 『江蘇公安史料』, p.62. 여기서 의문스러운 것은 반란군 최고 지위인 江彭年의 실재 여부이다. 공안국 자료에 그는 1949년 제1차 폭동과 관련하여 언급되고 있지만, 그 후에는 그의 이름이 전혀 거론되지 않는다. 아마도 체포를 피해 잠적했다고 볼 수도 있겠지만, 반란 측에서 지어낸 가공의 인물일수도 있다. 첫 폭동에 관한 공안당국의 보고는 주로 일반 피포자의 자백에 의거한 것이었고, 실제 증거에 기반을 둔 것이 아니었기 때문이다. 그러나 남부 책임자이자 '황제' 였던 蔡德法의 경우는 그 존재가 분명히 확인된다. 그는 공개 법정에 출두하지 않았는데, 이는 그가 장강 이남의 奔牛鎭과 常州에서 진행된 공안국의 체포 작전을 피해 도망칠 수 있었기 때문이다. 이 체포작전의 상세한 정황에 관해서는 蘇北行政公署公安局, op. cit., pp.3-5.

직들은 인민공화국 정부의 조직적인 강압조치에 직면하여 완전한 비밀상태로 들어가게 된다.[39]

4. 중공정권의 '反動會道門' 대책

공산정권은 1950년대를 통하여 소북의 모든 비밀조직을 진압하는 데 이르게 된다. 그러나 그러한 전반적인 조치로 나아가는 데는 상황에 따른 많은 단계적 대책들이 선행했다. 국공 내전기 공산정권은 중일전쟁기 이래의 비밀결사에 대한 구분 대처라는 기조를 유지했다. 즉 엄격한 진압 대상은 정권에 대항한 폭동에 가담한 경우로 한정되었다. 내전 폭발 직전인 1946년 7월의 당 지시는 다음과 같이 언급하고 있다.

> "이들 봉건 미신조직의 반동 수령들, 특무 그리고 나쁜 분자들은 법에 의거하여 그 범법사실에 따라 처리한다. 한편, 우리는 이러한 처리가 그들이 청·홍방, 혹은 理敎會 등의 수령이라는 사실 때문이 아니라는 점을 분명히 하지 않으면 안된다. 이교회·同善社 등의 堂을 폐쇄하고자 하는 것은 결코 아니다. 필요한 경우 우리는 공안국의 이름으로 그 회원들을 등기하도록 한다. ……
>
> 그 수령들이 폭동을 조직하는 경우에는 반혁명 폭동 진압의 원칙에 따라 그들을 단호히 징벌한다. 진압이 끝난 후, 폭동에 참가한 비밀결사들은 폭동을 일으켰다는 죄목으로 해산을 명한다. 그 지도자들은 엄하게 처리되어야 하지만, 그들을 맹목적으로 추종한, 그리고 그 잘못을 인정하는 일반 성원들은 무죄로 한다."[40]

---

39) 宿遷市地方志編纂委員會, 『宿遷市志』, 江蘇人民出版社, 1996, p.896; 『淮陰市志』, p.1496; 『高郵縣志』, p.518.

이러한 구별 대처('分別處理') 방침은 각 현 수준에서 실행되었다. 이는 숙천현의 다음과 같은 당 '通知'를 통해 확인된다.

"반혁명 활동에 가담하거나 무장하지 않은 것이 분명한 會門[비밀교문]은 불법단체로 간주하지 않고, 해산 조치되지도 않는다. 군중의 의식수준이 낮은 현 상황에서는 조직 내부의 운용에 대한 정보 수집에 노력하고, 동시에 대중과 교문조직 회원에 대한 교육을 강화하여, 경각심을 고취시킴으로써 국민당 특무에게 이용되지 않도록 한다. 교문조직의 수령들을 방문하여 감시하고, 그들을 불러 불법행위를 하지 않도록 권고한다. 그들의 반동 행위가 발견되면, 즉각 그를 진압하고 그 조직이 불법임을 선포한다."

사실 이러한 구분 대처 정책은 공산당 지배하에 들어온 지 얼마 되지 않은 지역, 즉 비밀교문의 활동이 아직 활발한 지역들에 한정되었다. 비밀교문이 이미 존재하지 않게 된 지역에서는 공산정권은 두말할 필요도 없이 교문조직의 확대를 금지했다 — 그들의 기타 '미신' 활동에 대해서는 관용의 태도를 취하면서도.[41]

결국, 앞서 추적해 본 랍팔 폭동의 진압 직후, 공산정권은 폭동에 가담한 일관도, 동선사, 선천도 그리고 각종 '刀會'들을 불법조직으로 선포했다. 모든 堂 조직들이 폐쇄되고, 그 회원들은 조직을 떠나야했다. 폭동에 가담하지 않은 기타의 조직들에 대해서는 공산당 당국은 감시를 강화하고 그 활동을 제한하는 방침을 취했다.[42] 이렇게 보면 폭동의 진압 이후에도 공산권

40) 「華中分局關於處理封建迷信團體的指示」(1946.7.7), 『江蘇公安史料』, p.35.

41) 宿遷縣委, 「通知」(1948.5.21), 宿預縣檔案館, 004(永久)-7. 이 통지는 상급인 '華中六地委'의 지시에 근거한 것이기도 하다.

42) 蘇中二地委, 「關於高寶刀會暴動平息後善後工作的指示」(1949.1.11), 江蘇省檔案館,

력은 일체의 비밀교문 조직에 대해 체계적이고 조직적인 진압을 원하지도 않았고, 그러한 능력을 갖추고 있지도 못했다고 할 수 있을 것이다. 그러한 진압은 국민당에 대한 공산당의 결정적인 승리와 공산정권의 강화 이후에나 가능한 것이었다. 강소 지역에서 국공내전은 1949년 6월 인민해방군의 崇明 점령과 함께 종결된다. 공산정권은 이로부터 마침내 안정되기 시작했다. 강소 지역에는 蘇北行政公署, 蘇南行政公署 그리고 南京市人民政府 등 세 개의 인민정부가 수립되었고, 그 휘하의 각 공안 기구들은 상호 긴밀히 협조할 수 있게 되었다.[43]

전국적 수준에서 보면, 비밀결사 조직에 대한 금지 조치는 지역에 따라 시기적인 차이를 두고 단행되었다. 즉 그것은 어느 지방 혹은 지역 정부의 정치·군사적인 안정화의 정도에 달려있었다. 예컨대, 일찍이 공산당의 지배에 들어간 華北에서는 이미 그 전해 비밀결사에 대한 금지가 선포되었다. 중공 화북국은 1948년 10월 "모든 비밀결사 조직과 그 활동은 불법이며, 이를 금지한다"고 선언했다.[44]

지방적인 수준에서도 마찬가지였다. 1948년 말에 '해방' 된 회음지역의 경우 지방 당국은 랍팔 폭동의 진압 후 엄격한 조치를 채택했다. 1949년 4월 지역 내 각 현 공안국장들의 회의는 "교문조직과 미신단체들은 불법조직이며 모두 해산시킨다"라고 선언했던 것이다. 5월 9일 회음지구 당의 지시는 "일체의 교문조직을 해산시킨다", "그 조직들을 결코 용납해서는 안 된다"라고 지적했다.[45] 전 蘇北 차원에서 모든 '봉건' 비밀결사에 대한 금지는

2116-47-6; 華中工委, op. cit.

43) 『江蘇公安史料』, pp.52-53.

44) 「華北局對迷信會門的決定」(1948.10.21), 『關於處理封建迷信道會門問題摘錄』에 재록, 中共江蘇省蘇南區黨委秘書處 編, 『剿匪肅特反霸資料彙報』, 第2篇, 1949, 江蘇省檔案館, 重要革命歷史資料, 14-17.

45) 「取締反動會道門」, 『江蘇公安史料』, p.304.

1949년 11월에 취해졌다. 동시에 군중에 대한 교육과 선전의 중요성이 강조되었다. 교문조직의 모든 수령들은 공안당국에 등기하지 않으면 안 되었다.[46]

몇 해 전과 비교하여 공안부서의 기구와 공작은 상당한 정도로 강화되었다. 공산권력은 이제 비밀결사의 활동을 제압하는 데 주도적인 입지를 점하게 되었다.[47] 그 이듬해 소북지역에서 기도된 교문결사의 반란음모를 적발해 낼 수 있었던 것도 바로 이러한 새로운 상황과 밀접히 관련된 것이었다. 1950년의 집계에 따르면, 공산당국은 5건의 반란기도를 사전에 적발해 내었고, 비밀교문에 의해 지도된 4건의 실제 폭동을 진압했다. 이 과정에서 56명의 '반동' 수령들이 체포되었고, 그 중 8명이 처형되었다. 734개의 堂이 폐쇄되었고, 1,189명의 수령들의 명단이 등기되었다. 그리고 28,368명의 회원들이 조직을 탈퇴했다.[48] 1951년 2월 소북행정공서는 대대적인 비밀교문 탈퇴를 통한 완전한 조직해체를 목표로 한 '퇴도운동'(退道, 退會運動)을 전개하기 시작했다.[49]

退道 : 연수현 缺口鄉의 사례

그러나 소북에서 퇴도운동이 1951년에 비로소 시작된 것은 아니었다. 특정 지방에서는 그 이전부터 이러한 운동이 시작되기도 했다. 그것은 결국 이 운동이 지방적·정치적 상황에 의해 좌우되고 있었음을 의미한다. 그 구

---

46) 蘇北區黨委, 「關於取締封建會門的指示」(1949.11.23), 『江蘇公安史料』, p.58.

47) 「關於目前高寶地區會門活動情況及處理的簡報」, 『方向』 11, 1950.4.20. 이 간물의 편집자는 中共蘇北泰州地方委員會宣傳部이다. 江蘇省檔案館, 全宗 222-8-21, 編號 4002909.

48) 蘇北區黨委, 「關於鎭壓反革命活動的工作報告」(1950.12.19), 『江蘇公安史料』, p.66.

49) 『江蘇公安史料』, p.67.

체적인 과정을 이해하기 위해 이하에서는 관련 당안자료에 근거하여 공안 당국에 의해 시작된 1950년 7월 연수현 결구향의 '퇴도 공작'과 '퇴도운동'을 분석해 보기로 한다.[50)]

자료 11. 「漣水縣城區缺口鄉取締反動道門工作總結」(1950.8.4)

漣水縣檔案館, 101(長期) - 5.

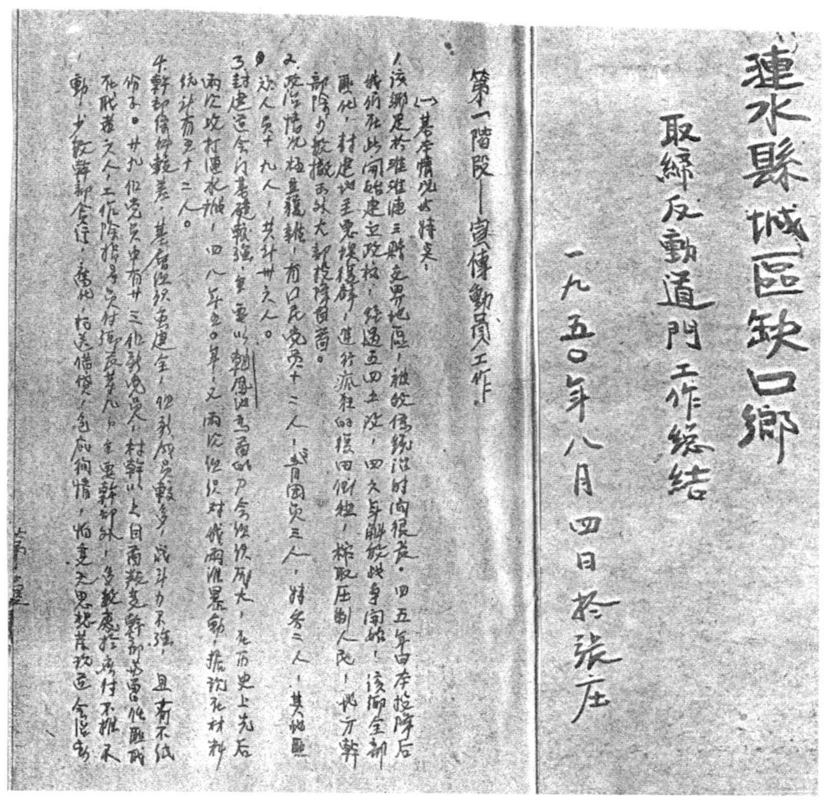

漣水縣城區缺口鄉
取締反動道門工作總結
一九五〇年八月四日於張庄

第一階段——宣傳動員工作

(一) 基本情况與特点

50) 이하의 거의 모든 정황들은 다음의 보고 문서에 의함. 「漣水縣城區缺口鄉取締反動道門工作總結」(1950.8.4), 漣水縣檔案館, 101(長期) - 5.

공안당국은 무엇보다도 먼저 향내의 전반적인 상황과 향 고유의 특징들을 매우 잘 파악하고 있었다. 공안국의 보고에 의하면, 결구향은 이웃 회음·회안과의 교계지대에 위치한 지역으로 중일전쟁 기간 오랫동안 일본군과 그 괴뢰정권에 의해 장악되어 있었다. 1945년 일본의 항복 이후에는 공산당정권이 수립되었고, '5·4지시' 에 따라 토지 개혁을 수행했다. 그러나 국공내전이 발발하면서 곧바로 결구향은 완전히 국민당의 손에 장악되었다. 지주들이 권력을 장악했고, 몰수된 토지가 원상 복귀되어 지주소작관계가 재개되었다. 대부분의 공산당 지방 간부들은 국민당에 투항해 버렸다.

향내의 정치상황은 극히 복잡하고도 불안정했다. 국민당원, 삼민주의청년단('三靑團'), 국민당 특무, 그리고 기타 반공주의자들이 뒤섞여 활동했다. 비밀교문 조직도 상대적으로 안정적인 뿌리를 내렸다. 특히 수령 韓風池에 의해 지도된 소도회는 강력한 조직역량을 보여주었다.[51] 소도회 세력은 이미 1920년대 말 두 번이나 연수현성을 공격한 바 있었고,[52] 전술한 1949년과 1950년의 두 폭동에도 참여했다.

한편 이곳의 공산당 역량은 매우 취약했다. 간부의 자질도 열악했다. 대체로 조직구조는 그런대로 갖추어져 있었지만, 새로운 성원들이 다수였다. 29명의 당원 중 23명이 신당원이었고, 그들의 "투쟁역량은 낮은 수준"이었다. 행정 방면에서 6명의 간부가 과거 국민당에 투항했거나 국민당정권을 위해 일했다. 대부분의 행정 간부들은 매우 소극적인 태도를 취하고 있었다. 몇몇은 부정행위에 연루되어 있었다. 간부들은 비밀결사의 활동에 대해 묵인의 태도를 취하고 있었는데, 이른바 '반동파' 들의 복귀를 두려워하고 있었기 때문이었다.

---

51) 한풍지에 의한 소도회 지도는 같은 해 5월의 폭동계획 — 공산당국에 의해 사전 적발된 — 에서도 확인된다. 蘇北行政公署公安局, op. cit., p.1.

52) 연수현 소도회 폭동에 관해서는 제2장 제1절 참조.

이상의 전반적인 상황 이외에 특수한 문제가 존재했다. 당시 이 지역에는 폭우가 쏟아져 엄청난 규모의 손실을 초래하고 있었다. 폭우는 향내의 2/3 이상의 수확을 불가능하게 만들었다. 따라서 공산정권의 가장 긴급한 임무는 먼저 배수를 위해 힘 쓰고 가을 수확을 목표로 다시 파종하도록 독려하는 것이었다.

이러한 상황에서 공안당국은 구제사업과 퇴도공작을 연계시키기로 결정했다. 보고에 따르면 목표는 팔자소관이라는 주민들의 운명주의적 세계관('聽天由命')과 싸우고 실제적인 해결책을 강구하는 것이었다. 비밀결사들이 자연 재난의 틈을 이용하여 주민들을 현혹하고 회원을 확대하고 있었기 때문이었다. 선전공작의 역할은 비밀결사의 '범죄'를 폭로하고 '군중의 정치의식'을 제고하여 교문의 성원들로 하여금 조직을 탈퇴하도록 만드는 것이었다. 비록 그들의 '의식'이 마음 깊숙이 진정으로 그리고 지속적으로 변화될 수 없다고 하더라도, 목표는 대규모적인 동원을 향해 사회를 재조직해 가는 것이었다. 기타의 여러 운동들을 통해 축적된 경험이 그러한 동원을 용이하게 해줄 것이었고, 그 메카니즘은 저 유명한 모택동식의 '대중노선'을 구체적인 상황을 통해 드러내 줄 것이었다.

제1단계는 8일 동안 진행되었는데, 그것은 선전과 동원의 단계였다. 7월 17일부터 21일까지 정신 교육을 위한 동원이 수해 구제활동과 연계되었다. 향의 당위원회와 행정 간부들, 교사연합회, 청년연합회, 부녀연합회, 치안위원회 그리고 마을 주민들이 차례로 대회를 열었다. 향장과 공안국장 그리고 정치지도원들이 이 대회들을 지도했다. 각 대회를 통하여 전반적인 상황에 대한 보고가 이루어졌고, 이미 수집된 '증거'들이 제시되었다. 뒤이은 보고들을 통해 비밀결사들이 범한 죄목들이 열거되었다. 또한 이 대회들을 통해 공산당국의 비밀결사에 대한 정책들도 설명되었다.

21일부터 24일까지 대중과 간부들의 반응이 수집되었다. 이러한 대중노선의 상하 상호작용은 다양한 형태의 소규모 토론회를 통해 전개되었다. 다양한 야학을 통해 비밀결사 성원들에 대한 자료가 수집되었다. 동시에 배수공사 현장과 전통 시장거리에 전문가들이 파견되어 비밀결사들이 사용하는 물건과 관련 자료들의 전시회를 개최하도록 했다.[53] 그리고 '정치의식'이 있는, 즉 정권에 의해 포섭된 비밀결사의 지도자들이 직접 나서서 대중들에게 발언했다.[54]

이러한 조치들은 예기했던 결과를 가져왔다고 보고는 평가했다. "비밀결사에 대한 대중들의 인식이 제고되었다. 비밀결사 성원들의 정신상태도 평정을 되찾았다." 4,000명 이상의 사람들이 전시회를 관람했다. 전반적인 반응은 만족할만한 것이었다. 대중들은 비밀결사의 기만술책을 알게 되었을 뿐만 아니라, 그러한 많은 증거를 찾아내고 황제(채덕법)를 체포할 정도로 공산당정부가 역량이 있다고 칭찬했다. 대중들은 체포된 결사의 성원들이 더 이상 당국의 조치가 부당하다고 항의할 수 없게 되었고, 모두 엄하게 처벌되어야 한다고 말하게 되었다. 韓風剛이라는 결사 성원은 자원해서 조직을 탈퇴하겠노라고 선언했다. 수많은 총기와 구식무기들이 몰수되었다. 수집된 비밀결사에 관한 많은 자료들에 의하면, 결구향의 전체 결사성원은 44명이 아니라 52명이라는 사실이 밝혀졌다. 그리고 그들 대부분이 결사의 회원임을 자인했다.

이상의 과정이 끝난 후 제 2단계인 본격적인 '퇴도' 가 시작되었다. 그 준비를 위해, 공안국의 간부들은 개별적으로 비밀결사의 성원들을 접촉하고 퇴도대회에서 하나의 예로 사용될 모범적 사례를 찾아 나섰다. 그리고 사전

---

53) 배수공사장에서 열린 전시회에는 수많은 사람들이 비가 내리는 가운데 점심도 먹지 않은 채 와서 관람했다고 한다.

54) 예컨대 6縣 大元帥 李永立은 대중 앞에 직접 나서서 비밀교문 조직들에 의해 행해진 '죄악' 을 폭로했다.

작업을 위해 각 촌락 군중단체의 대표자들을 소집하여 '준비회의'를 개최했다. 준비회의에서는 다가올 퇴도대회가 진행되는 과정에서 이루어질 군중의 발언 내용, 비밀결사 성원들의 참가를 조직해 내는 일 등이 토론되었다. 퇴도대회에서의 각 군중단체 대표들의 발언도 그 내용에 따라 적절히 안배되었다. 대회장에 전시될 결사조직의 내부 자료와 각종 증거들도 검토되었다.

충분한 준비를 갖춘 후 마침내 2차례의 퇴도대회가 개최되었다. 하나는 결구향 민중대회로 524명이 참가했다. 다른 하나는 배수공사에 동원된 민공들의 대회로 126명이 참석했다. 대회는 결구향 정부 간부들에 의해 주재되었다. 먼저 퇴도대회의 중요성과 결사조직 성원의 조직탈퇴를 지향하는 정부의 정책이 소개되었다. 그리고 미리 안배된 결사의 성원들이 직접 연단에 나와 결사조직의 '추악한 범죄'를 폭로하고, 조직으로부터의 탈퇴를 선언했다. 일례로, 郭孝余는 그가 경험한 결사조직의 사기행각을 공개하면서 이후로 다시는 '반동' 교문조직에 가담하지 않을 것이며, 그 자손들도 영원히 그러할 것이라고 공포했다. 또 康恒玉은 그가 결사에 가담할 때 교문의 수령이 그에게 부적을 주면서 그것이 불행으로부터 그를 보호해 줄 것이라고 말했지만, 결국 10명의 아들 중 7명이 병에 걸리고 말았다고 폭로하고, 그 모든 것이 자신의 잘못임을 선언했다. 그는 "이것이 바로 수령이 말한 불행으로부터의 보호였던 것입니다!"라고 한탄했다. 대회의 마지막 단계에서 주석단은 대회를 총괄하면서 결사조직 탈퇴를 선언한 회원들을 격려하고, 군중을 향해 지방의 치안을 강화하고, 지속적으로 퇴도운동을 벌여갈 것을 호소했다.

이상과 같은 퇴도운동과 그에 따른 조치들이 거둔 진정한 효과를 평가하기는 쉽지 않다. 기타의 다른 공산당 문건들에 따르면, 지방 간부들, 특히 區와 鄕 수준의 간부들은 공산당 당국이 원하던 대로 행동하지 않았다. 상급의 여러 지시들은 무시되기 일쑤였다. 어떤 간부는 "우리 구에서는 과거 많은 결사 성원들이 있었지만, 현재는 더 이상 존재하지 않는다. 만약 문제가 발생한다면, 내가 책임지고 해결하겠다"고 간단히 응답하곤 했다. 또 숙천현 楊集區의 경우, 간부들은 비밀결사회원으로 의심되는 이에게 돼지고기를 강제로 먹게 한 후, 그가 고기를 삼키면 조직을 이미 탈퇴한 것으로 간주하기도 했다. 어떤 지역에서는 순전히 '형식적인' 태도를 취하기도 했다. 회원들을 등기하고, 단지 이틀간의 '퇴도운동'을 진행한 후, 간부들은 임무가 달성되었다고 보고하기도 했다. 이 모든 사실들은 당시 1950년대 초 공산당국이 비밀결사의 처리에서, 또 이들 지방 간부들을 정치적으로 지도하는 데 있어 많은 어려움에 봉착해 있었음을 의미한다.[55)]

그러나 이 모든 곤란에도 불구하고 부인할 수 없는 사실은 공산정권이 전반적인 수준에서 지방적인 특정한 상황에 유연하게 적응하면서 세밀한 준비, 각 기구의 대대적인 동원, 광범한 대중조직의 운용, 그리고 끊임없는 감시망의 수립 등에서 상당한 정도의 능력을 보여주고 있었다는 점이다. 이 모든 과정은 과거 중일전쟁기나 내전기에 공산정권이 취약했던 시기에는 볼 수 없는 특징이었다. 비밀결사문제에 대하여 이제 자신감을 얻게 된 정권은 자신의 대의를 위해 체계적이고 조직적인 방식으로 대중을 동원할 수 있는 전문화된 조직 – 특히 가공할 공안조직 – 을 갖추게 되었던 것이다. 비밀교문 조직에 대해 취해진 조치와 수단의 이러한 변화는 두말할 필요도 없이 전국 수준에서의 보다 전체적인 동원의 전망 속에 위치하는 것이었다. 그리고 그러한 동원은 사회의 변혁과 동시에 사회 전반의 정치화를 목표로 삼고 있었다.

이상과 같은 대대적인 진압 조치와 정권 측의 항상적인 감시 하에서 소

55) 「取締會門工作補充指示」(1950), 淮陰縣公安局檔案館, 2007-1.

북의 교문계 결사조직들은 1950년대 내내 지방사에서 일정한 족적을 남기면서도 점차적으로 사라져갔다. 이미 인용한 E. 페리는 1950년대 비밀교문의 저항이 공산정권의 농촌정책 — 토지개혁, 집단화, 그리고 기타 사회주의적 조치들 — 에 대항한 것이었다고 서술한 바 있다. 소북의 경우 결사조직들이 신정권에 대한 반대 역할(opposition role)을 한 것은 분명하지만, 구체적인 자료의 결핍으로 어떤 정치적 상황에서 결사조직들이 계속해서 활동할 수 있었는지를 상세히 분석하기는 어렵다. 다만 필자가 입수한 당안자료들은 적어도 1950년대 내내 결사조직들이 끈질기게 존속하고 있었음을 분명히 확인해 준다.[56)]

과거에서처럼, 또 중국의 다른 지역에서처럼, 소북의 비밀결사들은 당국의 진압을 피해 지하로 잠적했다. 떠돌이 행상 혹은 정신박약자로의 위장, 조직 명칭이나 수령 이름의 개칭, 그리고 수령의 타 지역으로의 도피 혹은 사망에 관한 헛된 소문의 유포 등 전통적인 책략이외에, 결사들은 활동을 숨기기 위해 신정권에 의해 도입된 새로운 언어들을 사용하기도 했다. 예컨대 일관도의 경우 당국의 감시의 눈을 피하기 위해 성원들이 결사가입 때부터 소지하게 되는 三寶를 '通行證'으로, 조직강화를 '互助合作'으로, 當道(조직의 관리자)를 '總路線' 등으로 고쳐 불렀다.[57)]

결사조직들은 신회원의 충원 방법도 바꾸었다. 공안국의 한 자료에 따르

---

56) 涇口區二橋鄉, 「反動會門活動情況」(1953.4.29), 淮安市檔案館, 201-145; 縣公安局 「取締先天道時發現的其他材料」(1954.10.2), 淮安市檔案館, 201-145-21; 蘇北人民行政公署淮陰區專員公署公安處, 「爲批覆取締反動會門工作情況及今後工作意見由」(1953.3.26), 淮陰縣公安局檔案館, 2033(長期)-2-26; 江蘇省淮陰專員公署公安處, 「關於當前反動道會和不務正業的迷信職業者(巫婆等)活動情況報告」(1955.3.30), 淮陰縣公安局檔案館, 2064 (長期)-3-023.

57) 江蘇省公安廳, 「關於反動會道門復闢破壞活動情況和今後意見的通報」(1955.5.7), 淮陰縣公安局檔案館, 2048 (長期)-13-327.

면 구래의 통상적인 방법은 친척이나 친구를 통하는 이른바 '以親渡親', '以友渡友' 의 방식을 통해 회원을 확대했으나, 이제 결사들은 믿을 수 있는 진정한 회원을 고르고('挑眞'), 회원들이 진짜인지 조사했다('考眞'). 결사들은 가능한 많은 회원을 확보하려고 하기보다는 "활동의 반경이 작으면 작을수록 상황은 더 유리하다", "사람들이 활동을 잘 알지 못하면 못할수록 조직은 더 확고하다"고 여겼다.[58]

이렇게 지하로 후퇴한 비밀결사들은 정치적 위기나 자연재해가 발생하여 상황이 유리하게 돌아가는 순간 모습을 드러내곤 했다. '대약진' 의 실패 직후 혹심한 기근이 전국을 강타할 때 교문계 비밀결사들은 행동을 일으켰다. 1958~59년 회음의 비밀교문은 4차례의 폭동을 기도했다. 1960년에는 天眞後會道가 공산정권에 대한 민중의 불만을 이용했다. 그 다음 해에도 몇몇 비밀결사들이 다시 폭동을 일으켰다.[59]

5. 소결

본장의 분석을 통해 확인되는 것은 우선 공산당의 對비밀결사 정책이 보여주는 점진적 성격이다. 지역권력과 그를 지탱하던 소도회 및 교문조직을 완벽하게 제거하고, 독자의 국가권력을 구축하고자 하는 목표는 분명했지만, 공산당은 그에 이르기까지 세력관계에 기초한 점진적인 전망에 서 있었

58) 이상의 정보들은 아래의 자료가 말하는 화북의 경우로부터 온 것이다. 그러나 유사한 상황이 강소 북부에서도 발생했으리라는 점은 쉽게 짐작된다. 華北行政委員會公安局, 「華北區反動會道門活動的情況及今後意見」(1954.4.23), 淮陰縣公安局檔案館, 2045-65-41094. 이 문건은 그해 7월에 중앙정부 공안부에 의해 전국 공안국에 하달되었다.

59) 『淮陰市志』, pp.1496 · 2504.

다. 그러한 점진성은 초기 단계에는 자신의 역량의 부족에서 유래한 일종의 강요된 선택이기도 했다. 중일전쟁기 폭동세력에 대해서는 군사적 진압 조치를 취하지 않을 수 없었지만, 중공은 소도회 일반을 중간세력으로 분류하면서 '통일전선' 의 견지에서 그와의 연합을 배제하지 않았다. 그러나 국공내전기 이래 자신감을 강화한 공산정권은 지역수준에서, 또 전국적 수준에서 자신의 힘을 확인시켜가면서 결사조직의 배제를 추진했다. 그러나 이 시기에도 목표를 향한 점진적 행보는 분명히 확인된다. 사회를 재편하고 그것을 정치화하는 과정에서 공산당은 사회로부터의 결사조직의 배제를 점진적으로 추진했다. 이 모든 과정은 '연합' 으로부터 '부분 배제' 로 다시 철저한 '진압' 으로 정리될 수 있을 것이다.

이러한 연대기적 추이 이외에도 각 단계를 관통하는 특징도 관찰된다. 그것은 공산권력이 언제나 '구분대처' 라는 입장을 견지했다는 점이다. 공산당이 구축한 체제 내에서 자신의 입지를 받아들이고 그에 순응했던 일반 결사조직들은 용인되었지만, 그것을 부정하고 폭동으로 나아간 결사들은 배제되었다. 가차 없는 진압은 단순히 비밀교문 조직이라는 이유에서라기보다는 그들의 반권력적인 행동 때문이었다. 물론 용인과 배제의 판단의 주체는 공산당이었고, 그러한 판단은 공산권력에 의한 사회의 재편 정도와 속도에 의존하는 것이었다.

그러나 이상과 같은 공산당의 비밀결사 대책이 이상적인 수준으로 소기한 목적을 달성할 수 있었던 것은 아니었다. 소북의 지방사에서 1950년대 초까지 대규모적인 소도회 폭동이 기도되었다는 사실은 그것이 대변 · 보호하고 있던 자율적 지역권력의 존재를 증거한다. 그것은 그때까지도 지방적인 수준에서 공산권력이 의도하던 사회의 정치화, 사회의 재편에 일정한 한계가 있었다는 점을 의미하기도 한다.

그 후 공산권력이 지역사회를 전면적으로 재편하는 데 이르게 되자 지역권력은 철저히 해체되고 그에 따라 소도회도 역사에서 자취를 감추었다. 그러나 소도회를 지탱하던 또 하나의 축인 비밀교문은 과거처럼 '후퇴의 구조' 속으로 들어갔을 뿐이었다. 강한 민중문화의 유산에 뿌리를 두고 있던 교문조직들은 1960년대 초까지도 국가권력의 위기가 있을 때마다 기회를 타고 출몰했다.

* * *

강소 북부의 소도회는 촌락 자위역량으로서 이 지역 농촌 자율권력의 강력한 공동체적 결속력의 존재를 보여준다. 1920년대를 거치면서 힘을 강화한 소도회는 단순히 토비의 약탈에 저항했을 뿐만 아니라 군벌과 국민당 그리고 공산권력에 의한 외부로부터의 자원요구에도 대항했다.

국공 분열 후 초기 단계에서 국민당 국가권력에 대항했던 공산당은 소도회와 연합하여 자신의 대의로 이끌고자 했지만, 그러한 전략은 거의 아무런 성과를 낳지 못했다. 공산당 활동가들은 당시 신생 국민당정권과 지주에 의해 주도되던 자율적 지역권력간의 충돌이라는 정치적 상황을 장악하고 그것에 영향을 줄 수 있을 만큼 강하지 못했다. 그들은 수적으로 열세였고, 경험은 매우 일천했다. 대부분 지주에 의해 장악된 소도회는 공산당이 기대하던 이른바 '계급의식'을 보여주지 못했다. 당 활동가들은 소도회 내에서 계급분화를 의도했지만, 결과는 없었다. 소도회 수령과의 연합정책도 결국 이 초기 단계에서는 모두 실패로 돌아갔다. 자율적 지역권력은 군벌이든 국민당이든 또 공산당이든 외부로부터의 어떠한 개입도 원하지 않았다. 1930년대 초·중반 국민당권력의 안정화에 따라 소도회는 후퇴의 단계로 들어가게 되고, 지방 활동가들은 소북의 정치무대에서 완전히 자취를 감추었다.

일본의 침략은 1938년부터 소북의 정치상황을 뒤바꾸어 놓았다. 일본군의 폭행이 지역사회를 뒤흔들어 놓았고, 국민당의 농촌사회에 대한 통제력도 사라졌다. 토비가 재출현하여 약탈활동을 재개했다. 결국 농촌주민들은 자원 보호를 위해 다시 소도회를 중심으로 스스로를 조직하지 않을 수 없었다.

새로운 상황의 전개과정에서 공산당 활동이 곧바로 재개된 것은 아니었다. 옛 지방 당활동가들에 의해 주도된 몇몇 애국적인 운동(「소북항일동맹회」)은 지역사회에 매우 미약한 영향만을 줄 수 있을 뿐이었다. 활동가들이 다시 소도회에 주목하기는 했지만, 소도회를 정치화하고 '항일' 의 대의로 이끌기에 그들의 역량은 여전히 취약했다. 당시 섬감녕과 화북에서 활동하던 공산당 세력은 소북으로부터 아직 멀리 떨어져 있었다. 결국 소북에서의 진정한 공산당 활동은 1940년 중반 공산 정규군(팔로군, 신사군)의 소북 도래와 함께 시작될 수 있었다. 이른바 '소북항일근거지' 의 건설은 거의 전적으로 군사적 행동에 의존했다.

여전히 지주 지도하의 자율적 지역권력의 자위 역량으로 기능하던 소도회는 중일전쟁기 내내 아직 이 지역에 확고한 기초를 다지지 못한 새로운 공산권력에 대해 극단적인 적대감을 표출했다. 공산권력은 빈번히 정규군을 동원하여 소도회를 진압하지 않으면 안 되었다. 그 후 국공 내전의 발발은 소도회와 그것을 지도하던 비밀교문 조직의 확대 발전에 호기를 제공했다. 결국 전쟁 종결 후 공산정권은 소도회를 포함한 교문조직의 과거 어느 시기보다도 큰 규모의 폭동에 직면해야 했다.

그러나 공산정권은 이제 과거와는 다른 힘을 보여주었다. 정권의 공고화가 지방적 수준에서 관철됨에 따라 공안기구들이 교문조직의 반란자들을 효과적으로 적발해 내었다. 정권은 대중 일반을 자신의 정치체제 속에 통합하면서 그로부터 비밀결사들을 배제하고 진압해 갔다. 공산당의 힘이 커질수록 통합보다는 배제의 논리가 힘을 얻었다. 결국 대대적인 대중운동('退

道')앞에 비밀교문들은 완전한 비밀상태로 들어가게 된다 — 정권의 통제력이 약화될 때마다 예민하게 표면으로 부상하면서도.

결론

공산혁명, 비밀결사, 지역사회의 구조

상이한 두 지역의 서로 다른 두 비밀결사에 대한 분석을 마치면서, 중국 혁명과 비밀결사라는 본 연구의 주제와 관련된 기존의 논의를 검토하는 것으로부터 전체 결론을 시도해 보기로 하자. 우선 전통 비밀결사와 비적이 근대적인 사회운동에 흡수되지도 적응하지도 못했다고 보았던 E. 홉스봄의 주장은 최소한 제2부의 섬감녕 가로회에는 거의 적용되지 않는다. 자위적이고 지방적인 이익 보호와 공격적이고 전국적인 혁명운동을 대조시킨 L. 비앙코와 E. 페리의 경우도 마찬가지이다. 본 연구의 서론을 통해 제시한 것처럼 문제의 소재는 거기에 있지 않았다. 왜냐하면, 비밀결사 자신의 고유의 태도 이외에도, 비밀결사의 존재양상을 규정하던 지역사회의 구조, 그리고 지방적인 수준에서 중국공산당의 행동구조와 양식이라는 또 하나의 축이 거기에 부가되고 있었기 때문이다. 중공과 비밀결사의 관계라는 문제는 따라서 비밀결사의 종류와 지역차원의 혁명과정에 따라 다르고, 다양한 양상으로 나타난다.

이제 본 연구가 시도했던 두 지역에 대한 미시사학적 분석의 성과와 한계에 대해 결산해 보기로 하자. 비밀결사에 관한 지방적 수준의 사료는 결국 우려했던 것만큼 그렇게 희소한 것은 아니었지만, 그 대부분이 공산당 자료라는 고유의 한계를 지닌 것이었다. 공산당의 이데올로기적 편향 이외에도 그것들은 규범적인 자료들이었고, 또 주로 행위의 측면에 집중된 것이었다. 다시 말해서, 자료를 통해 우리가 풍부히 알 수 있었던 것은 행동의 궤적, 역동성에 관한 것이었고, 내부 구조나 신앙, 고유의 태도에 대한 정보는 많지 않았다. 당시 참가자들의 회고나 몇 안 되는 희귀한 자료들은 이러한 편향을 단지 부분적으로만 교정할 수 있도록 해준다. 그러나 역으로 이러한 자료들은 혁명 현장과의 접촉 과정에서 공산당이 보여준 행동의 기제와 당 내부의 서로 다른 위계적 수준 간의 상호 작용을 상세히 보여준다.

중국 공산혁명은 전국적인 수준에서 중앙집중화된, 어떤 고정된 전략에 의해 인도되던 과정이 아니었고, 하나의 다양하고 분산적인, 그리고 종종 재조정을 거친 과정이었다. 그것은 특히 지방화되고, 농촌화되고, 탈집중화된(decentralized) 과정이었다. 이브 슈브리에가 표현한 "지방화된 미니 혁명들"(mini-révolutions localisées)[1]의 과정에서, 현장의 혁명가들은 주어진 사회적 실제에 적응해야 했다. 섬감녕 가로회의 경우, 활동가들에 의한 비밀결사와의 개인적 사회적 관계의 이용, 결사의 구식 구조와 담론을 통한 당 중앙에 의한 정치화는 그 완벽한 예에 해당한다. 홉스봄의 의미에서 보면, 근대 혁명운동에 적응했던 것은 비밀결사가 아니었다. 오히려 혁명가들이, 자신들의 전국적 수준에서의 목표를 유지하면서도, 지방적 조건과 이들 비밀결사의 행동양식에 적응하고자 했던 것이다. 이러한 측면에서 모택동 노선이 보여준 권력의 기교와 동원전략은 그러한 지방과 전국 두 수준에서의 성공적인 종합이었다고 판단된다. 비록 오래가지 못한 것이었지만, 공산당

---

1) Yves Chevrier, *La Chine moderne* (troisième édition corrigée), Paris: Presses universitaires de France, 1997, p.96. 그의 표현에 따르면, 모택동주의의 특징은 "형편에 맞게 디자인된 권력 양식의 실제에의 착근"이다. Yves Chevrier, *Mao et la révolution chinoise*, Paris: Casterman-Giunti, 1993, p.78.

과 소도회의 연합도 후자의 협소한 이익에 대한 전자의 적응에 기초하고 있었다.

그러나 필자는 공산당 정치의 '민속화' (folklorization)에 빠진 R. 택스톤의 테제에는 동의하지 않는다. 그는 "항전 이전 혁명계급 하위문화의 힘"을 강조하면서, 공산당의 승리를 농민적 "전통 도덕으로의 복귀"로 설명했다.[2] 농민 '도덕 경제' 이론에 깊게 뿌리를 두고 있는 그의 일련의 저작 속에서 우리는 공산당에 의한 비밀결사의 정치화 가능성을 전혀 찾아 볼 수 없다. 사실 공산당은 농민의 '소전통' (little tradition)이나 '하위문화' (subculture)에의 적응에 행동을 국한하지 않았다. 그들의 입장에서는 이러한 농민의 전통과 문화는 공산당 고유의 대의를 향해 인도되고 정치화되지 않으면 안 되었다. 바로 이것이야말로 본 연구가 주목한 중요한 점이다. 비록 본 연구의 微視史學的 접근이 지역적으로 분산된, 아직 형성 과정에 있던 당-국가, 상황에 따라 지역적 수준에서 사회세력과 함께 구성되지 않으면 안 되었고, 종국에는 그것을 내던지게 될 당-국가의 모습을 보여주고 있지만, 잊어서는 안될 것은 실제에의 분산적 적응이 그러한 당-국가 체제의 형성에 기여했다는 점이다. 공산당권력의 건설은 수용과 배제의 기제를 둘러싼 유기적이고 점진적인 과정이었다. 이점에 대해서는 다시 후술하게 될 것이며, 여기서는 계속해서 기존의 관련 연구에 대한 검토를 진행해 보도록 한다.

이러한 공산당의 적응에도 불구하고, 서론에서 인용한 카타오카가 말하듯이 공산당과 비밀결사간의 어떤 '이데올로기적' 친화를 논할 수는 없다.

---

2) Ralph Thaxton, "Tenants in Revolution: The Tenacity of Traditional Morality", *Modern China*, vol. 1, no. 3, 1975, pp.337-338. 그의 저작 *China Turned Rightside Up*, Yale University Press, 1983에 대한 다음 비판 참조. Yung-fa Chen & Gregor Benton, *Moral Economy and the Chinese Revolution: A Critique*, Universiteit van Amsterdam, 1986, pp.50 · 55-56.

경우에 따라서는 비밀결사들이 쉽게 공산주의자들과 연합한 것은 사실이다. 그러나 이러한 경우가 양자간의 관계를 전체적으로 말해주는 것은 아니다. 이러한 연합은 일시적일 수 있고, 상황에 따라 변화할 수 있다. 성공적인 연합이 있는가 하면 실패의 경우도 다수 발견된다. 그 차이는 주, 객관적 조건과 공히 관련된다. 제3부에서 살펴 본 강소 북부의 경우, 공산주의자들은 상대적으로 그들의 환경에 적응하는 능력을 보여주지 못했다. 그러나 그러한 무능력이 그들 고유의 연약함에서만 연유하는 것은 아니었다. 그들이 처한 객관적인 조건 — 특히 압도적인 적의 역량(국민당과 지주의 저항)과 강력한 자율적 지역권력의 존재 — 이 공산주의자들의 침투를 방해했다.[3] 공산당과 비밀결사간의 공통의 이해를 보여주는 단편적인 자료들이 있다고 해서, 그들의 연합이 어떤 이데올로기적 측면의 친밀성에서 기인하는 것이라고 결론짓기는 어렵다.

陳永發의 연구는 공산당과 비밀결사를 지방 정치과정에서의 미시사회학적 실제 속에 위치시키면서 양자의 '경쟁' 관계에 주목한다. 거기에는 비밀결사의 정치적 참여는 거의 발견되지 않는다. 역으로 이들 '라이벌' 들은 공산당에 의해 단순히 '파괴' 되고 '거세' 되어 버린다(p.497). 이것은 그의 연구가 화중과 화동지역, 그러니까 공산당의 활동이 주로 그들의 군사적 역량에 기초하고 있던 지역에 집중되고 있던 것과 관련된다. 섬감녕 가로회의 경우, 공산당 당국에 의한 가로회 제거는 실제로 일어나지 않았다. 공산당은 그들을 진압하기 위한 어떠한 강압적 조치도 취하지 않았다. 강조점은 언제나 선전과 교육, 설득에 두어졌고, 이를 통해 가로회의 점차적인 자연스런 소멸로 이끌고자 했다. 다시 말해서, 공산당의 퍼스펙티브는 물론 독

3) 공산혁명 과정에서의 '상쇄 요인' (countervailing factors)에 관해서는 Kathleen Hartford & Steven M. Goldstein, "Introduction", in *Single Sparks: China's Rural Revolutions*, M. E. Sharpe, 1989, p.31 참조.

점적인 권력 체계의 구축이었지만, 이 지역에서 공산당은 그러한 배제를 급속한 방식으로 추구하지 않았다. 공산당은 연맹자가 필요했고, 이 연맹자는 새로운 질서 속에서 자신에게 부여된 위치를 받아들였기 때문이었다. 역으로, 강소 북부의 경우, 공산당은 지방적 차원의 강력한 권력의 축에 맞닥뜨리지 않으면 안 되었다. 공산당만이 그러한 저항에 직면한 것은 아니었고 국민당정권도 마찬가지였다. 다시 말해 외부로부터 오는 우월한 국가권력에 지역사회의 자율적 권력구조가 저항했다. 소도회라는 비밀결사는 거기서 자기 행동의 고유 영역을 확보하고 있었지만, 공산당은 이 결사의 영역을 제거하지 않고서는 자기의 것을 발전시킬 수 없었다. 이 지역에서 소도회는 공산당의 연맹자가 될 수 없었고, 공산당은 사회와의 연결고리가 단절된 채 섬감녕에서 보여준 지역사회의 정치화는 경시되고, 군사적 수단의 동원이 보다 중시되었다. 공산권력의 서로 다른 지방적 상황, 그 권력 형성 과정의 차이야말로 공산당과 비밀결사의 관계에 관한 대립되는 제 논의를 해석하기 위한 중요한 요소가 된다. 그 논의의 뒤에는 두말할 필요도 없이 공산당과 지역사회 및 지역권력과의 관계라는 문제가 내재되어 있다.

* * *

본서에서 분석해 본 두 지역의 대조는 그러한 측면에서 중요한 의미를 갖는다. 이제 몇 가지 큰 특징들을 도출해 보도록 하자.

섬감녕 변계 지역의 공산주의운동은 5 · 4운동 이래 비교적 단단한 기초 위에 일찍 시작된다. 1920년대 말 이후 불리해진 여건 하에서도 지방 활동가들이 보여준 강인함은 게릴라 운동과 공산 근거지의 수립을 통해 확인된다. 그들은 유연하고 유능했으며, 농촌 현장의 현실에 적응할 줄 알았다. 사실, 성 교계지대인 이 산악 주변지역에 역사적으로 국가권력의 통제는 극히 제한 적이었고 '반란'에 대한 군대의 진압은 쉽지 않았다. 항전 시기에도 이 지역은 일본군의 직접적인 위협을 거의 받지 않은 지역이었다. 그러나 이러한 전국 규모의 권력 구조의 부재가 공산당이 이 지역에서 어떤 공백 속에 위치하고 있었다는 것을 뜻하는 것은 아니다. 그와는 반대로 비밀결사와 같은 지역권력 구조는 비교적 중요한 자리를 차지하고 있었다. 장정을 통해 살아남은 공산당 중앙은 이러한 지역적 조건을 이용하고 적응할 줄 알았기 때문에 공고한 공산정권을 뿌리 내릴 수 있었다.

반면, 강소 북부는 거의 항상적으로 국가권력의 통제 하에 놓여 있었다. 중화민국 초기 이 지역은 군벌 간의 반복적인 각축의 장의 하나였다. '국민정부 10년' 기간, 권력의 통제력은 중앙권력 소재지와의 인접성 때문에 더욱 강화되었다. 중일전쟁기에는 대부분의 주요 도시들이 일본군의 수중에 장악되었고, 농촌에서는 후퇴한 국민당이 공산당권력과 경쟁관계에 들어가게 된다. 그러나 1920년대 말~30년대 전반의 공산주의 지역 활동가들은 농촌사회에 착근하는 데 성공하지 못했다. 1930년대 초·중반 국민당정권의 상대적 안정화와 함께 대부분의 활동가들은 국민당에 자수하거나 다른 지역으로 도피했다. 어떤 유격대 활동이나 '소비에트 근거지'의 건설은 이루어지지 않았다. 중일전쟁 초기 몇 년간 이 지역에서는 약간의 애국주의적 활동이 옛 당원들에 의해 조직되었지만, 당과의 연계는 이루어지지 않았고 그 영향력은 극히 미미했다. 따라서 중일전쟁기 중반이래(대체로 1940년 이래) 공산 근거지를 구축한 것은 북과 남에서 동시에 소북으로 진격해 온 팔로군, 신사군 등 공산 정규군에 의해서였다. 이 지역에서 혁명은 군사적 역량('槍杆子')에 의해 주도되었고,[4] 대중운동은 거의 존재하지 않았다. 공

4) 黃克誠, 「第三師與鹽阜區工作報告」(1942.2), 中國人民解放軍歷史資料叢書編審委員會 編, 『新四軍(文獻)』, 第3卷, 解放軍出版社,1994, p.146. 신사군을 연구한 벤튼에 따르면, "중국혁명을 한 것은 계급이 아니라, 군대였다". Gregor Benton, *New Fourth*

산정권의 사회적 · 지방적 기초는 전 중일전쟁기와 뒤이은 내전기를 거쳐 늘 약체를 면치 못했다.

이러한 맥락상의 차이로부터, 우리는 서로 다른 정치과정을 확인하게 된다. 결국 지역사회는 공산당에 의해 구축되는 전체적인 정치질서 속에 편입되게 될 것이지만, 그 편입에 이르는 기간과 일정은, 전체 구조가 전국적 수준에서 자신의 리듬을 확인시켜갈 때까지, 지방적 수준에서의 질서 구축의 역사에 의존하는 것이었다. 본 연구는 이 두 단계의 역사 가운데 첫 번째 시기에 해당한다. 이러한 고유의 정치적 요인의 역할 이외에도, 본 연구는 지방적 차원의 권력구조의 역할의 중요성을 분명히 했다. 여기서 다시 지방적 다양성이 중요한 의미로 다가오게 되고, 필자는 따라서 비밀결사가 자리하고 있던 농촌사회 구조의 차이를 여러 차례 강조했다.

먼저, 필자는 분석의 대상이 된 두 지역에서, 서로 다른 두 계통의 비밀결사 조직을 확인했고, 그것이 상이한 농촌사회의 구조와 밀접히 연관되어 있었다는 사실을 밝힐 수 있었다. 강소 북부의 농촌에는 촌락공동체 내에 강력한 결속력(solidarity)이 존재하고 있었다. 토비와 국가권력(군벌, 국민당, 공산당)에 의한 자원수탈에 대항하여 농민은 지역 지주-엘리트의 지도하에 공동체적 자위무장을 조직했다. 이 과정에서 이들 엘리트와 교문계 결사가 지도하는 소도회가 자율적 지역권력의 유효한 주체로 전면에 부상하게 된다.

반면, 섬감녕에서는 그와 같은 농촌사회의 통합(integration)은 존재하지 않았다. 인구가 희박한 산악지대의 서로 멀리 떨어진 분산된 촌락들이 조직되기란 쉽지 않았다. 한마디로 이 지역에는 촌락공동체의 결속력은 존재하

Army: Communist Resistance along the Yangtze and the Huai, 1938~1941, Curzon Press, 1999, p.729.

지 않았다. 대부분의 농민들이 자경농임에도 불구하고, 강소 북부와 같은 혹은 黃宗智가 화북의 한 촌락에 대해 서술했던 것과 같은 촌락 결속의 흔적은 찾아 볼 수 없다.[5] 이 지역의 농촌사회는 열악한 생태적 조건, 질서의 혼란, 자연 재해(기근)의 반복 속에 고도로 해체되고 원자화된 사회였다. 보호 수단의 추구는 개인적 차원의 논리를 따라 전개되었고, 촌락 전체를 아우르는 어떤 집단의 형태로 나타나지 않았다. 이러한 구조 속에서는 회당계 비밀결사인 가로회가 기타의 홍창회 · 대도회 · 소도회 등의 집단 자위무장 조직보다 더 쉽게 수용될 수 있었다. 이 지역에서도 홍창회 조직은 존재했지만, 미미했다. 이러한 류의 촌락 자위 집단은 토지가 비교적 비옥하고 인구 밀도가 높고 상황이 상대적으로 안정적이었던 渭河 유역의 關中이나 陝南에 주로 분포했고, 이 지역 역시 공동체적 결속은 섬감녕의 변계 지역보다 강했다.

* * *

공산당의 비밀결사와의 연합과 그 상이한 전개는 바로 이러한 문맥에서 연유하는 것이었다. 이렇게 우리가 서로 다른 정치적 과정과 서로 다른 두 형태의 비밀결사를 확인할 수 있다고 해도, 사실 공산당은 처음에는 단 하나의 방향, 즉 그들과의 연합이라는 정책으로 나아갔다. 이러한 연합 전술은 특히 군벌과 뒤이은 압도적인 국민당 세력에 대항해야 했던 공산당의 불리한 정치적 상황에서 오는 것이었다. 바로 이 초기 단계에서 공산당은 비밀결사 세력을 과대평가하는 경향이 있었고, 그들을 '혁명적' 이라고 표현

5) Philip C. C. Huang, *The Peasant Economy and Social Change in North China*, Stanford University Press, 1985, pp.249 · 259-264.

했다. 제1차 국공합작의 붕괴에 뒤이은 무장 폭동의 방침 하에서 지방 혁명가들은 그들의 혁명적 대의로 비밀결사를 동원하고자 했다. 폭동을 위해서는 어느 수단이든 강구해야 했던 것이다.

그러나 예기치 못했던 문제들이 부상하기 시작했다. 강소 북부의 지주 통제하의 소도회는, 다른 지역의 홍창회들과 마찬가지로, 당과 활동가들이 의도하는 대로 행동에 나서지 않았다. 섬감녕의 가로회의 경우는 일정한 '토비주의' 경향을 보였다. 보다 현실적이 된 상급 당은 이들 결사와의 적극적 연합을 비판하게 된다. '군사적 투기' 와 '기회주의' 가 비판당하고, '대중동원' 과 지방 당-군 내부의 '계급구성의 순수성' 이 강조되었다.

현장의 어려움에 직면하고 있던 활동가들은 비밀결사에 침투하고 그것을 자신의 대의 실현을 위한 도구로 삼고자 했다. 그러나 섬감녕의 활동가들보다 취약했던 강소 북부의 혁명가들은 소도회를 동원할 만한 능력이 없었다. 당 지도하의 '농민협회' 를 오히려 소도회로 개조하면서 그들은 현장의 조건에 적응하는 노력을 보여주기도 했지만, 당시의 정치적 축, 즉 국민당의 국가권력과 지주 통제하의 자율적 지역권력의 대립이라는 구조 속에서 단지 주변적인 위치에 머물고 있었다.

이 지역 활동가들의 취약성은 항전시기에도 여전했다. 공산 정규군이 근거지 건설을 위해 도착했을 때, 활동가들은 다시 한 번 소도회 쟁취 정책을 채택했지만, 여전히 지주의 지도하에 장악되어 있던 그들의 저항을 극복하지 못했다. 그리고 그 저항을 깨기 위하여 근거지 내에서 군사력을 동원한 진압 작전이 시작된다. 공산권력과 소도회의 이러한 충돌은 지역 고유의 정치 · 군사적 상황에 의해 조장되었다. 국민당 세력에 의해 교란당하고 일본군에 의해 직접적으로 위협 당하던 공산당의 근거지는 중일전쟁시기 뿐만 아니라 뒤이은 내전 시기에도 늘 불안정했다. 이들 경쟁 세력들은 공산당에 대항하여 소도회를 적극적으로 이용했다.

섬감녕변구에서는, 기본적으로 게릴라들이었던 초기 단계의 지역 활동가들은 이와는 다른 길을 걸어갔다. 그들을 '토비주의'로 비판하던 상급 당의 '좌경노선'이 초래한 어려움에도 불구하고, 활동가들은 현장의 사회적 실제에 깊숙이 적응해 갔다. 그들은 적극적으로 가로회에 가입하고, 군벌 군대와 민단과 토비 부대에서 활동하던 가로회 회원들 가운데서 새로운 유격대원들을 충원했다. 비록 활동가들이 지역 전체의 가로회 성원들을 통제하는 데 이르지는 못했지만, 그들은 자신들의 능력을 통해 당시의 정치과정에서 주도적인 위치를 차지하고 있었다. 결국 그들은 스스로 자신의 근거지와 정규 군대를 창설하게 된다.

지방적 맥락의 '객관적 조건'과 함께 활동가들의 능력을 고려해야 한다면, 이러한 성공에는 장정 후 섬감녕의 지방 수준에까지 관철될 수 있었던 당중앙의 지도 능력도 고찰되지 않으면 안 된다. 이 지역에서 상급과 하급의 괴리는 더 이상 존재하지 않게 된다. 가로회 문제는 이제 아래로부터의 항일 통일전선 정책의 일환으로 주요 사안의 하나가 되었다. 당중앙은 사회관계에 기반함과 동시에 가로회에 대한 정치화로 나아갔다. 가로회는 공산당의 근거지 내에서 공개적 존재가 인정되고 그들의 활동은 합법화되었다. 공산 당국은 가로회를 대대적으로 동원하면서 그들의 항일활동을 돕기 위한 각종 공식 기구들을 설립했다. 가로회 동원을 위해 공산당은 하나의 특이한 방법, 즉 낡은 형식에 새로운 내용을 담는 방식을 채택했다. 가로회 고유의 조직과 실천을 이용하면서, 공산당은 그들을 정치적 참여로 인도했다 — 물론 그것은 공산당이 구축한 세계 내에서일지라도.

공산당 근거지의 공고화와 지역사회의 정치화라는 퍼스펙티브 속에서 비밀결사에 대한 공산당의 정책은 이상과 같은 상이한 경험으로 인해 아주 색다른 방향으로 나아갔다. 섬감녕의 경우, 공산정권이 가로회에 대한 동원과 지지라는 초기의 정책을 그 활동의 제한으로 재조정했지만, 어떤 강압적인 방식도 채택되지 않았다. 曲子縣의 예가 제시하고 있듯이, 내전기 전국적 승리가 임박한 시기에도, 가로회의 활동은 그 자체로서는 어떠한 법적 제제도 받지 않았다. 공산당정부가 가로회에 대한 전면적인 금지를 선언한 적도 없었다. 이로부터 우리는 가로회가 믿을 만한 사회적 관계로, 혹은 사회의 하나의 표현 양식으로 나타나고, 여전히 당시의 공산권력에 저촉되지 않는 존재였다고 해석할 수 있을 것이다.

강소 북부의 경우는 철저히 다른 모습을 보여준다. 이 지역 공산정권은 소도회 '쟁취' 의향을 간직하고 있었을 지라도, 점차 자신의 영토 내에서 소도회의 존재에 대해 공개적인 금지의 방향으로 나아갔다. 이러한 방향 전환은 소도회로 표현되는 자율적 지역권력의 강력한 저항과 그들의 국민당, 일본군과의 항상적인 반공산당 음모에서 연유하는 것이었다. 사실 이들 두 경쟁적인 반공 정치-군사세력은 공산당정권을 교란시키기 위하여 끊임없이 소도회 세력을 이용하고자 했다. 소도회 뿐만 아니라 이 지역의 교문계 결사 일반이 그들의 정치적 도구가 되었다. 교문계 비밀결사에 의해 지도되고 있던 소도회는 내전기와 곧 이은 시기의 공산정권의 불안정을 틈타 대대적인 반란을 기도했다. 이에 공산당은 결국 정권의 공고화와 함께, 일체의 교문계 결사의 전면적인 금지를 선언했다. 모든 교문계 결사의 성원들은 공안당국에 등기되었고, 결사 조직을 떠나야 했다('退道').

* * *

이제 비밀결사와 공산당의 관계에 관한 색다른 차원의 설명을 시도해 보기로 하자. 이상의 검토를 통하여, 가로회와 같은 회당계 비밀결사가 일정 정도 공산주의운동과 '친화' 적이라거나 최소한 그 운동의 초기 단계에서 양립할 수 있는 것인 데 비해, 교문계 비밀결사는 그렇지 않다고 해석할 수 있을 것인가? 우리는 여기서 제국시대의 비밀결사에 대해 '반대세력' 으로 보았던 해석과 '사회학적 편입' 을 강조했던 해석간의 대립을 상기하게 된다(제1부 제2장 참조). 사실 교문계 결사는 공산당이 장악하고자 했던 전체적인 하나의 고유 규범과 세계관을 간직하고 있었다고 생각할 수 있을 것이다. 이러한 규범을 실제로 확인하기는 어려운 일이지만, 거기에는 잠재적인 양립 불가능성이 내재되어 있었고, 그것은 공산당과 종교 세력간의 수많은 완강한 갈등을 통해 드러난다. 최근 공산당과 법륜공이라는 민간종교('邪教')단체의 대립도 이러한 문맥에서 이해될 수 있을 것이다. 그러나 이 문제는 더 검토할 여지가 있는 것이고, 여기서 필자는 본서의 경험적 연구에 기반을 둔 사실적 측면의 논의에 국한하고자 한다.

위에서 제기한 공산당과 비밀결사의 친화성 여부를 둘러싼 일반화는 상황에 따라 변화했던 양자 관계의 다양성을 간과할 우려가 있는 게 사실이다. 모든 규격화된 접근은 실제로 다양성 사상의 위험이 있다. 그럼에도 불구하고 공산주의운동과 회당계 결사의 일정한 친화성을 도출해 내는 것이 불가능한 일은 아니다. 제1부의 마지막 장에서 살펴본 것처럼, 장정 이전부터 이러한 친화적 경향은 이미 발견된다. 회당계 결사들이 공산당이 주도하던 민중운동과 대중조직에 참여했는 데 비해, 공산당은 대부분 지주에 의해 지도되던 교문계 촌락 자위조직의 저항에 직면해야 했다. 중일전쟁기에도 이러한 상황은 다시 출현했다. 섬감녕의 경우, 佛教會·一心會 등의 교문계 비밀결사들이 공산당 정부의 명령에 따라 금지되었는 데 반해, 가로회는 전 기간을 통하여 그 존재가 허용되었다. 1940년대부터 섬감녕에 확산되어 간 대표적 교문계 결사 一貫道에 대해 공산정권은 "必須肅清"의 태도를 취했다.[6)]

---

6) 「西北局社會部關於處理一貫道的指示」(1948.9.6), 慶陽地區檔案館, 23-1-131.

강소 북부에서는, 공산당정권은 회당계 결사 '三番子'(青幇의 다른 이름)의 근거지 내 존재를 허용했지만, 전술한 것처럼 교문계 결사는 전면적으로 금지되었다. 이 지역의 지방지들은 이 두 계통의 비밀결사가 겪어야 했던 상이한 운명을 잘 보여준다. 교문계 결사가 정권 측의 강력한 진압에 의해 사라졌다면, "다수의 청방 회원들은 항전 승리 후 혁명에 참가하고, 해방 전 스스로 해산하였다(自行消滅)"고 『淮陰市志』(p.2502)는 기록하고 있다. 섬감녕변구의 가로회의 경우도 유사했다. 1948년 내전의 종식과 함께 '반혁명' 분자가 체포된 것 이외에, 연안 지역의 가로회들은 스스로 조직을 해산했다.[7)]

* * *

이상의 제 요점에 기초하면서 이 절에서는 비밀결사와 공산혁명에 관련된 일반주제에 대해 검토하기로 하자.

중화민국시기 비밀결사의 역할

제국시기의 비밀결사에 비하여 중화민국시기 비밀결사가 수행한 역할을 논하기는 그리 쉽지 않다. 어떤 결사는 권력과 협조하기도 하고, 또 어떤 이들은 권력에 의해 금지되기도 한다. 토비 부대와 군벌 부대, 범죄 활동에 가담하는 경우가 있는가 하면, 지역 주민들에게 자기방어의 수단을 제공하기도 한다. 경쟁하는 정치세력들로서는, 끊임없이 자신들의 대의를 위해 비밀결사를 이용하고자 했다. 민국시기의 이 모든 특징들이 사회 · 정치적 측면에서 비밀결사들이 수행한 역할을 확인하는 데 어려움을 준다.

---

7) 延安市志編纂委員會, 『延安市志』, 陝西人民出版社, 1994, p.483.

그러나 한 가지 분명한 사실이 있다. 민국시기의 비밀결사는 중앙권력의 붕괴에 의해 초래된 제 조건에 놀라운 적응능력을 보여주었다. 필자가 검토한 강소 북부의 소도회는 토비의 약탈과 국가권력의 침투에 대항하는 촌락공동체와 그에 기반을 둔 자율적 지역권력의 필요에 부응했다. 여기서 우리는 이 결사가 지속적으로 국가권력에 대한 반대 역할(opposition role)을 수행해 왔다고 말할 수 있을 것이다. 섬감녕 가로회의 경우 상황은 달랐다. 그들이 비록 전통적인 反권력의 정체성을 여전히 담론으로서 간직하고는 있었다고 해도, 집단적으로 권력에 저항하는 경우는 거의 확인할 수 없다. 그러나 그들 역시 현실의 조건과 상황에의 유연한 적응을 보여준다. 극도로 불리한 삶의 조건 속에서, 가로회는 지역주민들에게 생존을 위해 필요한 '互助' 를 제공했다. 토비나 군벌 부대 내의 가로회 참가는 생존 자원을 얻기 위한 하나의 방식에 불과했다. 이러한 맥락에서 보면, J. 셰노처럼 민국시기 비밀결사의 '퇴화' 를 논하는 것은 적절하지 않다. 비밀결사들은 여전히 지역주민의 요구에 따라 수행할 고유의 역할을 간직하고 있었다.

농촌사회의 구조와 공산혁명의 관계

이 주제는 혁명의 정치적 과정이 지역에 따라 상이한 변화를 보였다는 점에서 중요한 문제가 아닐 수 없다. 중국혁명에 관한 기존의 많은 연구들이 혁명과정에 영향을 준 제 요소들을 제시해 왔다. 역사적 환경, 중일전쟁의 역할, 농민대중의 혁명적 잠재력, 공산당 조직의 능력 등등 많은 논의가 있어 왔다.[8] 그 가운데 필자는 농촌사회의 기존구조야말로 가장 중요한 요소의 하나였다고 본다. '농촌사회의 구조' 라는 용어의 외연에는 지역의 정

8) 중국혁명에 관한 다양한 논의 소개는 Odoric Y. K. Wou, "Introduction", in *Mobilizing the Masses: Building Revolution in Henan*, Stanford University Press, 1994, pp.1-14 참조.

치구조, 사회적 관계, 사회경제적 성층화 등이 포함된다. 우리가 확인한 것처럼, 본 연구에서 분석한 두 지역은 이 점에서 서로 커다란 대조를 보인다. 그 차이의 본질은 촌락의 공동체적 결속력의 유무에 놓여 있다. 이러한 차이는 사실 20세기 전국적 수준에서의 촌락공동체의 변화 과정을 반영한다.

객관적으로 보면, 지주와 소작인 사이, 혹은 부자와 빈자 사이의 '계급분화' 는 두 지역에서 공히 존재했다. 그러나 혁명을 유리하게 할지도 모를 '계급의식' 은 그리 분명하지 않았다. 강소 북부의 경우, 오히려 빈자와 부자를 포함하는 하나의 '집단의식' (L. 비앙코), 공동체 내의 결속력이 지배적이었고, 섬감녕의 농민들은 그러한 의식조차도 보여주지 못했다. 섬감녕의 농촌사회는 극도로 해체되고 분해된 상태였다. 이 두 경우에서 우리는 계급행동으로 변화될 준비가 되어 있는 농민의 어떤 혁명적 잠재력이 있었다고 말할 수는 없다.

이러한 구조적 차이로 인해, 공산주의자들은 자연히 서로 다른 경험을 거치게 된다. 요약하자면, 강소 북부에서 공산당 활동가들은 보호-피보호의 관계를 통해 지주에 의해 통제되던 결속력 있는 농촌 공동체와 직면하게 된다. 이 공동체는 지역의 전 혁명과정을 통하여 공산당의 침투에 강력하게 저항했다. 섬감녕의 경우, 공산당은 이러한 류의 저항을 거의 만나지 못하였다. 그들은 상대적으로 쉽게 농민사회에 침투해 들어갈 수 있었다고 말할 수 있을 것이다. P. 두아라가 화북의 경우에 대해 말한 것처럼, "대부분의 농민들은 지주에게 그리 강력하게 의존하지 않았다. 이리하여 빈곤대중에게 침투하고자 했던 중공의 초기의 공작은 중국의 다른 지역만큼 어렵지 않았다. ……"[9] 그러나 그렇다고 해서 섬감녕의 공산당 활동가들이 아무런

9) Prasenjit Duara, *Culture, Power, and The State: Rural North China, 1900~1942*, Stanford, CA: Stanford University Press, 1988, p.252.

어려움 없이 혁명을 진행했다는 의미는 아니다. 농민대중을 동원하기 위해서, 공산주의자들은 지역 고유의 불리한 조건에 맞닥뜨려야 했다.

대중의 동원

농민대중의 동원은 따라서 농촌사회 내부의 이른바 '계급투쟁' 정책에 의해서가 아니라, 다른 우회적 방법을 통해 실현될 것이었다. 대중 지지의 획득과 그들의 동원은 계급투쟁에의 호소로부터 나오지는 않았다. 상급 당은 하층 대중을 획득하기 위해 토지혁명을 진행하라고 요구했지만, 현장의 활동가들은 이러한 과제를 거의 실현할 수 없었다. 강소 북부의 활동가들은 지주권력의 저항에 의해 많은 곤란에 부딪쳤다. 그들의 능력은 경쟁자와 맞서기에는 너무 취약했다. 섬감녕변구의 경우도 마찬가지였다. 지역 고유의 특징, 즉 희소한 인구에 대비한 토지 여유분의 상대적 과다로 인해, 토지의 분배 호소는 농민대중의 열정을 거의 끌어 내지 못했다.

대중의 동원은 따라서 다른 수단에 의해 이루어졌다. 비밀결사는 중요한 대상 가운데 하나였다. 다수의 지역 주민이 이에 가입해 있었기 때문이었다. 섬감녕의 게릴라들은 가로회와의 연합을 통해 새로운 대원들을 충원했고 가로회를 통해 농민에 다가가고자 했다. 강소 북부의 활동가들도 대중동원의 한 방법으로 소도회에 주목했다. 전술한 바와 같이 활동가들은 거의 영향력이 없던 농민협회를 소도회로 개조한다거나 소도회 내부로 침투해 들어갔다. 공산당에 의해 지도되던 폭동들은 거의 예외 없이 소도회와의 관계를 통해서야 가능했다.

이것이 바로 우회적 방법이었다. 그러나 공산주의자들로서는, 어떤 측면에서는 불가피한 선택이었다. 농민대중은 공산당이 호소하는 사회 · 경제적 정의를 향해 곧바로 동원되지 않았다. 압도적인 적 앞에 취약성을 드러내고 있던 공산당을 농민대중은 쉽게 신뢰하지 않았다. 진정한 농민의 동원은 공산당 근거지의 건설과 그것의 공고화 이후에나 가능한 것이었다.

거기에 이르기 위하여 공산당은 그러나 또 다른 단계를 거쳐야 했다. 그것은 지역 엘리트와의 연합이었다. 최소한 그들의 저항을 중화('중립')시켜야 했다. 이러한 사실은 특히 강소 북부의 경우에서 확인된다. 지역 엘리트(地主-士紳)의 공산당에 대한 태도는 일반 농민들에게 커다란 영향을 주었다. 외부로부터 다가온, 그리하여 지역 내에 필요한 기반을 결여하고 있던 공산당이 뿌리를 내리기 위해서는 이러한 기존의 지방 권력 구조를 제거해야 했다. 그러나 공산당의 힘은 약했고, 결국 지역 엘리트의 지지 획득은 공산당의 세력 확대에 필수불가결한 요소로 간주되었다. 결국 이 지역에서는 공산당은 먼저 사회 상층과 연합한 후, 중간층과 연합했고, 대중(대다수를 이루는 사회 하층)은 맨 마지막에 동원될 것이었다.[10)]

섬감녕의 경우, 상황은 달랐다. 활동가들이 선별적으로 지역 엘리트와 우호 관계를 맺는 경우가 확인되지만, 그들과의 연합이 긴요한 것은 아니었다. 그러나 농민대중의 공산당 지지가 토지의 재분배에서 연유한 것이라고는 말할 수 없다. 극도로 해체된 이 지역에서 농민이 필요로 했던 것은 소유제의 변혁이라기보다는 생산의 회복과 농촌사회의 재건이었다. 섬감녕변구 주민의 절반(주로 토지 집중이 가장 심했던 綏德分區에 분포)은 토지혁명을 거치지 않은 곳이었다. 변구에서 공산당이 농민을 동원한 것은 주로 농촌 인구의 회복, 생산의 조직, 황무지 개간 등을 위해서였다. 요컨대 섬감녕의 공산당은 분해된 농촌사회의 재건이라는 역할의 자임을 통해 농민의 지지를 획득했다.

10) 高峰, 「泗陽縣陳圩區工作之回顧與前瞻」(1942.6.14), 『人民通訊』, 第20期, 『泗陽史料選』, 第4期, 1984, p.154.

군사력의 중요성

이상의 모든 정책이 공고한 근거지 없이는 불가능한 것이었다. 안정된 근거지의 건설을 위해 군대의 역할은 매우 중요한 지위를 차지한다. 전술했듯이, 강소 북부의 공산당 근거지('蘇北根據地')의 창건은 전적으로 군사력에 의지했다. 공산당 활동은 1940년 중후반 정규군의 도래와 함께 효과를 발휘하기 시작했다. 소도회 진압이 말해주는 것처럼 공산당의 착근은 군사력에 의한 농촌 공동체 내의 권력구조의 해체 이후에나 가능했다. "공고한 근거지의 건설을 위해서는 우선적으로 군사적 승리의 국면을 견지"하지 않으면 안 되었고, "그렇지 않으면, 기타 건설 혹은 광범한 군중의 동원은 곤란하거나 불가능"했다.[11)]

군대의 중요성은 섬감녕의 경우에도 마찬가지로 확인된다. 이 지역의 활동가들이 스스로 자신의 무장력을 조직했지만, 소규모의 분산적인 게릴라 부대를 통해서는 안정된 근거지를 건설할 수 없었다. 압도적인 적군 앞에 활동가들은 무엇보다도 먼저 무장력을 확대하지 않으면 안 되었다. 군사적 상황의 변동이 있을 때마다 수시로 방기되는 취약한 근거지에서 공산당은 농민에게 신뢰를 줄 수도 그들을 동원할 수도 없었다. 군사력의 중요성은 제반정책의 집행에서도 확인된다. 예컨대, 반드시 군사문제와 관련 있는 정책이 아님에도 불구하고, 정부는 하나의 정책 사항을 공포하거나 行政令을 발할 때 군대('八路軍後方留守處')의 이름을 함께 사용했다.[12)] 그것은 물론 군사력에 의한 안정된 통치를 확고히 보여주고자 하는 의도였다. 이러한 조치가 적에 대한 경고 효과도 있었을 뿐만 아니라 공산당을 지지하는 농민들

---

11) 金明, 「淮海區工作報告 - 在華中局擴大會議上的報告」(1942.2), 中共江蘇省委黨史工作委員會 · 江蘇省檔案館 編, 『蘇北抗日根據地』, 中共黨史資料出版社, 1989, p.182.

12) 陝西省檔案館 · 陝西省社會科學院 編, 『陝甘寧邊區政府文件選編』, 檔案出版社, 第1輯, 1986, pp.61 · 65 · 113.

을 안심시키는 역할도 했던 것은 분명하다. 이러한 의미에서, 모택동 전략은 현장의 특수성과 기회에 밀착하면서도 군사적인 것을 포함하는 '근거지화' (territorialization)의 필요성을 자신의 노선에 편입시켰다고 말할 수 있을 것이다. 그것은 강서 시기의 전략상의 논쟁 — Hu Chi-shi가 분석한 바의, 유동적 유격전과 근거지화 간의 대립 — 과 관련하여 중요한 변화를 말해주는 것이었다.

* * *

두 지역의 미시역사를 통하여 도출할 수 있는 이상의 총괄적인 결론은 1930~40년대 모택동 혁명에 관한 최근의 연구들이 제시하고 있는 주된 — 그리고 논쟁적인 — 몇 가지 경향과 궤를 같이한다는 점은 분명하다. 그러나 이들 연구가 모택동 혁명의 조직화되고, 지방화된, 즉 근거지화된 성격을 보여주고 있다고 하더라도 그것은 어디까지나 가설적인 것에 머문다. 미시사학적 분석은 그러한 가설의 검토에 유용한 것이고, 특히 이 분석이 연대기적 차원으로부터 공간적인 차원으로 확대될 때 더욱 유의미하다. 비록 자료의 희소성과 그 접근의 어려움이 문제가 되고 있을 지라도, 미시사학적 접근은 앞으로 우리가 추구해야 할 방향의 하나라고 말할 수 있을 것이다. 필자로서는 중일전쟁기 1940년대부터 섬북에 확산되기 시작한 '一貫道' 에 대한 차후의 분석에 다시 이러한 미시사학적 태도를 견지하게 될 것이다.

앞으로 혁명시기에 관한 미시역사학을 통한 연구 성과들은 필자가 본서를 통해 제시한 혁명과 비밀결사의 역할에 관한 제반 관점들에 변화를 가할 수 있을 것이며, 전반적으로 다른 시각이 제시될 수도 있을 것이다. 또 지방적 다양성에 보다 주의하는 역사를 쓰면서도 이 시기의 또 다른 측면, 즉 전체상에 대한 경계를 늦추어서는 안 될 것이다. 왜냐하면, 분산된 농촌사회에 기반을 두면서도, 중국공산당은 종국에는 전체를 아우르는 틀을 구축하는 데 이르게 되고, 그리하여 모택동주의의 지방화된 표현들은 결국 전 중국 차원의 혁명을 구성하는 부분이 될 것이기 때문이다.

사료 및 참고 문헌

* 각 항목별 자료 배열방식은 한글은 가나다순, 외국어는 알파벳순을 따랐음.

A. 사료

I. 檔案

1. 手稿 및 謄寫本

(1) 陝西省檔案館

「高自立, 曹力如同志關於東陽區剿匪問題給延川縣縣長常德義及劉景瑞復函」(1939.11.30), 全宗 2 - 案卷 292.

郭洪濤, 「邊區開始成爲直接抗戰地區的形勢及黨的任務與工作 - 郭洪濤在延安邊區一級活動分子會議上的報告提綱」(1937.10), 『黨的工作』, 第45期, 1937.10, 資料部, A46-6-139.

「江湖抗日救國會簡章」(中華江湖抗日救國委員會籌備會 制, 陝甘寧蘇區哥老會招待處 飜印), 1-1-13.

「抗戰階段特區黨的任務與工作」(1937.8.20), 『黨的工作』, 第42期, 1937.8, 資料部, A46-6-139.

李仲英, 「對安塞縣工委工作意見 - 利用哥老會關係發動民團家屬寫信爭取民團」(1936.9.24), 資料部, A46-6-139.

「劉景瑞給高自立,曹立如同志的來函」(1939.11.21), 全宗 2 - 案卷 292.

「取締各級學校教職員學生加入袍哥黨會辦法」(1942), 民國檔案, D6/67-1-213, D6/67-5-568.

「陝甘寧邊區黨委關於哥老會工作的指示草稿」, 『黨的工作』(陝甘寧邊區黨委會出版), 第37期, 1937.7.15, 資料部, A46-6-139.

特委, 「特區直屬各縣抗戰動員工作的第二次檢查」, 『黨的工作』, 第48期, 1937.12.1, 革命史資料, A46-6-139.

「西安市與蔡家坡幫會人員名册(1944~1948, 1948~1949)」, 民國檔案, D699/50-1-98, D699-492/50-3-2.

「延川縣縣長常德義, 巡視員劉景瑞的來函」(1939.11.10), 全宗 2 - 案卷 292.

「嚴禁黨團員及公職人員參加幇會辦法」(1944), 民國檔案, D6/67-1-213, D6/67-5-568.
張邦英, 「建立鄕級三三制政權的幾點意見」, 『黨的工作』(西北中央局), 第1期, 1941.7.5, 革命史資料, A46-6-139.
「中華江湖抗日救國會通函」, 中華江湖抗日救國委員會籌備會 署名(1936.8.19), 陝甘寧蘇區哥老會招待處 飜印(1936.8.30), 全宗 1 - 目錄 1 - 案卷 13.

⑵ 延安革命紀念館 資料部

「恩來同志關於哥老會問題給陝北省委信」(1936.10.6), 『黨的工作』, 第16期, 1936.10.15.
盖生, 「怎樣赤化新城東南之廣大地區(節錄)」(1936.8), 『黨的工作』, ?.
「關於陝甘寧游擊隊與游擊戰爭突擊的總結」(?), 『黨的工作』, 第20期, 1936.11.25.
(郭)滴人, 「關於哥老會工作的檢討」(1936.10.2), 『黨的工作』, 第15期, 1936.10.5.
(賈)拓夫, 「關於新區工作中的幾個問題」(1936.9.10), 『黨的工作』, 第12期, 1936.9.14.
景林, 「從紊亂中轉變過來的紅宜長」(1936.8), 『黨的工作』, ?.
賴傳珠, 「陝甘寧游擊隊與游擊戰爭」(1936.9.11), 『黨的工作』, 第14期, 1936.9.25.
賴傳珠, 「關於陝甘寧游擊隊與游擊戰爭突擊的總結」(?), 『黨的工作』, 第20期, 1936.11.25.
(李)富春, 「陝甘寧蘇區的形勢與黨的任務」(1936.7.20), 『黨的工作』, 第7期, 1936.8.3.
履淸, 「怎樣開展鋤奸運動」, 『黨的工作』, 第47期, 1937.11.17.
李一氓, 「回民工作中的幾個問題(節錄)」(1936.9.3), 『黨的工作』, 第14期, 1936.9.25.
齊華, 關於我們對民團與保甲的策略」(1936.9.?), 『黨的工作』, 第15期, 1936.10.5.
「陝甘寧省委對進行游擊戰爭與游擊隊突擊的決定」(1936.9.13), 『黨的工作』, 第16期, 1936.10.15.
「陝甘寧省委給慶陽縣委指示信」(1936.6.18), 『黨的工作』, 第5期, 1936.7.21.
「陝甘寧省委轉三邊及宋伍閻杜諸同志」(1936.8.18), 『黨的工作』, 第10期, 1936.9.1.
「拓夫同志來信, 八月份定鹽赤化工作的前進」(1936.8.31), 『黨的工作』, 第14期, 1936.9.20.
(吳)亮平, 「把干部教育列到黨的主要工作中來」(?), 『黨的工作』, 第17期, 1936.10.25.
「中央關於爭取哥老會的指示」(1936.7.16), 『黨的工作』, 第6期, 1936.7.25.

⑶ 陝北 縣級 檔案館 및 黨史辦公室

「歷史座談會上郭洪濤同志的發言」(1945.7.5), 子長縣黨史辦公室 筆寫本.
「歷史座談會上朱理治同志的發言」(1945.7.10), 子長縣黨史辦公室 筆寫本.
吳旗縣政府第一科, 「縣代表登記花名册子」(1945.12.3), 吳旗縣檔案館, 1-1-88.
吳旗縣政府・縣委, 「吳旗縣參議員登記表」(1945.8.24), 吳旗縣檔案館, 1-1-88.
「習仲勳同志在高干會上關於黨內歷史問題的發言」(1942.11.11), 子長縣黨史辦公室 筆寫本.

「習仲勳同志在西北黨的歷史座談會上的發言」(1945.7.11), 子長縣黨史辦公室 筆寫本.
「一九四五年西北歷史座談會文件的摘要」(1945.11.27), 子長縣黨史辦公室 筆寫本.
「志丹縣第二屆第三次參議會議員報到册」(1944.11.8), 志丹縣檔案館, 全宗 6 - 案卷 5.
「志丹縣各區哥老會人員名單統計」(1941), 志丹縣黨史辦公室.

(4) 甘肅省 慶陽地區檔案館

邊區政府民政廳,「各種教會組織概況」(1942.11), 邊區政府卷, 276-41-5.
「店子區哥老會分子登記表」(1941.3.28), 40-19-9.
「合水二區哥老會分子登記表」(1941.10), 40-19-8.
合水縣政府保安科,「西華池社會調查登記表」(1940), 40-19-3.
合水縣政府,「店子區哥老會分子登記表」(1941.3.28), 40-19-9.
慶陽縣政府,「高迎區壹, 三鄉, 五鄉, 六鄉會門分子表」(1949), 32-12-156.
曲子縣保安科,「關於破獲曲子四鄉哥老會案件報告」(1948.2.1), 38-17-114.
曲子縣保安科「曲子縣天子區哥老會統計」(1946.7.17), 38-17-27.
「三五鄉哥老會册」(1947), 40-19-9.
「蕭嘴區調查登記本」(1943), 40-19-16.
「蕭嘴區哥老會分子登記表」(1942), 40-19-13.
「西北局社會部關於處理一貫道的指示」(1948.9.6), 23-1-131.
中共合水縣委,「會門分子登記表」(1949), 39-18-103.

(5) 江蘇省檔案館

編者,「略談一貫道」,『蘇北公安』2, 1950.5.20, 革命歷史資料, 編號 15-31.
「淮安漣水七月分工作報告 組織及群運情況」(1928.7), 全宗 001(永久) - 案卷 1.
「淮鹽特委工作報告 - 關於客觀形勢, 組織概況, 最近的決議及工作中的困難」(1928.11.15), 全宗 33 - 案卷 3.
華中局,「關於江南各種會門自發暴動的指示」(1941.5.30), 2102(永久)-54.
漣東縣公安局秘書室報導,『封建道門會門的研究』, 1950.5, 2736(長期)-14.
漣東縣公安局,『取締封建道門會門工作基本總結』 및 附錄「西乾道五縣大元帥季永立材料」, 1950.5, 2736(長期)-14.
「六師關於幇會工作的決定」(1942), 2102(永久)-54-6.
蘇北公安處,「九宮道與一貫道的歷史, 背景簡要介紹」(1950?), 革命歷史資料, 編號 15-31.
蘇中二地委,「關於高寶刀會暴動平息後善後工作的指示」(1949.1.11), 2116-47-6.
蘇中區委,「關於反淸鄉鬪爭中掌握靑紅幇的指示」(1943.1.21), 2102-55-7.

(6) 蘇北 地區級, 市級, 縣級 檔案館

漣東縣公安局偵察股, 「一九四九年取締道門工作總結報告」(1950.1.30), 淮陰地區檔案館, G5-12-064.

涇口區二橋鄉, 「反動會門活動情況」(1953.4.29), 淮安市檔案館, 201-145.

兩淮市政府 · 市委會, 「緊急通知(秘字第66號)」(1949.1.7), 淮安市檔案館, 201-147-2.

「漣水縣城區缺口鄉取締反動道門工作總結」(1950.8.4), 漣水縣檔案館, 101(長期)-5.

蘇北軍區政治保衛部, 「特情通報」(1949.1.19), 淮安市檔案館, 201-1-154.

蘇北軍區政治保衛部, 「敵特在暴動的布置過程」(1949), 淮安市檔案館, 201-1-154.

蘇北行政公署公安局, 「關於破獲淮, 淮, 漣, 揚刀會陰謨暴動案件的報告」(1950.7.4), 淮安市檔案館, 201-1-153.

宿遷縣委, 「通知」(1948.5.21), 宿預縣檔案館, 004(永久)-7.

縣公安局, 「取締先天道時發現的其他材料」(1954.10.2), 淮安市檔案館, 201-145-21.

(7) 기타 檔案館

鄧小超, 「中共中央西北局關於爭取哥老會的重要及方法」(1936).

華北行政委員會公安局, 「華北區反動會道門活動的情況及今後意見」(1954.4.23), 淮陰縣公安局檔案館, 2045-65-41094.

江蘇省公安廳, 「關於反動會道門復闢破壞活動情況和今後意見的通報」(1955.5.7), 淮陰縣公安局檔案館, 2048(長期)-13-327.

江蘇省淮陰專員公署公安處, 「關於當前反動道會和不務正業的迷信職業者(巫婆等)活動情況報告」(1955.5.30), 淮陰縣公安局檔案館, 2064(長期)-3-023.

「取締會門工作補充指示」(1950), 淮陰縣公安局檔案館, 2007-1.

蘇北人民行政公署淮陰區專員公署公安處, 「爲批覆取締反動會門工作情況及今後工作意見由」(1953.3.26), 淮陰縣公安局檔案館, 2033(長期)-2-26.

「宿遷縣處理極樂,五華兩寺廟糾紛」(1929.5-1931.3), 第二歷史檔案館, 全宗 2 - 案卷 1059(당안관내 열람).

2. 원본 인쇄 사료

(1) 江蘇省檔案館

「頒發取締刀會辦法令」, 『江蘇省民政廳法令輯要』, 下編, 날짜 불명, 마이크로필름, 資料部.

「查禁理門令」, 『江蘇省民政廳法令輯要』, 下編, 날짜 불명, 마이크로필름, 資料部.

陳庭槐, 「目前蘇北地區迷信團體動態與幾點處理意見的提出」(1949.5.12), 『蘇北公安』 2

(蘇北公安處), 1949.5.20, 重要革命歷史資料, 24-1-7.
「關於目前高寶地區會門活動情況及處理的簡報」, 『方向』 11 (中共蘇北泰州地方委員會宣傳部), 1950.4.20, 全宗 222-8-21, 編號 4002909.
「華北局對迷信會門的決定」(1948.10.21), 『關於處理封建迷信道會門問題摘錄』에 재록, 中共江蘇省蘇南區黨委秘書處 編, 『剿匪肅特反覇資料彙報』, 第2篇, 1949, 江蘇省檔案館, 重要革命歷史資料, 14-17.
漣水縣政府, 「布告民衆禁入各種刀會」(1929.9), 『漣水縣政公報』, 第13號, 1929.10.16, 江蘇省檔案館, 全宗 5-30, 卷號 56.
「頒發取締刀會辦法令」; 「取締刀會辦法」(1929.11.26), 『江蘇省民政廳法令輯要』下編, 第四類 民政, 資料部 마이크로필름.
「申禁理敎會令」(1929.11.11), 『江蘇省民政廳法令輯要』下編, 第五類, 警務, 資料部 마이크로필름.

(2) 프랑스 사회과학고등연구원 중국근현대연구센타(Bibliothèque de Centre d'études sur la Chine moderne et contemporaine)

「各縣組織民團應遵前頒保衛團暫行條例辦理」, 『江蘇省政府公報』, 第96號, 1929.3.29, 마이크로필름.
「河南省委報告」(1927.9.4); 「致河南省委函」(1927.9.24), 『中央通信』, 第6期, 1927.9.30. Hoover Institut 제작 마이크로필름.
「溧陽整理保衛團計劃」, 『江蘇省政府公報』, 第272號, 1929.10.26.
「宿遷縣長呈報會議剿撫刀會辦法」, 『江蘇省政府公報』, 第84號, 1929.3.15.
「汪公易呈報刀匪亂宿先後狀況」, 『江蘇省政府公報』, 第109號, 1929.4.15,
「行政院核準蘇省各縣保衛團暫行條例」(1929年 1月 4日), 『江蘇省政府公報』, 第94號, 1929.3.27,
「飭查宿遷童縣長釀亂案」, 『江蘇省政府公報』, 第109號, 1929.4.15,
中共廣昌中心縣委, 「對目前肅反工作與消滅團匪土匪刀匪的決定」(1934.4.10), Ch'en Cheng Collection (陳成文庫), reel, no. 4, Hoover Institut 제작 마이크로필름.

Ⅱ. 출판된 문건 및 사료집

* 본서 첫 부분의 '문헌 약칭 목록' 참조.

「安源地方報告」(1924.5.14), 中共萍鄉市委本書編纂組 編, 『安源路礦工人運動』(上), 中共黨史資料出版社, 1991.

「邊區黨委關於繼續審查黨的組織成分給各級黨部的指示」(1940.8.1),『陝甘寧文件』, 乙, 2.
邊區黨委,「陝甘寧邊區周圍摩擦事件調查材料」(1939.4),『陝甘寧文件』, 甲, 1.
柴樹藩 · 于光遠 · 彭平,『綏德米脂土地問題初步硏究』, 西北局邊區硏究室, 1942, 人民出版社, 1979.
陳獨秀,「革命與作亂」,『獨秀文存』第2卷, 東亞圖書館, 1922.
陳獨秀,「四論上海社會」,『獨秀文存』第2卷, 東亞圖書館, 1922.
陳獨秀,『陳獨秀文章選編』, 香港: 交流圖書公司, 1990.
陳毅,「關於朱毛軍的歷史及其狀況的報告」(1929.9.1),『文獻與硏究 (一九八七年匯編本)』, 檔案出版社, 1988.
「陳毅關於韓德勤大規模向我進攻的通電」(1940.10.3);『新四軍文獻』, 第1卷.
「陳毅關於黃橋戰役簡要經過和主要經驗致葉挺等電」(1940.10.7);『新四軍文獻』, 第1卷.
陳毅,「一九三八年至一九四三年華中工作報告」(1944),『陳毅軍事文選』, 解放軍出版社, 1996.
崔瑞生(崔逢運),「關於陝北情況給中央的報告」(1933.12.5),中共陝西省委黨史硏究室 · 中共楡林地委黨史硏究室 編,『陝北革命根據地』, 中共黨史出版社,1995.
『大淸會典』(雍正朝修), 卷 194.
「黨員黨齡百分比」(組織部制)(1939.10.27),『陝甘寧文件』, 甲, 1.
第二歷史檔案館 編,『民國幇會要錄』, 檔案出版社, 1993.
「杜衡1933年1月9日改編經過及改編後的工作概況給陝西省委的報告」,『紅26軍』, 上.
「對於紅槍會運動決議案」,『中央文件』, 第二册.
「鄂豫皖軍委會關於對紅槍會策略的指示」(1931.9.11),『中國工農紅軍第四方面軍戰史資料選編, 鄂豫皖時期』(下), 解放軍出版社, 1992.
馮和法 編,『中國農村經濟資料』(全2卷) 黎明出版社, 1933, 1935.
高峰,「泗陽縣陳圩區工作之回顧與前瞻」(1942.6.14),『人民通訊』, 第20期,『泗陽史料選』, 第4期, 1984.
「高崗1932年11月29日關於陝甘遊擊隊情況給陝西省委的報告」,『紅26軍』, 上.
『哥老會與靑幇槪況』, 西北硏究社, 1941.
「耿炳光關於陝西政治情況給中央的報告」(1927.7.19.),『陝西文件』, 乙, 1.
觀山,「陝北唯一的 '楊家溝馬家' 大地主」(1934), 馮和法 編,『中國農村經濟資料續編』, 黎明出版社, 1935.
「關於胡繼元等十人被錯殺問題的平反決論」,『志丹縣黨史資料選刊』, 第3期, 1982.9.15.
「關中分委關於對哥老會工作的指示」(1941.5.16),『隴東統戰』.
關中專署,「關中分區實行三三制民主政權的槪況」(1944.11),『三三制』.
郭希仁,「從戎紀略」,『辛亥革命在陝西』.

「漢南工作報告」(1938.6.1),『陝西文件』, 甲, 10.
「紅二十六軍1934年6月20日給中共中央的工作報告」 및 그 附錄「石心給中共上海中央局的信」(1933.10.8),『紅26軍』, 上.
紅安縣委黨史資料徵編委員會 編, 郭家齊 主編,『黃麻起義』, 武漢大學出版社, 1987.
「紅槍會民團決議案」, 원재, 陝西省農民協會 編印,『陝西第一次全省農民代表大會決議案及宣言』(1927.6.11.), 中共陝西省委黨史資料徵集硏究委員會 編,『大革命時期的陝西地區農民運動』(陝西黨史資料叢書 2), 陝西人民出版社, 1986.
「淮鹽特委報告 - 關於目前政治環境的分析及組織, 宣傳, 工運工作」(1929.4.27),『江蘇革命史料選集』, 第5輯.
「淮安北鄉暴動報告」(1928.4),『江蘇農民檔案』.
淮北蘇皖邊區公安局,「淮北抗戰階段鋤奸工作總結」(1945.12.15), 豫皖蘇魯邊區黨史辦公室, 安徽省檔案館 編,『淮北抗日根據地史料選輯』, 第6輯, 1985.
「取締反動會道門」,『江蘇公安史料』.
「黃克誠關於蘇皖邊區情況致毛澤東等電」(1940.12.9),『新四軍文獻』, 第1卷.
黃克誠,「淮海五月來的黨的工作」(1941.3),『淮陰黨史資料』, 第5輯, 연도미상.
黃克誠,「第三師與鹽阜區工作報告」(1942.2),『新四軍文獻』, 第3卷.
「黃子文1933年1月5日關於紅二十六軍情況給陝西省委的信」,『紅26軍』, 上.
「華中分局關於處理封建迷信團體的指示」(1946.7.7),『江蘇公安史料』.
華中工委,「對刀會暴動事件的通報及治安工作的指示」(1949.1.18),『江蘇公安史料』.
賈拓夫,「抗戰中西北政治問題報告提綱」(1940.4.15),『陝甘寧文件』, 甲, 2.
「江長師來信 - 關於恢復舊的組織和宿遷各區負責同志的決定」(1929.9.27),『宿遷革命史料』, 第8輯, 1984.
「江蘇白色恐怖的形成 淮鹽地區和江陰縣白色恐怖情況」(1928),『江蘇文件』, 甲, 3.
「江蘇各縣暴動計劃」(1928.1.1),『江蘇農民檔案』.
「江蘇農民秋收鬪爭決議案」(1928.7),『江蘇農民檔案』.
「江蘇農民運動工作計劃(第一次)」(1927.9),『中央政治通訊』18,『江蘇農民檔案』.
「江蘇農民運動計劃」(1927.11),『江蘇農民檔案』.
「江蘇農民運動之第三次計劃」(1927.12.5),『江蘇農民檔案』.
「江蘇省委給徐海特委的信 - 徐海的政治, 階級鬪爭形勢分析及今後的主要任務和策略」(1929.5.3),『江蘇文件』, 甲, 4.
「江蘇省委關於外縣黨部的概括報告」(1929.4.19),『江蘇文件』, 甲, 4.
「江蘇省委緊急決議案 - 組織全省暴動計劃」(1927.11.9),『江蘇農民檔案』.
「江蘇省委農委爲反對國民黨霸占廟産告農友書」(1928),『江蘇文件』, 甲, 3.
「江蘇省委致淮鹽區各縣委信(天字第一號) - 目前黨的中心任務, 淮鹽群衆鬪爭形勢與今後的工作」(1929.10.16),『江蘇文件』, 甲, 6.
「江蘇省委致漣水縣委信(漣字第二號) - 新形勢下群衆鬪爭總路線, 紅刀會工作」(1929.10.22),『江蘇農民檔案』.
「江蘇省委致宿遷同志書 - 農民鬪爭與黨的工作」(1929.9.5),『江蘇文件』, 甲, 6.
「江西省委對于秋暴的計劃」(1927.9), 江西省文化廳文物處 等編,『秋收起義在江西』, 文物出版社, 1993.
「接受中央來信與陝西黨目前中心政治任務及中心工作決議案」(1931.8.10), 中共陝西省委黨史研究室,『土地革命戰爭時期的中共陝西省委』, 陝西人民出版社, 1991.
「金理科給省委的報告(第1號) - 關於紅26軍及邊區工作槪況」(1933.2.2),『陝西文件』,甲, 6.
金明,「淮海區工作報告 - 在華中局擴大會議上的報告」(1942.2), 中共江蘇省委黨史工作委員會・江蘇省檔案館 編,『蘇北抗日根據地』, 中共黨史資料出版社, 1989.
李大釗,「魯豫陝等的紅槍會」,『政治生活』, 1926, 中共中央書記處 編,『六大以前 - 黨的歷史資料』, 1942, 人民出版社, 1982 재판.
李扈民,「彭四海早勝起義與淸軍鎭壓起義經過有關資料集成」(原稿), 甘肅省 寧縣黨史辦資料.
麗水,「陝西綏德鵝峁峪村的借貸」, 馮和法,『中國農村經濟資料續編』.
「漣水縣委報告 - 關於紅刀會暴動的經過及我黨的策略」(1929.10.5),『江蘇農民檔案』.
「了凡幇助栒邑地方黨的工作給省委的報告」(1933.3.13),『陝西文件』, 甲, 6.
「勵君關於紅二十六軍的報告」(1933.1.15),『紅26軍』, 上.
林伯渠,「陝甘寧邊區三三制的經驗及其應該糾正的偏向」(1944.3.25), 陝甘寧邊區高干會上報告,『三三制』.
劉彬,「鹽阜區工作報告 - 在華中局擴大會議上的報告」(1942.1.30),『蘇北抗日根據地』.
劉鳳閣 主編,『陝甘寧邊區隴東的群衆運動』, 中共慶陽地委黨史資料徵集辦公室, 1994.
劉鳳閣 編,『隴東的土地革命運動』, 中共慶陽地委黨史資料徵集辦公室, 1992.
劉瑞龍,「淮北蘇皖邊區鋤奸工作總結報告, 1942.7-11」(1942.12),『淮北抗日根據地史料選輯』, 第6輯, 1985.
劉瑞龍,「一九四二年上半年淮北蘇皖邊區鋤奸工作總結報告」(1942.7),『淮北抗日根據地史料選輯』, 第6輯, 1985.
劉少奇,「六年華北華中工作經驗的報告」(1943.3),『劉少奇選集』, 上, 人民出版社, 1981.
劉少奇,「對華中工作的意見」(1943.6.18),『劉少奇選集』, 上.
「劉少奇關於淮海區槪況致中共中央等電」(1941.5.4), 中國人民解放軍歷史資料叢書編審委員會 編,『新四軍文獻』, 第1卷.
「劉少奇關於江北部隊應向東發展向西防御致毛澤東等電」(1940.6.6),『新四軍文獻』, 第1卷.

「劉少奇關於目前華中發展地區及工作部署致中共中央書記處等電」(1939.12.19), 『新四軍文獻』, 第1卷.
「劉少奇, 陳毅關於新四軍編六個師及師級幹部配備的建議致毛澤東等電」(1941.2.4); 「中共中央軍委關於新四軍各師領導幹部的任命」(1941.2.18), 『新四軍文獻』, 第2卷.
劉 震, 「淮海一週年來的對敵闘爭」(1943.11.16), 『蘇北抗日根據地』.
龍宣, 「耒陽第二農運指導團下鄕工作的報告」(1927), 『湖南農民運動資料選編』, 人民出版社, 1988.
隴東專署, 「慶陽縣兩年來三三制執行情況」(1944.6.23), 『三三制』.
魯平, 「淮泗建政初期」, 『泗陽史料選』, 第1輯, 1982.
羅炳輝, 「淮寶反頑戰闘詳報(卽開闢淮寶地區)」(1940.8), 宋霖 · 羅新安 編, 『羅炳輝將軍在淮南抗日根據地』, 安徽人民出版社, 1990.
羅炳輝, 「淮泗半月記 - 部隊做民運工作的一個例子」, 新四軍二師政治部 編, 『建軍叢書』 2, 1941.9, 『泗陽史料選』, 第4輯, 1984.
「羅世藩關於宿遷黨存在的缺點及今後工作意見給省委的報告」(1928.9.8), 『江蘇文件』, 甲, 3.
羅邁(李維漢), 「特區統一戰線工作中的一些問題」(1937.4.25), 『三三制』.
「馬林給共産國際執委會的報告」(1922.711), 中央統戰部 · 中央檔案館 編, 『中共中央第一次國內革命戰爭時期統一戰線文件選編』, 檔案出版社, 1990.
毛澤東, 「湖南農民運動考察報告」(1927.3), 『六大以前』.
內政部, 「內政調査統計表」(1933), 馮和法 編, 『中國農村經濟資料續編』, 黎明出版社, 1935.
歐榘甲, 「新廣東(一名廣東人之廣東)」, 張枏 · 王忍之 編, 『辛亥革命前十年間時論選輯』, 1-1, 三聯書店, 1960.
「潘心源關於秋收起義前後瀏醴平革命闘爭情況的報告(節錄)」(1929.7.2), 平江縣委黨史辦公室 編, 『紅旗漫展出轅門: 平江起義資料匯編』, 中國文史出版社, 1986.
「慶陽現政府工作報告」(節錄)(1940.5), 『三三制』.
瞿秋白, 「中國革命中之爭論問題」(1927.2), 『六大以前』.
「全國農協最近之訓令 - 反抗土豪劣紳之武裝襲擊」(1927.6.13), 『中央文件』, 第3册.
「陝北代表團報告(第3號) - 關於中國工農紅軍陝甘遊擊隊第九支隊問題」(1932.12.13), 『陝西文件』, 乙, 1.
「陝北秋收闘爭的策略路線 - 省委全體會對于陝北工作決議案」(1930.7.9), 『陝西文件』, 甲, 3.
「陝北特委代表崔瑞生給中央的報告」(第四號) - 關於紅二十六軍與陝北游擊運動」, 『陝西文件』, 甲, 7.

「陝北特委給河北省委報告」(1932.3.15),『陝西文件』, 乙 1.

陝東區特派委員會目前工作計劃大綱」(1928.4.9), 中共陝西省委黨史資料徵集研究委員會 編,『渭華起義』, 출판사 불명, 1985.

「陝甘邊區特委關於陝甘邊區黨的任務的決議」(1934.7),『紅26軍』, 上.

「陝甘寧邊區黨委關於改造赤衛軍的決定」(1937.8.25),『陝甘寧文件』, 甲, 1.

「陝甘寧邊區黨委關於貧農團改造的決定」(1937.8.27),『陝甘寧文件』, 甲, 1.

「陝甘寧邊區黨委關於邊區婦女群衆組織的新決定」(1937.9),『陝甘寧文件』, 甲, 1.

「陝甘寧邊區黨委統戰部通知 - 搜集頑固分子破壞統一戰線的材料予以揭露」(1939),『陝甘寧文件』, 甲, 1.

「陝甘寧邊區黨委統戰部關於統戰工作中若干問題給關中分區統戰部的復信」(1940.1.13),『三三制』.

「陝甘寧邊區黨委組織部關於邊區黨員幹部情況統計表」(1939.10.27),『陝甘寧文件』, 甲, 1.

「陝甘寧邊區黨委組織部關於兩年來組織工作報告提綱」(1939.10.31),『陝甘寧文件』, 甲, 1.

「陝甘寧邊區委員會關於回民工作給隴東分委的指示」(1938),『陝甘寧文件』, 甲, 1.

「陝甘寧邊區一年來“三三制”實行的材料(節錄)」(1942), 中共慶陽地委黨史資料徵集辦公室 編,『陝甘寧邊區時期隴東民主政權建設』, 甘肅人民出版社, 1990.

「陝甘寧邊區政府布告 - 禁止佛教會, 一心會活動」(1938.7.15), 陝西省檔案館 · 陝西省社會科學院 編,『陝甘寧邊區政府文件選編』, 檔案出版社, 第1輯, 1986.

「陝甘寧邊區鎭原縣政府關於 ‘選擧工作總結’ 的呈文,抗字第三十三號」(1941.9.7),『陝甘寧邊區時期隴東民主政權建設』.

「陝西代表杜勵君在北方會議上的報告」(1932.6.2),『陝西文件』, 甲, 4.

「陝西代表團給中央的報告 - 關於政治, 黨務, 農村經濟概況」(1929.5.4),『陝西文件』, 甲, 2.

「陝西工作決議案 - 陝西代表出席中央會議決定」(1928.3.18),『陝西文件』, 乙, 1.

「陝西臨時省委給中央的報告(第6號) - 關於政治, 經濟, 軍事, 群運黨團等工作概況」(1930.4.31),『陝西文件』, 甲, 3.

「陝西臨時省委關於九月分工作給中央的報告」(1929.10.9),『陝西文件』, 甲, 2.

「陝西省軍委關於軍事情況給中央的報告」,『陝西文件』, 甲, 2.

「陝西省委第1次擴大會議的黨務報告」(1927.9.26),『陝西文件』, 甲 2.

「陝西省委第1次擴大會議關於軍事運動決議案」,『陝西文件』, 甲, 2.

「陝西省委第1次擴大會議關於農民鬪爭決議案」(1927.9.26),『陝西文件』, 甲, 2.

「陝西省委給陝北函(北字第一號)」(1927.10),『陝西文件』, 乙, 1.

「陝西省委給陝北特委的工作指示信」(1930.5.25),『陝西文件』, 甲, 3.

「陝西省委給中央報告(第一號)」(1927.10.13),『陝西文件』, 乙, 1.

「陝西省委給中央的報告(第1號) - 關於陝西遊擊隊情況」(1932.2.15),『陝西文件』, 甲, 4.

「陝西省委給中央的報告(第一號)」(1932.2.15), 『陝西文件』, 甲, 4.
「陝西省委給中央的報告」(1932.9.27), 『陝西文件』, 乙, 1.
「陝西省委給中央的工作報告」(1933.11.25), 『陝西文件』, 甲, 7.
「陝西省委關於創造陝甘邊新蘇區與遊擊隊的工作決議 - 接受中央『關於陝甘遊擊隊的工作及創造陝甘邊新蘇區的決議』」(1932.6.1), 『陝西文件』, 甲, 1.
「陝西省委關於帝國主義國民黨四次"圍剿" 創造陝甘邊新蘇區及紅二十六軍決議案」(1932.8.25), 『陝西文件』, 甲, 4.
「陝西省委關於各地十月分工作報告匯錄」(1938.11.3), 『陝西文件』, 甲, 11.
「陝西省委關於紅軍陝甘遊擊隊的決議」(1932.3.6), 『陝西文件』, 甲, 4.
「陝西省委關於陝甘邊境遊擊隊指示信」(1932.1.20), 『陝西文件』, 甲, 4.
「陝西省委臨時通訊(第二號) - 關於渭華暴動,軍事及經費情況」(1928.8.1), 『陝西文件』, 甲, 2.
「陝西省委秘書處關於各地工作報告摘抄(1939年一至三月)」, 『陝西文件』, 甲, 12.
「陝西省委組織部關於部分地區審查黨員工作情形初步總結」(1941.6.18), 『陝西文件』, 乙, 3.
「陝西政治,黨務報告」(1928.3.20), 『陝西文件』, 甲, 2.
「上海地方報告」(1924.6.1), 『中央文件』, 第1册.
「上海工作計劃決議案」(1926年7月, 中央擴大會議), 『中央文件』, 第2册.
「上海區委主席團會議記錄」(1927.4.1 午前 8時), 中共上海市委黨史資料徵集委員會 編, 『上海工人三次武裝起義研究』, 知識出版社, 1987.
上海師範大學歷史系中國近代史研究室 · 中國第一歷史檔案館編輯部 編, 『上海小刀會檔案史料匯編』, 福建人民出版社, 1993.
「山嘉原事件」, 『子午嶺上紅旗飄』(5), 正寧縣黨史辦公室, 1986.
瀋陽軍區〈賴傳珠日記〉整理編輯領導小組, 『賴傳珠日記』, 人民出版社, 1989.
石筍, 「陝西災後的土地問題和農村新恐慌的展開」(1932.7), 『中國農村經濟資料』.
「蕭勁光, 高自立, 高崗對邊區周圍磨擦問題的分析與指示」(1940.7.2), 『陝甘寧文件』, 甲, 2.
蘇北區黨委, 「關於取締封建會門的指示」(1949.11.23), 『江蘇公安史料』.
蘇北區黨委, 「關於鎮壓反革命活動的工作報告」(1950.12.19), 『江蘇公安史料』.
「孫川人履歷摘編」, 『泗陽史料選』, 第9輯, 1995.
「蘇維埃政權的組織問題決議案」(1928.7.10), 『中央文件』, 第4册.
「天花關於紅二十六軍在廟灣作戰經過給省委的報告」(1933.1.25), 『陝西文件』, 甲, 6.
「通飭嚴禁秘密結社文」(1912.9.29), 章伯鋒 · 李宗一 編, 『北洋軍閥』, 武漢出版社, 1990.
「通飭解散秘密結社集會文」(1912.10), 『北洋軍閥』.
「同意由山東派一部遊擊隊去蘇北開展遊擊戰爭 - 毛, 王致郭幷告朱, 彭, 胡」(1938.12.3),

『蘇北抗日根據地』.

土地委員會,『全國土地調査報告綱要』, 南京: 土地委員會, 1937.

「土地問題決議案 - 湘贛省蘇維埃第一次代表大會決議案之三」(1932.1.12),『湘贛革命根據地』(上), 中共黨史資料出版社, 1990.

「拓夫關於陝西黨破壞的報告(節錄)」(1933.11.13), 中共陝西省委黨史研究室,『土地革命戰爭時期的陝西省委』, 陝西人民出版社,1991.

「萬安工農鬪爭及一九二七年十月至一九二八年三月大暴動經過情形 - 張世熙一九二八年七月在蘇聯莫斯科第六次共産國際會議上的講話」,『秋收起義在江西』.

王若飛,「如何鞏固接近抗日前線的延川」(1938.6.23),『關山渡若飛 - 王若飛百年誕辰紀念集』, 中共黨史出版社, 1996.

王英,「在慶北和中宜蘇區」, 中共陝西省委黨史資料硏究室,『西北革命根據地』, 中共黨史出版社, 1998.

「縣議員黨派職業登記表」(1941年選的);「鄕參議員統計表」(1942),『陝甘寧邊區時期隴東民主政權建設』.

「湘省目前農民運動(農村暴動)行動綱要」(1927.10.5 修改發出), 中央檔案館 編,『秋收起義(資料選輯)』, 中央黨校出版社, 1982.

「西北局辦公廳關於邊區"三三制"經驗的初步研究(初稿)」(1944.3.23),『西北局文件』, 甲, 5.

「西北局關於三三制政權工作初步經驗的總結」(1942.6.20),『西北局文件』, 甲, 2.

「西北局組織部關於志丹等十六縣市及隴東分區各縣參議員黨派成分統計表」(1941.12-1942.3),『西北局文件』, 甲, 2.

「新寧縣民主政權統計」,『陝甘寧邊區時期隴東民主政權建設』.

「新正縣10個鄕參議員階級成分黨派關係統計」(1942年 改選),『陝甘寧邊區時期隴東民主政權建設』.

行政院農村復興委員會,『陝西省農村調査』, 商務印書館, 1934.

「徐州海州蚌埠特委代表大會經過情形報告(徐字報告第一號)」(1929.1.30),『江蘇革命史料選集』, 第5輯, 1982.

「閻紅彦同志在西北高干會上討論黨內歷史問題的發言」(1942.11.6),『子午嶺上紅旗飄』(5), 正寧縣黨史辦公室, 1986.

「嚴禁,解散湖南會黨令」(1913.10.3),『北洋軍閥』.

「嚴禁哥老會令」(1914),『北洋軍閥』.

易元,「黨逼民反」,『紅旗』, 第14期, 1929.2.21,『江蘇文件』, 甲, 3.

「1942年選擧以後11個縣的參議員及黨派階級成分統計表」, 宋金壽 · 李忠全 主編,『陝甘寧邊區政權建設史』, 陝西人民出版社, 1990.

「諭令各地碼頭改民團告示」,『國民新聞』, 1912.3.11, 中共陝西省委黨史資料徵集硏究委員

會 編,『辛亥革命在陝西』(陝西黨史資料叢書 3), 陝西人民出版社, 1986.
張維城,「泗陽新地區的開闢工作」,『人民通訊』, 第17期, 1942,『泗陽史料選』, 第4輯, 1984.
政協陝西省委員會辛亥革命史料組 調查整理,「陝西辛亥革命中的哥老會」,『辛亥革命在陝西』.
「中共北方局對中共陝北特委的工作指示」(1930.10.18), 中共陝西省委黨史研究室 · 中共榆林地委黨史研究室 編,『陝北革命根據地』, 中共黨史出版社, 1995.
「中共湖北省委關於湖北農民暴動經過之報告」(1927.10), 紅安縣委黨史資料徵編委員會 編, 郭家齊 主編,『黃麻起義』, 武漢大學出版社, 1987.
中共江蘇省委黨史資料徵集委員會蘇北領導小組,『蘇北抗日鬪爭歷史資料』, 第3卷 (1941.1-12); 第4卷 (1942.1-12), 출판사항 미상.
「中共江蘇省最近江蘇農民運動決議案」(1928.3),『江蘇文件』, 甲, 2.
中共萍鄉市委本書編纂組 編,『安源路礦工人運動』(下), 中共黨史資料出版社, 1991.
中共陝西省委黨史研究室 編,『中共陝西組織初建及早期活動』(陝西黨史資料叢書 38), 출판사항 불명.
中共陝西省委黨史研究室,『土地革命戰爭時期的中共陝西省委』, 陝西人民出版社, 1991.
中共陝西省委黨史資料研究室,『西北革命根據地』, 中共黨史出版社, 1998.
中共陝西省委黨史研究室 · 中共甘肅省委黨史研究室 編,『陝甘邊革命根據地』, 中共黨史出版社, 1997.
中共陝西省委黨史研究室 · 中共延安地委黨史研究室 編,『劉志丹』, 陝西人民出版社, 1993.
中共陝西省委黨史研究室 · 中共榆林地委黨史研究室 編,『陝北革命根據地』, 中共黨史出版社, 1995.
中共陝西省委黨史資料徵集研究委員會 編,『辛亥革命在陝西』(陝西黨史資料叢書 3), 陝西人民出版社, 1986.
中共陝西省委黨史資料徵集研究委員會 編,『渭華起義』, 출판사 불명, 1985.
「中共湘贛蘇區省委關於重新徹底平均分配土地條例」(1932.1.9);『湘贛革命根據地』, 上.
「中共中央給中國國民黨三中全會電」(1937.2.10),『中央文件』, 第11册.
「中共中央關於1935年陝北(包括陝甘邊及陝北)"肅反"問題重新審查的決定」(1942.12.12),『紅26軍』, 上.
「中共中央軍委關於新四軍各師領導幹部的任命」(1941.2.18),『新四軍文獻』, 第2卷.
「中共中央山東分局關於隴海南進支隊已南下致毛澤東, 王稼祥, 朱德, 彭德懷, 楊尙昆, 陳光, 羅榮桓, 吳法憲電」(1939.5.8),『蘇北抗日根據地』.
「中共中央書記處關於北方局與中原局割區劃分的決定」(1939.1.19),『新四軍文獻』, 第1卷.
「中共中央書記處關於抽調幹部到蘇北根據地工作的指示」(1940.10.17),『新四軍文獻』, 第1

卷.
「中共中央書記處關於發展華中武裝力量的指示」(1939.4.21),『新四軍文獻』, 第1卷.
「中共中央書記處關於江北新四軍應猛烈向東發展的指示」(1939.11.19),『新四軍文獻』, 第1卷.
中共中央西北局,「兵運的目前形勢及策略問題」(1936.2.3),『隴東統戰』.
「中共中央政治局關於中原局組成及管割區域的通知」(1938.11.9),『新四軍文獻』, 第1卷.
「中共中央中原局關於成立第五縱隊和黨的軍政委員會的決定」(1940.8.16),『新四軍文獻』, 第1卷.
「中國共産黨中央革命軍事委員會命令」(1941.1.20),『新四軍文獻』, 第2卷.
「中國勞動組合書記部宣言」(1921.8),『中央文件』, 第一冊.
「中華蘇維埃人民共和國中央政府對內蒙古人民的宣言」(1935.10.10),『中央文件』, 第11冊.
「中華蘇維埃中央政府對回族人民的宣言」(1936.5.25),『中央文件』, 第10冊.
「中央關於哥老會淸幫工作的初步指示」(1940,12.25),『中央文件』, 第12冊.
「中央關於湘鄂粵贛四省農民秋收暴動大綱」(1927.8.3),『中央文件』, 第3冊.
中央通告第一號 - 八七會議的意義及組織黨員討論該會決議問題」(1927.8.12),『中央文件』, 第3冊.
「中央通告農字第八號 - 農運策略的說明」(1927.6.14),『中央文件』, 第3冊.
「中央通告農字第九號 - 目前農民運動總策略」(1927.7.20),『中央文件』, 第3冊.
「中央與陝西代表李子洲談話」(1927.8.12.),『陝西文件』, 乙, 1.
「中央政治局關於蘇維埃區域目前工作計劃」(1930.10.24),『中央文件』, 第6冊.
「中央致湖南省委信」(1927.8.9),『中央文件』, 第3冊.
「最近農民鬪爭的決議案」, 第3冊.
左宗棠,「哥老會在陝西軍中活動情形」(同治7年[1868]), 黎青 編,『淸代秘密結社檔案輯印』9, 中國言實出版社, 1999.
左宗棠,『左文襄公全集』, 臺北: 文海出版社, 信札, 9.

Ⅲ. 구술 및 회고록

* 제2부 제3장의 '부록'에 수록된 지단현 당사판공실 소장의 구술자료 제외

白冠五,「烈士事迹片斷」,『劉志丹』.
白天章,「南梁蘇區情況片斷」,『陝甘根據地』.
蔡子偉,「南梁根據地革命鬪爭片斷回憶」,『陝西文史資料』, 第9輯, 1981.
「陳國棟1985年12月19日談平子遊擊隊」,『紅26軍』, 上.

陳奇涵,「興國的初期革命鬪爭」,『星火燎原』1, 人民文學出版社, 1964.
陳添祥,「隆德縣地下黨的回憶」, 中共固原地委黨史資料徵集領導小組辦公室,『固原地區黨史資料選輯』(一), 1987.
陳挹江,「窯灣小刀會始末」,『新沂文史資料』, 第4輯, 1990.
崔貫一,「憶建黨初期涇陽農民協會和自衛團成立經過」, 中共陝西省委黨史研究室 編,『中共陝西組織初建及早期活動』(陝西黨史資料叢書 38), 출판사항 불명.
崔田夫,「回憶陝北黨的活動情況」,『陝北革命根據地』.
杜化南・何宗純,「陳圩區的鬪爭歷程」,『泗陽史料選』, 第7輯.
高家驊,「小刀會慘殺八路軍戰士目擊記」,『洪澤文史資料』, 第2輯, 1986.
高錦純,「陝甘邊區黨的統一戰線工作」,『隴東統戰』.
郭述申,「陝北'肅反'的一點情況」,『西北革命根據地』.
郭廷藩,「陝甘邊和關中地區革命鬪爭紀實」, 子午嶺上紅旗飄(一), 中共寧縣黨史辦公室, 1983.
何長工,「改造王佐部隊」,『難忘的歲月』, 人民出版社, 1982.
何眞理,「洪澤湖畔戰鬪, 十年的回顧」, 中共淮陰縣委黨史辦公室 編,『黨史資料』, 第38輯, 1983.
何眞理,「淮泗順河區小刀會暴亂始末」,『泗陽史料選』, 第2輯, 1983.
黃羅斌・鍾輝,「憶抗戰前接收延安城」,『人民日報』, 1985.1.27.
黃羅武 口述, 張俊祥 等整理,「從"土匪"到司令 - 回憶收編郭寶珊的經過」,『延安文史』, 第1輯, 1998.
吉樂山・韋擧,「淮安縣抗日同盟會的建立和變遷」,『淮安黨史資料』, 第2輯, 1984.
吉樂山・周興,「謝蕩小刀會」,『淮安黨史資料』, 第2輯, 1984.
稽蔭根,「回憶漣水黨務訓練班」,『漣水黨史資料』, 第1輯, 1983.
李赤然,「紅二十七軍八十一師在東征西征中」,『陝西文史資料』, 第10輯, 1981.
「李富春談對慶陽, 合水等八縣民團的統戰工作」(1937.3.8), 原載,『省委通訊』, 第6期,『隴東統戰』.
李華,「平息小刀會叛亂」,『泗陽史料選』, 第2輯, 1983.
「李立三就安源工運史研究問題答北京大學歷史系教師王興等問」,『安源路礦工人運動』, 下.
「李立三同志談安源工運」,『黨史研究資料』, 第1集, 四川人民出版社, 1982.
李象九,「淸澗起義前後」, 中共陝西省委黨史資料研究徵集委員會 編,『淸澗旬邑等地的武裝起義』, 陝西人民出版社, 1988.
「李占義1979年10月26日談慶陽遊擊隊」,『紅26軍』, 上.
劉景範,「陝甘邊革命根據地的創建及發展」,『陝甘邊革命根據地』.

劉景範,「創建陝甘邊根據地時期爭取幇會士紳爲我效力」,『隴東統戰』.

劉景範,「劉志丹的軍運活動」,『劉志丹』.

劉凱·朱平 口述, 秦新邦 整理,「平息'小刀會'的武裝叛亂」,『沭水東流(沭陽縣委黨史資料)』, 第2輯.

婁書武,「巳河刀會活動紀事」,『宿遷文史資料』, 第7輯, 1986.

馬青年,「紅軍西征的回憶」,『寧夏文史資料』, 第13輯, 1984.

馬文瑞,「隴東黨的工作」(1942.4.13), 劉鳳閣 主編,『陝甘寧邊區隴東黨的建設』, 中共慶陽地委黨史辦·中共慶陽縣委員會, 1995.

馬文瑞,「革命楷模」,『劉志丹』.

「馬兆祥回憶少共定還, 驛馬關縣委的活動」, 劉鳳閣 主編,『陝甘寧邊區隴東的群衆運動』, 中共慶陽地委黨史資料徵集辦公室, 1994.

閔鑄九,「洪幇在甘肅的活動」,『甘肅文史資料選輯』 第13輯, 1982.

「湯靜逸談二戰時期宿遷地下黨的情況」,『宿遷革命史料』, 第8輯, 1984.

田壘,「回憶小刀會」,『洪澤文史資料』, 第2輯, 1986.

王華(李華堂),「甘洛縣白區工作部的工作」,『對黨領導安塞,甘泉人民進行革命鬪爭情況的點滴回憶』, 甘泉縣黨史辦公室, 1983.

王世泰,「'九一八' 前劉志丹的革命活動」,『劉志丹』.

王世泰,「紅二十六軍紅二團」, 원재『甘肅黨史資料徵集工作通訊』, 1985-1,『紅26軍』, 下.

王世泰,「陝甘邊初期革命武裝鬪爭」, 원재『黨史資料通訊』, 甘肅省委黨史委, 1989-1 增刊,『紅26軍』,下.

王首道,『王首道回憶錄』, 解放軍出版社, 1988.

王述淸,「平息魏圩小刀會暴亂的經過」,『泗陽史料選』, 第9輯, 1995.

王英,「延安首次解放」,『延安文史資料』, 第3輯, 1986.

王子宜,「回憶劉志丹同志和中共永寧山支部」,『陝西文史資料』, 第12輯, 1982.

王子宜,「記志丹同志二三事」,『解放日報』, 1943.5.15.

韋錫琢,「我在淮寶地下黨時期經歷過的一些革命活動」,『洪澤革命史料選集』, 第7輯, 1984.

韋杰之,「憶淮寶地下黨的鬪爭」,『洪澤革命史料選集』, 第7輯, 1984.

韋錫琢,「我在淮安地下黨時期的一些活動」,『淮安黨史資料』, 第2輯, 1984.

衛一吾,「我和馬青年同志來固原」,『固原地區黨史資料選輯』(一), 1987.

吳台亮,「周副主席勞山遇險前後」,『陝西文史資料選輯』, 第7輯, 1980.

吳心榮,「利用'安淸幇' 開展對敵鬪爭」,『淮陰黨史資料』, 第8輯, 1983

習仲勳,「群衆領袖 民族英雄」,『人民日報』, 1979.10.6.

夏如愛,「從蘇北抗日同盟會到淮陰抗日義勇隊」,『淮陰黨史資料』, 第5輯.

楊漢章,「淮屬特委的活動情況」,『淮陰黨史資料』, 第5輯.
楊繼非,「關於泗陽地下黨領導的幾次群衆鬪爭」,『泗陽史料選』, 第2輯, 1983.
張邦英,「永遠活在人民心裏」,『劉志丹』.
張承啓,「刀會在窯灣鬧事的回憶」,『新沂文史資料』, 第4輯, 1990.
張成英,「封建幇會組織 - 哥老會」,『隴東統戰』.
張達志,「憶中共陝北特委第四次擴大會議前後的一些情況」,『陝西文史資料』, 第9輯, 1981.
張茂勳,「參加地下黨活動點滴」,『洪澤革命史料選集』, 第7輯, 1984.
「張維楨同志談上海"五卅"運動」,『黨史硏究資料』, 第1集. 四川人民出版社, 1982.
張奚若,「辛亥革命回憶錄」,『辛亥革命在陝西』.
「張秀山1985年5月14日談閻洼子會議」,『紅26軍』, 上.
張秀山,「郭寶珊部隊走上革命的經過」,『隴東統戰』.
張秀山,「在隴東搞兵運的情況」,『劉志丹』.
張秀山,「劉志丹同志在隴東兵運工作的情況」,『隴東統戰』.
張仲良,「回憶陝甘邊"第三路遊擊隊"」,『紅26軍』, 下.
周宣德,「我在蘇北創辦兩個省中的因緣」, 宿豫縣黨史辦公室, DY, B3 029.
朱克禮,「朱壩小刀會」,『洪澤文史資料』, 第2輯, 1986.
朱學範,「上海工人運動與幇會二三事」, 中國政治協商會議上海市委員會文史資料工作委員會 編,『舊上海的幇會』(『上海文史資料選集』, 第14集), 上海人民出版社, 1986.
朱叙五・黨自新,「陝西辛亥革命回憶」,『辛亥革命在陝西』.

Ⅳ. 地方志

『安塞縣志』(原稿), 1993, 安塞縣檔案館藏.
「匪亂紀要」,『宿遷志資料(解放前四十年史)』, 1964(手稿本); 宿遷縣志編纂委員會辦公室. 1987 印刷, 宿預縣檔案館, 全宗 001, 序號 29.
『合水縣志』(原稿), 合水縣縣志辦公室 소장.
『洪澤縣志』(原稿), 1999, 洪澤縣黨史辦 소장.
淮安市志編纂委員會,『淮安市志』, 江蘇人民出版社, 1998.
淮陰市地方志編纂委員會,『淮陰市志』, 上海社會科學院出版社. 1995.
淮陰縣志編纂委員會,『淮陰縣志』, 上海社會科學院出版社. 1996.
環縣縣志辦公室,『環縣志』, 1993.
漣水縣地方志編纂委員會,『漣水縣志』, 江蘇古籍出版社, 1997.

宿遷市地方志編纂委員會,『宿遷市志』, 江蘇人民出版社, 1996.
延安市志編纂委員會,『延安市志』, 陝西人民出版社, 1994.
延川縣志編纂委員會,「延川縣志」(原稿), 1996.
志丹縣志辦公室,『志丹縣志』, 陝西人民出版社, 1996.
中共洪澤縣仁和鎭委員會 · 洪澤縣仁和鎭人民政府 編,『仁和鎭志』(原稿), 1990.

V. 정기간행물 사료

「邊白區群衆擁護蘇維埃」,『紅色中華』, 第301期, 1936.9.18.
陳獨秀,「紅槍會與中國的農民運動」,『嚮導』, 第158期, 1926.6.16.
陳揚,「蘇北抗日同盟總會」,『新華日報』, 1938.4.13.
「第六屆農民運動講習所辦理經過」,『中國農民』, 第9期, 1926.11.
「哥老會積極擁護蘇維埃抗日主張」,『紅色中華』, 第297期, 1936.8.29.
古硏氏(平山周),「中國秘密會黨記」,『東方雜誌』, 第8卷, 第10期, 1912.4.1.
「河南的農民運動」,『中國農民問題』, 1927.1
「華池哥老會開會討論抗日救國工作」,『紅色中華』, 第302期, 1936.9.23.
華洋義賑會,「西北慘劫報告」,『天津大公報』, 1930.1.24.
「江北小刀會猖獗」,『申報』, 1928.1.9.
「小刀會漣水暴動之補聞」,『申報』, 1926.7.3.
「漣水小刀會風潮續誌」,『申報』, 1928.1.14.
「漣水小刀會繳公安隊械」,『申報』, 1928.1.13.
劉少奇,「堅持華北抗戰中的武裝部隊」,『解放』 43, 44, 1938.7.
「論外來幹部地方化與培養提拔地方幹部」,『拂曉報』, 1942.5.8.
「魯境紅槍會毁鐵軌」,『京報』, 1929.3.16.
瞿秋白,「中國職工運動的問題」,『布爾塞維克』, 第3卷, 第2-3號, 1930.3.15.
「三縣長會查宿遷刀變案」,『申報』, 1929.3.20.
「陝西硬堵[肚]與河南紅槍會」,『共進』, 第101期, 1926.3.1.
「盛況空前的哥老會大會」,『紅色中華』, 第301期, 1936.9.18.
神州,「國民軍第二軍之失敗」,『嚮導』, 第147期, 1926.3.27.
「睢寧也發生暴民兇毆案」,『京報』, 1929.3.28.
素昧,「劉閻殘虐一班」,『共進』, 第34期, 1923.3.25.
「宿遷黨教人員赴省請救」,『申報』, 1929.2.25.
「宿遷刀匪暴動後」,『京報』, 1929.3.11.

「宿遷刀匪播散鄉村」,『申報』, 1929.2.23.
「宿遷刀匪殲後」,『申報』, 1929.3.10.
「宿遷刀會勢復猖獗」,『申報』, 1929.4.21
「宿遷刀會又猖獗」,『申報』, 1929.3.8.
「宿遷匪氛未靖」,『申報』, 1929.3.7.
「宿遷匪亂暫告段落」,『申報』, 1929.2.24.
「宿遷各團體推擧臨時縣長」,『申報』, 1929.3.12.
「宿遷奇變」,『京報』, 1929.2.19.
「宿遷僧衆土劣刀匪暴動」,『申報』, 1929.2.20.
「宿遷土劣僧匪暴動續訊」,『申報』, 1929.2.21.
「宿遷小刀會暴動情形」,『京報』, 1929.2.24.
「宿遷小刀會暴動續誌」,『京報』, 1929.2.22.
「宿遷小刀會圍城」,『京報』, 1929.3.7.
「宿遷指委會對刀會宣言」,『申報』, 1929.3.2.
「宿睢等縣刀匪又猖獗」,『京報』, 1929.4.18.
「宿邑刀匪又復騷擾」,『申報』, 1929.4.21.
吳壽彭, 「逗留於農村經濟時代的徐海各屬」,『東方雜誌』, 第27卷, 第6・7號, 1930.3.25, 1930.4.10.
「小刀會擾民之可惡」,『申報』, 1926.7.8.
「徐東刀匪漸平」,『申報』, 1929.4.19.
「徐東刀會暴動經過」,『申報』, 1929.4.21.
「徐東刀會又起騷動」,『申報』, 1929.4.18.
「延安城秩序已恢複」,『紅色中華』, 1936.12.28.
逸屏, 「勝利的收穫 - 隴東(1942年)鄉市選擧通訊」,『解放日報』, 中華民國 30.10.20-21.
岳威, 「革命的江蘇農民」,『布爾塞維克』, 第1號, 1927.10.24.
「豫海縣回民代表大會的盛況」,『紅色中華』, 1936.11.9.
「蘇維埃中央政府對哥老會宣言」(1936.7.15),『鬪爭』, 第105期, 1936.7.12[20의 오기?].

B. 연구 문헌

I. 동양어 단행본 및 논문

金志勳,「江西時期 中央소비에트區의 査田運動」,『成大史林』, 第11輯, 1996.

孫承會,「河南 紅槍會와 地域社會 - '會・匪世界' 의 成立과 關聯하여」,『東洋史學硏究』, 第70輯, 2000.

______,「民初(1912~1928年) 河南 土匪, 紅槍會 硏究」, 서울대학교 박사학위논문, 2001.

兪長根,「19세기초 中國東南部地域의 天地會動向 - 1802년의 惠州反亂을 중심으로」,『慶大史論』, 第2輯, 1986.

______,『근대 중국의 비밀결사』, 고려원, 1996.

馬場毅,「紅槍會運動序說」,『中國民衆叛亂の世界』, 汲古書院, 1974.

______,「中共と山東紅槍會」,『中嶋敏先生古稀記念論集(下)』, 汲古書院, 1980.

______,「日本の中國侵略と秘密結社」, 神奈川大學人文學硏究所 編, 1995.

______,「農民闘爭における日常と變革 - 1920年代紅槍會運動を中心に」,『史潮』, 新10號, 1981.

栢貴喜,「現代鄂川黔湘邊區的神兵運動」,『中南民族學院學報』, 1995-6.

蔡少卿,「關於天地會的起源問題」,『北京大學學報』, 1964-1.

______,「關於哥老會的源流問題」,『南京大學學報』, 1982-1.

______,『中國近代會黨史硏究』, 中華書局, 1987.

______,『中國秘密社會』, 浙江人民出版社,1989.

______ 主編,『中國秘密社會概觀』, 江蘇人民出版社, 1998.

陳耀,「取消保甲制, 實行鄉村制」,『泗陽史料選』, 第9輯.

戴玄之,『紅槍會 1916~1949』, 臺北: 食貨出版社, 1973.

戴逸,『中國近代史稿』 上, 人民出版社, 1958.

張照侯 編,「刀會之亂」,『淮陰風土記』(上), 1936.

董雷・劉心銘 主編,『豫南革命史』, 河南人民出版社, 1991.

房成祥・黃兆安 編,『陝甘寧邊區革命史』, 陝西師範大學出版社, 1991.

方生祥 主編,『毛澤東與延安整風運動』, 陝西人民出版社, 1993.

費雲東・石維行,「解放戰爭時期中央檔案的三次大轉移」,『黨的文獻』, 1999-5.

高憲崗,「胡宗南部七十六軍覆滅記」,『甘肅文史資料選輯』, 第29期, 1988.

郭緖印,『洪幇秘史』, 上海人民出版社, 1996.

韓定山,「辛亥革命在甘肅」,『甘肅文史資料選輯』, 第11輯, 1981.

旗田巍,『中國村落と共同體理論』, 岩波書店, 1973.

和龔,「寧夏哥老會與辛亥革命與」,『中央民族學院學報』, 1981-3.
何其正,「辛亥革命中衛縣會黨起義述略」,『寧夏文史資料』, 第10輯, 1981.
赫治清,「天地會起源乾隆說質疑」,『中國史研究』, 1983-3.
赫治清,『天地會起源硏究』, 社會科學文獻出版社, 1996.
平山周,『中國秘密社會史』, 商務印書館, 1912.
紅安縣革命史編寫辦公室 編著,『紅安縣革命史』, 武漢大學出版社, 1987.
胡新民・李忠全・閻樹聲,『陝甘寧邊區民政工作史』, 西北大學出版社, 1995.
胡珠生,「天地會起源初探 - 兼評蔡少卿同志關於天地會的起源問題」,『歷史學』, 1979-4.
花揚,「淮寶抗日根據地開闢前後」,『淮安黨史資料』, 第3輯, 1984.
「淮安黃溝寺暴動」,『淮陰黨史資料』, 第3輯, 1982.
「淮安大地星星火 - 淮安地下黨的創建及其鬪爭」,『淮陰黨史資料』, 第3輯.
黃旭明,「淮寶地區的小刀會」,『洪澤文史資料』, 第2輯, 1986.
惠建和,「中國共産黨爭取陝西哥老會共同抗日芻議」, 陝甘寧根據地史研究會 編,『抗日戰爭問題硏究』, 西北大學出版社, 1995.
江蘇省公安廳史志辦公室,「新中國成立初期江蘇鎭壓反革命運動」, 中共江蘇省委黨史工作辦公室 編,『歷史的探索與回顧(1949~1978)』, 中共江蘇省委新聞出版局, 1998.
江蘇省淮陰市公安局公安史辦公室,『抗日戰爭時期淮海區公安史長編』(徵求意見稿), 淮陰市公安局, 1985, 淮陰市檔案館 소장.
神奈川大學人文學研究所 編,『秘密社會と國家』, 勁草書房, 1995.
菊池一隆,「陝西省における軍閥支配 とアヘン」,『近代中國』, 第4號, 1978.
_______,「劉志丹と陝北革命」,『中國近現代史の諸問題』, 國書刊行會, 1984.
_______,「陝西省における國民軍と農民協會運動」,『近代中國』, 第22號, 1991.
小林 一美,「中華帝國と秘密社會」, 神奈川大學人文學研究所 編, 1995.
賴孝福,「綠林武裝三點會」,『江西黨史資料』, 第10期.
雷雲峰 主編,『陝甘寧邊區大事記述』, 三秦出版社, 1990.
李芳林,「洪幇對民主革命的作用」,『合水文史』, 第12期(總83期), 1996.
李鳳權,『胡景翼傳』, 陝西人民出版社, 1991.
李紹斌,「羅司令瓦解 '刀會' 」,『洪澤文史資料』, 第1輯, 1985.
李世瑜,『現代華北秘密宗教』, 四川大學歷史系, 1948, 上海文藝出版社, 1990 影印.
李維漢,『回憶與研究』(上), 中共黨史資料出版社, 1986.
李順民・趙阿利,『陝甘寧邊區行政區劃變遷』, 陝西人民出版社, 1994.
李先臣 編,『淮安人民武裝鬪爭史』, 江蘇人民出版社, 1991.
李占年 調查整理,「劉志丹與平子遊擊隊的誕生(節選)」,『紅旗輝映合水縣』 2, 合水縣黨史辦公室, 1986.

李振民・張守憲,「劉志丹」, 中共黨史人物研究會,『中共黨史人物傳』, 第3輯, 陝西人民出版社, 1981.
「漣水刀會暴動」,『淮陰黨史資料』, 第3輯.
劉大年,「從綠林好漢到紅軍團長 - 段起鳳」,『江西黨史研究』, 1988-1.
劉培榮,「內蒙河套的哥老會與土匪」, 河北文史資料編輯部,『近代中國幇會內幕』, 下卷, 群衆出版社, 1992.
路遙,『山東民間秘密教門』, 當代出版社, 2000.
陸仲偉,「論會道門的反動性」, 第1屆中國近代秘密社會史國際學術討論會 제출논문, 南京大學, 1993.6.
羅賓孫,『蘇北眞相』, 理想出版社, 1947.
羅爾綱,「明亡後漢族的自覺和秘密結社」,『益世報』(天津), 1935.4.30.
______, 羅爾綱,「水滸傳與天地會」,『天地會文獻錄』, 正中書局, 1943.
馬啓成,「甘肅辛亥革命概略」,『寧夏文史資料』, 第10輯, 1981.
馬西沙,「白蓮教辨證」, 第1屆中國近代秘密社會史國際學術討論會 제출논문, 南京大學, 1993.6.
馬西沙・韓秉方,『中國民間宗教史』, 上海人民出版社, 1992.
『民主革命時期合水縣的統戰工作』, 合水縣黨史辦公室, 1987
三谷孝,「國民革命期における中國共産黨と紅槍會」,『一橋論叢』, 第69卷, 第5號, 1973.
______,「南京政權と'迷信打破運動'(1928~1929)」,『歷史學硏究』, 第455號, 1978.
______,「江北民衆暴動(一九二九年)」,『一橋論叢』, 第83卷, 第3號, 1980.
______,「紅槍會と鄕村結合」,『シリ-ズ世界史への問い, 四, 社會的結合』, 岩波書店, 1989
大野三德,「四川保路運動と哥老會」,『東方學』, 第50號, 1975.
裵干元,「一九三四年泗陽南新灘小刀會暴動」,『泗陽史料選』, 第4輯, 1984.
濮文起,「民國時期民間秘密宗敎簡論」, 第1屆中國近代秘密社會史國際學術討論會 제출논문, 南京大學, 1993.6.
齊禮 編,『陝甘寧邊區實錄』, 解放社, 1939.
喬培華,『天門會研究』, 河南人民出版社, 1993.
秦寶琦,「中國秘密社會産生的根源與特點」, 第1屆中國近代秘密社會史國際學術討論會 제출논문, 南京大學, 1993.6.
______,『中國地下社會(淸前期秘密社會卷)』, 學苑出版社, 1993.
秦寶琦 劉美珍,「試論天地會」,『淸史研究集』(中國人民大學淸史研究所), 第1號, 1980-11.
秦翰才,『左文襄公在西北』, 商務印書館印行, 民國34年「1945」.
秦暉・蘇文,『田園詩與狂想曲 - 關中模式與前近代社會的再認識』, 中央編譯出版社, 1996.
「慶陽一帶哥老會反正及其慘遭鎭壓之實況」,『甘肅文史資料選輯』, 第11輯, 1981.

任重, 「宿城大屠殺調查紀實」, 『宿遷革命史料』, 第12輯.
「日軍在淮安暴行紀實」, 江蘇政協 · 南京市政協 編, 『腥風血雨(侵華日軍江蘇暴行錄)』, 출판사 미상, 1995.
酒井忠夫, 「清末の會黨と民衆 - 特に哥老會について」, 『歴史教育』, 第13巻, 第12號, 1965.
______, 『中國幇會史の研究(紅幇篇)』, 國書刊行會, 1998.
佐佐木衛 編, 『近代中國の社會と民衆文化 - 日中共同研究, 華北農村社會調査資料集』, 東方書店, 1992.
佐藤公彦, 「從大刀會到神拳 - 秘密會社與鄕村社會, 義和團的形成」, 第1屆中國近代秘密社會史國際學術討論會 제출논문, 南京大學, 1993.6.
______, 유장근 역, 「의화단의 기원에 대해 - 조셉 에셰릭설에 대한 비판」, 『慶大史論』, 第8輯, 1995.6.
邵雍, 「民國時期幇會史學的發展」, 蔡少卿 主編, 1998.
______, 邵雍, 『中國會道門』, 上海人民出版社, 1997.
申仲銘, 『民國會門武裝』(徵求意見稿), 中華書局, 1984.
史炳忠, 「趙連璧傳」, 志丹縣黨史辦公室 소장.
______, 「馬海旺(1890~1944)」, 中共延安地委黨史辦公室 編, 『延安黨史人物英烈專輯』, 1987.
時永康 編, 『漣水革命鬪爭簡史』, 1992.
史志辦公室, 「'二.一三' 小刀會暴動」, 『宿遷文史資料』, 第2輯, 1983.
曙東, 「開闢淮寶中與小刀會的一場鬪爭」, 『淮陰黨史資料』, 第12輯.
______, 「淮寶地區的小刀會活動簡介」, 『淮陰縣文史資料』, 第4輯, 1990.
「泗陽李口暴動」, 『淮陰黨史資料』, 第3輯, 1982.
宋飛, 「創建陝甘邊根據地中的幾次主要戰鬪」, 『陝甘邊根據地』.
宋金壽 · 李忠全 編, 『陝甘寧邊區政權建設史』, 陝西人民出版社, 1990.
末光高義, 『支那の秘密結社と玆善結社』, 大連: 滿州評論社, 1932.
孫江, 「清末民初期における民間秘密結社と政治との關係」, 神奈川大學人文學研究所 編, 1995.
孫志亮 · 馬林安 · 陳國慶 主編, 『陝西近代史稿』, 西北大學出版社, 1992.
孫志亮 · 張應超, 『陝西辛亥革命』, 陝西人民出版社, 1991.
「宿遷地下黨鬪爭紀事」, 『淮陰黨史資料』, 第3輯, 1982.
田中忠夫, 『革命支那農村の實證的研究』, 衆人社, 1930.
陶成章, 「教會源流考」, 『浙案紀略』, 1910, 『辛亥革命(三)』(中國近代史資料叢刊), 上海人民出版社, 1957.
陶興範, 「賈生財」, 劉鳳閣 主編, 『慶陽地區中共黨史人物傳』, 中共慶陽地區黨史辦, 中共華

池縣委員會 編, 1996.
王純五,『袍哥探秘』, 巴蜀出版社, 1993.
汪明敏,「羅浮洪江會」,『岡山文史資料』, 第3.4期, 1989.
王濤,「洪幇淵源, 組織及幇規」,『文史資料選輯』(全國政協), 第27輯(總第127輯), 中國文史出版社, 1994.
王濤,「淮寶的公安工作簡況」,『洪澤革命史料選集』, 第8輯, 1985.
王天奬,「十九世紀下半期中國的秘密社會」,『歷史硏究』, 1963-2.
王先明,「士紳構成要素的變異與鄉村權力 - 以20世紀三四十年代的晉西北 · 晉中爲例」,『近代史硏究』, 2005-2.
王玉祥,「中共中央長征到達陝北後對內外各種關係的處理」,『中共黨史硏究』, 1996-5.
王自成,「陝甘寧邊區的形成及演變」,『中央檔案館叢刊』, 1987-5.
魏建猷 編,『中國會黨史論著匯要』, 南開大學出版社, 1985.
聞武,「羅炳輝率部開闢淮寶記」,『洪澤革命史料選集』, 第6輯, 1983.
文史辦 整理,「淮安小刀會概術」,『淮安文史資料』, 第4輯, 1986.
吳志淵,『西北根據地的歷史地位』, 湖南出版社, 1991.
蕭一山,「天地會起源考」,『近代秘密社會史料』, 1, 北平硏究院, 1935.
邢方瑩,「西北革命根據地寧夏區域」,『西北革命根據地』.
「'西乾道' 覆滅紀略」,『漣水縣志』.
徐安琨,『哥老會的起源及其發展』, 臺灣省立博物館, 1988.
山本秀夫,「農民解放鬪爭の新展開 - 中國共産黨と農民戰爭」,『講座現代中國 2, 中國革命』, 大修館書店, 1969.
一戈,「四十八年前的一件公案」,『宿遷文史資料』, 第6輯, 1985.
藝蓀 搜集整理,「漣水小刀會」, 縣志辦 編,『漣水史志通訊』 3, 1984.
尹恩子,「兩湖地區哥老會硏究」, 南京大學博士學位論文, 2002.9.
袁　林,『西北災荒史』, 甘肅人民出版社, 1994.
袁偉 主編,『毛澤東軍事活動紀事』, 解放軍出版社, 1994.
耘夫「劉師亮」,『漢留全史』, 1938, 臺灣: 古亭書屋, 1975 影印.
張百川,「洪幇在武威的始末」,『甘肅文史資料選輯』, 第13輯, 1982.
張策,「共産黨人的光輝榜樣」,『劉志丹』.
張榮軒,「辛亥革命以來宿遷縣軍事動亂史略(上) - 軍閥混戰到北伐戰爭(1921~1927)」,『宿遷文史資料』, 第3輯, 1984.
______,「宿遷匪禍四十年」,『宿遷文史資料』, 第6輯, 1985.
趙敏,「'李文林式' 東固革命根據地的特點及其歷史作用」,『江西黨史硏究』, 1988-2.
趙振軍,『中共中央在陝北』, 解放軍出版社, 1988.

折正千,「西安事變與延安解放」,『延安文史資料』, 第3輯, 1986.
鄭克明,「宿遷小刀會始末」,『淮陰文史資料』, 第2輯, 1984.
鄭自毅,「張雲山傳略」,『陝西文史資料』, 第24輯(陝西民國人物2), 1991.
中共鄧縣縣委黨史辦公室,「關於渭華起義失敗後許權中旅在鄧縣的情況調查」,『渭華起義』.
中共淮陰市委黨史辦公室 編,『淮陰革命鬪爭大事記』, 上海社會科學院出版社, 1989.
中共淮陰市委黨史工作委員會 編,『淮陰人民革命鬪爭史』, 黑龍江人民出版社, 1993.
中共江蘇省委黨史工作委員會,『蘇北抗日鬪爭史稿』, 江蘇人民出版社, 1994.
中共江蘇省委黨史工作委員會 · 江蘇省檔案館 編,『蘇北抗日根據地』, 中共黨史資料出版社, 1989.
中共陝西省委黨校黨史研究室 · 陝西省社會科學院黨史研究室,『新民主主義革命時期陝西大事記述』, 陝西人民出版社, 1980.
中共宿遷市委黨史辦 編印,『輝煌的歷程 - 紀念中共宿遷縣委成立六十周年』, 1988.
中共宿遷市委黨史工作委員會 編,『宿遷革命鬪爭大事記 1919~1949』, 1991.
中共中央文獻硏究室,『周恩來年譜 1898~1949』, 人民出版社 · 中央文獻出版社, 1990.
周育民,「民間宗教」, 馮林 編,『重新認識百年中國』, 第1卷, 改革出版社, 1998.
周育民 · 邵雍,『中國幇會史』, 上海人民出版社, 1993.
朱德新,『二十世紀三四十年代河南冀東保甲制度研究』, 中國社會科學出版社, 1994.
莊吉發,『清代天地會源流考』, 臺北: 國立古宮博物院, 1981.
______,『清代秘密會黨史硏究』, 臺北: 文史哲出版社, 1994.

II. 구미어 단행본 및 논문

Agulhon, Maurice, "1848, le suffrage universel et la politisation des campagnes françaises", *Histoire vagabonde II: la politique en France, d'hier à aujourd'hui*, Gallimard, 1996.
Alitto, Guy, "Rural Elites in Transition: China's Cultural Crisis and the Problem of Legitimacy", in Susan Mann Jones(ed), *Select Papers from the Center for Far Eastern Studies*, no. 3, Chicago: University of Chicago, 1979.
Ash, Robert, *Land Tenure in Pre Revolutionary China: Kiangsu Province in the 1920s and 1930s*, Research Notes and Studies, no. 1, London: Contemporary China Institute, SOAS, 1976.
Aubert, Claude & Cheng Ying, *L'entraide agricole dans la Chine du Nord précommuniste*,

Paris, publications orientalistes de France, 1980.

Averill, Stephen, "Party, Society, and Local Elite in the Jiangxi Communist Mouvement", *The Journal of Asian Studies*, vol. 46, no. 2, May 1987.

______, "Local Elite and Communiste Revolution in the Jiangxi Hill County", in Joseph Esherick & Mary Rankin(eds), 1990.

Barkan, Lenore, "Patterns of Power: Forty Years of Elite Politics in a Chinese County", in Joseph Esherick & Mary Rankin(eds), 1990.

Barnet, Doak, "The Status Quo in the Countryside"(June, 1948), *China on the Eve of Communist Takeover*, New York: Frederick A. Praeger, 1963.

Benton, Gregor, *New Fourth Army: Communist Resistance along the Yangtze and the Huai, 1938~1941*, Curzon Press, 1999.

______, "Comparative Perspectives: North and Central China in the Anti-Japanese Resistance", in Feng Chongyi & David Goodman(eds), 2000.

Bergère, Marie-Claire, "Civil Society and Urban Change in Republican China", *The China Quarterly*, no. 150, June 1997.

Bianco, Lucien, "Sociétés secrètes et autodéfense paysanne (1921~1933)", in Jean Chesneaux, et al(eds), 1970.

______, "Paysans et communistes dans la révolution", *Historiens-Géographes*, no. 340, 1993.

______, "Trop célébrée … La résistance aux fermages dans la Chine prérévolutionnaire", *Etude chinoise*, vol. XVII, no. 1-2, print automne, 1998.

______, "Peasants and Revolution: The Case of China", *The Journal of Peasant Studies*, vol. 2, no. 3, April 1975. 이 논문은 다음의 논문으로 재록됨. "Reflections on Chinese Peasants and Revolution", in L. Bianco, *Peasants Without The Parti: Grass-Root Movements in Twentieth-Century China*, M. E. Sharpe, 2001.

Billingsley, Phil, *Bandits in Republican China*, Stanford University Press, 1988.

Bourdieu, Pierre, *Language and Symbolic Power*, Polity Press, 1991.

Buck, John Lossing, *Land Utilization in China: Statistics*, Shanghai: Shangwu yinshu guan (commercial press), 1937.

Ch' en, Jerome, *The Highlands of Central China: A History, 1895~1937*, Armonk, New York, 1992.

Chang Kuo-t' ao, *The Rise of the Chinese Communiste Party: The Autobiography of Chang Kuo-t' ao*, vol. 1, University Press of Kansas, 1971.

Chen, Yung-fa & Gregor Benton, *Moral Economy and the Chinese Revolution: A Critique*,

Universiteit van Amsterdam, 1986.

Chen, Yung-fa, *Making Revolution, The Communist Movement in Eastern and Central China, 1937~1945*, University of California Press, 1986.

Ch' en, Jerome, *Mao and Chinese Revolution*, New York, 1967.

Chesneaux, Jean(ed), *Popular Movements and Secret Societies in China 1840~1950*, Stanford University Press, 1972.

______, *Le mouvement ouvrier chinois de 1919 à 1927*, Paris, Mouton, 1962.

______, *Les sociétés secrètes en Chine(XIXe et XXe siècles)*, René Juillard, 1965.

______, "La place des sociétés secrètes dans l' évolution historique de la Chine aux XIXe et XXe siècles" , in Jean Chexneaux, et al(eds), 1970.

______, et al(eds), *Mouvements populaires et sociétés secrètes en Chine aux XIXe et XXe siècles*, Paris: Maspero, 1970.

Chevrier, Yves, "Mort et transfiguration: le modèle russe dans la révolution chinoise", *Extrême-Orient Extrême Occident*, vol. 2, 1983.

______, *Mao et la révolution chinoise*, Casterman-Giunti, 1993.

______, *La Chine moderne*(troisième édition corrigée), Presses universitaires de France, 1997.

______, "L' empire distendu: esquisse du politique en Chine des Qing à Deng Xiaoping", in Jean-François Bayart(dir.), *La greffe de L' Etat*, Editions Karthala, 1996.

______, "Mao Zedong et la révolution d' un seul", in D. L. Caglioti & E. Francia(eds), *Rivoluzioni. Una discussione di fine Novecento*, Rome: Direzione generale per gli archivi, 2001.

Davis, Fei-Ling, *Primitive Revolutionaries of China*, London and Henley: Routledge & Kegan Paul, 1977.

Delioussine, Lev, "La sociétés Yiguandao et sa supression par les autorités de Chine populaire" Jean Chexneaux, et al(eds), 1970.

Duara, Prasenjit, *Culture, Power, and The State: Rural North China, 1900~1942*, Stanford, CA: Stanford University Press, 1988.

Eastman, Lloyd, *Family, Field, and Ancestors: Constancy and Change in Chinese Social and Economic History, 1550~1949*, Oxford University Press, 1988.

Esherick, Joseph & Mary Rankin(eds), *Chinese Local Elites and Patterns of Dominance*, Berkely: University of California Press, 1990.

Esherick, Joseph, *Reform and Revolution in China: The 1911 Revolution in Hunan and Hubei*, Berkely: University of California Press, 1976.

______, *The Origins of the Boxer Uprising*, University of California Press, 1987.

______, "Deconstructing the Construction of Party-State: Gulin County in the Shaan Gan Ning Border Region", *China Quarterly*, no. 140, December 1994.

______, "Revolution in a Feudal Fortress: Yangjiagou, Mizhi County, Shaanxi, 1937~1948", *Modern China*, vol. 24, no. 4, October 1998.

Fass, Joseph, "L' insurrection du Xiaodaohui à Shanghai (1853~1855)", in J. Chesneaux, et als (eds), 1970.

Favre, Lieutenant-Colonel B., *Les sociétés secrètes en Chine: origine - rôle historique - situation actuelle*, Paris: Edition G. P. Maisonneuve, 1933.

Feng, Chongyi & David Goodman(eds), *North China at War: The Social Ecology of Revolution, 1937~1945*, Rowman & Littlefield Publishers, 2000.

Foucault, Michel, *Histoire de la sexualité: 1, la volonté de savoir*, Gallimard, 1978.

Friedman, Maurice, *Lineage Organization in Southeastern China*, University of London, 1974.

Giles, Herbert A., *Freemasonry in China*, Amoy, 1980.

Goodman, Bryna, *Native Place, City and Nation: Regional Networks and Identities in Shanghai, 1853~1937*, Berkeley: University of California Press, 1995.

Goodman, David, "The Licheng Rebellion of 1941: Class, Gender, and Leadership in the Sino-Japanese War", *Modern China*, vol. 23, no. 2, April 1997.

______, *Social and Political Change in Revolutionary China: The Taihang Base Area in the War of Resistance to Japan, 1937~1945*, Rowman & Littlefield Publishers, 2000.

Goossaert, Vincent, "La gestion des temples chinois au XIXe siècle: droit coutumier ou laisser faire?", *Extrême-Orient Extrême-Occident*, vol. 23, 2001.

Harrel, Stevan & Elizabeth Perry, "Syncretic Sects in Chinese Society: An Introduction", *Modern China*, vol. 8, no. 3, July 1982.

Hartford, Kathleen & Steven M. Goldstein(eds), *Single Sparks: China' s Rural Revolutions*, M. E. Sharpe, 1989.

Hobsbawm, Eric, *Primitive Rebels*, New York, Norton, 1965.

Hu, Chi-hsi, *L' armée rouge et l' ascension de Mao*, Editions de l' EHESS, 1982.

Huang, Philip C. C., et al(eds), *Chinese Communists and Rural Society, 1927~1934*, Berkely: University of California, 1978.

______, *The Peasant Economy and Social Change in North China*, Stanford University Press, 1985.

______, *The Peasant Family and Rural Development in the Yangzi Delta, 1350~1988*,

Stanford University Press, 1990.

Mann, Susan[Susan Mann Jones] & Philip A. Kuhn, "Dynastic Decline and The Roots of Rebellion", in Denis Twitchett & John K. Fairbank, *The Cambridge History of China: Late Qing, 1800~1911*, Part I, vol. 10, Cambridge University Press, 1978.

Jacobson, Carl Whitney, "Brotherhood and society: The Shaanxi Gelaohui, 1867~1912", Ph. D. Dissertation, University of Michigan, 1993.

Kataoka, Tetsuya, *Resistance and Revolution in China*, Berkeley: University of California Press, 1974.

Keating, Pauline, *Two Revolutions: Village Reconstruction and the Cooperative Movement in North Shaanxi, 1934~1945*, Stanford University Press, 1997.

Kim, Ilpyong, *The Politics of Chinese Communism: Kiangsi under the Soviets*, University of California Press, 1973.

Kuhn, Philip, *Rebellion and Its Enemies in Late Imperial China: Militarization and Social Structure, 1796~1864*, Harvard University Press, 1970.

Levine, Steven, *Anvil of Victory: The Communist Revolution in Manchuria, 1945~1948*, New York, Columbia University Press, 1987.

Lipman, Jonathan, *Familiar Strangers: A History of Muslims in Northwest China*, Seattle: University of Washington Paress, 1997.

Liu, Cheng-yun 劉錚雲, "The Ko lao Hui in Late Imperiale China", Ph. D. Dissertation, University of Pittsburgh, 1983.

Löveit, Trygve, *Chinese Communism, 1931~1934: Experience in Civil Government*, Scandinavian Institute of Asian Studies Monograph Series, no. 16, London and Malmö: Curzon Press, 1979(second edition). 박상수 역, 『중국 소비에트운동사』, 고려원, 1994.

Lust, John, "Les sociétés secrètes, les mouvements populaires et la rèvolution de 1911", in J. Chesneaux, et al(eds), 1970 (English version, 1972).

Lyman, Stanford, "Chinese Secret Societies in the Occidente: Notes and Suggestions for Research in the Sociology of Secrecy", *Canadian Review of Sociology and Anthropology*, vol. 1, no. 2, 1964.

Mann, Michael, *The Sources of Social Power: The Rise of Classes and Nation-States, 1760~1914*, Cambridge University Press, 1986.

Marshall, Gordon, "Some Remarks on the Study of Working Class Consciousness", *Politics and Society*, no. 12, 1983.

Martin, Brian, *The Shanghai Green Gang: Politics and Organized Crime, 1919~1937*,

Berkeley: University of California Press, 1996.

McCord, Edward A., "Militia and Local Militarization in Late Qing and Early Republicain China: The Case of Hunan", *Modern China*, vol. 14, no. 2, April 1988.

Migdal, Joel, *Peasants, Politics, and Revolution: Pressures Towards Political and Social Change in the Third World*, Princeton, N.J.: Princeton University Press, 1974.

Miller, Lyman, "The Late Imperial Chinese State", in David Shambaugh(ed), *The Modern Chinese State*, Cambridge University Press, 2000.

Milne, William, "Some Account of a Secret Associations in China, entitled the Triad Society", *Transaction of the Royal Asiatic Society of Great Britain and Ireland*, vol. I, part 2, 1826, Chinese Repositary, XIV(2), 1845 재록.

Moore, Barrington, *Social Origins of Dictatorship and Democracy: Lord and Peasant in the Making of the Modern World*, Boston: Beacon, 1966.

Morgan, W. P., *Triad Societies in Hong Kong*, Hong Kong: n.p., 1960.

Murray, Dian(in Collaboration with Qin Baoqi), *The Origins of the Tiandihui: The Chinese Triads in Legend and History*, Stanford University Press, 1994.

Myers, Ramon, *The Chinese Peasant economy: Agricultural development in Hopei and Shantung, 1890~1949*, Harvard University Press, 1970.

Naquin, Susan, *Millenarian Rebellion in China: The Eight Trigrams Uprising of 1813*, Yale University Press, 1976.

______, *Shandong Rebellion: The Wang Lun Uprising of 1774*, Yale University, 1981.

Overmyer, Daniel, *Folk Buddhist Religion: Dissenting Sects in Late Traditional China*, Harvard University Press, 1976.

Ownby, David & Mary Sommers Heidhues(eds), *"Secret Societies" Reconsidered: Perspectives on the Social History of Early Modern South China and Southeast Asia*, M.E. Sharpe, 1993.

Ownby, David, "Chinese Hui and the Early Modern Social Order: Evidence from Eighteenth-Century Southeast China", in David A. Ownby & Mary Sommers Heidhues (eds), 1993.

______, "Introduction: Secret Societies reconsidered", in David A. Ownby & Mary Sommers Heidhues(eds), 1993.

______, "The Heaven and Earth Society as Popular Religion", *The Journal of Asian Studies*, vol. 54, no. 4, November 1995.

______, *Brotherhoods and Secret Societies in Early and Mid-Qing China: The Transformation of a Tradition*, Stanford University Press, 1996.

Perry, Elizabeth, *Rebels and Revolutionaries in North China, 1845~1945*, Stanford University Press, 1980.

______, "Social Banditry Revisited: The case of Bai Lang, a Chinese Brigand", *Modern China*, vol. 9, no. 3, 1983.

______, "Collective Violence in China, 1880~1980", *Theory and Society*, vol. 13, no. 3, May 1984.

______, "Rural Violence in Socialist China", *China Quarterly*, no. 103, September 1985.

Pomeranz, Kenneth, *The Making of a Hinterland: State, Society and Economy in Inland North China, 1853~1937*, Berkeley: University of California Press, 1993.

Puyraimond, Guy, "Le Gelaohui et les incidents anti-étrangers de 1891", in Jean Chesneaux, et al(eds), 1970.

Rankin, Mary, *Early Chinese Revolutionaries: Radical Intellectuals in Shanghai and Chekiang, 1902~1911*, Cambridge Mass.: Harvard University Press, 1971.

______, *Elite Activism and Political Transformation in China: Zhejiang Province, 1865~1911*, Stanford University Press, 1986.

Roux, Alain, "La stratégie léniniste de la grève en Chine: essai de bilan", *Extrême-Orient Extrême Occident*, vol. 2, 1983.

______, *Grèves et politiques à Shanghai: des illusions(1927~1932)*, Edition de l' EHESS, 1995.

Rowe, William, *Hankow: Commerce and Society in a Chinese City, 1796~1889*, Stanford University Press, 1984.

______, *Hankow: Conflict and Community and in a Chiese City, 1796~1895*, Stanford University Press, 1989.

Rue, John, *Mao Tse-tung in Opposition, 1927~1935*, Stanford University Press, 1966.

Schlegel, Gustave, *Thian Ti Hwui: The Hung-League or Heaven-Earth League*, Batavia: Lange & Co., 1866.

Schram, Stuart, "Mao Tse-tung and Secret Societies", *The China Quarterly*, no. 27, July-September 1966.

Schran, Peter, *Guerilla Economy: The Development of the Shensi-Kansu-Ninghsia Border Region, 1937~1945*, State University of New York Press, 1976.

Scott, James, *The Moral Economy of the Peasant: Rebellion and Subsistence in Southeast Asia*, New Heaven, Conn.: Yale University Press, 1976.

______, *Weapons of the Weaks: Everyday Forms of Peasant Resistance*, Yale University Press, 1989.

Selden, Mark, *The Yenan Way in Revolutionary China*, Cambridge, Mass.: Harvard University Press, 1971, 재판은 *China in Revolution: The Yan'an Way Revisited*, M. E. Sharpe, 1995.

Skinner, William, *The City in Late Imperial China*, Stanford University, 1977.

Skocpol, Theda, *State and Revolution: A Comparative Analysis of France, Russia, and China*, Cambridge, Eng.: Cambridge University Press, 1979.

Slawinski, Roman, "Les Piques Rouges et la révolution chinoise de 1925~1927", in Jean Chesneaux, et al(eds), 1970.

Smedley, Agnes, *The Greate Road: The Life and Times of Chuthe*, London: John Calder, 1958.

Snow, Edgar, *Red Star Over China*, First Revised and Enlarged Editon, London: Victor Gollancz Ltd, 1968.

Stapleton, Kristin, "Urban Politics in an Age of 'Secret Societies' : The Cases of Shanghai and Chengdu", *Republican China*, vol. 22, no. 1, November 1996.

Teng, Ssu-yü, *Protest and Crime in China: A Bibliography of Secret Associations, Popular Uprisings, Peasant Rebellions*, Garland Publishing, 1981.

ter Haar, Barend J., *Ritual and Mythology of the Chinese Triads: Creating an Identity*, Sinica Leidensia, vol. 43, Leiden, Boston and Köln, 1998.

Thaxton, Ralph, "Tenants in Revolution: The tenacity of Traditional Morality", *Modern China*, vol. 1, no. 3, 1975.

______, *China Turned Rightside Up*, Yale University Press, 1983.

Tiedemann, R.G., "Communist Revolution and Peasant Mobilisation in the Hinterland of North China: The Early Years", *The Journal of Peasant Studies*, vol. 24, no. 1-2, October 1996/January 1997.

Tilly, Charles, "Reflections on the History of European State-Making", in Charles Tilly(ed), *The Formation of National States in Western Europe*, Princeton: Princeton University Press, 1975.

______, "Rural Collective Action in Modern Europe", in Joseph Spielberg & Scott Whiteford(eds), *Forging Nations: A Comparative View of Rural Ferment and Revolt*, Michigan State University Press, 1976.

Wakeman, Frederic, *Policing Shanghai, 1927~1937*, University of California Press, 1995.

Ward, J. S. M. & W. G. Stirling, *The Hung Society or The Society of Heaven and Earth*, 3 vols., London: The Baskerville Press, 1925~26.

Whyte, Martin King, "State and Society in the Mao Era", in Kenneth Liberthal et al(eds),

Perspectives on Modern China: Four Anniversaries, Armonk, N.Y.: M. E. Sharpe, 1991.

Will, Pierre Etienne, "Entre présent et passé", in Philip A Kuhn, *Les origines de l'Etat chinois moderne*, Edition de l' EHESS, 2000.

Wittfogel, Karl A., *Oriental Despotism: A Comparative Studies of Total Power*, Yale University Press, 1957.

Wolf, Eric, "Closed Corporate Peasant Communities in Mesoamerica and Central Java", *Southwestern Journal of Anthropology*, vol. 13, no. 1(1957).

Wolf, Eric, *Peasant Wars of the Twentieth Century*, New York: Harper and Row, 1969.

Wou, Odoric, Y. K, *Mobilizing the Masses: Building Revolution in Henan*, Stanford University Press, 1994.

Xiao-Planes, Xiaohong, *Education et politique en Chine: le rôle des élites du Jiangsu, 1905~1914*, Editions de l' EHESS, 2001.

Yang, C. K., *Religion in Chinese Society*, University of California Press, 1967.

Zhang, Xin, *Social Transformation in Modern China: The State and Local Elites in Henan, 1900~1937*, Cambridge University Press, 2000.

〈中文摘要〉

中国革命与秘密结社

– 共产主义革命，秘密结社，地方社会结构

本文以中国革命与秘密结社组织的关系为主线，分析陕甘宁和苏北两个不同地区的秘密结社组织，重新审视现存的诸多观点，得出如下结论。艾瑞克·霍布斯邦(Eric Hobsbawm)曾主张传统意义上的秘密结社组织以及盗匪“未能适应近代的革命运动，也没有被革命运动所吸收”，本文作者认为，在本文第二篇所讨论的陕甘宁哥老会的问题上，他的主张并不适用。毕仰高(Lucien Bianco)和裴宜理(Elizabeth Perry)倾向于将地方自卫型的利益保护与全国范围内进攻型的革命运动对立起来，他们的观点同样没有说服力。正如本文序论上所说，关键不在于此。因为除了秘密结社组织本身的因素之外，还有另一个层面，那就是规范秘密结社组织存在形态的地方社会结构，以及中国共产党在地方层次上的行动机制与方式。中国共产党与秘密结社之间的关系随秘密结社的不同性质与地方革命的进程而发生变化。

本文以微观史学的研究方法分析两个不同的区域，并探讨此项研究的成果与局限性。有关秘密结社的地方史料并不像我们所担心的那么稀少，问题在于这些史料大部分都属于共产党一方的资料，具有固有的局限性。这些资料普遍宣扬共产党的意识形态，囿于规范，而且侧重于行动层面的描述。换言之，这些资料展示给我们的是动态的，行动的轨迹，而不是内部机制，信仰，固有的思想意识等信息。仅存的几篇亲历者的回忆录也只能起到部分纠正这些偏误

的作用。但通过这些资料，可以看到共产党当年在革命第一线上的行动模式与党内其他层次革命间的相互作用。

中国共产党的革命不是既定战略下的，全国范围内的中央集权革命，它经历的是多样化的，分散的，不断调适的过程，是地方化，农村化，非集权化的过程。谢夫利(Yves Chevrier)所说的“地方化微型革命”[1]过程中，活跃于第一线的革命家必须要适应社会现实。以陕甘宁哥老会为例，当地革命家们利用各种社会关系与人际关系，长征后党中央通过结社组织的旧机制，其固有的政治、道德口号，进行对结社组织进行全面公开的政治化。霍布斯邦的观点来看，不是这些秘密结社组织适应了近代革命运动，而是这些革命家在坚持自身信念的同时，努力适应地方的社会现实与秘密结社组织的行动模式。从这一点上来说，毛泽东路线的权力技巧与动员战略，是地方与全国两个层面的成功整合。共产党与苏北小刀会之间短暂联盟的存在，也是基于前者对后者狭隘利益的包容。

Thaxton强调“抗战之前革命阶级下位文化所拥有的力量”，认为共产党胜利的原因在其“向农民传统道德的回归”。有人批评此乃将共产党政治“民俗化”(folklorization)。[2] 笔者并不同意Thaxton的观点。尽管他一系列的论著都在阐述农民道德经济理论，但从他的论著中，找不到由共产党主导的秘密结社组织的政治化之可能性。实际上，共产党的活动没有停留在适应“小传统”(little tradition)与“下位文化”(subculture)的层面上。为了实现固有的事业，共产党必定要将农民的传统与文化引向政治化，这也是本研究的重点。本文微观史学的研究重构一个散失在各地的，正在形成的党化国家(party-state)

---

1 Yves Chevrier, *La Chine moderne*(troisième edition corrigée) Paris: Presses universitaires de France, 1997, p.96; *Mao et la révolution chinois*, Paris: Casterman-Giunti, 1993, p.78.

2 Ralph Thaxton, "Tenants in Revolution: The Tenacity of Traditional Morality", *Modern China*, vol.1, no.3, 1975, pp.337-338. 其著作 *China Turned Rightside Up*, Yale University Press, 1983 曾受到批判，请参考 Yung-fa Chen & Gregor Benton, *Moral Economy and the Chinese Revolution: A Critique*, Universiteit van Amsterdam, 1986, pp.50 · 55-56.

的形象，这样的党化国家在某些阶段，不得不选择与地方社会势力相妥协的方式，但这些最终都为党化国家所拼弃。需要我们牢记在心的是，正是这种分别适应的战略为党化国家体制的形成作出了不可磨灭的贡献。共产党权力的形成经历了不断包容与排斥的，有机的，渐进的过程。关于这一点，分析现存研究成果之后，再进行更深入的分析。

共产党的适应能力并不表明共产党与秘密结社之间具有“意识形态”上的同质性(请参考片冈铁哉(Tetsuya Kataoka)的观点)。诚然，在某些情况下，共产党人与秘密结社之间可以轻而易举地组成联盟，但这并不表示两者的整体关系。这些联盟是暂时的，因时而异的。我们发现了一些成功的联合，还有一些是失败的，主客观条件的差异是决定成败的主要因素。以第三篇所讨论的苏北的情况为例，共产主义者不适应环境的原因不在于他们的软弱，而在于他们所处的客观环境本身。强大的敌对势力(国民党与地主的抵抗)与强有力的自律性地方势力强烈抵触共产主义者的渗透[3]。共产党与秘密结社组织间达成的某些共识并不表明意识形态上的一致性。

陈永发从微观史学的角度，研究处于地方政治变迁中之共产党与秘密结社的“竞争”关系，其中几乎没有一个关于秘密结社参与社会政治的描述，这些“对手”只是一味地被共产党“摧毁”与“剿灭”。这与陈永发的研究主要集中在华中、华东地区有关，在这些地区共产党的活动主要依赖于武装力量。陕甘宁哥老会则有所不同，共产党从未采取任何强制性的措施去镇压哥老会，共产党始终以宣传教育、说服为主，以期达到哥老会自然消减的效果。换言之，尽管共产党的终极目标是建构集权政治体系，但他们并未急于求成。共产党需要同盟军，这些同盟军恰好又接受了新秩序赋予他们的定位。与此相反，共产党在苏北，面对的是强大的地方权力集团，以及地

3 Kathleen Hartford & Steven M. Goldstein, “Introduction”, in *Single Sparks: China's Rural Revolutions*, M.E. Sharpe, 1989, p.31.

方社会自律性权力结构对外来的、强势的国家权力的抵抗，国民党在此遭遇到同样的情况。当时秘密结社组织小刀会的地方势力相当稳固，这成为阻碍共产党理念传播的绊脚石。在苏北，小刀会不能成为共产党的同盟者。共产党缺乏联系社会的链接点，因此，与在陕甘宁实现的地方社会的政治化相比，使用武装力量显得更为重要。关于共产党与秘密结社之间的关系，本文提出了两个截然相反的观点，而共产党政权在不同地区的差异，以及其形成过程中的差异可以为这种分歧提供重要依据。这些讨论，自然还蕴涵着共产党与地方社会，以及地方权力集团的关系问题。

*

本文对两个地区差异的分析，在这一点上具有重要的意义，下面将要归纳出几个重要特点。

五四运动以来，共产主义运动在陕甘宁边区打下了比较坚实的基础。1920年代末，在革命环境急剧恶化的情况下，革命家门依然能够通过成立游击队与革命根据地，坚持开展革命活动，他们显示出适应农村社会的超凡的能力。实际上，位于省际交界处的这一带山区，历来很少受到国家权力的统治，军队也难以镇压发生在这一带的“叛乱”，抗战时期日军的侵略也没有危及这一地区。国家权力机构在这一地区的无所作为并不意味着共产党在这里就可以一马平川。秘密结社在地方权力结构当中占有重要的地位。经过长征历练的共产党，懂得如何利用各种条件适应地方社会，最终打下牢固的共产政权基础。

与此相反，苏北地区历来都在国家权力的掌控之中，中华民国初期这里一度成为军阀角逐的地盘之一，到“国民政府10年”统治期，因毗邻中央权力所在地，国家权力对这一带的统治进一步加强。抗战时期，这里大部分主要城市都处在日军的掌控之下，后退的国民党则在农村与共产党展开激烈的竞争。从20年代末期到整个30年代，共产党人没有成功适应农村社会，30年代初中期，随着国民党统治的相对稳定，地方革命家们或选择自首或选择逃避。中日战争爆发初期，部分老党员组织开展了一些爱国主义运动，但影响甚微，他们没有开展过任何形式的游击队活动，也没有成立"苏维埃政权"。直到中日战争中期以后(1940年之后)，才由八路军，新四军等正规部队，从南北两地来到此地，合力构筑了共产根据地。此时的革命运动均由"枪杆子"主导[4]，几乎没有出现大众运动。中日战争时期与之后的内战期，共产党的社会基础与地方基础还相当薄弱。

由此，我们可以梳理出两条政治发展的轨迹，即共产党政治秩序在地方层面上的构筑进程与全国范围内的构筑进程，地方社会最终融入共产党政治秩序的时间点，与这种秩序在地方层面上的构筑进程有关。本文的研究属于第一阶段。本文除了探讨政治因素之外，明确阐述了地方权力结构的重要作用。由此，地方社会的多样性显得至关重要，笔者在此再三强调了秘密结社赖以生存的农村社会结构的差异性。

首先，笔者在分析两个地区的秘密结社组织的基础上，阐明了他们与不同农村社会结构的密切联系。苏北农村的村落共同体具有强大的凝聚力，为了抵抗土匪与国家权力(军阀，国民党，共产党)的资源掠夺，农民聚集在地主乡绅周围，组织了属于地方共同体的自卫队，受地方精英与教门结社指挥的小刀会逐渐成为维护自律性地方权力的有效主体。

另一方面，陕甘宁边区不存在类似于苏北农村的村落共同体。众多的小村落散落在人口稀少的山区，很难形成一个共同体，简而言之，这一地区毫无共同体的凝聚力可言。同属自耕农，但这里丝

---

4 黄克诚，《第三师与盐阜区工作报告》(1942.2)，中国人民解放军历史资料丛书编审委员会 编，《新四军(文献)》，第三卷，解放军出版社，1994，p.146 从事新四军研究的Benton认为"中国革命的主体不是阶级，而是军队."(Gregor Benton, *New Fourth Army: Communist Resistance along the Yangtze and the Huai, 1938-1941*, Curzon Press, 1999, p.729.)

毫没有苏北农村，或者黄宗智笔下的村落凝聚力的痕迹[5]。这一带农村恶劣的生态环境，混乱的秩序与连年的自然灾害(饥荒)造就了高度松散的农村社会。防护手段都是个人意义上的，这里没有出现过任何形式的，涵盖村落整体的结社组织。与红枪会、大刀会、小刀会等教门系统自卫武装组织相比，会党系秘密结社哥老会更能为这种社会结构所包容，这一带虽然也有红枪会组织，但影响力甚微。这一类的村落自卫组织大多分布在土地较为肥沃，人口较为稠密，社会秩序相对稳定的渭河流域，关中与陕南地区，这里的共同体凝聚力也胜于陕甘宁边区。

*

共产党与秘密结社的联盟以及不同的发展趋势也源于上述脉络。在两个不同的政治进程，两个不同形式的秘密结社组织的存在之下，共产党早期的政策只有一项，那就是联盟。当时军阀与随之而来的国民党的势力十分强大，共产党在抗衡中处于劣势，与秘密结社组织的联盟是最佳选择。共产党在联盟初期，具有高估秘密结社权威的倾向，认为秘密结社是“革命”的结社组织。第一次国共合作失败之后，地方革命家在武装暴动的方针指引下，提议以革命的名义动员秘密结社组织，他们认为应该动员所有的力量参加武装暴动。

出乎革命家的意料，苏北地主指挥下的小刀会，跟其他地区的红枪会一样，并未参与革命活动；而陕甘宁边区的哥老会还暴露出某些“土匪主义”的倾向。上级领导开始冷静地看待与这些结社的联盟，并批判“军事投机”与“机会主义”，强调发动“群众”与地方党、军内部的“阶级纯洁性”。

---

5 Philip C. C. Huang, *The Peasant Economy and Social Change in North China*, Stanford University Press, 1985, pp249 · 259-264.

面对艰难的革命现实，革命家努力打入秘密结社内部，以便利用秘密结社的力量实现其理想。但苏北的革命家，没有像活跃于陕甘宁边区的革命家一样，具备动员小刀会投入革命运动的能力。为了适应地方社会现实，甚至将党领导下的“农民协会”改造为“小刀会”，但这些努力也都归为徒劳。当时，国民党的国家权力与地主中心的地方自律性权力相制约，构成了互相对立的政治体制，共产党始终徘徊在权力的边缘。

这一带革命家在抗战时期暴露出同样的弱点。为了建立根据地，共产党的正规部队进驻此地。革命家再次尝试争取小刀会，但最终未能消除由地主主导的小刀会的抵触心理。在根据地内部，反而开始以武力镇压小刀会。当地固有的军事、政治格局加剧了共产党权力与小刀会的矛盾冲突。共产党的根据地多次受到国民党军队的破坏与日军的威胁，抗战时期和内战时期，始终处于非常危险的状态。竞争对手千方百计利用小刀会，抵制共产党的活动。

活跃于陕甘宁边区的革命家，在游击运动初期就开辟了一条崭新的道路。在党的“左倾路线”猛烈批判“土匪主义”的大环境下，一线革命家依然深入社会现实，融入地方社会，积极加入哥老会，并将参加过军阀部队和土匪军的哥老会会员收编为游击队员。他们通过自身的努力，在当时的政治进程中，占据了主导地位，最终建立了自己的根据地与正规部队。

考察地方“客观条件”与革命家活动能力的同时，党中央的指挥能力也应受到关注。在陕甘宁边区，没有出现上下级之间背道而驰的现象，党的精神成功地贯彻到地方是成功的关键。哥老会的事例成为党制定抗战统一战线政策的重要依据，党中央依靠各种社会关系，推动了哥老会的政治化进程。共产党承认哥老会在根据地内的合法性，赋予他们自由组织活动的权利，还成立各种正式机构，支持哥老会的抗日活动。为了动员哥老会，共产党采用了别出心裁的方式，即赋与形式以新内容。共产党利用哥老会本身的组织与实践活动，动员他们参加政治运动，参加共产党架构的政治结构。

巩固根据地，推动地方社会的政治化是共产党一贯追求的目标，但对待秘密结社的政策上，因不同地域革命进程的不同，呈现截然不同的倾向。在陕甘宁，共产党对哥老会的政策从最初的动员与支持，转为限制，但从未采取强制措施。在曲子县也是如此，内战后期，共产党全国性的胜利在即，哥老会的活动依旧没有受限，共产党没有颁发任何指令禁止其活动。由此看来，哥老会的存在以可信赖的社会关系为基础，是社会关系的一个表现形式，并不与共产党权力相抵触。

苏北的情况与此相反。这一带的共产政权尽管怀有“争取”小刀会的意向，但最终还是禁止小刀会在当地的活动，否认其存在的合法性。小刀会等地方自律性权力的强烈抵抗，国民党和日军无休止的反共阴谋，迫使共产党改变其初衷。这一对政治、军事上的竞争对手，长期利用小刀会，以及教门组织的其他结社势力搅乱共产党的政权。实际上，小刀会是直属秘密教门的结社组织，在内战期与之后的一段社会秩序较为混乱的时期内，小刀会企图掀起大规模的反共叛乱，共产党政权随之宣布了禁令，全面禁止教门秘密结社组织的活动，公安当局将教门秘密结社组织所有成员的名单登记在册，这些成员最终都得退出了组织(“退道”)。

*

作者将从新的视角分析共产党与秘密结社组织间的关系。综上所述，可否得出这样的结论：哥老会等会党组织对共产运动有一定的“亲和性”，或者说在共产主义运动的初期，可以与共产党和平共处；教门组织则与此相反。关于这个问题，学界有两个对立的立场，一是视帝国时代的秘密结社组织为“反对力量”，二是强调“社会学意义上的编入”(请参考第一篇)。实际上，教门秘密结社组织已具备完整的行为规范与世界观，这些规范蕴藏着与共产党的终极目标水火不相容的潜在因素，最终演化为无数深刻的矛盾与纠葛。近几年共产党与法轮功民间宗教(“邪教”)团体的对立，也可以从中找到答案。但这一点需要进一步探讨，本文还要将讨论的范围锁定在实证研究上。

诚然，一味关注秘密结社组织与共产党的“亲和”与否，可能会忽略因时而异的两者关系的多样性，过于标准化的研究会抹杀事实的多样性。但不可否认，共产主义运动与会党组织之间确实存在一定程度的“亲和力”。本文在第一篇最后一章指出，这种“亲和”倾向，早在长征之前就已经存在，当时会党组织参与了不少共产党主导的民众运动与大众组织，而由地主指挥的教门村落自卫组织则顽强抵抗共产党的活动。中日战争时期，共产党明令禁止陕甘宁边区的佛教会、一心会等教门秘密结社组织的活动，但哥老会的活动从未被禁止。1940年代，当教门秘密结社一贯道的势力扩张到陕甘宁边区时，共产党采取了“必须肃清”的态度[6]。

在苏北地区，共产党政权默认会党组织“三番子”(又名青帮)在根据地内的存在，而教门秘密结社的活动被全面禁止。关于这两支秘密结社组织截然不同的命运，地方志上就有详细的记载。据《淮阴市志》记载(p.2502)，教门组织最终被剿灭，而大部分青帮组织会员则在抗战胜利后参加了革命，这种组织在解放前夕“自行消灭”。陕甘宁边区的哥老会也一样，除了1948年内战结束时，一部分人被判为“反革命分子”而被捕外，延安地区的哥老会组织也自行解散[7]。

*

以上述诸观点为基础，本章节将讨论秘密结社组织与共产革命的一般性主题。

6《西北局社会部关於处理一贯道的指示》(1946.9.6)，庆阳地区档案馆，23-1-13.

7 延安市志编纂委员会，《延安市志》，陕西人民出版社，1994，p.483.

中华民国时期秘密结社的作用

中华民国时期秘密结社的作用不像帝国时期那么单纯。与国家权力相辅相成的有之，为国家权力所禁止的也有之。他们一方面参与土匪、军阀活动以及其他犯罪活动，另一方面为地方居民提供自救的手段。处于竞争关系的政权则为各自的目的利用秘密结社组织的势力。民国时期这些复杂的社会政治特征，为我们确认当时秘密结社组织的作用，增加了几分难度。

有一点可以肯定的是，民国时期的秘密结社组织具有超强的适应能力。当时中央政权的崩溃引发了天翻地覆的变革，而秘密结社组织始终能够适应瞬息万变的社会环境。苏北小刀会的作用在于抵抗国家权力的渗透方面。苏北的村落共同体以及地方自律性权力集团坚决抵制土匪的抢掠与国家权力的渗透，小刀会的存在正符合当时的社会需求。陕甘宁的哥老会似乎有所不同，作为秘密结社组织，虽然还保留一些反权力的色彩，但几乎没有组织过集团层面上的抵抗运动。哥老会的适应能力却再一次得到验证，在极其恶劣的生存条件下，哥老会为当地居民提供了生存所需的"互助"手段，哥老会成员加入土匪和军阀部队，也不过是谋求生存资源而已。此可见，民国时期的秘密结社并不像谢诺(Jean Chesneaux)所说的那样在"退化"，而是按照地方社会居民的要求，承担起应尽的作用。

农村社会结构与共产革命的关系

革命的政治过程因地域的不同而呈现出不同的发展轨迹。关于影响革命过程的因素，众说纷纭，有历史环境，中日战争的影响，农民大众的革命潜力，共产党组织的能力等因素。[8] 笔者认为其中最为关键的因素是农村社会的传统结构。"农村社会的结构"这一概念的外延包括地方政治结构，社会关系与社会经济的分层。本文所分

8 关于中国革命的讨论综述，请参考 Odoric Y. K. Wou, "Introduction", in *Mobilizing the Masses: Building Revolution in Henan*, Stanford Unversity Press, 1994, pp.1-14.

析的地方差异之本质在于村落共同体的凝聚力方面。这种差异反映了20世纪全国范围内村落共同体的变迁。

从客观条件上看，这两个地区均有地主与佃农，或富人与穷人的“阶级分化”，却没有显著的有利于革命传播的“阶级意识”。在苏北，维系穷人与富人的是“集团意识”(毕仰高)，即共同体的凝聚力。而在陕甘宁极度松散的农村社会，根本不存在这种意识。这里毫无迹象表明农民具有任何形式的,投入阶级革命的潜力。

共产主义者在不同的社会结构当中，自然要经历不同的革命道路。简而言之，苏北共产党人面对的农村共同体，是由地主保护和控制的，有一定凝聚力的团体，这个团体对共产党渗透的顽强抵抗贯穿革命的全过程。共产党在陕甘宁，则没有遇到过任何形式的抵抗，他们比较顺利地接触到农民社会的核心，杜赞奇(Prasenjit Duara)曾经这样描述过华北地区的革命活动：“大部分农民不太依赖地主阶层，因此共产党能够顺利地在贫苦大众当中，开展活动。……”[9] 这并不表明共产党人在陕甘宁边区就没有遭遇过阻力，为了动员农民群众，他们得克服种种不利条件。

动员群众

依靠在农村社会内部实施的所谓“阶级斗争”政策并不能将广大农民组织起来，共产党人动员群众采用的是更为迂回的策略。一开始，群众没有直接响应阶级斗争的号召。党的上级组织为了争取群众的支持，下令推行土地革命，但对于一线革命家来说，这是不可能完成的任务。在苏北，革命家遭遇到地主阶级强烈的抵抗，在强大的对手面前，他们显得特别脆弱。在陕甘宁边区，由于地理环境独特，人口稀少，闲置的土地随处可见，因此土地分配的号召力微乎其微。

---

9 Prasenjit Duara, *Culture, Power, and The State: Rural North China, 1900-1942*, Stanford, CA:Stanford University Press, 1988, p.252.

共产党只好采取新的手段组织群众，秘密结社就是其中重要的一环。秘密结社组织的成员来自四面八方，陕甘宁的游击队与哥老会联合，从中发展新队员，并且通过他们逐步接近广大农民。苏北革命家也试图利用小刀会动员群众，如前所述，他们做过种种努力，他们将毫无影响力的农民协会改造成小刀会，还打入小刀会组织内部，共产党领导的起义大部分都是通过小刀会的协助来实现的。

这就是共产党人采取的不得已而为之的迂回政策。农民群众并未响应代表社会经济之正道的共产党的号召，也不信任在强大的敌人面前稍显脆弱的共产党人，直到共产党根据地建立并巩固之后，农民群众才投入革命运动。

动员群众，还需要度过一个重要关口，就是要"争取"地方精英士绅，至少要弱化他们的抵抗，使之保持中立。苏北革命是一个范例，当时地主－士绅的立场直接影响农民对共产党的态度，共产党作为一个毫无根基的外来政权，只有消除现存地方权力结构，才能在此地扎根。争取地方精英的支持成为壮大党的力量不可或缺的一环。共产党的联合从地方上流阶层，延伸到地方中间阶层，最终才得以接近并动员大众(由大多数人构成的社会底层)[10]。

陕甘宁边区则不同。革命家只是有选择地与乡绅联合，而土地改革也不是农民被动员起来的理由。农民生活在极度松散的社会体制之中，他们需要的不是土地所有制的变革，而是恢复生产，重建家园。实际上，陕甘宁边区一半以上的人口(主要集中在绥德地区)没有经历土地革命，共产党动员民众的目的在于恢复农村人口增长，组织农民投入生产以及开垦荒地。共产党主动承担了重建土崩瓦解的农村社会的重任，并以此获得了群众的支持。

---

10 高峰, 《泗阳县陈圩区工作之回顾与前瞻》(1942.6.14), 《人民通讯》, 第20期, 《泗阳史料选》, 第四期, 1984, p.154.

军事力量的重要性

如果没有巩固的根据地，就无法实施上述政策。在建立巩固的根据地方面，军队的作用不容忽视。如前所述，苏北根据地是由枪杆子打出来的，1940年中后期，随着正规军的到来，共产党的活动初见成效。武装镇压并清除小刀会等农村共同体内的权力结构之后，共产党的地位才得以巩固。“为了建设巩固的根据地，首先要坚守军事上的胜利局面，否则，动员广大的群众或进行其他建设事业的目的都不可能实现。”[11]

军队的力量在陕甘宁边区也显示出其重要性。利用小规模武装力量，如革命家组织的地方游击队，根本不可能建立稳固的根据地。由于敌人势力强大，扩大武装力量成为摆在革命家们面前的首要任务。农民无法信赖因军事上的变动而时常消失的脆弱的根据地，动员农民，执行党的各项政策，都要依赖强大的军事力量。例如，政府在发布新的政策条款或行政令时，尽管与军事行动无关，也要以军队的名义发布(“八路军后方留守处”),[12] 因为军事力量能够确保政权的稳定性，还能起到威慑敌人，稳定民心的作用。毛泽东式的战略是因地制宜的典范，带有军事色彩的“根据地化”政策被收入毛泽东的总体路线。Hu Chi-shi曾经讨论过江西革命时期的战略问题，即动态的游击战与静态的根据地化之间的对立问题，上述观点可说明这种战略上的变化。

*

关于20世纪30年代至40年代毛泽东革命的研究，论著相当丰

---

11 金明，《淮海区工作报告－在华中局扩大会议上的报告》(1942.2) 中共江苏省委党史工作委员会江苏省档案馆 编，《苏北抗日根据地》，中共党史资料出版社，1989，p.182.

12 陕西省档案，陕西省社会科学院 编，《陕甘宁边区政府文件选编》，档案出版社，第一辑，1986，pp.61 · 65 · 113.

富。本文微观史学的研究得出的结论与其他研究成果有某些相似之处，但现存的研究成果所提出的毛泽东革命的组织性，地方化与根据地化等特点都不过是一个假设，微观史学的研究可以论证这种假设，可以从历史年代的层面延伸到空间的层面进行研究。微观史学的方法在研究资料缺乏、难以找到切入点的问题上，依然有效。笔者将继续用微观史学的方法，研究1940年代中日战争时期扩散到西北的"一贯道"。

本文探讨了革命与秘密结社的关系与作用，希望其他同仁的微观史学研究提出新的观点和新的视角。我们的研究在书写地方多样化的同时，还要关注问题的整体性。共产党以分散的农村社会为根据地，进而构筑全国性的革命框架，毛泽东思想的地方化，最终成为全国革命的组成部分。

<Résumé>

La révolution chinoise et les sociétés secrètes:

l'exemple des Shaan-Gan-Ning et du nord Jiangsu (annes 1930~1940)

Sang-Soo PARK

Au-delà de l'historiographie habituelle qui pose en termes de continuité ou de discontinuité le problème des rapports entre les communistes (la révolution moderne) et les sociétés secrètes (les rebellions traditionnelles), cette étude contextualise la question de ces rapports dans une perspective microhistorique comparée qui porte sur deux régions différentes sur le plan de la structure rurale, des modalités d'existence des sociétés secrètes et du mode d'action des activistes communistes dans les années 1930~1940: la région frontière des Shaan-Gan-Ning et le nord Jiangsu. Fondée sur des sources communistes devenues récemment accessibles, notamment sur des archives locales, ce livre illustre la diversiteté et les variations des relations entre le monde des sociétés secrètes et celui des communistes, ainsi que celles des politiques communistes, qui n'ont cessé d'évoluer et de s'adapter tout au long du processus révolutionnaire.

La première partie pose les fondements historiques et historiographiques en distinguant deux types de sociétés secrètes: les organisations séculières (*Hui*) et religieuses (*Jiao*). Dans les deux régions étudiées (deuxième et troisième parties), nous constatons l'existence de deux sortes de sociétés secrètes différentes en raison de la forme que prend la structure de la société rurale. Il y a dans les campagnes du nord Jiangsu une forte solidarité au sein des communautés villageoises. Les Petits Couteaux appartenant au sysètme des *Jiao* (les sociétés secrètes religieuses) et dirigés par les notables villageois, qui se trouvent être les propriétaires fonciers, fonctionnent comme une force d'autodéfense. La région frontière du Shaan-Gan-Ning, au contraire, ne connaît pas une telle intégration de la société rurale. Les villages dispersés, éloignés les uns des autres, dans une région montagneuse peu peuplée, avaient du mal à s'organiser: la société est désintégrée et atomisée sous l'effet des conditions écologiques, de la désorganisation du pouvoir et de la récurrence des calamités naturelles (la famine). Les Gelaohui, qui font partie du système des *Hui* (les sociétés secrètes séculières), se montrent plus adaptés à ce contexte que les autres sociétés d'autodéfense, telles que les Petits Couteaux.

Ces contextes spécifiques sont à l'origine de deux histoires bien différentes. Les Gelaohui (Sociétés des frères et des aînés), dans la future région frontière du Shaan-Gan-Ning, jouent un rôle important dès la première phase de l'implantation communiste dans la région avant la Longue marche. Par la suite, ils sont politisés par le centre du parti et intégrés au sein du système communiste territorialisé. Malgré de multiples frictions, le pouvoir communiste encadre leurs activités plutôt qu'il ne les interdit au moyen de mesures coercitives. Relais social habilement 《satellisé》, les Gelaohui dissolvent graduellement dans une société de plus en plus transformée et de mieux en mieux contrôlée par le PCC.

En revanche, les Xiaodaohui (Sociétés des Petits Couteaux) du nord Jiangsu se dérobent aux tentatives de mobilisation déployées à leur égard dès la rupture du premier front uni (1927), et ce malgré les conflits qui opposent le pouvoir du GMD et la société villageoise dominée par les notables – propriétaires fonciers. Forces d'autodéfense des inétrêts locaux, les Petits Couteaux se montrent ensuite hostiles au pouvoir communiste, instauré peu à peu dans la région après l'éclatement de la guerre sino-japonaise (1937).

De leur côté, les communistes n'essayent guère de les politiser et s'appuient sur leurs forces armées, tout en tentant de nouer avec eux des alliances à court terme en dehors des territoires qu'ils contrôlent. Ils finissent par les interdire et répriment leurs activités à mesure que leur pouvoir se consolide localement.

Dans le Shaan-Gan-Ning, la perspective était bien celle de l'édification d'un système de pouvoir exclusif au bénéfice du PCC, mais dans cette région les communistes n'ont pas mis en œuvre l'exclusion de manière rapide, parce qu'ils avaient besoin d'alliés, et parce que ces alliés potentiels acceptaient la place qui leur était réservée dans le nouvel ordre. Désorganisée et disséminée, la société locale n'offrait guère de résistance à leur emprise. A l'inverse, au nord Jiangsu, le PCC se heurte à des axes de pouvoir puissants sur le plan local. Au demeurant, ce n'est pas seulement le PCC qui fut en butte à ces résistances, mais tout aussi bien le régime du GMD: le clivage fondamental opposant la pénétration du pouvoir d'Etat extérieur et supérieur à une société localement structurée et renforcée dans ses structures locales par les aléas de la construction étatique depuis la fin de l'empire. Les sociétés secrètes trouvèrent là un espace propre à leur action, tandis que les communistes ne purent développer la leur qu'en les réduisant. Elles n'étaient pas des alliés potentiels en direction de la société, si bien que la politisation de la société locale, privée de relais autochtones, passa au second plan par rapport à l'utilisation de la force militaire. La situation locale du pouvoir communiste, l'histoire différente des processus de sa formation, nous semblent essentielles pour contextualiser la problématique de ses rapports avec les sociétés secrètes, derrière laquelle se tient, inévitablement, la question de ses rapports avec la société locale et les pouvoirs locaux.

Les conclusions d'ensemble que l'on peut tirer de ces deux microhistoires rejoignent donc quelques unes des lignes directrices – et problématiques – de l'historiographie récente de la révolution maoïste des années 1940. Le PCC construit, certes, un pouvoir d'Etat d'une nature particulière (un Parti-Etat impulsant une révolution sociale), mais c'est bien dans la perspective d'une construction étatique qu'il faut situer la question de ses rapports avec la société villageoise et les pouvoirs locaux. Il n'en reste pas moins que cette construction, comme le montre d'autres travaux originaux qui mettent l'accent sur le caractère localisé, c'est-à-dire graduel et territorialisé, de la révolution maoïste, s'est déployée en unissant à son élément central et centralisateur la multiplicité de ses foyers dispersés. La pratique de la microhistoire convient à cette approche, surtout lorsqu'elle associe l'allongement de l'échelle chronologique au resserrement du cadre spatial. Dans l'éparpillement de la société rurale, le Parti maoïste sera parvenu à construire un cadre d'ensemble, en sorte que les expressions localisées du maoïsme en action finirent par constituer une révolution aux dimensions de la Chine.

<Summary>

China's Revolution and Secret Societies:

Shaan-Gan-Ning and Northern Jiangsu during the 1930s and 1940s

Sang-Soo Park

Beyond the conventional historiography which has viewed the relationships between the communist movement (modern revolution) and the secret societies (traditional rebellions), in terms of continuity or discontinuity, this study contextualizes the question of these relations in a compared micro-historic perspective centered on two regions - the Shaan-Gan-Ning border region and the Northern Jiangsu - showing sharp contrasts as regards social-rural patterns, the structures of secret organizations and the activities of the communists during the 1930s and 1940s. Based on Communist sources which has became recently accessible, notably on local archives, this book illustrates the variety and variations both in time and space of the relations between the secret societies and the Communists, as well as those of Communist policies, which did not stop developing and adjusting locally all along the revolutionary process.

The first part analyzes the historical foundations and historiography by distinguishing two systems of Chinese secret societies: the secular organizations (*Huidang*) and the religious groups (*Jiaomen*). In both regions studied in the second and third parts, we notice the existence of two sorts of different secret societies originated in the different local social structure. In the countries of the Northern Jiangsu, there is a strong solidarity within the rural communities. The *Xiaodaohui* (Small Swords) belonging to the system of Jiaomen and steered by the rural elites, who are to be the landlords, work as a community self-defense force. The Shaan-Gan-Ning border region, on the contrary, does not know such an integration of the rural society. In a little populated mountainous region, the scattered, remote villages from each others had difficulty in getting organized: the local society is disintegrated and atomized under the severe ecological conditions, the disorganization of the power and the recurrence of natural disasters (the famine). The *Gelaohui* (Brothers and Elders), a part of the Huidang system, show themselves more adapted to this context than the other societies of self-defense such as the Xiaodaohui or the *Hongqianghui* (Red Spears).

These specific contexts are at the origin of two very different local histories. The Gelaohuiin in the future Communist border region of Shaan-Gan-Ning play an important role from the first phase of the Communist implantation before the Long March (mid 1930s). In the following years, they are politicized by the party center and integrated into the territorialized Communist system. In spite of multiple frictions, the Communist power supervises their activities instead of forbidding them by means of coercive measures. Social network being "skillfully put into orbit," the Gelaohui dissolve gradually in a more and more transformed and better and better controlled society by the CCP.

On the other hand, the Xiaodaohui of the Northern Jiangsu do not respond to Communist mobilization attempts from the break of the first united front (1927), in spite of the conflicts between the new state power of the GMD and the local society dominated by the elites - landlords. As self-defense forces of the local interests, the Xiaodaohui themselves then appear as hostile to the Communist power, established bit by bit in the region after the explosion of the Sino-Japanese war (1937). From their part, the Communists did not so ardently try to politicize the Xiaodaohui and leaned on their armed forces to repress them, while trying to tie up short-term alliances with them outside of the territories which they control. As CCP power becomes stronger in the late 1940s, the Xiaodaohui groups are suppressed in spite of many local rebellions.

In Shaan-Gan-Ning, the perspective was indeed the construction of a Communists' exclusive power system, but in this region the Communists did not execute the exclusion in a hasty way, because they needed allies, and because these potential allies accepted the place reserved for them in the new order. The disrupted and disintegrated local society offered hardly resistance to the Communist power. On the contrary, in the Northern Jiangsu, the CCP collides with powerful axes of power in the local level. However, it is not only the CCP which was exposed to these resistances, but as well the GMD regime: the fundamental cleavage between the penetration of the outside and superior state power and locally structured local autonomous power caused by the defectiveness of the state building since the end of the empire. There the secret societies found a space appropriate for their action, whereas the communists were able to develop theirs only by reducing them. They were not potential allies, so that the politicization of the local society passed to the second position in comparison with the use of the military force. The local situation of the Communist power, the different history coming from its own construction processes, seem to us essential for contextualizing the problem of its relations with secret societies, behind which is lied, inevitably, the question of its relations with the local society and the local powers.

The general conclusions which we can draw from these two micro-histories thus join to several recent works on the Maoist revolution of the 1930s and 1940s. The CCP builds, certainly, a state power of a particular nature (Party-State imposing a social revolution), but it is indeed in the perspective of a state building that it is necessary to place the question of its relations with the rural society and the local powers. Nevertheless, as the other original works which emphasize the localized, gradual and territorialized character of the Maoist revolution show it, this construction displayed by uniting its scattered processes with its central and centralist element. The practice of the micro-history is convenient for this approach, especially when it associates the elongation of the chronological scale to the contraction of the spatial frame. In the scattering of the rural society, the Maoist Party will have succeeded in building a general frame, so that the localized expressions of the Maoism in action eventually established a revolution in the dimensions of China.

〈지도 1〉 中華民國時期 陝甘寧

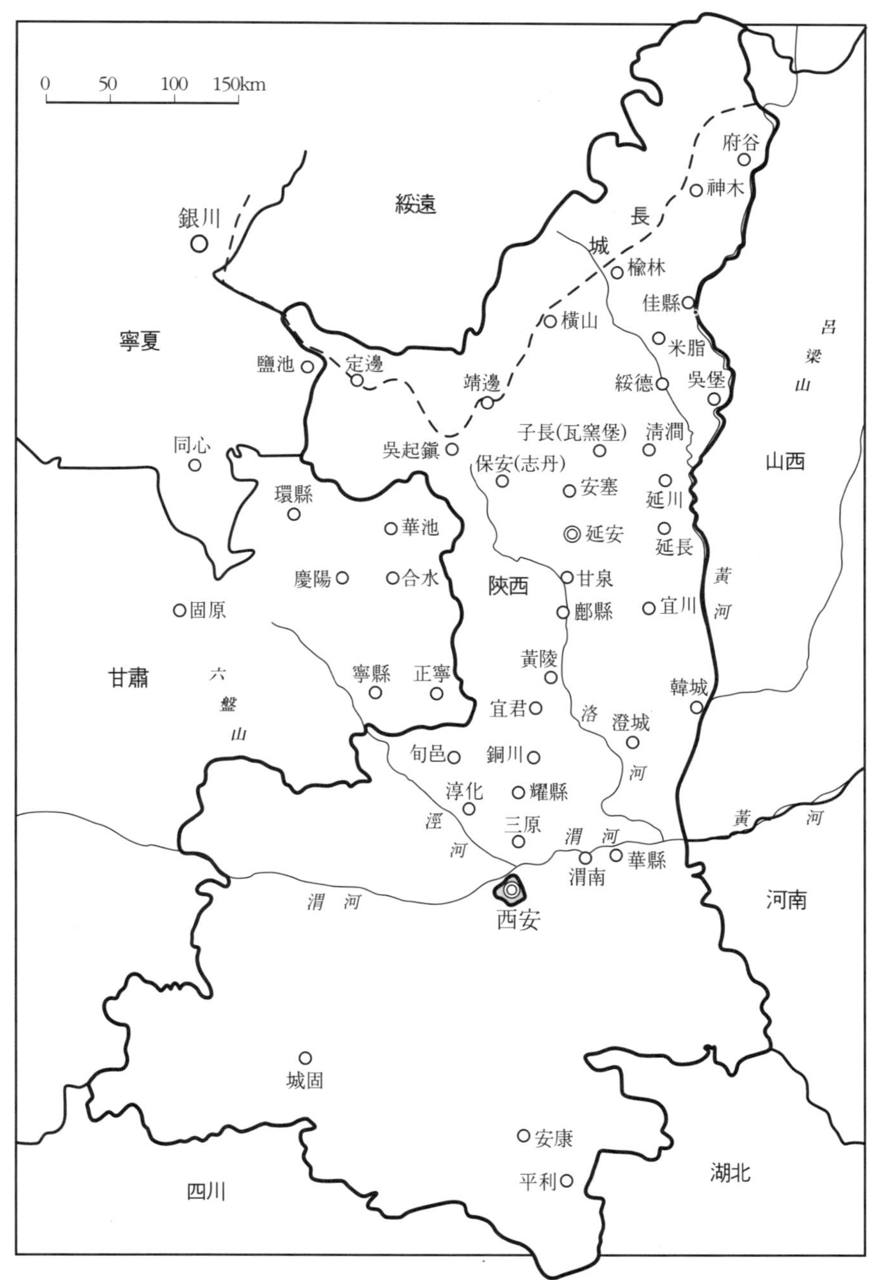

〈지도 2〉 陝甘邊根據地(1932~1935.2)

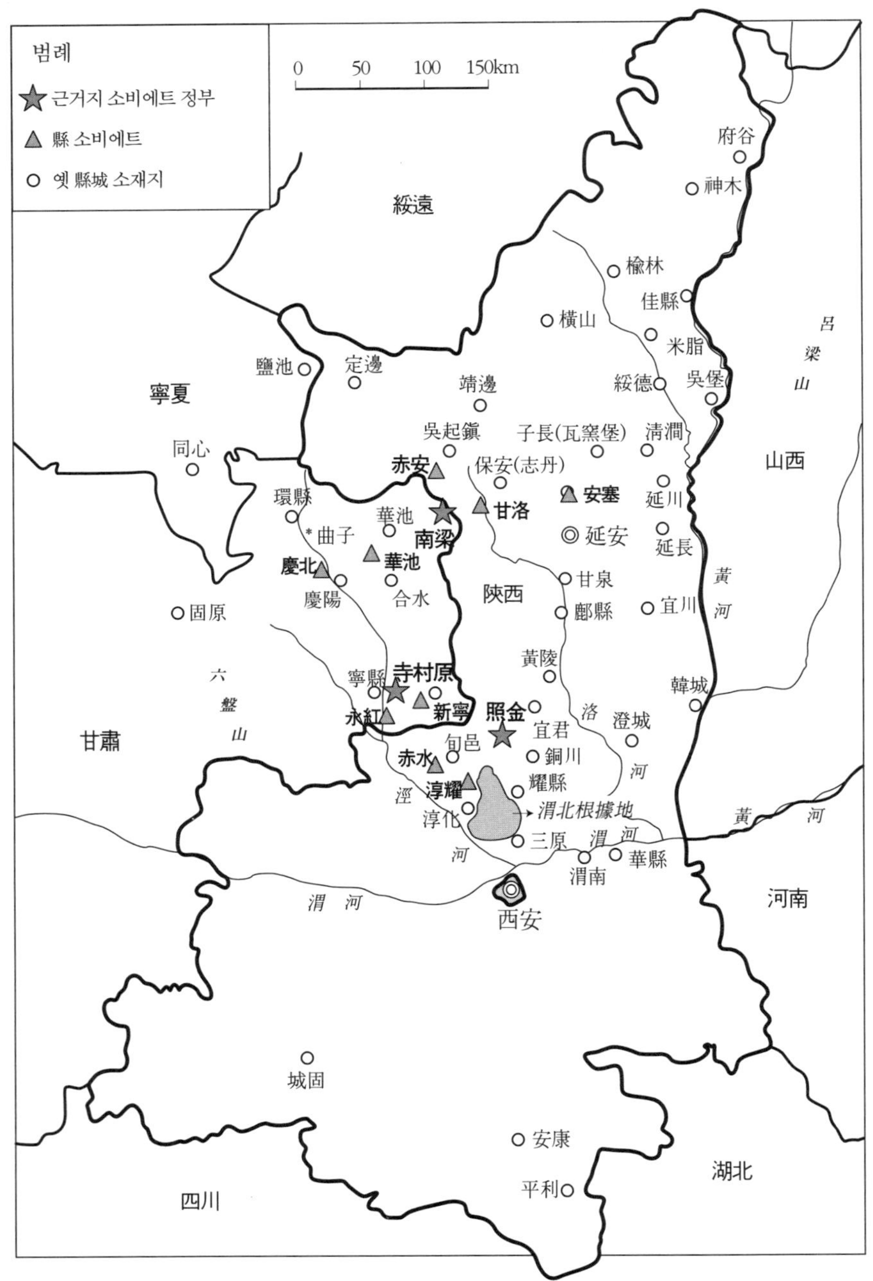

〈지도 3〉 陝北根據地(1934~1935.2)

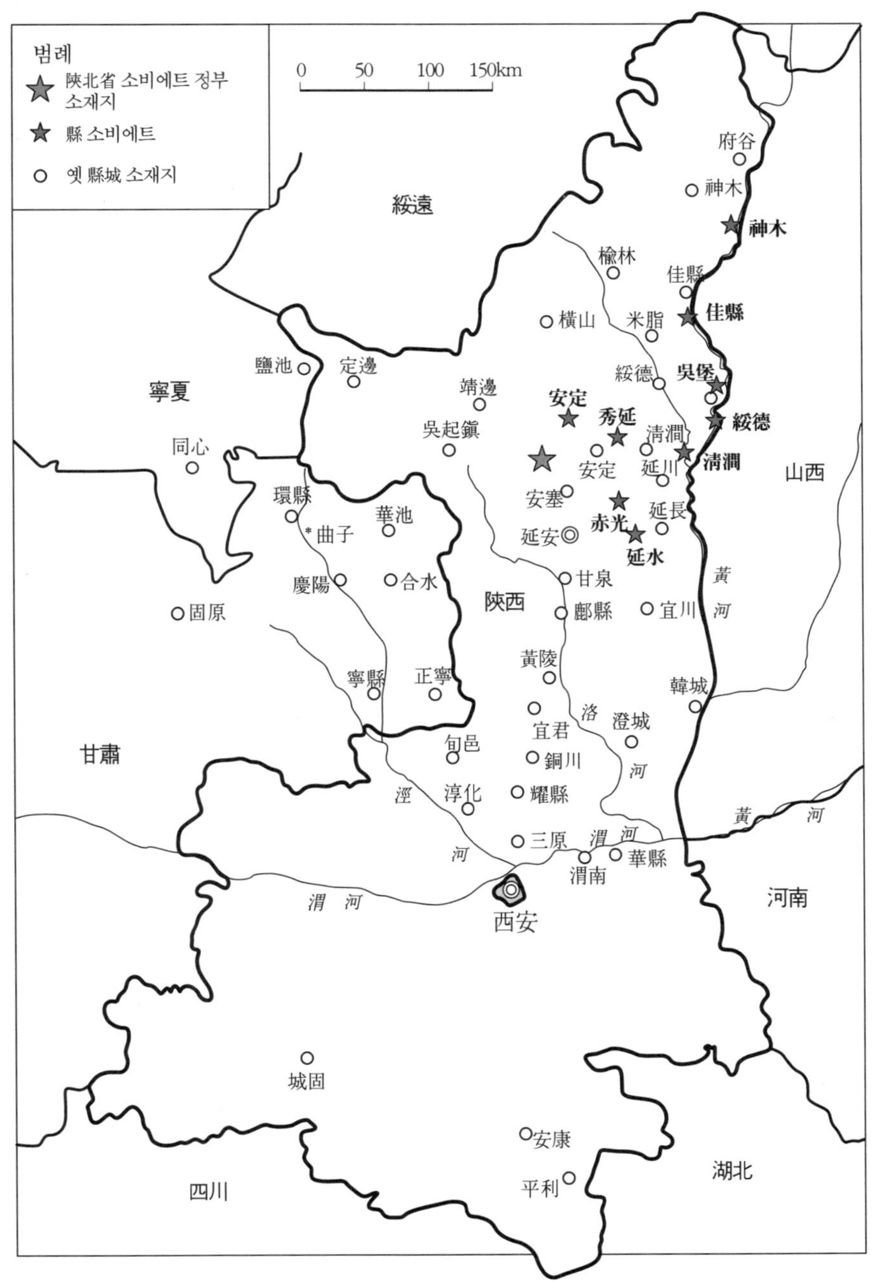

〈지도 4〉 西北根據地(1935~1936.5)

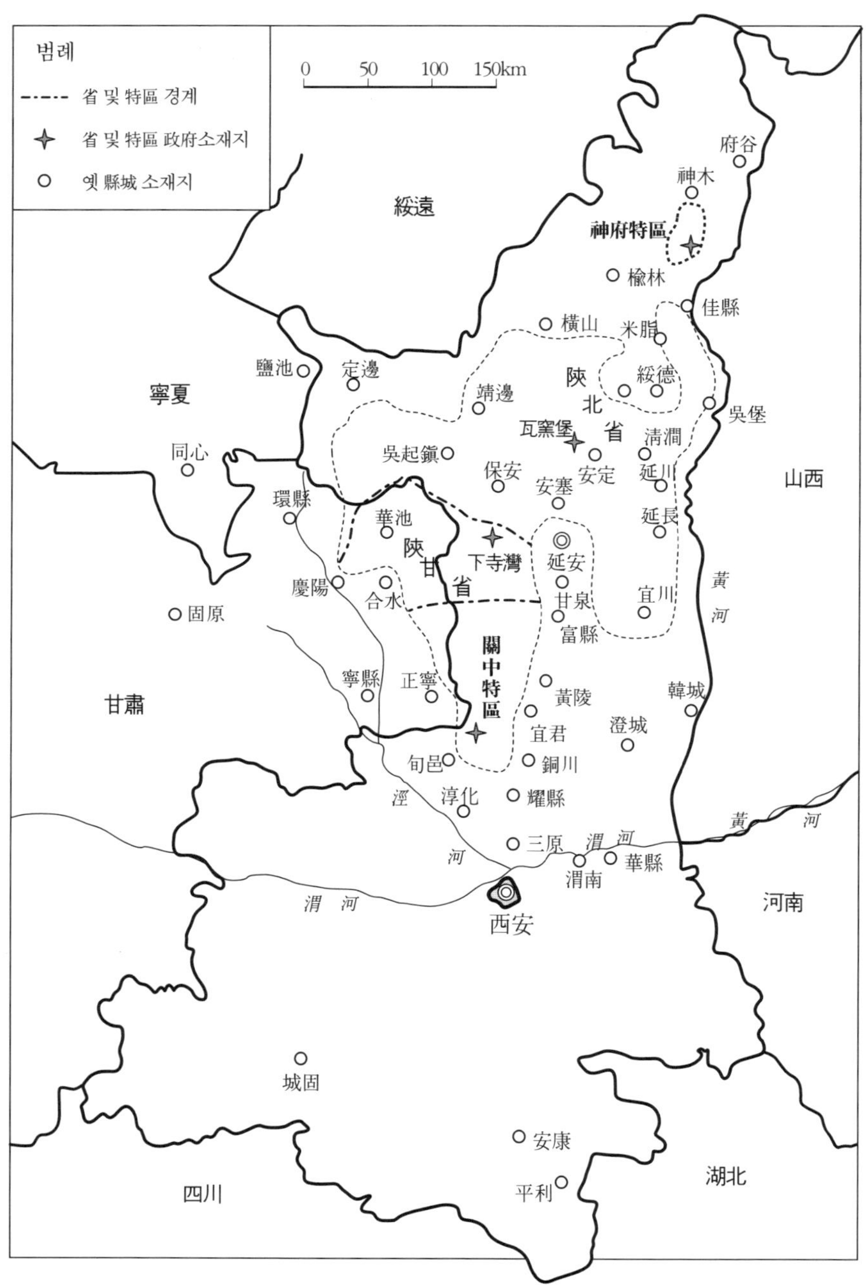

〈지도 5〉 陝甘寧邊區(1943.12)

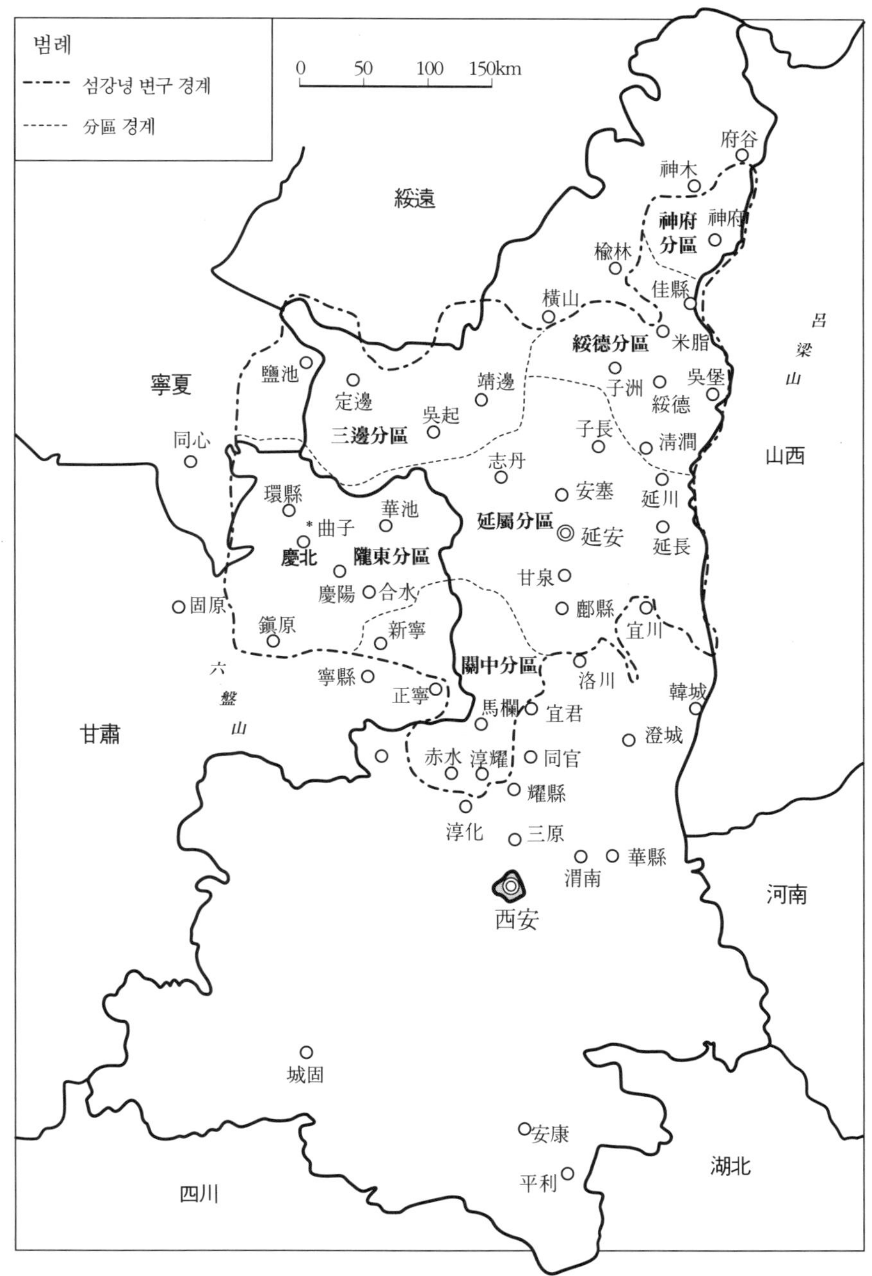

〈지도 6〉 中華民國時期 江蘇北部

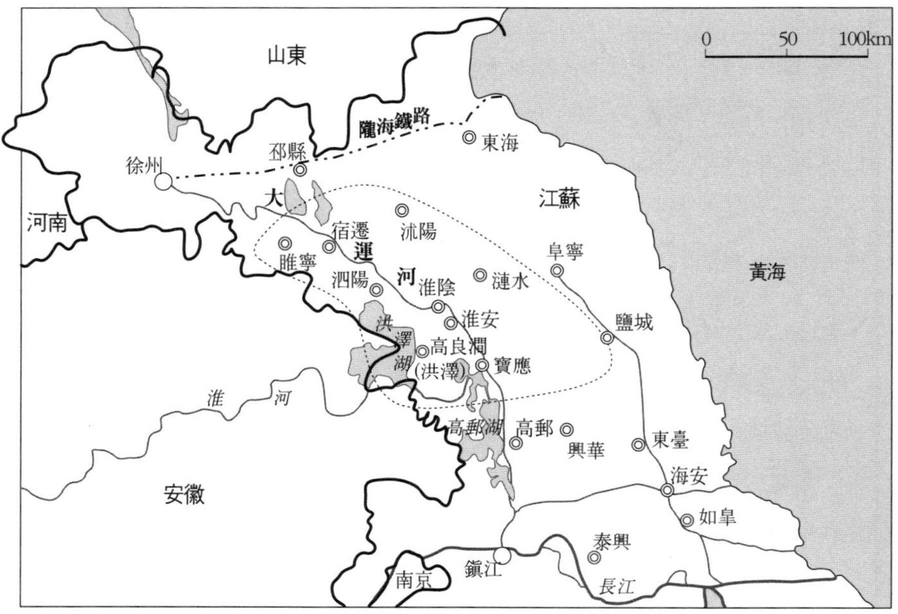

〈지도 7〉 蘇北根據地(1943)

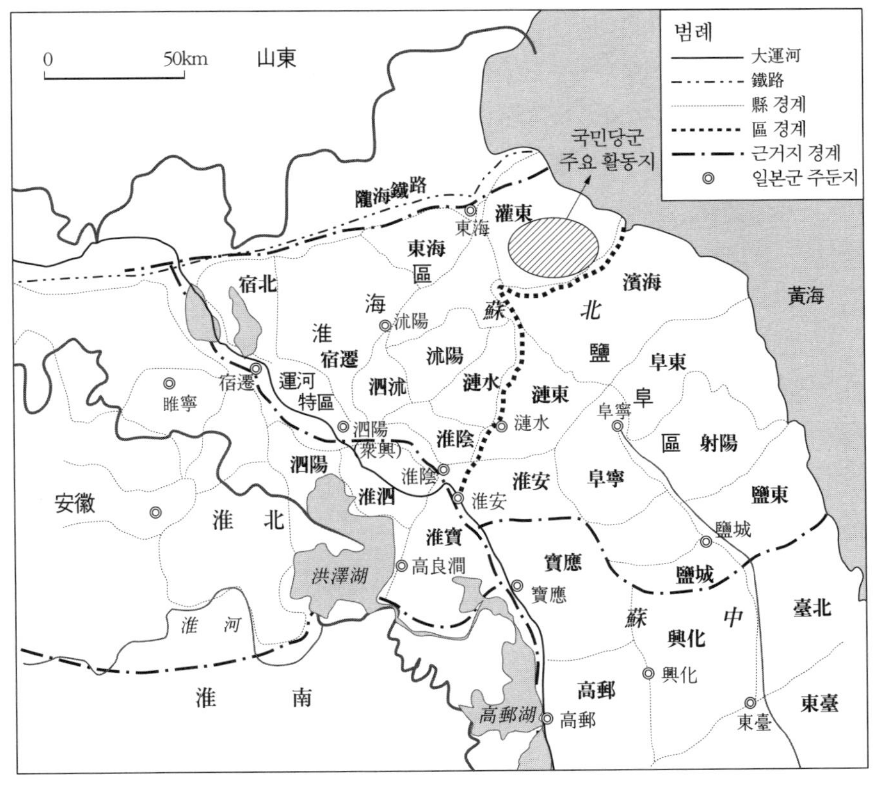

〈지도 8〉 淮寶根據地의 창건(1940.8)

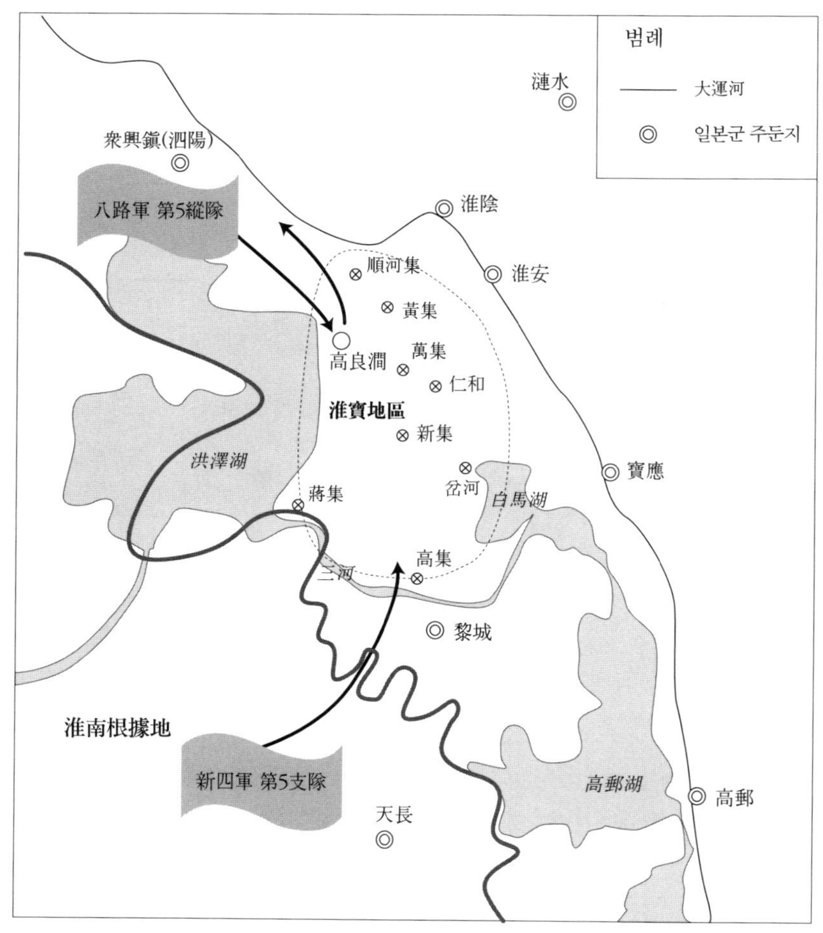

찾아보기

ㄱ

ㄴ

ㄷ

ㄹ

ㅈ

ⓒ